나도 문화해설사가 될 수 있다
궁궐편

초판 발행	2011년 11월 25일
초판 5쇄	2019년 04월 17일
지은이	최동군
펴낸이	서경원
편집	김선욱, 나진연
디자인	최예지, 정준기
사진	노경영
펴낸곳	도서출판 담디
등록일	2002년 9월 16일
등록번호	제9-00102호
주소	서울시 강북구 수유6동 410-310 2층
전화	02-900-0652
팩스	02-900-0657
이메일	dd@damdi.co.kr
홈페이지	www.damdi.co.kr

지은이와 출판사의 허락 없이 책 내용 및 사진, 드로잉 등의 무단 복제와 전재를 금합니다.

정가 18,000원
저자와의 협의 하에 인지는 생략합니다.

© 2011 최동군, 도서출판 담디
Printed in Korea
ISBN 978-89-91111-82-0
ISBN 978-89-91111-81-3 (set)

들어가는 글

제가 대학 재학 시절 부전공으로 들은 사회학 수업 내용 중에서, 지금껏 머릿속에 남아 있는 한 구절이 있습니다. "세상은 사회적인 행동의 의도하지 않았던 결과에 따라 많이 좌우된다." 비슷한 말로 바꾸면 '세상 일은 참으로 우연의 연속'이라는 뜻입니다.

1997년 광복절 전까지만 하더라도 저는 문화 답사에 문외한이었습니다. 그런데 우연한 기회로 97년 광복절 연휴 때 참가한 2박 3일간의 경주 문화 답사 프로그램에서 거의 신 내림에 가까운 문화적인 충격을 경험했습니다. 당시 국립경주박물관 직원이셨던 신용철(후일 통도사 성보박물관 학예실장 역임)님의 자세하면서도 체계적인 설명을 들으면서 경주 곳곳의 유적지를 답사했는데, 마지막 날 제 눈앞에서는 허허벌판인 황룡사지 위에 마치 컴퓨터 그래픽으로 그려지듯 그 옛날 황룡사의 찬란했던 모습이 그려지는 경험을 했던 것입니다. 게다가 그해 만났던 지금의 제 아내도 문화 답사를 취미로 하고 있었는데, 답사 경력으로는 저보다도 몇 년이나 앞선 선배였습니다.

그 이후에 저는 문화 답사에 심취하게 되었고, 불교 문화재에서부터 기타 고적, 궁궐, 고분, 왕릉까지 범위를 차례로 넓혀서 역사, 동양 사상, 기초 한의학, 풍수까지 독학으로 공부해 우리 문화재를 어느 정도는 나름 볼 줄 아는 눈이 생겼다고 믿습니다. 그러던 중, 제 머릿속에 있는 내용을 저만이 아닌 제 아이에게 지적인 유산으로 만들어 물려줘야겠다는 생각이 들어 지금껏 공부했던 답사 지식을 자료집 형태로 만드는 작업을 진행하고 있었습니다.

그러던 중, 역시 우연한 기회에 담디출판사 측과 연락이 닿아, 답사 책을 만들어보면 어떻겠냐는 제의를 받았습니다. 저 역시 내 아이를 위한 작업이 진행 중이었던 만큼, 기왕 하는 일이면 제대로 해 보고 싶은 생각에 선뜻 제의를 수락하고 원고를 집필하게 되었습니다. 직업 작가가 아닌 아마추어 답사가의 입장에서 쓴 글이기에 아마도 부족한 점이 많을 것입니다. 그러나 기존의 많은 답사 책들을 참고하면서 제가 개인적으로 느꼈던 점이나 바랐던 점들을 이 책에 많이 넣으려고 노력했습니다.

우선, 이 책은 새로운 사실을 밝혀내는 연구용 책이 아닙니다. 우리 문화재에 녹아 있는 우리 선조의 보편타당한 원리를 바탕으로 쉽게 설명하는 책입니다. 그리고 자녀와 대화하는 과정을 거치면서 자연스럽게 내용을 이해하도록 꾸렸습니다. 또한, 퀴즈 등 문답식을 도입해 자녀들이 답사하는 재미를 느낄 수 있도록 구성하였습니다. 그리고 궁궐 하나만을 보는 것이 아니라, 모든 궁궐의 보편적인 원리를 설명하며 국내외 다른 궁궐과 체계적으로 비교할 수 있도록 하였습니다. 또한, 시공간을 뛰어넘어 동궐도로써 옛 궁궐과 비교도 할 수 있도록 하였습니다. 그러면서도 문화재를 이해하는 데 필요한 최소한의 고건축적 내용도 도입했습니다.

이 책에서는 특히 음양오행과 풍수를 최대한 알기 쉽도록 풀어서 설명했습니다. 우리 조상이 궁궐을 만들 때 음양오행과 풍수를 고려하였으므로, 음양오행과 풍수를 모르면 결코 궁궐을 제대로 이해할 수 없기 때문입니다. 특히 풍수지리는 주류 답사계에서는 인정하지 않는 분야이기도 합니다. 그러나 우리가 인정하고 안 하고를 떠나서, 우리 조상들은 궁궐을 조성할 때 분명히 풍수를 고려했다는 점은 엄연한 사실입니다. 그러므로 우리의 눈이 아니라 우리 조상의 눈으로 봐야만 문화재가 제대로 보일 것은 당연합니다. 그런 차원에서 모든 전각에 대해서 한자 뜻풀이로써 전각을 설명하고 있습니다. 그러므로 이 책을 천천히 그리고 충실히 읽으시면, 독자 여러분이 궁궐뿐 아니라 우리 문화 전반을 볼 수 있는 넓은 안목을 갖게 될 것으로 저는 굳게 믿습니다.

아울러 이 책이 세상에 나오기까지 도움을 주신 모든 분께 진심으로 감사드립니다. 담디출판사의 서경원 사장님과 직원분들의 노력은 말할 것도 없거니와 한 권으로 읽은 조선왕조실록의 저자이기도 한, 고등학교 친구 박영규는 이 책의 큰 그림을 잡는 데 결정적인 조언을 해 주었으며, 저를 도와 모든 원고를 꼼꼼히 검토해 준 사랑스러운 아내, 원지연의 땀은 이 책 곳곳에 숨어 있습니다. 끝으로 이 책이 나의 귀여운 딸, 아름이의 훌륭한 지적 유산이 되었으면 하는 것과, 희귀 난치병인 프라더윌리증후군[PWS]과 싸우는 나의 아들, 호림이의 미래에 조금이나마 보탬이 되었으면 하는 간절한 바람으로 두서없는 머리말을 정리하고자 합니다.

2011년 9월 5일 새벽에
파주 운정 자택에서 저자 최동군

차례

🔵 사진으로 보는 궁궐　012

🔵 궁궐에 관한 일반 상식

- 궁궐로 떠나는 여행 계획　026
- 궁전과 궁궐　030
- 전하와 각하　040
- 대비들을 위한 궁궐　046
- 운현궁은 궁궐이 아니다　060
- 궁궐을 여러 개 만든 이유　068
- 행궁도 궁궐인가　082
- 조선의 궁궐을 제대로 보는 순서　088
- 궁궐의 기와집 구분법　092
- 조선의 궁궐과 중국의 궁궐　104
- 궁궐에 적용된 음양　112
- 궁궐에 적용된 오행　120
- 궁궐 문화재 안내판 읽는 법　128

🔵 조선의 법궁, 경복궁

- 경복궁과 자금성　150
- 경복궁의 기본 배치　154
- 궐외각사　160
- 경복궁 방화의 진실　170
- 동십자각　176
- 광화문　180
- 흥례문　192
- 영제교　200
- 궐내각사　214
- 근정문 및 행각　224
- 근정전　238
- 사정전　264
- 수정전　274
- 경회루　278
- 강녕전　288
- 교태전　300
- 흠경각과 함원전　310
- 아미산의 굴뚝　316
- 자경전　322
- 집경당과 함화당　336
- 향원정　348
- 건청궁　358
- 집옥재　366
- 태원전　374
- 자선당과 비현각　382
- 경복궁 관람 정보　390

🔵 실질적인 법궁, 창덕궁

- 동궐도 394
- 창덕궁의 역사 402
- 돈화문 408
- 금천교 418
- 진선문 424
- 숙장문 430
- 인정문 438
- 인정전 450
- 선정문과 선정전 458
- 희정당 464
- 대조전 472
- 성정각, 관물헌 482
- 낙선재, 석복헌, 수강재 490
- 후원 입구, 함양문 506
- 부용지 주변 514
- 애련지 주변 530
- 관람지 주변 548
- 옥류천 주변 556
- 창덕궁 관람 정보 570

🔵 대비들의 궁궐, 창경궁

- 다시 동궐도 574
- 창경궁의 역사 584
- 홍화문, 선인문, 월근문 590
- 옥천교 602
- 명정전, 명정문 및 행각 608
- 관천대 616
- 문정전 620
- 숭문당 624
- 함인정 628
- 경춘전과 환경전 632
- 통명전 636
- 양화당, 영춘헌, 집복헌 642
- 성종대왕태실 648
- 춘당지, 관덕정 652
- 창경궁 관람 정보 656

🌐 왕궁이 아닌 황궁, 덕수궁

- 덕수궁의 역사　　　　　　660
- 대한문　　　　　　　　　670
- 중화문과 중화전　　　　　676
- 석조전　　　　　　　　　682
- 준명당, 즉조당　　　　　　686
- 석어당　　　　　　　　　692
- 정관헌　　　　　　　　　696
- 유현문, 용덕문, 석류문　　　700
- 덕홍전　　　　　　　　　704
- 함녕전　　　　　　　　　706
- 광명문　　　　　　　　　710
- 덕수궁 밖의 문화재 1: 중명전　716
- 덕수궁 밖의 문화재 2: 환구단　720
- 덕수궁 관람 정보　　　　　724

🌐 잊히고 사라진 궁궐, 경희궁

- 경희궁의 역사　　　　　　728
- 서궐도안　　　　　　　　736
- 경희궁의 전각 배치　　　　740
- 경희궁 관람 정보　　　　　748

본문에서의 ➡ 표시는 동쪽임금 가족의 현재 위치를 나타냄.

등장인물 소개

아빠 _ 저자인 최동군, 동쪽임금

엄마 _ 아빠와 연애 시절부터 고적 및 문화 답사를 함께한 답사 애호가

호림 _ 문화 답사는 관심 제로이지만, 가족과 여행하는 것을 좋아하는 중1 아들

아름 _ 초등학교 5학년에 재학 중인 저자의 똑소리 나고 사랑스러운 딸

환구단 황궁우 앞 최동군 작가 가족의 모습

궁궐의 정문

경복궁 광화문

창덕궁 돈화문

창경궁 홍화문

덕수궁 대한문

경희궁 흥화문

궁궐의 금천교

경복궁 영제교

창덕궁 금천교

창경궁 옥천교

덕수궁 금천교

경희궁 금천교

궁궐의 정전

경복궁 근정전

창덕궁 인정전

사진으로 보는 궁궐

창경궁 명정전

덕수궁 중화전

경희궁 숭정전

궁궐의 편전

경복궁 사정전

창덕궁 선정전

사진으로 보는 궁궐

창경궁 문정전

덕수궁 덕홍전

경희궁 자정전

궁궐의 대전

경복궁 강녕전

창덕궁 희정당

사진으로 보는 궁궐

창경궁 환경전

덕수궁 함녕전

궁궐에 관한 일반 상식

궁궐로
떠나는 여행 계획

아 름   아빠! 우리 이번 여름휴가는 어디로 가요? 제 친구들은 가족들이랑 바닷가와 계곡으로 많이들 갔어요. 예진이네는 제주도로 갔고요. 우리도 물놀이 한번 가요, 네?

호 림   설마 이번에도 산속의 폐허가 다 된 절터나 탑을 보러 가는 건 아니겠죠? 엄마 아빠는 어째서 맨날 똑같은 절이랑 탑을 찾아 다니는지 도무지 이해가 안 가요. 그 정도 봤으면 이제는 질릴 때도 되었는데… 게다가 한번 갔던 곳을 또 가기도 하니, 이거야 원… 지난 어린이날 연휴에 경주에 갔을 때도 2박 3일 내내 남산만 돌아다녔잖아요? 제 친구들은 남산이 서울에 있지, 경주에 무슨 남산이 있느냐고 저를 놀려요.

아 빠   얘들아, 엄마 아빠는 사람들 많이 몰리는 곳을 싫어하는 거 너희도 잘 알잖니? 게다가 우리는 지난 겨울 동안 따뜻한 온천 물이 나오는 워터파크에 자주 갔었잖아? 이번 여름휴가는 아빠가 좀 특별하게 보낼 수 있는 계획을 세우는 중이야.

아 름   특별하게? 안 봐도 뻔하네요. 또 특별한 문화 답사 계획을 세우고 있는 거죠? 우리도 남들처럼 평범하게 살아 봐요! 답사 같은 것 말고, 워터파크에서 신 나게 놀고 싶단 말이에요!

엄 마   중국으로 가는 답사 계획인데도?

호 림   중국? 이건 빅뉴스인데… 설마, 차이나타운 말씀하시는 것 아니죠?

아 름   어쩐지… 지난번 엄마 아빠가 세계 문화유산 DVD 32개짜리 한 세트를 왜 살까 궁금했는데, 이유를 이제야 알겠네요. 그래도 중국이라면… 물놀이 공원은 잠시 참아줄 수 있어요. 그런데 언제 중국으로 떠나요?

엄 마 아빠가 언제 준비 없이 답사 가는 것 봤니? 그래서 지금 열심히 계획을 세우는 중이야.

호 림 으흐흐, 중국에 가면 먹을 것이 넘쳐날 거야. 중국에 가면 모든 음식점이 중국집이겠지?

아 름 오빠! 정신 좀 차려라! 아빠가 중국에 갈 계획을 열심히 세우고 계시잖아. 그 말이 무슨 말이냐 하면, 중국에서도 문화 답사 위주로 여행할 것이란 뜻이야. 그런데, 엄마! 우리 가족은 왜 꼭 문화 답사 위주로만 여행을 다녀요?

엄 마 아름아, 너는 네 친구들 사이에서 역사와 문화재에 관해서는 척척박사로 통하지?

아 름 그야, 당연하죠. 제가 워낙 똑똑하니깐.

엄 마 그럼 네 친구들은 똑똑하지 않아서 너만큼 그런 것을 모르겠니? 이 모든 것이 엄마 아빠가 너희가 태어나자마자 지금까지 줄곧 시간이 날 때마다 전국 방방곡곡으로 답사 여행을 데리고 다녀서 그런 거야. 그리고 여행의 종류에는 크게 두 종류가 있는데…

호 림 그야 알죠. 답사 여행과 그 외의 여행이죠?

엄 마 호림아, 엄마에게 말장난하면 못써. 여행의 종류에는 느긋하게 즐기는 여행도 있지만, 새로운 것을 알아가는 여행도 있어. 엄마 아빠가 좋아하는 여행은 새로운 것을 알아가는 보물찾기 같은 여행이야.

아 름 보물섬의 보물을 말하는 것이 아니라, 국보와 보물 문화재 할 때의 그 보물 말이죠? 그런 보물은 안 반가워요.

엄 마 그런 보물들은 너희 머릿속에 들어가면 아무도 훔쳐갈 수 없는 너희만의 보물이 되는 거야. 그것이 진짜 보물이지.

호 림 그렇게 따지면 아빠는 머릿속이 완전 보물로 꽉 차 있겠네요.

아 빠 애들아, 아빠가 지금 계획하고 있는 것은 올 추석 연휴 때 중국의 북경에 가서 대륙 문화의 정수를 맛보고 오는 것이야. 북경에는 너희가 잘 알고 있는 만리장성도 있고, 자금성도 있어.

호림 그 두 곳 모두 제가 좋아하는 중화요리 집이에요. 흐흐흐…

아빠 만리장성은 우리나라의 서울 성곽이나 북한산성과 남한산성, 또 수원 화성과 비교해 보면 좋을 것이고, 자금성은 우리나라의 궁궐들과 비교해 보면 참 좋을 것 같아. 그런데 성곽은 공부할 분량이 많지 않아서 금방 답사 준비가 가능하지만, 궁궐은 만만한 작업이 아니야. 준비해야 할 것이 무척이나 많지. 왜냐하면, 내 것을 제대로 알아야만 남의 것도 제대로 알 수가 있기 때문이야.

호림 방금 아빠가 하신 말씀이 손자병법에 나옵니다. 제가 오랜만에 문자 좀 쓰겠습니다. 음! 음! 지피지기知彼知己면 백전백승百戰百勝이다. 적을 알고 나를 알면, 백전백승이라는 뜻이죠. 엄마, 제 실력 어때요?

엄마 잘했다. 호림아, 그런데 아쉽게도 끝 부분에서 약간 틀렸구나. 손자병법에 나오는 말은 지피지기면 백전불태百戰不殆란다. 적을 알고 나를 알면, 백 번을 싸워도 전혀 위태롭지 않다는 뜻이지.

아름 어쨌거나 결론은 우리 궁궐을 제대로 공부해야만 자금성에 갈 수 있다는 말이군요. 그러려면 이번 여름휴가에는 궁궐을 열심히 다녀야 하겠네요. 어휴! 더울 텐데…

엄마 보람차고 즐거운 중국 여행이 되려면 그 정도는 감수해야겠지? 자, 그

뱀의 발 백전백승이란 말이 손자병법에 없다고요? 아니요. 손자병법에 분명히 백전백승이라는 말이 나오기는 합니다.
손자병법의 모공편謀攻篇에는 다음과 같은 말이 나오는데, 그중에 백전백승이 있습니다. 요약하자면,
승리하는 방법에는 두 가지가 있는데, 첫째는 적과 싸우지 않고 계략으로 승리하는 것이요, 둘째는 적과 싸워서 승리하는 것이다. 전자가 가장 좋고 현명한 방법이고, 후자는 차선책이다. 비록 백 번 싸워 백 번 모두 이긴다 하더라도, 그것은 최선이 아니다 / 百戰百勝 非善之善者也. 싸우지 않고 적의 군대를 굴복시키는 것이야말로 최선의 승리다 / 不戰而屈人之兵 善之善者也.

럼 우리 도서관에 가서 궁궐 책을 좀 빌려 와서 아빠랑 다 함께 궁궐 공부를 시작하자.

호림 엄마, 오늘 점심은 중국집에서 탕수육 시켜 먹어요! 만리장성에서 시킬까? 자금성에서 시킬까?

오문삼조로 배치된 중국 자금성의 전경

궁전과
궁궐

아 름   아빠! 디즈니랜드에는 신데렐라 궁전이 있고요, 유럽의 프랑스에는 베르사유 궁전, 그리고 영국에는 버킹엄 궁전이 유명해요. 그런데 우리나라에서는 궁궐이라고만 하고, 궁전이라는 말은 왜 안 쓰죠?

엄 마   여보, 나도 평소에 그것이 궁금했어요.

호 림   난 알 것 같아. 서양에서는 궁전宮殿이라고 하고, 동양에서는 궁궐宮闕이라고 하죠?

아 빠   큰 뜻에서 보면 궁전과 궁궐은 모두 같은 말이야. 왕을 비롯하여 최고의 지배자들이 사는 공간을 뜻하지. 그렇지만 두 단어에는 약간의 미묘한 차이가 있어. 그 차이를 한번 알아볼까?

아 름   좋아요, 그럼 먼저 궁전에 대하여 말씀해 주세요.

궁전은 서열이 가장 높은 집을 뜻한다

아 빠   궁전과 궁궐은 모두 한자인데, 첫 글자는 궁으로 같지만 뒷글자가 다르지? 우선, 첫 글자인 궁은 임금님이 사는 집을 뜻해. 그런데 뒷글자인 전은 여러 종류의 집 중에서도 가장 서열이 높은 집을 뜻하지.

호 림   서열이 높은 집이요? 집에 무슨 서열이 있어요?

아 빠   쉽게 말해서 집에도 계급이 있다는 말이야. 좀 더 정확히 말하자면, 집주인의 신분에 따라서 또는 건물의 쓰임에 따라서 집에 계급이 정해진다는 말이야. 그럼 집의 계급을 한번 자세히 알아볼까?

엄 마   얘들아, 필기구를 꺼내렴.

집에도 서열이 있다

아 빠 조금 어렵겠지만, 집의 계급을 높은 것부터 차례대로 나열하면,
       전殿 – 당堂 – 합閤 – 각閣 – 재齋 – 헌軒 – 루樓 – 정亭, 이런 순서가 돼.

아 름 천천히 불러주세요. 전, 당, 합, 각 그리고 재, 헌, 루, 정!

호 림 도대체 무슨 뜻인지 하나도 모르겠어요!

아 빠 무조건 외울 필요는 없어. 다만, 집의 종류와 계급에는 이렇게 여러 가지가 있다는 것을 알면 돼.

엄 마 한가지 힌트를 주면, 이런 글자들은 집의 이름을 붙일 때 맨 마지막에 붙는 글자가 돼.

아 름 아, 궁궐에 가면 궁궐 건물들의 정면에 ○○전, △△당, 이렇게 이름 붙은 것을 말하는 것이구나!

아 빠 그렇지. 우리 아름이가 잘 기억하는구나!

호 림 절에 가도 대웅전이니 무량수전이니, 이런 이름들이 건물에 붙어 있던데, 그것도 같은 건가요?

엄 마 와! 호림이도 응용력이 대단한걸!

집의 크기와 서열이 반드시 일치하는 것은 아니다

아 름 아빠, 그런데 뭔가 좀 이상해요. 제가 알기에 경복궁의 경회루는 엄청나게 큰 집인데, 집의 서열에서는 겨우 맨 끝에서 두 번째네요? 그 순서가 혹시 잘못된 것이 아닌가요?

아 빠 집의 서열은 집의 크기와 반드시 비례하는 것은 아니야. 그렇지만 대체로 서열이 높은 집일수록 웅장하고 화려함을 뽐내지.

호 림 반드시 그런 것은 아니지만, 대체로는 그렇다? 이런 것 때문에 항상

시험 문제 풀기가 어렵다고요!

엄마 호호호, 원래 세상 이치가 다 그런 거야. 그래서, 예외 없는 규칙은 없다고들 하지!

아빠 아래 표를 봐. 이것은 실제 경복궁과 창덕궁에 남아 있는 궁궐 건물들의 이름을 집의 서열대로 연결한 것이야.

- 전: 경복궁의 근정전, 사정전, 강녕전(왕의 침전), 교태전(왕비의 침전) 등
- 당: 경복궁의 자선당(세자의 침전) 등
- 합: 경복궁의 곤녕합(명성황후가 시해된 곳), 제수합 등
- 각: 경복궁의 비현각(세자의 편전), 흠경각(물시계가 설치된 곳), 동십자각
- 재: 경복궁의 집옥재(왕의 서재)
- 헌: 창덕궁의 관물헌(왕의 집무 공간 중 하나)
- 루: 경복궁의 경회루(왕의 연회 공간)
- 정: 경복궁의 향원정(왕비의 휴식 공간)

아름 아하! 결론은, 왕과 왕비의 집이 최고네? 그다음이 세자의 집이고! 이건 좀 쉽다.

호림 어라? 같은 왕이 쓰는 건물인데도 계급이 낮은 것이 있네요?

건물의 용도에 따라 집의 서열이 정해지기도 한다

아빠 응, 주인은 같아도 건물의 용도에 따라서도 건물의 서열이 정해진다는 말이야.

엄 마   일반 가정집으로 치자면, 안방과 같이 잠을 자는 방이 가장 중요한 곳이라서 계급이 제일 높고, 거실이나 서재, 다용도실은 계급이 떨어지는 곳이란 말이지.

아 름   요즘 우리 식구들은 거의 거실에서 지내잖아요! 거실이 제일 크고, TV나 게임기, 컴퓨터도 거실에 있고, 안방에서는 잠만 자는데 왜 안방이 거실보다 더 서열이 높죠?

아 빠   옛날 사람들은 지금 우리와는 생활 방식이나 사고방식이 많이 달랐어. 그래서 문화재를 보려면 옛날 사람들의 처지에서 이해하려고 노력해야 해. 왜냐하면, 문화재라고 하는 것은 옛날 사람들이 남긴 유물이기 때문이야.

엄 마   옛날 사람들이 지금의 우리와 생각이 달랐던 예를 하나 들어볼까? 요즘은 아들이나 딸이나 모두 귀하게 여기고 그다지 차별하지 않지만, 옛날에는 무조건 딸보다 아들을 중요하게 생각했거든.

아 름   옛날에는 왜 아들을 그렇게 중요하게 생각했어요?

아 빠   옛날에는 우리가 농경 사회라서 농사지을 노동력을 중요하게 여겼고, 그래서 힘센 남자를 선호한 거야. 또한, 조선은 철저한 유교 사회라서 조상과 가문의 대를 잇는다는 것을 아주 중요하게 생각했어. 그래서 큰집에 아들이 없으면 대를 잇기 위해서 작은 집의 장남을 큰집에 양자로 보내기도 했어.

안방이나 침전의 서열이 가장 높은 이유

호 림   제일 서열이 높은 집이 왕과 왕비의 침전이라면 잠자는 침대가 있는 집을 말하죠? 그렇다면 요즘 말로 하면 침실인데, 잠자는 집이 여러 집 중에서도 제일 서열이 높다는 말이 아직도 이해가 잘 안 돼요.

아 빠   호림아, 그리고 아름아! 너희 요즘 학교에서 성교육 받지?

아 름   그럼요. 유치원 때부터 성교육을 받았어요. 성 박물관에도 여러 번 다녀왔고요. 우리 여자들의 몸에는 소중한 아기방이 있고, 남자들의 몸에는 아기씨가 있어요. 그래서 아기씨와 아기방이 만나서 귀여운 아기가 되는 것이죠.

엄 마   침전에서 왕과 왕비가 잠을 잔다는 말은 다른 말로 하면 그곳에서 아빠인 임금님과 엄마인 왕비님 사이에서 새로운 생명인 왕자나 공주가 생긴다는 말이야.

아 빠   철저한 유교 사회인 옛날 조선에서는 장차 나라의 대를 이어가야 할 왕자, 그중에서도 왕위를 계승할 세자를 너무너무 중요하게 여겼어. 오죽하면, 세자를 나라의 근본이라고 해서 국본國本이라고 불렀겠니? 그런 국본인 세자가 태어나는 곳이니, 침전이야말로 나라에서 가장 중요한 건물이 되는 셈이지.

문화재를 볼 때는 내가 아닌 옛사람의 눈으로

아 름   딸보다 아들을 중요시했다는 사실이 내 마음에는 썩 들지 않지만, 뭐 옛날 사람들이 그렇게 생각을 했다니 어쩔 수 없지요.

아 빠   그렇지. 궁궐은 결국 옛날 사람들이 남긴 흔적이니깐, 건물의 서열을 정하는 원칙도 옛날 사람들의 처지에서 생각하는 것이 중요해.

엄 마   결론적으로 보자면 궁전이란 말은, 임금이 사는 집인 궁을 최대한 높여서 표현한 말이군요!

호 림   대강은 알겠어요. 그럼, 이번에는 궁궐에 대해 이야기해 주세요.

뱀의 발

1. 동양의 유명한 궁전들

쯔진청紫禁城	중국 북경에 있는 세계문화유산. 우리에게 자금성으로 잘 알려진 곳이다. 명과 청 왕조의 궁궐로 현재는 고궁 박물원으로 용도가 변경되었다.
고쿄皇居	일본 동경에 자리한 일본 천황의 평소 주거지. 천황이 주거하면서 각종 공식 행사와 집무를 보며, 궁내 관청들도 이곳에 있다.
교토고쇼京都御所	일본 교토에 있는 세계문화유산. 일본 황궁으로, 일본의 수도가 교토에서 동경으로 바뀐 뒤 빈 궁궐이 되었다.
포탈라 궁	티베트 라싸에 자리한 달라이라마의 정궁으로 세계문화유산이다. 포탈라라는 이름은 관음보살이 산다는 뜻의 산스크리트 어에서 유래.
이스타나 왕궁	싱가포르의 대통령궁이다. 이스타나는 말레이 어로 왕궁을 뜻한다.
델리 성	인도 델리에 있는 세계문화유산. 무굴 제국의 황궁으로 붉은빛을 띠고 있어서 붉은 성으로도 불린다.

2. 서양의 유명한 궁전들

버킹엄 궁전	영국 런던에 있는 영국 군주의 공식 집무실 및 주거지로 영국 왕실의 대명사다. 곰 털 모자를 쓴 왕실 근위병의 교대 의식으로 아주 유명하다.
켄싱턴 궁전	영국 런던에 있으며, 현재는 공작 일가가 머무는 공식 관저다. 1997년까지 다이애나 왕세자비가 이곳에서 공식적인 생활을 했다.
베르사유 궁전	프랑스 베르사유에 있는 세계문화유산. 바로크 건축의 대표 작품이다. 태양왕으로 불리던 루이 14세가 이 궁전으로 거처를 옮긴 뒤, 1789년 프랑스대혁명으로 왕실이 강제로 파리로 옮겨갈 때까지 권력의 중심지였다. 이를 불어로 앙시앙레짐Ancien Régime이라고 한다.
엘리제 궁전	프랑스 파리에 있는 현재 프랑스 대통령의 공식 관저다.
겨울 궁전	러시아 상트페테르부르크에 자리한 세계문화유산. 제정 러시아 황제의 겨울을 위해 지어졌다. 볼셰비키 정권의 겨울 궁전 급습은 러시아 10월 혁명의 발단이 되기도 했다. 현재는 박물관으로 쓰이고 있다.
크렘린	러시아 모스크바에 있는 세계문화유산. 러시아 어로 성채를 뜻한다. 현재 러시아 연방의 대통령 관저 및 정부기관 건물로 쓰인다.
바티칸 궁전	바티칸에 있으며, 사도궁전 또는 교황궁으로 불린다. 교황이 직접 거주하면서 집무하는 곳이다.
알함브라 궁전	스페인 그라나다에 자리한 세계문화유산. 현재는 이슬람 건축 박물관으로 쓰인다. 기타 연주곡인 알함브라의 추억으로 더 유명하다.

궁궐에서 궐은 망루를 뜻한다

아 빠   그런데 궁궐은 앞서 알아본 궁전과는 개념이 조금 달라. 궁궐은 궁과 궐이라는 두 개의 글자가 모여서 한 단어가 되었어. 궁은 임금이 사는 집이라고 했는데, 그렇다면 궐은 무엇일까? 궁궐 정문 앞에서 매일같이 벌어지는 수문장 교대의식 알지? 그것과 조금 관련이 있어.

아 름   수문장? 음… 그래도 도저히 모르겠어요.

아 빠   궐은 주위를 감시하는 망루를 뜻해.

호 림   웬 망루요?

아 빠   응, 동서고금을 막론하고 임금이 사는 곳은 매우 중요한 곳이야. 따라서 왕을 보호하기 위해서는 당연히 높은 담으로 둘러싸서 외부 세계와 철저히 분리하고, 망루도 만들어서 경비도 삼엄하게 해.

호 림   맞아요. 청와대 주변도 철통같이 경비하고 있어요.

아 빠   그래서 궁궐을 둘러싼 담이 마치 성처럼 보인다고 해서 궁성宮城이라는 표현을 하기도 해.

자금성 오문과 궐

엄 마   궁성이요? 그럼, 중국의 궁궐을 자금성이라 하는 것도 그런 이유 때문인가요?

아 빠   굳이 따지자면 그렇다고 볼 수도 있지! 그리고 중국 북경에 있는 자금성의 입구에는 오문午門이라는 큰 문이 있는데, 이 오문의 양 옆쪽에는 망루인 궐이 아주 잘 남아 있지. 그 궐의 맞은 편에도 똑같은 궐이 있어서 쌍궐 형식이라고 해.

아 름   아하! 그런데 아빠는 가 본 적도 없는데 어떻게 자금성을 잘 알아요?

과장되게 표현하자면, 답사는 도서관에서 하는 것

아 빠   나는 지금껏 자금성을 가 본 적이 없어도, 이미 책으로 자금성에 대해 공부를 많이 했어. 원래 답사라는 것은 도서관에서 70%, 현장에서 30% 한다는 말이 있지.

호 림   아빠가 자주 말씀하시는 아는 만큼 보인다는 말인가요?

아 빠   그렇지. 아무튼, 높은 담으로 둘러싸는 것만으로는 임금님을 안전하게 지키기에 부족해서 궁성의 담 위로 주위를 감시할 수 있는 망루를 여러 개 만들었는데, 이것을 궐이라고 했어.

아 름   높은 담에 감시용 망루까지? 임금님은 말이 궁궐이지 감옥이나 다름없는 곳에 사셨구나!

아 빠   하하하! 하기야 구중궁궐九重宮闕이란 말도 있으니 그렇게 볼 수도 있겠구나. 아무튼, 이런 궐의 개념은 고대 중국의 건축물에서 나왔어. 중국의 쓰촨 성에 있는 한나라 시대 묘에서 출토된 화상전이라는 유물에서도 그 궐의 옛 모습을 그림으로 확인할 수 있어. 왕이 마차를 타고 궁궐로 들어가는 장면인데 궁궐이 쌍궐 형식이야.

호 림   궐이 중국에서 생긴 것이라면 우리나라 이외에 혹시 일본에도 영향을 주었나요?

일본의 축성 문화에 남아 있는 궐의 흔적

아 빠   아주 좋은 질문이야. 일본에서도 성을 만들 때는 덴슈가쿠天守閣라는 망루를 꼭 만들어. 일본의 성은 오히려 이 망루가 너무나도 인

일본 동경에 자리한 꼬꾜

상적이어서 일본의 성을 대표한다고도 할 수 있지. 이와 같은 사진을 본 기억이 나지?

아 름   네, 한 번 본 적 있어요.

아 빠   응, 이렇듯 궐은 궁성 내부와 외부 세계와의 경계를 나타내는 대표적인 건축물이 된 것이야.

엄 마   그렇다 보니 궐내 금연이라는 말은 있어도, 궁내 금연이라는 말은 없구나!

아 름   그럼 우리나라의 궁궐에서는 궐이 어디 어디에 남아 있나요? 이름만으로는 경복궁, 창덕궁, 덕수궁, 창경궁처럼 궁만 남아 있잖아요?

동십자각 야경

아 빠   경복궁에서의 궐은 동십자각이라는 건축물로 아직도 이렇게 남아 있어.

호 림   아, 이 건물! 기억나요. 경복궁에서 인사동 쪽으로 걸어가다가 봤어요.

아 름   그런데 궐은 경복궁에만 남아 있나요?

창경궁에 남아 있는 궐의 흔적 찾기

아 빠   아쉽게도 궐이 완벽하게 남아 있는 곳은 경복궁밖에는 없어. 창경궁에도 독립된 건축물로서의 궐은 없지만, 창경궁의 정문인 홍화문의 좌측 행각이 성균관 쪽으로 계속 뻗어 가다 90도로 꺾이는 부분에 이 사진처럼 그 흔적이 남아 있어. 대칭되는 반대편에도 있지.

호림 이제 알 것 같아요. 요점만 말하자면, 궁전은 높임말이고, 궁궐은 망루까지 포함한 말이군요!

아빠 그렇지. 정리하자면, 궁전보다는 궁궐이라는 말이 공간적으로 좀 더 큰 개념이면서도 중국에서 시작된 동양적인, 그리고 유교적인 개념이 들어가 있는 표현이야. 따라서 우리에게는 궁전이라는 말보다는 궁궐이라는 말이 좀 더 적합하다고 볼 수 있어.

1890년경 경복궁의 모습 (원 안이 서십자각)

창경궁 십자각의 흔적

전하와 각하

아 름   아빠, TV 사극에서 보면 신하들이 왕에게는 전하(殿下)라고 하고, 왕세자에게는 저하(邸下)라고 하잖아요? 높은 사람들을 부를 때는 모두 ㅇ하라고 부르는데, 왜 이런 말이 생겼나요?

호 림   저도 궁금한 게 있어요. TV 드라마나 영화에서는 대통령에게 각하(閣下)라고 하고요, 중국황제나 로마황제에게는 폐하(陛下)라고 하던데요, 어느 말이 제일 높임말이에요?

극존칭이 생겨난 이유

아 빠   폐하, 전하, 저하, 각하와 같은 것은, 남을 높여서 부르는 말로 존칭이라고 해. 그리고 존칭이 생겨난 건 다 이유가 있어. 모든 사람이 평등한 지금과는 달리, 옛날에는 사람마다 신분이 모두 달랐어. 높은 신분인 왕족, 귀족도 있었고 낮은 신분인 평민, 천민도 있었지. 그래서 신분이 낮은 사람들은 신분이 높은 분들을 만날 때, 그분들 앞에서 허리를 굽히거나 엎드려서 그분들에 대한 존경심을 나타냈지. 그러다 보니 높은 분들을 부를 때, 한자말로 자신이 있는 아래쪽을 뜻하는 하를 붙인 것이야.

엄 마   너희도 어른들께 인사드릴 때는 허리를 굽히고 엎드려 절을 하지? 그런 것들은 모두 자신의 겸손함을 나타내는 것이야.

아 빠   그런데 신분이 높은 사람 중에서도 더 높은 사람이 있고, 덜 높은 사람이 있어서 그 존칭을 그 사람이 사는 집의 서열과 맞춘 거야.

아 름   그럼 집의 서열이 그 사람의 서열이 되는 것이에요?

아 빠   집에 서열이 있다면, 당연히 집의 주인에게도 그에 맞는 서열이 있겠지? 집의 서열을 다시 한번 기억해 볼까?

아 름   잠깐, 수첩 좀 찾아보고요. 전, 당, 합, 각 그리고 재, 헌, 루, 정이요.

엄 마   아름이의 메모 습관이 참 보기 좋구나! 호림아, 너도 좀 노력해 보렴.

호 림   아름이가 잘하는데요, 뭘 저까지…

아 빠   그런데 모든 집의 서열에 존칭이 붙은 것은 아니야. 있는 것도 있지만 없는 것도 있어. 우선, 제일 계급이 높은 전의 주인에게 붙이는 존칭은 전하야. 내가 전의 아래쪽에서 엎드려 뵈어야 하는 분이라는 뜻이지. 조선 시대에는 오직 한 분, 임금님께만 이 존칭을 썼지.

엄 마   그렇지만 꼭 전하라는 존칭만 있었던 것은 아니야. 우리에게는 마마라는 더 친숙한 존칭도 있었어. 그래서 왕을 주상전하라고도 하지만 상감마마라고도 하지.

호 림   아, 복잡하다. 하나만 쓰지, 왜 이렇게 여러 개를 만들었을까?

왕에게는 전하, 왕세자에게는 저하

아 빠   그런데, 집의 서열을 순서대로 말할 때는 빠졌지만, 집 저邸 자를 쓰는 계급도 있어. 이런 집의 서열도 꽤 높은 편이야.

엄 마   총리관저라든지, 대저택이란 말에서 나오는 그 글자 말인가요?

아 빠   응, 옛날에는 왕후나 귀족 등 귀한 사람이 사는 집을 저라고 했고 그 집은 다른 집보다 땅을 북돋아서 높게 짓는 관례가 있었어. 따라서 저하는 곧 북돋아진 땅보다 내가 아래쪽에서 뵈어야 하는 분이라는 뜻이 담겨 있지.

아 름   아하! 그래서 TV 사극에서 왕세자나 세손에게는 저하라고 불렀구나!

대원군에게는 합하

아 빠   그리고 집의 세 번째 계급인 합閤의 주인에게 붙이는 존칭은 합하야.
아 름   저는 합하라는 말은 처음 들어봐요.
엄 마   합하라는 말은 나도 잘 들어보지 못했어요.
아 빠   응, 합하는 자주 쓰이는 존칭은 아니었지만, 조선 말에 고종 임금의 친아버지인 흥선대원군에게 썼던 존칭이야. 우리나라 역사상 살아 있는 대원군은 흥선대원군이 유일했기 때문에 합하라는 존칭을 쓸 기회가 많지 않았던 거야.
호 림   지금까지 전하가 1등, 저하가 2등, 합하가 3등이네요?
아 빠   또 하나 많이 쓰이는 존칭이 있어. 집의 네 번째 계급인 각閣의 주인에게 붙이는 각하인데 자신의 권한이 아니라 대리로 위임받은 자의 존칭이야. 일제 조선총독부의 총독이 대표적이지.

대통령을 각하라고 부르면 오히려 격을 깎아내릴 수도

엄 마   예전 우리도 군사정부 시절에 대통령 각하라는 존칭을 썼었는데, 알고 보니 대리로 위임받은 하급 존칭이었군요?
아 름   하로 끝나는 존칭은 그게 모두 다인가요? 뭐가 하나 빠진 듯 한데…
호 림   제가 질문했던 폐하가 빠졌어요!
아 빠   얘들아, 가장 서열이 높은 집이 전이라고 했지? 그 전 중에서도, 더 높은 등급의 전이 따로 있어. 바로 커다란 섬돌이나 돌로 만든 단壇 위에 올라가 있는 전이 바로 그것이야.
아 름   섬돌이 뭐예요?

섬돌 위에 올라간 전이야말로 최고로 높은 서열

아 빠 섬돌은 집채의 앞뒤에 오르내릴 수 있게 놓은 돌층계를 말해.

아 름 섬돌이나 돌로 만든 단 위에 올라가 있는 전이라면… 혹시 경복궁의 근정전 같은 것을 말씀하시는 건가요?

아 빠 빙고! 경복궁의 경우에는, 최고 권위의 건물인 근정전은 다른 건물보다 돋보이게 하려고 건물의 층수를 2층으로 만든 것 이외에도 돌로 만든 2층의 큰 단 위에 올라가 있어. 출입을 위해서는 당연히 사방에 오르내릴 수 있는 돌층계도 만들어 놨지. 그 돌로 만든 단을 월대月臺라고 부르는데, 위의 것을 상월대, 아래 것을 하월대라고 해. 또, 왕이 잠을 자는 침전인 강녕전도 근정전에 비해서 크기는 작지만 분명히 돌로 만든 월대 위에 올라가 있어. 이 사진을 한 번 볼래?

아 름 아, 강녕전에도 월대가 있었구나! 그러고 보니 창경궁과 창덕궁에서도 가장 큰 건물은 반드시 돌로 만든 단, 아! 참 월대라고 했지요? 그 월대라는 것 위에 올라가 있는 것 같아요.

경복궁 강녕전

종묘 정전

아빠   바로 그 월대가 곧 임금의 상징이라고 할 수 있지. 심지어 돌아가신 임금들을 모신 종묘에도 이 사진처럼 월대가 있어. 종묘의 월대도 상월대, 하월대 2단이야. 이렇듯 왕이 통치하는 조선은 황제국인 중국의 제후국이기 때문에, 모든 월대는 최고로 높아야 2단이야. 반면에 황제가 통치하는 나라인 중국에서는 월대가 3단이야. 이 사진을 봐.

호림   왜 우리는 월대를 3단으로 못 만들죠? 건축 기술이 모자라는 것도 아닐 텐데…

아빠   그렇게 된 이유는, 동양에서는 대부분 유교의 예법에 의해서 건축물을 만들었기 때문이야. 즉, 황제가 왕보다는 한 단계 더 높은 지위라는 뜻이야. 그리고 그것을 인정했다는 말이지. 만약, 우리가 3단으로 된 월대를 만들었다고 한다면, 그것은 중국이 우리나라를 쳐들어올 수 있도록 하는 명분을 주는 것이지.

3단의 월대 위에 세워진 자금성 태화전과 중화전

궁궐에 관한 일반 상식

월대를 3단으로 만들면 중국과의 전쟁을 각오해야

아 름   겨우 그것 때문에 전쟁을 해요?

아 빠   옛날 사람들의 판단 기준으로는, 3단으로 된 월대를 만든 것은 단순한 건축물이 아니라 황제의 권위를 넘봤다고 하는 뜻이기 때문이야. 아무튼, 유교 예법에 따라 천자天子라고도 불리던 중국 황제는 그 누구와도 차별되는 돌로 만든 3단의 월대 위에, 그것도 3개나 되는 전을 가지고 있어. 그래서 황제에게는 섬돌 폐陛 자를 써서, 폐하라는 존칭을 붙이지. 그렇다고 중국만 황제가 있었던 것은 아니야. 우리나라도 고종 임금이 대한제국을 선포하면서 황제가 되셨고, 그 뒤를 이어 순종도 황제가 되셨지.

호 림   결론적으로 존칭의 서열은 폐하, 전하, 저하, 합하, 각하 순이네요. 이 서열 순위를 보니깐, 대통령을 각하라고 하면 안 되겠구나. 서열이 너무 낮아! 그렇다고 폐하나 전하라고 하기에는 너무 이상하고…

아 름   뭘, 고민해? 그냥 대통령님! 하면 되지.

뱀의 발   유교에서, 특히 성리학은 철저히 계급과 서열을 중시하여 사회의 질서를 유지하고자 하였다. 조선이라는 왕국에서 공식적인 국가 서열 1위는 왕, 2위는 왕세자, 3위는 영의정이었다. 이는 종묘 제례에서 헌관들이 선왕들에게 술을 올리는 차례(초헌, 아헌, 종헌)와도 일치한다.

조선 시대 때 종묘에서의 제사는 크게 두 가지로 나눌 수 있는데, 왕이 직접 제사를 지내는 것을 친제親祭라고 하고, 왕이 직접 지내지 못하는 때에 왕세자나 영의정이 왕을 대신해서 제사를 지내는 것을 섭행제攝行祭라고 했다. 불천위不遷位를 모신 종묘 정전의 제사는 주로 친제를 지냈으며, 상대적으로 중요도가 떨어지는 영녕전의 제사는 섭행제를 지냈다. 친제에서는 왕이 초헌관初獻官, 왕세자가 아헌관亞獻官, 영의정이 종헌관終獻官을 하였다. 또한, 섭행제에서는 모두 당상관인 정1품관이 초헌관, 정2품관이 아헌관, 종2품관이 종헌관을 하였다.

중국에서는 1순위인 황제를 폐하, 2순위인 황태자 및 제후(왕)들을 전하로 호칭했다(일본도 자체적으로 자기네들의 왕을 황제라고 칭하기 때문에 천황 폐하라고 한다). 조선은 중국의 제후국에 해당하기에 왕은 전하, 왕세자는 저하로 호칭했다.

그런데 고종이 대한제국을 선포하면서 황제의 지위에 올랐기 때문에 국왕은 황제가 되면서 당연히 호칭은 전하에서 폐하로 바뀌었고, 왕세자는 황태자가 되면서 호칭도 저하에서 전하로 한 단계 상승하였다. 대한제국의 마지막 황태자인 의민 황태자는 세칭 영왕 또는 영친왕이라 불린다.

대비들을 위한
궁궐

아 름   아빠, 어느 한 시점에서 볼 때, 왕은 단 한 명뿐인데 궁궐은 경복궁, 창덕궁, 창경궁, 덕수궁, 경희궁 등 여러 개네요? 그중에는 혹시 왕 이외에 왕비나 왕세자를 위한 궁궐도 있나요?

모든 궁궐의 주인은 오로지 임금 한 사람

아 빠   모든 궁궐은 원칙적으로 왕 한 사람만을 위해서 존재해. 궁궐 속에는 물론 세자를 위한 동궁전도 있고, 왕비를 위한 중궁전도 있고, 대비를 위한 대비전도 있지. 하지만, 모든 건물을 설계할 때는 항상 왕을 중심에 두고 이 점을 고려하여 만들어. 따라서 왕의 건물을 제외한 나머지 건물들은 그야말로 보조적인 역할에 지나지 않아. 아무튼, 겉으로 봐서는 무조건 궁궐은 임금님 단 한 사람을 위한 건축물이야.

호 림   출제자의 의도를 잘 파악하라는 말이 있는데요, 겉으로 봐서라는 말의 뜻은, 뒤집어서 속으로 본다면 다른 뜻이 숨어 있다는 말이네요?

아 빠   호림아, 너는 정말 탐정을 해도 되겠구나! 그래, 원칙적으로는 왕 한 사람만을 위해 만들어진 궁궐들이지만, 그 궁궐 중에서도 다른 궁궐들과 서로 하나씩 비교해서 살펴보면, 뭔가 심하게 품격이 떨어지는 궁궐이 하나 눈에 들어와. 그게 뭘까? 답을 말하기 전에, 경희궁은 일단 제외하기로 하자.

경희궁은 완전히 파괴된 궁궐

아 름   경희궁을 제외하는 이유는 뭐죠?

아 빠   경희궁은 일제강점기를 거치면서 완전히 파괴된 궁궐이야. 그 때문에 지금 일부 복원했다고는 하지만, 정문인 흥화문을 제외하고는 주요 건물이 세 채 밖에 없고 그마저도 모두 새로 지어진 건물이야. 따라서 문화재적인 가치를 지니는 제대로 된 궁궐이라고 보기는 어렵지.

호 림   그럼, 남아 있는 궁궐이 네 곳이니깐 사지선다형 문제네요? 왠지 학교 시험 같은 느낌이…

아 름   음… 혹시, 창경궁인가요?

엄 마   왜 창경궁이라고 생각했니?

아 름   다른 궁궐들은 마치 어른처럼 스스로 궁궐 자리를 잡고 있는데, 창경궁은 어른 등에 업혀 있는 아이처럼 창덕궁에 착 달라붙어 있는 느낌이에요.

아 빠   잘 보았구나! 창경궁이 정답이야. 물론, 창경궁도 왕을 위해 필요한 대전이나 법전, 편전 등을 모두 갖추고는 있어. 그렇지만, 다른 궁궐들과 비교해보면 그래도 뭔가 부족한 느낌이 들 거야.
혹시 아름이가 그것을 한번 자세히 말해 볼 수 있을까?

아 름   글쎄요… 일단, 다른 궁궐 사진들과 하나씩 비교해 봐야죠. 음… 겉으로 봐서는 창경궁의 규모가 경복궁이나 창덕궁에 비해 작고 좁아요.

창경궁의 격이 떨어지는 증거 찾기

아 빠   그것도 맞는 말이지만 규모가 작다는 게 기준이 좀 모호하니깐 좀 더 확실한 증거를 찾아볼까?

아 름   음… 아! 찾았다. 어느 궁궐이든 품계석이 늘어서 있는 궁궐의 가장 중심 건물이 있는데, 창경궁에는 그 건물이 뭔가 허전해요. 공간도 좁고 옆의 건물들과 다닥다닥 붙어 있고, 게다가 1층밖에 없어요.

아 빠   오, 대단한걸? 어느 궁궐이든지 으뜸이 되는 전각은 법전法殿 또는 정전政殿이라고 불러. 그 앞에는 모든 신하들이 한꺼번에 모일 수 있는 큰 마당이 있지. 그 마당을 아침 조朝, 마당 정廷 자를 써서 조정이라고 하는데, 조회를 하는 마당이라는 뜻이야. 너희 학교에서도 매주 전교생이 모여서 조회를 하지?

호 림   그럼요. 옛날 사람들도 조회를 했구나!

아 름   품계석이 양쪽으로 나뉘어 줄지어 서 있는 그곳을 조정이라고 해요? TV 사극에서 많이 듣던 조정 대신이란 말이 여기에서 나왔구나!

호 림   그런데 왜 품계석이 양쪽으로 나뉘어 있죠? 한 줄로 서면 편할 텐데…

양반, 문반과 무반을 합쳐서 부르던 말

아 빠   조선의 지배 계층을 양반이라고 해. 그건 학교에서 배워서 알지? 그런데 양반이라는 말은 양쪽으로 나뉜 두 개의 반이라는 뜻으로, 문신의 반열인 문반文班과, 무신의 반열인 무반武班을 합쳐서 부르는 말이야. 따라서 품계석의 한편에는 문반이 서고, 반대편에는 무반이 줄지어 서는 거야.

호 림   왕과 신하들이 조정에 모여서 무엇을 했어요? 그때에도 애국가 제창 같은 것도 했나요?

아 빠   조정 뜰에서는 국가 차원에서 치러지는 최고 격식의 의식이나 행사가 대부분 열렸는데, 특히 나라에서 정한 다섯 가지 큰 예법인 국조오례의國朝五禮儀를 기준으로 삼았어. 외국 사신의 영접을 빈례賓禮라고 하고,

왕이나 왕세자의 결혼과 같은 가례嘉禮, 군사 출정식인 군례軍禮, 나라의 큰 제사인 길례吉禮, 왕이나 왕비가 돌아가시는 국상이 났을 때의 흉례凶禮가 바로 다섯 가지 예법에 따른 의식이야.

국가 최고의 의례 다섯 가지를 오례의라 한다

아 름 빈례, 가례, 군례, 길례, 흉례, 다섯 가지 예법에 따른 예식이라서 오례의라고 하는 구나. 나라에서 만들었으니 나라 국, 만들 조! 한자를 알고 보니 그다지 어렵지 않네?

아 빠 아름아! 만들 조造가 아니라 나라 이름 조선의 조朝야. 조선의 다섯 가지 예법이란 뜻이지.

아 름 이래서 한자가 어렵다고요! 잉…

엄 마 아무튼, 나라에서 주최하는 최고 격식의 5가지 의식은 주로 법전 또는 정전이라는 건물에서 한다는 말이죠?

아 빠 그렇지! 좀 더 정확히 하자면 법전 앞의 조정 뜰에서 한 셈이야. 경복궁의 근정전, 창덕궁의 인정전, 창경궁의 명정전이 바로 그런 용도로 쓰인 각 궁궐의 법전이야.

창경궁 명정전의 조정마당

아 름   듣고 보니 모든 법전에는 반드시 정전政殿이란 글자가 들어 있네요?
아 빠   맞았어. 국가의 큰 정치 행사를 하는 곳이기 때문이지. 그리고 창경궁의 명정전을 제외한 법전은 모두 2층으로 되어 있어. 궁궐 안에서 누각이나 정자를 빼고는 2층짜리 건물을 찾아보기 어려운 이유도 바로 법전의 이런 상징성 때문이야. 게다가 그것도 모자라서 월대라고 하는 돌로 된 2층의 단 위에 법전을 만들지. 그만큼 격이 높은 건물이라는 뜻이야.
엄 마   하지만, 덕수궁에는 정전이 들어간 건물이 없는 것 같던데요?

덕수궁은 황궁으로 만들어져 왕궁과 단순 비교가 어렵다

아 빠   법전의 이름에서 단 한 가지 예외가 있어. 바로 엄마가 지적한 덕수궁이야. 덕수궁의 중화전中和殿도 법전이지만, 글자가 정전이 아니라 화전和殿이야.
호 림   역시 예외 없는 규칙이란 없구나…
아 빠   그 이유는 덕수궁은 조선이 아닌, 대한제국의 궁궐이기 때문이야. 조선은 제후라고도 불리는 왕의 나라, 즉 왕국이고, 대한제국은 황제의 나라, 즉 제국이야. 따라서 덕수궁은 유교 예법에 따른 왕의 궁궐이 아니라, 황제의 궁궐이기 때문에 법전 이름에 화 자를 썼어.
아 름   그럼, 중국 자금성의 법전 이름에도 화전이 들어가 있겠군요?
아 빠   역시 아름이구나! 눈치가 백 단이야! 우리의 궁궐에는 하나씩만 있는 법전이 중국 자금성에는 세 동이나 되고, 각각 이름을 태화전, 중화전, 보화전이라고 해.
아 름   그럼 덕수궁도 황제의 궁궐이라면 법전을 세 곳 만들어야 하는 것 아닌가요?

덕수궁은 왕궁도 황제궁도 아닌 어정쩡한 궁궐

아빠 우리의 가슴 아픈 역사이기는 하지만, 고종이 선포한 대한제국은 말만 황제의 나라지, 사실상 외세에 의해 망해 가는 조선이라는 나라의 빈 껍데기에 지나지 않았어. 따라서 덕수궁은 제대로 된 조선의 궁궐도 아닌, 그렇다고 제대로 된 황제의 궁궐도 아닌, 망해 가는 나라의 모습을 담고 있는 어정쩡한 궁궐이야. 그래서 앞으로 일반적인 궁궐을 이야기할 때는, 덕수궁은 별도로 따로 떼어서 생각하자.

아름 알겠어요. 그럼 건물이 몇 채밖에 없는 경희궁과 성격이 어정쩡한 덕수궁은 앞으로 무조건 예외로 생각할게요.

아빠 내 생각에도 그렇게 하는 편이 궁궐 공부하는 데 혼동이 덜할 것 같구나. 아무튼, 아름이가 찾아낸 것처럼 다른 조선 궁궐의 법전과는 달리, 창경궁의 명정전은 2층이 아니라 1층이야. 2층으로 만들 수 있음에도 1층으로 만들었다는 이야기는 건물의 격을 의도적으로 낮추었다는 뜻이기도 하지. 자, 하나는 잘 찾아냈으니 그럼 또 다른 증거를 더 찾아볼까?

창경궁이 다른 궁궐과 비교해 격이 떨어지는 증거

아름 음… 이제는 도저히 못 찾겠어요.
호림 못 찾겠다. 꾀꼬리!
엄마 이 문제는 나도 정말 쉽지 않네? 힌트 하나만 줘요.
아빠 문을 자세히 봐!
아름 문이라… 음… 어? 창경궁은 정문인 홍화문에서 법전인 명정전까지 왜 이렇게 짧지? 게다가 문이 2개뿐이에요!

아 빠 그렇지! 궁궐의 정문에서 으뜸 전각인 법전에 도달하기까지 다른 궁궐은 3개의 문을 지나는 데 비해, 창경궁은 단 2개의 문만을 지나. 이처럼 문의 숫자를 줄인 것도 유교 예법에 따르면 격을 의도적으로 낮추었다는 뜻이야. 유교 예법에는 삼문삼조三門三朝라는 것이 있어서 제후국은 정문에서 법전까지 문을 3개 지나가야 해. 이에 따라서 경복궁은 광화문 → 흥례문 → 근정문을 거쳐서 근정전에 다다르지. 창덕궁도 돈화문 → 진선문 → 인정문을 거쳐서 인정전에 도착해. 그런데도 창경궁은 홍화문 → 명정문만 통과하면 바로 법전인 명정전이 보여.

아 름 창경궁은 왜 그런 식으로 궁궐의 격을 일부러 떨어뜨려서 만들었죠?

아 빠 그게 바로 핵심이야. 창경궁이 겉으로 봐서는 임금을 위해 만들어진 궁궐로 보이지만, 속에 담겨 있는 내용적으로는 왕이 아닌 다른 사람들을 위해서 만들어졌다는 것을 뜻하기 때문이야.

호 림 궁궐인데도 왕이 아닌 주인이 따로 있다? 그럼 창경궁의 실제 주인은 누구죠?

창경궁의 실질적인 주인은 대비들

아 빠 그것은 바로 대비大妃들이야. 최소한 창경궁이 지어질 때는 그렇게 만들었어.

아 름 대비라면, 임금의 어머니나 할머니를 말하는 것인가요? 그리고 대비들이라면 한 사람이 아니라 여러 사람을 말하는 것인가요?

아 빠 그렇지! 창경궁을 만든 사람은 조선 제9대 성종 임금이야. 그런 이유 때문에 현재 창경궁에는 성종대왕의 태실이 남아 있어. 보통의 경우라면, 왕에게는 왕실의 어른이 되는 대비께서 한 분이 계시거나 또는 대왕대비까지 많아야 두 분이야.

아 름　맞아요. TV 사극에서 임금이 어머니에게 어마마마, 그리고 할머니에게는 할마마마라고 하는 것을 봤어요.

아 빠　그런데, 새로 즉위한 성종에게는 대비, 왕대비와 더불어 대왕대비까지 세 분의 대비가 있었어.

아 름　그렇다면, 성종 임금에게는 어머니와 할머니 이외에 증조할머니까지 살아계셨나요?

아 빠　그런 것이 아니라, 어머니와 작은어머니, 할머니 이렇게 세 분이 살아계셨던 거야. 조금 복잡한 내용이기는 하지만 성종 임금이 왕위에 오르는 과정은 그래도 좀 알아둘 필요가 있을 것 같아. 그리고 복잡한 내용을 쉽게 이해하려면 머릿속에서만 생각하는 것보다는 직접 써 보는 것이 좋아.

복잡한 성종의 왕위 계승 과정

아 름　알겠어요. 지금 수첩에 기록할게요.

아 빠　왕위 계승에는 원래 적장자 계승이라는 원칙이 있어. 첩이 아닌 본부인에게서 태어난 장남에게 왕위를 물려준다는 뜻이야. 그런데 세자였던 첫째 아들이 왕위에 오르기 전에 죽으면 좀 상황이 복잡해져. 조선 제7대 세조 임금으로부터 제9대 성종 임금 때까지가 그런 복잡한 상황이 있었어.

호 림　첫째 아들이 죽으면 둘째 아들에게 왕위를 넘겨주면 되잖아요.

아 빠　세자인 첫째 아들이 후사가 없이 죽었으면 그럴 수도 있지. 그렇지만 세자가 왕위에 오르기 전에 아들을 낳았다면, 그 세자의 아들은 현재 왕의 손자가 되겠지?

아 름　그야 당연하죠.

아 빠 그럼 세자가 먼저 죽고 나서 그 이후에 왕이 죽으면, 누구에게 왕위를 물려줘야 할까? 세자의 동생인 왕의 둘째 아들? 아니면 왕의 손자인 세자의 어린 아들?

아 름 그거야, 음… 에라 모르겠다!

아 빠 그런 복잡한 상황이 세조 임금에게 벌어진 거야. 세조는 두 아들이 있었는데 첫째 아들이 의경세자였고, 둘째 아들이 해양대군이었어. 그런데 세조 임금이 살아 있었을 때, 첫째 아들이었던 의경세자는 세조보다도 먼저 사망했었고 슬하에 두 왕자를 남겼지. 장남인 월산대군과 차남인 자을산군이야. 세조에게는 손자들이지. 이때, 세조가 의경세자의 뒤를 이어 사망하면 누가 왕위를 이어야 하지? 일단, 왕위 계승을 적장자 계승의 원칙대로 적용해 봐.

아 름 당연히 월산대군이겠죠!

아 빠 하지만 왕위는 세조의 둘째 아들인 해양대군에게 넘어갔고, 이분이 조선 제8대 예종 임금이야.

아 름 왜 그렇게 되었나요?

권신 한명회의 왕위 계승 비밀 작전

아 빠 그렇게 된 이유는 당시의 최대 권력을 쥐고 있었던 한명회(韓明澮)가 바로 예종의 장인이었기 때문이지. 그렇지만 예종마저도 재위 14개월 만에 사망하였고, 슬하에 나이 어린 왕자 제안대군을 남겼어. 이제 남은 것은 세조의 손자들뿐이야. 나이순대로 하면, 월산대군, 자을산군, 제안대군. 이렇게 되면 누구에게 왕위를 물려줘야지? 여기서도 적장자 계승의 원칙을 적용해 봐.

아 름 적장자 계승의 원칙대로 하자면, 예종의 아들인 제안대군이 왕위를 이어야 해요.

아 빠　만약 제안대군이 아니라면, 누가 왕위를 이어야지?

아 름　그렇다면 아깝게 왕위를 놓친 월산대군이겠죠?

아 빠　예종의 다음 왕위 계승도 적장자 계승의 원칙이 깨졌어. 그것도 너무 황당하게 깨졌지. 왕위는 세조의 부인이었던 정희왕후와 누군가의 결탁으로 의경세자의 첫째 아들인 월산대군이 아니라, 둘째 아들인 자을산군에게 넘어갔어. 가장 뒷순위의 사람이 뜻밖에 왕위에 오른 거야.

아 름　아니, 어떻게 그럴 수가 있죠? 그 누군가가 도대체 누구죠?

아 빠　이유가 궁금하지? 이것도 한번 알아맞혀 봐.

호 림　혹시 이번에도 한명회의 농간?

아 빠　바로 그렇지. 이유는 의경세자의 둘째 아들인 자을산군도 한명회의 사위였기 때문이야. 이 자을산군이 바로 조선 제9대 성종 임금이야.

한명회 덕에 임금이 된 성종

엄 마　그럼 한명회는 성종의 작은 아버지인 예종의 장인이기도 하고, 예종의 조카인 성종의 장인이기도 하네요? 어떻게 그런 일이?

아 빠　그렇지. 한명회의 셋째 딸이 예종의 첫 부인이었던 장순왕후 한씨이고, 한명회의 넷째 딸이 성종의 첫 부인이었던 공혜왕후 한씨야.

엄 마　어머나? 그럼 한명회의 넷째 딸이 셋째 딸인 자기 언니에게 작은어머니! 라고 불렀겠네요? 요즘 같았으면 세상에 이런 일이라는 TV 프로그램에 나올 것 같아요!

아 름　어떻게 친언니가 작은어머니가 되죠?

엄 마　우리나라의 친척 관계는 남편을 따라가기 때문에 그렇게 된단다.

아 빠　이 이야기는 한명회의 권력이 얼마나 강력했던가를 보여 주는 부분이지. 아무튼, 새로 즉위한 성종 임금에게는 자신의 친모인 인수대비 이외에도 선왕이었던 예종의 둘째 왕비인 안순왕후가 왕대비로 계셨고 할아버지 세조의 왕비인 정희왕후가 대왕대비로 계셨어.

세 분의 대비를 모셔야 하는 성종 임금

아 름 그래서 어머니와 작은어머니, 그리고 할머니까지, 이렇게 세 분이 동시에 살아계셨다는 거네요?

아 빠 충과 효를 강조하는 유교 국가인 조선에서, 왕은 만백성에게 모든 면에서 모범을 보여야 하거든. 그런데 매일 같이 왕이 직접 문안 인사를 드려야 하는 대비가 창덕궁 한 궁궐 담장 안에 세 분이나 모여 계신다면 얼마나 서로가 불편했겠니?

엄 마 고부간의 갈등은 예나 지금이나 똑같았을 거예요. 특히 왕비에게는 끔찍한 상황이었을 거예요. 시어머니에다가 시할머니까지, 그것도 세 명씩이나… 혹시 그때의 왕비가 누구였죠?

뱀의 발 한명회의 셋째 딸(장순왕후 한씨)과 넷째 딸(공혜왕후 한씨)이 묻혀 있는 파주 삼릉

경기도 파주시 조리읍에 자리하고 있으며, 왕릉들의 앞글자를 따서 공순영릉恭順永陵으로도 불린다. 이중 공릉恭陵은 조선 제8대 왕 예종의 정비 장순왕후章順王后 한씨의 능이고, 순릉順陵은 조선 제9대 왕 성종의 정비 공혜왕후恭惠王后 한씨의 능이다.

공릉의 주인공인 장순왕후는 한명회의 셋째 딸로, 16세인 1460년에 세자빈으로 간택되어 당시 세자였던 예종과 가례를 올렸다. 그러나 이듬해 인성대군을 낳은 후, 산후병으로 말미암아 17세의 꽃다운 나이에 요절하였다. 한편, 순릉의 주인공인 공혜왕후는 한명회의 넷째 딸로 1467년 자을산군과 혼인한 뒤 자을산군이 예종의 뒤를 이어 왕위에 오르자 왕비에 책봉되었다. 그러나 1474년 역시 19세의 꽃다운 나이에 요절하였다.

한편, 이들과 함께 묻혀 있는 영릉永陵의 주인공은 10살의 나이로 요절한 영조의 큰 아들 효장세자와 효순왕후의 추존왕릉이다. 따라서 파주 삼릉은 모두 십 대에 요절한 젊은 영혼들의 왕릉인 셈이다.

또한, 야사에 따르면 세조의 며느리였던 장순왕후와 세조의 손자며느리였던 공혜왕후를 비롯하여 세조의 장남인 의경세자, 세조의 차남인 예종과 손자인 인성대군 등 세조의 자손들이 모두 어린 나이로 요절한 것은 세조가 단종을 억울하게 죽인 것에 대해 단종의 어머니이자 세조의 형수였던 현덕왕후 권씨의 저주 때문이라고 한다. 세조 자신의 피부병도 세조의 꿈속에 나타난 현덕왕후가 세조의 얼굴에 뱉은 침 때문이라고 한다.

아 빠   처음에는 한명회의 넷째 딸인 공혜왕후 한씨였는데, 후사없이 19살의 꽃다운 나이에 요절하시고, 후궁 중에서 숙의 윤씨가 두 번째 왕비로 승격되었어.

엄 마   성종의 부인이면서 윤씨라면, 혹시 성종의 얼굴에 손톱자국을 낸…?

아 빠   그래 바로 그 폐비 윤씨야. 연산군의 생모이기도 하지.

엄 마   죽을 만한 상황이었겠네요.

아 빠   아무튼, 성종 임금은 창덕궁과 붙어 있는 별도의 궁궐인 창경궁을 만들어서 왕실 어른이신 대비들께서 불편함이 없도록 배려한 것이야.

호 림   쉽게 말해서 아파트를 넓은 평수로 이사 간 것이네요?

아 빠   하하하, 정말 재미있는 비유구나!
또한, 담 하나를 사이로 창덕궁과 창경궁을 붙여서 만든 이유도 왕이 매일 같이 문안을 쉽게 드릴 수 있도록 한 것이지.

아 름   매일 같이 문안을 세 번이나 드리려고 하면 왕도 너무 힘들었겠다.

아 빠   자, 이제 정리를 하자면, 창경궁도 엄연히 궁궐이기 때문에 왕이 필요한 시설을 형식적으로는 모두 갖추었지만, 정상적인 왕의 궁궐과 품격을 달리하려고 일부러 법전의 층을 2층에서 1층으로 낮추었고 진입하는 문의 숫자도 3개에서 2개로 하나를 줄인 것이야. 그런데 그 이외에도 격을 달리한 흔적들은 찾아보면 많아. 나머지는 아름이와 호림이가 좀 더 궁궐 공부를 하면서 직접 답사할 때 찾아볼까?

아 름   아! 숙제는 싫은데…

창경궁에 있는 성종대왕태실

운현궁은
궁궐이 아니다

하늘에서 내려다본 운현궁

아 름   아빠, 지난번 북촌에 답사 갔을 때요, 창덕궁 앞에 운현궁雲峴宮이라고 있었잖아요? 그런데 조선의 5대 궁궐은 경복궁, 창덕궁, 창경궁, 경희궁, 덕수궁이잖아요? 그럼 운현궁도 궁인데 왜 조선의 궁궐에는 포함되지 않나요?

아 빠   궁은 여러 가지 뜻을 담고 있어. 우선, 임금이 사는 집을 뜻하지. 앞에서도 살펴본 바와 같이 이때는 보통 궁궐이라고 해. 집이 너무나도 커서 대궐이라고도 해.

호 림   울긋불긋 꽃대궐도 있지요!

궁궐에 관한 일반 상식

아 빠   일반적으로 임금은 궁궐에서 왕비나 후궁의 아들로 태어난 뒤에, 원자를 거쳐 왕세자로 성장하고, 선왕이 돌아가시면 뒤를 이어 새로운 임금의 자리에 올라. 그렇지만 철종이나 고종처럼 궁궐이 아닌 곳에서 태어난 임금님도 있어.

아 름   아, 강화도령 철종이요?

임금의 사저를 잠저라 부른다

아 빠   그래. 이런 임금들은 인조 임금과 같이 쿠데타로 왕위에 오르거나 철종이나 고종처럼 선왕이 자식이 없이 돌아가셨을 때 가장 가까운 왕족 중에서 추대된 왕들이야. 정상적으로 왕위를 계승한 경우는 아니란 이야기지. 아무튼, 이런저런 이유로 궁궐 이외의 장소에서 태어난 임금은 궁궐에 들어오기 이전에 그가 살았던 집을 통칭하여 잠저(潛邸)라고 해. 대표적인 잠저로는 고종이 태어난 운현궁과 강화도령으로 잘 알려진 철종이 태어난 강화도의 용흥궁이 있지.

아 름   그럼 운현궁도 임금님이 옛날 살던 집을 높여서 부르는 말이네요?

아 빠   그렇지. 따라서 운현궁은 고종 임금이 왕위에 오르기 전에 살았던 일반 집을 높여 부르는 말이기 때문에 당연히 궁궐에 포함되지 않아.

용흥궁

사람의 이름에도 궁이란 말을 붙일 수 있다

아 름 아빠, 그런데 또 궁금한 것이 있어요. 정조 임금의 어머니를 혜경궁 홍씨라고 하잖아요? 사람 이름에도 궁이라는 말을 붙여요?

아 빠 사람 이름 뒤에 붙이는 궁은 세자빈을 포함해서 후궁이 죽은 후에 자식이 왕위에 올라 추존을 받거나, 또는 나라에 공로가 많거나, 왕의 총애가 높았던 후궁들에게 왕이 하사했던 이름으로 궁호宮號라고 해. 사람을 부를 때 이름을 직접 부르지 않고 사는 건물의 이름을 붙이는 이런 전통은 민간에도 있어서 결혼한 여자를 부를 때는 택호宅號라는 호칭으로 불러. 보통 그 사람의 시집오기 전 친정의 지명에 댁을 얹어 부르는 호칭인데, 엄마는 부천댁이 되겠지?

아 름 그럼 만약 혜경궁 홍씨의 아들인 정조 임금이 왕위에 오르지 못했다면, 혜경궁 홍씨는 어떻게 불렸을까요?

아 빠 원래, 세자빈의 신분이었으니까 혜빈 홍씨라고 불렸을 거야.

아 름 세자빈? 혜빈? 빈嬪이 뭐예요?

아 빠 빈은 내명부의 품계 이름인데 내명부의 정1품으로 가장 높은 품계야. 좀 더 정확하게 말하자면 세자의 부인은 내명부와는 별개의 세자궁의 정1품이지만, 우리는 그렇게까지 구분할 필요는 없고 그냥 내명부로 봐도 무방해.

아 름 품계는 신하들에게 붙이는 계급 맞죠? 그런데 여자도 품계가 있어요?

아 빠 그렇지. 남자 관원들에게 정 1품부터 종 9품까지 품계가 있는 것처럼 여자들에게도 정 1품부터 종 9품까지 품계가 있었어. 남편이 관직에 있는 경우, 부인에게는 남편의 품계와 똑같은 품계가 자동으로 정해지는데 이를 외명부라고 하고, 왕실의 후궁이나 궁궐에서 일하는 궁녀들에게 정 1품부터 종 9품까지 주어지는 품계를 내명부라고 해.

내명부의 품계 및 역할

아 름   그럼 빈이 하는 일은 무엇이죠?

아 빠   비의 보좌를 맡고, 부인의 예법인 부례婦禮를 논한다고 되어 있어.

아 름   그럼, 비妃는 뭐죠? 정1품인 빈이 보좌할 정도의 사람이면 정 1품보다 더 높은 사람일 텐데… 정 0품도 있어요?

엄 마   왕비님을 뜻해. 왕비의 뒷글자가 비잖아.

아 름   아, 그렇구나. 그럼 왕비님은 품계가 어떻게 되죠? 정 0품이 맞나요?

아 빠   아니야, 왕과 왕비는 품계가 없어. 가장 높은 사람에게는 계급을 붙일 수 없지. 그래서 왕비를 내명부의 수장이라고 불러.

아 름   그러면… 중국은 황제국이니깐 비보다 더 높은 사람도 있겠네요?

아 빠   그렇지. 중국은 후后가 제일 높은 사람이야. 그래서 황제의 후이기 때문에 황후라고 하지. 황후 밑에는 우리나라에는 한 사람밖에 없는 비를 세 명까지 거느릴 수 있어.

엄 마   비를 세 사람씩이나?

아 빠   응, 중국 역사상 가장 유명한 비가 누군지 아니? 아마도 이름은 많이 들어 봤을 텐데…

호 림   가수 비는 아닐 테고… 혹시, 양귀비?

아 빠   맞았어!

왕이 되는 또 다른 방법, 추존

아 빠   자, 또 옆길로 많이 샜구나. 다시 혜빈 홍씨, 아니 혜경궁 홍씨 이야기로 돌아가자. 혜경궁 홍씨는 아들인 정조만 왕이 된 것뿐만 아니라, 남편인 사도세자도 왕이 되었어.

아 름　아빠! 그런데 사도세자는 왕이 되기도 전에 뒤주에 갇혀서 죽었잖아요? 그런데 어떻게 왕이 되었죠?

아 빠　응, 사도세자의 경우, 실제로는 왕이 못 되고 죽었지. 그렇지만 왕이 되는 방법은 실제로 살아서 선왕의 뒤를 이어 왕이 되는 정상적인 방법도 있지만, 실제로는 왕위에 오르지 못하고 죽었어도 나중에 왕으로 대접받는 방법도 있어.

엄 마　이것을 어렵게 말해서 추존追尊한다고 해. 이게 모두 정조 임금과 같은 훌륭한 아들을 둔 덕분이지.

아 빠　사도세자는 장조라는 이름의 추존왕이 된 것이야. 그리고 남편이 왕이 되었다는 말은 혜경궁 홍씨 자신도 자동으로 왕비가 되었다는 것을 뜻하지. 때문에 혜경궁 홍씨의 정식 명칭은 헌경왕후 홍씨야.

아 름　왕후요? 후는 중국에만 있다고 했잖아요?

아 빠　헌경왕후라는 것은 돌아가신 다음에 붙이는 이름이야. 그리고 돌아가신 왕과 왕비에게는 아무도 모르게 살짝 한 단계씩 존칭을 더 올려 줘. 여기서 아무도라는 말은 중국을 말하지.

묘호에 조, 종을 쓰는 것은 황제국이고, 제후국은 왕을 쓰는 것이 원칙

아 름　그럼, 조선이 제후의 나라인데도 돌아가신 왕과 왕비의 이름은 황제 수준으로 올려준다는 말씀인가요?

아 빠　그렇지. 그렇지만 완전하게 황제 수준까지는 올리지는 않아. 나중에라도 혹시 중국이 알면 곤란하잖아? 그래서 황후라고 하지 않고, 왕후라고 하는 거야. 왕도 마찬가지야. 세종이니 세조니 성종이니 하는 이름도 모두 돌아가신 다음에 붙인 묘호廟號라고 하거든. 그런데 조나 종은 원래 황제에게만 쓰는 것이야. 제후는 원래 왕이라고 써야 하거든.

엄 마   그래서 중국 소설 삼국지에서 유비가 촉나라의 황제에 오르기 전에는 한중왕이라고 불렸군요.

아 름   맞아요, 고려 말에도 충렬왕, 공민왕, 공양왕 이런 이름의 왕들이 있었어요!

아 빠   그렇지. 우리 아름이는 아는 것도 많아요!

엄 마   그럼, 왜 그 고려 임금들만 왕으로 불렸어요?

아 빠   원래 고려는 자신을 스스로 황제국이라고 했어. 그래서 왕을 폐하라고 불렀고 고려의 궁궐도 유교 예법에 나와 있는 대로, 문을 5개를 통과해야만 고려 황제를 볼 수 있게 했지. 그런데 당시 세계 최강이었던 몽골 족이 중국을 점령한 후, 원나라를 세우고, 우리 고려를 침략해왔거든. 몽골 족이 우리나라에 쳐들어와서 보니, 고려는 예법상 황제국으로 모든 것이 되어 있었단 말이야.

호 림   몽골 놈들이 분명히 기분이 나빴을 거야. 감히 자기네 원나라의 황제를 놔두고, 고려가 황제국으로 행세하고 있었으니깐…

엄 마   그래서 그 유명한 황룡사 9층 목탑도 불태웠던 건가요?

고려왕 중 일부는 묘호로 조나 종을 쓰지 못했다

아 빠   몽골이 황룡사 9층 목탑도 불태우고, 에밀레종의 4배가 넘는 황룡사 동종도 빼앗아 간 건 사실이야. 그런 식으로 몽골이 고려를 힘으로 제압한 뒤에, 무조건 고려의 격을 하나씩 강제로 낮춰버린 거야. 게다가 쌍성총관부, 탐라총관부와 같은 통치 기구를 설치해서, 고려의 국정을 끊임없이 간섭했어. 그래서 고려왕들은 원의 간섭기 동안만큼은 묘호로 조나 종을 못 쓴 거야.

아 름   그럼 추존왕과는 반대의 경우로 실제로는 왕이었는데 왕으로 대접 못 받은 예도 있었겠네요?

아빠 그렇지. 바로 그런 경우가 연산군과 광해군이야. 그래서 실제 왕이었지만 왕위에서 쫓겨났기 때문에 정상적인 왕에게 붙이는 조나 종이라는 묘호가 없지. 그냥 ○○군이라고 이름 붙이는 것은 왕이 아닌 왕자의 신분으로 인정한다는 것이야.

뱀의 발 조선에서는 사대봉사四代奉祀라는 유교적 예법에 따라 집안의 사당에는 장손의 아버지, 할아버지, 증조할아버지, 고조할아버지 이렇게 4대의 신주를 모셨다. 이런 전통에 따라 조선을 건국한 태조 이성계의 4대조를 추존하여 다음과 같은 추존왕들이 종묘의 영녕전에 모셔져 있다.

1. 조선 건국 이전의 추존된 왕들
목조(태조 이성계의 고조부), 익조(태조 이성계의 증조부), 도조(태조 이성계의 조부), 환조(태조 이성계의 부)
한편, 조선 왕조에서도 다음과 같은 추존왕이 나오게 된다. 정원군을 제외하고는 대부분 세자의 지위에 있다가 왕위에는 오르지 못했다.

2. 조선 왕조의 추존왕들

덕종(의경세자)	수양대군의 장남이자 성종의 생부	원종(정원군)	반정으로 집권한 인조의 생부
진종(효장세자)	영조의 장남. 정조의 양부	장조(사도세자)	영조의 차남. 정조의 생부
익종(효명세자)	순조의 장남. 헌종의 생부, 고종의 양부		

3. 조선의 추존황제
대한제국이 성립되면서 황제의 자리에 등극한 고종의 4대조까지 모두 황제로 추존되었다. 고종은 신정왕후 조씨(조대비)에 의해 익종(효명세자)의 양자로 입적되었다. 이에 따라 진종과 장조, 그리고 익종은 왕으로 추존된 다음, 다시 추존황제가 되었다.

태조고황제	태조. 조선왕조 창업자
진종소황제	왕통상 고종의 고조부(효장세자: 영조의 장남)
장조의황제	왕통상 고종의 고조부(사도세자: 영조의 차남)
정조선황제	정조. 왕통상 고종의 증조부
순조숙황제	순조. 왕통상 고종의 조부
문조익황제	왕통상 고종의 부친(익종, 효명세자) → 고종이 익종의 양자로 입적
헌종성황제	헌종. 왕통상 고종의 형제
철종장황제	철종. 왕통상 고종의 숙부

운현궁 현판

궁궐을
여러 개 만든 이유

아 름   아빠, 조선의 궁궐은 경복궁, 창덕궁, 창경궁, 덕수궁에다가 일본이 완전히 없애버린 경희궁까지 포함하면 5개나 되잖아요? 궁궐을 왜 그렇게 많이 만들었을까요?

호 림   부동산 투기라도 했나요?

아 빠   하하하. 부동산 투기라… 정말 호림이 다운 발상이구나. 궁궐을 왜 다섯 개나 만들었는지를 답하기 전에, 먼저 꼭 알아두어야 할 것이 하나 있어. 그것은 바로 조선은 예禮의 나라였다는 것이지.

아 름   조선의 예법에 궁궐을 다섯 개로 만들어야 한다는 규정이 있었나요?

모든 궁궐의 중심은 북궐인 경복궁

아 빠   그런 것은 아니야. 아빠가 차근차근 설명해 줄게. 다섯 개나 되는 조선의 궁궐에는 각기 다른 별칭이 있었어. 일단, 황제의 궁궐이었던 덕수궁은 이야기에서 잠시 제외하기로 하자. 그럼 조선의 궁궐은 4개가 남지? 조선 시대에 경복궁은 북궐北闕이라고 불렸고, 경희궁은 서궐西闕, 창덕궁과 창경궁은 동궐東闕이라고 불렸어.

아 름   각 궁궐의 이름에 방향을 나타내는 말이 들어가 있군요.

아 빠   으뜸 궁궐 자격으로 한양의 북쪽에 자리 잡은 조선의 법궁(정궁)인 경복궁을 중심으로 해서, 경희궁은 경복궁의 서쪽에, 그리고 창덕궁과 창경궁은 경복궁의 동쪽에 자리 잡고 있었기 때문이야. 자, 이 수선전도首善全圖를 보면 왜 그런 이름이 붙었는지 쉽게 이해할 거야.

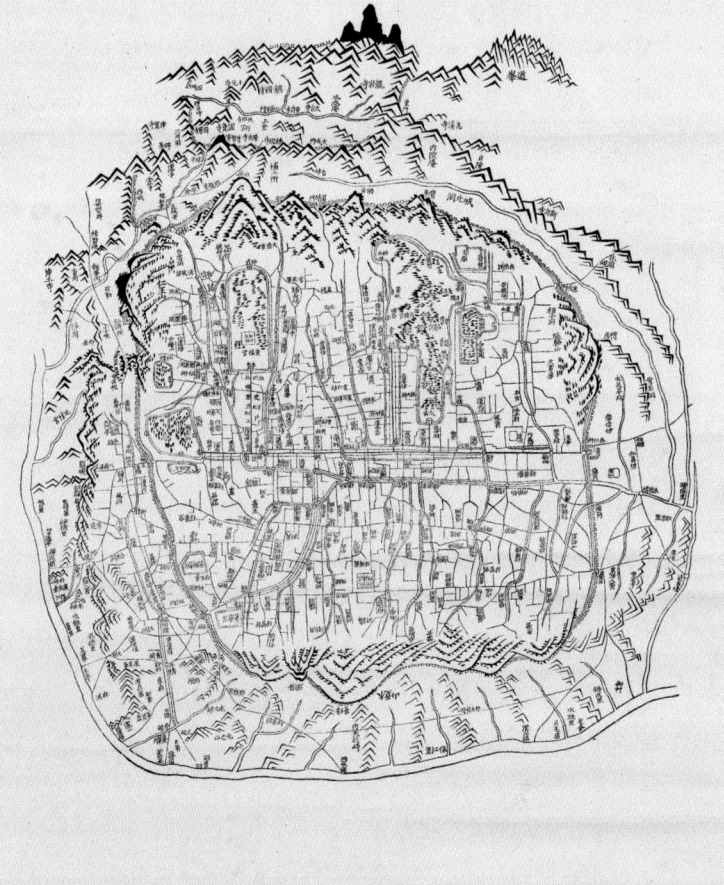

아 름 　그러네요. 한눈에 잘 들어와요.
아 빠 　조선은 유교의 나라이며, 모든 것이 유교의 예법에 따라서 이루어졌어. 궁궐도 예외는 아니지. 조선의 예법은 지금의 예의범절과 같은 에티켓만을 가리키는 것이 아니라 사람이 살아가는 데 필요한 모든 규범과 가치를 규정하고 있었거든. 따라서 조선은 법으로써 다스리는 법치국가라기보다는, 예로써 다스리는 예치국가라는 말이 더 잘 어울리지. 오죽하면 지금의 장관이라고 할 수 있는 육조의 판서 중에서 예법만을 다루는 예조판서가 있었겠니?

법보다 예를 더 중요시한 조선

아 름 　그럼 조선은 법이 없는 나라였단 말씀인가요?
아 빠 　아니야, 조선도 경국대전과 같은 훌륭한 법전을 가지고 있었어. 하지만, 법보다 예를 더 중요시한 나라라는 뜻이야. 이 모든 것이 유교의 영향 때문이지. 공자님의 말씀이 법보다 우선한다는 말이야. 공자님의 유명한 말씀 중에는 예가 아니면 듣지도 말고, 보지도 말고, 말하지도 말고, 움직이지도 말라는 말이 있을 정도야.
엄 마 　조선 후기에 인조의 계비였던 조대비가 아들인 효종과 며느리인 효종비가 차례로 사망했을 때, 상복 입는 기간을 얼마로 해야 하는지를 두고 당시에 다수당이었던 서인과 소수당이었던 남인이 서로 당쟁을 벌인 것도 예와 관련이 있나요?
아 빠 　그럼! 그 사건을 예송禮訟논쟁이라고 해. 말 그대로 예법에 대한 송사를 벌인 것이지. 그런데도 조선을 헐뜯는 식민사관이 머릿속에 들어가 있는 사람들은 조대비의 복상服喪 문제를 두고 벌어진 서인과 남인 사이의 예송 논쟁을 몹시 나쁜 것으로 매도하지. 당쟁 때문에 조선이 망했다고 주장하면서 그 대표적인 사례로 꼽는 거야.

엄 마 그렇지만 많은 사람이 당쟁 때문에 조선이 망했다고 알고 있어요. 그리고 상식적으로도 충분히 이해가 가는 말이잖아요?

아 빠 전혀 그렇지 않아. 사실 조선이 망한 것은 치열한 당쟁 때문이 아니라 오히려 안동 김씨의 일당 독재 때문이었어. 아이러니하게도 조선 후기의 당쟁이 가장 심했던 영·정조 시대를 우리는 조선의 르네상스라고 부르잖아? 정치란 견제 세력이 있으면 결코 부패하지 않거든.

엄 마 그렇지만 단지 상복 입는 기간을 놓고 당쟁을 벌이면서 실제로 정권까지 교체되었다는 것은 정상적인 국가에서 벌어질 수 있는 일이라고는 상식적으로 이해하기 어려워요.

아 빠 예송논쟁의 중심이었던 조대비의 복상 문제는 상복 입는 기간 자체가 핵심이 아니었어. 상복 입는 기간이 문제의 핵심이라고 말하는 사람은 예송논쟁의 내용을 제대로 잘 모르는 사람이야. 예송논쟁은 인조의 뒤를 이어 왕통은 효종이 계승했지만, 가계 혈통은 소현세자와 효종 두 사람 중에서 누구에게 계승되었느냐를 놓고 유교 예법에 대해 서인과 남인 사이에 치열한 법리 논쟁을 벌인 것이야. 가계 혈통을 누가 계승했는지가 결정이 되면, 효종이 소현세자를 대신해서 장남으로 인정받느냐 아니면 비록 왕이지만 차남으로 인정받느냐가 결정되는 것이고, 이에 따라 조대비가 상복을 입는 기간이 결정되는 것이야.

엄 마 어차피 왕위는 효종에게 넘어갔는데, 가계 혈통이 소현세자에게 넘어가든, 효종에게 넘어가든 그것이 무슨 의미가 있어요?

아 빠 아니야, 그렇게 간단한 문제가 아니야. 그때까지만 하더라도 소현세자의 아들이 살아 있었거든. 예전에 TV 드라마 추노의 시대적 배경과 비슷해. 그 드라마에서도 소현세자의 어린 아들이 살아 있었지? 또 유교 국가에서 왕위는 적장자에게 계승된다는 원칙을 기억하지? 따라서 예송논쟁은 효종에게 이어진 왕권의 정통성을 이론상 인정하지 않을 수도 있다는 엄청난 내용이 숨어 있는 거야. 예송논쟁의 결과에 따라서는 잘못하면 역적으로 몰릴 가능성도 있는 거지. 따라서 조대비의 복상 문제는 지금으로 치자면 국가의 중요 정책을 두고 국가 최대의 두 정당이 헌법재판소에서 최종적인 법리 판단을 다툰 것과 비슷해. 그만큼 조선은 예를 중요시했다는 거야.

아 름 그럼 혹시 국보 1호인 숭례문의 뜻이 예를 숭상한다는 뜻인가요?

아 빠 바로 그거야! 한양 도성의 가장 큰 남쪽 대문에 예를 숭상한다는 이름을 쓴 이유도 예가 그만큼 중요하다는 뜻이야.

호 림 조선이 예를 중요시했다는 뜻은 충분히 알겠는데요, 그 이야기를 왜 이렇게 오래 하는 거예요?

아 빠 그런 조선에서 국왕이 반드시 지켜야 할 예법 중에는 군주남면君主南面이라는 것이 있어. 군주, 즉 왕은 반드시 북쪽에 자리를 잡고 남쪽을 바라보라는 뜻이야.

아 름 일반 집도 남향집이 좋다고 하는데 그것도 같은 이치인가요?

아 빠 때에 따라서는 그렇게 볼 수도 있겠구나. 나라에서는 군주가 왕이고, 집에서는 가장이 왕이겠지? 아무튼, 궁궐의 방향에서 제일 중심이 되는 곳은 군주가 자리 잡고 앉은 북쪽이야. 그래서 북궐인 경복궁이 궁

뱀의 발 조선에서의 예란?

조선 후기에 들어오면서 예의 본질과 의의, 내용의 옳고 그름을 탐구하는 유학의 한 분야인 예학이 사회 전반에 등장했다. 이는 임진왜란과 병자호란을 통해 조선의 사회 구조가 뿌리째 흔들리자 지배층인 양반들이 자신들의 지배 구조를 더욱 공고히 하기 위해 더욱 예학을 조장한 측면이 있다.

유교의 정신적인 지주인 공자는 인간의 최고의 덕인 인仁에 대해 말하기를 자기를 이겨서 예로 돌아오는 것이라는 뜻의 극기복례克己復禮라고 하였다. 인간은 사회적인 존재이고 사회에는 질서가 있어야 하는데, 그 질서가 곧 예라는 것이다. 따라서 예가 없으면 사회는 존재할 수 없다고 본 것이다. 그래서 조선은 법치국가라기보다는 예치 국가로 보는 것이 더 정확하다. 법보다 예가 앞선 나라이기 때문이다.

궐 중에서도 가장 으뜸이 되는 궁궐이야. 그래서 경복궁을 다른 말로 으뜸이 되는 궁궐이라는 뜻인 법궁 또는 정궁이라고 불렀어. 나머지 궁궐들은 이궁離宮이라고 불렀지.

엄 마 떨어져 있는 궁궐이라는 뜻이군요.

아 름 그럼 왜 이궁들을 만들었을까요?

이궁을 반드시 만들어야만 하는 이유

아 빠 그럼 궁궐이 하나만 있다고 가정해 보자. 궁궐을 포함해서 옛날 건축물은 거의 모두가 목조 건축물이야. 그리고 목조 건축물은 근본적으로 화재에는 매우 약하지. 조선의 여러 기록을 봐도 궁궐 안에 크고 작은 화재가 매우 많이 있었다는 것을 알 수가 있어. 만약 임금님이 머무르는 궁궐에 큰 불이 났다면 어떻게 되겠니? 이 동궐도라는 궁궐 그림을 자세히 봐. 여기에 빈 집터가 보이니?

아 름 빈 집터가 여러 개가 있네요? 이게 모두 화재로 없어진 건가요?

아 빠 조선왕조실록, 승정원일기, 궁궐지 등의 기록을 보면, 언제 그리고 궁궐 어디에 무슨 원인으로 불이 났고, 그 결과 몇 채의 건물이 불에 탔는지가 소상하게 나와 있어. 또한, 예나 지금이나 전염병이 번지면 누구든 환자와는 격리된 곳에 있어야 안전하겠지? 궁궐 안에 큰 화재가 발생하거나 괴질이나 전염병이 돌면, 임금님을 어디에 모셔야 할까?

아 름 아하! 그런 이유 때문에 경복궁으로부터 떨어신 곳에 있는 이궁이 꼭 필요했던 것이구나!

아 빠 또한, 앞서도 설명했듯이 왕실의 어른이신 대비들의 편안하고 쾌적한 생활을 위해서도 이궁인 창경궁이 필요했어.

아 름 혹시 그것 말고도 이궁이 필요한 이유가 또 있었나요?

궁궐에 관한 일반 상식

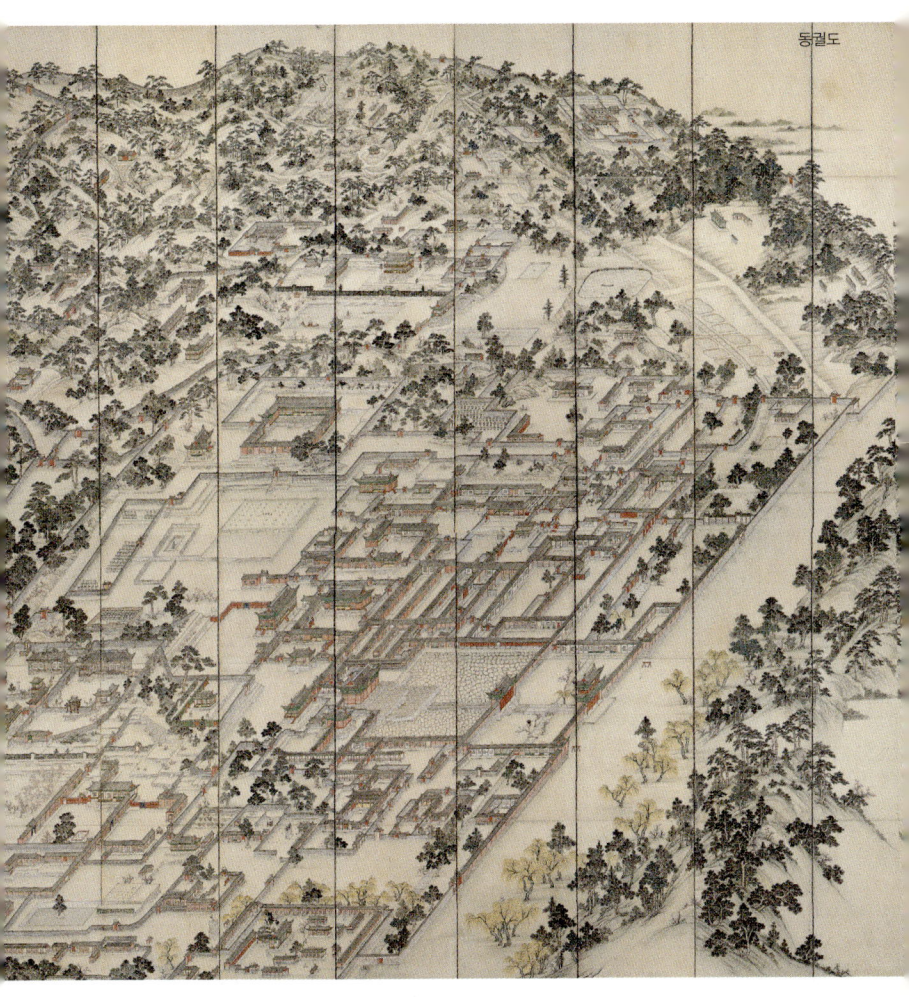
동궐도

풍수지리가 궁궐에 미친 영향

아 빠 응, 풍수지리상 불길한 곳을 피하려는 역대 왕들의 심리도 이궁을 만드는 데 일조했어.

호 림 풍수지리요? 그거 미신이잖아요?

아 빠 호림아, 옛 문화는 옛사람의 눈으로 보는 것이 중요하다고 했지? 우리의 선조들은 풍수지리를 매우 중요하게 생각했어. 특히나 조선의 역대 왕들은 풍수지리의 충실한 추종자였어. 따라서 모든 건축물을 만들 때는 풍수지리를 반드시 고려해서 만들었어.

아 름 그럼 궁궐과 풍수지리는 어떤 관계가 있죠? 상식적으로 생각해 보면 당연히 풍수지리가 좋은 곳에 궁궐을 만들지 않을까요?

아 빠 풍수는 풍수하는 사람에 따라 완전히 다른 결과가 나오기도 해. 그래서 풍수지리가 미신이라는 비판도 많아. 그럼에도 우리 조상들은 풍수를 중요시했어. 궁궐을 둘러싼 대표적인 풍수 논쟁은 경복궁 풍수야. 처음 경복궁이 만들어질 때, 어떤 사람은 지금의 경복궁 자리가 명당 자리라고 했고, 또 어떤 사람은 경복궁 약간 동쪽에 있는 지금의 정독도서관 자리가 명당이라고 했어.

아 름 누구 말이 맞나요?

지금 경복궁 자리는 풍수적으로 좋지 않다는 의견이 대세

아 빠 아무도 몰라. 지금까지도 이 논쟁은 이어지고 있어. 그런데 풍수하는 대부분 사람들은 지금의 경복궁 위치가 그다지 좋지 않은 자리라는 의견에는 대체로 동의해.

호 림 그럼 궁궐을 옮기면 되잖아요.

아 빠   한번 만들어진 궁궐을 옮기기는 쉽지 않은 일이야. 아무튼, 경복궁은 조선의 으뜸가는 법궁임에도, 세종을 제외하고는 역대 왕들이 꺼리는 궁궐이었어. 왜냐하면, 경복궁에서는 태종 이방원이 왕자의 난을 통해 이복형제들을 살육해 왕위에 올랐고, 뒷날에는 수양대군이 계유정난을 통해 어린 조카인 단종을 제거하고 왕위에 오르는 등 한 집안에서는 일어나선 안 되는 일들이 너무 많이 벌어졌기 때문이야.

아 름   가족끼리 서로 죽고 죽이다니, 너무 무서워요!

경복궁이 풍수적으로 좋지 않다는 구체적인 이유

아 빠   이를 두고 풍수가들로부터 경복궁은 풍수지리상 첫째, 우백호右白虎인 인왕산과 후현무後玄武인 백악산의 살기가 너무 강하고, 둘째, 궁궐의 동남쪽이 허물어져 있어서 그 방향으로 가장 나쁜 살기인 황천살黃泉煞이 들어오기 때문에 그런 일이 끊임없이 일어났고, 또 앞으로도 계속 그럴 것이라는 지적을 받았어.

아 름   황천살이 뭐예요?

아 빠   풍수에서는 땅의 기운을 크게 두 가지로 구분하는데, 좋은 기운인 생기生氣와 나쁜 기운인 사기死氣야. 그런데 사기 중에서도 몹시 나쁜 기운을 죽인다는 뜻을 가진 살煞이라고 해.

엄 마   망신살이 뻗치다 또는 역마살이 끼다라는 말의 살도 같은 뜻인가요?

아 빠   바로 그거야. 급살急煞을 맞는다라는 표현도 있어. 아무튼, 나쁜 기운 중에서도 지독하게 나쁜 기운을 살기라고 하는데, 그중에서도 황천으로 가는 살기가 최악이지. 그래서 황천살을 제일 무서워하고 피하려고 했어.

아 름   그래서 경복궁을 옮겼나요?

경복궁에 적용된 비보풍수의 노력

아 빠   아니야. 땅이 넓은 중국의 풍수는 철저하게 좋은 땅만을 찾기 위한 풍수지만, 땅이 좁은 우리나라의 토종 풍수는 중국의 풍수와는 달리 풍수적으로 나쁜 땅을 좋은 땅으로 바꾸려고 노력을 하는 특징이 있어. 그것을 풍수 용어로 비보裨補한다고 해. 그래서 우리 토종 풍수의 특징은 비보풍수가 되는 거야.

아 름   나쁜 땅을 어떻게 좋은 땅으로 바꿔요?

아 빠   나쁜 땅을 좋은 땅으로 만드는 비보하는 방법도 여러 가지인데, 동수비보洞藪裨補라는 것은 숲을 가꾸어 홍수와 바람을 막았고, 화기비보火氣裨補라는 것은 앞산의 나쁜 기운인 화기를 누르기 위해 연못이나 해태상을 설치하였으며, 산천비보山川裨補라는 것은 산천의 허한 곳에 절, 불상, 탑을 세우고, 지명비보地名裨補라는 것은 땅 이름을 조화롭게 이름 지어 좋은 기운을 붙잡아 두려고 했어. 경복궁도 나름대로 몇 가지 비보책을 썼지.

엄 마   우리나라가 수많은 탑을 세운 이유도 땅의 기운을 비보하려 했다는 말을 들은 적이 있어요.

아 름   그럼, 경복궁에 쓴 비보책은 무엇이었나요?

아 빠   조선 초기에는 경복궁의 우백호인 인왕산의 바위 덩어리로부터 날아오는 살기를 경회루의 연못을 파서 물의 기운으로 막으려고 했어. 또한, 조선 후기에 경복궁을 재건할 때, 경복궁의 북쪽에 있는 주산인 백악산에서 날아오는 살기는 향원지의 연못으로 비보하려고 했어. 이 모두가 조금 전에 말한 화기비보의 좋은 예지.

엄 마   듣고 보니 인왕산이나 북악산은 산에 커다란 바위가 많이 있다는 공통점이 있어요. 그런데 산의 살기를 연못이 어떻게 막을 수가 있나요?

산의 살기를 막으려 연못의 물을 이용

아 빠   원래 풍수에서는 모든 땅의 기운이란 두 가지 특징이 있다고 해. 첫째는 바람을 만나면 기운이 흩어진다고 하고, 둘째는 물을 만나면 그 기운의 흐름이 멈춘다고 하거든. 어려운 말로 풍즉산風則散, 계수즉지界水則止 라고 해.

엄 마   풍즉산, 계수즉지? 그 속에 풍수라는 말이 들어 있네요?

아 빠   오! 맞았어. 풍수에서는 그래서 좋은 기운이 바람에 흩어지지 않도록 될 수 있는 대로 산으로 둘러싸서 바람을 가두려고 하고, 또 좋은 기운이 새어나가지 못하도록 물길로 둘러싸려고 했지. 바람을 가둔다고 해서 장풍藏風, 물길을 얻으려고 한다고 해서 득수得水, 여기서 풍수라는 말이 나왔어. 흔히들 좋은 명당자리를 배산임수背山臨水라고 하는 것도 그런 이유야.

아 름   그런데 바위가 많이 튀어나온 산이 왜 풍수적으로 좋지 않나요?

아 빠   옛날 사람들은 산을 크게 두 가지로 구분했는데, 흙으로 된 토산을 고기 육자를 쓰는 육산肉山이라고 불렀고, 바위로 된 악산을 뼈 골자를 쓰는 골산骨山이라고 불렀어. 사람으로 치면 살이 통통한 사람이 육산이고, 뼈가 앙상한 사람이 골산이야.

엄 마   너는 통통한 사람에게 안기는 것이 편안하겠니? 아니면 뼈가 튀어나온 사람에게 안기는 것이 편안하겠니?

아 름   당연히 살이 통통한 사람에게 안기는 것이 포근하고 편안하겠죠.

아 빠   바로 그것이 풍수야. 아무튼, 옛날 사람들은 풍수적으로 볼 때, 산 이름에 큰산 악嶽(丘) 자가 들어간 산들은 대체로 골산이어서 너무 기운이 세다고 믿었어. 월악산, 치악산, 설악산, 관악산도 마찬가지야.

허물어진 궁궐의 동남쪽을 비보하는 방법

아 름   산이 있는 쪽 말고, 허물어진 쪽은 어떻게 비보했나요?

아 빠   산이 없어서 텅 비어 있는 궁궐의 동남쪽에는 소나무를 엄청 많이 심어서 허물어진 지형을 비보하려고 노력을 했어. 동수비보 방법을 쓴 거야. 나쁜 기운은 물을 만나는 것으로 멈추기도 하지만, 방풍림防風林과 같이 나무를 많이 심어도 막을 수가 있대. 그 때문에 지금도 경복궁의 동남쪽은 수송동壽松洞, 송현동松峴洞이라고 하는 소나무 송 자가 들어가는 지명이 현재까지도 남아 있어.

경복궁 경회루

엄 마   맞아요, 나도 그 동네 이름 알아요! 이름에 그런 뜻이 숨어 있었구나!

아 름   그래서 경복궁이 완전하게 비보가 되었나요?

아 빠   그럼에도 경복궁은 풍수상 불길하다는 생각 때문에 역대 조선의 왕들은 경복궁에서 사는 것을 꺼렸고, 창덕궁에서 많이 살았어. 심지어 임진왜란 때 한양의 모든 궁궐이 불타버린 다음에도 다른 궁궐들은 다시 지었지만, 경복궁만은 재건할 생각조차 하지 않았어. 그 덕분에 이궁이었던 창덕궁이 실질적인 조선의 법궁 구실을 하게 되었지.

아 름   어쩐지 경복궁은 딱딱한 느낌인데, 창덕궁은 포근한 느낌이더라…

행궁도
궁궐인가

서장대에서 본 화성행궁

아름 아빠! 수원 화성에 가면 그 안에 화성행궁이 있고, 아산에 가면 온양행궁이란 말도 있던데, 행궁行宮에도 궁이란 말이 들어가 있네요? 행궁도 궁궐인가요?

아빠 행궁은 왕이 여러 가지 이유로 한양의 궁궐을 떠났을 때, 임시로 머무는 별궁이야. 행궁은 최근에 복원된 화성행궁을 제외하고는 현재 제대로 남아 있는 것은 거의 없지만, 기록에 따르면 옛날 조선에는 수많은 행궁들이 있었어. 이런저런 이유로 임금님이 궁궐 밖으로 나오실 때가 있는데, 그때 임금님은 아무 데서나 머무를 수는 없기 때문에 임금님이 거둥하시는 목적에 따라 행궁을 많이 만들었어.

호 림   아빠, 창피하게 거둥이 뭐예요? 거동이죠!

아 빠   호림아, 거둥이라는 말은 임금의 행차 또는 나들이를 뜻하는 말이야. 용산구 효창동에는 정조 임금이 요절한 자신의 장남 문효세자와 문효세자의 생모이자 자신이 사랑했던 후궁 의빈 성씨를 묻은 효창원이 있었어. 효창원 근처에는 거둥고개라는 고개가 있는데, 정조 임금이 효창원에 거둥할 때마다 넘었다고 해서 생겨난 이름이야.

엄 마   효창공원이 그럼 효창원 때문에 생긴 이름이군요! 그곳에 TV 사극 이산에 나왔던 성송연의 무덤이 있었을 줄이야!

아 름   아! 도화서에서 그림 그리다가 임금의 후궁이 되었다는 그 송연이! 저도 기억나요. 그런데 아빠, 임금님께서는 어떤 목적으로 궁궐 밖으로 나오시나요? TV 사극 이산이나 동이에서처럼 혹시 몰래 백성의 삶을 살피러 나오시나요?

아 빠   TV 사극은 그냥 지어낸 이야기일 뿐이야. 임금님은 공적인 일이나 건강상 또는 위급한 상황 이외에 사사로운 이유로는 거의 궁궐을 나오지는 않아. 대신 임금님의 눈과 귀가 되어줄 누군가를 대신 보내지. 그게 누구일까?

엄 마   임금님을 대신해서 눈과 귀가 되어줄 사람이면… 혹시, 암행어사?

임금의 눈과 귀가 되어서 민생을 돌보는 사람이 바로 암행어사

아 빠   맞았어! 암행어사를 글자 그대로 풀이해 보면, 누구도 모르게 돌아다녀야 해서 암행暗行이라는 말이 붙었고, 임금이 보낸 관리라는 뜻에서 어사御史라고 했어.

아 름   암행어사로 가장 유명한 사람은 박문수와 이몽룡이잖아요? 마패와 함

아빠   께 등장하는 장면은 정말 통쾌하고 멋져요!

아빠   아름아, 새로 임명되는 암행어사에게 반드시 주어지는 것이 4가지가 있는데 혹시 무엇인지 아니?

아름   마패밖에는 모르겠어요.

아빠   마패^{馬牌} 이외에도 봉서^{封書}와 사목^{事目}, 유척^{鍮尺}을 받았어.

엄마   봉서는 서류를 밀봉했다는 뜻인 것 같은데, 아마도 비밀 내용이 적혀 있었나 봐요?

아빠   암행어사는 말 그대로 누가 어디로 어떤 임무를 띠고 가는지가 철저히 극비로 되어 있었어. 암행어사로 임명받으면 밀봉된 봉서를 받고 나서, 집에도 들르지 못한 채로 바로 임지로 떠나야 해. 그런데 암행어사 자신도 봉서를 열기 전까지는 어디로 가야 하는지 무슨 일을 해야 하는지 전혀 몰랐어. 봉서의 겉면에는 보통 이렇게 쓰여 있지.

남대문 밖에 도착하면 열어볼 것^{到南大門外開坼}!

호림   TV 예능 프로그램의 미션 같네요.

아빠   암행어사도 지정된 장소에서 봉서를 열어봐야만 그제서야 자신이 어느 도의 암행어사로 임명되었다는 신분 표시와 자신의 임무 내용을 확인할 수 있었어.

아름   그럼 사목과 유척은 뭐예요?

아빠   사목은 암행어사의 직무를 규정한 책이고, 유척은 놋쇠로 만든 자인데, 지방 관청에서 도량형으로 쓰이는 되나 자가 정상적인지를 검사하는 표준 자였어.

아름   국가기관인 지방 관청에서 되를 속여요? 어떻게 그럴 수가?

아빠   옛날 탐관오리들은 빌려줄 때는 작은 되를 쓰고, 되돌려받을 때는 큰 되를 써서 백성을 착취했다고 해.

아름   아, 그래서 기준이 될 수 있는 표준 자가 필요했구나.

전시 등 위급한 상황에서 사용되는 행궁

아빠   아무튼, 임금님은 사사로운 목적으로 궁궐을 떠나는 일은 거의 없었고 거의 공적이거나 건강상 이유, 또는 어쩔 수 없는 상황에서만 궁궐을 떠났어. 가장 대표적인 것이, 전쟁과 같은 위급한 상황에 대피하는 것이야. 강화도의 강화행궁江華行宮이나 남한산성 내의 광주행궁廣州行宮, 북한산성 내의 양주행궁楊州行宮이 그런 위기상황 때 쓰였던 행궁의 좋은 예라고 할 수 있지.

강화행궁 터

호림   아하! 아빠 따라 북한산에 등산갔을 때, 행궁터라고 하던 곳이 바로 그곳이었구나!

아빠   그렇지. 또한, 행궁은 임금님의 능행陵行을 위해서도 만들어졌어.

뱀의 발   어사는 암행어사만 있는 것이 아니었다?

차사差使는 조선 시대 중요한 임무를 위하여 왕명으로 파견하던 임시 관직인데, 함흥차사咸興差使의 일화로 유명하다. 한편, 어사 역시 지방에 당하관을 파견하여 왕에게 사실대로 보고하는 것을 직무로 하였는데 일반어사는 이조에서 임명하고 그 직무 내용이 공개적인 것에 비하여 암행어사는 왕이 측근 중에서 친히 임명할 뿐만 아니라 그 임명과 직무를 비밀에 부쳤다는 점이다.

암행어사는 임명받은 지방에 도착하여 염탐하는 과정을 마치면, 관아의 대청에 올라가 공문서와 창고를 검열하는데 이를 출도出道라고 하고, 암행어사가 출도할 때면 맨 앞의 역졸이 마패를 손에 들고 암행어사 출도야!라고 크게 외쳤다.

그런데 암행어사의 활동이 비밀에 부쳐진 만큼 암행어사 자신의 신변 위협도 많았다고 한다. 그래서 암행어사 활동 중에 죽은 사람도 많았다고 하는데 그 원인을 살펴보면, 추위와 굶주림에 죽기도 하고, 산적을 만나기도 하고, 야생 동물에게 죽기도 하며, 심지어는 암행어사에게 자신의 비리가 밝혀질 것을 두려워한 고관대작들이 몰래 보낸 자객들에 의해 죽임을 당하기도 했다고 한다.

암행어사의 대명사이며 필수 휴대품인 마패는 왕의 옥새를 관리하고 관리들에게 마패를 지급하던 관청인 상서원에서 발행하는데, 지름 10cm 정도의 둥근 모양의 구리표식이다. 그려진 말의 수효가 1마리부터 10마리까지 있어서 그 수효에 따라 말을 내 주었다. 그러나 현재 남아 있는 것은 일마패에서 오마패까지 뿐이고, 기록에 따르면, 십마패는 왕이, 그리고 칠마패는 영의정이 사용했다고 한다.

임금의 능행을 위해 사용되는 행궁들

엄 마   능행이라면 왕과 왕비가 왕릉에 가는 것을 말하는 거죠?
아 빠   응, 왕릉은 원칙적으로 한양 도성에서 10리 밖, 100리 안쪽에 만들었어. 따라서 왕이 친히 왕릉에 참배를 갈 때, 도중에 쉴 수 있는 행궁이 필요했던 것이지.
아 름   알아요. 학교에서 수원화성에 대해서 공부할 때 선생님께 들었어요.
아 빠   이런 행궁으로는 수원의 화성행궁이 대표적이고, 돌아가신 아버지인 사도세자의 회갑을 맞아 정조 임금이 어머니인 혜경궁 홍씨와 함께 수원 화성과 사도세자의 무덤인 현륭원에 행차했을 때의 그림인 화성능행도에도 잘 나타나 있어.
아 름   아빠, 우리 지난번 휴가 때 강원도 오대산의 상원사로 답사 갔었을 때, 세조 임금과 문수보살의 전설이 얽힌 유적을 봤었잖아요.
엄 마   관대걸이 말하는구나.
아 름   예, 그거요. 그럼 세조 임금이 피부병을 치료하러 강원도 오대산까지 갔었을 때도 행궁이 있었을까요?

행궁보다 규모가 작은 행재소

아 빠   글쎄다. 역대 임금님의 질병치료를 위해서도 행궁이 많이 이용되기는 했는데, 특히 온양온천은 조선 시대 온천으로 유명하여 조선의 역대 왕들이 이곳을 즐겨 찾았어. 하지만 강원도 지역까지 행궁을 만들었다는 기록은 아직 못 봤어. 대신 행재소에 머물렀을 거야.
아 름   행재소요? 그건 또 뭐죠?
아 빠   행재소行在所란 임금님이 임시로 머무르는 곳이 일정하지 않을 때, 장소에 따라 막사를 새로 지어서 머물기도 하고, 때로는 그 지방의 관청이나 부호의 집을 빌려 머무르는 일도 있었는데, 그곳을 행재소라고 하지. 기록에 따르면 세조 임금이 오대산 상원담행재소에 머물렀다고 되어 있거든.

아 름   임금님이 자주 가는 곳이면, 행궁에 머무르고 가는 곳이 일정하지 않으면 행재소에 머무른다. 이거죠?

행재소보다도 규모가 작은 주정소

아 빠   그렇지. 한편, 임금님이 임시로 머무르는 곳에는 주정소晝停所라는 것도 있지.

아 름   주정소는 또 뭐예요?

아 빠   보통 임금님이 능행하실 때, 잠시 머물러서 수라를 드시던 장소를 말해. 그런데 행궁이나 행재소 정도의 정식 건물 정도가 아니라, 조립식 이동 휴게소에 가까웠어. 특히 정조대왕이 많이 애용하셨다고 하는데 어떤 기록에는 총 88개의 조각으로 되어 있고, 조립하는데 약 30분의 시간이 소요되었다고 해. 그리고 수라를 드시는 곳은 대주정소, 간단한 차나 간식 정도만 드시는 곳은 소주정소라고 했어.

아 름   이것도 중요도에 따라 서열로 치자면 행궁 〉 행재소 〉 주정소 이렇게 정리가 되겠네요?

조선의
궁궐을 제대로 보는 순서

아 름　아빠! 현재 경희궁을 제외하고도 그나마 제 모습을 유지하면서 남아 있는 조선의 궁궐은 경복궁, 창덕궁, 창경궁, 덕수궁 이렇게 네 곳이에요. 그런데 궁궐마다 건물들이 많고 기와집이 대부분이어서 대부분 비슷비슷해 보이기 때문에 구별이 잘 안 돼요.

호 림　저도 그래요. 궁궐은 모두 옛날 건물들이라 그게 다 그거 같아요. 산 속의 절도 마찬가지고요.

엄 마　궁궐을 제대로 이해하려면, 아무 궁궐이나 보는 것이 아니라 체계적으로 봐야죠? 분명히 어떤 제대로 된 순서가 있을 법 한데…

궁궐은 만들어진 시대순으로 보는 것이 좋다

아 빠　각각의 궁궐들은 나름대로 만들어진 역사적인 이유가 있어. 내가 보기에는 궁궐들이 만들어진 시대순으로 보면 쉽게 체계가 잡힐 것 같아.

아 름　여기서도 일단 어정쩡한 궁궐인 덕수궁은 예외로 해야겠죠?

아 빠　덕수궁에는 안된 말이지만, 너희의 공부를 위해서는 그런 편이 효율적이지. 게다가 덕수궁은 가장 늦게 만들어진 궁궐이야. 그렇다고 덕수궁을 소홀히 하라는 말은 결코 아니야. 덕수궁은 비운의 대한제국의 역사를 간직하고 있기 때문에, 나름대로 의미가 깊은 곳이야. 따라서 다른 궁궐들을 다 둘러보고 난 뒤, 제일 마지막에 역사적인 배경을 참고하여 다른 궁궐들과 비교해 보는 것이 좋을 것 같아.

아 름　그렇다면 조선의 궁궐 중에서 가장 먼저 만들어진 경복궁에서 시작해야 하나요?

아 빠 그렇지. 나머지 궁궐 중에서는 조선에서 가장 먼저 만들어졌고, 또한 궁궐 중에서도 으뜸이 되는 법궁인 경복궁을 제일 먼저 보는 것이 가장 효율적이야.

무조건 경복궁부터 시작. 경복궁은 궁궐의 교과서

엄 마 뭐든지 처음 만들 때는 제대로 만든다니깐…

아 빠 다른 궁궐과 비교해서 경복궁만이 가지고 있는 특징으로는 유교, 좀 더 자세히 말하자면 성리학을 국교로 삼은 조선이 궁궐을 만드는 데에도 성리학적 원리를 그대로 적용한 것을 우리가 직접 확인할 수 있어. 따라서 경복궁은 가장 교과서적인 궁궐이라고 볼 수 있지.

아 름 그럼 경복궁만 제대로 공부하면, 나머지 궁궐은 저절로 이해가 된다는 말인가요?

아 빠 맞아. 국수를 잘 만드는 사람은 수제비도 잘 만든다는 속담도 있으니깐 말이야. 여기에 조금 더 욕심을 부린다면, 경복궁을 공부할 때 북경의 자금성과 자세히 비교하면 더욱 좋지. 두 궁궐 모두 유교의 예법을 근간으로 해서 만들어졌거든. 그러면 경복궁을 만든 성리학적 원리를 좀 더 확실하게 알 수가 있지.

엄 마 비교를 통한 공부 방법이 효과적일 때가 많죠.

동궐인 창덕궁과 창경궁은 하나로 묶어서

아 빠 그런 다음에, 경복궁의 보조적인 이궁 구실로 만들어진 창덕궁과 창경궁을 보는 것이 좋아. 다만, 창덕궁과 창경궁은 따로따로 보지 말고 하나로 묶어서 보는 것이 효과적이야.

아 름   두 개의 궁궐을 하나로 묶어서 보라는 말이 무슨 뜻이에요?

아 빠   그것은 창덕궁과 창경궁이 독립적인 별개의 궁궐이 아니라 내용적으로는 하나의 궁궐이나 마찬가지이기 때문이야. 창덕궁의 낙선재 영역은 지금은 창덕궁 관람 시 볼 수 있지만, 원래는 창경궁에 속한 건물이거든. 그래서 두 궁궐을 동궐이라고 부르지. 구분하는 것이 의미가 없다고 할 수 있을 정도야.

엄 마   그럼 동궐도도 같이 보면 좋겠네요?

동궐도를 빠뜨리면 절반밖에 못 보는 것

아 빠   그렇지! 국보 249호인 동궐도의 내용과 지금의 창덕궁, 창경궁을 비교하면서 보면 최상의 궁궐 공부가 될 것이야.

아 름   아, 국립중앙박물관에 걸려 있던 무지하게 큰 그 궁궐 그림 말씀이죠?

아 빠   그건 복제품이고, 원본은 고려대학교 박물관과 동아대학교 박물관에 있어. 복제품이라도 공부하는 데는 전혀 지장이 없으니깐, 자주 박물관에 가서 공부하자.

아 름   그런 다음 덕수궁을 보면 완전하게 조선 궁궐 한 세트가 되겠네요?

아 빠   맞아. 또한, 최근에 일부이기는 하지만 경희궁도 일부 복원되어 있으니 경희궁도 찾아 둘러보면 좋아. 바로 옆에 서울역사박물관도 도움이 될 거야.

궁궐 답사는 음양오행과 최소한의 풍수 이론이 뒷받침되어야

엄 마   모든 궁궐에 공통으로 적용되는 내용도 혹시 있나요?

아 빠   응, 최소한 옛날 조선 시대 사람들이 살았던 그 당시의 사회에서 널리 통용되던 생각들이지. 이를테면, 음양과 오행, 그리고 유교적인 가치관 등이야. 이런 것들은 굳이 기록으로 남기지 않아도 그 시대 사람들은 아주 당연한 것으로 받아들였어.

아 름   예를 들면 어떤 것들인가요?

아 빠   만약에 궁궐 안에 연못을 판다면, 무조건 네모난 연못을 파고 그 안에 둥근 섬을 만드는 것이야. 또 궁궐은 기본적으로 남향으로 만든다든지, 세자의 처소는 궁궐의 동쪽에 만든다든지, 건물의 배치는 되도록 홀수로 한다든지, 대비전은 중궁전의 동북쪽에 만든다든지 하는 것들이야. 게다가 음양의 조화는 필수적이었어. 그게 조선 사람들이 생각하던 세상 사는 근본 이치였거든.

엄 마   그중에서도 우리가 앞으로 관심 있게 공부해야 할 부분을 한 가지만 고른다면 무엇일까요?

아 빠   조금 어렵기는 하지만, 최소한의 풍수지리 이론은 알아야만 궁궐을 제대로 이해할 수 있어. 왜냐하면, 옛날 사람들은 반드시 풍수지리를 고려하여 궁궐을 지었기 때문에 풍수지리를 이해 못 한 상태에서 궁궐을 공부하면 풀리지 않는 의문이 너무 많거든. 항상 얘기했듯이 옛사람의 처지에서 궁궐을 봐야 제대로 보인다는 말이야.

뱀의 발   **무료로 이용하는 서울역사박물관**

광화문사거리에서 경희궁 쪽으로 400미터만 가면 서울역사박물관이 나온다. 관람료가 무료일뿐더러 3층에는 수선전도를 비롯하여 조선 시대의 수도였던 한양의 모습을 엿볼 수 있는 시청각 자료가 많다. 조선의 궁궐을 답사하기 전에 꼭 들러볼 만하다.

특히 경희궁을 답사하기 전에 반드시 이곳에서 확인할 것이 하나 있는데, 그것은 서울역사박물관이 자리 잡고 있는 경희궁 터의 옛 궁궐 그림인 서궐도안이다. 서궐도안은 실물 크기의 동판 여러 개로 제작하여 관람객의 이해를 돕고 있는데, 동판은 벽 쪽에 전시된 것이 아니라 바닥 쪽에 놓여 있다.

1층의 뮤지엄숍 바로 앞에서는 축소판인 서궐도안을 탁본으로 만들어 가져갈 수도 있다.

궁궐의
기와집 구분법

아 름 아빠, 궁궐에는 대부분 비슷비슷한 기와집들이 많은데 조금씩은 다른 것 같아요. 도대체 어떻게 구분하죠?

기와지붕의 기본 종류는 다섯 가지

아 빠 궁궐의 건축물은 기와집이 가장 많지. 따라서 기와집을 제대로 보는 법부터 시작하자. 일단 기와집은 지붕의 모양으로 구분해. 기와지붕의 종류는 다섯 가지뿐이야.

아 름 잠깐만요, 수첩 좀 꺼내고요.

가장 간단한 모양의 맞배지붕

아 빠 우선, 가장 간단한 모양의 지붕이 맞배지붕이야. 이 지붕은 경사면이 서로 마주 보고 있어서 단면이 시옷 자와 같고, 구조적으로도 가장 간단하지.

여경구 가옥 내 사당의 맞배지붕

아 름 그러네요. 만들기가 가장 쉬울 것 같아요.

아 빠 구조가 간단하다는 말은 꾸밈이 없다는 말이고, 또한 화려하지 않다는 말이야. 따라서 종묘나 사당과 같이 화려함을 피해야 하는 엄숙한 건물에는 맞배지붕을 많이 사용해.

아 름 이름도 쉽네요, 지붕이 마주 보고 있다고 해서 맞배지붕이네요.

성문, 궁궐의 문 등에 많이 쓰이는 우진각지붕

아 빠 두 번째로는 우리나라에서 주로 성문, 궁궐 문 위의 누각에 많이 사용하는 우진각(隅進閣)지붕이 있어. 국보 1호 숭례문, 보물 1호 흥인지문이 모두 우진각지붕이야. 또한, 경복궁의 정문인 광화문, 창덕궁의 정문인 돈화문, 창경궁의 정문인 홍화문, 경희궁의 정문인 흥화문, 덕수궁의 정문인 대한문까지 궁궐의 정문은 모두 우진각지붕이야.

수원 화성 팔달문의 우진각지붕

아 름 와! 모든 큰 문은 모두 우진각지붕이네요? 그럼 지난번 우리가 답사 다녀왔던 수원 화성의 장안문이나 팔달문도 우진각지붕인가요?

아 빠 그럼. 아름이의 추리력은 대단한데?

호 림 결론적으로, 모든 큰 문은 우진각지붕이다! 하면 맞는 말이죠?

아 빠 호림아, 아쉽게도 그건 아니야. 창경궁의 명정문, 창덕궁의 인정문, 진선문, 숙장문 등 우진각지붕이 아닌 궁궐의 큰 문도 많아.

호 림 잉… 난 이래서 항상 시험 성적이 좋지 않아!

아 름 그럼 우진각지붕이 맞배지붕보다 좋은 점은 무엇인가요?

아 빠 맞배지붕은 구조가 간단하지만 양쪽 끝 면이 터져 있어. 그래서 터진

면이 비바람에 약한 구조적인 특징이 있지. 따라서 터진 면으로 불어오는 비바람을 막기 위해서 풍판이라는 것을 달아 놓아.

아름 아! 왕릉에 갔을 때, 정자각의 정면에 거꾸로 된 부채처럼 달아놓은 것 말씀이죠?

아빠 바로 그거야! 그렇지만 풍판도 임시방편이라고 봐야지. 그래서 풍판보다는 좀 더 비바람에 효과적인 지붕 구조를 생각했고, 맞배지붕의 터진 양쪽 끝 면에도 경사진 지붕 면을 만들어서, 전체적으로는 지붕이 사방으로 경사를 짓는 우진각지붕이 나타나게 된 거야.

아름 아빠, 우진각이라는 말의 뜻은 어떻게 되나요?

아빠 우진각이라는 이름도 모퉁이 우, 나아갈 진 자를 쓰기 때문에 아무것도 없는 맞배지붕의 양 끝 모퉁이 쪽에서 바깥쪽으로 지붕의 끝이 점점 나아간다는 우진각지붕의 형태를 잘 표현하고 있지.

아름 여기까지는 쉽네요. 맞배지붕과 우진각지붕!

가장 많이 보는 형태인 팔작지붕

아빠 세 번째로는 맞배지붕에 우진각지붕을 포개 놓은 팔작지붕이 있어. 이 지붕은 우진각지붕의 세모꼴 측면에다가 다시 여덟 팔 모양을 덧붙여서 만드는데, 우리가 가장 많이 보는 한옥 지붕이면서, 가장 화려한 지붕 모양을 자랑하지.

회덕 동춘당의 팔작지붕

아름 맞아요. 궁궐 대부분의 지붕은 거의 팔작

지붕이에요. 마치 새가 활짝 날개를 펴고 날아가는 느낌이에요.

호 림   지붕이 팔짝팔짝 뛰는 것 같아서 팔작지붕인가요?

아 빠   호림아, 그렇게라도 이해한다면 다행이구나. 너희 혹시 용마루라고 들어봤니?

아 름   들어본 것 같아요. 지붕에서 가장 높은 곳을 말하는 것 맞죠?

아 빠   응, 모든 한옥 기와지붕의 가장 높은 곳에서 2개의 마주 보는 지붕 면이 만나는 부분을 용마루라고 하는데, 보통 암키와와 수키와를 여러 개 겹쳐 쌓지. 그런데 궁궐과 같이 격이 높은 건물에는 용마루에 암키와와 수키와를 겹쳐 쌓는 대신에 석회로 마루기와 전체를 회벽을 바르듯이 처리하기도 해.

아 름   아, 지붕 끝에 하얗게 보이는 것 말씀이죠? 그것이 석회였구나.

호 림   난 시멘트로 만든 줄 알았거든요.

아 빠   석회가 굳으면 콘크리트보다도 더 단단해져. 아무튼, 용마루가 없는 기와집은 거의 없어.

아 름   또 출제자의 의도를 파악했어요. 거의 없다는 말은 있기는 하다는 말이지요?

용마루가 없는 무량각지붕

아 빠   그래. 네 번째 한옥 지붕은 바로 용마루가 없는 무량각無樑閣지붕이야. 무량각지붕은 용마루 부분에 굽은 기와인 곡와曲瓦를 써서 용마루가 없는 지붕이 돼. 우리나라에는 경복궁의 강녕전과 교태전, 창덕궁의 대조전, 창경궁의 통명전 이렇게 네 건물만 무량각지붕이야.

아 름   우리나라에서 겨우 네 건물만 무량각지붕이라고요? 뭔가 그 속에는 비밀이 담겨 있나 보다.

아빠   그렇지. 네 건물의 공통점을 찾아보면 비밀이 밝혀질 거야.

아름   음… 전 잘 모르겠어요.

엄마   아, 알았어요. 네 건물 모두 왕과 왕비의 침전이에요!

창경궁 통명전의 무량각지붕

아빠   빙고! 역시 엄마야. 그러면 우리나라에 무량각 건물이 네 채밖에 없는 이유를 이제 어느 정도 이해할 수 있겠지?

엄마   당연하죠. 왕과 왕비가 사는 건물만 무량각으로 지어서 쓰고 있는데, 일반 백성이 무량각 건물을 지으면 그건 바로 왕권에 도전하는 행위가 되겠죠.

아름   그럼 왜, 무량각 건물은 왕과 왕비만 쓰고, 게다가 용마루가 없죠?

우리나라에서는 왕과 왕비의 침전에만 쓰는 무량각지붕

아빠   이를 두고 민간에서는 왕과 왕비가 용인데, 용이 잠을 자는 침전 위에 또 다른 용이 있을 수 없어서 용마루를 일부러 만들지 않았다는 해석이 있어. 하지만 어디에서도 문헌적인 근거를 찾을 수는 없는 말이야. 그렇지만, 그 해석이 틀렸다고 할 수도 없어. 왜냐하면, 달리 설명할 방도가 전혀 없기 때문이지.

엄마   또 어떤 책을 보니 왕비의 중궁전에만 무량각을 쓴다는 말이 있는데, 그 말이 맞는 건가요?

아빠   현재 남아 있는 4곳의 무량각 건물 중에 왕의 침전인 강녕전은 최근에

복원한 건물이야. 아마도 그런 말이 쓰여 있는 책이라면 강녕전이 복원되기 전인, 약간은 오래된 책일 거야. 강녕전이 최근 복원되기 전까지는 무량각 건물은 모두 왕비의 침전이었으니깐.

엄 마 그럼, 그런 주장이 일리가 있다는 말이네요?

아 빠 무량각이라는 말을 글자 그대로 풀이를 하면, 량樑이 없는 건물이라는 뜻이야. 그런데 량은 기둥 위에서 건물지붕을 받치는 가장 중요한 건축 부재인 대들보와 도리를 말하는데, 량이 없는 건물은 있을 수가 없잖아? 따라서 무량각은 량이 없다는 뜻이 아니라, 어느 건물에나 반드시 있기 마련인 통상적인 종도리가 없다는 뜻이야.

윤증 고택 안채의 대들보와 도리

아 름 통상적인 종도리요?

아 빠 응, 보통의 목조 건물 지붕에서 가장 높은 곳인 용마루의 바로 밑에는 기다란 수평 건축 부재 하나가 용마루를 든든하게 지탱하거든. 그것을 마루 종宗 자를 써서 종도리, 또는 마루도리라고 불러.

엄 마 쉽게 말해서, 길고 큰 통나무 하나가 용마루 바로 밑에서 지붕의 맨 윗부분을 떠받치고 있다고 생각하면 되나요?

아 빠 그렇지. 그런데 조금 전에 설명한 것처럼 무량각 건물은 지붕의 용마루를 따로 만들지 않아. 그 대신 특수하게 제작한 굽은 기와인 곡와가 그 자리를 대신하지. 그래도 건물의 구조상 종도리는 반드시 필요한데, 무량각 건물의 종도리는 통상적인 하나짜리가 아니라 2개가 나란히 쌍으로 들어가. 이것을 쌍종도리라고 해.

엄 마 그게 중궁전과 무슨 상관이죠?

아 빠   보통의 목조 건물들은 종도리가 단 하나뿐인데, 무량각 건물만 종도리가 하나가 아닌 2개잖아? 건축 구조적으로도 종도리는 하나면 충분해. 그래서 거의 모든 건물이 종도리가 하나뿐이지. 그런데도 무량각 건물은 쌍종도리를 썼어. 종도리가 2개면 건물의 설계도 하나일 때보다 더 복잡해지지. 기능적으로도 별반 필요 없고, 설계마저도 복잡해지는 쌍종도리를 굳이 왜 사용하는 것일까? 힌트를 하나 줄게. 홀수는 양수이고 짝수는 음수지? 뭐 짚이는 게 없어?

쌍종도리는 결국 음수를 의미

엄 마   아! 중궁전이 왕비의 침전이기 때문에, 음수인 짝수로 종도리 숫자를 맞춘 거군요?

아 빠   쌍종도리의 조성 이유에 관해 명쾌하게 적어놓은 기록은 전혀 없지만, 굳이 해석하자면 그렇게 해석할 수도 있다는 말이야.

아 름   엄마 아빠, 나도 알아들을 수 있는 쉬운 이야기로 해 주세요. 너무 어렵잖아요? 그리고 무량각 건물이 우리나라에 몇 개 없어서 잘 모르겠으면, 중국이나 일본에서 무량각 건물을 찾아보면 되잖아요?

아 빠   뜻밖에도 중국에 가면 무량각지붕이 많아. 그것도 궁궐이 아닌 일반 민가의 지붕도 무량각지붕이 많아. 이 때문에 무량각지붕이 반드시 왕과 왕비만 쓰는 것이라고 단정적으로 말하기가 쉽지는 않지.

엄 마   그래도 우리나라의 문화가 중국 문화와 반드시 같으리란 법은 없잖아요? 용 위에 용이 있어서는 안 된다는 민간의 설명이 나름대로 설득력이 있다고 나는 생각해요.

아 름   어쨌거나 맞배지붕, 우진각지붕, 팔작지붕, 무량각지붕까지 네 개의 지붕에 대한 설명을 들었어요. 이제 마지막 하나가 남았네요?

모임지붕은 주로 정자에 많이 쓰인다

아빠 마지막으로는 모임지붕이 있어. 지붕이 모두 가운데 한 곳의 용마루에 모인 지붕이지. 지붕 면이 4개면 사모지붕, 6개면 육모 지붕, 8개면 팔모지붕, 이런 식으로 불러. 흔히 정자에 이런 지붕을 많이 사용하고, 우리가 흔히 팔각정이라고 부르는 건물들이 바로 이런 지붕이야.

호림 아! 팔각정 지붕? 안 봐도 눈에 선해요!

수원 화성 북서포루의 바깥쪽 부분

부석사 범종각

아 빠 이렇듯 한옥의 지붕은 이 다섯 가지가 표준이야. 그런데 간혹 복잡한 모양의 지붕들도 있어. 예를 들면, 수원 화성의 북서포루北西鋪樓처럼 성벽의 안쪽은 맞배지붕이면서 성벽의 바깥쪽은 우진각지붕인 건물도 있고, 부석사의 범종각梵鐘閣처럼 뒤에서 보면 맞배지붕이면서, 앞에서 보면 팔작지붕인 건물도 있어.

뱀의 발 한옥의 고건축적인 특징

한옥 기와집을 구분할 때는 지붕의 모양으로 구분하는 것이 일반적이다. 지붕이 집의 구조에서 중요한 부분을 차지하기도 하거니와 시각적으로 눈에 잘 들어오기 때문이다. 그러나 지붕 이외에도 기와집을 구성하는 건축적인 요소는 많다.

한옥을 지을 때 가장 먼저 하는 것이 터 닦기, 즉 기초를 닦는 일이다. 기초가 부실하면 그 위에 지어진 집은 문자 그대로 사상누각沙上樓閣에 지나지 않는다. 나무가 주재료인 한옥에서 기단과 초석(주춧돌)은 반드시 필요하다. 초석 위에 기둥을 세우는 것과 맨땅에 기둥을 세우는 것은 기둥 등 목재의 수명에 많은 차이를 보인다. 즉, 목재를 물과 습기로부터 얼마나 잘 보호하느냐가 집의 수명을 결정짓는 가장 중요한 요소다. 이러한 차원에서 고안된 것이 기단과 초석이다.

집의 전체 무게가 구조적으로 전달되는 과정을 보면 지붕과 벽의 무게는 기둥을 거쳐 땅으로 전달돼, 땅이 모든 무게를 받치게 된다. 이처럼 땅에도 무게를 견디는 힘이 있는데 이것을 지내력이라고 한다. 땅속이 바위로 되어 있지 않은 이상 대부분 땅은 조금씩 가라앉는다. 따라서 집이 가라앉거나 무너지는 것을 방지하기 위해 집의 크기와 땅의 상태에 따라 땅속부터 다져서 튼튼한 기초를 만드는데 그 방법으로는 기둥이 놓일 자리에 흙을 시루떡처럼 층층이 다져 올리거나, 모래를 층층이 물을 부어가면서 다져 올리거나, 잔자갈을 층층이 다져 올리거나, 건물의 규모가 아주 크면 장대석을 우물정자로 겹쳐 쌓아 올린다. 이렇게 닦은 기초 위에 기둥을 올려놓을 초석(주춧돌)을 놓는다.

초석과 마찬가지로 한옥의 목재를 습기로부터 떼어놓는 또 다른 장치가 기단이다. 기단은 튀는 빗물을 막고 땅의 습기를 피하게 해 줄 뿐만 아니라, 건물의 권위를 높여주기도 한다. 기단은 강수량과 밀접한 관계가 있어, 비가 많은 곳에서는 기단이 높고, 그렇지 않은 곳에서는 낮다. 이렇게 잘 닦여진 기초 위에 아래와 같은 건축 부재의 사용으로 한옥이 만들어지는데, 건물의 아래쪽에서 위쪽으로 올라가면서 건축에 필요한 부재 순이다.

기둥	목조 건축의 기본 뼈대 중의 하나로서 지붕, 보 등 위쪽의 무게를 지탱하는 세로 부재
창방	기둥이 쓰러지지 않도록 평주를 한 바퀴 돌아가면서 두 개의 기둥머리를 연결하는 가로 부재
도리	목조건축의 구조 부재 중 가장 위에 놓이는 부재로서 서까래를 받친다. 지붕의 경사를 만들기 위해 높이를 달리하는데, 위치에 따라 주심도리, 중도리, 종도리가 있다.
(대들)보	앞, 뒤 기둥을 연결하는 가로 부재. 건축 부재 중 가장 크다.
서까래	지붕의 무게를 지탱하기 위해 설치하는 일련의 부재로 도리 위에 올라간다.
개판	서까래와 옆 서까래는 그 사이가 뚫려 있는데 그곳을 막는 판재이다.
적심	서까래 위에서 지붕의 경사를 잡기 위해 채워 넣는 잡목. 숭례문 전소의 원인이었다.
기와	지붕을 이는 데에 쓰기 위하여 흙을 구워 만든 건축 부재

복합적인 모양의 지붕에 대한 해석

아 름 한쪽은 맞배지붕인데 다른 쪽이 우진각이나 팔작지붕이면, 마치 양복 입고 고무신 신은 것처럼 이상하게 보이잖아요?

아 빠 그런 이상한 형태의 지붕들이 왜 생겨났을지 한번 잘 생각해 봐.

아 름 음… 만약 그 건물들이 정상적인 우진각지붕이나 팔작지붕이었다면 어땠을까?

엄 마 내 생각으로는 양쪽 모두 우진각지붕이나 팔작지붕이었으면, 뭔가 사람들에게 불편한 점이 있었을 것 같아요. 그래서 일부러 칼로 잘라낸 것처럼 한쪽을 맞배지붕으로 만들었을 것 같아요.

아 름 엄마, 맞배지붕으로 된 부분이 어느 쪽이라고 했죠?

엄 마 수원 화성의 북서포루 경우에는 사람들이 걸어 다니는 성벽의 안쪽이고, 부석사 범종각에서는 누각의 바닥에 뚫린 통로로 사람들이 올라오는 입구 쪽이란다.

수원 화성 방화수류정(동북각루)

아 름   그렇다면 혹시, 사람들의 통행에 지장을 주지 않도록 한쪽을 간단한 형태의 맞배지붕으로 바꾼 것 아닌가요?

아 빠   와, 정답! 아름이는 정말 대단한 추리력을 가졌구나.

아 름   아빠, 제가 눈치 100단인 것 모르셨어요?

아 빠   무조건 인정! 자, 이제 총정리를 해 볼까? 한옥지붕은 맞배지붕, 우진각지붕, 팔작지붕, 무량각지붕, 모임지붕 이렇게 다섯 종류가 기본이고, 기타 지붕들은 이 다섯 종류가 복합적으로 섞여 있는 것으로 보면 돼. 그중에서도 수원 화성의 동북각루인 방화수류정訪花隨柳亭은 복합적으로 섞여 있는 특이한 지붕의 최고봉이지.

방화수류정에서 본 화홍문과 장안문 일대

아 름   아빠, 그럼 다음 휴일에는 복습할 겸, 화성으로 또 한 번 답사가요!

호 림   화성 바로 옆의 갈빗집에서 먹는 갈비탕은 항상 푸짐해서 좋더라.

조선의 궁궐과
중국의 궁궐

아 름 아빠, 중국의 북경에도 황제가 살았던 자금성이란 궁궐이 있잖아요? 우리의 궁궐과 비교해서 일단 규모가 엄청나게 크다는 것은 충분히 알겠어요. 그런데 중국이 우리와 같은 유교 문화권이고 유교 예법을 잘 지켜서 궁궐을 만들었다면, 중국의 궁궐도 단지 크기만 큰 것을 제외하고 나머지는 우리의 궁궐과 내용상으로는 비슷한가요?

자금성 천안문

아 빠 그 질문에 답변하기 전에, 역사적인 관점에서 중국과 조선과의 관계, 특히 주종관계를 먼저 알아볼 필요가 있겠구나.

조선과 중국은 역사적인 주종관계

아 름 또 역사 이야기예요? 그냥 요점만 간단히, 궁궐만 말해주면 안 돼요?
아 빠 역사를 제대로 모르면 궁궐을 포함한 문화재를 제대로 이해할 수 없어. 왜냐하면, 문화재라고 하는 것은 대부분 옛날 사람들이 남긴 유물인데, 옛날 사람들이 어떻게 살았는지를 모르면 그 사람들이 썼던 문화재를 어떻게 제대로 알겠니?
호 림 나도 정답만 먼저 알려주면, 참 좋을 텐데…
아 빠 얘들아, 역사 이야기를 그냥 재미있는 옛날이야기라고 생각하고 들어

봐. 자, 그럼 시작한다. 아주 오랜 옛날, 고대 국가가 나타나기 이전의 원시 시대에는 사람들이 부족 단위로 모여 살았어. 그러다가 청동기 시대에 들어서면서 부족 단위의 공동체 사회는 부족장 위주의 수많은 원시 부족 국가가 되지.

지배자는 부족장, 왕, 황제의 순으로 나타난다

아 름   청동기 시대라면 고인돌이 나타나는 시기 맞죠?

아 빠   그렇지. 특히 우리나라에는 고인돌이 많아. 고인돌 이야기는 또 나중에 하기로 하고… 그러다 보니 그 많은 부족장 중에서도 강력한 지도자가 나타나서 주변의 원시 부족 국가들을 하나씩 흡수하고 통일하면서 자기 부족 국가의 덩치를 키워나가는 거야. 그러다가 법령을 제정하고, 왕위를 세습하는 등의 고대 국가로 발전하지. 이 고대 국가의 군주를 가리켜 왕이라고 해. 결국, 왕은 부족장들의 우두머리가 되겠지?

아 름   고구려는 5부족이 모여서 만들어졌고, 신라도 6부족이 합쳐서 나라를 만들었다고 학교에서 배웠어요.

아 빠   맞아. 아름이가 정확히 알고 있네. 고구려는 소노부, 계루부, 절노부, 관노부, 순노부라는 5개의 부족이 연맹하여 만들어졌고, 신라는 사로국이라는 땅에 있는 양부, 사량부, 본피부, 점량부, 한기부, 습비부의 육부 촌장들이 모여서 박혁거세를 추대하여 만들어진 고대 국가야.

아 름   그럼, 고대 국가와 부족 국가의 가장 큰 차이점은 무엇이죠?

아 빠   여러 가지가 있겠지만, 왕위를 세습한다는 점이 가장 크지. 부족 국가는 서로 돌아가면서 가장 힘이 센 부족이 부족 연맹장을 하지만, 세습하지는 않았어. 하지만 고대 국가가 되면, 왕위는 왕 한 사람이 자기의 혈족에게 세습하는 것이야.

아 름 그래서 부족 국가에서는 우두머리를 부족장이라고 하는데, 고대 국가는 왕이라고 하는구나!

왕 중의 왕을 천자라고 불렀다

아 빠 이런 고대 국가들도 여기저기에서 많이 생기게 되면, 또 그들 간에도 세력을 다투게 되고 이런 세력 싸움을 통해서 가장 강력한 왕 한 사람이 탄생하게 되는 것이야.

아 름 말 그대로 왕 중의 왕이네요.

아 빠 이런 왕 중의 왕은 주변의 많은 고대 국가와 왕들을 자신의 통치권 아래에 두면서 이 세상의 최고의 지배자로 등극하게 되는데, 이 지배자는 자신을 하늘의 아들이라는 뜻으로 천자天子라고 했어.

호 림 1등은 천자, 2등은 왕들, 3등은 부족장들이네요?

아 빠 이해는 제대로 한 것 같다만, 너무 등수에 집착하지는 마라. 아무튼, 최고의 지배자인 천자가 되었다고 해도, 모든 고대 국가를 천자 자신이 직접 다스리지는 못했어. 왜 그랬을까?

아 름 그거야 옛날에는 지금과는 달리, 전화나 휴대폰도 없었고 교통이나 통신이 발달하지 못했기 때문이겠죠.

아 빠 바로 그거야. 그래서 천자는 현실적으로는 각 지역에 있는 고대 국가들의 왕들에게 100% 자치권은 인정하면서도, 왕들로부터는 끊임없이 충성맹세를 받았어.

천자에 대한 충성맹세는 곧 책봉을 받는 것

호 림 충성맹세는 어떻게 받아요?

아 빠   새로 왕이 되거나, 왕위를 물려줄 세자를 정하는 것 등 미리 정해진 국가의 중요한 일들은 일일이 보고를 하고 허락을 받는 것이지.

엄 마   어려운 말로 책봉을 받는다는 말을 쓴단다.

아 름   아무튼, 그때도 지방자치제라고 보면 되나요?

아 빠   일종의 지방자치제라고 할 수 있지. 만약 왕 중에서 천자의 명령에 거스르거나, 반항하는 왕이 나오면 천자는 그 주변에 있는 자신에게 충성스런 왕들에게 반란을 진압하게 명령을 내리거나, 가까운 거리라면 가끔은 천자 자신이 직접 응징하기도 했어. 이렇게 해서 새로운 힘의 질서가 생긴 것이야.

호 림   나는 왕이 최고인 줄로만 알았는데, 왕보다 더 센 사람이 있었구나…

아 빠   이처럼 나름대로는 자기 나라에 대한 100% 자치권을 확보한 왕이지만, 천자에게는 주기적으로 충성을 맹세하는 존재들을 제후라고 불러.

아 름   그럼 우리나라의 왕도 제후인가요?

천자에게 충성을 맹세한 왕들이 바로 제후

아 빠   그렇지. 최소한 조선은 제후의 나라였어.

호 림   최소한 조선이라면 고려나 고구려는 아니라는 것인가요?

아 빠   응, 고려와 고구려도 중국처럼 천자의 나라였어. 그 이야기도 나중에 따로 하기로 하고. 아무튼, 중국은 바로 천자의 나라이고, 조선은 제후의 나라인 것이야. 주종관계가 형성된 것이지. 이렇게 한 사람의 천자와 천자에게 충성을 맹세한 다수의 제후로 이루어진 정치 제도를 봉건제도라고 해.

아 름   아하! 그래서 조선의 왕들은 새로 왕이 될 때마다 중국에 왕위를 책봉받으려고 사신을 보냈구나!

아 빠   그렇지! 천자인 중국 황제의 책봉 없이는 조선에서는 정식으로 왕 노릇을 할 수 없었던 거야. 하여간에 중국에서는 그 옛날 아주 오래전부터 왕 중 왕인 최고의 지배자를 천자로 불러왔어. 그런데 중국 고대 국가인 하나라, 은나라, 주나라 시대를 거치면서, 천자의 힘은 점점 약해졌어. 그러자 천자의 말을 잘 듣지 않는 제후들이 많이 나타나게 되었고 나중에는 제후들이 천자의 책봉과는 상관없이 자신을 왕이라고 칭하면서 주변국들과의 전쟁을 통해서 자신의 세력을 키워나갔어. 힘의 질서가 천자 중심에서 강한 자만이 살아남는 체제가 된 것이야.

아 름   한마디로 천자가 유명무실해졌다는 말이군요.

아 빠   그렇지. 천자와 제후로 이루어진 봉건제도가 붕괴한 것이야. 이런 혼란의 시기를 춘추전국 시대라고 해. 이 시기가 기원전 770년부터 기원전 221년까지 약 550년간 지속되었어.

엄 마   공자, 맹자, 노자, 장자 등 유명한 사상가들이 활동한 시기이기도 해.

진 나라의 왕은 다른 호칭을 원했다. 바로, 황제!

아 빠   역시 엄마야. 그런데 이렇게 혼란스러운 춘추전국 시대를 통일한 진 나라의 왕은 자신을 그냥 천자라고 부르지 말고, 뭔가 다른 이름으로 불러주길 원했어. 왜냐하면, 예전의 유명무실했던 주나라의 천자와는 구별되고 싶었거든.

아 름   그래서 어떤 이름이 선택되었나요?

아 빠   신하들은 새로운 이름을 무엇으로 할까 모여서 한참을 고민하다가 중국의 고대 건국 신화에 나오는 삼황三皇인 복희씨, 여와씨, 신농씨와 오제五帝인 황제건원, 전욱고양, 제곡고신, 제요 요임금, 제순 순임금의 이름을 따서 삼황오제의 준말인 황제皇帝라고 불렀어.

아 름   오제에서 나오는 요임금, 순임금 시대가 우리가 태평성대를 말할 때의 요순시대堯舜時代인가요?

아 빠   맞았어. 기특하게도 그런 것을 아는구나! 그럼 한 가지 더 물어볼까? 요임금이 임금자리에 오른 다음, 24년 뒤에 어떤 일이 있었지? 힌트를 줄게. 요임금이 임금자리에 오른 것이 기원전 2357년이거든.

엄 마   기원전 2357년의 24년 뒤면, 기원전 2333년이네.

아 름   아! 단군왕검이 고조선을 건국한 시기죠?

고조선의 건국 시기를 계산하는 법

아 빠   맞았어. 역사기록을 보면 단군왕검이 아사달에 고조선을 건국한 것이 요임금이 임금에 오른 뒤 24년 후라고 되어 있거든. 아무튼, 진나라의 왕은 중국을 통일한 후에 황제로 불린 최초의 천자이므로 시작한다는 의미의 시황제始皇帝로 불렸고, 진나라의 시황제이므로 우리에게 친숙한 이름인 진시황제가 된 것이야. 또, 중국이 영어로 차이나China라고 불리는 것도, 진나라를 유럽에서 Chin이라 부른 데서 유래한 것이야.

아 름   아무튼, 결론은 중국은 황제국이요, 조선은 제후국이란 말씀이죠?

아 빠   응, 격이 다르다는 뜻이지.

호 림   그 이야기를 하려고 이렇게 오랫동안 역사 이야기를 한 거예요?

아 빠   이 이야기를 전체적으로 이해해야만 궁궐을 바로 볼 수 있어. 무조건 암기해서는 곤란하거든. 내가 보기에는 무조건적인 암기가 바로 역사를 어렵게 하는 장본인이지.

아 름   알겠어요. 우리 조선이 황제국이 아닌 제후국이어서 기분은 나쁘지만, 이것은 엄연한 역사적 사실이니까 인정할 것은 인정해야죠.

아 빠   또한, 중국이나 우리나라나 모두 유교를 숭상하는 나라였어. 따라서 유교문화권에서는 모든 것을 유교의 예법대로 따르는 것이 원칙이야. 유교의 예법은 충, 효를 앞세우면서도 사회를 철저히 구분하고 이에 따르는 상하질서를 매우 중요시해. 이런 원칙은 궁궐을 만들 때도 적용이 되지.

유교는 구분과 서열을 중요시하는데, 황제 - 제후 순이다

엄 마   그래서 중국 궁궐은 황제의 궁궐로, 조선의 궁궐은 제후인 왕의 궁궐로 만들어지는 것이구나!

아 빠   유교 예법을 따르는 황제와 제후의 품격은 모든 것에서 차이가 나. 그리고 엄격하게 그것을 지켜야만 해. 앞서 알아본 존칭부터 다르지. 중국의 황제는 폐하, 제후국인 조선의 국왕은 전하라고 부르지. 중국에서는 황태자를 전하라고 불러. 제후인 왕과 동격이란 뜻이야.

호 림   쉽게 말해서 제후는 황제보다 무조건 한 단계 밑으로 알면 되겠죠?

아 빠   맞았어.

뱀의 발   황제와 제후의 격의 차이는 사회 전반에 걸쳐 모든 것에 적용되었다. 황제는 부인으로 (황)후를 1명, 비를 3명, 빈을 9명까지 거느릴 수 있고, 제후는 부인으로 (왕)비를 1명, 빈을 3명까지 거느릴 수 있다. 중국에서는 만세삼창(만세만세 만만세)을 불렀고, 조선에서는 천세삼창(천세천세 천천세)을 불렀다. 중국에서 대역죄는 9족을 멸하였고, 조선에서 대역죄는 3족을 멸하였다.

사람뿐 아니라 건축물에도 품격의 차이는 적용된다. 자금성의 법전은 3개(태화전, 중화전, 보화전)이고, 경복궁의 법전은 1개(근정전)이다. 자금성의 법전까지는 5개의 문(대청문, 천안문, 단문, 오문, 태화문)을 거치지만 / 五門三朝, 경복궁의 법전까지는 3개의 문(광화문, 흥례문, 근정문)을 지난다 / 三門三朝. 자금성의 법전인 태화전의 정면 칸 수는 11칸이나 되지만, 경복궁의 법전인 근정전의 정면 칸 수는 5칸을 넘지 못한다. 자금성의 정문인 천안문은 무지개 문인 홍예가 5개이지만, 경복궁의 정문인 광화문의 홍예는 3개이다. 천자의 침전은 6침인데, 제후의 침전은 3침(강녕전, 연생전, 경성전)이다. 자금성의 총 칸 수는 9,999칸이지만, 경복궁은 999칸을 넘을 수가 없고, 일반 사대부 집은 99칸을 넘지 못한다. 0~9 숫자 중에서는 9보다 더 큰 수는 없다. 따라서 9는 가장 큰 수를 의미한다. 고갯길도 아흔아홉 굽이라고 하는 것은 고개가 아주 많다는 뜻이고 자금성이 9,999칸이라는 것은 정확히 9,999칸이 아니라 엄청나게 많다는 의미다. 이 모든 것이 유교 예법에 정해져 있는 내용이며, 경복궁을 비롯한 조선의 궁궐은 이런 예제를 엄격하게 지키면서 만들어졌다.

자금성 태화문과 금수교

자금성 태화전 앞 광장

궁궐에
적용된 음양

아 름   아빠, 옛날 사람들은 음양오행陰陽五行을 중요시했다고 들었는데, 궁궐에도 음양오행이 적용되어 있나요? 음양오행을 알아듣기 쉽게 설명해 주시고, 궁궐에 적용된 사례를 알려주세요.

아 빠   아름아, 잠깐만! 지금 질문은 너무나 광범위한 질문이어서 아빠가 대답하기 쉽지 않구나. 따라서 조금씩 나눠서 설명해 줄게. 그럼 먼저 음양론부터 시작할까?

아 름   좋아요.

아 빠   네가 질문한 음양오행은 음양오행설이라고도 하는데, 음양설과 오행설을 하나로 묶어서 부르는 말이야. 음양오행설은 몇 천 년에 걸쳐 이루어진 동양의 철학 체계이기 때문에 간단히 설명하기가 쉽지 않아.

아 름   그래도 우리 아빠는 할 수 있다고 나는 믿어요!

아 빠   좋아! 우리의 목적은 음양오행에 대해 논문을 쓰는 것이 아니라 우리의 문화재를 제대로 볼 수 있는 정도면 충분하니까, 아빠가 그 수준에 맞춰 최대한 쉽게 설명해 줄게.

아 름   수첩 준비했어요.

아 빠   음양오행설은 사람의 맨눈으로 관찰할 수 있는 하늘의 천체 중에서 인간에게 직접적으로 영향을 끼치거나 인간 생활에 큰 도움을 주는 7개의 천체인 해, 달, 목성, 화성, 토성, 금성, 수성을 오랫동안 관측하고 이를 바탕으로 해서 여러 가지 인류의 경험적인 지식을 체계적으로 정리한 동양의 철학 이론이야.

아 름   예? 너무 어려워요.

음양은 해와 달을, 오행은 다섯 행성을 연구·정리한 이론 체계

아 빠   어렵다고? 좋아. 더 쉽게 설명하지. 해와 달을 연구하고 그 성질이 우리에게 어떤 영향을 주는지를 정리한 것이 음양론이고, 목성, 화성, 토성, 금성, 수성을 연구하고 그들의 움직임이 우리 생활에 어떤 도움을 주는지를 연구한 것이 오행론이야.

아 름   해와 달은 음양이고, 다섯 행성은 오행이다. 이건 쉽네.

호 림   처음부터 그렇게 말씀하시지.

아 빠   좋아, 그럼 우선 음양론부터 자세하게 설명해 줄게. 먼 옛날부터 인류는 문명을 발달시키면서 이 세상에는 뭔가 상대적이면서도 규칙적인 것이 있다는 것을 알게 되었어.

엄 마   밤이 있으면 낮이 있고, 뜨거운 것이 있으면 차가운 것이 있고, 밝은 곳이 있으면 어두운 곳이 있고, 빠른 것이 있으면 느린 것이 있고, 무거운 것이 있으면 가벼운 것이 있고, 이런 식이죠?

아 름   그건 참 쉽다. 서로 반대되는 성질만 뽑아 보면 되네요?

해와 달로 표현되는 추상적인 성질이 바로 음양!

아 빠   그렇지. 그런데 이런 특징 중에서 가장 대표적인 것을 뽑아 보니, 그것은 바로 상반되는 해와 달의 성질이었어. 세상의 거의 모든 것을 상반되는 해와 달의 성질로 설명할 수 있을 정도였으니깐. 해로 대표되는 성질(+)은 덥고, 빠르고, 뜨겁고, 가볍고, 크고, 올라가고, 딱딱하고, 희고, 매운맛이고, 밝고, 동쪽이고, 살리고, 발산하고, 동적이고, 남성적이고, 발랄하고, 건조하지만, 달로 대표되는 성질(−)은 춥고, 느리고, 차갑고, 무겁고, 작고, 내려가고, 부드럽고, 검고, 신맛이고,

어둡고, 서쪽이고, 죽이고, 수렴하고, 정적이고, 여성적이고, 우울하고, 축축해.

아 름   그렇게 반대되는 성질은 수도 없이 많아요.

아 빠   여기서 해로 대표되는 성질을 양(陽)이라 하고, 달로 대표되는 성질을 음(陰)이라고 해. 그러나 가장 주의할 점은 해로 대표되는 성질과 달로 대표되는 성질은, 절대적인 것이 아니라 상대적이란 것이야.

음양은 상대적인 개념

아 름   절대적이 아니라 상대적? 무슨 뜻이죠?

아 빠   예를 들어보면, 남자는 양, 여자는 음이라고 많이들 알고 있지. 이것은 무조건 남자는 양, 여자는 음이라는 것이 아니라, 남자라는 성질이 양(+), 여자라는 성질이 음(-)이라는 것이야. 만약 아주 소심한 남자와 아주 활달한 여자를 서로 비교하면, 오히려 남자가 음, 여자가 양으로 바뀔 수도 있다는 말이야.

아 름   또 다른 예는 없나요? 아직 잘 이해가 안 돼요.

아 빠   비슷한 예로 물에도 음양이 있어.

물에도 음양이 있다

호 림   물은 무생물인데 무슨 음양이 있어요?

아 빠   음양은 반드시 상대적이라고 했잖니? 음양은 서로 비교할 수 있는 대상이 있어야 해. 같은 물이라도 폭포수에서 쾅쾅 떨어지는 동적인 물은 양이고, 우물에 고여 있는 정적인 물은 음이야.

아 름   아! 이제 뭔가 느낌이 와요.

아 빠 옛날 우리 조상이 소원을 빌 때는 우물에서 정화수井華水를 한 사발 떠 놓고 달을 향해 빌었어.

아 름 TV 사극에서 본 적이 있어요. 소원을 비는 그 물을 정화수라고 하는군요.

아 빠 정화수는 이른 새벽에 다른 사람이 긷기 전에 제일 먼저 퍼 올린 우물 물이야. 그럼, 다른 깨끗한 물도 많을 텐데, 왜 굳이 정화수를 떠서 그것도 새벽에 달을 보면서 기도를 드렸을까?

호 림 응용문제는 항상 어려워요…

소원을 비는 물은 음인 물이어야 한다

아 빠 소원은 들어준다고 하지? 또는 받아준다고 하지? 그러려면 발산하는 (+) 성질의 물이 소원을 잘 들어줄까? 아니면 수렴하는(−) 성질의 물이 소원을 잘 들어줄까? 쉬운 말로 내뱉는 성질의 물이 소원을 잘 들어줄까? 아니면 빨아들이는 성질의 물이 소원을 잘 들어줄까?

아 름 당연히 소원을 빨아들이는 물이 더 좋겠지요. 그러자면 음인 물이 좋겠네요? 아, 그래서 기도할 때도 태양이 떠 있는 양인 대낮에 하지 않고, 달이 떠 있는 음인 새벽에 하는구나!

아 빠 맞았어. 정화수는 밤새 달의 기운을 받아 그것도 움직이지 않고 고여 있는 물이므로, 무엇이든 수렴해서 빨아들이는 음의 성질이 가장 강한 물이기 때문이지.

달빛에 비친 근정문 잡상

경복궁에 적용된 음양의 사례

아 름 그럼 궁궐에서 이런 음양론이 적용된 사례는 무엇이 있나요?

아 빠 경복궁 근정전의 정문인 근정문의 좌우에는 일화문日華門과 월화문月華門이 있지. 좌우에 각각 해와 달, 짝이 맞지? 또, 근정문의 동쪽 행각에는 융문루隆文樓가, 서쪽 행각에는 융무루隆武樓가 있어. 동서에 각각 문과 무, 이것도 짝이 맞지?

아 름 아, 그렇구나!

아 빠 경복궁의 동쪽의 궐문은 건춘문建春門이고, 서쪽의 궐문은 영추문迎秋門이야. 동서에 각각 춘과 추, 즉 봄과 가을, 이것도 짝이 맞지? 궁궐 안에서의 이런 예는 무궁무진해. 이렇듯 음양을 짝으로 같이 맞춰 놓은 것은, 원래 음양이란 것이 상대적인 개념이어서 음이 더 좋지도 않고, 또한 양이 더 좋지도 않기 때문에 서로가 잘 조화되어야 좋다는 것이야.

아 름 양이 지나쳐도 안 되고, 음이 지나쳐도 안 된다는 것이죠?

경복궁 근정전

일화문

융문루

월화문

융무루

영추문

건춘문

음양은 어느 것이 더 좋다라고 말할 수 없다. 조화되는 것이 좋은 것

아 빠   그렇지. 또 한 가지 예를 들면, 한약도 마찬가지야. 몸에 열이 많은 사람에게는 음(−)인 약재를 써서, 음양을 잘 조화시키고 몸이 차가운 사람에게는 인삼과 같은 양(+)인 약재를 써서, 음양을 조화시키지.

엄 마   열이 많은 사람에게는 인삼과 같은 양인 약재가 좋지 않다는 것은 상식이죠.

아 빠   그런데 음인 사람에게도 양인 사람에게도, 양쪽 모두에게 잘 어울리는 약이 하나 있어. 바로 쌍화탕雙和湯이야. 음양(쌍)을 잘 조화시켜 놓은 약이니, 누구에게나 좋겠지?

호 림   그럼 쌍화탕이 더 좋아요? 아니면 쌍금탕이 더 좋아요?

아 빠   쌍금탕은 쌍화탕에다가 불환금정기산不換金正氣散이란 약재를 더 넣은 것이야. 불환금! 금하고도 바꾸지 않는 약재이니 얼마나 좋겠어? 당연히 쌍금탕이 더 좋지!

호 림   그럴 줄 알았어. 아빠! 지금 목말라요. 쌍금탕 하나 사 줘요!

근정전 야경

뱀의 발 음양은 누구나 직관적으로 알 수 있는 논리 체계이다. 따라서 동서양을 막론하고 인류 문명은 음양을 논리적으로 분석하고 이를 실생활에 적용해 왔다. 특히 해와 달로 대표되는 천체 현상을 인체에 적용하여 인간을 소우주로 보는 한의학에서의 응용은 그 출발점이 음양론이라고 해도 과언이 아니다.

또한, 복잡한 현대 사회를 디지털 사회라고 한다. 앞으로의 미래 사회도 점점 디지털화가 가속화될 것이다. 이토록 복잡한 디지털 사회의 시작은 뜻밖에 0과 1이라는 이진법에서 시작되었다. 이진법은 서양의 관점에서 바라본 음양의 다른 표현에 불과하다.

서양에서는 음양을 플러스(+)와 마이너스(−)로 표시하지만, 동양에서는 양효陽爻(—)와 음효陰爻(--)로 표시하는 것이 다를 뿐이다. 태극기의 건곤감리乾坤坎離 4괘의 모양이 바로 그것 양효와 음효의 조합이다. 양효는 숫자로 1이자 홀수이다. 그래서 홀수는 양수이다. 음효는 숫자로 2이며 짝수이다. 그래서 짝수는 음수이다. 이렇게 음양을 숫자 1, 2로 나타내는 것은 이 세상에 존재하는 대표적인 만물의 음양인 암컷과 수컷의 성기의 모양을 본 뜬 것이다. 두 손의 열 손가락으로 나타낼 수 있는 숫자는 모두 몇 가지나 될까?라는 문제를 풀어보자.

(1) 10가지 (2) 20가지 (3) 100가지 (4) 1,024가지

위의 네 문항이 모두 정답이다. 우선, 10가지는 가장 단순하게 생각해서 나올 수 있는 답이다. 그러나 20가지도 가능하다. 손가락을 꼽을 때와 손가락을 펼 때를 따로따로 보면 된다. 그런데 100가지도 가능하다. 두 손을 먼저 주먹을 쥔 다음, 엄지손가락을 5로 보고 나머지를 1로 봐서 주판알처럼 활용하면 0~99까지 100가지가 된다. 그러나 여기까지는 아날로그 세계이다. 디지털 세계에서는 10개의 각각의 손가락을 꼽았다가 폈다 하면서 숫자를 표시하면, 2의 10 제곱인 1,024가지를 표현할 수 있는 것이다. 이것이 디지털 세계이다. 이렇듯 간단한 이진법이 서로 복합적으로 조합되면 엄청난 정보를 처리할 수 있게 된다.

양, 음은 분명히 2진법이고 하나로만 존재한다면, + 또는 −, 단 두 가지 정보만을 나타낼 수 있다. 이를 양의兩儀라고 한다. 하지만 +/− 곱하기 +/−의 결과는 +/+, +/−, −/+, −/− 이렇게 네 가지가 된다. 이것이 태양, 소양, 소음, 태음이라고 하는 사상四象이 된다. 그렇다면 양의가 하나 더 겹쳐지면 어떻게 될까? +/− 곱하기 +/− 곱하기 +/−의 결과는 +/+/+, −/+/+, +/−/+, −/−/+, +/+/−, −/+/−, +/−/−, −/−/−의 여덟 가지가 된다. 이것이 건乾·태兌·이離·진震·손巽·감坎·간艮·곤坤의 팔괘八卦가 된다.

음양(양의)에서 사상이 나오고, 다시 분화하면 팔괘가 된다. 팔괘와 팔괘가 다시 겹쳐지면 8 x 8 = 64, 즉 64개의 괘가 나오는데, 이것이 인간 세상을 모두 포괄한다는 주역의 세계, 주역의 64괘가 되는 것이다.

궁궐에 적용된 오행

아름 음양은 이제 대강 알 수 있을 것 같아요. 그럼 나머지 오행은 무엇인가요? 궁궐의 건축물에서 오행도 찾을 수가 있나요?

엄마 나도 음양은 어느 정도 알겠는데, 오행은 복잡해서 이해가 잘 안 돼요.

오행에 앞서 반드시 음양을 먼저 충분히 이해해야

아빠 음양을 제대로 이해한다면 오행도 충분히 이해할 수가 있어. 다만, 음양은 두 가지만 가지고 생각하기 때문에 쉽게 이해되지만, 오행은 다섯 가지를 가지고 이해해야 하므로 조금 복잡하기는 해. 그래도 원리를 알면 아무것도 아니야.

아름 아빠, 걱정하지 마세요. 수첩 준비했어요.

아빠 그럼 이제 시작해 볼까? 참, 시작하기 전에 무조건 이거 하나만 마법의 주문처럼 외워 둬. 오행은 목화토금수! 나중에 정말 큰 도움이 돼.

호림 목화토금수, 마법의 주문이라… 에라, 간단한 것이니깐 무조건 외워놓자. 목화토금수, 목화토금수, 목화토금수…

아빠 그리고 내가 전에 설명할 때, 음양은 해와 달 자체가 아니다, 해와 달로 표현되는 추상적인 성질이라고 했지? 이것은 오행에서도 똑같이 적용되어서, 오행 역시 목화토금수의 한자 뜻인 나무, 불, 흙, 쇠, 물이라는 물질 그 자체가 아니라 그런 물질들이 가지고 있는 추상적인 성질을 뜻하는 것이야. 이것을 꼭 명심해.

아름 오행도 음양과 마찬가지로 추상적인 성질을 뜻한다, 암기 끝!

목화토금수를 외워라 그리고 목화토금수는 순환한다

아 빠   유교는 중국에서 생겨난 사상이어서 동양의 음양오행 이론을 자연스럽게 수용하고 있지. 따라서 유교 예법에 따라 만들어진 조선의 궁궐 건축은 음양오행을 충실히 따르고 있어. 음양오행설에 따르면, 시간적인 개념으로 볼 때 밤과 낮은 음양으로, 계절은 오행으로 구분해. 공간적인 개념으로 볼 때 위와 아래는 음양으로, 앞뒤좌우와 가운데는 오행으로 구분이 돼.

아 름   하루는 음양으로, 1년은 오행으로 구분한다는 말이네요?

아 빠   그렇지! 시간적인 것은 나중에 보고, 먼저 공간적인 개념을 조금 더 살펴볼까? 위아래는 너무 쉬우니 앞뒤좌우와 가운데의 방향과 위치를 살펴보자. 어떤 공간 속에서든 한곳에 내가 자리를 잡으면 자동으로 앞뒤좌우가 생기겠지? 내가 자리 잡은 곳은 당연히 가운데 자리인 중앙이 되겠지? 따라서 내가 자리 잡은 가운뎃자리는 상, 하, 전, 후, 좌, 우 모든 방향의 기준점이 된다는 것이야. 쉽게 말해 가운뎃자리가 제일 중요한 곳이라는 말이지.

오행과 방향과의 상관관계를 잘 이해해야 문화재를 이해!

아 름   그 정도는 쉽네요. 너무 당연하잖아요?

아 빠   일단, 내가 바라보는 쪽을 남쪽이라고 가정해 보자. 이것을 궁궐 건축에서는 군주남면이라고 해.

엄 마   그 군주남면 이야기는 정말 자주 나오네요?

아 빠   그러니깐 유교 예법을 충실히 따랐다는 증거가 되지. 아무튼, 나는 북쪽을 등지고 남쪽을 바라보겠지? 자동으로 나의 왼쪽은 동쪽이 되고

아 름	나의 오른쪽이 서쪽이 되겠지? 이와 같은 방향 설정이 음양오행의 가장 기초가 되는 거야.
아 름	뭐야? 너무 쉽잖아?
아 빠	이제부터는 조금씩 어려워질 거야. 하루를 기준으로 해의 방향을 한번 살펴볼까? 아침에는 해가 동쪽에서 떠서, 정오에는 해가 남쪽에 있다가 저녁에는 해가 서쪽으로 지고, 한밤에는 해가 북쪽의 땅 아래에 있겠지?
아 름	그것도 쉽네요?
아 빠	이것을 시간적인 개념에서 조금 더 확장하면 계절과 방향을 일치시킬 수 있는 것이야. 동쪽에서 해가 뜨면 아침부터는 기온이 서서히 올라가지? 정오 무렵 해가 남쪽에 있을 때는 기온이 가장 높지? 서쪽으로 해가 지게 되면 기온이 서서히 내려가지? 마지막으로 한밤중에는 기온이 가장 낮지? 동쪽을 계절로 보면 따뜻해지는 봄이고, 남쪽을 계절로 보면 가장 더운 여름이야. 서쪽은 서늘해지기 시작하는 가을이 되고, 북쪽은 가장 추운 겨울이 되지.
아 름	신기하게도 그렇게 연결되네요?

오행의 중심은 땅과 흙의 성질인 토이다

아 빠   이 동서남북 모든 방향은 분명히 기준이 있어. 바로 내가 자리 잡은 가운뎃자리인 중앙이야. 그리고 내가 자리 잡은 지점은 위에 있는 공중도 아니고 아래에 있는 땅속도 아닌, 바로 지구, 즉 땅이고 흙이야. 영어로 earth는 지구, 땅, 흙이야. 결국, 지구, 땅, 흙은 같은 개념이고 오행에서는 중앙에 있는 땅, 흙이 가장 중요하다는 말이야. 그러므로 우리에게 가장 중요한 음식은 땅에서 나는 곡식이고 이 곡식을 잘 재배하기 위해서는 계절에 잘 맞춰 농사를 지어야 해. 그런데 중앙은 계절로 볼 때 어디에 해당할까?

아 름 동서남북과 봄, 여름, 가을, 겨울 다 나왔는데 남은 계절이 또 있어요?

아 빠 중앙은 땅이라고 했지? 땅에서 자라는 모든 곡식이 열매를 맺고, 추수를 기다리는 시기가 있어. 즉, 여름에서 가을로 넘어가는 늦여름이야. 우리 조상들은 긴 여름이란 뜻에서 장하長夏라고 했지. 이때 해가 잘 비쳐야 곡식이 잘 여물게 되고 풍년이 되지.

아 름 그럼 오행의 순서를 계절별로 나열하면 이렇게 되나요? 봄 → 여름 → 늦여름 → 가을 → 겨울, 동쪽 → 남쪽 → 중앙 → 서쪽 → 북쪽!

아 빠 100점! 이번에는 오행을 색으로 구분해 볼까? 동쪽은 봄의 계절이므로 나무가 자라기 시작하지. 따라서 동쪽의 색은 나무로 대표되는 푸른색이야. 남쪽은 태양이 이글거리는 여름의 계절이므로 당연히 붉은색이지. 중앙은 땅으로 대표되는 누런 황토색이고, 서쪽은 가을의 계절이니까 서리가 내리지? 따라서 흰색이야. 북쪽은 겨울의 계절이고 한밤중이므로, 깊은 물 속처럼 암흑 같아서 검은색이지.

오행의 색깔은 계절과 연관하면 저절로 알게 된다

아 름 아빠, 그 색은 혹시 사신도와 관련 있죠?

아 빠 오, 그래. 그것을 기억해 내다니 아름이는 역시 대단한걸! 사신도라고 하는 것은 동서남북의 방위를 나타내면서, 우주의 질서를 수호하는 상상의 동물 그림인데, 동쪽에는 청룡, 서쪽에는 백호, 남쪽에는 주작, 북쪽에는 현무가 그려져 있어.

엄 마 맞아요. 유명한 고구려의 강서대묘 안에 있는 사신도 그림을 보면, 동쪽의 좌청룡左靑龍(푸른색), 서쪽의 우백호右白虎(흰색), 남쪽의 전주작前朱

작(붉은색), 북쪽의 후현무後玄武(검은색), 이렇게 각기 색깔 별로 배치되어 있어요.

아빠   사신도라서 보통 네 개만 알고 있는데, 오행의 관점에서 보자면 한 가지가 빠졌지?

아름   가운데 중앙이 빠졌어요. 색깔은 노란색인데…

아빠   강서 대묘의 사신도의 한가운데 천정을 보면 황룡이 그려져 있어.

아름   황룡이면 역시 노란색이구나!

호림   그럼 사신도가 아니라 오신도잖아요! 사람들은 순 엉터리들이야.

아빠   마지막으로 정리하자면, 오행은 지구와 같은 태양계의 다섯 행성과 하나씩 연결이 돼. 이게 매우 중요한 거야. 꼭 원리를 파악해서 이해하도록 해. 동쪽의 행성은 푸른 나무의 기운을 가진 행성, 즉 목성이

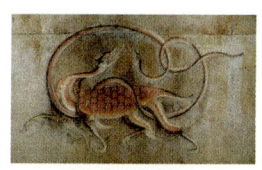

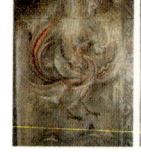 

강서대묘 사신도 벽화.
위에서부터 시계 방향으로
현무, 청룡, 주작, 백호. 가운데는 황룡

궁궐에 관한 일반 상식

야. 남쪽 행성은 붉은 불의 기운을 가진 행성인 화성이야. 중앙의 행성은 누런 황토의 기운을 가진 행성인 토성이고. 서쪽의 행성은 희고도 찬 쇠붙이의 기운을 가진 행성인 금성이야. 북쪽 행성은 캄캄한 깊은 물 속의 기운을 가진 행성, 즉 수성이야. 따라서 오행의 순서를 계절의 순서대로 정리하면, 목^木 → 화^火 → 토^土 → 금^金 → 수^{水}가 되고 이것은 다시 순환을 해.

아 름 그래서 마법의 주문이 목화토금수였구나!

실생활에 녹아 있는 오행의 예, 이름의 돌림자

아 빠 호림아, 아름아, 우리의 이름도 오행의 순서를 따른다는 것을 아니? 무슨 말인가 하면 우리의 이름 중 돌림자, 항렬자도 오행의 법칙과 순서를 따라. 우리의 이름 중에서 돌림자에는 반드시 한자 부수에 오행의 흔적이 들어가 있어. 예를 들어, 우리 집안에서 이름에 쓰는 돌림자는 고조할아버지가 烈(火) 자를 쓰시고, 증조할아버지는 圭(土) 자, 할아버지는 鎬(金) 자, 아빠와 삼촌들은 洛(水) 자를 쓰고, 너희 사촌이나 육촌 형제들은 林(木) 자를 쓰고 있지. 이렇듯이 돌림자의 한자 부수에는 반드시 오행의 순서를 따르고 있어.

아 름 맞아요, 삼촌이나 아저씨들 이름이 모두 락자로 끝나요. 오빠 이름은 호림이고요.

호 림 그렇지만 아빠는 이름이 동군^{東君}이잖아요? 락 자가 아니네요?

아 빠 응, 아빠만 형제들 중에서 유일하게 집안의 돌림자를 쓰고 있지 않아. 하지만, 족보에는 어김없이 東洛으로 올라가 있어.

뱀의 발   상생과 상극

오행은 목화토금수목화토금수…와 같은 순으로 순환한다. 상생相生은 글자 그대로 서로 살린다는 뜻이다. 서로가 자연의 순리대로 흘러가는 것을 뜻한다. 따라서 상생의 순서는 오행 순서인 목 → 화 → 토 → 금 → 수 → 목 그대로다.

이것을 한자로 쓰면 이렇다. 목생화木生火, 화생토火生土, 토생금土生金, 금생수金生水, 수생목水生木. 이해하기 쉽게 하나씩 예를 들어보자.

목생화	나무가 타면 불이 된다. 거꾸로, 불이 타려면 나무가 필요한 것이다. 글자 그대로 나무가 불을 살려주는 것이다.
화생토	불에 탄 재가 곧 흙이 된다는 뜻이다. 즉, 불이 흙을 만들어주는 것이다.
토생금	흙이 굳어서 쇠붙이가 된다는 것이다. 광맥은 땅 속에 있다.
금생수	땅속의 차가운 쇠붙이에 수분이 엉겨 붙어서 물이 생기고,
수생목	물이 있어야 나무가 산다는 뜻이다.

그래서 사극을 보면 임금의 바로 앞에는 붉은 옷의 당상관들이 앉아 있고, 당상관의 끝에는 당상관보다 낮은 직급인 참상관들이 푸른 옷을 입고 앉아 있다. 임금은 모든 것의 중심인 한가운데의 황룡, 즉 토의 기운이므로, 상생에서 보면 화생토가 된다. 따라서 임금의 토 기운을 살리기 위해서는 화의 붉은 기운이 필요하다. 그래서 당상관의 관복은 붉은색인 것이다.

또한, 당상관의 화 기운을 살리기 위해서는, 상생에서 보면 목생화이기 때문에 그 아래 직급인 참상관의 관복은 나무 목의 기운인 푸른 옷이다. 비교적 간단한 원리다. 따라서 관복을 통한 상생의 뜻은 하급 관료가 상급 관료의 기운을 살려주고, 또한 상급 관료는 왕의 기운을 살려주라는 뜻이다.

한편, 상극相剋은 글자를 그대로 풀이하자면 서로 이기려고 극한 대결을 벌이는 형국이다. 상극도 원리를 알고 보면 간단하다. 상생의 순서를 하나씩만 더 건너뛰면 상극이 되는 것이다.

이것을 한자로 쓰면 이렇다. 목극토木剋土, 토극수土剋水, 수극화水剋火, 화극금火剋金, 금극목金剋木. 이것도 이해하기 쉽게 하나씩 예를 들어보자.

수극화	글자를 풀어쓰면, 물이 불을 이긴다. 너무나 당연하다. 불을 끄려면 물이 필요하다.
화극금	불이 쇠붙이를 이긴다. 이런 예로는, 대장간이나 제철소에서 쇠를 녹이는 것은 불이다.
금극목	쇠붙이가 나무를 이긴다는 뜻인데, 가령, 도끼로 나무를 쓰러뜨리는 것이다.
목극토	나무가 흙을 이긴다는 뜻. 씨앗이 흙을 뚫고 자라나서 나무가 되는 것이다.
토극수	흙이 물을 이긴다. 즉, 흐르는 강물을 막을 수 있는 것은 흙뿐이다. 그래서 댐을 쌓는 것이다.

경복궁에 적용된 오행의 사례

아름   그럼, 오행도는 대강 알겠는데요, 궁궐에서 오행을 적용한 사례를 말씀해 주세요.

경복궁 강녕전 일원

아빠   경복궁의 경우, 왕비의 침전인 교태전의 정문은 양의문兩儀門이야. 교태전은 국본인 왕자를 생산하기 위해 왕과 왕비가 합궁하여 음양이 합쳐지는 곳이야. 따라서 교태전의 정문 이름도 음양의 다른 표현인 양의문이라 한 것이지. 한편, 교태전의 앞에 있는 왕의 침전인 강녕전의 정문은 이름이 향오문嚮五門이야.

아름   아, 왕비의 집은 음양으로 표현했고, 왕의 집은 오행으로 표현했네?

아빠   그렇지. 왕비의 교태전이 내용상 음양을 고려했다면, 왕의 강녕전은 오행을 고려한 것이지. 게다가 이름만 오행을 고려한 것이 아니야. 건물도 강녕전을 중심으로 연생전, 경성전, 연길당, 응지당, 이렇게 모두 다섯 건물이 질서 있게 배치되어 있어.

교태전 양의문

강녕전 향오문

궁궐 문화재
안내판 읽는 법

아 름   아빠, 궁궐 문화재를 소개하는 안내판의 글이 너무 어려워요. 그 내용을 쉽게 아는 방법이 없나요?

기본 상식을 알아야 문화재를 읽을 수 있다

아 빠   아름아, 호림아! 너희는 야구 경기 좋아하니?

호 림   그럼요, 얼마나 재미있는데요. 특히 프로야구가 제일 재미있어요.

아 빠   호림아, 그럼 넌 럭비는 재미있니?

호 림   지난번에 아빠랑 연고전 갔을 때 봤던 그 경기죠? 그건 너무 재미없어요. 서로 엉겨 붙어 있기도 하고 이상하게도 옆으로 줄을 서서 달리고, 공도 뒤로만 패스하고, 점수도 1점씩 올라가지 않고 어떤 때는 6점, 어떤 때는 2점인가 3점인가? 아무튼, 이상한 경기예요.

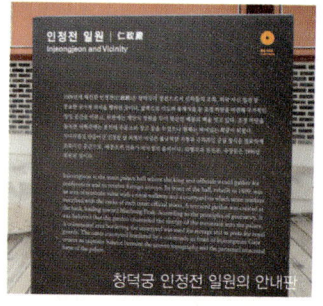

창덕궁 인정전 일원의 안내판

아 빠   야구는 재미있고, 럭비는 재미없는 이유가 있겠지?

아 름   그건 아마도 럭비의 경기 규칙을 잘 모르기 때문일 거예요.

아 빠   바로 그거야. 경기 규칙을 모르면 그 경기는 재미없어. 문화재도 마찬가지야. 문화재를 제대로 보려면 문화재에 대한 기본 상식을 알아야만 해. 특히나 최소한의 용어 정도는 이해해야지.

엄 마   그래서 문화재는 아는 만큼 보인다는 거야.

창덕궁 인정전 설명문으로 목조 문화재의 기본 상식 공부하기

아빠 특히 우리는 궁궐을 공부하고 있으니 문화재 중에서도 오래된 옛날 목조 건축물인 고건축 문화재에 대한 기본 상식을 한번 알아볼까? 우선, 국보 제225호로 지정된 창덕

인정전의 우측면

궁의 인정전에 대한 설명문인데 이것을 예제로 해서 공부해 보자. 아빠가 인터넷에서 찾아 본 인정전의 설명 내용은 이렇게 되어 있고, 우리가 알아야 할 부분에는 아빠가 번호를 달아 표시해 놓았어. 먼저 이것을 읽고 무슨 뜻인지 한번 말해볼까?

인정전의 정면

1985년 1월 8일 국보 제225호로 지정되었다. ①정면 5칸, 측면 4칸의 중층^{重層} 팔작지붕 다포^{多包}집으로 1804년 순조 4 건립되었다. 남향이고 인정문과 함께 회랑으로 둘러싸여 일곽을 형성한다. ②기단^{基壇}은 이중으로 되어 있으며, 중앙과 좌우 측면에 ③석계^{石階}를 설치하고 바닥면에는 ④전석^{塼石}을 깔았다. 상층기단 위에는 ⑤장대석^{長臺石}을 한 단 높여 돌리고 ⑥높은 주좌^{柱座}의 초석^{礎石}을 배열해서 기둥을 세웠다. 기둥은 ⑦배흘림이 없는 원주^{圓柱}이고, 내부에는 ⑧10개의 높은 기둥과 4개의 우고주^{隅高柱}를 세워 중층가구법^{重層架構法}을 따랐다. ⑨두공^{枓栱}은 밖이 3출목^{三出目}이고 안이 4출목인 다출목으로 전개되었으며, 기둥머리의 안초공으로부터 살미와 첨차의 세부 수법이 조선 말기의 양식을 나타내고 있다. 가구^{架構}는 ⑩외중층^{外重層} 내통층^{內通層} 수법이고, 고주 몸에 퇴량^{退樑}을 끼워서 2층평주^{二層平柱}를 받게 하였으며 우고주가 2층 우주가 되게 하였다. 처마는 ⑪겹처마인데, 각 ⑫마루에는 양성^{兩城}하여 ⑬취두^{鷲頭}, 용두^{龍頭}, 잡상^{雜像}을 올려놓았고 사래 끝에는 ⑭토수^{吐首}를 끼웠다. 이 건물은 가구의 짜임새와 외관이 견실하면서 운치와 미려를 겸하여 흥선대원군이 근정전^{勤政殿}을 재건할 때 이 건물을 규범으로 하였다.

호 림   검은 것이 글씨요, 흰 것은 종이로다!

아 름   시작 부분인 국보로 지정됐다는 것과 마지막 부분에 흥선대원군이 참고했다는 부분만 알겠고, 가운데 내용은 하나도 모르겠어요. 한자도 너무 어려워요.

엄 마   나도 절반 정도밖에 모르겠어요.

아 빠   솔직히, 아빠도 내용을 100% 완벽하게는 다 몰라. 왜냐하면, 건축 전문가가 아니면 잘 모르는 내용도 일부 들어 있기 때문이야. 그래도 아빠는 미리 고건축에 대한 공부를 많이 했기 때문에 약 95% 정도는 알지. 우리도 지금부터 밑줄 친 부분을 중심으로 해서 문화재에 대한 최소한의 용어 정도는 함께 공부해 보자.

호 림   ①번에서 칸과 다포라는 것을 잘 모르겠어요.

아 빠   목조 건물을 쉽게 이해하려면 다른 것은 제외하고 우선 집의 뼈대가 되는 것부터 보면 돼. 목조 건물을 처음 짓기 시작할 때 집의 뼈대 중에서 무엇부터 할 것 같니?

기둥에서 칸의 개념이 나온다

아 름   기둥이요. 그래야 지붕이 그 위에 올라가죠.

아 빠   맞았어. 집이 만들어지려면 반드시 기둥이 필요하지. 기둥이 없으면 벽도, 지붕도 없는 거야. 바로 그 기둥과 기둥 사이를 칸이라고 해. 기둥이 2개면 1칸, 기둥이 3개면 2칸, 기둥이 6개면 5칸… 이런 식이 되는 거야. 그래서 목조 건축물의 규모를 말할 때는 정면 몇 칸, 측면 몇 칸 이렇게 말하는 거야. 예를 들어 위의 설명에서 나오는 인정전의 규모는 정면 5칸, 측면 4칸 이렇게 하는 거지.

아 름   앞에서 보니 정면에서 보이는 기둥이 6개, 측면에서 보이는 기둥이 5개네요. 그냥 쉽게 20칸짜리 건물 이렇게 하면 되지 않나요?

아 빠   그렇게는 말하지 않아. 왜냐하면, 정면 칸 수와 측면 칸 수를 각각 밝혀야만 건물의 형태와 규모를 종합적으로 쉽게 알 수 있거든. 똑같은

20칸짜리 건물도 정면 4칸, 측면 5칸이면 집 모양이 완전히 달라져.

아 름   이 집의 뼈대 사진에는 기둥 말고도 다른 건축 부품들도 많아요. 하나씩 알려주세요.

아 빠   그래, 기둥부터 시작하자. 모든 기둥은 세로로 서 있는데, 만약 기둥만 있으면 어떻게 되겠니?

호 림   당연히 기둥이 쓰러지죠.

기둥이 쓰러지지 않게 연결하는 수평 부재, 창방

아 빠   그래서 기둥과 기둥을 연결하는 것이 필요한 거야. 세로로 서 있는 기둥 위에는 기둥을 고정하려고 건물의 벽을 따라가면서 기둥과 기둥 사이를 옆으로 가로지르는 나무 부재가 있어. 그것을 창방이라고 해. 이렇게 창방으로 기둥들을 연결하면 기둥은 절대 쓰러지지 않아. 왜냐하면, 창방 끝과 기둥의 끝을 서로 끼워 맞추게 했거든.

아 름   그럼 창방 위에 바로 지붕이 올라가나요?

아 빠   창방 위에 바로 지붕을 만들면 어떻게 될까? 지붕의 경사가 없잖아? 그냥 평평하겠지? 그렇게 되면 비가 와도 빗물이 흘러내리지 못하고 지붕 위에 그대로 고이게 되잖아.

호 림   그렇다면, 지붕을 비스듬하게 해서 빗물이 흘러내리도록 하면 되죠.

아 빠   그래. 그렇게 지붕에 경사를 주는 건축 부재를 도리라고 해. 따라서 정상적인 집이라면 도리는 최소한 3개가 필요하지. 그래야 집의 지붕 면이 삼각형 모양이 되어서 빗물이 앞쪽으로도 흘러내리고, 또한 뒤쪽으로도 흘러내리지. 그

도리

리고 도리를 한자로 량樑이라고 해. 그래서 도리가 3개인 집을 3량집이라고 부르는데, 가장 간단한 형태의 집이야.

도리는 지붕을 받치는 가장 높은 곳에 위치

아 름 도리가 5개면 5량집이 되나요?

아 빠 그렇지. 그렇게 되면 도리도 높이에 따라 부르는 이름이 달라져. 건물의 가장 앞뒤의 기둥 바로 위에 있는 도리는 주심도리柱心道里라고 부르는데, 기둥 주, 중심 심, 즉 기둥의 중심에 있는 도리라는 뜻이야.

아 름 기둥의 중심 바로 위에 있는 도리는 주심도리다. 이건 쉽네요.

아 빠 반대로 건물의 한가운데, 가장 높은 곳에 있는 도리를 종도리宗道里라고 불러.

호 림 하늘을 높이 나는 종다리 때문에 생긴 이름인가?

아 빠 한자로는 마루 종宗 자를 쓰거든. 마루는 꼭대기를 뜻하니깐 끝에 있는 도리라는 뜻이지. 그래서 종도리를 마루도리 또는 마룻대라고도 하는데, 종도리의 바로 위가 용마루야.

호 림 태권동자 마루치의 마루라는 이름도 제일 높다는 뜻인가요?

엄 마 응, 그렇단다. 그런데 여보, 궁금한 게 하나 있는데요. 건물을 지을 때

마지막에 상량문을 쓴다고 하는데, 상량문을 쓰는 곳이 종도리예요?

아빠 맞아. 종도리가 올라가면 집은 구조적으로 거의 완성된 것이거든. 그리고 주심도리와 종도리 사이에 있는 도리는 가운데 중 자를 써서 중도리中道里라고 해.

엄마 그럼 3량집은 건물의 도리가 앞쪽에서 뒤쪽으로 가면서 주심도리 → 종도리 → 주심도리가 되고, 5량집의 도리순서는 주심도리 → 중도리 → 종도리 → 중도리 → 주심도리, 이런 순서가 되겠네요?

아빠 100점!

보는 도리와 방향이 90도로 엇갈리는 나무 부재

아름 그럼 대들보라는 것은 뭐죠?

아빠 대들보는 말 그대로 들보 또는 보 중에서 가장 큰 들보를 말해. 그럼, 보가 뭐냐? 보는 건물의 앞뒤 기둥을 연결하는 수평의 구조재야.

정읍 김동수 가옥의 안채

아름 지금까지 배운 것이 기둥, 창방, 도리, 보 이렇게 모두 네 개예요. 정리하자면, 바로 옆의 기둥끼리 연결하는 것은 창방이고, 건물의 앞뒤 기둥을 연결하면 보란 말이죠? 그리고 도리는 기둥 위에 올라가서 지붕을 받치는 것이고요. 그런데 도리는 높이에 따라 이름이 다르다…

아빠 그래, 목조 건물의 가장 중요한 뼈대는 3가지가 기본인데, 기둥과 도리, 보. 이것이 목조 건축물의 삼총사야.

호 림   기둥, 도리, 보! 가위, 바위, 보와 비슷하네요.

아 빠   보통 도리는 지붕 바로 밑에 있어서 눈에 잘 안 띄는데, 보는 건물의 앞뒤를 바로 연결하기 때문에 쉽게 눈에 띄지. 그리고 도리는 가늘고 긴 통나무이지만, 보는 엄청 굵은 통나무야. 따라서 대들보는 주심도리와는 직각인 니은 자 모양으로 만나게 되고, 종도리와 열 십$^+$ 자 방향이 되지.

아 름   잠깐만요. 이해가 잘 안 가요. 주심도리와 대들보는 니은 자로 만나고, 종도리와 대들보는 십 자로 만난다?

아 빠   그림을 그려보면 쉽게 이해할 수 있어. 가장 간단한 3량집의 평면도를 하늘에서 내려다보는 그림으로 그려보면, 기둥과 나란히 3개의 도리가 주심도리, 종도리, 주심도리 순서로 올라가지. 대들보는 주심도리와 니은 자로 만나고, 종도리와는 열 십 자로 만나잖아.

아 름   이제 알겠어요.

엄 마   역시 백문百聞이 불여일견不如一見이네요.

아 빠   건축에서 수직 구조재로 가장 중요한 것이 기둥이라면, 수평 구조재로 가장 중요한 것이 보야. 서까래와 도리를 타고 내려온 지붕의 무게가 최종적으로 이 보를 통해 기둥에 전달돼. 그런 보 중에서 가장 큰 보가 대들보니깐, 대들보가 얼마나 중요한지 알겠지? 그래서 한 나라나 집안의 운명을 지고 나갈 만큼 중요한 사람을 대들보에 비유하지. 우리 집안의 대들보는 누구지?

호 림   바로 접니다. 어? 반응이 다들 왜 이래? 나 아니고 아빤가?

목조 건축물의 주요 뼈대는 기둥, 도리, 보의 세 가지가 결정

엄 마   결국 목조 건축물의 주요 뼈대는 기둥, 보, 도리가 수직 또는 수평으아 빠 　로 만나면서 만들어지는 것이군요?
간략하게 요점만 정리하면 그렇지. 자 이제부터는 한옥의 지붕 부분에 대한 본격적인 설명이야. 주의 깊게 잘 들어야 해. 지붕의 경사면을 따라서 종도리에서부터 처마 끝까지 나란히 건너지른 수많은 나무 부재를 서까래라고 해.

호 림 　서까래는 체육 시간에 일렬횡대로 늘어선 학생들 같아요.

아 빠 　규모가 작은 3량집의 경우에는 종도리에서 주심도리까지 하나의 서까래를 걸면 되지만, 규모가 큰 5량집인 경우에는 종도리에서 중도리까지는 짧은 서까래가 걸리고, 그리고 중도리에서 주심도리까지는 처마의 깊이 때문에 매우 긴 서까래가 걸려.

아 름 　그러면… 그 위에 기와가 바로 올라가나요?

해남 녹우당의 사랑채

도리 위에 서까래가 올라간다

아 빠 　서까래 사이에 빈 곳이 있으니 기와는 바로 못 올리지. 따라서 서까래 위에는 개판이라고 부르는 판자를 깔거나 산자를 깔아서 빈 데가 없도록 해. 그리고 서까래를 눌러주고 지붕의 기울기를 잡아주기 위해 중도리 부근에 잡목 등을 채워 넣는데, 이것을 적심이라고 해.

엄 마 　적심? 어디서 많이 들어본 말인데? 아, 숭례문 화재!

아 빠 　그렇지. 적심은 잡목이나 남은 목재 등을 넣기도 하는데, 숭례문 화재 시에는 기와지붕 속에 들어가 있던 이 적심에 붙은 불을 다 끄지 못해서 결국 숭례문이 몽땅 타버린 거야. 지붕 속에는 적심목에 불이 붙었는데 바깥에만 물을 뿌리니 불이 꺼질 리가 있겠어? 그런 적심 위에는 습도 조절 및 단열을 하고, 지붕의 기울기를 맞추기 위해서 흙도 깔아주고, 마지막으로 제일 위쪽에 기와를 덮는 거야.

호림 아빠가 소방관이었으면 숭례문이 몽땅 타버리지는 않았을 텐데… 그럼 다포집은 뭐죠? 대포집을 잘못 쓴 건가? 대포집이면 술집인데?

공포는 역학적인 측면도 있고, 의장적인 측면도 있다

엄마 다포집은 많을 다, 공포 포, 즉 공포栱包가 많은 집이란 뜻이야.
호림 공포는 뭐죠? 건물을 무섭게 만드는 건가요?
아빠 공포는 처마를 길게 뽑기 위한 장치야. 처마가 뭔지는 알지?
아름 처마는 비를 맞지 않도록 지붕이 건물 밖으로 튀어나온 것을 말하지 않나요?
아빠 그래. 비는 기둥을 썩게 하는 등 건물에는 매우 나쁜 영향을 줘. 그래서 가급적 처마를 길게 빼면 뺄수록 건물은 비를 덜 맞게 되므로 좋은 것이야. 하지만 무작정 처마를 길게 뺄 수는 없지. 왜냐하면, 지붕의 무게를 감당할 수 없거든. 그래서 나타난 것이 공포야. 공포는 전

부석사 무량수전의 공포(주심포)

통 목조 건축물에서 길게 뺀 처마 끝의 무게를 효과적으로 받치기 위해서 기둥의 꼭대기 부분에다가 역삼각형 모양으로 짜맞추어 댄 까치발처럼 생긴 나무 부재야.

아 름   좀 더 쉽게 설명해 주세요.

아 빠   음… 너희가 쉽게 이해하려면 뭔가 빗대어서 설명할 것이 필요한데… 그래! 원리는 우산의 살대와 비슷하지. 펼쳐진 우산을 집의 지붕이라고 생각하고, 가운데 손잡이 부분의 봉을 기둥이라고 생각해 봐. 또 우산의 천과 붙어 있는 우산의 살대는 지붕을 받치는 서까래와 같겠지?

아 름   예, 대충 상상이 가요.

아 빠   그런데 우산을 활짝 펼쳐 우산 살대를 지탱하려면 가운데 봉 하나만으로는 안 되겠지? 그래서 한가운데서 기둥 역할을 하는 봉 부분과 서까래의 역할을 하는 우산살을 연결하는 부채살 모양의 역삼각형 지지대가 필요한 거야. 그 지지대와 비슷한 원리가 공포야.

기둥 위에 올라간 공포는 주심포, 기둥 사이에도 있으면 다포

아 름   그럼 공포는 알겠는데, 설명에는 다포라고 나와 있잖아요?

아 빠   응, 지붕의 무게를 지탱하는 공포가 기둥 위에만 올라가 있으면 그것을 주심포柱心包라고 해. 기둥 주, 중심 심, 공포 포! 기둥 중심에 올라가 있는 공포라는 뜻이야. 다시 설명해 줄게. 주심포 건물에는 공포가 기둥 위, 조금 어려운 말로 기둥머리라는 뜻의 주두柱頭에만 올라가 있어.

아 름   다포는 공포가 많다고 했는데 어떻게 많을 수가 있죠? 기둥 위에 두 개씩 올라가나요?

아 빠   다포多包라는 건물은 공포가 주두 위에만 올라간 것이 아니라 기둥과 기둥 사이에도 올라가 있어. 기둥 사이에 있는 공포를 주간포柱間包라고 해. 기둥 주, 사이 간, 공포 포!

아름   기둥과 기둥 사이에 어떻게 올라가나요? 공포가 공중에 떠 있을 수는 없잖아요?

다포를 위한 평방

아빠   다포 건물은 기둥머리와 기둥머리 사이를 가로지르는 창방이라는 나무 부재 위에 주간포를 올려놓기 위해 평방이라는 기다란 가로 방향의 나무 부재를 하나 더 사용해. 왜냐하면, 창방 하나로는 주간포에 걸리는 지붕의 무게를 감당할 수 없기 때문이야. 따라서 주심포 건물과 다포 건물의 차이점은 평방이 있느냐 없느냐로 구분하지.

평방

아름   중층 팔작지붕이라는 말은 팔작지붕이기는 하지만 2층으로 되어 있다는 뜻이네요? 그러면 거기까지는 이해했어요.

엄마   ②번에서 기단이 이중이라는 말은 상월대와 하월대를 말하는 거죠? ③번의 석계는 돌로 만든 층계를 말하는 것일 테고요. 한자를 우리말로 표현했으면 아이들도 쉽게 이해할 텐데…

전돌은 전통의 보도블록. 무늬가 있는 것이 많다

아름   ④번의 전석은 또 뭐죠?

아빠   전석은 전돌이라고 많이 부르는데, 말하자면 일종의 전통 벽돌이야.

찰흙을 다져서 보도블록처럼 네모나게 만든 다음에 가마에서 구워내지. 우리나라에는 삼국 시대부터 궁궐이나 사찰 건축에 많이 사용했어. 특히 백제의 무늬 있는 8가지 전돌은 아주 유명해!

아 름 아, 알 것 같아요. 도깨비 모양도 있고 산봉우리와 구름 문양이 있는 예쁜 것도 있어요. 그럼, ⑤번의 장대석 ⑥번 주좌, 초석은 뭐죠?

아 빠 장대석은 섬돌, 디딤돌, 축대 따위에 쓰이는 길게 다듬은 사각기둥의 돌이야. 주좌는 글자 그대로 기둥 주, 앉을 좌인 기둥이 앉아 있는 자리이고, 초석은 기둥이 올라갈 주춧돌이야. 초석, 즉 주춧돌은 왜 필요한지 알겠니?

주춧돌이 없으면 집이 가라앉는다

아 름 글쎄요… 만약 주춧돌이 없으면 어떻게 되나요?

아 빠 지붕이 크고 무거워서, 그 무게가 모두 기둥으로 몰려. 그런데 기둥 아래쪽이 만약 흙 바닥이면 엄청난 무게 때문에 시간이 지나면서 점점 땅이 가라앉겠지? 땅이 가라앉으면 기둥도 가라앉고, 결국 집이 무너지는 거야. 그래서 튼튼한 돌로 기초를 만들어야 기둥이 가라앉지 않도록 하는 거야.

내소사 봉래루의 주춧돌 부분

아 름 그럼, 바닥에는 전통 벽돌을 깔았고, 위쪽 기단 위에 길게 다듬은 사각돌 기둥을 한단 쌓고, 그 위에 키 높은 주춧돌을 마련해서 기둥을 세웠다는 말이잖아요? 이렇게 쉽게 쓰면 안 되나? ⑦번 배흘림은 뭐예요? 그 유명한 무량수전 기둥이 배흘림이라고 알고 있는데. 정확히는 모르겠어요.

둥근 기둥에는 세 종류가 있다

아 빠 한옥의 둥근 기둥은 크게 세 가지인데, 원통기둥, 배흘림기둥, 그리고 민흘림기둥이야. 먼저 원통기둥은 기둥머리, 기둥몸, 기둥뿌리의 지름이 모두 같은 기둥이고 보통 집의 일반적인 형태지. 그와는 달리 민흘림기둥은 기둥머리 지름이 기둥뿌리 지름보다 작은 기둥인데 구조적이기보다는 시각적인 효과를 위해 그렇게 했다고 해. 그런가 하면 배흘림기둥은 기둥의 중간쯤, 곧 기둥몸이 굵고 기둥머리와 기둥뿌리로 가면서 점차 가늘어지는 모양이야.

호 림 배흘림이 없는 원주? 원주는 아빠 고향인데?

아 빠 둥근기둥을 원주圓柱라고 해. 둥글 원, 기둥 주! 또 다른 기둥으로는 사각기둥이 있고 이것을 방주方柱 또는 각주角柱라고 해. 모날 방, 기둥 주! 특이한 기둥으로는 육모기둥, 팔모기둥도 있어. 기둥 모양이 육각형, 팔각형이지.

엄 마 높은 기둥이라는 말과 고주高柱라는 말을 섞어 쓰고 있어요. 용어가 어렵기만 한 것이 아니라 하나로 통일도 안 되어 있어요.

위치에 따른 기둥 분류

아 빠 그러게 말이야. 조금만 신경 쓰면 될 텐데. 기둥은 보통 기둥을 평주라고 하고, 높은 기둥을 고주라고 불러. 그런데 가장 모서리에 있는 기둥을 모서리 우隅 자를 써서 우주라고 하고, 고주 중에서도 제일 모서리에 있는 고주를 우고주隅高柱라고 해.

엄 마 인정전은 정면 5칸, 측면 4칸짜리 건물이니깐 앞쪽에서 봤을 때 가로로 6개의 나란한 기둥이 앞뒤로 5줄로 서 있는 모양이겠네요. 그중에서 맨 앞줄과 뒷줄의 기둥은 지붕 높이가 가장 낮으니깐 평주가 되겠고, 그 사이에 끼어 있는 기둥들이 높아서 고주가 된다는 말이겠네요?

아빠 그렇지. 그런데 내부에 있는 10개의 고주 이외에도 4방향의 모서리에 있는 우고주가 별도로 4개란 말이야. 따라서 인정전의 내부에는 우고주까지 합치면 총 14개의 고주가 있다는 뜻이야.

아름 아, 그렇구나. 그런데 한가운데는 왜 기둥이 없어요?

아빠 그것은 기둥이 없어야 공간을 넓게 쓸 수 있기 때문이지. 대부분의 큰 목조 건물은 이런 식으로 내부에 기둥을 세우지 않고 공간을 많이 확보해. 그러려면 없는 기둥의 역할을 대신하기 위해 건물의 구조는 좀 더 복잡해지겠지.

엄마 여보, ⑨번의 두공은 나도 처음 들어보는 말인데 도대체 뭐죠?

아빠 쉽게 말하자면 두공은 공포의 다른 말이야. 한국에서는 공포라고 하지만 일본에서는 쿠미모노, 그리고 중국에서는 두공이라고 하거든. 내가 확실하게는 몰라도 이 설명문에 건축적으로 정확하게 표현하고 싶은 부분이 있어서 일부러 공포 대신 두공이라는 말을 사용한 것이 아닐까 생각해.

엄마 하나의 설명문에 높은 기둥과 고주라는 표현으로도 헷갈리게 하더니, 이번엔 건축 용어를 우리나라 것과 중국 것을 같이 쓰면 일반인은 어떻게 하라는 건가요? 설명문은 만드는 사람이 아닌, 읽는 사람을 위해 존재한다는 기본 상식을 모르는 것 같군요.

인정전 내부

궁궐에 관한 일반 상식

출목은 밖으로 빠져나온 도리만 세면 된다

아 빠 이제는 출목에 대해서 설명을 할 게. 출목이란 나란히 서 있는 기둥의 열, 즉 창방이나 평방 밖으로 빠져나온 도리라는 나무 부재인데, 큰 건물의 서까래를 안정되게 받치는 역할을 해.

엄 마 조금 더 쉽게 설명해줘요.

아 빠 3량집 같이 지붕이 작은 건물일 경우에는 기둥열 위에만 도리를 놓고 그 위에 서까래를 걸어도 아래로 쳐지지 않기 때문에 공포가 필요 없어. 그렇지만 처마가 많이 빠져나온 큰 건물에서는 도리를 되도록 기둥 열 밖으로 빼야만 서까래가 쳐지지 않고 안정되게 걸려. 그래서 역삼각형 구조의 공포가 필요한 것이고, 최대한 넓은 면적에 걸쳐 여러 개의 도리를 받쳐주는 거야. 이때 출목이 필요한 거야.

엄 마 낚시할 때 낚싯대를 될 수 있으면 멀리 보내기 위해서 받침대를 받치는 것과 비슷하군요.

아 빠 출목은 기둥 열을 중심으로 건물 안과 밖, 양쪽으로 모두 빠져나오는데, 그래야 건물 안팎 무게의 균형이 잡히지. 또, 안으로 빠져나온 출목을 내출목^{內出目}, 밖으로 빠져나온 출목을 외출목^{外出目}이라고 해. 또 이 출목은 한 개만이 아니라 필요에 따라서 여러 개가 빠져나올 수도 있는데, 이때 기둥에서 가까운 것부터 외1출목, 외2출목, … 내1출목, 내2출목, … 이렇게 불러.

엄 마 대강은 알겠어요.

익공식 공포에는 원칙적으로 출목이 없다

아빠   출목은 주심포와 다포식 공포의 구조에서 쓰이는 용어야. 처음에는 지붕의 무게를 지탱하기 위한 건축 기술이 주심포와 다포식 공포밖에는 없었지만, 시간이 지날수록 새로운 건축 기술이 많이 나와서 기존의 주심포나 다포식 공포가 없어도 지붕의 무게를 지탱할 수 있었어. 예를 들면 새의 날개 모양의 형태로 만들어진 단순한 형태의 익공식 공포가 나온 거지.

익공식 공포

엄마   간단한 구조의 익공식 공포가 건축 구조적으로 주심포나 다포와 똑같이 기능한다면, 굳이 주심포나 다포 건물을 지을 필요가 없겠군요?

아빠   꼭 그렇지만은 않아. 왜냐하면, 기존의 공포인 주심포와 다포는 외관이 화려해서 장식적인 효과가 매우 컸어. 그런 장식 효과의 차이가 나는 근본적인 이유는 익공식 공포에는 대체로 출목이 없기 때문이야. 그만큼 출목은 공포의 화려함을 나타내는 대표적인 상징물인 셈이지. 그 때문에 조선 시대에는 한때 법으로 궁궐이나 관청, 사찰 이외에는 공포를 사용하지 못하게 했어.

엄마   ⑩번의 외중층 내통층 수법이란, 바깥에서 보면 2층인 중층으로 보이지만 안쪽에서 보면 위아래가 통해 있다는 말이겠군요.

겹처마·홑처마의 차이는 짧은 사각형 서까래인 부연의 유무

아름   ⑪번 겹처마는 무슨 뜻이죠?

아빠 　지붕에서 벽 바깥쪽으로 내민 부분인 처마에는 홑처마와 겹처마 두 종류가 있어. 우선 홑처마는 서까래만 있고 부연이 없는 지붕을 말하고, 겹처마는 서까래 끝에 부연이 있는 처마야. 부연은 덧서까래라고도 하는데, 서까래 끝에 덧대 얹어서 처마를 길고 아름답게 쳐들어 주는 역할을 해. 보통 서까래는 원통형으로 생겼고, 부연은 사각형으로 생겼어.

예산 이남규 고택 사랑채의 겹처마

아름 　⑫번의 마루를 양성했다는 말은 무슨 뜻이에요?

아빠 　마루는 하늘을 뜻하는 순우리말이야. 목조건축물의 지붕에서, 특히 팔작지붕에서는 위치별로 가장 끝단에 기와지붕의 선이 세 곳에서 생기는데, 이를 각각 용마루, 내림마루, 귀마루라고 해. 내림마루는 다른 말로 합각마루, 귀마루는 다른 말로 추녀마루라고도 해. 보통 이곳은 서로 다른 방향의 기와들이 만나는 곳이기 때문에 방수 처리를 위해 마루기와를 쌓게 되지. 그런데 이 마루기와의 전체에 강회 모르타르로 회벽을 바르듯이 싸 바르는 것을 양성한다고 표현해.

경복궁 함원전

장식 기와의 종류

아 름 ⑬번 취두, 용두, 잡상과 ⑭번 토수는 뭐죠?

아 빠 그것들은 모두 장식 기와야. 취두는 망새 또는 치미라고도 하는데, 용마루의 양쪽 끝에 올라가는 장식기와이고, 용두는 한자 뜻 그대로 용머리 모양의 장식 기와야. 한편, 잡상은 귀마루에 올라가는 장식기와인데, 제일 앞에는 사람 형상이 오고 그다음은 여러 동물 형상, 마지막엔 보통 용두가 오지. 끝으로 ⑭번 토수는 추녀 끝에 씌워서 추녀 끝이 비에 맞지 않도록 하는 기와야.

경복궁 근정전의 잡상

엄 마 설명은 잘 들었는데 그래도 아직 정리가 덜 된 것 같아요.

아 빠 공부에는 왕도가 없다고 했어. 반복해서 이 내용을 되새겨야 해. 나도 몇 번씩이나 이 내용을 반복해서 공부했기 때문에 지금 이렇게 남들에게 설명할 정도로 잘 알게 되었지. 그런데도 고건축에 문외한인 사람이 한두 번 귀동냥으로 들어서 이 내용을 이해하려 한다면 그건 과욕이야. 세상에 결코 공짜는 없는 법이거든. 자, 이론 공부는 이제 충분히 했으니, 직접 궁궐로 떠나 볼까?

아 름 아빠가 알려주신 대로 제일 먼저 경복궁부터 가요.

조선고적도보에 실린 광화문의 모습

조선의 법궁, 경복궁

경복궁과
자금성

광화문역으로 가는 지하철 5호선 객차 안

아름 아빠! 경복궁이 중국의 자금성을 모방해서 만들었다는 말을 들었는데 경복궁이 먼저 만들어졌나요, 아니면 자금성이 먼저 만들어졌나요?

경복궁이 과연 자금성을 모방했는가?

아빠 흔히들, 우리 경복궁이 중국을 모방하면서도 축소판으로 만들었다고 생각하는 사람들이 많아. 과연 그런지 한번 알아볼까? 먼저 자금성이 언제 만들어졌는지를 알아보자. 자금성은 어느 나라의 궁궐이었지?

엄마 명나라와 청나라의 궁궐이죠.

아빠 맞아. 명나라는 주원장이 1368년 몽골족의 원 나라를 무너뜨리고 세운 한족漢族의 나라인데, 처음에는 수도를 남경에 두었지. 그러다가 제3대 황제인 영락제가 수도를 북경으로 옮기면서 1406년부터 1420년까지 무려 14년 동안 만든 궁궐이 바로 지금의 자금성이야. 물론, 그 이후로도 수많은 보수 공사가 있었지.

아름 청나라도 똑같은 자금성을 궁궐로 썼단 말씀이죠? 그럼 경복궁은요?

아빠 조선의 경복궁은 개국 이듬해인 1393년에 이미 새로운 도읍에 들어갈 종묘, 사직, 궁전, 관청, 시장 등의 배치도인 신도종묘사직궁전조시형세지도新都宗廟社稷宮殿朝市形勢之圖라는 것을 만들었어. 일종의 도시 설계도지. 그중에서도 무엇을 제일 먼저 만들었을까?

조선의 법궁, 경복궁

궁궐보다는 종묘사직이 우선

호 림   당연히 왕이 살 궁궐을 제일 먼저 만들었겠죠!

아 빠   아니야. 정답은 바로 종묘와 사직단이야. 조선은 성리학이라는 유교를 국가의 이념으로 정했다고 했잖니? 따라서 나라를 세우고 도읍을 만드는 것, 모두를 유교의 예법에 따라서 진행했어. 한양이라는 도시를 처음 계획할 때도 유교의 예법을 충실히 따랐는데, 그중 하나가 좌묘우사左廟右社야.

사직단

아 름   저는 한자만 나오면 왠지 어렵게 느껴지고 불편해요.

아 빠   좌묘우사를 풀어서 말하면, 왼쪽에는 종묘가 오고 오른쪽에는 사직단

종묘 정전

이 온다는 뜻이지. 조선은 유교를 국시로 했기 때문에 조상신을 극진히 섬겨야 했고, 또 그것을 위해 종묘를 만들었어. 그러면서도 농업 국가였기 때문에 땅의 신과 곡식의 신을 섬겨야 했고, 그것을 위해 사직단을 세운 것이야.

아 름 그다음에 궁궐을 만들었나요?

아 빠 그래. 그렇지만 종묘가 완공된 후 거의 비슷한 시기에 만들어졌어. 기록을 보면 1395년에 대체적인 공사가 마무리 지어졌다고 되어 있거든. 준공 당시 경복궁은 전체가 755칸이었다고 해. 그렇지만 최소한의 궁궐 기능만을 갖추었기 때문에 이후에 태종과 세종 임금 때 지속적으로 증축과 보수를 했지. 그러다가 임진왜란이 터져서 경복궁은 완전히 잿더미가 되었어.

경복궁이 자금성보다 11년이나 앞서

아 름 결국 경복궁은 자금성을 짓기 시작하던 1406년보다 무려 11년이나 앞서 만들어진 궁궐이군요.

아 빠 그렇지. 조선왕조실록 중 태조실록의 기사를 보면 경복궁 창건 당시의 각 건물의 규모와 배치 및 기능을 자세히 적고 있기 때문에, 비록 불타 버린 초기 경복궁이라 할지라도 우리가 어느 정도는 추정할 수 있어.

호 림 그래도 고종 임금 때 경복궁을 다시 지으면서 자금성을 모방했을 수도 있잖아요?

아 빠 경복궁과 자금성이 모두 유교 문화권의 궁궐이기 때문에 유교 예법의 영향을 받아서 일정한 부분은 비슷하게 보이는 것도 있을 수 있어. 하지만, 재건된 경복궁도 철저하게 우리 조선만의 궁궐이었어.

호 림 확실한 증거가 있나요?

아 빠 그럼! 일단은 우리만의 풍수지리가 반영된 건축이 설계되었고, 또한 국립중앙도서관에 소장 중인 경복궁창덕궁내상량문이라는 글에서 대씨유서고공기도戴氏遺書考工記圖를 바탕으로 하되, 창덕궁과 경희궁의 궁실제도를 참작하였다고 경복궁의 배치 계획을 확실하게 밝히고 있어.

엄 마 상량문 내용을 좀 더 쉽게 설명해 줘요.

아 빠 대씨유서고공기도라는 책을 기초로 해서, 제후의 궁궐인 삼문삼조의 궁실제도를 바탕으로 하는 것을 원칙으로 했어. 그러면서도 같은 시기의 궁궐인 창덕궁과 창경궁의 건축과 배치, 구성을 참조했고, 아울러 중심 건물들이 태극도설이나 별자리 배치, 즉 음양오행을 따랐다는 것을 알 수 있다는 거야. 예를 들면, 교태전의 음양 표현, 강녕전의 오행 배치, 그리고 교태전과 강녕전 구역의 건물을 모두 합치면 8개의 건물이 되기 때문에 태극사상의 8괘가 되는 것 등이지.

아 름 어쨌거나 결론은 경복궁의 한판 승리!

호 림 아빠, 다음 역이 광화문역이에요. 이제 내릴 준비를 해야 해요.

뱀의 발 왜 서울은 항상 올라만 갈까?

경복궁이라는 이름은 사서삼경 중 시경이라는 경전에서 나오는 말에서 유래되었다.
기취이주旣醉以酒 (우리 임금이 내리신 술로 이미 취했고)
기포이덕旣飽以德 (우리 임금의 큰 덕에 배가 이미 부르다네)
군자만년君子萬年 (우리 임금 천년만년 사시고)
개이경복介爾景福 (당신께서 큰 복을 누리시도록 도와드리겠습니다)

이중 마지막 구절의 한자는 사이에 낄 개, 너 이, 볕 경, 복 복으로, 사이에 낀다는 말은 즉 도와준다는 뜻이다. 그래서 소개한다는 말이 생겼다. 여기에 너 이를 합치면, 결국 당신의 경복을 도와준다는 뜻이다. 그런데 경 자는 볕이라는 뜻도 있지만 크다는 뜻도 있다. 경 자는 날 일日 자가 서울 경京 자 위에 올라간 모습이다. 그리고 경 자는 높은 망루의 모습에서 나온 글자로, 높다는 뜻도 가지고 있다. 높을 고高 자도 같은 어원에서 나왔는데 높은 망루(京) 밑에 짐(口)을 놓아 둔 모습이다. 또한, 경치가 좋은 산꼭대기에는 어김없이 정자亭子가 들어서 있는데, 정자를 뜻하는 정 자 역시, 높을 고 아래에다 고무래 정丁을 합친 모습이다.

따라서 경 자는 해가 높이 떠 있는 모습이기 때문에 빛, 경치, 밝다는 뜻이 있고, 해는 크기 때문에 크다는 뜻도 있다.
개이경복은 임금님, 당신이 큰 복을 누리시도록 신하인 저희가 도와드리겠습니다는 말이다. 참고로, 경 자는 높다는 뜻이 있기 때문에 누구나 서울로 올라간다고 하지, 내려간다는 말은 하지 않는다. 한자로는 상경上京이라고 한다.

경복궁의
기본 배치

🔵 광화문역 광장 쪽 출구

아 빠 애들아, 경복궁 답사를 하기 전에 여기에서 화장실을 다녀오너라. 경복궁은 아주 크고 넓어서 한참을 걸어 다녀야 해.

아 름 아빠! 경복궁은 어디부터 시작해서 어떻게 보는 것이 제대로 된 순서일까요?

궁궐의 배치 원리

아 빠 아름아, 어떤 궁궐이든지 궁궐을 볼 때는 반드시 그 궁궐의 전체 배치도를 놓고서 봐야 궁궐을 제대로 볼 수가 있어.

아 름 그래서 경복궁 배치도를 준비했지요.

아 빠 잘했다. 그리고 아빠가 몇 번 말했듯이, 경복궁은 조선 궁궐 중에서 가장 교과서적인 궁궐이야. 따라서 경복궁을 제대로 보려면 궁궐 하나만을 보는 것보다는 궁궐이 만들어진 배경과 전반적인 체계를 따라서 보는 것도 중요해.

아 름 조금 전에 아빠에게서 배운 좌묘우사 말씀이신가요? 왼쪽에 종묘가 오고 오른쪽에 사직단이 온다!

엄 마 대단하구나, 아름아! 그 어려운 것을 다 기억하고! 그리고 군주는 항상 남면하라고 했으니깐, 좌측은 동쪽이 되고 우측은 서쪽이 되겠지?

아 름 수선전도 ▶p.068 에도 종묘는 경복궁의 동쪽, 사직단은 서쪽에 있어요.

아 빠   오, 아름이가 이제는 제법인걸? 그리고 도성과 궁궐을 지을 때 참조해야 하는 또 다른 유교의 예법 중의 하나에 제후의 궁실제도인 삼문삼조三門三朝라는 것이 있어.

아 름   삼문이라면, 문이 3개 있다는 말인 듯한데… 아, 알겠다. 지난번에 아빠가 경복궁의 정문에서 근정전까지 가려면 광화문 → 흥례문 → 근정문 이렇게 3개의 문을 거친다고 했어요.

엄 마   와! 아름이의 기억력이 이렇게 좋을 줄이야. 대단한걸?

아 름   그런데 삼문은 알겠지만, 삼조는 도무지 모르겠어요.

궁궐은 크게 3개의 구역으로 나뉜다

아 빠   삼조는 궁궐의 구역을 크게 3등분 했을 때, 궁궐의 밖에서 안쪽으로 들어가면서 차례로 만나게 되는 다음과 같은 세 개의 구역을 말하지.

- 제1구역인 외조外朝: 조정 신하들이 집무하는 궐내각사가 있는 구역
- 제2구역인 치조治朝: 왕과 신하들이 함께 정치하는 공간
- 제3구역인 연조燕朝: 왕실 가족이 일상적인 생활을 하는 거주 지역

엄 마   그렇다면 중국은 황제의 나라라서 오문삼조겠죠?

아 름   맞아요, 지난번에 아빠가 중국은 황제의 나라라서 문이 5개라고 했잖아요! 우리는 제후의 나라라서 문이 3개뿐이고!

아 빠   다들 잘 알고 있네. 경복궁의 배치는 삼조로 나누어서 보면 잘 보여. 그럼 경복궁에서 궐내각사들이 모여 있는 제1구역인 외조는 어디에서부터 어디까지일까?

아 름   일단, 시작하는 곳은 당연히 궁궐의 정문인 광화문이겠죠? 그런데 어

디까지인지는 잘 모르겠어요.
아빠 　시작하는 곳을 알아맞힌 것도 잘한 것이야. 제1구역인 외조는 조정의 신하들이 집무하는 관청들이 있었던 공간이면서, 제2구역인 왕과 신하들이 정치하는 공간, 즉 치조가 시작되는 곳 바로 앞까지야.
엄마 　임금이 정치하는 공간인 치조만 알아내면 그 앞과 뒤에 있는 외조와 연조는 자동으로 알 수 있겠군요. 가만있어 보자. TV 사극에서 많이 보던 임금이 신하들과 정치하던 곳이 어디였지?

정치하는 건물의 이름에는 반드시 정 자가 들어가 있다

아빠 　힌트를 좀 줄까? 정치하는 곳의 건물 이름에는 반드시 정치라는 뜻이 들어가 있어.
아름 　음… 그 정도로는 잘 모르겠어요.
아빠 　어느 궁궐이든 정치를 하는 중심 건물은 정전과 편전이야. 정전과 편전은 정치를 하는 곳이기 때문에 모두 정치한다는 뜻의 정사 정(政)이라는 글자가 들어가. 경복궁의 경우, 정전은 앞에서도 설명했듯이, 국조오례의라고 하는 나라에서 정한 다섯 가지 예법에 따라 국가 차원에서 치러지는 최고격식의 의식이나 행사가 열렸던 장소지.
아름 　아, 근정전이군요.
아빠 　또한, 경복궁의 편전은 일상적인 정치 활동이 일어나면서 왕과 중신들이 국정을 논의했던 장소야. 근정전의 바로 뒤에 있지.
아름 　아, 사정전이군요. 정말 두 건물 모두 정사 정이 들어가 있어요!
아빠 　따라서 정치하는 구역은 근정전과 사정전이 있는 구역이야. 그런데 이곳에는 사정전은 달랑 건물만 있는 것이 아니라 정문과 함께 주위를 빙 둘러싸는 행각들이 있어. 근정전과 사정전의 정문은 중심 건물의 이름을 그대로 따서 근정문과 사정문이라고 해. 이제 종합해 보면 제1구역인 외조는 광화문 ~ 근정문 앞까지야. 경복궁 배치도에서 확인해 보렴.

아 름   아, 찾았어요!

아 빠   그럼, 왕과 신하가 정치하는 공간인 제2구역, 치조는 어디에서부터 어디까지일까?

엄 마   치조는 제1구역 외조가 끝나는 근정문이 시작점이니까, 끝나는 지점은 왕실 가족이 일상생활을 하는 제3구역, 연조의 바로 앞까지겠죠?

아 름   왕실 가족의 일상생활이라면 음… 아, 알겠다. 잠을 자는 침전이 일상생활 공간일 것이고, 바로 연조의 시작이겠네요. 그렇다면, 연조의 시작 지점에 있는 건물은 왕의 침전인 강녕전의 정문까지이겠네요. 정답! 치조는 근정문 ~ 강녕전의 정문 앞까지입니다.

뱀의 발   삼문삼조는 주례고공기周禮考工記에 나오는 제후의 궁실제도에 관한 규정 중의 하나이다. 삼조란 글자 그대로 세 개의 조를 뜻하는데, 궁궐의 맨 앞에서부터 뒤쪽으로 가면서 외조, 치조, 연조로 연속되는 3개의 중정인 조를 궁실제도의 기본형식으로 규정했다.

제1구역인 외조는 조정의 관료들이 집무하는 관청이 배치되는 구역이다. 제2구역인 치조는 왕이 대소신료들과 더불어 정치를 하는 공적인 구역으로, 여기에는 정전과 편전이 한 세트로 자리를 잡는다. 제3구역인 연조는 왕과 왕비 그리고 왕실 가족이 생활하는 거주 구역이며, 여기에는 침전이 배치된다. 연조에 있는 침전이라고 해서 연침이라고도 한다. 삼문은 외조의 정문인 고문庫門, 외조와 치조 사이의 치문雉門, 치조와 연조 사이의 노문路門을 말한다. 한편, 황제의 궁실제도는 오문삼조인데 앞에서부터 뒤로, 곧 남에서 북으로 들어가면서 고문皐門, 고문, 치문, 응문應門, 노문이라는 이름이 붙은 다섯 개의 문이 있다. 이 다섯 개의 문에 따라 구역이 구별되는데, 첫 번째 고문 안이 외조, 네 번째 응문 안이 치조, 다섯 번째 노문 안이 연조가 된다.

이러한 궁궐 건축의 형식과 구성 원리는 고대 중국에서 만들어진 것으로, 경복궁 창건 당시에도 어느 정도 반영이 되었지만 이상적인 모델로 받아들인 것이지 무조건 따른 것은 아니다. 구체적으로는 경복궁의 제2구역인 치조의 경우 근정문에서 사정전까지의 구역인데, 정전인 근정전과 편전인 사정전이 원래의 규정대로 하나의 마당 안에 함께 배치되지 않고, 편전인 사정전이 오히려 제3구역인 연조에 가까운 위치에 배치되어 있다. 이렇듯 편전인 사정전을 제3구역인 연조에 속하는 침전인 강녕전에 가까이 배치한 경복궁의 배치 원리는 주례고공기에 나오는 삼문삼조의 원리를 바탕으로 하면서도 나름대로 조선의 개성을 살린 것이라고 할 수 있다.

마지막으로 궁궐의 영역을 구분할 때, 세 구역이 아닌 단순하게 두 구역으로 나눌 수도 있다. 이때 제1구역인 외조와 제2구역인 치조를 묶어서 외전外殿이라고 하고 제3구역인 연조를 내전內殿이라고 한다.

아 빠   딩동댕! 강녕전의 정문은 향오문이라고 해. 그럼, 자동으로 향오문부터 궁궐 맨 뒤까지는 제3구역인 연조가 되겠지?

아 름   이렇게 궁궐을 체계적으로 보니깐, 경복궁이 훨씬 머릿속에 쏙 잘 들어오는 것 같아요! 오늘 공부의 결론을 말씀드리겠습니다! 모든 궁궐은 3개의 구역으로 나뉜다! 순서대로 외조, 치조, 연조! 끝!

경복궁 삼문삼조의 모습

궐외각사

 광화문광장

아 름   아빠! 여기 광화문광장에는 이곳저곳에 옛날 관청들의 자리를 표시하는 표찰이 붙어 있어요. 이곳에는 어떤 관청들이 있었고 무슨 일을 담당했는지 일목요연하게 알 수 있을까요?

궁궐도 관청이다

아 빠   광화문光化門은 경복궁의 정문이야. 즉, 광화문을 들어서야 궁궐에 들어간다는 의미지. 그런데 임금님께서 계신 궁궐에는 아무나 출입을 못하겠지? 당연히 출입을 위해서는 각종 관청으로부터 발급받은 증표가 있어야 하는데, 이것을 부신符信이라고 해. 그런데 이런 부신 없이도 출입할 수 있는 사람들이 있었어. 그들이 누구일까?

호 림   글쎄요. 문지기에게 눈도장을 받은 사람인가요?

아 빠   이들의 신분은 바로 관복을 입은 관원들이야. 즉, 궁궐도 관청이라는 뜻이지. 그것도 나라에서 최고의 관청이야. 따라서 궁궐 안에는 소관 업무에 따라 여러 관청이 있었고, 궁궐이 장소가 한정된 관계로 궁궐 밖에도 많은 관청이 있었어. 궁궐 안에 있는 관청을 궐내각사闕內閣司라 하고, 궁궐 밖에 있는 관청을 궐외각사闕外閣司라고 해.

아 름   그럼 광화문 앞에 있었던, 그러니깐 지금의 광화문광장 주변에 있었던 관청들은 궐외각사가 되겠네요?

아빠 그렇지. 광화문의 앞쪽으로는 많은 궐외각사가 있었고, 큰 대로를 따라서 양쪽에 늘어서 있으면서 국가의 위엄을 보였어. 이 표를 봐.

- 의정부議政府: 국정을 총괄하고 관청을 통제하고 의견을 조율 (삼정승)
- 한성부漢城府: 수도의 행정과 치안을 담당
- 의금부義禁府: 어명에 의한 수사 및 심판, 탄핵에 대한 판결
- 사헌부司憲府: 관직 및 법령 서경, 관리 탄핵, 감찰
- 중추부中樞府: 직무 없는 당상관 우대
- 삼군부三軍府: 군무를 총괄
- 이조吏曹: 문관 인사, 공신과 종친 관리
- 호조戶曹: 호구, 인구 파악, 통계 기록, 재정 출납
- 예조禮曹: 교육, 외교와 문과 시행
- 병조兵曹: 무관 인사, 무과 시행
- 형조刑曹: 법령 담당, 상급 재판 심리
- 공조工曹: 모임 인허가 및 평가, 물품 관리, 토목 공사를 담당

- 기로소耆老所: 국왕을 자문하는 70세 이상 정 2품 이상의 퇴직 관리들 예우
- 장예원掌隸院: 노비 문서와 소송을 담당
- 봉상시奉常寺: 제사와 시호諡號를 맡음
- 군기시軍器寺: 무기 제작 담당
- 예빈시禮賓寺: 사신 접대와 연향宴享 담당
- 포도청捕盜廳: 백성의 죄를 다스림
- 선혜청宣惠廳: 대동미大同米, 대동포大同布, 대동전大同錢의 출납 관장

조선 시대의 최종 결재권을 가진 관청은?

호 림   아빠, 맨 위에 있는 의정부는 서울 북쪽에 있는 도시 이름 아닌가요? 도대체 의정부시와 조선 시대 의정부라는 관청은 무슨 관계가 있죠?

아 빠   의정부는 원래 국정을 총괄하는 조선 시대 행정부의 최고 기관이었어. 우리가 알고 있는 영의정, 좌의정, 우의정이라는 삼정승이 의정부에 소속되어 있었지. 의정부가 조선 시대 행정부의 최고 기관이라면, 당연히 모든 행정부의 최종 결재권을 가지고 있겠지? 그렇지만 시기에 따라서는 의정부가 최종 결재권을 가지고 있을 때도 있었지만, 그렇지 않을 때도 있었어. 비율로 보면 그렇지 않을 때가 더 많았다고 보는 것이 맞을 것 같아.

아 름   삼정승이 있던 의정부가 최종 결재권을 가지지 않았다면, 도대체 어느 관청이 최종 결재권을 가졌다는 말인가요?

아 빠   결론부터 말하자면 육조가 가지고 있었을 때도 있었고, 임진왜란 이후에는 비변사備邊司라는 관청이 가지고 있었지.

아 름   왜 정승이 아닌 다른 사람들이 최종 결재권을? 이해가 안 돼요.

아 빠   조선은 참 재미있는 나라였어. 중국은 황제가 한마디 하면 모든 신하들이 벌벌 떠는 나라였는데, 조선은 국왕이 뭐라고 해도 신하들이 보기에 국왕이 유교 예법에 어긋나는 결정을 했다면 떼거리로 몰려가서 국왕에게 이렇게 말했어. 아니 되옵니다. 전하!

호 림   맞아요, TV 사극에서 그런 장면을 자주 봤어요.

아 빠   요약해서 말하자면 중국은 황제의 권력인 황권이 강한 나라였던 반면에, 조선은 신하의 권력인 신권이 강한 나라였지. 즉, 조선의 왕이라 하더라도 신하들 때문에 자기 마음대로 못하는 일이 많았다는 말이야.

아 름   세종대왕 때는 어땠나요?

아 빠   그나마 세종 때는 왕권과 신권이 조화를 잘 이룬 시기였고, 그 때문에 태평성대였지.

아 름   그렇다면 다른 임금들은 신하들에게 휘둘렀다는 말인가요?

아 빠   조선의 역대 왕 중에서도 몇몇 왕은 왕권이 신권을 압도한 사례도 있었어. 예를 들면, 태종, 세조, 숙종과 같은 임금들이야. 태종은 세종에게 강력한 왕권을 넘겨주기 위해서 왕권을 위협하는 외척 세력을 철저히 숙청했어. 왕비의 친오빠들을 비롯한 외척 세력을 모조리 죽였고, 심지어 세종의 장인도 사약을 내려 죽였어.

엄 마   또 세조는 어린 단종 때문에 왕권이 너무 약해진다고 판단해서, 자기가 단종을 몰아내고 대신 왕위에 올라 사육신이니 생육신이니 하는 정적들을 제거했단다. 그리고 숙종은 환국 정치를 이용해서 정권을 서인과 남인에게 교대로 몰아줬다 뺏었다 하면서 신하들을 임금의 명령만 충실하게 따르도록 해서 꼼짝 못하게 만들었어.

정승에게는 자문 역할, 실제 결재권은 판서에게

아 빠   엄마 말 그대로야. 이들을 제외하면 대체로 나머지 왕들은 그다지 왕권이 강하지 못했어. 아무튼, 일반인들의 상식과는 달리, 강력한 왕권을 행사했던 국왕들은 국가의 중요사를 결정하는 실질적인 최종 결재권을 의정부의 삼정승이 아닌 육조의 판서들에게 주었어. 그리고 판서들이 직접 자신에게 보고하도록 했어. 이것을 육조 직계제라고 해.

호 림   그럼 정승들은 뭐해요? 그냥 놀아요? 최종 결재권이 없으면 아무것도 못하잖아요?

아 빠   육조 직계제 체제에서 의정부의 삼정승에게는 자문 역할을 하도록 했어. 육조의 판서는 품계로 따지면 정 2품이기 때문에, 정 1품인 의정부의 삼정승보다는 품계가 아래지만 강력한 왕권을 행사하는 임금의 시기에는 육조의 권한은 정승보다 오히려 막강하였어. 그 때문에 이런 육조가 있었던 광화문 앞의 넓은 주작대로를 육조거리라고 불렀어.

광화문사거리에 있는 비전의 정체는?

아 름   그럼, 광화문 앞에 있었던 궐외각사 중에서 현재까지 남아 있는 문화재와 조금이라도 관련이 있는 궐외각사가 있었나요?

아 빠   그럼! 바로 저기 보이는 광화문사거리 교보빌딩 앞에 있는 비전과 관련 있는 궐외각사가 있지. 그 비전 속의 비석의 정식 이름은 고종즉위사십년칭경기념비高宗卽位四十年稱慶紀念碑야.

아 름   아, 저 비전 말이죠? 제목만 들어봐도 고종 황제가 즉위한 지 40년이 된 것을 칭송한다는 내용이네요? 그런데 그 비전이 어느 궐외각사와

뱀의 발 　도시 이름 의정부와 조선 시대 관청 의정부와의 관계
　　서울의 위성 도시인 의정부시의 명칭은 조선 시대 최고 관청인 의정부에서 유래되었다. 조선 건국 직후, 태조 이성계는 자신의 5번째 아들인 이방원이 두 번에 걸친 왕자의 난을 통해 이복형제인 방번과 방석을 죽이고 동복형제들마저 제압한 뒤 정권을 잡자, 꼴 보기 싫다고 왕위를 버리고 고향인 함흥으로 돌아가 버렸다. 이렇게 되자 태종 이방원의 처지가 난처해졌다. 특히 조선은 건국 이념으로 효를 중시하는 유교를 국시로 내세웠는데, 아버지를, 그것도 다름 아닌 이 나라 조선을 건국한 건국 시조를 수도가 아닌 외딴 시골에 둘 수가 없었다. 그래서 태종 이방원은 아버지 이성계를 한양으로 모셔오려고 차사라는 직책의 임시 관리를 함흥으로 보냈다. 야사에 따르면 이성계가 매번 차사를 죽여버려서, 한번 간 뒤 돌아오지 않는 사람을 함흥차사라고 한다는 말이 생겼다고 한다. 그랬던 태조 이성계가 태종 이방원이 사죄하면서 한양으로 제발 돌아와 달라고 애걸하자, 못 이기는 척 함흥에서 한양으로 환궁하던 중 지금의 의정부시 근처의 마을에서 잠시 머물게 되었다고 한다. 그때 당시 의정부의 삼정승을 포함한 각 대신은 한양보다도 태조 이성계가 머물던 지금의 의정부시로 와서 정무를 의논하고 태조에게 결재를 받았던 것에서 그 마을의 이름이 의정부리가 되었다고 전하고 있다.
또 하나, 태조 이성계와 태종 이방원의 이야기가 얽힌 지명이 있는데, 이것이 중랑천에 있는 살곶이다리이다. 조선을 건국한 이성계는 아들 이방원이 왕자의 난을 거쳐 태종으로 등극하자 이를 부정하여 함흥으로 내려간 뒤, 태종 이방원이 문안 차 보낸 차사를 오는 족족 죽였다. 그 후 태종의 간곡한 청을 받은 무학대사가 함흥으로 내려가 겨우 태조를 설득했다. 이때 함흥에서 돌아오는 아버지를 맞이하기 위해 태종이 중랑천 하류 한강 가에서 천막을 치고 기다리고 있었는데, 태조는 태종을 보자마자 활을 쏘았으나 맞히지 못하고 화살이 땅에 꽂혔다. 그래서 그곳을 화살이 꽂힌 곳이라 하여 살꽂이 혹은 살곶이라 불렀다는 이야기가 전한다.

관련이 있나요?

아빠 그것은 바로 기로소耆老所야.

엄마 기로소는 70세 이상 정 2품 이상의 퇴직 관리들을 예우하는 관청이라면서요? 그것이 고종황제와 무슨 연관이 있어요? 고종황제는 관리도 아니고, 70세까지 살지도 못했잖아요?

아빠 고종 황제는 황제이기 때문에 특별히 즉위 40년과 51세가 되던 1902년에 기로소에 입소하셨고, 이를 기념하기 위해서 비를 세운 것이야.

아름 아하! 그렇구나! 교보문고를 갈 때마다 바로 앞에 이런 훌륭한 문화재를 두고서도 몰라서 그냥 지나쳤네!

엄마 역시, 문화재는 아는 만큼 보이지?

입궐하라는 명령은 궁궐 밖에 있는 사람에게

아름 아빠, 예전에 TV 사극 이산과 동이에서 여주인공들이 활약하던, 그림을 그리던 관청인 도화서와 음악을 연주하던 관청인 장악원掌樂院이 육조거리의 궐외각사 명단에는 없네요? 그렇다면 도화서와 장악원은 궐내각사인가요?

아빠 이산과 동이에서 도화서와 장악원에 다니던 여주인공들이 입궐하라는 명령을 받는 것을 자주 봤지? 입궐한다는 것은 말 그대로 궁궐로 들어간다는 뜻이지. 그것은 도화서와 장악원이 궁궐 밖에 있었기 때문이야. 따라서 도화서와 장악원은 궐외각사가 분명해.

아름   그런데도 광화문 앞 육조거리의 궐외각사 명단에는 없잖아요? 어찌 된 일이죠?

아빠   경복궁을 출입하는 문은 남쪽의 광화문만 있는 것이 아니야. 궁궐이 워낙 크기 때문에 문이 여러 개가 있어야 불편하지 않겠지? 광화문이 경복궁 남쪽의 궐문이라면, 동쪽과 서쪽, 북쪽에도 각각 궐문이 있었어. 그중에서도 동쪽의 궐문은 건춘문建春門이고, 서쪽의 궐문은 영추문迎秋門이야.

호림   또 한자 이름이 나오네. 외우려고 해도 자꾸 헷갈려요.

아빠   호림아, 이름 외우기가 어렵다고? 그냥 외우지 말고 원리를 알아두면 쉽게 이해할 수 있잖니? 이미 우리는 음양오행의 원리를 배웠으니 다시 한번 잘 생각해 봐.

아름   잠깐 수첩을 찾아보고요. 오행 배울 때 적어두었는데… 여기에 있구나! 동쪽은 봄이고, 서쪽은 가을입니다. 남쪽은 여름이고, 북쪽은 겨울이지요. 그렇다면, 봄 춘 자가 들어간 건춘문은 동쪽의 문이고, 가을 추 자가 들어간 영추문은 서쪽의 문입니다.

건춘문과 영추문 밖의 궐외각사

아빠   맞았어. 바로 그렇게 하는 거야. 무조건 외우지 말고 원리를 아는 것이 중요해. 따라서 경복궁 남쪽의 광화문뿐만 아니라, 사람의 출입이 잦은 동쪽과 서쪽의 궐문 주위에도 궐외각사가 많이 배치되어 있었어. 이것은 동쪽의 건춘문 앞에 있던 궐외각사 명단이야.

- 사간원司諫院: 관직 및 법령 서경, 간쟁
- 규장각奎章閣: 황실 전적 보관

- 소격서昭格署: 도교의 초제를 주관
- 삼청전三淸殿: 도교의 태청太淸, 상청上淸, 옥청玉淸의 삼위三位를 모심
- 종부시宗簿寺: 녹찬錄撰과 종실宗室 사무와 왕실 족보를 연구
- 종친부宗親府: 왕의 계보, 의복 관리, 어진 봉안
- 돈녕부敦寧府: 종친과 왕의 외척, 왕실 외손을 예우
- 충훈부忠勳府: 공신을 우대하기 위함
- 의빈부儀賓府: 왕이나 왕세자의 사위가 속함
- 태묘서太廟署: 태묘를 관리
- 장원서掌苑署: 궁중의 정원·화초·과실 관리
- 도화서圖畵署: 회화를 관장

아 름 아! 도화서는 동쪽의 건춘문 앞에 있는 궐외각사였군요! 도화서 화공들은 입궐하라는 명을 받으면, 건춘문을 통해 궁궐로 들어갔겠네요?

아 빠 그렇지. 그리고 아래는 서쪽의 영추문 앞에 있던 궐외각사 명단이야.

- 도정궁都正宮: 선조의 잠저潛邸
- 자수궁慈壽宮: 선왕先王의 후궁이 거처
- 창의궁彰義宮: 영조의 잠저
- 어의궁於義宮: 효종이 탄생한 별궁
- 내시부內侍府: 수라상 감독, 어명 전달, 궐문 수직守直 담당
- 사직서社稷署: 사직단을 관리
- 체찰사부體察使府: 전시에 어명을 받아 장병을 지휘
- 장의동본궁壯義洞本宮: 태종, 세종의 잠저

아 름 영추문 앞에는 잠저라는 곳이 많네요? 잠저… 어디서 들어 봤는데?

임금의 사저를 잠저라 한다

엄 마 잠저라는 것은, 원래는 왕위 계승 서열이 너무 낮아서 왕이 될 가능성이 거의 없었지만 정변 등 여러 가지 이유로 말미암아 왕위에 오른 임금이 있을 때, 궁궐에 들어오기 이전에 태어나서 자란 임금의 사가를 통칭하여 부르는 말이란다. 기억나니?

아 름 아, 철종의 용흥궁과 고종의 운현궁이요? 이제 기억나요. 어, 그런데 장악원은 이곳에도 없네요?

아 빠 응, 장악원은 지금의 을지로에 있는 외환은행 본점 자리 부근에 있었어. 장악원뿐만 아니라 서울의 사대문 안에는 여기저기에 옛날 수많은 관청의 자리가 표시되어 있지. 예를 들어, 관리들에게 녹봉을 주던 광흥창廣興倉이라는 관청은 이제 6호선 전철역의 이름이 되었어.

호 림 아, 광흥창 전철역 이름에 바로 그런 뜻이 있었구나!

아 빠 우리 수도 서울은 500년 이상 된 오래된 도시이기 때문에 도심 속에서 궁궐뿐만 아니라 조선을 500년 이상 지탱해 온 관청들의 자리를 한 번씩 찾아보는 것도 또 다른 재밋거리야.

운현궁 노락당

조선의 법궁, 경복궁

용흥궁

운현궁 노안당

경복궁 방화의
진실

 광화문광장

아 름 아빠, 임진왜란 때 한양의 모든 궁궐이 불에 탔잖아요? 경복궁에 불을 지른 것은 전란 중에 임금이 혼자 살겠다고 도망간 것에 대해 성난 백성이 저지른 일이라고 하던데 그 말이 맞나요?

경복궁 방화에 관한 조선의 기록

아 빠 우리가 일반적으로 알고 있는 상식은 임진왜란 때 경복궁이 불에 탄 뒤, 오랫동안 방치되었다가 고종 때 흥선대원군이 실추된 왕권의 재기를 위해 경복궁을 중건한 것으로 되어 있지. 그리고 경복궁이 불에 탄 직접적인 이유는, 임진왜란이 발생하자 당시 임금이었던 선조가 자기만 살겠다고 백성을 버리고 야밤에 도주했고 이 소식을 듣고 화가 난 백성이 경복궁에 난입하여 불을 질렀다는 것이야. 게다가 노비문서를 불태우고 보물도 약탈하였다고 해. 조선왕조실록인 선조실록은 물론, 서애 류성룡의 문집인 서애집西厓集 등 당시의 우리 측 기록들이 대부분 그렇게 적고 있어.

아 름 실록에서 그렇게 썼다면 그것이 사실이겠네요?
아 빠 그런데, 과연 그럴까?
아 름 여러 기록에 그렇게 나와 있다면서요?
아 빠 먼저 우리가 주목할 만한 내용은 노비 문서를 불태우기 위해 궁궐에 불을 질렀다는 부분이야. 이것은 일반백성 방화설이 거짓일 수 있다는 증거의 하나야. 우리가 앞서 알아본 바와 같이 노비문서를 관장하던 관청은 장예원인데, 장예원은 어디에 있었지?

엄 마   가만있어 보자… 장예원은 육조거리에 있었던 궐외각사잖아.

아 빠   그러니까 노비문서를 불태우려면 궁궐을 불태우는 것이 아니라 장예원을 불태워야 하겠지?

아 름   듣고 보니 그러네요.

아 빠   이번에는 좀 더 확실한 증거가 있어. 임진왜란 때 왜군에는 군인 신분 이외에도 종군기자처럼 전쟁에 참여하는 특별한 사람들이 있었어.

호 림   왜군은 그때도 종군위안부를 데려왔나요? 나쁜 사람들 같으니라고…

경복궁 방화에 관한 일본의 기록

아 빠   그런 게 아니고… 임진왜란 당시의 기록을 보면, 왜장 코니시 유키나가小西行長를 따라서 전쟁에 참여한 종군 가톨릭 신부도 있었고, 샤쿠시타쿠釋是琢란 종군 승려도 있었어.

엄 마   그래요? 임진왜란 때 종군 승려에 가톨릭 신부까지? 나도 처음 듣는 이야기예요.

아 빠   그중 샤쿠시타쿠가 남긴 기록인 조선일기란 책 중에는 왜군이 한양에 입성한 직후, 경복궁을 돌아본 기록이 남아 있어. 이 기록에 따르면 그때까지 온전하게 남아 있던 경복궁의 모습을 알 수가 있어. 만약 이 기록이 사실이라면, 우리 측의 경복궁 방화범에 대한 기록은 거짓이라는 말이 되지.

    … 지붕에는 유리기와를 덮고, 잇단 기와 줄마다 푸른 용 같다. 서까

래는 매단 나무인데, 서까래마다 1개씩 풍경風磬이 달렸다 … 여기가 용의 세계인지, 신선이 사는 선계인지 보통 사람의 눈으로는 도저히 분간할 수 없는 정도이다 …

아 름   그럼 궁궐에 방화한 진짜 범인은 도대체 누구일까요?

아 빠   현재로서는 명나라의 개입으로 연전연패하던 왜군이 퇴각하면서 한성을 불태울 때, 종묘와 궁궐을 비롯한 모든 도성 시설들을 불태웠다고 보는 것이 가장 타당할 것 같아. 우리 측 기록들은 대부분 기록자 자신이 직접 경복궁이 불타는 것을 본 것이 아니라 한양을 회복하고 난 후, 불탄 궁궐들의 폐허만을 목격한 것이야. 그리고 궁궐이 불탄 이유를 모두 남들이 그러더라고 간접적으로 적고 있거든.

아 름   그럼, 우리 측 기록은 왜 그렇게 되어 있을까요?

역사 기록은 승자, 강자의 기록

아 빠   당시의 기록이라고 하는 것은 일반 백성의 기록이 아니라 지배층인 양반들의 기록이야. 조선 전기 때 양반 계급은 훈구파勳舊派와 사림파士林派로 나뉘어서 서로 정권을 둘러싸고 심하게 대립했었어. 그중에 사림파는 훈구파로부터 네 번에 걸쳐서 무오사화, 갑자사화, 기묘사화, 을사사화라는 큰 화를 당하는데, 그것을 사림이 입은 화라고 해서 4대 사화士禍라고 하지. 그렇지만 4대 사화의 큰 타격에도 결국에는 사림파가 정권을 잡았어.

호 림   와! 홍수환 선수처럼 4전 5기라고 할 수 있겠네요!

아 빠   그런데 임진왜란 직전의 선조 임금 당시에는 이 사림파가 다시 동인과 서인으로 쪼개져서 격렬하게 정권 다툼을 벌이던 때였어.

엄 마   당파 이야기는 항상 복잡하더라…

아 빠   아무튼, 임진왜란 직전에 조선에서는 통신사로 일본에 황윤길과 김성일을 보냈는데, 서인 출신 황윤길은 정사正使로 갔고 동인 출신 김성일은 부사副使로 갔어.

호 림   정사는 반장, 부사는 부반장이죠?

아 빠   하하! 그렇게 이해해도 되겠구나. 아무튼, 재미있는 것은 일본을 다녀온 황윤길과 김성일의 보고 내용이 완전히 상반되었다는 것이야. 황윤길은 일본이 전쟁을 철저하게 준비하고 있다고 했고, 김성일은 전혀 신경 쓸 것이 없다고 했어. 이럴 때는 누구의 보고를 믿어야 하지?

아 름   당연히 정사인 황윤길의 보고를 믿어야죠. 부사는 말 그대로 보조 역할이잖아요?

아 빠   그런데 당시 조선의 조정은 서인보다는 동인이 힘이 더 컸어. 따라서 일본은 전쟁 준비 중이어서 우리도 대비해야 한다는 서인 출신의 통신정사인 황윤길의 보고보다는 일본은 조선을 결코 넘보지 못할 것이라는 동인 출신 통신부사 김성일의 보고가 채택되었지.

밝혀지는 경복궁 방화 기록의 진실

엄 마   주된 역할을 맡은 정사의 보고보다도 보조적인 역할을 맡은 부사의 보고가 채택되는 이런 어이없는 상황이 벌어진 것 자체가 조선의 조정과 지배 계층이 무능했다는 증거예요! 그러니 전쟁에서 속수무책으로 당할 수밖에…

아 름   저도 참 너무 어이없다고 생각해요.

아 빠   따라서 임진왜란 당시 지배층의 입장에서는 자신들의 정치적인 무능함 때문에 외적의 침입을 대비하지 못해 적의 손에 궁궐이 불탔다고 하는 것보다는 폭도화한 일반 백성이 궁궐에 난입하여 방화했다고 하는 편이 정치적으로 훨씬 부담이 적었을 것으로 생각해.

엄 마   정치인들이란 예나 지금이나 달라진 건 없는 것 같아···

뱀의 발   조선 당쟁사의 큰 줄거리 잡기 - 조선은 당쟁 때문에 망했나?

  조선의 당쟁을 피상적으로 복잡하다고만 알고 있는 사람들이 많은데, 내용을 정리하면 뜻밖에 간단하다. 한 단어로 조선의 당쟁을 요약하면 사색당파이다. 큰 범주로 보면 당파는 네 개로 요약된다는 말이다.

훈구파와의 오랜 싸움을 통해 최종적으로 정권을 잡은 사림파는 선조 때 최초로 동인과 서인으로 분리됐다. 그런 다음 시간이 흐르면서 동인은 남인과 북인으로, 서인은 노론과 소론으로 다시 나뉘었다. 따라서 최종적인 붕당의 모습에는 남인, 북인, 노론, 소론만이 남게 되는 것이다. 조선의 붕당을 공식으로 만들면 이렇게 된다. 동인 = 남인 + 북인, 서인 = 노론 + 소론. 너무도 쉽다.

그런데도 왜 사람들은 당쟁이 복잡하다고 알고 있을까? 그것은 시차 때문이다. 같은 시기에 한꺼번에 붕당들이 분리된 것이 아니기 때문이다. 선조 때 사림이 동인과 서인으로 처음 나뉜 이후, 그다음 임금인 광해군 때에 동인이 정권을 독차지한 뒤 북인과 남인으로 또 분리된다. 여기서 북인이 승리하지만 곧 인조반정으로 북인은 완전히 몰락하여 역사에서 거의 자취를 감춘다.

인조반정은 집권파인 북인에 대한 서인과 남인의 연합 작품이었다. 그러나 주도권은 서인이 잡고 있었다. 따라서 북인이 도태된 이후, 숙종 때까지의 당쟁은 주류인 서인과 비주류인 남인과의 다툼이었다. TV 사극을 통해 우리가 자주 보게 되는 장희빈을 둘러싼 숙종 때의 당쟁에는 서인과 남인이 다투는 양상으로 진행된다. 쉽게 말해 양당 구조인 셈이다.

그런데 숙종 말년에 오랜 기간 뭉쳐 있던 서인이 드디어 노론과 소론으로 분리된다. 숙종 때까지는 서인과 남인 간의 양당 구도가 경종 때부터는 노론, 소론, 남인의 삼당 구도로 바뀐 것이다. 그러나 노론이 다수당이고, 소론과 남인은 소수당이었다. 그나마 소론이 남인보다는 당세가 컸다.

이후에 벌어진 당쟁에서도 주류는 노론이 되고, 비주류는 소론과 남인이 된다. TV 사극을 통해 영·정조 시대를 보면, 이때의 당쟁은 주로 노론과 소론의 대결 양상이 두드러진다. 이랬던 조선의 붕당 정치가 어느 한순간에 완전히 자취를 감춘다. 바로 순조 때의 안동 김씨 일가에 의한 세도정치가 시작된 이후이다.

아무리 막 나가는 정권이라도 미약하나마 견제할 세력이 존재하면 절대 부패로 가지는 않는다. 그러나 세도 정치는 견제 세력이 전혀 없는 형태로 진행되었고, 이후 조선은 도저히 회생 불가능한 상태까지 이르게 된다.

흔히들, 조선은 당파 싸움 때문에 망했다고 한다. 그러나 이런 말은 전형적인 식민사관이며, 정치적으로 의도된 발언이다. 조선에서 가장 당파 싸움이 심했던 시기는 영·정조 시대였고, 이때는 조선의 르네상스 시기였다. 당쟁의 구도하에서는 집권당은 상대 당에게 조금이라도 약점을 잡히지 않기 위해서 온 힘을 다한다. 조선이 망하기 시작한 것은 세도 정치를 통한 안동 김씨 일가의 완전한 일당 독재체제 시기였다. 정치적인 견제 세력의 존재를 싫어하는 무리는 항상 주장한다. 조선은 당쟁 때문에 망했다고···

경복궁 근정전 앞 품계석

동십자각

→ 광화문 앞 건널목

도로의 한복판에 서 있는 동십자각

아 름 아빠! 여기에서 오른쪽으로 쳐다보면 저기 동십자각이 마치 섬처럼 도로 한가운데에 고립되어 있어요. 저 동십자각이 왜 저렇게 덩그러니 혼자 서 있게 되었는지 궁금해요.

동십자각의 반대편에는 서십자각도 있었다

아 빠 궁궐에 대한 용어를 설명할 때, 궁궐이란 임금이 사는 집인 궁과 궁을 지키는 망루인 궐을 합쳐 만들어진 말이라고 했던 말 기억나니?

아 름   예, 그건 알죠.

아 빠   동십자각은 조선의 궁궐 중에 현재까지 유일하게 남아 있는 궐의 전형적인 예야.

아 름   동십자각이 현재까지 유일하다는 것은, 최소한 서십자각도 옛날에는 있었다는 말도 되네요?

아 빠   그렇지. 구한말의 경복궁 전경을 찍은 사진▶p.039 을 보면 광화문의 옆으로 난 궁성의 양쪽 맨 끝 부분에는 동십자각과 서십자각이 뚜렷하게 보여. 그런데 일제강점기를 거치면서 일본인들이 경복궁을 의도적으로 훼손하기 시작하여 서십자각은 아예 통째로 없애버렸어. 그뿐만 아니라 광화문도 철거하려다 반대 여론에 밀려 건춘문의 북쪽인 현재의 국립민속박물관 정문 자리로 옮겨 버렸었지.

호 림   나쁜 일본사람들 같으니라고…

아 빠   또한, 광화문 자리 바로 앞쪽에는 경복궁을 완전히 가려버리려고 조선총독부 청사를 건설하면서, 방향을 원래의 경복궁이 자리 잡은 정남향이 아닌 동남쪽으로 약 3.5도 정도 틀어서 건물을 지었어.

호 림   경복궁의 조망권을 심각하게 침해했네요. 지금 같아서는 소송이라도 해야 하는데…

아 빠   그 이유는 조선총독부가 바라보는 방향에 남산이 있었고, 그 속에는 여의도의 두 배에 가까운 면적에 15개의 건물을 갖추고 일본의 건국신과 메이지 천황을 모시는 조선신궁朝鮮神宮이라는 조선 최대의 일본 신사神社가 있었기 때문이야.

아 름   일제강점기 때 우리 민족에게 강제로 신사참배를 시켰다던 그 신사 말인가요?

아 빠   응, 조선총독부로 조선의 상징을 의도적으로 가리면서 일본의 상징을 부각하려는 일본의 속뜻을 내비친 것이지.

아 름   그런데, 조선총독부를 지은 것과 동십자각이 섬처럼 고립된 것은 무슨 관련이 있나요?

남산을 향하게 된 경복궁의 담장

아 빠   원래 경복궁은 정남향이야. 그런데 조선총독부의 정면 방향을 남산 쪽으로 맞추면서 경복궁 궁성의 담장도 조선총독부 청사와 나란히 방향을 맞추기 위해 동남쪽으로 약 3도 정도 틀어지게 고쳐 지었고, 이때 동십자각은 경복궁의 새 담장과 분리되면서 지금처럼 도로의 한복판에 고립되게 되었지.

아 름   동십자각도 가슴 아픈 우리 역사의 산 증인이네요.

뱀의 발   불과 십수 년 전까지만 해도 경복궁은 우리의 시야에 전혀 잡히지 않았다. 왜냐하면, 중앙청이라고 불리던 구 조선총독부 청사 건물이 광화문 앞을 가로막고 있었기 때문이었다. 조선총독부는 1910년 한일합방 때부터 1945년 해방이 될 때까지 우리나라에 대한 일본 제국의 식민통치를 시행한 기관이다. 조선총독부 건물은 1926년 경복궁 일부를 헐어내고 그 자리에 지었다. 그런 건물을 해방 후에는 중앙청이라는 이름으로 대한민국 정부의 청사로 사용되어 오다가 나중에는 국립중앙박물관의 용도로도 사용되었다. 이후에 청사 건물의 철거와 보존을 놓고 각계가 대립하였으나, 1995년 김영삼 정부 때 철거되었고 현재는 청사 윗부분의 돔만이 독립기념관에 보존되어 있다. 한편, 일제는 타이완에도 타이완 총독부를 설치했는데 그 청사 건물은 아직도 타이베이에 남아 있어 현재 중화민국 총통부가 사용하고 있다.

조선고적도보에 실린 동십자각의 모습

광화문

 광화문 홍예 앞

아름   아빠, 현재 최근에 복원한 경희궁을 포함해서 조선의 궁궐은 총 5개잖아요? 따라서 궁궐의 정문도 당연히 5개가 되겠죠? 그런데 유독 광화문이 다른 궁궐의 정문과는 모양이 다른 것 같은데 어디가 어떻게 다르고, 또 그 이유가 무엇인가요?

비교하는 답사 방법을 항상 몸에 익혀라

아빠   궁궐의 건축물을 단독으로 보지 않고 비슷한 성격의 건축물들을 비교해서 보는 것은 정말 좋은 답사 방법이야. 지금까지도 그랬지만 아빠도 앞으로 이런 비교 방법을 계속해서 많이 활용할 거야. 너희도 이런 습관을 항상 몸에 익히도록 노력하거라.

아름   네!

아빠   일단 궁궐들의 정문들을 알아볼까?

아름   제가 말해 볼게요. 경복궁의 정문은 광화문光化門이고, 창덕궁의 정문은 돈화문敦化門, 창경궁의 정문은 홍화문弘化門, 경희궁의 정문은 흥화문興化門, 그리고 덕수궁의 정문은 대한문大漢門입니다.

엄마   아름이 100점! 덕수궁만 빼고는 모두 화化 자가 들어갔구나. 그렇지?

아름   덕수궁은 항상 예외로 하기로 했잖아요. 그래도 뭔가 이상해요. 왜 궁궐 정문 이름에 공통으로 화 자를 쓰죠?

조선의 법궁, 경복궁

모든 궁궐의 정문 이름에는 화 자가 들어간다

아 빠 놀랍게도 덕수궁도 원래 남쪽에 있던 궁궐의 정문 이름은 인화문仁化門이었어. 이것이 나중에 대한제국의 궁궐이 되면서 동쪽의 문인 대안문大安門으로 정문이 바뀌게 된 것이야. 대안문이라는 이름도 다시 대한문으로 고쳐졌어. 아무튼, 이렇게 되면 5개 궁궐의 정문 이름에는 모두 화 자가 들어간 셈이지?

호 림 알았다. 오행 목화토금수에서 남쪽을 뜻하는 것이 화니깐 화를 쓴 거죠? 맞죠?

아 빠 미안하지만, 그건 아니야.

엄 마 오행에서의 화는 불 화火이고, 궁궐의 문에 쓰는 화는 될 화化이기 때문에 한자가 다르단다. 그래도 호림이가 그 정도까지 생각했다는 건 대단한 거야. 오행 공부를 많이 한 것 같은데 대견하구나.

아 빠 모든 궁궐의 정문 이름에 화 자를 쓴 것은 임금님이 백성을 교화한다는 의미를 담고 있어. 왜냐하면, 궁궐의 정문은 임금과 백성이 만나는 장소이자 소통의 광장이기 때문이지. 경복궁의 광화문은 임금의 교화가 빛처럼 온 나라를 밝게 비춘다는 뜻이고, 창덕궁의 돈화문은 임금이 백성에 대한 교화를 돈독하게 한다는 뜻이야. 창경궁의 홍화문은 임금이 백성을 넓게 교화한다는 뜻이고, 경희궁의 홍화문은 임금이 백성에 대한 교화를 북돋운다는 뜻이지. 마지막으로, 덕수궁의 인화문은 임금이 백성을 어질게 교화한다는 뜻이지.

아 름 궁궐의 건물에 이름을 붙이는 것도 나름대로 원칙이 있었던 것이군요. 놀랍고 신기해요. 아무튼, 궁궐을 공부하려면 한자 공부를 많이 해야 할 것 같아요.

엄 마 물론이지. 옛날 사람들이 한자를 써서 우리 문화재를 만들었으면 우리

경복궁 광화문

도 한자를 알아야 문화재를 제대로 이해할 수 있단다. 앞으로 한자 공부도 열심히 하렴.

대문을 볼 때 유념할 것들

아빠   대체로 궁성이나 성곽의 문과 같이 겉보기에 큰 문에서 우리가 눈여겨 볼 부분은 몇 가지가 있어. 지붕의 형태(우진각지붕 또는 팔작지붕)는 무엇인가? 문의 층수가 몇 층인가? 출입구 칸 수는 몇 칸인가? 혹시, 옹성이나 치성과 같은 부속 건축물이 있는가? 석축을 이용한 것인가? 이런 기준으로 살펴보면, 각 궁궐의 정문은 이 표와 같이 요약할 수 있어. 덤으로 중국 자금성의 정문인 천안문의 자료도 같이 비교해 볼까?

궁 궐	정 문	지붕 형태	문의 층수	문의 칸 수	석축 여부	출입구
경복궁	광화문	우진각	2	3	있음	3홍예
창덕궁	돈화문	우진각	2	5	없음	3
창경궁	홍화문	우진각	2	3	없음	3
경희궁	흥화문	우진각	1	3	없음	3
덕수궁	대한문	우진각	1	3	없음	3
자금성	천안문	팔작	2	9	있음	5홍예

아름   아빠! 지금 우리가 보고 있는 광화문의 지붕이 우진각지붕이라는 것이에요?

아빠   그래. 지난번에도 설명했듯이 우진각지붕의 특징은 건물의 양쪽 끝에도 지붕의 경사면을 만들어서 비바람이 건물의 옆쪽에서 들이치더라도 건물을 효과적으로 보호할 수 있도록 한 지붕이야. 그런데 아름아, 광화문이 다른 궁궐의 문에 비해 눈에 띄게 다른 부분은 무엇이지?

문의 격을 높이는 방법

아름 음, 석축이 있다는 것이네요.

아빠 그렇지! 다른 궁궐들의 정문은 모두 순수한 목조 건축물인데 비해서 석축 위에 올라앉은 광화문은 그만큼 더 격식을 차렸고 당당하게 보이는 거야. 또한, 순수한 목조 건축물의 출입문은 나무로 만든 판문인데 비해서, 석축으로 된 광화문의 출입문은 돌로 만든 무지개문 모양의 홍예로 되어 있지.

아름 그런데 자금성의 정문인 천안문도 석축 위에 있어요!

아빠 그래, 자금성은 황제의 궁궐인 만큼 천안문, 단문, 오문을 모두 거대한 석축 위에 올렸어. 게다가 우리 조선은 제후국이라 출입구나 홍예를 3개까지밖에 못 만드는데, 중국은 황제국이라고 출입구나 홍예를 5개까지 만들었어.

아름 그런데 창덕궁의 돈화문은 문의 칸 수가 5칸이에요. 어찌 된 일이죠?

아빠 돈화문은 문의 칸 수는 5칸이지만 그중에서 양 끝쪽 2칸은 문이 아니라 벽이야. 따라서 보이기는 5칸으로 보이지만, 실제 문으로 쓸 수 있는 것은 3칸뿐이지. 일종의 편법이라고 볼 수 있어.

엄마 돈화문을 그렇게 만든 것은 나름대로 창덕궁이 경복궁을 대신하는 실질적인 법궁이었기 때문에 다른 궁궐과는 품격에서 차별을 두려고 그렇게 만든 것이죠?

아빠 그렇지. 역시 엄마의 추리력은 대단해.

아름 그렇다 하더라도 석축 위에 올라가 있는 광화문에는 못 미치네요.

광화문의 출입 방법

아 름 광화문의 무지개 문, 아 참, 홍예라고 하셨죠? 홍예는 모두 3개인데, 가운데 것이 가장 크네요? 임금님 전용인가요?

아 빠 모든 문의 가운데 칸을 어칸이라고 하고, 양쪽 옆 칸을 협칸이라고 해. 그리고 어칸을 가장 넓고 크게 만들지. 또한, 그곳은 제일 높은 어른이 출입하는 곳이야. 절에서는 주지 스님이 출입하고, 궁궐에서는 당연히 임금님만이 출입하지. 왕세자와 신하들은 그 양쪽의 옆 칸으로만 출입했어.

호 림 가운데 칸의 천장에는 그림이 그려져 있는데 무슨 새 종류 같아요. 봉황인가요?

아 빠 우리나라 대부분의 사람이 문화재를 볼 때, 자신이 잘 모르는 동물이 있으면 무조건 해태라고 하고 자신이 잘 모르는 새가 있으면 무조건 봉황이라고 하는 습성이 있어. 그건 잘 몰라서 그런 거야. 너희는 아빠한테서 음양도 배웠고 오행도 배웠으니 충분히 알아맞힐 수가 있을 것 같은데?

아 름 그 그림이 음양오행하고 관련이 있어요? 그럼, 광화문은 경복궁의 남

광화문 홍예 천장에 그려진 그림들 (왼쪽에서부터 현무, 주작, 기린)

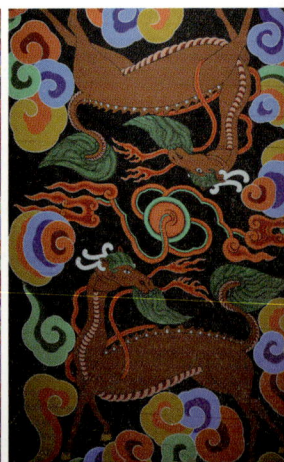

광화문에서 바라본 흥례문

쪽 문이니깐, 방향이 남쪽이고… 오행에서 남쪽은 더운 여름이고, 색은 붉은 색, 사신도에서는 남주작… 아, 주작이구나!

아 빠   그렇지. 남쪽을 상징하는 주작이 광화문에 그려져야 제자리를 찾은 거야. 아무런 연관도 없는 봉황이 난데없이 광화문에 왜 등장하겠니?

아 름   그렇다면… 경복궁의 동쪽 문에는 청룡, 경복궁의 서쪽 문에는 백호, 경복궁의 북쪽 문에는 현무가 그려져 있나요?

광화문과 다른 궁성 문과의 차이점 찾기

아 빠   당연하지! 그럼 여기서 또 문제를 하나 낼까? 지금까지는 다른 궁궐들의 정문과 광화문을 비교했는데, 같은 경복궁의 동, 서, 북쪽에 있는 문들과 광화문을 비교하면 뭐가 다를까? 사진을 비교해 보면서 눈에 띄게 차이가 나는 것 두 가지만 찾아볼까?

아 름   음… 아! 알았다. 먼저 석축에 있는 무지개문인 홍예가 광화문은 3개인데 다른 문들은 모두 1개입니다.

호 림   그리고 석축 위에 목조 건물이 광화문은 2층인데, 다른 문들은 모두 1층입니다.

아 빠   모두 잘했다.

아 름   그런데 아빠, 왜 광화문 앞에만 해치가 있는 것이죠?

뱀의 발   해태가 해치보다 더 친숙한 이유

광화문 앞에 떡 하니 버티고 앉아 있는 돌로 만든 동물은 해태인가? 아니면 해치인가? 해태와 해치는 둘 다 같은 대상을 지칭하는 말이다. 고대 전설 속에 나오는 동물로 시비와 선악을 판단하여 안다고 하는 상상의 동물이다. 한자로는 해치獬豸라고 쓰는데 뒷글자인 치가 원래 중국 음으로 치(zhi)와 태(dei) 두 개로 모두 발음된다. 학문적으로는 치로 통일되었지만, 어찌 된 영문인지 일반 백성에게는 태로 더 많이 알려졌다. 그런데 여기에 결정적인 사건이 또 하나 있었다. 해태라는 이름의 제과 회사가 생겨버린 것이다. 그래서 전 국민에게는 해태라는 말이 완전히 굳어버리게 되었다.

광화문 옆쪽에 자리한 해치상

아빠   해치는 사자와 비슷하지만 기린처럼 머리에 뿔이 있다고 해. 영어로는 unicorn-lion이라고 하는데, 유니콘처럼 외 뿔 달린 사자란 뜻이야. 그리고 부정한 사람을 보면 그 뿔로 받는다고 해. 그래서 조선 시대 관리들을 감찰하고 법을 집행하는 관청인 사헌부를 지켜주는 상징으로 쓰였고, 사헌부의 수장인 대사헌이 입는 관복의 흉배에도 해치를 새겼어.

엄마   맞아요. 광화문 앞의 궐외각사에 사헌부가 분명히 있었어요. 그래서 해치가 그 자리에 있구나!

아빠   오늘날에도 우리나라 국회의사당과 대검찰청 앞에는 해치 상이 세워져 있어. 이것은 해치처럼 자신의 마음을 가다듬고 항상 경계하며 정의의 편에 서서 법을 공정하게 처리하라는 뜻이 담겨 있지.

해치에 얽힌 민간전승 이야기

엄 마 해치에는 풍수 이야기도 있다고 들었어요.

아 빠 민간에 전승되어온 이야기인데 나름대로 재미있는 이야기야. 해치는 불을 먹고 산다고 해.

아 름 불이요?

아 빠 조선 건국 초 한양에 새 도읍을 만들 때, 궁궐 자리를 어디로 잡을지 사람들 간에 논쟁이 많았어. 그때 조선의 개국 공신이었던 정도전이 지금의 경복궁 자리를 주장했더니, 풍수를 조금이라도 아는 사람들은 모두 똑같은 이유로 반대했어.

아 름 똑같은 이유라고요?

북악산에서 보이는 경복궁과 관악산

아 빠 서울의 남쪽에 있는 큰 산이 뭔지 아니?

아 름 관악산이요?

아 빠 그래. 관악산은 큰 산 악岳 자가 들어가 있으니 당연히 바위가 많은 산이지? 게다가 한양의 남쪽에 있으니까, 음양오행에서 말하는 어떤 기운이 센 산이지?

아 름 남쪽은 뜨거운 불의 상징이죠. 그래서 남주작이라고 하잖아요?

아 빠 바로 그거야. 관악산은 바위가 많아서 나쁜 기운이 있다고 믿었는데, 그것도 다름 아닌 바로 불의 기운이야. 따라서 지금 경복궁 자리에 궁궐을 지으면, 관악산이 내뿜는 불의 기운으로 반드시 큰 화재가 일어날 것이라며 풍수를 조금이라도 아는 모든 사람들이 반대한 것이야.

호 림 그럼, 비보하면 되잖아요?

한양의 3대 소방 정책

아 빠 오, 호림이 대단한걸? 맞아. 정도전은 그래서 3개의 화기 비보책에 대해서 말했지.

아 름 비보책을 3개씩이나요?

아 빠 우선, 한강이 워낙 커서 강물이 1차로 불기운을 차단해 줄 것이라 했고, 2차로는 숭례문을 세울 때 현판을 세로로 세워 달았어.

화재가 일어나기 전 숭례문 현판의 모습

아 름 그것이 왜 비보책이 되나요?

아 빠 현판은 보통 가로로 다는 것이 원칙이야. 그런데도 일부러 세로로 현판을 달았지. 심지어 현판 글씨도 불이 타는 것처럼 끝을 뾰족뾰족하게 썼어. 쉽게 생각하면 맞불을 놓은 것처럼 보이게 하는 것이지. 왜냐하면, 숭례문도 남쪽의 문이니깐 한양 도성의 대문 중에서도 불의 기운을 가지고 있는 대문이지.

아 름 그럼 마지막 3차 비보책은 뭐죠?

아 빠 그게 바로 해치야. 아까 해치는 뭘 먹고 산다고 했지?

아 름 불이요. 아하, 그렇구나! 그래서 해치가 마지막 비보책이구나!

호 림 이제, 경복궁 관람권을 사야 해요. 엄마, 아빠는 3,000원이고 저와 아름이는 1,500원이에요.

흥례문

 광화문 안쪽

흥례문

- 호 림   사람들이 왜 이렇게 많이 모여 있지? 아, 알았다. 마침 여기서 수문장 교대식을 하네요. 우리가 운이 좋은 가봐요. 시간에 딱 맞췄어. 그런데 수문장 교대식이 지난번에 덕수궁에서 본 것과 비슷하네요?
- 아 름   아냐, 덕수궁 앞의 수문장 교대식과는 뭔가 좀 다른 것 같아. 군사들이 입고 있는 옷도 약간 다르고, 특히 악기를 연주하는 군사들의 옷 색깔이 완전히 달라.
- 엄 마   아니, 아름아! 어떻게 그런 것까지 눈여겨봤니?

조선의 법궁, 경복궁

아 름   수문장 교대 의식은 재미있어서 평소에 항상 눈여겨봐서 그런 것 같아요. 그래도 자세한 내용은 아빠가 설명해 주시면 좋겠어요.

아 빠   나도 아름이의 관찰력에 놀랐어. 대부분 사람들은 덕수궁과 경복궁의 수문장 교대 의식을 똑같은 것으로 알고 있거든. 그렇지만 분명히 내용은 달라. 우선, 용어부터가 약간 다른데, 경복궁에서 하는 것은 수문장 교대 의식이고 덕수궁에서 하는 것은 왕궁 수문장 교대 의식이라고 해.

엄 마   왜 용어가 다르죠?

아 빠   일단은 행사를 주관하는 곳이 달라. 경복궁의 행사는 한국문화재보호재단에서 주관하고, 덕수궁의 행사는 서울시에서 주관해.

아 름   그렇지만 똑같은 조선의 궁궐에서 벌어지는 수문장 교대 의식의 이름과 내용이 서로 다르다는 게 전혀 이해가 안 가요.

아 빠   그것은 조선이라는 나라를 잘 몰라서 하는 말이야. 조선은 1392년에

홍례문 앞마당에서 벌어진 수문장 교대식의 모습

세워져서 1910년까지 무려 518년이나 존속했던 나라야. 이 지구상에서 5백 년이 넘게 왕조를 유지한 나라는 손에 꼽을 정도야. 가까운 중국의 경우도 수많은 왕조가 일어났다 없어졌지만 길어야 2~3백 년에 지나지 않았어. 따라서 조선에서의 각종 의식은 5백 년 동안 시기에 따라서 내용이나 형식이 많이 달라졌지. 특히 임진왜란을 전후해서는 엄청나게 많은 변화가 있었지.

엄 마 하기야 10년이면 강산도 변한다는데, 조선은 강산이 50번도 넘게 변하는 기간 동안 존속했으니… 참, 의식이라고 하면 언젠가 당신이 설명했던 나라의 큰 다섯 가지 의식인 오례도 포함하여 말하는 것인가요?

아 빠 그렇지. 나라에서 정한 큰 다섯 가지 의식과 예법, 한자로 그것을 국조오례의國朝五禮儀라고 하지. 그렇게 문서로 만들어 둔 의식까지도 시기에 따라 변화했어. 그래서 속편인 속오례의續五禮儀가 나왔지. 경복궁의 경우에는 경복궁이 세워진 조선 초기 15세기를 기준으로 해서 교대 의식을 고증했는데, 덕수궁은 그때 존재하지도 않았던 궁궐이었어. 덕수궁이 궁궐로서 역사에 처음 등장하는 것은 임진왜란 이후였고, 제대로 된 궁궐의 모습을 갖춘 것은 대한제국 때의 일이야. 그래서 경복궁과 덕수궁의 수문장 교대 의식의 내용이 완전히 다른 거야.

아 름 이런 의식을 어떻게 고증하죠?

뱀의 발 　국조오례의와 속오례의

조선은 유교 이념에 따라 법치와 예치를 모두 중요하게 여겼다. 따라서 법과 예의 규정은 항상 짝을 이룬다. 국조오례의는 조선 시대의 중요한 다섯 가지 의례에 대해 규정한 책이다. 그러나 한번에 만들어진 것이 아니고 건국 초부터 지속적인 작업이 꾸준히 있어오다가, 성종 때에 최종적으로 완성되었다. 성종 때에는 또한 조선 시대의 법령의 기본이 되는 법전인 경국대전經國大典도 완성된다.

사실, 조선 제9대 임금에게 이룰 성 자를 쓰는 성종成宗이라는 묘호가 붙여진 이유도 법치의 근간인 경국대전과 예치의 근간인 국조오례의를 모두 완성했기 때문이다. 조선 전기에 만들어진 이런 규정들은 시간이 흐르면서 조선 후기의 사회를 유지하는 데 한계가 노출되었다. 따라서 영조는 즉위한 후, 조선 후기의 기본 법전인 속대전續大典을 완성하고 이에 맞게끔 속오례의續五禮儀도 같은 때에 편찬했다.

아 빠   아름아, 아빠가 항상 조선은 기록의 나라라고 설명했지? 이 수문장 교대 의식에 나오는 깃발이나 각종 의장들은 조금 전에 아빠가 설명한 국조오례의라는 책에도 나와 있고, 각종 의궤(儀軌)에도 상세하게 그림으로 나와 있어. 게다가 조선의 관직 체계를 자세히 보면 이런 행사에 누가 참여하는지도 쉽게 알 수가 있지. 예를 들면, 수문장 교대 의식의 관리 감독은 왕명을 출납하는 관청인 승정원의 주서가 진행하고, 궁궐의 열쇠를 관리하는 관청인 액정서의 관리도 파견이 돼.

호 림   그럼, 이 행사의 주인공인 수문장은 어느 관청 소속인가요?

아 빠   수문장은 궁궐 문을 지키는 업무를 하는 관청인 수문장청 소속이야. 이 수문장청은 유명한 궁궐 그림인 동궐도에서도 확인이 돼. 창덕궁의 정문인 돈화문의 양 옆에는 각각

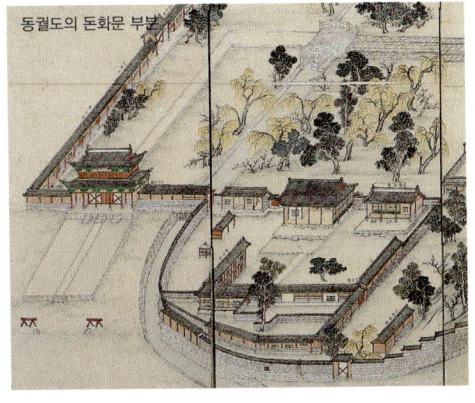

동궐도의 돈화문 부분

수문장청이 있고, 돈화문의 좌우 측에 있는 단봉문과 금호문에도 문 바로 옆에 수문장청이 있어. 다른 문에는 한 명의 수문장이 지키지만, 궁궐의 정문인 돈화문은 중요성 때문에 두 명의 수문장이 지켰다는 것을 알 수 있지. 그리고 평상시 문을 지키는 인원은 대문이 30명, 중문은 20명, 소문은 10명이었다고 되어 있어.

엄 마   이 교대 의식의 대략적인 순서는 어떻게 되죠?

아 빠   교대 의식은 당연히 두 팀의 군사들이 주인공이야. 먼저 임무를 서고 있던 군사들인 당직 수문군과 새로 교대할 군사들인 교대 수문군이지.

큰북이 3단계로 나누어 울리면 그 북소리에 맞춰 행사가 세 부분으로 진행이 돼.

호 림   북은 누가 치나요?

아 빠   엄고수嚴鼓手라고 하는 장악원 소속의 관리가 쳐. 우선, 초엄이라는 첫 번째 큰 북이 울리면, 교대 수문군이 궐 안에서 출발하여 광화문에 도착해. 그다음 중엄이라는 두 번째 큰 북이 울리면 교대 수문군이 광화문의 밖으로 이동하고, 거기서 당직 수문장과 교대 수문장이 서로 군례를 주고받고 신분 확인을 해. 그러고 나서 교대 수문군이 교대 수문장의 지시로 각자 자리로 배치가 완료되면, 임무를 끝마친 당직 수문군은 광화문의 안쪽으로 이동하지. 마지막으로, 삼엄이라는 세 번째 큰 북이 울리면, 당직 수문군은 당직 수문장의 지휘에 따라 퇴장해.

아 름   정리하자면, 첫 번째 북소리에 교대 수문군이 입장하고, 두 번째 북소리에 임무 교대, 세 번째 북소리에 당직 수문군이 퇴장… 간단하네요.

호 림   아름이가 요점 정리를 해 주니 참 쉽네요. 아빠, 북소리가 났어요! 아빠가 말한 초엄 북소리인가 봐요. 저기 교대 수문군이 깃발을 들고 오네요. 멋있다. 그런데 깃발이 여러 개예요. 복잡하다…

아 름   자세히 보니 청룡, 백호, 주작, 현무 사신도가 그려진 깃발이에요. 아마도 궁성을 수호하는 방향을 나타내는 것 같아요.

엄 마   여보, 사신도 깃발 앞에 아무런 그림이 없는 흰색 깃발과 청색 깃발이 있어요. 그런데 좀 이상해요. 동쪽에 흰색 깃발이 있고, 서쪽에 청색 깃발이 있어요. 방향이 반대예요. 동쪽은 좌청룡이고 서쪽은 우백호니깐, 동쪽에 청색, 서쪽에 흰색이 와야 정상 아닌가요?

아 빠   응? 그렇군. 하지만 뭔가 이유가 있겠지. 좀 더 지켜보자고.

호 림   아빠, 두 번째 북소리가 났어요. 수문장이 광화문 밖으로 나가네요. 빨리 따라가자! 이제 두 수문장이 임무 교대를 하네요. 멋있다!

아 빠 애들아, 이제 막 임무 교대를 한 수문군이 들고 있는 깃발을 봐. 동쪽에 청색이고 서쪽에 흰색이지? 이제 제대로 방향을 잡았구나.

호 림 그럼 조금 전에는 실수로 방향이 바뀐 것 아닐까요?

엄 마 날마다 그것도 매시 정각마다 하는데 실수할 리가 없어. 뭔가 이유가 있을 거야. 아빠가 곧 이유를 알아낼 거야.

아 빠 이거, 참 난감한데…

아 름 아빠가 저렇게 난감한 표정을 짓는 걸 보니 아빠도 잘 모르시나 봐요.

호 림 마지막 북소리가 났어요. 이제 교대한 당직 수문군들이 퇴장해요.

엄 마 저 퇴장하는 수문군의 깃발도 동쪽에는 흰색 깃발, 서쪽엔 청색 깃발이 있어요! 교대하러 오던 수문군처럼 방향이 반대예요. 왜 그럴까요?

아 빠 음… 일단 내가 아는 범위 내에서 정리를 한번 해 봤는데, 혹시 이런 것은 아닐까? 지금 임무를 서고 있는 수문군의 깃발 방향은 정상이고, 새로 교대하러 오거나, 교대를 마치고 돌아가는 수문군들은 깃발의 방향이 반대야. 내가 보기에는 음양을 표현한 것 같아. 현재 임무를 서는 당직 수문군을 양으로 설정해서 동서 방향을 정상으로 잡은 반면에, 교대하러 오거나 교대를 마치고 돌아가는 수문군은 음이어서 방향을 반대로 잡은 것이지. 사람이 살아 있을 때의 집은 양택이라고 해서 좌상우하가 적용되지만, 사람이 죽어서 묻히는 무덤은 음택이라고 해서 우상좌하가 적용되거든.

엄 마 당신 설명에 수긍이 가요. 집에 돌아가면 좀 더 확실하게 인터넷으로 검색해 봅시다.

흥례문 앞

아 름 아빠, 이 현판은 어떻게 읽어요?

아 빠   아름아, 이제부터는 아름이가 스스로 한자를 읽고 뜻을 알아맞히는 노력을 해 봐. 처음에는 어려울 테니 한자의 뜻은 한 글자씩 알려 줄게. 여보, 당신이 한자 뜻을 말해 줄래?

홍례문 현판

엄 마   일어날 흥, 예절 예, 문 문! 흥례문興禮門이야.

아 름   예절을 일으켜 세우는 문?

아 빠   그래. 조금 말을 가다듬으면 흥례문은 예를 부흥한다는 뜻이야. 유교에서의 최고 덕목은 어질다는 인이지. 그런데 유교의 최고 스승인 공자님이 말씀하시기를 인이라는 목표를 달성하기 위해서 꼭 필요한 것이 예와 악樂이라고 했어. 예는 예법이고, 악은 음악이야.

호 림   유교에서는 공부를 많이 시키기 때문에 예법을 중요시했다는 것은 충분히 수긍이 가지만, 음악을 강조했다는 것은 좀 의외인걸요?

조선의 예는 예절만이 아닌 생활 전반을 규정하는 기준

아 빠   마음을 수련하는 것도 중요하다는 뜻이겠지? 아무튼, 이렇게 유교에서는 예를 엄청나게 중요시하거든. 그래서 예법만을 담당하는 예조판서가 있었다고 말했지? 그런데 예는 남쪽을 가리키는 말이야. 그래서 남대문도 숭례문이고, 흥례문도 남쪽을 바라보고 있지.

아 름   어떻게 예라는 말이 남쪽을 가리키나요?

아 빠   아빠가 음양오행에 대해서 알려줄 때 오행에는 방향이 있다고 했지?

아 름   기억해요. 이렇게 수첩에 적어 놨거든요. 해가 뜨는 동쪽은 목, 남쪽은 화, 가운데는 토, 해가 지는 서쪽은 금, 북쪽은 수!

유교의 5가지 덕목인 오상

아빠   그런데 오행과 마찬가지로 유교에서는 사람이 항상 지켜야 할 5가지 도리를 오상五常이라고 불러. 이것이 인의예지신仁義禮智信 다섯 가지인데, 방향을 나타낼 때 인은 동쪽, 의는 서쪽, 예는 남쪽, 지는 북쪽, 마지막으로 신은 가운데를 가리켜.

엄마   그래서 한양 도성의 사대문의 이름을 지을 때, 동대문을 흥인지문, 서대문을 돈의문, 남대문을 숭례문, 북대문을 소지문炤智門이라고 했단다. 소지문은 곧 숙정문肅靖門으로 이름을 바꾸었어.

아름   한양 도성의 사대문에서 유교의 오상 가운데에 있는 신이 빠졌어요. 한양 도성 한복판에 신 자가 들어가는 문이 또 있었던가요?

아빠   한양 도성 한복판에는 성문을 만든 것이 아니라 사대문의 성문을 여닫는 시각을 알려주는 무엇인가를 설치했어.

아름   혹시, 보신각종을 말씀하시는 건가요?

엄마   바로 정답이야.

영제교

→ 흥례문 안쪽

영제교

아 름 아빠, 어느 궁궐이든 정문에 들어서면 여기 이곳처럼 반드시 돌다리를 하나 건너가요. 궁궐에 돌다리를 만드는 이유가 뭐죠? 또 이 돌다리의 이름은 뭐예요?

기초 풍수지리 이론으로 들어가며

아 빠 음… 이제는 너희에게 본격적으로 풍수지리 이야기를 해야 할 때가 되었나 보다.

엄 마 여보, 애들에게 좀 어렵지 않겠어요?

아 빠 아니야, 풍수를 모르고서는 금천교를 전혀 이해할 수 없어. 대신 내가 최대한 쉽게 설명하지.

호 림 갑자기 웬 풍수지리요?

아 빠 애들아, 뜻밖에 풍수라는 한자는 쉬운 글자야. 두 개의 글자가 무슨 뜻인지 알겠니?

아 름 그럼요, 바람 풍, 물 수! 이 정도는 너무 쉬워요.

아 빠 그래 풍수는 바람과 물을 뜻하지. 한편 지리란 무엇인지 알겠니?

아 름 지는 땅 지! 그런데 리는 뭘까? 이론?

아 빠 맞았어. 풍수지리風水地理는 바람과 물로 땅의 이치를 아는 것이야.

호 림 풍수지리라는 게 별거 아니구나!

아 빠 결국 풍수지리는 땅의 이치를 아는 것이 중요하고, 그것을 위해서 바람과 물을 이용하지.

아 름 그게 끝이에요? 그런데 왜 다들 풍수가 어렵다고 하죠?

아 빠 이제부터 아빠가 차근차근 설명해 줄게. 오랜 옛날부터 사람들은 조상대대로 살아오면서 살기 좋은 집터나 마을 터가 가지는 공통적인 특징을 실생활의 경험에서 하나 둘씩 자연스럽게 알게 된 거야. 그런 살기 좋은 곳을 결정하는 가장 중요한 두 가지 요인이 바로 바람과 물이었어. 너희가 생각하기에 사람이 살기 좋은 곳을 가장 간단하게 표현하면 어떤 곳일까?

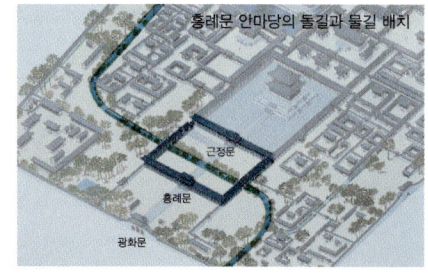

홍례문 안마당의 돌길과 물길 배치

풍수의 명당은 결국 살기 좋은 곳

호 림 공부하지 않고, 매일 놀 수 있는 곳이요.
아 름 장난치지 마, 오빠! 음… 우선, 아늑하면서도 따뜻한 볕이 들어서 겨울에는 지내기 좋고, 여름에는 시원한 물이 가까이 있는 곳이요.
아 빠 따뜻한 볕이 들면서 아늑한 느낌이 드는 곳은 어디일까?
아 름 글쎄요, 햇볕을 받으면서 이불 속처럼 뭔가에 푹 파묻혀 있는 곳이겠지요.
아 빠 사람 사는 집터를 생각해보면, 집이 아늑하게 파묻힐 곳이 어디일까?
아 름 태양을 향해 남쪽을 바라보는 집의 뒤쪽에 작은 동산이 집을 좌우로 둘러싸고 있으면 그런 느낌이 들 것 같아요.
아 빠 바로 그거야. 그래서 옛날 사람들이 살기 좋은 집터의 조건으로 배산임수背山臨水라는 말을 썼어.
호 림 배산임수? 어디서 많이 들어봤는데 무슨 뜻이죠?
엄 마 배산임수를 풀이하자면, 등 배, 뫼 산, 가까울 임, 물 수야.
아 름 아! 집의 바로 뒤에 산이 있고, 바로 앞쪽의 가까운 곳에 물이 있는 곳! 신기하게도 내가 말했던 바로 그곳이네요?
아 빠 그것이 바로 풍수야. 누구나 살기 좋은 곳으로 생각하는 장소는 그런 공통점이 있지.
호 림 풍수 별거 아니구나! 오늘 풍수 공부 끝!

나쁜 땅을 명당으로 만드는 비법! 비보풍수

아 빠 그런데 그런 살기 좋은 장소가 실제로는 쉽게 눈에 띄지 않아. 설사 그런 장소가 있다손 치더라도 여러 사람이 한꺼번에 모두 같은 집에 살수는 없지 않겠니? 그리고 조건이 너무너무 좋은 장소도 있을 것이고, 약간 덜 좋은 장소도 있을 것이고.

아 름   그럼 어쩌죠?

아 빠   그런 좋은 장소를 최대한 많이 찾아야지. 아니면 약간 나쁜 장소라 하더라도 좋은 장소로 만들면 되지 않겠니?

엄 마   그것을 풍수 용어로 비보한다고 하지.

아 빠   그렇지. 그런 살기 좋은 장소를 풍수 용어로 명당明堂 또는 혈穴 자리라고 해.

아 름   쉽게 말해 풍수의 목적은 살기 좋은 장소인 명당을 찾는 거군요? 아니면 만들거나?

아 빠   100점짜리 답이야! 그런데 살기 좋은 장소에는 뭔가 좋은 기운이 느껴진다고 해. 그것을 살아 있는 생명의 기운이라고 해서 생기生氣라고 하지. 생기발랄이란 말 알지? 반면에, 살기 나쁜 장소에는 뭔가 나쁜 기운이 있겠지? 그것을 죽은 기운, 즉 사기死氣라고 해.

명당 찾기는 곧 땅속에서 생기를 찾는 것

아 름   그럼 생기를 찾아야 하겠군요? 그것을 찾는 것이 풍수의 핵심이군요.

아 빠   기운은 그 자체로는 눈에 보이지 않아. 그래서 기운이 나타난 흔적을 찾아야 해. 예를 들어, 어떤 사람은 팔에 핏줄과 힘줄이 불끈 솟아나 있는 사람이 있고, 어떤 사람은 살이 포동포동 쪄서 팔이 미끈한 사람이 있다고 가정해 보자. 누구에게서 힘이 느껴지지?

호 림   당연히 팔에 핏줄과 힘줄이 불끈 솟아 있는 사람이죠.

아 빠   땅도 마찬가지야. 땅에도 힘찬 기운이 느껴지는 곳이 있어. 팔에 불끈불끈 솟아난 핏줄과 힘줄과 같은 것이, 땅에서는 무엇에 해당할까?

아 름   땅에서 솟아난 곳이라면 산이겠죠?

아 빠   그렇지. 그래서 풍수에서는 산을 매우 중요하게 생각해. 왜냐하면, 우리의 피가 심장으로부터 핏줄을 통해 흘러오는 것처럼, 좋은 기운은 어디서 인가부터 생겨나서 기가 흐르는 통로를 타고 흘러 오거든.

아 름   그냥 땅 밑에서 솟아나는 것이 아니고요?

아 빠   결론부터 말하자면 우리나라의 좋은 기운인 생기는 우리나라에서 가장 높은 산인 백두산에서부터 시작해서 산을 타고 흘러 온다고 해. 우리 조상이 백두산을 신성시한 이유가 바로 여기에 있지.

아 름   만약 산이 도중에 중간에서 잘리면 어떻게 되나요?

아 빠   그렇게 되면 산을 타고 오던 좋은 기운인 생기가 끊어지지. 그래서 일제강점기에 우리 민족의 정기를 끊으려고 일본 사람들이 산을 끊고 도로를 만들거나, 아니면 중요한 혈 자리에 쇠말뚝을 박아 넣었다고 하잖아?

호 림   나쁜 일본 사람들…

아 름   그럼 산을 타고 온 좋은 기운인 생기를 어떻게 활용하죠?

아 빠   일단, 생기가 뭉쳐 있는 지점을 찾아야 해. 그 지점을 혈 자리라고 해. 그리고 그 위에 생기의 기운을 받기 위해 집을 지어야지.

아 름   그럼 그 집이 소위 명당이 되는군요.

생기의 두 가지 특징, 풍즉산, 계수즉지

아 빠   그렇지. 그런데 뭉쳐져 있는 생기는 두 가지 큰 특징이 있어. 하나는 바람을 만나면 흩어진다는 특징이야. 이것을 좀 어렵게 한자로 표현하면 풍즉산風則散이라고 해. 바람을 만나면, 즉, 해산한다는 뜻이야. 또 하나는 물의 경계를 만나면 멈춘다는 것이야. 이것도 좀 어렵게 한자로 표현하자면 계수즉지界水則止라고 하는데 줄여서 수즉지라고도 해. 물을 만나면, 즉, 정지한다는 뜻이야.

아름 　풍즉산, 계수즉지! 지난번에 아빠에게 설명 들었던 내용이에요.

아빠 　이런 두 가지 큰 이유 때문에, 바람을 가두어서 생기가 흩어지지 못하게 하고, 또한 물길을 얻어서 생기를 엉뚱한 곳으로 흘러가지 않고 원하는 곳에 뭉쳐지도록 멈추게 하는 것이야. 이것도 한자로 표현하자면 저장할 장, 바람 풍이라고 해서 장풍藏風이라는 말과 얻을 득, 물 수라고 해서 득수得水라는 말이 되지.

아름 　장풍과 득수, 장풍득수, 결국 이 말이 풍수의 원래 말이죠?

아빠 　응, 그런데 바람을 가두는 장풍 역할은 어떻게 할 수 있을까?

호림 　바람을 어떻게 가둬요? 불가능할 것 같아요.

아빠 　그것은 산줄기로 하는 것이야. 산으로 둘러싸면 바람이 약해지잖아.

호림 　맞아, 그렇게 하면 되겠구나!

아빠 　그리고 산을 풍수에서는 용이라고 불러. 왜냐하면, 산줄기가 이어진 것이 마치 용이 춤추는 것과 비슷하다고 보기 때문이야. 그래서 산줄기를 타고 흐르는 좋은 생기를 용맥龍脈이라고도 해. 용의 맥박이라는 뜻이야. 산을 타고 온 용맥이 점점 높이가 낮아져서 마지막으로는 땅속으로 흐르는 것을 지맥地脈이라고 하지.

엄마 　그래서 풍수에서는 좌청룡, 우백호라고 해서 좌우의 산줄기가 명당이나 혈 자리를 둘러싸야 바람이 불지 않아서 그곳의 생기가 흩어지지 않고 잘 보존이 된다고 생각했군요?

아빠 　맞아!

호림 　그런데 만약 사방이 모두 산으로 둘러싸이면, 완전히 생기가 흘러나갈 틈이 없어서 가장 좋은 조건이 되는 것 아닌가요?

아빠 　생기가 흘러나가지 않는 것은 최상의 조건이겠지만, 그런 곳에서는 사

	람이 답답해서 어떻게 살겠니?
호 림	쩝. 생각해 보니 그러네요.
아 빠	그래서 남쪽은 탁 트여야 좋은 거야.
아 름	그러면 그쪽으로 생기가 다 흘러나가잖아요?
아 빠	그래서 생기가 빠져나가지 못하도록 좋은 물길을 얻는 역할이 중요한 것이야. 생기를 원하는 곳에 멈추게 하는 그런 물길을 명당수라고 해. 명당을 만드는 물줄기라는 뜻이야. 궁궐에 있는 돌다리는 모두 그 명당수를 건너가는 돌다리야.
아 름	에구, 지금까지의 긴 설명이 결국 궁궐의 이 돌다리를 설명하려고 한 것이에요? 그런데 궁궐에 돌다리가 왜 있느냐는 질문을 했는데, 뜬금없이 웬 풍수 이야기를 하셨어요?

뱀의 발 음택에서 생기를 잡아주는 또 하나의 장치, 망주석

사람이 사는 곳을 양택陽宅이라고 하고, 사람이 죽어서 묻히는 곳을 음택陰宅이라고 한다. 풍수에서는 양택도 명당이어야 하지만, 음택도 마땅히 명당이어야 후손들에게 좋다고 한다. 풍수에서는 음택이나 양택이나 기본적인 원리는 대부분 비슷하게 적용된다. 따라서 음택인 무덤에도 좋은 기운인 생기가 흘러나가지 못하도록 해야 하는데, 무덤은 대부분 산에 있는 관계로 산줄기를 이용하여 바람을 잡아두기는 유리하지만, 상대적으로 평지보다는 물길을 얻기가 어렵다. 따라서 앞쪽으로 흘러나가는 생기를 잡기 위한 별도의 장치가 필요하다. 그것이 망주석望柱石인 것이다. 망주석은 무덤 앞에 있는 한 쌍의 돌기둥을 말한다. 예전에는 왕릉급에만 있던 석물인데, 후세로 내려오면서 민묘에서도 등장하게 되었다. 중국에서 시작된 망주석은 처음에는 이름, 지위를 적어 묘의 주인을 나타낸 것으로 보인다.

하지만, 우리나라로 오면서 망주석의 기능은 중국의 것과 상당히 달라진다. 우리나라에서는 묘의 주인에 대한 상세한 기록은 비석이 대신하게 됨에 따라, 망주석의 기능은 묘주墓主의 사회 신분을 나타냄과 동시에 무덤을 지키는 수호신앙으로 변모하게 된다. 망주석은 글자 그대로 돌로 된 기둥이라는 뜻이다. 우리나라에서 가장 오래된 신라의 괘릉과 흥덕왕릉의 망주석이 바로 그런 모습이다.

그런데 조선 시대로 오면서 망주석에 이상한 형상의 동물이 하나 붙기 시작했다. 이름은 작은 호랑이라는 뜻의 세호細虎라고 한다(잘 모르는 사람들은 다람쥐라고 한다). 왕릉에서 세호의 주위를 한번 둘러보면 무덤을 지키는 동물이 또 하나 있다. 바로 돌로 만든 호랑이, 석호石虎이다. 세호가 되었든 석호가 되었든, 왕과 왕비의 능침을 지키는 수호 동물이 바로 호랑이인 것이다. 사람도 몸속의 살아 있는 생기가 빠져나가지 못하게 막아주는 기능을 하는 것에 항문 주위의 괄약근이 있다. 사람이 죽으면 괄약근이 풀리고 변을 배출한다(즉, 생기가 몸에서 빠져나간다). 따라서 사람의 생기를 빠져나가지 못하게 잡아주는 기능을 괄약근이 하고 있다는 말이다. 망주석에 붙어 있는 세호의 역할은 괄약근과 같이 명당에서 생기를 지켜주는 풍수적인 기능이다. 세호는 결국 생기를 보호하는 동물이며, 석호와는 이웃사촌쯤 된다고 볼 수 있다.

생기를 잡아주는 돌다리

아 빠 애들아, 이곳에 돌다리가 왜 있을까 하고 한번 생각해 봐.

호 림 너무 쉽다. 그야 건너야 하는 물길이 있으니깐 돌다리를 놓은 거죠.

아 빠 그런데 모든 궁궐에 들어가는 곳마다 돌다리가, 그것도 하나씩 있다는 공통점이 이상하지 않니?

아 름 음… 가만 생각해 보니 뭔가 있는 것 같아요. 아빠가 풍수 이야기를 괜히 했을 리는 없고… 아! 알았다. 바로 풍수 때문이에요.

아 빠 조금 더 자세히 말할 수 있을까?

엄 마 살기 좋은 곳에 집터를 잡는 것이 풍수라고 했잖아요? 엄청나게 크기는 하지만 궁궐도 엄연히 왕이 사는 집이에요. 따라서 처음에는 왕이 살기 좋은 조건을 찾아서 궁궐 위치를 잡았을 거예요. 그렇다면 분명히 궁궐 안에서도 실제로 왕이 자주 머무르는 건물 밑에는 좋은 기운인 생기가 뭉쳐 있을 거예요. 그런 좋은 생기가 흩어지지 않게 하려면 풍수, 즉 바람과 물로 생기를 잡아두어야 해요. 그렇게 하려면 산으로 둘러싸서 바람을 가두고, 물길로 생기가 빠져나가는 것을 막아야 하는데 일단 산은 우리 마음대로 움직일 수가 없으니깐, 그 대신 물길을 원하는 대로 끌어들여서 생기가 빠져나가지 않게 만든 거죠. 그것을 명당수라고 했어요.

아 빠 와, 역시 엄마구나! 내가 말하고 싶은 것을 엄마가 모두 말해 버렸어. 궁궐의 좋은 기운을 빠져나가지 못하게 붙잡아두는 풍수적인 시설이 바로 이 물길이야. 그런데 이 물길을 풍수에서는 금천이라고 해.

엄 마 금천이라면 금지할 금 자에 냇물 천 자를 쓰겠죠?

아 름 그런데 이상해요. 좋은 기운인 생기가 빠져나가지 못하게 하는 좋은 물이라서 명당수라고 하는데, 어째서 금지하는 냇물이라는 부정적인 뜻의 이름이 붙었을까요?

아 빠   금천은 한자로 금할 금 자를 쓸 때는 금천禁川이라고 쓰고, 비단 금 자를 쓸 때는 금천錦川이라고 써. 禁川은 금지하는 냇물이라는 뜻이지만, 錦川은 비단과 같이 귀한 냇물이라는 뜻이지.

아 름   어떻게 해서 하나의 물줄기에 그런 두 가지 상반되는 성격의 글자가 모두 쓰일 수 있나요?

장승과 금천교의 공통점

아 빠   금천은 나의 위치가 어디에 있느냐에 따라 성격이 달라져. 애들아, 너희는 마을로 들어가는 입구에 서 있는 장승을 본 적이 있니?

호 림   그럼요, 천하대장군과 지하여장군이 무서운 얼굴로 서 있잖아요?

아 빠   그럼 그 장승들은 어떤 역할을 하지?

아 름   그것은 나쁜 것들이 마을로 들어오지 못하도록 하는 것이죠.

아 빠   그렇게 무서운 얼굴을 한 장승들은 우리에게는 항상 무서운 존재가 되겠구나, 그렇지?

아 름   아니죠. 얼굴은 비록 무섭게 생겼어도 나쁜 것들을 막아주는 고마운 장승이죠. 그 장승 때문에 마을이 안전해지니깐, 그래서 오히려 친근한 느낌도 들어요.

아 빠   바로 그거야! 금천은 그 장승들과 똑같은 역할을 해. 생기가 뭉쳐 있는 금천의 안쪽에서 볼 때는 생기를 빠져나가지 못하게 하는 좋은 역할을 하고, 그 때문에 비단과 같은 귀한 냇물이라는 뜻에서 금천이라고 하지. 한편, 생기가 없는 금천의 바깥쪽에서 볼 때는 나쁜 기운이 감히 명당 쪽으로 넘어가지 못하게 막아주는 역할을 해. 그래서 금지하는 냇물이라는 뜻으로 금천이라고 해.

영제교는 금천교禁川橋? 아니면 금천교錦川橋?

엄 마 내가 어디에 서 있느냐에 따라서 금천禁川이 되기도 하고, 금천錦川이 되기도 하네요? 또 그 돌다리의 이름도 금천교禁川橋가 되기도 하고, 금천교錦川橋가 되기도 하겠네요?

아 빠 물론이지. 따라서 이 돌다리를 기준으로 해서 근정문 쪽에 서 있으면 좋은 기운을 많이 받게 되고, 흥례문 쪽에 서 있으면 좋은 기운을 못 받게 된다는 결론이지. 기록에 따르면, 왕의 즉위식 등 근정문에서 이루어지는 행사가 있을 때에 품계가 2품 이상이 되는 당상관은 좋은 기운을 많이 받는 근정문 쪽에 서고, 품계가 3품 이하가 되는 당하관은 좋은 기운을 못 받는 흥례문 쪽에 섰다고 되어 있어.

호 림 빈익빈 부익부네요. 그건 좀 아니다.

아 름 그런데 명당수는 아무 물길이나 명당수가 되는 것은 아니겠죠?

아 빠 그렇지. 당연히 풍수적으로 명당수가 되는 복잡한 조건이 있지. 하지만, 그런 복잡한 이야기는 모두 다 알 필요가 없고, 대략 이것 한 가지만 알면 돼. 군주남면의 경우, 명당수는 반드시 서류동입西流東入이다.

명당수는 서류동입

아 름 서류동입이 뭐죠?

아 빠 남쪽을 바라보고 집이나 마을이나 도읍이나 궁궐이 자리를 잡았을 때, 즉 남면할 경우에 물길이 서쪽에서 흘러들어와 동쪽으로 들어가야만 명당수가 된다는 뜻이야.

아 름 가만있어 보자… 경복궁은 물이 서쪽의 경회루 연못에서 흘러 오니깐 서류동입이네요. 창덕궁에서도 궁궐의 서쪽에서 흘러 들어와서 동쪽

아 름	으로 흘러가요. 참, 신기하구나. 혹시 중국의 자금성도 그래요?
아 빠	그럼! 중국의 자금성도 오문과 태화문 사이에 큰 물길이 있는데 이것도 서쪽에서 동쪽으로 흘러. 그런데 궁궐만 보지 말고 한양 도성도 한 번 유심히 살펴보렴.
아 름	한양 도성에도 서쪽에서 동쪽으로 흘러가는 물길이 있나요? 아하! 그렇구나! 청계천이 광화문 쪽에서 시작해서 동쪽으로 흘러가요. 그렇다면 청계천은 한양의 명당수가 되겠네요?
아 빠	그렇지! 그런데 사악한 기운이 넘어오지 못하게 금천교라고 이름을 붙이기는 했지만, 이름을 붙이는 것으로만 사악한 기운을 물리치기에는 뭔가 좀 부족한 것 같지 않니?
아 름	맞아요. 그래서 마을 입구에는 무서운 얼굴의 장승을 세웠고, 절의 입구에도 무서운 얼굴의 사천왕을 세웠어요.
호 림	나 같으면 무서운 개를 키우겠어요.
아 빠	그런 이유 때문에 금천교에는 사악한 기운이 넘어오지 못하도록 여기저기에 상상 속의 동물을 세워놓거나 도깨비 얼굴을 새겨 놓지. 이곳 영제교에도 두 종류의 상서로운 동물인 서수瑞獸를 만들어 놓았어.
호 림	이 돌다리 이름은 금천교라고 했잖아요? 왜 갑자기 영제교永濟橋라고 하는 거죠?

문화재에서 보통명사와 고유명사 구별하기

|아 빠| 금천교라고 하는 것은 보통명사야. 사악한 것을 막은 다리란 뜻이고, 이런 기능을 하는 다리는 모두 금천교라고 부르지. 왕릉에도 있어. 그런데 경복궁에 있는 이 금천교는 특별히 자기 고유의 이름이 있어. 그것이 바로 영제교야. 길 영, 건널 제 자를 써서, 영원히 명당 지역으로

건너가는 다리라는 뜻이지. 창경궁에 있는 금천교도 옥천교玉泉橋라는 자기 고유의 이름이 있어.

엄 마　이런 경우는 마치 남대문과 숭례문의 경우와도 같아. 남대문은 남쪽에 있는 큰 문이라서 어디든 남대문이 있을 수 있어. 개성에도 남대문이 있고, 평양에도 남대문이 있어. 그중에서도 서울에 있는 남대문의 고유한 이름은 숭례문이란 것이야.

아 름　그런데 영제교에 있는 저 서수는 무엇이에요? 해치 아닌가요?

상서로운 동물, 서수

아 빠　금천교뿐만 아니라 왕릉 등 귀중한 곳을 지키는 저런 동물을 보통 상서로운 동물이라는 뜻의 서수라고 해. 대부분 상상 속의 동물들이야. 그런데 서수를 잘 모르는 사람들은 대부분 서수를 보고 그냥 해치라고들 하는데 그것은 잘못된 거야. 해치는 서수의 한 종류일 뿐이야. 서수의 종류는 용, 기린, 천마, 세호, 천록 등 매우 다양해.

엄 마　영제교의 서수는 자세히 보면 종류도 두 가지이면서, 또한 서로가 지키는 방향도 다르다는 것은 알 수 있겠니?

아 름　그래요. 영제교의 난간 끝에 있는 서수는 하늘을 올려다보고 있고, 돌로 다듬은 물길의 가장자리에 올라타고 있는 서수는 물을 내려다보고 있어요.

아 빠　그렇지! 하늘을 올려다보는 것은 위에서 내려오는 사악한 것들을 막는 것이고, 물을 내려다보고 있는 것은 물길을 타고 들어오는 것들을 막는 것이야.

하늘을 올려다보는 천록

엄 마   특히, 물을 내려다보고 있는 저 서수를 천록이라고 한단다. 그런데 네 마리 중 10시 방향에 있는 한 마리는 혀를 내밀고 있어. 마치 메롱! 하는 것 같지? 우리 조상은 이런 재미를 문화재 곳곳에 숨겨 놓는 재주를 가졌단다.

물을 내려다보는 천록

혀를 내밀고 있는 천록

아 름   아빠, 그런데 오른쪽에 있는 천록은 등에 깨진 흔적이 있어요. 도대체 누가 저랬을까요?

호 림   안 봐도 뻔해. 일제강점기에 일본인들이 한 짓일 거야.

등이 깨진 흔적이 있는 천록

아 빠   호림아, 아무런 근거 없이 그런 말을 하면 안 되는 거야. 물론 일제강점기에 일본인들이 우리 문화재를 수없이 훼손한 것은 맞지만 그렇다고 무조건 일본인들 탓을 하면 안 되는 거야. 그런 말을 하려면 확실한 근거가 있어야 해.

엄 마   예를 들어, 돌부처 중에서 목이 없는 것들은 일본인들의 짓이 아니라, 대부분 조선 시대에 불교를 억압하던 유생들의 짓이란다.

아 빠   너희, 북학파의 한 사람으로 유명한 영·정조 때의 선비 유득공을 아니? 그 사람의 아들이 남긴 경복궁유관기라는 기록을 보면, 영제교의 동쪽에 천록 두 마리가 있고, 서쪽에 한 마리가 있다. 남별궁 뒤뜰에 등에 구멍이 파인 천록이 있는데 이와 똑같이 닮았다라고 되어 있어.

아 름   그럼 저 천록이 남별궁의 뒤뜰에 있던 천록이군요. 그렇지만 서쪽에 한 마리가 있다고 했으니 남별궁 뒤뜰의 것을 가져왔다면 당연히 서쪽에 가져다 놨어야 하잖아요? 그런데 지금 저 천록은 동쪽에 있어요.

아 빠   만약 기록이 정확하고 저 천록이 남별궁의 천록이라면, 복원을 잘못한 셈이지.

호 림   거기서 거긴데, 자리가 잠시 바뀌면 어때요? 사악한 기운만 잘 지키면 되지. 그럼, 위도 아니고 아래도 아닌, 땅에서 들어오는 사악한 것들은 누가 막나요?

아 빠   그거야 당연히 궁궐을 수비하는 군사들 아니겠니?

호 림   그렇구나! 너무도 당연한 것을 물어보았네. 쩝…

천록과 영제교

궐내각사

영제교 북쪽

아 름   아빠, 지금 영제교를 건너자마자 정면에도 큰 문이 있고, 왼편에는 큰 문이 있어요. 왜 이렇게 문이 많죠?

아 빠   그 문들은 영역을 구분하기 위한 문이야. 정면의 큰 문은 치조 영역으로 들어가는 문이고, 왼쪽의 큰 문은 외조 영역이지.

아 름   아, 아빠가 광화문광장에서 설명해 주셨던 삼문삼조 말씀이구나! 궁궐의 제1구역인 외조는 신하들의 집무 공간인 관청들이 모여 있는 구역이고, 궁궐의 제2구역인 치조는 왕과 신하들이 함께 정치하는 구역이라고 하셨어요. 마지막으로 제3구역인 연조는 왕과 왕실 가족들의 생활 공간입니다. 이 정도면 100점이죠?

아 빠   역시 아름이야! 치조로 들어가는 정면의 문은 근정문勤政門이고, 왼쪽의 문은 궁궐 안의 관청들이 모두 모여 있는 궐내각사 구역으로 들어가는 유화문維和門이야. 유 자는 어조사 유, 화 자는 조화로울 화인데, 예를 실천하는 데 있어서 조화로움이 가장 귀한 것이라는 의미이고 논어에서 나오는 글귀야. 근정문 주변에 있는 건물 지붕을 유심히 볼래?

조선고적도보에 실린 근정전 주변의 모습

조선의 법궁, 경복궁

한옥 지붕의 유형별 분류

호 림 건물의 지붕이 뭐 어때서요? 이상한 것은 없는데요?

아 름 저도 잘 모르겠어요.

엄 마 아! 알았다. 한옥 지붕이 종류별로 다 보여요. 앞의 흥례문은 우진각지붕이고, 옆의 유화문은 팔작지붕이고, 그 옆의 기별청과 행각들은 모두 맞배지붕이에요.

아 빠 그래, 맞았어. 이곳이 한옥의 지붕을 유형별로 볼 수 있는 참 좋은 장소야. 유화문 바로 옆의 조그만 저 건물인 기별청과 영제교 주변을 둘러싸고 있는 행각들은 모두 맞배지붕이야. 지붕 중에서도 가장 간단한 형태의 지붕이지. 그리고 광화문이나 흥례문처럼 맞배지붕의 옆면에도 지붕의 경사면을 만든 저런 지붕이 우진각지붕이야. 마지막으로, 유화문의 지붕처럼 생긴 저런 지붕이 한옥 기와지붕에서는 가장 많이 볼 수 있는 팔작지붕이고, 다른 지붕에 비해서 모양도 가장 화려해.

엄 마 여기에 없는 한옥 기와지붕은 무량각지붕과 모임지붕인데, 그것은 경복궁의 뒤쪽으로 가면 나온단다.

아 빠 유화문은 지붕선이 용마루의 양쪽 끝에서 직선으로 내려오다가 다시 옆으로 마치 새가 날개를 펼친 것처럼 뻗어 나가는 것이 마치 날아가는 것 같아.

아 름 그런데 유화문 뒤의 궐내각사는 뭐가 남아 있어요?

경복궁 전각의 지붕들 모습

경복궁 내의 궐내각사

아빠   일제강점기에 일본이 이 흥례문 일대에 조선총독부를 지으면서 궐내각사를 모조리 없애버렸기 때문에 지금은 문만 남아 있고 그 뒤는 아무것도 없어.

아름   오, 이런! 그렇다면 옛날 궐내각사에는 어떤 관청이 있었나요?

아빠   많은 관청들이 있었지만, 편의상 크게 업무를 몇 가지로 구분해 보자. 먼저, 첫째로 학문을 통해 국왕을 보좌하는 관청으로는 아래와 같은 것들이 있었는데 여기서 눈여겨 볼만한 것은 왕명을 출납하는 승정원이야.

- 승정원: 왕명을 받는 승지들이 근무
- 승문원: 중국에 대한 사대문서 및 왜·유구·여진과의 외교 문서를 담당
- 홍문관: 서적과 문서를 관리하고 왕의 자문을 맡음
- 예문관: 왕의 글을 관리
- 춘추관: 역사 기록을 맡음
- 교서관: 경서의 인쇄나 국가 제사의 향·축문 및 각종 인장의 전각篆刻을 담당

엄마   그러면 승정원은 지금의 청와대 비서실과 비슷한가요?

6승지가 육조를 하나씩 전담

아빠   그렇지. 모두 6명의 승지가 있었는데 그중 우두머리를 도승지라고 해.

도는 1 또는 넘버 원, 즉 우두머리를 뜻하는 말이야. 너희가 좋아하는 윷놀이에서 도개걸윷모의 처음이 도, 뿔이 하나인 괴물을 도깨비라 하고, 담배 중에 딱 하나가 남은 것을 돗대라고들 하지. 목수인 편수들의 우두머리를 도편수, 당상관 이상 관직 중 제조들의 우두머리를 도제조라고 해. 그런데 승정원의 승지가 왜 6명인지 알겠니? 힌트를 주자면 조선의 관청 중에서 6이란 숫자가 들어간 관청과 관계가 있어.

아 름 6이요? 제가 알고 있는 조선 관청 중에 6자가 들어간 것은 육조밖에 없는데… 6승지가 육조를 하나씩 맡아서 일을 처리했다는 건가요?

아 빠 그래 맞아! 육조 중에서도 가장 권한이 센 이조는 도승지가 담당했어. 아무튼, 승정원을 통하지 않고서는 아무도 임금을 만나지 못했지. 그만큼 승정원의 위상은 대단했어. 다음으로는 왕과 왕실의 생활을 보필하는 업무를 맡은 관청들인데 아래와 같아.

- 내반원: 내시들이 근무
- 상서원: 왕의 옥새를 관리하고 관리들에게 마패를 지급
- 내의원: 건강을 맡음
- 사옹원: 음식 재료를 관리
- 사도시: 궁중의 곡식과 장醬 등의 관리
- 상의원: 의복을 관리
- 배설방: 차일遮日, 휘장 따위를 치는 일을 맡음
- 전설사: 장막 따위를 치는 일을 맡음
- 전연사: 궁궐의 수리와 청소
- 내사복시: 임금이 타는 수레와 말·마구·목축에 대한 일

호 림 내사복시라는 관청이 있었으면, 외사복시도 있었겠네요?

임금님의 전용 주차장 관리 업무는 내사복시에서

아 빠 그렇지. 아무래도 이동 수단인 말을 관리하려면 마구간도 있어야 하고, 여러 가지 일들로 공간이 많이 필요했을 거야. 그래서 주된 관청은 궐외각사로 궁궐 밖에 있었지만, 필요시에는 신속하게 수레와 말을 이용할 수 있도록 궁궐 안에도 소규모의 관청을 만들어 둔 것이야. 동궐도를 보면 창경궁 지역의 오른쪽 맨 아래쪽에 내사복시에서 관장했던 마구간들이 보여.

아 름 위의 관청들 중에서 지금도 관련된 유물이 남아 있는 관청이 있나요?

아 빠 배설방이나 전설사 같은 관청은 국가적인 큰 행사에 대형 천막 등을 치는 업무를 담당했어. 조선의 여러 의궤를 찾아보면 대형 천막을 친 상태에서 각종 행사를 치르는 그림들이 많이 남아 있거든. 게다가 근정전의 조정 뜰에는 쇠로 만든 고리가 여기저기에 땅에 고정되어 있는데, 그 고리들은 행사용 대형 천막을 쳤을 때 천막을 고정하는 데 쓰이던 고리야. 또 근정전의 창방에도 같은 용도의 고리가 많이 걸려 있지.

아 름 근정전의 뜰에 있는 쇠고리가 그런 용도였어요? 난 처음 알았네!

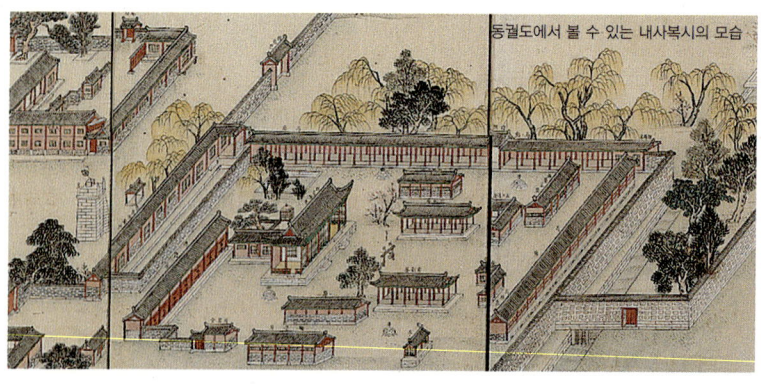

조선의 법궁, 경복궁

호 림   배설방이나 전설사나 모두 설 자가 들어간 것으로 봐서는 그것이 뭐든 설치하는 일이 주된 업무였기 때문일 거야. 내 말이 맞죠, 아빠?

아 빠   호림이가 좋은 것을 찾아냈구나. 잘했다. 그다음으로는 천문과 시각을 관측했던 관청들이 있었어.

- 흠경각: 보루각報漏閣과 함께 당시 시간을 정밀하게 관측
- 보루원: 물시계를 설치해 시간을 알려주던 보루각 담당
- 관상감: 천문지리학, 역수曆數, 책력, 측후測候, 각루刻漏 등의 사무 담당

호 림   조선과 같은 옛날 시절에도 해시계 말고도 물시계도 있었어요?

15분 틀린 것 때문에 곤장을 맞았다

아 빠   그럼. 조선은 시계 왕국이라는 말이 나올 정도로 시계가 많았어. 그리고 시간의 정확도는 놀랄 만큼 높았어. 재미있는 이야기를 해 줄게. 세종 대왕 때의 일이야. 조선에서는 일식이나 월식과 같은 천문 현상이 발생하면, 나라에서는 하늘에 변고가 일어난 것으로 간주해서 항상 제사를 지내왔거든. 그런데 월식이 일어나는 시각을 예측했던 관리가 계산을 잘못해서 제사를 지낼 시각과 실제 월식이 발생한 시각 사이에 약 15분의 차이가 났어. 이 일 때문에 그 관리는 곤장을 맞았다는 기록이 세종실록에 남아 있을 정도야.

호 림   겨우 15분 틀린 것으로 곤장을? 너무 했다.

아 름   해시계는 해가 있을 때는 시간을 알 수가 있었겠지만, 물시계는 궁궐 밖에는 없잖아요? 그러면 흐린 날이나 또는 밤에는 일반 백성은 시간을 어떻게 알 수 있었나요?

아빠   흠경각과 보루각에 설치되어 있던 물시계 등의 정밀한 여러 시계에는 자동 시보 장치가 있었어. 조선왕조실록을 찾아보면, 자동 시보 장치의 나무 인형이 매시간마다 쇠로 된 북을 치면 궁궐의 각 문에 있는 사람들이 그 시간에 맞춰 북을 쳤고 특히 광화문에 있는 대종고라는 큰 북이 울리면, 그 소리를 듣고 보신각의 종을 쳤다고 해. 따라서 일반 백성은 궁궐의 문에 있는 북소리를 듣거나, 보신각의 종소리를 듣고 시간을 알 수 있었어. 그런데 아쉽게도 흠경각과 보루각에 있던 그 훌륭한 시계들은 지금은 전해지지 않고 있어. 너무 안타깝지?

아름   정말 조선이라는 나라는 대단한 나라였던 것 같아요.

아빠   마지막으로 궁궐 경비 업무를 담당하던 관청으로 오위도총부五衛都總府라는 관청이 있었는데, 조선의 중앙군인 오위를 지휘 감독한 최고의 군

뱀의 발   조선의 군대는 크게 중앙군과 지방군으로 나눌 수 있다.

먼저 중앙군에 대해서 알아보면, 5위는 조선 전기의 중앙군으로, 중위中衛, 좌위左衛, 우위右衛, 전위前衛, 후위後衛를 말한다. 그리고 이를 총괄하는 것이 오위도총부이다. 그러나 조선 전기의 군사 조직이 임진왜란을 겪으면서 그 무력함이 드러나자, 5군영으로 개편되었다.

5군영五軍營은 선조 때에 설치한 훈련도감訓鍊都監이 처음인데, 총을 쏘는 포수, 활을 쏘는 사수, 창,칼을 쓰는 살수의 삼수병三手兵으로 편제하였다. 한편, 인조 때에는 경기도 일대의 방위를 위하여 총융청摠戎廳을 설치하고, 남한산성의 수비를 위하여 수어청守禦廳을, 그리고 이괄의 난을 계기로 어영청御營廳을 설치했다. 그리고 숙종 때에는 수도 방위를 위해 금위영禁衛營을 설치함으로써 5군영이 완성되어 초기의 5위 체제를 대신하였다.

한편, 조선 초기의 지방군 편제는 지역방어 개념의 진관 체제였다. 즉, 각 도에는 거점으로서 중심 역할을 하는 몇 개의 거진을 두고, 부근에 있는 고을을 제진諸鎭으로 편성한 뒤, 그 수령을 지휘하는 체제였다. 또한, 지방에는 병마절도사의 지휘를 받는 병영兵營과, 수군절도사의 지휘를 받는 수영水營을 설치하고, 그 아래에도 여러 진영이 딸려 있었다.

그러나 시간이 지남에 따라 군정 문란 및 군역 기피로 진관 체제가 무너지자, 이를 대체하기 위해 16세기 중엽 이후에는 유사시 수령들이 군사를 이끌고 지정된 방위지역으로 간 뒤, 중앙에서 파견된 장수나 각 도의 병마절도사, 수군절도사를 기다려 총 지휘를 받는 제승방략 체제가 등장했다. 초기 진관 체제의 지역방어 개념이 아닌, 중앙집중식 방어 개념으로 바뀐 것이다. 그러나 제승방략 체제는 대규모의 침공을 받은 임진왜란을 거치면서 완전히 무너지게 되었다.

임진왜란 이후 지방군은 양반으로부터 노비에 이르는 모든 장정을 속오군으로 편제했으나 양반과 평민계층이 이를 꺼림으로써 구성원이 천민 위주로 되었다. 따라서 지방군은 존재 자체가 유명무실해졌고, 조선 후기에는 홍경래의 난과 같은 민란이 발생했을 때도 지방군을 동원할 수 없어서, 의병을 모집하거나 중앙군을 현지에 파견해야 했다.

조선의 법궁, 경복궁

령 기관이었어.

아 름 아빠, 육조 중에서 병조가 군사적으로는 최고기관 아닌가요?

아 빠 병조는 군사적인 업무 중에서 정치적인 일을 맡아서 하고, 오위도총부는 군사적인 업무 중에서 군사 명령에 관련된 일을 해. 지금으로 말하자면 병조는 국방부가 되고, 오위도총부는 합동참모본부가 되는 것이지. 즉, 병조는 군사적인 정책을 담당하고, 오위도총부는 군인들에게 직접 군사 명령을 내리는 것이야.

호 림 그 많은 궐내각사 사람들이 유화문으로 다니려면 유화문이 항상 복잡했겠네요?

아 빠 아니야. 실제 유화문 밖의 궐내각사에서 일하는 사람들은 주로 경복궁의 서쪽문인 영추문으로 출입했어.

아 름 그런데 유화문 옆에 붙어 있는 저 조그만 건물은 뭐예요?

유화문

소식을 전해주는 기별청

아 빠   그 건물은 기별청이라는 곳이야. 혹시 기별이라는 말이 무슨 뜻인지 아니?

호 림   간에 기별도 안 갔다는 말할 때의 그 기별인가요?

기별청

아 빠   맞아. 기별(奇別)은 소식을 알린다는 뜻이야. 이 기별청은 왕명을 출납하는 기관인 승정원에서 매일 국정 운영에 관한 것을 아침마다 적어서 알리는 관보인 기별을 작성하던 곳이야.

아 름   아빠! 광화문에서 흥례문까지는 길이 하나였는데, 여기서부터는 사람이 다니는 길이 셋으로 구분되어 있어요. 그중에서 가운데 길은 양 옆의 길보다 조금 더 높게 만들어져 있는데 어떻게 다니라는 말인가요?

영제교에서 근정전으로 이어지는 길

정로正路의 통행 방법도 음양오행 원리로 알 수 있다

아 빠 이런 길을 흔히 삼도三道라고 하지만 그건 잘못된 일본식 표현이고 정로正路가 맞는 말이야. 길은 한자로 도道와 로路가 있는데 일본은 주로 도道를 써. 하지만 우리는 눈에 보이는 길은 로路를 쓰고 추상적인 길만 도道를 써. 즉, 종로 을지로 퇴계로 태평로 등은 눈에 보이는 길이고, 왕도王道 정치, 정도正道를 걷다 등은 추상적인 길이지. 따라서 가운데 길은 임금님 전용의 어로御路야.

호 림 그러면 나머지 양쪽 길은 어떻게 통행했어요?

아 빠 정답부터 말하면 왼쪽의 서쪽 길은 무관들이 다니는 길이고, 오른쪽의 동쪽 길은 문관들이 다니는 길이야. 혹시 이유를 아는 사람?

엄 마 쉽게 생각하면 조정 대신들이 품계석에 따라 줄지어 서는 것과 같다고 보면 돼. 정로는 궁궐 안의 아무 곳에나 있는 길이 아니라, 궁궐의 정문으로부터 임금님이 계시는 정전까지 가는 상징적인 길이야. 지난번 아빠가 품계석을 설명할 때, 양반은 문반과 무반을 합쳐서 부르는 말이고, 문관은 동쪽에, 무관은 서쪽에 품계석을 따라서 줄지어 선다고 했지? 북쪽에 계신 임금님을 바라보는 우리가 기준이 되면, 동쪽인 오른쪽에 문관들이 서고, 서쪽인 왼쪽에 무관들이 서겠지? 따라서 정로 중에서 오른쪽 길은 문관들의 길이고, 왼쪽 길은 무관들의 길이 되는 것이야.

아 빠 완벽해!

근정문 _보물 제812호_
및 행각

→ 근정문 앞

근정문

- 아 름   아빠, 근정문勤政門은 다른 궁궐의 문과는 무엇인가 다른 점이 있는 것 같아요.
- 아 빠   물론이지. 그 무엇인가를 찾아보는 과정이 우리 문화재를 제대로 알아가는 과정이야. 참고로 근정문은 문에 딸린 행각을 포함해서 국가지정문화재 보물 제812호야.
- 아 름   와! 경복궁에 와서 처음으로 만나는 보물이군요. 일단 제가 뜻을 알아맞혀 볼게요. 한자의 뜻을 알려주세요.

엄 마   부지런할 근, 정사 정, 문 문!

아 름   정치를 부지런히 하라는 뜻의 문이군요. 이건 쉽네요.

근정문의 고건축적 정리

아 빠   잘했다. 어떤 목조건축물이든 처음 대할 때는 고건축적으로 요점을 정리하는 것이 중요해. 그리고 습관처럼 몸에 배도록 해야 해. 그럼 근정문과 옆의 행각을 본보기로 삼아서 고건축적으로 요점을 정리해 볼까? 여보, 당신이 멋진 시범을 한번 보여줘.

엄 마   음, 근정문은… 건물의 칸 수는 정면 3칸, 측면 2칸이고 처마는 겹처마에… 그리고 지붕은 중층의 우진각지붕이에요. 공포는 다포식이고요. 지붕은 양성을 했네요.

아 름   제가 어려서인지는 모르겠지만, 고건축 설명은 매번 들어도 쉽지 않아요. 아빠가 계속해서 그리고 반복해서 쉽게 설명해 주세요.

아 빠   알겠다. 처음 들으면 잘 몰라도 자꾸 들으면 이해할 수 있어. 그리고 방금 했던 엄마의 요점 정리가 어때? 간단히 근정문에 대한 요약 설명이 되지? 누구든 고건축에 대한 기본적인 이해와 간단한 용어 정도만 안다면 엄마처럼 할 수 있는 거야. 이제, 아빠가 아름이의 부탁처럼 고건축적인 설명을 아주 쉽게 조금 더 해 줄게. 그런데 근정문보다는 바로 옆 행각의 건축 구조가 훨씬 간단해서 이해하기가 쉬우니깐, 옆의 행각으로 잠시 자리를 옮기자.

근정문 옆 행각 안쪽

아 빠   고건축에서 가장 중요한 부분은 뼈대 부분이야. 뼈대가 튼튼해야 건물이 튼튼한 법이거든. 그리고 목조 건축물의 뼈대가 되는 주요 부재에는 방향에 따라서 세로 부재가 있고, 가로 부재가 있어. 자, 이 행각을 잘 봐. 구조가 굉장히 간단하지? 세 줄의 기둥 위에는 각종 건축 부재들이 가로와 세로로 체계적이면서도 튼튼하게 잘 얽혀 있어. 그러면서 맨 위쪽에서 무거운 지붕을 지지하고 있는 수많은 서까래를 구조적으로 잘 받치고 있지.

아름　기둥은 당연히 세로 부재겠죠?

아빠　그렇지. 건축에서 가장 중요한 세로 부재가 기둥이야. 기둥이 없으면 건물이 있을 수 없지. 이 행각의 기둥은 잘 다듬은 주춧돌 위에 둥근 기둥을 썼어. 그런데 기둥만으로는 건물이 될 수 없잖아? 지붕이 있어야 하거든. 그래서 기둥 위에 지붕을 올려야 하는데, 만약 지붕이 평평하면 빗물이 지붕에 고이겠지? 그래서 빗물이 잘 흘러내리게 하려고 지붕에는 반드시 경사를 만들어야 해. 그러려면 당연히 건물의 한가운데를 가장 높게 만들고, 건물의 바깥쪽을 가장 낮게 만들어야겠지?

호림　아빠랑 캠핑 갔을 때도 텐트를 그렇게 만들었는데 그것도 같은 원리인가요?

지붕의 경사면을 만들어주는 도리

아빠　맞았어. 이렇게 지붕을 경사지게 하면서 동시에 지붕을 떠받치는 수평 부재를 도리라고 해. 생김새는 긴 통나무야. 따라서 목조 건물에는 지붕의 경사를 만들기 위해 높낮이가 다른 도리가 여러 개가 존재하는데, 그 위치에 따라서 구분해. 건물의 한가운데인 제일 높은 곳의 도리를 마루 종 자를 써서 종도리宗道里 또는 마루도리라 하고, 제일 낮은 곳인 기둥의 바로 위쪽에 있는 도리를 주심도리柱心道里라고 해. 기둥의 중심에 있는 도리라는 뜻이야. 처마를 지지하고 있다고 해서 처마도리라고도 해. 말로만 들어서는 잘 모르겠지? 자, 위의 천장을 잘 보렴. 제일 위쪽에 있는 긴 통나무가 보이니? 저것이 종도리야. 그리고 바깥 기둥의 중심선 위쪽에 있는 긴 통나무 보이지? 저것이 주심도리야.

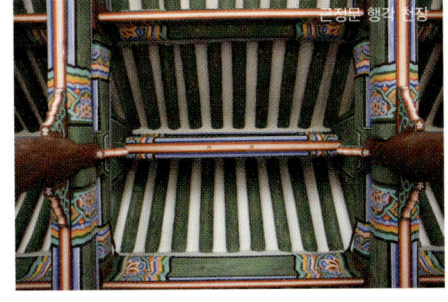
은성문 행각 천장

아 름 그럼, 주심도리하고 종도리 가운데에 있는 저 도리는 뭐라고 불러요?
아 빠 글자 그대로 가운데에 있으니깐 가운데 중 자를 써서 중도리中道里지.
아 름 이제 도리를 확실하게 이해했어요. 고건축 설명도 여러 번 듣고 보니 조금씩 쉬워지네! 그럼, 대들보는 뭐죠?

힘을 가장 많이 받는 대들보

아 빠 보는 건물의 앞과 뒤의 기둥을 연결하는 가로 부재인데, 도리와는 방향이 90도가 달라. 그리고 건물의 뼈대를 구성하는 가로 부재 중 가장 힘을 많이 받는 부재야. 그런 보 중에서 가장 큰 보를 대들보라고 해.
아 름 가장 힘을 많이 받는 부재라면 가장 크고 굵은 목재를 써야 하겠군요?
아 빠 그렇지, 저 위를 보면 앞 기둥과 가운데 기둥, 그리고 가운데 기둥과 뒷기둥을 연결하는 굵은 나무가 보이지? 저것이 대들보야. 어때? 도리와는 방향이 90도가 다르지?
엄 마 그렇다면, 대들보 위에 있는 작은 보가 종보인가요? 도리도 제일 높은 곳에 있는 것이 종도리였는데…

아 빠 　맞았어. 그리고 종보 위에서 종도리를 받치는 역할을 하는 사다리 꼴 모양의 것을 대공(臺工)이라고 해. 한편, 도리와 보를 한자로는 모두 량(樑)이라고 하는데, 건물의 규모를 말할 때의 기준이 되는 것이 기둥 위와 기둥의 안쪽에 있는 도리의 개수야. 예를 들면, 이 근정문 행각은 주심도리 2개, 중도리 2개, 종도리 1개이기 때문에 5량 집이 되는 거야. 도리가 많을수록 당연히 건물은 크겠지. 여기서 퀴즈 하나! 그렇다면, 가장 규모가 작은 집은 몇 량 집일까?

아 름 　음… 3량 집이요. 지붕이 만들어지려면 도리가 최소한 3개는 필요해요. 그래야 지붕의 경사가 만들어지죠.

아 빠 　아름이가 아빠가 설명한 고건축 내용을 완벽하게 이해했구나. 이 정도면 근정문과 행각에 대한 고건축적인 내용은 거의 정리가 다 된 셈이야. 이제는 근정문이 어떤 용도의 문이었는지를 한번 알아볼까?

각 궁궐의 법전 정문 비교

아 름 　근정문은 경복궁 법전인 근정전의 정문입니다.

아 빠 　딩동댕! 그런데 궁궐 법전의 정문은 다른 궁궐들도 있으니깐 당연히 비교해 봐야겠지? 얘들아, 이 표를 봐.

명 칭	정문 / 지붕 / 층수	중문 / 지붕 / 층수	정문 / 지붕 / 층수	법전 / 지붕 / 층수
경복궁	광화문 / 우진각 / 2	홍례문 / 우진각 / 2	근정문 / 우진각 / 2	근정전 / 팔작 / 2
창덕궁	돈화문 / 우진각 / 2	진선문 / 팔작 / 1	인정문 / 팔작 / 1	인정전 / 팔작 / 2
창경궁	홍화문 / 우진각 / 2	없음	명정문 / 팔작 / 1	명정전 / 팔작 / 1
경희궁	흥화문 / 우진각 / 1	미복원	숭정문 / 팔작 / 1	숭정전 / 팔작 / 1
덕수궁	대한문 / 우진각 / 1	미복원	중화문 / 팔작 / 1	중화전 / 팔작 / 1

아 름   표를 보니깐, 역시 경복궁과 창덕궁이 조선의 2대 법궁이었다는 것이 한눈에 보여요! 일단, 두 궁궐만 법전이 2층으로 되어 있잖아요!

엄 마   게다가 창덕궁보다는 경복궁이 훨씬 격이 높다는 것을 궁궐의 정문뿐만 아니라 법전까지 거쳐야 하는 두 개의 궁궐 문에서도 확인되지. 경복궁은 3개의 문이 지붕의 모양이나 층수에 변함이 없는데, 창덕궁은 중문인 진선문부터 층수가 1층으로 줄어들고 지붕 모양도 팔작지붕으로 바뀌거든.

아 빠   역시 비교해 보니깐 좀 더 확실하게 이해가 되지?

호 림   그래도 다른 아이들과 저희를 절대 비교하지는 마세요! 교육적으로 좋지 않아요!

아 빠   하하하, 당연하지. 이번에는 근정문만이 가지고 있는 또 다른 특징을 알아보자.

근정문만이 가지는 특징

아 름   근정문은 출입하는 칸 수가 3칸인데 양쪽 벽에도 별도의 출입문을 2개 더 만들었어요. 왜 그랬죠?

아 빠   응, 근정문은 국가의 큰 행사에만 이용하는 문이었어. 따라서 임금님이 사용하지 않는 평소에는 문을 닫아두었지. 그 대신 관리들이 궁에 출입할 때는 좌우에 있는 별도의 출입문인 일화문日華門과 월화문月華門을 이용했어. 자, 여기서 돌발 퀴즈 하나를 내지! 일화문과 월화문에도 통행 방법이 있는데 그것이 무엇이었을까?

아 름   이 문제는 쉬워요. 왜냐하면, 조금 전 아빠가 설명한 궁궐의 정로와 마찬가지거든요. 음양론에 따라서 일화문은 양의 성질이므로 동쪽이고, 월화문은 음의 성질이므로 서쪽이죠. 따라서 문관들은 동쪽의 일화문을, 그리고 무관들은 서쪽의 월화문으로 통행했을 거예요. 그래야 궁궐의 정로와도 통행 방법이 일치하잖아요! 안 봐도 비디오네!

엄 마   와! 정확하게 맞혔구나. 게다가 정로와의 통행 방법까지 일치시키는 응용력까지! 대단한걸?

아 름   그런데 근정문에서 국가의 큰 행사를 치렀다고요? 여기는 그냥 문이잖아요? 행사는 법전인 근정전에서 치러야 하는 것이 아닌가요?

아 빠   물론 근정전에서도 국가의 큰 행사를 많이 치렀지. 하지만 근정문에서 치르는 국가의 큰 행사도 있는데 그것은 바로 왕의 즉위식이야.

호 림   예? 왕의 즉위식과 같은 엄청나게 중요한 행사를 근정전이 아닌 근정문에서 치른다고요?

왕의 즉위식을 근정전이 아닌 근정문에서 하는 이유

아 빠   응, 왜 그런지를 아빠가 설명해 줄게. 우선, 근정전이라고 하는 건물은 경복궁 내의 모든 건물에서 가장 으뜸이 되는 건물이야. 따라서 이 건물에는 임금님만이 주인이 될 수 있고 그 이외에는 누구도 주인이 될 수 없어. 심지어 왕세자라 해도 말이야.

아 름   그래도 왕의 즉위식이라면 왕세자가 왕이 되는 것인데 왜 근정전에서 행사를 못 하죠?

아 빠   만약 근정전에서 즉위식을 한다고 가정해 보자. 그러면 즉위식이 끝나기 전까지는 왕세자는 아직 왕이 아니지?

호 림   그야 그렇죠.

아 빠   바로 그 이유 때문이야. 물론 조금만 더 기다리면 곧 새로운 왕이 되기는 하지만, 그래도 왕세자의 신분으로는 잠시라도 근정전의 주인이 될 수는 없다는 이야기야. 따라서 왕세자는 근정문에서 즉위식을 거행하고 정식으로 새로운 왕이 된 다음, 모든 신하를 거느리고 근정전으로 들어가는 거야. 거기서 모든 신하의 축하를 받는 거지.

아 름 그런데 근정문 계단에 있는 이 한 쌍의 동물과 새 무늬는 뭐죠?

아 빠 이 한 쌍의 동물도 상서로운 동물인 서수야. 생김새로 봐서는 해치 같아. 광화문 앞에 있는 해치는 궁궐 전체를 지키는 역할을 하고, 근정문에 있는 해치는 근정전에 계시는 임금님을 집중적으로 지키는 역할을 한다고 볼 수 있지.

아 름 계단 한가운데 두 마리의 새가 그려진 이건 또 뭐죠?

임금님은 답도를 실제로 밟았을까?

아 빠 답도踏道라고 하는데, 밟을 답, 길 도, 즉 밟고 다니는 길이란 뜻이야. 그런데 실제로는 저길 밟을 수 있는 사람은 아무도 없어. 왜냐하면, 어로의 중앙에 있기 때문에 임금님만 밟을 수 있거든. 그렇다고 임금님이 실제로 답도를 밟을 수 있느냐? 그것도 아니야.

근정문 답도

호 림   왜 임금님도 답도를 못 밟죠?

아 빠   그건, 임금님이 항상 가마를 타고 다니기 때문이지. 따라서 임금님은 답도 위를 가마를 탄 채로 지나가게 되는 셈이야.

아 름   근정문의 지붕 위에 올라가 있는 저 인형 같은 것은 뭐죠?

아 빠   응, 이름은 잡상雜像이라고 부르는데 장식기와이면서도 사악한 기운을 막는 서수와 같은 역할을 해. 다만, 저런 잡상은 궁궐, 관청, 성문, 왕릉 등 국가의 건축물에만 사용하는 것이고 민간이나 사찰, 서원에서는 사용하지 않아. 대부분 하얗게 양성하여 마감된 추녀마루 위에 올라가지. 그리고 잡상은 건물의 규모나 건물의 서열이 높을수록 숫자가 많아지는 경향이 있어.

아 름   잡상도 약간씩 모양이 다른데 각각 이름이 따로 있나요?

뱀의 발   가마는 주로 고관대작과 같은 상류 계층이 사용하였던 만큼, 가마를 타고 지나갈 때는 위세를 더하기 위하여 하인들이 목청을 높여 물렀거라! 누구누구 행차시다와 같이 소리를 지르기도 하였다. 궁궐에서는 결속색이라는 관청에서 그런 역할을 담당하였다.

길이 좁았던 옛날에는 일반 민간에서 가마를 매고 가다가 맞은 편에서 오는 낯선 가마와 맞닥뜨릴 때가 있었다. 이 때 자신의 위세를 내세우면서 길을 비키지 않고 서로 승강이를 벌이기도 했으며, 심지어 어떤 때는 가마끼리 맞대고 밀어붙이며 싸움을 벌이고는 했다고 한다. 민간에서는 이러한 관습이 발달하여 민속놀이 가운데 하나인 가마 싸움이 만들어졌는데, 추석이 되면 수십 명의 청년이 한 팀이 되어 가마를 앞세우고 상대편의 가마와 맞부딪쳐 먼저 많이 부순 팀이 이기는 놀이였다. 가마의 종류에는 다음과 같은 것들이 있다.

연輦	임금이 타는 가마로 좌우와 앞에 구슬을 달아 만든 주렴이 있다.
덩	공주나 옹주가 타는 가마.
사인교四人轎	판서와 같은 고위 관리가 타거나, 민간에서 혼례 때에 신부를 태우고 운반한 가마. 앞뒤에 각각 두 사람씩 모두 네 사람이 메었다.
삿갓가마, 초교草轎	상례 때에 쓰는 흰 휘장이 둘린 삿갓 모양의 가마
초헌軺軒	종 2품 이상의 벼슬아치가 탄 외바퀴 수레. 긴 줏대에 외바퀴가 달려 있고, 앉는 데는 의자와 비슷한데 위는 꾸미지 않았다.
남여籃輿	종 2품 이상의 관리가 타는 의자 모양의 가마
평교자平轎子	종 1품 이상 및 기로소耆老所의 당상관이 타던 가마

아 빠 그럼. 각각 이름이 있는데 앞에서부터 4개만 이야기해 주면 누구든 금방 알 수 있을 거야.

호 림 저걸 처음 보는 나도 알 수 있다고요?

잡상은 서유기의 등장인물

아 빠 그럼. 제일 앞에서부터 이름을 말하자면 대당사부大唐師傅, 손행자孫行者, 저팔계猪八戒, 사화상沙和尚….

아 름 아! 알았다. 중국 소설 서유기에 나오는 주인공들이에요. 손행자는 손오공, 사화상은 사오정 맞죠? 그런데 대당사부는 뭐지?

아 빠 대당사부는 큰 당나라의 스승이라는 뜻이니깐 삼장법사를 말하는 것일 거야. 이 잡상은 중국에도 있는데, 우리와는 등장인물과 순서가 약간 달라. 중국에서는 신선이 가장 먼저 나오고 손오공이 가장 뒤에 나오는데, 도교 사상 때문이야.

근정문 잡상

엄 마 아 참! 근정문은 그 주변의 행각을 포함해서 국가 문화재인 보물로 지정되었다고 했잖아요? 왜 근정문만이 아닌 그 주변의 행각까지 묶어서 보물로 지정되었을까요?

자금성 잡상

아 빠 그것은 근정문과 그 행각이 한 세트로 되어서 독특한 근정전 영역을 만들기 때문이야. 우리가 흔히 알고 있는 조정이 바로 이 근정전 영역의 넓은 마당이야. 그런데 근정전 행각을 잘 살펴보면 복도가 1칸이 아닌 2칸으로 되어 있어. 따라서 근정문의 누각이 2층인 것과 시각적으로 잘 어울리지.

근정전 행각은 임시로 설치하는 사무실이었다

아 름 이 행각의 용도는 무엇인가요?

아 빠 이 행각은 주로 통로로 이용되기도 했지만, 기둥과 기둥 사이에 간이 칸막이를 설치하여 공간을 만들어서 활용하기도 했어. 이것을 알 수 있는 증거는 몇몇 개의 기둥에서 파내었다가 다시 메운 흔적들이 여기저기서 발견되기 때문이야. 한번 찾아봐.

호 림 찾았어요. 그런 기둥들이 여기저기에 많아요. 그런데 행각 기둥의 아래쪽에 있는 주춧돌이 모양이 달라요. 가장 바깥쪽의 주춧돌은 둥근 모양인데 가운데의 주춧돌은 네모난 모양이에요. 왜 다를까요?

아 빠 호림이가 재미난 것을 찾았구나. 그 이유가 궁금하지? 처음 경복궁이 만들어졌을 때는 기둥이 두 줄로만 있었다고 해. 그럼 기둥 사이의 복도는 하나지? 그것을 복도 랑 자를 써서 단랑(單廊)이라고 해. 그런데 경

근정문 행랑으로 이동하는 병사들 · 천원지방이 반영된 행랑 주춧돌

복궁을 중건할 때는 기둥을 지금처럼 세 줄로 만들어서 기둥 사이의 복도가 2개가 된 거야. 그것을 복수 개의 복도라는 뜻에서 복랑複廊이라고 불러. 그렇게 복랑으로 꾸밀 때 아마도 기둥 밑의 주춧돌을 같은 모양이 아닌 다른 모양으로 만들었던 것 같아. 벽 쪽의 주춧돌은 네모나고 마당 쪽의 주춧돌은 둥글지? 이것을 천원지방天圓地方 사상을 반영했다고 해.

하늘은 둥글고 땅은 네모나다

아 름 천원지방이 뭐예요?

엄 마 하늘은 둥글고, 땅은 네모나다는 뜻이야.

호 림 옛날 사람들은 바보야. 땅은 지구고 지구는 둥근데, 왜 땅이 네모나다고 생각을 했지?

엄 마 호림아, 인류 역사상 지구가 둥근 것을 알게 된 것은 불과 얼마 전의 일이야. 갈릴레오도 지구가 둥글다고 했다가 종교 재판에서 죄인으로 몰리자, 자신의 주장을 일단 접은 후에 법정을 나오면서 그래도 지구는 돈다라고 중얼거렸던 유명한 이야기 알지? 옛날 사람들이 가진 상식으로는 지구가 네모나다고 믿을 수밖에는 없었던 거야.

아 빠 아무튼, 옛날에는 동양도 그렇고 서양도 그렇고 땅은 네모나다고 믿었어. 동서남북 네 방향이 있으니깐. 대신 하늘은 둥글다고 믿었지. 해가 움직이는 것을 보면 둥글게 보이거든. 그것을 한자로 천원지방이라고 해. 그래서 바깥쪽의 기둥은 하늘 쪽에 가까우니깐 둥글게, 안쪽의 기둥은 땅 쪽에 가깝다고 생각해서 네모나게 주춧돌을 쓴 것 같아.

아 름 천원지방이라는 원칙이 적용된 다른 사례도 알려주실 수 있어요?

아 빠 응, 주춧돌 중에는 땅과 접촉하는 아래쪽은 네모나게 만들었는데, 기둥이 올라가는 위쪽은 둥근 것도 있어.

아 름   그런 주춧돌 많이 봤어요.

아 빠   또한, 전통적인 우리나라의 조경 방법에서 연못을 만들 때는 네모나게 만들고 그 속에 둥근 섬을 하나 만들어. 이것도 천원지방 사상에 근거를 둔 것인데, 방지원도方池圓島라고 하지.

아 름   오늘 한자 많이 나오네요. 방지원도는 뭐예요?

엄 마   모날 방, 못 지, 둥글 원, 섬 도! 네모난 연못에 둥근 섬! 여보, 이왕 둥근 것과 네모난 이야기가 나왔으니 궁금해서 그런데요, 궁궐 건물의 기둥을 보면 대부분 둥글잖아요? 그런데 옛날 고택에 가 보면 기둥이 대부분 네모나요. 왜 그렇죠? 그것도 천원지방인가요?

둥근 기둥이 네모난 기둥보다 훨씬 격이 높다

아 빠   아, 매우 좋은 질문이야. 기둥에는 두 가지 종류의 기둥이 있어. 네모난 기둥과 둥근 기둥, 한자로 모날 방, 기둥 주, 방주方柱와 둥글 원, 기둥 주, 원주圓柱라고 해. 그렇다면 네모난 기둥인 방주와 둥근 기둥인 원주 사이에서 어느 기둥이 만들기가 쉽지?

아 름   원래 나무는 둥근 모양이니깐 둥근 기둥이 만들기 쉬운 것 아닌가요?

아 빠   아니야. 네모난 기둥이 훨씬 만들기 쉬워. 왜냐하면, 나무가 둥글다고 해도 모두 원처럼 정확히 둥글지는 않아. 그런데 지금 궁궐의 기둥들은 모두 정확하게 둥글지? 그럼 둥근 기둥을 어떻게 만드는지 알려 줄게. 요즘은 선반이라는 기계가 있어서 나무의 양쪽 끝에 기계를 물려 놓고 한 바퀴를 돌리면서 깎아내면 정확하게 원기둥이 만들어지지만, 옛날 사람들의 도구로는 어림도 없는 이야기지.

호 림   옛날에는 그저 도끼하고 대패만 있었겠죠?

아 빠 대체로 그럴 거야. 아무튼, 기둥을 만들 때는 제일 먼저 정사각형 기둥을 만드는 거야. 이게 사각기둥, 즉 방주야. 그런 다음 정사각형의 모난 부분을 잘라내서 정팔각형을 만드는 거야. 그런 다음 정팔각형의 모난 부분을 잘라내서 정16각형을 만드는 거야. 눈치챘어? 이런 식으로 정32각형 정도까지 만들면 어느 정도 원에 가까워지겠지? 그런 다음 바깥쪽을 약간만 손봐 주면 원기둥이 만들어지는 거야.

엄 마 그래서 원기둥은 만들기가 어렵고 굳이 만들려고 하면 돈이 많이 들어가겠군요. 물론 목수 인건비겠지만…

아 빠 따라서 원기둥은 고급 기둥, 네모기둥은 보통 기둥이라는 공식이 생겨났어. 같은 건물이라도 고급 기둥인 원기둥을 쓰면 고급 건물이 되고, 네모기둥을 쓰면 격이 떨어지는 건물이 되는 것이야. 만약 같이 붙어 있는 두 개의 건물에 하나는 둥근 원주를, 다른 하나는 네모난 방주를 썼다면, 그것은 의도적으로 건물의 격을 달리하려고 한 증거지. 창경궁에 가면 그것을 찾을 수 있어.

아 름 아, 아빠가 창경궁이 다른 궁궐에 비해 격이 떨어지는 증거가 몇 개 더 있다고 했는데 바로 이것도 그런 증거 중의 하나죠?

아 빠 숙제로 내 줄 것인데 내가 벌써 말해 버렸군. 아무튼, 그래서 민가에서는 굳이 돈 들여가며 원기둥을 쓸 일이 없어서 네모기둥인 방주를 썼고, 궁궐에서는 왕실의 권위와 위엄을 나타내기 위해서 원기둥을 많이 썼어.

윤증 고택의 사각 기둥

근정전 _ 국보 제223호

🔵 근정전 마당

근정전

아 름   아빠, 이곳에 있는 품계석은 모두 24개예요. 문관과 무관이 반씩 나뉘었어도 12개씩이잖아요. 조선에는 품계가 1품부터 9품까지 9개로 나뉘어 있다고 알고 있는데, 왜 품계석과 숫자가 안 맞죠?

품계석 숫자와 품계의 수가 왜 차이가 날까

아 빠   품계品階가 뭔지는 아니?

호 림   계급이잖아요?

아 빠   그래, 품계는 옛날 관리들에게 붙인 관청에서의 계급이야. 아름이의 말대로 조선의 품계는 1품부터 9품까지 있는 것이 맞아. 그런데 글자를 자세히 봐. 품계는 두 글자지? 즉, 품이 있고 계도 있다는 말이야. 조선 시대에는 각 품을 정正, 종從 두 개로 나누어, 정 1품에서 종 9품까지 만들었어. 이렇게 되면 모두 몇 개의 등급이 생기지?

근정전 품계석

아 름   (9개의 품)×(정과 종 2) = 18개의 등급이요. 그래도 품계석 숫자하고는 안 맞아요.

아 빠   이게 끝이 아니야. 조금 전에 품계에는 품도 있고 계도 있다고 했지? 이 중에서 정 1품부터 종 6품 이상의 정, 종은 각각 상, 하 2계로 나누었어. 예를 들면 정 1품 상계, 정 1품 하계, 종 1품 상계, 종 1품 하계, 정 2품 상계, 정 2품 하계… 이런 식이야. 이렇게 되면 모두 몇 개의 등급이 생기지?

아 름   에고, 좀 복잡하네요. 우선 6품까지는 정, 종에다가 상, 하 네 개의 등급이 있으니깐, 6×4 = 24. 7품에서 9품까지는 정, 종만 있으니깐, 3×2 = 6. 이제 모두를 합치면, 24 + 6 = 30. 총 30개 등급이 생겨요.

아 빠   맞았어. 조선 관직에서 총 30개의 등급이 있었어. 사실 품계석을 제대로 만들려면 동쪽과 서쪽에 각각 30개씩 총 60개의 품계석을 세워야 하는데 조정이 그렇게 넓지 못하잖니? 그래서 적절히 줄인 것이야.

아 름   그럼 무슨 원칙으로 줄였나요?

아 빠   일단 품계에서 계는 표시하지 않았어. 그리고 정 3품까지는 정, 종에

아 름   따라서 품계석을 만들었지.

아 름   아빠 말대로 정 1품, 종 1품, 정 2품, 종 2품, 정 3품, 종 3품 이렇게 6개의 품계석이 있어요.

아 빠   그다음 4품부터 9품까지는 정, 종 구분 없이 하나씩 만들었어.

아 름   맞아요. 그렇게 되면 한쪽에 12개씩 모두 24개의 품계석이 돼요. 그렇지만 왜 굳이 24개죠?

굳이 24개의 품계석을 세운 이유

아 빠   내 생각은 이래. 조선은 농경 사회였잖니? 그래서 농사가 가장 중요한 일이었어. 오죽하면 도성에 궁궐을 짓기 전에 종묘와 사직단을 먼저 만들었겠니? 사직단은 땅의 신과 곡식의 신을 모신 곳이잖아? 그만큼 농사가 중요했다는 증거야. 따라서 풍년이 되기 위해서는 농사짓는 시기와 관계 있는 24절기를 잘 알아야 해. 그래서 24개의 품계석을 배치한 것 같아.

호 림   그건 아빠 생각일 뿐이잖아요?

아 빠   내가 그렇게 생각하는 것은 나름대로 다 이유가 있어. 품계석을 왜 24개로 세웠는지에 대한 직접적인 기록은 없지만, 고종 시대에 정학순이라는 사람이 쓴 경회루서라는 책에는 경복궁의 경회루를 설계했을 당시의 사상을 자세히 읽을 수 있어. 거기에는 태극, 주역의 원리를 이용한 동양의 우주관이 다 들어가 있는데, 그 때문에 경회루 둘레의 바깥 기둥도 24절기를 의미하는 24개로 만들었다고 되어 있어. 우리 궁궐의 모든 건축물은 이런 동양적인 생각을 하고서 만들기 때문에 쉽게 추측할 수 있지.

아 름   그런데 저기 정 2품 품계석과 종 2품 품계석 사이에 쇠고리가 있어요.

근정전 마당 쇠고리의 용도

근정전 마당에 박혀 있는 쇠고리

호 림 거기에만 있는 것이 아니야. 그 옆에도 있어. 반대편 저쪽에도 있네? 그런데 저 쇠고리의 용도는 대체 뭐죠?

아 빠 내가 궐내각사에 대해 설명할 때, 말해 줬는데 기억이 안 나는 모양이구나? 근정전은 국조오례의라고 하는 나라에서 정한 다섯 가지 예법에 따라서 국가 차원에 치러지는 대부분 최고격식의 의식이나 행사가 열렸던 장소야. 지금도 야외에서 진행하는 행사를 위해서는 큰 천막을 치지?

호 림 예, 학교 운동회 때 큰 천막을 많이 쳐요.

아 빠 옛날에도 마찬가지였어. 야외 행사를 위해서는 큰 천막을 많이 쳤지. 조선 시대의 각종 의궤에 나오는 그림을 보면 정전 앞에서 치르는 행사는 꼭 천막을 치고 있어. 저 쇠고리의 용도는 천막을 고정했던 것이야. 아 참, 천막을 치는 업무를 담당하는 궐내각사도 있었는데 혹시 기억하니?

호 림 아빠 설명을 들으니 이제 어렴풋이 생각이 나요. 설치한다는 뜻의 설 자가 들어간 관청이었는데…

아 름 잠깐만요. 수첩 좀 찾아보고요. 음… 찾았다. 전설사와 배설방입니다.

아 빠 잘 찾았어. 정답이야. 그런데 저 쇠고리의 위치가 참으로 묘하구나. 다른 곳도 아닌 정 2품 품계석과 종 2품 품계석 사이라니…

아 름 왜요? 그게 무슨 문제가 되나요?

아 빠   관리들에게 부르는 존칭이 저곳에서부터 달라지기 때문이야. 정 1품 부터 정 2품까지는 대감이라고 부르지. 영상대감! 병판대감! 하는 것처럼 말이야. 종 2품부터 정 3품 당상관까지는 영감이라고 불러. 예를 들면 도승지 영감이라고 부르지. 당하관은 모두 나으리라고 불렀어.

호 림   영감, 대감… 감은 감인데, 못 먹는 감이군요. 썰렁한가?

아 름   오빠! 엉뚱한 소리 좀 그만해! 영감보다는 대감이 높은 분이군요. 대감보다 높은 감도 있나요?

엄 마   그럼 있지. 바로 상감이야.

뱀의 발   **품계표와 행수법行守法**

흔히들 관직의 품계를 말할 때 품계석에 나오는 숫자를 그냥 붙이는 것으로 알고 있다. 그러나 관직의 정식 명칭에는 숫자가 들어가지 않는다. 품계에 해당하는 명칭이 따로 있기 때문이다. 또한, 관직의 정식 명칭은 계사직階司職이라 하여 품계를 먼저 말하고, 소속 관청을 말한 뒤, 직위를 말한다.

영의정을 예로 들어 보자. 영의정의 정식 명칭은 대광보국숭록대부의정부영의정이다. 여기서 대광보국숭록대부는 정 1품의 상계의 품계를 말하며, 의정부는 소속 관청을 말한다. 마지막에 나오는 영의정이 직책인 셈이다. 아래의 표는 조선의 관직 도표 중 일부이다. 정 3품의 상계인 통정대부까지가 당상관이다. (같은 정 3품이라도 하계인 통훈대부는 당상관이 아니다.) 종 6품 이상은 참상관이며, 그 아래는 참하관이다.

그리고 모든 관직에는 그에 따르는 품계가 일정하게 정해져 있으나, 경우에 따라서 어떤 관직에는 그 관직 자체의 품계보다 더 높은 품계의 관원을 임명할 수도 있고, 또는 반대로 더 낮은 품계의 관원을 임명할 수도 있다. 그중에서 품계가 높은 사람을 낮은 관직에 임용하는 경우를 행行이라 하고, 반대로 품계가 낮은 사람을 높은 관직에 임용하는 경우를 수守라 한다. 예를 들어 정 2품의 자헌대부가 종 2품의 관직인 대사헌에 임용되면, 자헌대부 행사헌부대사헌이라 하고, 반대로 종 2품의 가정대부가 정 2품 관직인 호조판서에 임용되면 가정대부 수호조판서라 하였다.

품계		봉작		외명부
		문산계	무산계	
정	1품	대광보국숭록대부大匡輔國崇祿大夫		정경부인貞敬夫人
		보국숭록대부輔國崇祿大夫		
종		숭록대부崇祿大夫		
		숭정대부崇政大夫		
정	2품	정헌대부正憲大夫		정부인貞夫人
		자헌대부資憲大夫		
종		가정대부嘉靖大夫 / 가의대부嘉義大夫		
		가선대부嘉善大夫		
정	3품	통정대부通政大夫	절충장군折衝將軍	숙부인淑夫人
		통훈대부通訓大夫	어모장군禦侮將軍	
종		중직대부中直大夫	건공장군建功將軍	숙인淑人
		중훈대부中訓大夫	보공장군保功將軍	
정	4품	봉정대부奉正大夫	진위장군振威將軍	영인令人
		봉렬대부奉列大夫	소위장군昭威將軍	
종		조산대부朝散大夫	정략장군定略將軍	
		조봉대부朝奉大夫	선략장군宣略將軍	
정	5품	통덕랑通德郎	과의교위果毅校尉	공인恭人
		통선랑通善郎	충의교위忠毅校尉	
종		봉직랑奉直郎	현신교위顯信校尉	
		봉훈랑奉訓郎	창신교위彰信校尉	
정	6품	승의랑承議郎	돈용교위敦勇校尉	의인宜人
		승훈랑承訓郎	진용교위進勇校尉	
종		선교랑宣敎郎	여절교위勵節校尉	
		선무랑宣務郎	병절교위秉節校尉	
정	7품	무공랑務功郎	적순부위迪順副尉	안인安人
종		계공랑啓功郎	분순부위奮順副尉	
정	8품	통사랑通仕郎	승의부위承義副尉	단인端人
종		승사랑承仕郎	수의부위修義副尉	
정	9품	종사랑從仕郎	효력부위效力副尉	유인儒人
종		장사랑將仕郎	전력부위展力副尉	

박석이 주는 자연미와 근정전 마당의 조화로움

호 림   그건 그렇고요, 이 바닥의 돌은 왜 이렇게 엉망으로 만들었죠? 깔끔하지 못하고 거칠어요.

아 빠   우선 이 조정 마당 바닥에 깔린 이 돌을 박석이라고 해. 얇은 돌이란 뜻이야. 그리고 박석을 거칠게 한 것은 일부러 그렇게 한 것이야.

호 림   일부러요? 왜 그렇게 해요? 예쁘지도 않은데…

아 빠   호림아, 어느 나라든지 아름다움에 대한 기준은 조금씩 달라. 예를 들어 일본이라는 나라는 인공적인 아름다움을 매우 중요시하지. 그래서 관상용 나무도 분재라고 해서 인공적으로 아기자기하게 소형으로 만들어서 즐겨. 하지만 우리나라에서는 인공적인 아름다움보다는 자연스러운 아름다움을 더 중요하게 여기거든. 일본과 조선의 아름다움의 기준은 인공미 대 자연미 이렇게 압축할 수가 있지.

엄 마   맞아요. 우리나라 정원의 대표적인 사례인 소쇄원潚灑園은 인공미보다는 자연 속에 그대로 묻힌 듯한 자연미가 더욱 돋보이는 곳이에요.

근정전 박석

담양 소쇄원

아 빠 그래서 경복궁의 조정 마당도 인공적인 아름다움에 자연미를 조금 보 탠 것이야. 자, 봐. 저 훌륭한 근정전 건축물과 둘러싸고 있는 행랑은 너무나도 인공적인 아름다움이잖아? 그런 속에서도 바닥 돌의 자연스러움은 마치 음양의 조화처럼 근정전의 인공미와 잘 어우러지지.

엄 마 이 조정 마당의 자연미는 그뿐만이 아니란다. 근정전의 월대에 올라가 있는 조각들을 보렴. 저 조각들도 너무 잘 만들어졌다기보다는 친근감을 느낄 수 있을 정도의 소박한 아름다움이 있단다. 심지어 월대 남쪽 동서의 기단 모퉁이에 짝지어 앉아 있는 서수는 재롱떠는 새끼까지 품에 안고 있어. 조선의 최고라는 건축물 앞에 그런 엄숙하지 못한 조각물들이 왜 있겠니?

아 빠 처음부터 아빠가 이야기했지만, 조선은 유교를 숭상하는 나라라고 했지? 유교의 정신이 바로 그래. 너무 화려하지도 말고 그렇다고 너무 초라해서도 안 되는 거야. 조금 어려운 말로는 검이불루 화이불치(儉而不陋 華而不侈)라고 해. 뜻은 검소하지만 누추하지 않고, 화려하지만 사치스럽지 않다는 말이야.

호 림 쉬운 말로 한쪽으로 떨어지지 않도록 줄타기 잘하라는 말이네요.

아 빠 크… 녀석, 어쩌면 그런 비유를…

경복궁 월대 난간의 동물배치 원칙을 찾아라!

아 름 아빠, 그런데 근정전 월대의 난간에 올라가 있는 저 동물들은 도대체 무슨 원칙에 따라서 저렇게 배치가 되었나요?

아 빠 그게 말이다, 좀 내용이 복잡해. 일단, 말로만 할 것이 아니라, 한번 종이 위에 직접 그려보면서 정리를 해 볼까? 먼저 너희가 엄마와 함께 상월대와 하월대의 난간 위에 어떤 동물들이 올라가 있는지 직접 가서 조사해 보고 종이 위에 그려서 오너라.

아 름 미리 힌트를 좀 주세요.

아 빠 힌트는, 사신도와 12지신, 그리고 사자, 잘 모르는 동물은 상서로운 동물인 서수로 보면 돼. 그럼 아빠는 너희가 엄마와 함께 조사해 온 것을 보고 나서 종합적으로 이야기해 줄게. 다시 만나는 장소는 10분 후에 근정전 정문 어칸 바로 앞이다.

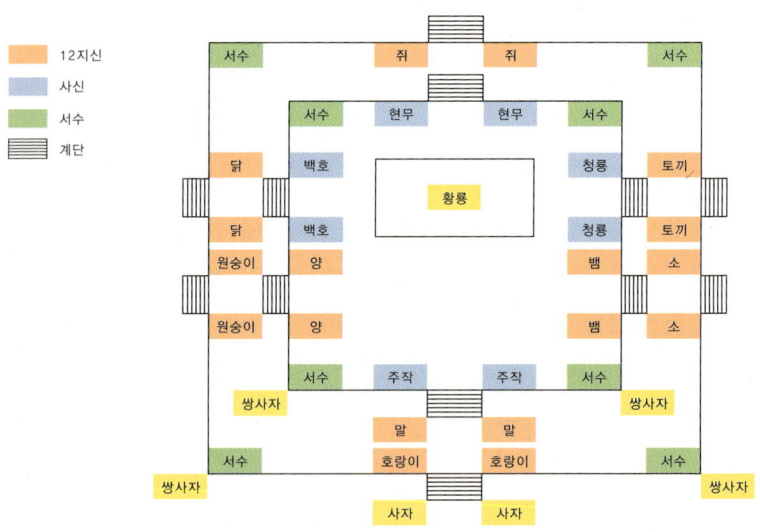

3. 조선의 법궁, 경복궁

10분 후 근정전 정면 어칸

아 름   아빠! 조사는 했는데 동물들의 배치에는 전혀 규칙이 없는 것 같아요.
엄 마   나도 그렇게 생각해요.

월대 난간의 동물은 크게 사신도, 12지신상과 서수로 구분

아 빠   그럼, 쉬운 것부터 알아보자. 2층에 있는 상월대 난간의 동물은 무엇 무엇이 있었지?

아 름   2층에는 그래도 규칙이 좀 있어요. 동쪽에는 청룡, 서쪽에는 백호, 남쪽에는 주작, 북쪽에는 현무, 이렇게 사신도의 동물들이 있었어요.

엄 마   그리고 네 귀퉁이에는 아무래도 상서로운 동물인 서수인 것 같아요. 또 2층의 앞쪽 계단에는 동쪽에 뱀과 서쪽에 양이 있어요.

아 빠   아주 잘 정리를 했는데? 2층에서는 동서남북 네 방향에서 사신도와 같은 배치의 동물들을 잘 찾았는데, 오행에서 말하는 황룡은 아직 못 찾았구나?

아 름   황룡이요? 황룡은 분명히 없었는데?

아 빠   오행에서 황룡의 위치는 동서남북이 아닌 가운데라고 했잖니? 가운데는 근정전이 있잖아? 그 근정전의 천정을 봐.

아 름   아, 그렇구나. 근정전의 천장에 정말 황룡이 있어요.

아 빠   황룡을 보는 김에 용의 발가락이 몇 개인지를 세어보겠니?

아 름   하나, 둘, 셋, 넷, 다섯, 여섯, 일곱! 일곱이요.

용의 발톱 숫자에 숨어 있는 이야기

아 빠   저 황룡을 발톱이 7개라고 해서 칠조룡이라고 불러.

호 림   발톱 수가 뭐가 중요하죠?

아 빠   동양에서 유교 예법에 따른 건축물은 모두 위계질서가 있다고 했지? 용은 왕이나 황제를 상징하는 동물이야. 그런데 왕이나 황제가 격이 같을 수는 없겠지? 그래서 왕의 용은 발톱이 5개 이하이고, 황제의 용만 발톱이 7개야. 조선을 건국한 태조 이성계의 어진을 보면, 입고 있는 곤룡포에 그려져 있는 용의 발톱이 5개야.

아름 경복궁은 고종 황제가 대한제국을 선포하면서 황제가 되었기 때문에 근정전 황룡의 발톱도 7개로 만든 것이군요. 이제 알겠어요. 그런데 1층에 있는 동물들은 도대체 어떤 원칙으로 배치되었는지 도저히 모르겠어요.

아빠 사신도에 나오는 동물들은 모두 2층의 상월대에서 나왔지? 나머지 12지신 동물들은 숫자가 많아서 상월대 하월대 두 군데에 모두 나와. 거기에서도 나름의 규칙을 찾아보면 되지.

12지신은 순서대로 12시부터 매 정각에 해당

아름 12지신은 자子, 축丑, 인寅, 묘卯, 진辰, 사巳, 오午, 미未, 신申, 유酉, 술戌, 해亥! 이렇게 12개잖아요.

엄마 12지신의 순서대로 시계 방향에 맞춰 배치하면, 12시 방향부터 자인 쥐, 1시에는 축인 소, 2시는 인인 호랑이, 3시는 묘인 토끼, 4시는 진인 용, 5시는 사인 뱀, 6시는 오인 말, 7시는 미인 양, 8시는 신인 원숭이, 9시는 유인 닭, 10시는 술인 개, 11시는 해인 돼지… 이렇게 나와야 해요.

아름 그런데 정상적인 방향에 있는 동물도 있지만, 엉뚱한 방향에 가 있는 동물도 있고, 심지어 맨 끝에 나오는 개와 돼지는 아예 없어요.

호림 제가 옆 사람들의 이야기를 잠깐 들었는데, 옛날 우리나라 사람들이 욕을 할 때 개, 돼지보다 못한 놈! 이렇게 할 정도로 개, 돼지를 천하게 여겼대요. 그래서 그런 천한 동물을 이런 곳에 둘 수가 없어서 뺀 것이라고 했어요.

아 빠   다들 잘 관찰했어. 호림이는 귀동냥도 잘했고. 지금 이곳 근정전 월대에는 12지신 중에서 10번째까지의 동물만 있고, 맨 뒤의 2개인 개와 돼지는 없어. 그렇지만 명확한 이유는 아무도 몰라. 천한 동물이어서 뺐다는 얘기는 근거가 희박해. 다만, 나름대로 합리적으로 추정해 볼 수 있는 것이 불교의 시방세계十方世界라는 개념이지.

아 름   아빠, 궁궐은 유교의 예법에 따라서 만들었잖아요. 그리고 조선은 불교를 억압한 나라인데, 왜 불교의 개념이 이곳에 있을 수가 있어요?

아 빠   조선이 비록 불교를 억압했다 하더라도 그 당시에는 불교를 대체할 만한 종교가 없었어. 그래서 경복궁 내에도 함원전이라는 내불당 건물이 있을 정도야. 그러다 보니 의식하지는 못할 정도로 불교의 사상이 사람들의 생각 속에 자연스럽게 녹아 있었어. 아무튼, 불교의 시방세계는 전 세계를 가리키는 공간을 구분하는 뜻으로 쓰여.

엄 마   시방이면 열 개의 방향이군요?

아 빠   원래 방향은 사방에서 출발하지. 그것이 세분화한 것이 팔방이야. 사방팔방 돌아다닌다는 말 알지? 그런데 사방팔방은 모든 방향을 나타내기는 하지만 평면적인 개념이야. 여기에 위아래 방향을 추가하면 공간을 포함하는 입체적인 10개의 방향이 나와. 그래서 전 세계를 가리키는 뜻으로 불교에서는 시방세계라는 개념을 써. 이곳 월대에서 12지신 중에 굳이 10개만을 썼다고 하면, 아마도 시방세계를 뜻할 가능성이 높아.

엄 마   그런 뜻으로 해석하면 누구나 고개를 끄덕일 것 같아요.

아 빠   자, 이제 정상적인 방향에 가 있는 12지신 동물부터 찾아볼까? 일단 모든 방향의 중심은 근정전이야. 근정전 월대의 옆쪽에 있는 두 개의 계단 중에서도 뒤쪽 계단이 3시, 9시 방향의 근정전 중심과 정확히 일치하지? 그러니깐 그곳에 사신도의 청룡과 백호가 있는 거야. 또한,

12지신 중에서 토끼와 닭도 3시, 9시 방향에 정확히 올라가 있어.

아 름   예, 동서남북 방향인 12시, 3시, 6시, 9시 방향에 있는 12지신 동물들은 모두 정상적인 방향에 있어요. 각각 쥐와 토끼와 말과 닭이에요.

아 빠   나머지는 하나씩 찾아보자. 먼저 1시, 2시의 동물인 소와 호랑이는 어디에 있지?

아 름   소는 엉뚱하게도 1층의 4시 방향에 있고요, 호랑이는 이미 2층의 사신도 위치에 나와 있기 때문에 12지신 방향에는 없는 것 같아요.

아 빠   그래. 호랑이는 백호의 모습으로 사신도 위치에 나왔기 때문에 2층 상월대의 서쪽에 있지. 그럼 이번에는 4시, 5시의 동물인 용과 뱀은 어디에 있지?

아 름   용은 2층에 사신도인 청룡도 있고요, 황룡도 있어요. 뱀은 2층의 4시 방향에 있어요.

아 빠   좋아. 그럼 7시, 8시의 동물인 양과 원숭이는 어디에 있지?

아 름   양은 2층의 8시 방향에 있고, 원숭이는 1층의 8시 방향에 있어요.

제자리에 없는 소의 위치

아 빠   이제 정리해 보면, 12지신 중에서 맨 뒤의 두 동물을 뺀 10개의 동물이 등장했어. 그런데 정확히 동서남북을 가리키는 네 동물은 자기 자리에 서 있고, 용과 호랑이는 사신도 위치에 있기 때문에 중복을 피했다고 치면, 이미 6개의 동물이 자기 자리에 있다고 볼 수 있겠지? 그렇다면 나머지 네 마리의 동물이 문제인데, 그중에서도 뱀, 양, 원숭이는 거의 자기 자리라고 볼 수 있지 않을까?

아 름   그렇다 치더라도 소는 1시 자리에 있어야 하는데, 4시 자리에 온 것은 분명히 잘못된 거죠. 그렇죠, 엄마?

엄 마   내가 보기에도 소의 위치는 너무 많이 틀린 것 같아요. 다른 것들은 거의 다 제 위치인데, 왜 유독 소만 이런 장소에 있을까?

아 빠   내가 보기에는 이래. 궁궐은 음양오행에 의해서 만들어졌다고 했잖아? 즉, 음양을 조화롭게 하는 것이 중요하고, 우리가 이미 궁궐 여러 곳에서 음양의 조화를 확인했어. 가장 먼저 눈에 띄는 것은 좌우로 펼쳐진 품계석이 문무의 음양을 상징적으로 보여주고 있고, 근정문 옆에 있는 일화문과 월화문이 그랬고, 또 근정전 행각에 붙어 있는 융문루와 융무루도 그랬지. 행각의 기둥 밑에 있는 주춧돌에서도 네모와 동그라미의 조화를 찾을 수 있었고 심지어 이 조정 바닥에 깔린 박석의 자연미와 근정전과 월대 그리고 주변의 행각이 한 세트로 보여주는 인공미의 조화도 직접 확인했어.

아 름   거기까지는 알겠어요. 결론은 음양의 조화가 중요하다는 말씀이죠?

호 림   나도 음양이 조화가 잘 된 쌍화탕이 좋더라. 쌍금탕은 더 좋고…

아 빠   지금부터 내가 하는 말은 조금 어렵지만, 내 말을 다 듣고 나면 왜 유독 소만 자기 자리가 아닌 엉뚱한 곳에 가 있는지 이해가 될 거야.

엄 마   가능하면 쉽게 설명해 줘요.

오행 중 흙 토의 기운을 가지고 있는 12지신은 진술축미 사토

아 빠   12지신 중에서 동서남북을 가리키는 자, 묘, 오, 유는 다른 것들의 기준이 되겠지? 각각 3시, 6시, 9시, 12시 방향을 가리키지. 시계도 보면 글자판에 3, 6, 9, 12만 표시된 것도 있잖아? 그중에서도 세로축인 6시와 12시 방향이 가장 중요해. 그 두 개만 뽑으면 자오가 되겠지? 그래서 지구에서 시각을 측정하는 기준이 되는 선을 자오선이라고 해. 영어로는 메리디안meridian, 프랑스어로는 메르디앙méridien이지.

호 림   우리 아파트 이름이 월드 메리디앙인데?

아 빠   그런데 음양오행에서는 가장 중심에서 기준이 되는 것이 목화토금수 중에서 토야.

아 름   그건 이미 알고 있어요.

아 빠   그렇다면 이 두 가지를 섞은 복합적인 문제를 하나 낼게. 12지신 중에서 음양오행으로 봤을 때 가장 중심이 되는 흙 토의 기운을 가진 신이 4개가 있어. 그것이 뭘까?

아 름   당연히 방향의 기준이 되는 자, 묘, 오, 유 아닐까요?

아 빠   아니야. 자, 묘, 오, 유의 하나씩 옆에 있는 축, 진, 미, 술 네 가지가 오행에서 말하는 흙 토의 기운을 가지고 있다고 해. 시계로 치자면 1시, 4시, 7시, 10시 방향이야.

엄 마   아빠, 보너스 나오는 달이다!

아 빠   축, 진, 미, 술을 음양오행 용어로는 진술축미 사토(辰戌丑未 四土)라고 해. 그리고 진술축미 사토 중에서도 세로축 두 개를 뽑은 축미가 가장 중요해. 그리고 흙 토의 기운은 땅의 기운이자 지구의 기운이야. 영어로 지구와 땅, 흙을 모두 earth라고 하잖아?

엄 마   왜 축미 방향이 오행에서 말하는 흙 토, 즉 땅의 기운을 가지는 지가 이해가 안 돼요.

축미의 방향은 오행의 중심이자 지구의 중심인 자전축과 일치

아 빠   신기하게도 우리 지구는 똑바로 서서 자전하는 것이 아니라, 약간 비스듬하게 23.5도 기울어져서 북극성을 바라보고 자전을 해. 이건 다들 알지? 시계를 예로 들자면 12시와 6시 방향을 축으로 하지 않고, 1시와 7시 방향을 축으로 돈다는 것이야. 1시, 7시 방향이 바로 축-미, 소

　　　　와 양의 방향이야. 이렇게 지구가 기울어져서 자전하는 것은, 땅이 오행에 따라서 영향받기 때문이고, 그것이 축미 방향이야.

엄 마　좋아요. 거기까지는 이해가 되었어요. 축미 방향은 지구의 중심 자전축이기 때문에 오행에서 가장 중심인 토의 기운을 받는다. 동양의 음양오행도 천문학적인 이론 배경을 갖고 있었군요.

아 빠　아무렴. 그리고 오행에서 흙 토의 기운이 가장 음양의 조화가 잘 된 기운인 것은 알지?

아 름　동서남북 어디에도 치우치지 않는 중앙에 있기 때문이죠?

아 빠　그래. 그래서 오행의 중심에 있는 흙 토, 즉 땅을 중요시하는 생각은 자연스럽게 12지신 중에서 진술축미 사토 네 방향의 동물을 중요시하는데, 그중에서도 소와 양이 가장 핵심이야.

엄 마　그러게요. 축미 방향의 두 동물이네요.

아 빠　그런데 신기하게도 소와 양은 12지신 중에서도 음양을 가장 잘 맞출 수 있는 존재야. 소와 양은 모두 성격이 온순하면서도 인간에게 이로운 가축이라는 공통점이 있지. 그러면서도 소의 울음소리는 음메! 하고, 양의 울음소리는 메에! 하지? 두 동물이 모두 미음 자 소리, 영어로는 M 발음을 내지만, 소는 무거운 음(-)인 소리, 양은 가벼운 양(+)

음(-)인 동물	공통점	음양 대비점	양(+)인 동물
쥐子	빠르다	작고 큰 것의 대명사, 쥐꼬리 / 말 대가리	말午
소丑	온순, 가축, 울음소리 비슷(M 발음)	음인 울음소리(소), 양인 울음소리(양)	양未
호랑이寅	동물 중에 최고(힘, 지혜)	문무의 대비	원숭이申
토끼卯	가축	토끼는 무음無音, 닭은 소리의 상징	닭酉
용辰	-	-	개戌
뱀巳	꼬여 있다 (뱀의 똬리, 돼지의 성기)	돼지가 뱀을 잡아먹는다(상극)	돼지亥

의 소리를 내지? 두 동물은 공통점이 많으면서도, 묘하게도 음양의 조화가 잘 맞는 거야. 그에 비해 다른 동물들은 공통점은 그다지 많지 않고 음양의 대비만이 아주 강하지. 불협화음처럼. 즉, 서로 조화가 잘 안 된다는 뜻이야. 표를 볼래?

호림 그런데 용과 개의 칸은 왜 비어 있죠?

아빠 용은 상상 속의 동물이어서 개와 비교하기가 어려워. 그래서 공통점과 대비점을 찾기가 쉽지 않아.

호림 그런 것은 저에게 맡기세요. 용과 개의 공통점은 음… 꿈을 대표하는 것이에요. 그리고 대비점은 음… 가장 좋은 꿈과 가장 허무한 꿈을 상징하는 것이에요.

엄마 역시 호림이 다운 발상이야. 해석이 재미있어. 아무튼, 거기까지도 이해는 되었어요. 소와 양은 음양을 아주 잘 맞출 수 있는 존재다!

아빠 지금까지의 이야기를 종합하면 정답이 나와. 자, 음양을 잘 맞추기 위해서 소의 자리는 원래의 자리가 아니라, 양*의 자리와 음양을 맞출 수 있는 새 자리가 필요했던 거야. 양의 자리가 2층 상월대의 8시 방향에 있기 때문에, 음양을 조화롭게 맞추기 위해서는 소의 자리를 1층 하월대의 4시 방향에 갖다 두면 정확히 음양이 맞아떨어지지. 어때?

엄마 신기하게도 결론이 그러네요? 결국, 음양을 조화롭게 잘 맞추기 위해 소의 자리를 바꿨다!

뱀의 발 동양에서는 방위를 나타내기 위해 동서남북의 네 방위를 기본으로 해서 8방위, 12방위, 24방위 등을 사용한다. 우리가 잘 알고 있는 12방위는 시계의 숫자 방향과 일치하며, 띠를 나타내는 동물들인 12간지를 사용한다. 한편, 12방위를 다시 더 세분화한 24방위는 12간지에다가 10개의 천간 중 8개를 뽑아서 더하고, 나머지 4개는 8괘 중 4개를 뽑아서 만든다.
문화재를 이해하려면 24방위에 익숙해져야 한다. 특히 풍수는 패철佩鐵이라는 오른쪽 그림과 같은 도구를 사용하여 방향을 잡는데, 그 기본이 24방위이다.

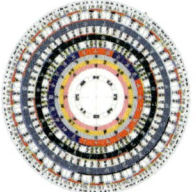

근정전의 솥은 왕권을 상징

아 름 아빠, 근정전 앞에 왜 솥이 올라와 있어요?

아 빠 이 솥은 이름을 정鼎이라고 하는데 왕권을 상징해.

호 림 솥이 왕권을 상징해요? 주방장이 왕이 되었나?

아 빠 이 솥은 발이 셋 달린 솥이야. 그래서 이름을 정이라고 하지.

엄 마 혹시 소설 삼국지에 나오는 삼국정립三國鼎立이라는 말이 이 글자에서 나오는 건가요?

근정전 정(鼎)

아 빠 맞아! 삼국지는 위, 촉, 오의 세 나라가 서로 천하를 다투는 이야기지? 세 나라가 서로 싸우는 것이 마치 세 발 달린 정과 비슷하다고 해서 삼국정립이라는 말이 나왔어. 게다가 정은 왕권을 상징하기 때문이야.

아 름 그냥 솥이 왕권을 상징하지는 않았을 것이고, 분명히 숨은 이야기가 있을 거예요. 아빠 부탁해요.

아 빠 그래. 아주 오래된 옛날 중국의 이야기를 하나 시작할게. 원래 정은 고대 중국에서 쓰던 세 개의 발을 가진 솥인데 주로 제사 그릇으로 이용되었어. 그런데 전설에 따르면 고대 중국에서 삼황오제의 뒤를 이어 하나라의 시조가 된 우왕이 중국 전역에 걸쳐 있던 아홉 개의 주에 명령을 보내서 청동을 모아오게 했어. 그 모아온 청동으로 세 발 달린 큰 솥, 즉 정을 만들었지. 그래서 그 솥을 아홉 개의 주에서 모아온 청동으로 만든 정이라는 뜻에서 구정이라고 했고, 이것은 곧 고대 중국 왕권의 상징이 되었어. 그 이후에 구정은 하나라, 은나라, 주나라에 걸쳐서 계속 보관, 유지되었고 그것을 가지는 것은 즉 중국의 천자로 여겨졌어. 그래서 구정을 빼앗다는 말은 곧 천자의 자리를 빼앗는 것과 같은 뜻이 되었지. 아무튼, 춘추전국 시대를 지나면서 드디어 주나라가 진나라에 망했을 때, 혼란 중에 구정을 사수(泗水)에 빠뜨려서 없어졌어. 그래서 진시황제는 천자의 상징으로 구정 대신 새롭게 옥새를 새겨 이것을 황제권의 상징으로 삼았다고 해.

아 름   아빠, 여기 무쇠로 만든 큰 그릇에 물이 담겨 있는데 이건 뭐죠?

드므는 거울이다

아 빠   그것은 드므라고 불러. 소방 기구야.
호 림   드므요? 어느 나라 말인가요?
아 빠   순수한 우리 말이야. 그리고 드므는 불을 막기 위한 상징적인 의미를 담고 있지.
아 름   아, 드므에 담긴 물로 불을 꺼라?
아 빠   아니야. 이렇게 큰 건물에 불이 나면 겨우 이 정도의 물로 불을 끌 수 있겠니? 이것도 옛날이야기를 하나 해 줄게. 옛날에 불을 관장하고 화재를 일으키는 마귀인 화마가 있었다고 해. 그런데 이 화마는

아주 무섭게 생겼다고 하는데, 자기도 자신의 얼굴을 한 번도 본 적이 없다고 해. 그래서 이 화마가 어느 집에 불을 내려고 그 집으로 왔다가, 만약 드므에 물이 담겨 있다면, 물에 비친 자기 모습을 보게 되겠지? 그때 무섭게 생긴 자기 모습에 너무 놀라서 도망을 간다는 주술적인 의미가 담겨 있는 거야. 재미있지?

근정전이 국보로 지정된 이유

아 름   근정전은 경복궁에서 으뜸가는 건물인데 국보 223호로 지정되어 있네요. 왜 국보로 지정되었나요? 우리나라에서 가장 큰 목조 건축물이어서 그런가요?

아 빠   근정전은 우리나라에서 가장 큰 목조건축물은 아니야. 우리나라에서 가장 큰 목조 건축물은 경복궁의 경회루慶會樓와 통영의 세병관洗兵館이란 건물이야. 경회루와 세병관은 얼마나 큰지, 지붕을 지탱하는 데 필요한 도리라고 하는 건축 부재가 11개나 들어갔어. 도리는 작은 규모의 집에는 3개, 보통 규모의 집에는 5개, 큰 규모의 집에는 7개 정도 쓰이는데 이것이 무려 11개나 쓰인 거야. 근정전도 경회루와 세병관과 마찬가지로 도리를 11개나 썼어. 그만큼 당대 최고의 건축 공법과 마감 등 그 시대의 문화적인 역량이 집결된 곳이지.

아 름   최고의 건축 공법이라고 하셨는데 직접 눈으로 확인할 수 있는 것을 하나 보여주세요.

아 빠   좋아, 귀솟음이라는 것을 보여줄게. 혹시 착시 현상이라고 들어봤니?

아 름   예, 실제로는 정상인데 우리 눈에는 비정상으로 보이는 거죠.

아 빠   건축에서도 착시 현상이 있어. 그것도 건물의 규모가 커질수록 착시 현상도 심해져. 보통 건물의 지붕은 집의 본체보다도 크기가 커. 그래야만 비가 들이치는 것을 막을 수가 있지. 그래서 가분수와 같은 모양을 하게 돼. 그렇다 보니 기둥을 세울 때 위아래의 실제 굵기가 똑같은 일자 기둥을 세우면 오히려 기둥이 왜곡되어 보여. 그래서 시각적으로 왜곡되어 보이는 것을 바로잡기 위해서 위의 기둥 굵기보다는 아래쪽의 기둥을 조금 더 배가 불룩하도록 굵게 만드는 거야.

아 름   아! 그게 바로 배흘림기둥이구나! 부석사 무량수전의 배흘림기둥!

착시 현상을 바로 잡아주는 건축 기법

아빠 그렇지! 잘 아는구나. 이런 것과 비슷한 것이 외국의 건축물에도 있어서 엔타시스entasis 공법이라고 해. 또한, 그것과 비슷한 원리로 근정전처럼 아주 커다란 지붕의 건물을 지을 때 만약 모든 기둥의 높이를 실제 수평으로 하면 우리의 눈은 착시 현상을 일으켜서 지붕의 양 끝이 아래로 쳐져 보이게 돼. 그래서 이것을 바로잡아 주기 위해서 근정전의 양쪽 마지막 칸의 기둥 위에 있는 창방과 평방이라는 수평 방향의 건축 부재를 끝쪽으로 갈수록 약간씩 솟아오르면서 마지막 바깥 기둥과 맞물리게 해 놓았어. 그 때문에 가장 바깥쪽 기둥의 높이가 안쪽의 기둥 높이보다 약간 더 높은 것을 볼 수 있지.

아름 어! 정말 그래요.

아빠 이런 고급 건축 기법을 귀솟음 수법이라고 하는데 귀솟음은 기둥 위에 놓이는 건축 부재의 치수까지 미세하게 조절해야 하므로 세련된 고도의 기술이 필요해.

아름 또 다른 고급 건축 기법은 없나요?

아빠 있지. 이른바 안쏠림 수법이라는 것이 있어. 안쏠림은 바깥쪽 건물 기둥의 윗부분을 약간 안쪽으로 쏠리게 하였다 해서 안쏠림이라고 해. 안쏠림 기법 역시 실제로 똑바로 선 기둥은 자칫 우리 눈에는 옆으로 퍼져 보이는 착시 현상이 생길 수 있는데, 이것을 바로잡고자 하는 의도로 사용해. 귀솟음과 마찬가지로 매우 정교하고 세심한 기술을 필요로 하지.

아름 어! 정말 바깥쪽 기둥의 위쪽이 약간 안쪽으로 쏠렸어요. 이런 고급 건축 기법이 모두 들어가 있어서 국보로 지정된 것이구나!

호림 그럼, 근정전의 내부에서는 눈여겨보아야 할 것들이 무엇이 있어요?

실존 왕이었는지 여부를 판단하는 기준

아 빠   세 가지가 있는데, 일단 임금님의 자리인 용상을 눈여겨봐야 하고, 임금님의 용상 위에 화려하게 만들어 놓은 닫집을 봐야 하고, 마지막으로 용상 뒤에 놓여 있는 일월오봉병日月五峰屛이라는 병풍을 봐야 해.

호 림   용상은 다 같은 용상이 아닌가요?

아 빠   궁궐의 정문 모양이 다 다르고, 궁궐의 법전 모양이 다 다른 것처럼, 용상의 모양도 다 달라. 그래서 용상도 각 궁궐의 용상을 서로 비교해 보는 것이 필요해. 예를 들면 경복궁 근정전의 용상은 붉은색인데 반해, 덕수궁 중화전의 용상은 노란색이야. 이유는 알겠지?

아 름   그럼요. 황제의 궁궐로 만들어서 황제의 색인 노란색을 쓴 거잖아요.

아 빠   그렇지. 또한, 용상에는 난간이 있는 것이 보이니?

아 름   예, 보여요.

아 빠   저 난간이 왕릉에서는 왕릉의 봉분을 둘러싼 난간석이 되지.

아 름   그럼 왕릉 중에는 난간석이 없는 왕릉도 있나요?

아 빠   그럼! 난간석이 없는 왕릉은 대부분 실제 왕의 자리에 오르지 못한 추존왕들이야. 추존왕비도 마찬가지고. 따라서 왕릉의 난간석은 결국 실제 용상에 올랐던 왕인지, 아니면 실제로는 왕이 아니었는데 훗날 추존된 왕인지를 판단하는 기준이 되지.

아 름   아, 그런 것도 있었구나. 그리고 닫집은 뭐죠?

아 빠   닫집이라고 하는 것은 원래 불교 사찰에서 사용된 것인데, 왕이나 부처님같이 귀하신 분들을 상징하는 장식물이야. 그 모양이 목조 건축물의 지붕 모양으로 만들어졌기 때문에 닫집이라고 불러.

엄 마   아! 절에서도 많이 봤어요. 부처님의 머리 위에 화려하게 만들어져 있었어요.

아 빠   닫집을 운궁雲宮, 보개寶蓋 또는 천개天蓋라고도 해. 불교의 발상지인 인도는 더운 나라이기 때문에 부처님이 설법할 때는 햇볕을 가리기 위하여 우산처럼 생긴 산개傘蓋를 사용했는데, 이것이 후에 불상 조각에 받아들여져서 닫집이 된 것으로 생각해.

일월오봉병이 없으면 임금으로 인정할 수 없다

아 름   마지막으로 일월오봉병을 눈여겨보라고요?

아 빠   일월오악병이라고도 하고 일월오봉도, 일월오악도, 오봉산일월도, 일월곤륜도라고도 해. 모두 뜻은 해와 달과 다섯 개의 산봉우리가 있는 그림이라는 뜻이야. 그림으로 되어 있으면 도라는 말로 끝나고, 병풍으로 되어 있으면 병이란 말을 쓰지.

아 름   이건 무슨 뜻인지 쉽게 알겠어요. 음양오행을 뜻하는 거죠?

아 빠   그렇지. 왼쪽엔 달, 오른쪽엔 해가 떠 있는

1만원권 지폐 앞면에 있는 일월오봉도

것도 이제는 이유를 확실히 알겠지? 우리가 보기에 왼쪽은 서쪽이니깐 음이고, 오른쪽은 동쪽이니깐 양이야. 만 원짜리 지폐 앞면에 있는 세종대왕의 배경에도 이것이 그려져 있어. 여기 봐.

호림   어, 진짜네.

아빠   이런 일월오봉병의 의미는 다음과 같이 요약할 수 있어. 음양오행은 곧 우주를 의미하니깐 이런 우주의 모든 것들을 주관하는 그림의 주인공인 임금님은 우주의 주재자와 같은 존재라는 것이야. 또한, 일월오봉도의 완성은 병풍 앞에 임금님이 앉아 있어야만 그 그림이 완성되거든. 임금이 없다면 미완성의 그림일 뿐이다. 따라서 이 병풍에는 임금이 만물의 음양 조화를 이루게 하고, 인의예지신이라는 유교의 오상을 갖추고, 만백성의 아버지 역할을 해 달라는 바람이 담겨 있어. 재미있는 것은 중국이나 일본의 왕들은 이런 그림을 안 쓴다는 거야. 우리 조선만 썼어.

아름   결국 일월오봉병은 조선 임금의 상징이란 말이네요.

아빠   그렇지! 좀 심하게 말하면 일월오봉병이 없으면 임금이 아니라는 말이야. 그래서 임금님이 궁궐에서 나와서 다른 곳에 행차하실 때, 잠시라도 쉴 때가 있잖니? 그럴 때마다 임금님의 등 뒤로는 휴대용 일월오봉병이 반드시 설치되어야 해.

근정전 내부 모습

사정전

 사정문 앞

아 름   아빠, 이 대문은 지금까지 본 문들과 왠지 느낌이 달라요. 맞배지붕에… 궁궐에 왜 이런 초라한 문을 만들었나요?

궁궐에서 정치하는 건물은 법전과 편전 두 개가 짝을 이룬다

아 빠   이 문은 사정문思政門인데 편전인 사정전思政殿의 정문이야. 맞배지붕은 기와지붕 중에서 가장 간단한 모양이면서도 장식이 없어서 종묘나 사당과 같이 화려함을 지양하고 엄숙한 분위기가 필요한 곳에 많이 쓰이지.

사정문

조선의 법궁, 경복궁

아 름   여기는 종묘나 사당이 아닌 편전의 입구인데, 왜 저런 소박한 대문을 만들었나요?

호 림   건축비가 좀 모자랐나?

아 빠   얘들아, 임금님이 신하들과 정치하는 건물에는 모두 무슨 글자가 들어간다고 했지?

아 름   정치라고 할 때의 정 자요.

아 빠   그렇지. 그래서 임금님이 정치하는 건물에는 정 자가 들어가고, 또 임금님이 계시는 건물이니깐 당연히 서열이 높은 전이 되겠지? 그래서 정전이라는 글자가 들어가는 거야. 복습 한번 해 볼까? 지금 이 경복궁에서 정치하는 건물은?

아 름   근정전, 사정전이요.

아 빠   그럼 창덕궁에서 정치하는 건물은?

아 름   인정전과 그리고…. 잘 생각이 안 나네요.

엄 마   선정전이야.

아 빠   좋아, 그러면 창경궁에서 정치하는 건물은?

아 름   명정전과…. 이것도 잘 생각이 안 나요.

엄 마   문정전이야. 아름이가 법전은 잘 아는데 편전을 잘 모르는구나.

아 빠   정전이라고도 하는 법전은 각 궁궐에서 으뜸가는 건물로, 임금님과 모든 신하가 총출동하여 최고격식의 공식적인 국가 행사를 치르기 때문에, 행사가 있는 날에만 가끔 모이는 곳이지만, 편전은 평상시에 매일같이 임금과 신하가 모여서 정치하는 건물이야. 그런 이유로 법전은 신을 신고 들어가기 때문에 바닥에 전돌이 깔렸고, 편전은 신을 벗고 들어가기 때문에 바닥에 마루가 깔렸지.

아 름   그럼 TV 사극에서 임금님 앞쪽에 양편으로 나뉘어 신하들이 앉아서 정치를 논하는 자리는 편전이겠군요.

엄 마   맞았어. 그리고 내가 나머지 궁궐의 편전에 대해서도 말해 줄게. 경희궁의 법전과 편전은 숭정전과 자정전이고 마지막으로 덕수궁의 법전과 편전은 중화전과 덕홍전이란다.

아 름   그것을 모두 외워야 해요?

아 빠   처음부터 외울 필요는 없다만, 자주 보게 되면 자연히 암기되지. 그리고 제대로 궁궐 공부를 하려면 각 궁궐에서 최소한 법전과 편전, 대전과 중궁전… 이 네 건물 정도는 한 세트로 외우고 있는 것이 좋아.

엄 마   억지로 공부한다고 생각하지 말고, 애정을 가지고 보면 자연히 외워진단다. 너희가 그 많은 인기 가수 그룹의 멤버들을 몽땅 암기하고 있는 것보다는 훨씬 쉬울걸?

사정문을 일부러 격을 낮춰 만든 이유

아 름   아, 또 그 소리! 아무튼, 알겠고요. 그렇지만 제 질문에 대한 답을 아직 못 들었어요. 이렇게 화려한 궁궐에 왜 저런 소박한 문을 만들었느냐고요.

아 빠   녀석, 성격도 급하지. 임금님이 정치하는 건물에는 정전이라는 말이 들어가고 정전에는 가장 으뜸가는 건물인 법전과 매일같이 정치하는 편전으로 나뉜다고 했지? 법전과 편전은 둘 다 정치하는 건물이지만, 그래도 격이 달라.

아 름   당연히 법전이 격이 높고, 편전이 격이 낮다는 말씀이죠?

아 빠   그렇지! 그래서 일부러 편전의 격을 낮추려고 법전인 근정전보다는 편전인 사정전에 의도적으로 차이를 두는 장치를 많이 했어. 예를 들면, 근정전의 정문인 근정문은 우진각지붕에 2층인데 반해서 사정전의 정문인 사정문은 맞배지붕에 1층이지. 또한, 근정전과 사정전은 건물의

규모에서도 확실하게 차이가 나고, 근정전은 월대를 갖추었지만 사정전은 월대도 없어. 그리고 근정전은 정면 5칸, 측면 5칸의 건물이지만, 사정전은 정면 5칸 측면 3칸이야.

뱀의 발   예학자 윤증과 윤증 고택

윤증 선생은 조선 후기의 예학자로 이름이 드높았다. 비록 과거 시험에 합격하지는 않았으나, 그 학문에 대한 명성이 자자해 숙종 임금으로부터 십수 차례 출사 권고를 받았지만 한 번도 조정에 출사하지 않았다. 심지어 우의정에까지 제수됐으나 결국 거절하여 백의정승白衣政丞이라는 칭호가 붙을 정도였다. 윤증은 당시 서인 정권의 영수였으며, 자신의 아버지인 윤선거의 절친한 친구이기도 했고 윤증 자신의 스승이기도 했던 송시열과 아버지 윤선거의 행장 문제로 사이가 나빠진 후 정치적으로 대립했다. 이 일을 계기로 오랫동안 정치적으로 하나였던 서인은 당시 송시열을 따르던 무리인 노론老論과 윤증을 지지하던 소장파 소론少論으로 갈렸다. 예를 철저하게 생활에 실천했던 예학자 윤증은 소박한 삶의 태도를 평생 유지했다. 윤증은 돌아가실 때도 자신의 제사를 간단히 지내라 했고, 평소에도 반찬이 두 가지 이상을 넘지 않게 할 정도로 검소하게 생활했다. 이러한 선생의 유지는 지금까지 이어져 내려와 현재도 제사상을 매우 소박하게 차리고 있다고 한다.

윤증 고택은 다른 곳에서 찾아볼 수 없는 특징이 두 개 있는데, 하나는 거의 모든 한옥에 있는 솟을대문이 없다는 것이고, 또 하나는 향교가 바로 옆에 바짝 붙어서 담을 공유하고 있다는 것이다. 향교가 담을 사이에 함께 있는 것은 노론들이 정치적 맞수이자 소론의 영수였던 윤증의 집안을 감시하고자 함이었다. 그런 노론의 속셈을 알아챈 윤증 집안에서는 차라리 모든 것을 다 보라는 식으로 솟을대문을 없애고 평대문으로 만들었으며, 일절 담장이나 별도의 경계물도 두지 않은 채로 집을 통째로 개방했다. 그렇게 함으로써 예학자 집안의 자존심을 지킨 것이다.

아 름 그런 식으로 일부러 차이를 두어 격을 달리했다는 말씀이군요. 유교 예법은 너무나도 상하 질서를 강조해서 머리가 아플 지경이에요.

아 빠 그렇다고 사정문이 무조건 격을 떨어뜨리는 쪽으로만 만들어진 것은 아니야. 뭐든지 너무 심하게 하다 보면 반드시 부작용이 생기거든. 약간의 속도 조절이 필요한 거야. 예를 들면, 사정문은 솟을대문 형식이거든. 만약 격을 더 떨어뜨리려고 했다면 아마 평대문으로 만들었을 거야. 솟을대문은 대문이 행랑채보다 솟아올라 지붕이 우뚝하게 보이는 특징이 있고, 평대문은 행랑채 지붕과 같은 높이로 만들어져. 논산에 있는 유명한 윤증 고택의 정문이 평대문이지.

사정문 안쪽

아 름 아빠, 이곳 사정전思政殿의 뜻을 제가 한번 알아맞혀 볼게요. 아까, 근정전의 뜻을 풀어본 것과 똑같이 하면 될 것 같아요. 사는 생각한다는 뜻이고, 정은 정치하는 곳이란 뜻이니깐… 임금님이 많이 생각하면서 백성을 위해 정치를 잘하라는 뜻인가요?

아 빠 그래, 바로 그거야! 이제 궁궐의 현판 읽는 것도 어렵지 않지? 새로운 현판이 나올 때마다 아름이가 먼저 현판을 읽어보도록 노력해 봐. 지금까지 한자능력시험 준비하느라고 열심히 한자를 공부했는데 이럴 때 써먹어야 하지 않겠니?

호 림 나도 만화책 마법 천자문을 열심히 보았는데…

아 름 오빠는 만화에만 관심 있지, 천자문에는 관심 없잖아! 그런데 사정전의 행각은 앞서 본 근정전의 행각과 뭔가 다른 부분이 있어요.

호 림 한눈에 봐도 알겠네. 근정전의 행각은 다 열려 있는데, 여기 사정전의 행각은 모두 닫혀 있어요.

옛날 사람들이 번호를 붙이던 방법

아 빠   아무래도 이곳 사정전은 평소 정치를 하는 곳이라 필요한 물건들이 많았을 거야. 그래서 이곳 사정전을 둘러싼 행각에는 물건을 보관하는 용도로 썼던 것 같아. 저기 행각에 붙어 있는 팻말이 보이지? 가장 오른쪽에 있는 것부터 한번 읽어 보아라.

아 름   천자고天字庫, 지자고地字庫, 현자고玄字庫, 황자고黃字庫… 어디서 많이 듣던 소리인데? 아, 알았다. 천자문이군요! 하늘 천, 땅 지, 검을 현, 누를 황!

사정문 행각에 붙은 팻말
위에서부터 천자고, 지자고, 현자고

아 빠   그래 맞았어.

호 림   갑자기 천자문은 여기에 왜 걸어둔 거죠?

아 빠   그것은 각 방에 붙이는 번호야. 요즘 같아서는 1호실, 2호실, 3호실 이렇게 이름을 붙이지만, 옛날 사람들은 천자문의 순서를 붙여서 구분했지. 따라서 이곳의 행각을 곳간으로 썼다는 확실한 증거가 될 수 있는 것이야. 마지막 글자 고는 창고를 뜻하기 때문이지.

아 름   그럼, 천자문의 순서로 구분한 다른 사례도 있나요?

아 빠   그럼. 임진왜란 때 우리 조선의 수군들이 썼던 대포 종류의 이름이 그 예지. 가장 큰 대포의 이름이 천자총통, 그다음이 지자총통, 현자총통, 황자총통 이렇게 이름이 붙었어.

엄 마   이곳 사정전에서도 고건축적인 요점을 정리해 봐야지? 아름아, 아는 대로 한번 해 보렴.

아 름   일단 지붕은 팔작지붕, 정면 5칸에 측면 3칸이고요. 공포는 다포, 처마는 겹처마입니다. 이 정도면 되었나요?

아 빠   잘했다. 아름아. 그 정도만 해도 아주 훌륭해.

아 름   그런데 사정전에 이상한 그림 하나가 걸려 있어요. 구름 속에 두 마리의 용이 있네요. 저 그림은 무엇을 뜻하나요?

운룡도에 담긴 의미

아 빠   저 그림은 말 그대로 구름 운, 용 용, 그림 도, 운룡도雲龍圖라고 불러. 용이 구름 속에 쌓여 있는 모습을 그린 것이야. 용은 곧 왕이지! 또한, 법전인 근정전과 격을 달리하기 위해서 큰 일월오봉도를 걸지 않고 작은 일월오봉도를 걸고 대신에 천정에 큰 운룡도를 걸었어. 운룡도 그

운룡도

림 역시 임금을 상징해. 전각 내에 남아 있는 운룡도는 경복궁 사정전이 유일해.

엄 마   운룡도에 대해 조금 더 자세히 설명해 줘요.

아 빠   옛글에 따르면, 용이 기운을 토해서 구름을 이루는데 용이 구름을 타지 않으면 신령스러워질 수 없다고 되어 있어. 용과 구름은 떼려야 뗄 수 없는 관계를 말하는데, 여기서 용은 임금님이고, 구름은 신하들이야. 이 말을 풀이하면, 신하를 훌륭하게 만드는 것은 임금님 자신의 능력이고 현명한 신하들이 있어야만 임금이 더욱 현명해진다는 말이야.

엄 마   어머, 임금이 신하들과 함께 정치를 펼치는 편전에 꼭 어울리는 그림이네요!

호 림   아빠, 이 사정전은 흙벽이 없고 사방이 모두 창호지 문이에요. 이런 집은 정상적인 집이 아니죠?

아 빠   응, 이렇다 보니 좋은 점과 나쁜 점이 생기지.

사정전의 월동 대책

아 름   좋은 점은 무엇이죠?

아 빠   일단, 사방에 문이 있으니 여름에는 시원하겠지? 게다가 사방에서 빛이 들어오니깐 건물 안은 언제나 밝았을 거야. 나쁜 점은 이제 너희가 알 수 있을 것 같은데?

호 림   겨울에는 모두 얼어 죽었을 거예요. 보세요. 바닥도 모두 마룻바닥이잖아요?

아 빠   호림아, 좋은 지적이다. 그래도 겨울이라고 정치를 안 할 수는 없잖아? 그래서 나

사정전 내부

름의 해결책을 찾은 거야. 그것이 무엇일까?

호 림 옛날에 전기 장판이 있는 것도 아니고… 어떻게 했을까?

아 름 힌트를 주셔야죠, 아빠!

아 빠 봄, 가을이라는 이름이 들어간 건물이야.

아 름 아, 알았다. 사정전의 양 옆에 만춘전萬春殿과 천추전千秋殿이라는 두 개

만춘전

천추전에서 볼 수 있는 아궁이

조선의 법궁, 경복궁

의 건물이 있어요. 이 건물들 옆에는 아궁이가 있는 것으로 봐서 분명히 온돌이 있었을 거예요. 그리고 뒤쪽에 굴뚝도 있잖아요. 확실한 증거가 되는 셈이죠.

엄 마 오행의 법칙을 따라서 동쪽의 건물이 봄이니깐 만춘전, 서쪽의 건물이 가을이니깐 천추전이네요. 그리고 동쪽이 서쪽보다 높으니깐 동쪽에 만 자를, 서쪽에는 천 자를 썼어요.

아 빠 맞았어. 경복궁전도라는 옛 기록에 따르면, 만춘전과 사정전이 복도로 연결되어 있었고 천추전의 행각과 서쪽에 있는 수정전修政殿도 복도로 연결되어 있었어. 북궐도형에서도 수정전과의 연결이 확인돼.

엄 마 수정전도 정전이니깐 정치하는 건물인 것 같은데, 수정전의 용도는 대체 뭐죠? 이것도 편전인가요?

아 빠 수정전에 대한 자세한 설명은 조금 후에 그 앞에 갔을 때 다시 하기로 하고, 정답부터 말하자면 수정전도 편전이야. 그래서 편전들끼리 복도로 연결해 편의성을 높인 것이지. 자, 저기 천자고 옆으로 난 문으로 나가면 바로 수정전이야.

수정전

→ 수정전 월대 앞

수정전

아 름 아빠, 여기가 조금 전에 사정전과 같은 편전 역할을 했다던 그 수정전이에요. 수정전의 이름도 근정전, 사정전과 마찬가지로 한 글자만 알면 쉽게 그 뜻을 알 수 있을 것 같아요. 첫 글자가 무슨 뜻이죠?
엄 마 닦을 수, 정사 정, 큰집 전! 수정전修政殿이야.
아 름 그럼 수정전의 뜻은 음… 임금님이 몸과 마음을 잘 닦아서 백성을 위해 정치를 잘하라는 뜻이겠네요.
엄 마 이제 아주 잘하는구나!

아 빠   또는, 정치를 잘 수행하라는 뜻도 있지.

아 름   그런데 경복궁에는 왜 편전이 2개나 있죠?

한옥의 특징 중 하나는 용도 전환이 아주 쉽다는 것

아 빠   아름아, 편전은 궁궐에 반드시 하나만 있어야 하는 것은 아니야. 그리고 굳이 정전이라는 이름이 붙어 있지 않아도 편전과 같이 사용하면 그 건물은 편전 건물이 되는 것이야. 예를 들어, 창덕궁의 희정당도 편전으로 사용했거든. 서양 건물은 건물에 있는 가구의 종류에 따라 집의 성격이 명확히 정해져. 침대가 있으면 침실, 식탁이 있으면 식당, 책상이 있으면 서재, 이런 식이지만 한옥은 그렇지 않아. 같은 방이라도 이불만 깔면 침실, 밥상을 놓으면 식당, 책상을 펴면 서재가 되지.

창덕궁 희정당

엄 마   맞아요, 특히, 한옥은 방과 방 사이의 문을 들어 올리면 여러 개의 작은 방이 넓은 하나의 방으로 순식간에 바뀌죠? 이런 한옥의 특징은 궁궐의 건물에서도 마찬가지로 나타난다고 보면 되겠군요.

아 름   그런데 이곳은 월대가 있네요? 사정전보다 훨씬 격이 높았나봐요.

아 빠   응, 고종 초기에는 잠시나마 이 수정전이 임금님의 연거지소燕居之所, 즉 지금의 강녕전과 같이 침전으로 사용되었던 건물이야. 그래서 월대가 남아 있는 거지. 그리고 이 수정전은 처음부터 수정전이 아니었어. 최초 이 자리에 있었던 건물은 세종 임금 때 만들어졌는데, 그 이름은 너무나도 유명하지.

수정전의 옛 이름은 집현전

아 름 세종 때의 유명한 건물이요? 혹시 집현전이요? 아는 게 그것밖에 없는데…

아 빠 그래! 맞았어. 한글 창제 등 업적이 뛰어난 인재들을 모두 모아 놓은 그 집현전 말이야. 세종 임금님이 얼마나 집현전을 중요하게 여기셨으면 여기를 자주 들르려고 사정전의 부속 건물인 천추전의 행각과 복도로 연결까지 했겠니? 천추전의 행각과 복도로 연결하기 위한 흔적이 아직도 이 수정전 건물에 남아 있어.

아 름 예, 찾았어요. 동쪽의 건물 기단 맨 위의 돌에 무엇인가를 설치했던 흔적이 있어요. 그리고 여기에는 사정전에는 없는 아궁이도 있어요. 뒤쪽에 굴뚝이 두 개나 있고요. 따라서 수정전은 사계절 모두 사용한 것 같아요. 그만큼 세종 임금이 아꼈던 건물 같아요.

호 림 그런데 집현전이라는 좋은 이름을 놔두고 왜 수정전으로 바꾸었나요?

아 빠 그건 말이야, 세종의 둘째 아들인 수양대군이 어린 조카 단종을 죽이고 왕위에 오르자 사육신, 생육신 등의 신하들이 집단적으로 반기를 들었는데, 그 사람들이 대부분 집현전 출신이었어. 그래서 세조는 왕권에 도전한 사람들의 근거지인 집현전을 폐지해버렸던 거야.

수정전은 익공계 건물

엄 마 여기서도 한번 고건축적인 정리를 하고 갈까? 아름아, 아는 대로 한번 해 보렴.

아 름 일단 팔작지붕이고요… 정면 10칸에 측면 4칸, 처마는 겹처마예요. 그런데 공포가 좀 이상해요. 주심포도 아니고 다포도 아니고…

아 빠   수정전은 익공계 공포야. 공포 중에서는 가장 간단한 형식이야. 보기에는 주심포와 비슷한데, 주심포처럼 기둥머리에 역삼각형 모양의 공포를 짜 올리는 것이 아니라 기둥머리 바로 밑부분에 창방과는 90도로 직교되게끔 새의 날개 모양을 한 익공이라는 부재를 끼워 넣어서 만든 것이야. 모양이 새의 날개를 닮았다고 해서 날개 익 자를 쓰는 익공이라고 불러. 익공이 하나면 초익공, 이 수정전처럼 익공이 두 개면 이익공이라고 불러. 그리고 한 가지만 더 알려 줄게, 익공과 익공 사이에서 도리를 받치고 있는 것이 보이니? 저것은 도리가 아래로 처지지 않도록 지지해 주는 건축 부재인데 화반이라고 불러.

호 림   공포나 익공을 기둥 위에 왜 자꾸 집어넣는 거죠? 만들기도 복잡할 텐데 그냥 건물을 간단히 만들면 안 되나요?

아 빠   호림아, 공포나 익공을 사용하게 되면 지붕의 무게를 효율적으로 분산시킬 수도 있을뿐더러, 자연히 지붕이 높아지고, 따라서 처마를 밖으로 길게 뺄 수 있다는 장점이 있지. 처마가 밖으로 길게 나오면 나올수록 비로부터 목조 건물을 보호할 수 있는 거야. 게다가 건물이 보기에도 아주 멋있어 보이거든. 기왕 짓는 건물이면 튼튼하면서도 멋있는 것이 좋지 않을까?

아 름   익공도 이제는 알 것 같아요. 기둥에 새의 날개 모양을 한 건축 부재가 있으면 익공계 건물이라는 거죠?

뱀의 발   수정전의 월대의 계단 사이에 있는 꽃 모양을 새긴 사각형 돌이 하나 있다. 자세히 보면 뒤편으로 계단처럼 한 단이 더 만들어져 있다. 하마석 또는 노둣돌이라는 것인데, 말에서 내려오거나 말을 탈 때 편리하라고 만든 것이다. 그러나 원래부터 그곳이 제자리였는지는 알 길이 없다.

경회루 _ 국보 제224호

> 수정전 뒤쪽 경회루 연못가

경회루

아 름 이번에는 엄마에게 물어봐야지, 경회루慶會樓의 뜻은 뭐예요?
엄 마 경사로울 경, 만날 회, 누각 루!
아 름 엄마는 왜 한자의 뜻만 말해주고, 물어본 것은 알려주지 않아요?
엄 마 그래야 너희가 스스로 생각하면서 문화재를 볼 수 있단다. 게다가 한자 공부까지 되니 일석이조야.
아 빠 얼마 전에 우리가 지나왔던 사정전을 잘 생각해 봐. 거기도 임금님에게 항상 생각해서 백성을 위한 정치를 해 달라는 뜻이었잖니? 스스로

조선의 법궁, 경복궁

아 름　알겠어요. 경회루는 그럼 경사스러운 잔치가 있을 때 만나는 누각, 이런 뜻이죠? 하기야 이렇게 멋진 주변 풍경을 즐기면서 잔치하면 정말 멋진 파티가 될 거야.

아 빠　너의 말도 틀린 것은 아니지만, 옛날 기록에는 경회루라는 이름을 왜 붙였는지가 정확히 나와 있어. 태종이 경회루를 짓고 나서 이름을 지어 올리라고 하니 그때 하륜이라는 사람이 글을 올렸는데, 올바른 정사를 펴는 임금은 올바른 사람을 얻는 것으로 근본을 삼았으니, 올바른 사람을 얻어야만 경회, 즉 경사스럽게 만나는 것이라고 할 수 있다고 밝히면서 이는 곧 임금과 신하가 덕으로써 서로 만나는 것을 말한다고 적고 있어.

호 림　꿈보다 해몽이 더 좋네요. 나는 아름이의 해석이 더 좋아요. 느낌이 바로 오잖아요! 그런데 경회루도 들어가는 입구 쪽에는 왜 담을 쌓았어요? 저 담이 없으면 더 가까이서 경회루를 잘 볼 수 있을 텐데…

경회루는 아무나 볼 수 없는 광경이었다

아 빠　지금은 경회루를 들어가는 쪽에만 담이 있지만, 옛날에는 경회루 연못 주위로 모두 담을 둘렀어. 함부로 엿볼 수도 없는 곳이란 뜻이지. 게다가 경회루로 들어가는 다리가 3개 있는데, 이 세 개의 다리로 연결되는 곳이 왕과 왕비의 침전인 강녕전과 교태전이 있는 곳이야.

엄 마　왕과 왕비의 침전이 있는 곳이라면 궁궐에서 가장 경비가 삼엄한 곳이니깐 경회루로 출입할 수 있는 사람은 아주 극소수였겠네요?

아 빠　그렇지. 그것과 관련된 재미있는 이야기가 전해오는데, 세종 때 궐내각사인 교서관에 근무하던 구종직이라는 사람이 숙직을 하던 날 밤이었어. 평소에 경회루를 감히 볼 수가 없었기 때문에 밤에 몰래 숨어들었다가 마침 산책을 하러 나온 세종 임금님과 딱 마주친 것이야.

호 림 곤장을 한 백 대쯤 맞았을 것 같아요.

아 빠 그렇지만 세종 임금이 누구시냐? 백성을 불쌍히 여겨서 한글까지 만드신 분인데 그럴 리가 있겠니? 세종 임금은 벌을 주는 대신에 즉석에서 중국의 역사책인 춘추를 외워보라고 했는데 구종직이 일사천리로 줄줄 외워나가자 오히려 벼슬을 올려주셨다는구나.

호 림 예나 지금이나 역시 공부는 잘하고 봐야 하는구나. 그런데 이 연못은 원래부터 있었던 곳인가요? 아니면 일부러 만든 것인가요?

아 빠 이 연못은 인공적으로 만든 연못이야. 이렇게 큰 연못을 만들다 보니 엄청난 양의 흙이 나왔겠지? 그 흙을 쌓아 놓은 곳이 바로 왕비님의 침전인 교태전의 뒷동산, 즉 아미산이야.

호 림 흙을 쌓아서 산을 만들었어요? 엄청나다!

엄 마 말이 산이지, 사실 직접 가서 보면 조그마한 언덕이야. 여기를 다 보고 나면 강녕전을 거쳐서 교태전으로 갈 테니깐 그때 직접 보자.

아 빠 호림이가 웬일로 이렇게 질문을 많이 할까?

호 림 이곳은 파티하고 노는 장소잖아요? 저는 일하고 공부하는 것보다 노는 것이 제일 좋아요.

경회루의 설계 원리는 과연 무엇?

엄 마 여보, 아까 근정전 마당에서 품계석 설명할 때, 경회루를 만든 설계 원리를 기록을 남겼다고 했죠?

아 빠 고종 때 정학순이 쓴 경회루서라는 책에 소상히 나와 있고 한눈에 볼 수 있는 그림도 있는데, 바로 이 그림이야. 경회루삼십육궁지도라고 되어 있지.

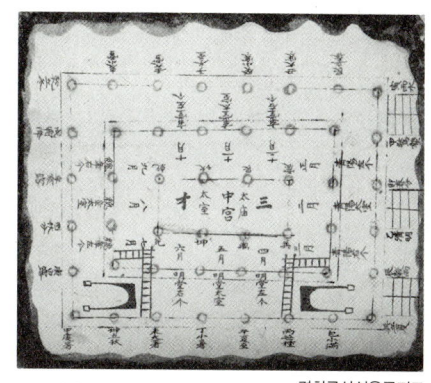

경회루삼십육궁지도

엄 마   경회루의 설계도군요. 정말 당신 말대로 바깥쪽 기둥 24개에는 24절기가 쓰여 있어요. 가운데 네모 안에는 1월부터 12월까지가 쓰여 있고요. 자축인묘… 하는 12지와 갑을병정… 하는 10간도 보여요. 게다가 건곤감리… 하는 8괘도 보이고요. 그런데 하필이면 왜 36궁이죠?

아 빠   경회루를 보면, 정면이 7칸, 측면이 5칸이거든. 그러면 경회루는 모두 몇 칸이지?

아 름   35칸이요.

아 빠   그렇지. 그런데 경회루서라는 책에는 지붕은 태극이라 불리는 모양을 얻게 되니 그것을 하나로 보느니라고 해서 36궁이라 불렀어.

호 림   조금 억지가 있어요. 분명히 35칸인데…

아 빠   그렇게 조금 억지가 들어간 것은 사실이야. 하지만, 설계에 반영된 주역의 8괘의 숫자를 모두 더하면 이것도 36이 되지.

아 름   어디 한번, 1+2+3+4+5+6+7+8은 음… 정말 36이네요.

아 빠   그 책에는 36이라는 숫자와 관련된 설명이 더 많이 나오는데, 모두 주역에 관련된 이야기라 너무 어려워서 아빠가 제일 간단한 내용만 너희에게 알려 준거야. 아무튼, 경회루는 모든 동양 사상을 함축적으로 넣어서 설계했다는 것을 그 책을 통해서 알게 되지. 동양 사상하면 또한 음양을 빼놓을 수가 없겠지? 경회루에서 음양이 또한 잘 조화된 것을 한번 찾아볼까? 힌트는 기둥이다!

아 름 음… 멀어서 잘 보이지는 않는데… 아, 알았다. 바깥쪽의 기둥은 네모 기둥이고요. 안쪽의 기둥은 둥근 기둥이에요.

아 빠 맞았다. 사실 근정전의 행각에 있던 기둥의 주춧돌도 안쪽인 마당 쪽이 둥근 주춧돌, 바깥쪽인 벽 쪽이 네모난 주춧돌이었던 것 기억하지? 마찬가지 원리야. 이처럼 우리 동양 사상은 원리만 알게 되면 다른 것들도 쉽게 알 수 있어.

호 림 저는 솔직히 아빠하고 답사할 때는 문화재에는 별 관심이 없어요. 대신에 아빠의 옛날이야기나 문화재에 얽힌 에피소드는 재미있어요. 경회루가 파티하고 연회를 베푸는 장소라서 그런지는 몰라도 나는 왠지 경회루가 끌리는데, 혹시 경회루에 얽힌 에피소드는 없나요?

음양이 반영된 경회루 기둥

경회루와 흥청망청

아 빠 너희 혹시 흥청거린다든가, 흥청망청興淸亡淸이라든가, 이런 이야기를 학교든 어디서든 들어본 적이 있니?

호 림 그럼요. 그 말이 경회루와 관련이 있나요?

아 빠 그럼. 자, 나를 따라서 경회루의 서쪽으로 가 보자. 저기 물가에 돌로 만든 계단이 보이니? 계단이 연못으로 곧장 들어가지? 저기서 배를 탔다는 말이야.

호 림 아하! 저것 때문에 경회루 연못에 배를 띄워 둔 것이군요.

아 빠 특히 연산군은 나랏일은 돌보지 않고 매일 같이 술과 여자에 빠져 지낸 것으로 유명한데, 이곳 경회루 연못 안에 만수산이라는 것을 만들고 연못 안에 수십 척의 배를 띄우고 놀았다고 해. 그때 전국에서 미모의 처자를 기생으로 뽑아서 올리라고 했는데, 그 기생들을 흥청이라고 불렀어. 그런 이유 때문에 흥청거린다는 말과 흥청망청이라는 말이 생겨난 거야.

엄 마 그리고 경회루 연못이 풍수와 관련 있다는 말을 했잖아요? 좀 더 자세히 말해 주세요.

경회루와 경회루 연못에 얽힌 비보 풍수 코드

아 빠 뭐 굳이 풍수 이론까지 들어갈 필요는 없고. 한눈에 볼 수 있게 해 줄게. 풍수에서 좋은 기운이든 나쁜 기운이든 물을 만나면 멈춘다고 했지? 그리고 풍수에서는 불견不見 처리라고 해서 안 보이게 하면 나쁜 것도 비보가 된다고 했지?

엄 마 거기까지는 들어서 알고 있어요. 실제 현장에서 확인시켜 주세요.

경회루와 인왕산

아 빠   자, 그럼 저쪽 인왕산 쪽을 봐! 치마바위라고도 불리는 인왕산의 바위가 보이지? 저 바위의 느낌이 어때? 좋은 기운이 오는 것 같아? 아니면 나쁜 기운이 오는 것 같아?

엄 마   왠지 바위 덩어리에서는 나쁜 기운이 오는 것 같아요.

아 빠   그래, 사람들 대부분이 푹신푹신한 흙 산은 포근함을 느끼는데, 저런 바위산은 거북함을 느끼거든. 좋지 않은 느낌을 받는다는 것은 결국 나쁜 기운이 나온다는 거야. 그래서 산에서 나오는 나쁜 기운이라고 해서 산살(山殺)이라고 하지. 망신살 할 때의 살 말이야. 그런데, 저 인왕산의 바위 덩어리에서 날아오는 산살의 살기가 경회루의 연못을 통과하지 못해서 생기는, 마치 그늘과 같은 곳이 생길 거야. 그 그늘에 있으면 산살을 받지 않아서 좋게 되는 것이지. 그곳이 어디일까?

엄 마   어머! 임금님과 왕비님의 침전인 강녕전과 교태전이군요!

조선의 법궁, 경복궁

아빠 바로 그거야. 사실 인왕산의 정상에서 경복궁을 내려다보면 더욱 확실하게 알 수 있는데… 나중에 인왕산에 올라가서 꼭 확인해 보자. 한편, 경회루의 연못 말고 경회루 건물 자체도 풍수적인 역할이 있어. 경회루 건물을 굳이 저 자리에 지어 놓은 것도 풍수에서 말하는 비보책으로 불견 처리한 것이야. 아니 불, 볼 견! 즉 눈에 안 보이면 나쁜 기운도 오지 못한다는 거야. 이것도 나쁜 기운을 피할 수 있는 그늘을 만들어 주지. 인왕산의 산살로부터 나오는 살기를 막아주는 역할을 경회루 건물이 하게 되는데, 그 경회루 그늘 속에 어떤 건물이 들어가는지 잘 살펴봐!

엄마 아, 바로 강녕전이에요! 결국, 임금님을 풍수적으로 지키기 위해 이중의 장치를 한 것이군요! 연못으로 나쁜 기운을 막고, 경회루 건물로 불견 처리하고!

아빠 그럼, 아름이가 경회루의 고건축적인 요점을 한번 정리해 볼까?

아름 몇 번 해보니깐 이제 좀 익숙해진 것 같아요. 우선, 팔작지붕에 정면 7칸 측면 5칸짜리 누각 건물이고요, 이익공 집이에요. 그런데 아빠, 기둥 옆과 창방 아래쪽에 액자의 틀처럼 화려하게 만든 저것은 뭐죠?

인왕산에서 본 경복궁

아빠 저것은 낙양각落陽刻이라고 부르는데, 마치 커튼이나 장막을 걷어 올렸던 형상을 본떠서 만든 장식이야. 저 낙양각을 통해서 바깥을 보면, 바깥 풍경이 마치 너의 말처럼 예쁜 액자 속의 그림과 같이 보일 거야. 지금은 우리가 이렇게 멀리서 경회루를 바라보지만, 인터넷으로 미리 예약하면, 저 경회루에 직접 들어가서 경회루를 특별하게 볼 수가 있어. 물론 문화해설사의 안내를 따라야 해.

뱀의 발 경회루를 먼발치에서 보는 것이 아니라 직접 경회루에 올라가서 관람할 수 있는 특별관람 프로그램이 있다. 아래 정보를 이용하여 가능하면, 아니 꼭 관람하기를 추천한다.

겨울철을 제외한 4월부터 10월까지 경회루를 특별관람할 수가 있으며, 관람 요금은 경복궁 관람권 구매 후 추가 요금 없이 관람할 수 있다. 예약 시기 및 방법은 관람 희망일 5일 전부터 선착순 인터넷 예약 순이며, 현장 접수는 불가능하다. 예약 인원은 1인당 10명까지 가능하다. 관람 인원은 매회 80명 정원이며, 관람 시간은 평일 10시, 14시, 16시이고, 토·일요일은 10시, 11시, 14시, 16시이다. 예약이 되면, 예약증을 출력하여 관람시간 5분 전까지 경회루 옆 집합 장소인 함홍문 앞에서 대기하면 된다. 경회루 특별관람에 걸리는 시간은 약 40분가량이다.

조선의 법궁, 경복궁

경회루에서 내다본 바깥 풍경

호 림 아빠, 그럼 다음에는 꼭 경회루를 인터넷으로 미리 예약해서 봐요.
아 빠 자, 이제 다시 사정전 쪽으로 가 보자. 저기 경회루 담 앞에 있는 첫 번째 문으로 들어가면 천추전의 뒷마당으로 곧장 연결돼.

강녕전

 향오문 앞

강녕전

아름 드디어 강녕전康寧殿이네요. 임금님의 침전이라고 했죠?

아빠 그래, 이 강녕전의 정문 이름은 향오문嚮五門인데, 음양오행에서 오행을 뜻해. 그래서 강녕전을 포함해서 주위의 건물들을 모두 합치면 다섯 채가 되는 것이지.

호림 오행을 뜻하는 것이 이 문이면, 음양을 뜻하는 문도 있다는 말인가요?

아빠 녀석 급하기도 하지. 음양을 뜻하는 문 이름은 이 뒤쪽에 있는 교태전에서 또 나와. 그리고 이 향오문은 삼문삼조 구조에서 경복궁의 치조가 끝나고 마지막 구역인 연조가 시작되는 지점이지. 삼문삼조 기억하니? 궁궐은 바깥쪽에서 안쪽으로 들어가면서 크게 세 구역으로 나뉘는데, 첫 번째 구역이 궐내각사가 모여 있는 외조, 두 번째 구역이 정치하는 치조, 세 번째 구역이 왕과 왕실 사람들이 일상생활을 하는 연조라고 말이야.

연조의 시작, 강녕전

아 름 당연히 기억하죠. 그런데 아빠, 이 향오문은 기둥이 모두 네모기둥이에요. 바로 앞에 있는 사정문은 기둥이 둥근 기둥이었던 것 같은데… 제 기억이 맞나요?

아 빠 아름이가 세세한 것까지 눈여겨봤구나. 맞아. 앞의 사정문은 둥근 기둥이고 여기 향오문은 네모기둥이야. 둥근 기둥이 네모기둥보다는 격이 더 높아. 이것은 정치를 하는 치조 영역이 생활 공간인 연조 영역보다는 격이 한 단계 더 높다는 것을 뜻하기도 해. 또한, 밤에 잠을 자는 공간과 낮에 활동하는 공간에 대한 음양 구분도 들어 있어.

엄 마 잠을 자는 침전은 음인 네모기둥이고, 활동하는 편전은 양인 둥근 기둥이다?

향오문

향오문 네모기둥

아 빠 　그래. 이런 차이는 문에서만 확인되는 것이 아니야. 사정전은 다포계의 화려한 공포가 만들어져 있지만, 강녕전은 간단한 이익공의 익공계 구조지. 그리고 이 향오문 옆의 담장을 잘 봐. 여긴 왕의 침전이라서 이런 무늬가 있는데, 뒤쪽의 왕비 침전으로 들어가는 정문인 양의문 옆의 담장의 무늬와 비교해 볼 필요가 있어. 자, 이제 강녕전 앞으로 가 볼까?

 강녕전 앞

아 름 　엄마, 강녕전 글자를 하나씩 불러 주세요. 제가 뜻을 알아맞힐게요.
엄 마 　건강할 강康, 안녕할 녕寧, 큰집 전殿!
호 림 　이건 너무 쉽다. 답이 글자에 모두 들어가 있네!
아 빠 　그렇지? 임금님이 주로 머무르는 곳이라서 임금님의 건강과 안녕을 생각해서 이름을 붙였지. 임금님의 평안은 곧 나라의 평안이었으니깐… 임금님이 건강하지 못하면 나라가 흔들리지. 예를 들어, 문종 임금이 병약했기 때문에 수양대군이 조카인 단종을 죽이고 왕위에 오르는 엄청난 일이 벌어진 거야.
아 름 　그런데 임금님의 침전을 왜 대전이라고 불러요? 침전이면 잠을 자는 곳인데…
아 빠 　전에도 아빠가 설명했다시피, 한옥은 서양 가옥과 비교하면 건물 용도가 비교적 자유롭지. 그래서 이곳이 침전이라고 해도 여기서도 신하들과 정치도 하고, 연회도 베풀고 했어. 왕의 침전을 연침 또는 연거지소라고도 하는데, 조금 전에 말한 연조에 속한 곳이기 때문이야.
엄 마 　자, 이제 강녕전의 고건축 요점을 말해 볼까?
아 름 　음… 정면 11칸 측면 5칸이고요, 겹처마 팔작지붕에다가 특이하게도 무량각지붕입니다. 그리고 이익공 건물입니다. 그런데 아빠, 강녕전은 건물의 양쪽 끝이 독특해요. 왜 저렇게 생겼나요?

아 빠 아, 바닥이 공중에 떠 있는 누마루 형식 말이지? 저걸 양청凉廳이라고 해. 청량음료 할 때의 서늘할 양, 대청 할 때의 마루 청!

호 림 그렇게 말해 주시니 뜻을 금방 알겠어요. 시원한 누마루대청이라는 뜻이네요. 더운 여름에 시원하게 지낼 수 있도록 한 곳이군요.

용마루가 없는 강녕전 지붕

아 름 이, 건물은 또 지붕 모양도 특이해요. 용마루가 없어요. 참, 아빠가 왕과 왕비의 침전에는 용마루가 없는 지붕을 쓴다고 하셨는데, 깜빡 했어요. 용마루가 없는 지붕을 무슨 지붕이라고 하셨는데, 용어가 어려워서 잘 기억이 안 나요.

아 빠 무량각지붕이라고 하는데 양樑이 없는 집이란 뜻이야. 양은 대들보나 도리와 같이 지붕을 지탱하는 커다란 건축 부재를 뜻해. 혹시 양상군자樑上君子라는 말을 들어본 적이 있니?

엄 마 도둑놈을 양상군자라고 하잖아요.

아 빠 그래, 양상이란 말은 대들보 위를 뜻하니깐 양상군자는 대들보 위에

뱀의 발 한옥에서 여름을 시원하게 보내는 방법

여름에 시원하기 위해서는 현대 건물과 같이 꽉 막힌 상태에서 에어컨을 켜는 것이 아니라 기본적으로 바람을 통하게 하는 개방적인 자연통풍형 구조여야 한다. 한옥의 창문은 대체로 일직선으로 나 있기 때문에 통풍에 유리하다. 게다가 분합문의 구조는 활짝 들어 열 수가 있다. 이렇게 되면 모든 벽은 완벽하게 개방되는 것이다. 또한, 한옥에서는 마당을 삭막하다고 느낄 정도로 철저하게 비워두었다. 그 이유는 여름을 시원하게 나기 위해서이다. 여름에 마당에서 햇볕을 받아 뜨겁게 달궈진 공기는 더워져서 위로 올라간다. 그렇게 되면 그 빈자리를 메우려고 대청 뒤쪽에서 바람이 불어오게 되는데, 이것이 대청에서 느끼는 여름의 시원한 바람이다. 조금 과학적인 표현을 빌리자면 마당을 비운 것은 복사열을 이용한 대기의 순환 작용을 위한 것이다.

숨어 있는 도둑을 미화한 말이야. 낮에 대들보 위에 숨어 있다가 밤에 내려와서 물건을 훔쳐간다는 뜻이지.
호 림 뻥튀기 장사를 곡물 팽창업자라고 하고, 욕할 때도 야! 이 견공 자제분아! 하는 것과 같은 방식이네요?
아 빠 이렇듯이 양이란, 대들보나 대들보와 90도 방향이 꺾이는 건축 부재인 도리를 나타내는 한자야. 대들보 양樑이라고 해. 그런데 무량각은 그런 양이 없는 집이란 뜻이지. 전에도 말했듯이 보통의 집이라면 용마루 바로 밑에 용마루를 지탱하는 종도리라고 하는 건축 부재가 들어가는데, 무량각지붕은 용마루를 만드는 대신 용마루를 없애고 그 위치에 굽어 있는 기와인 곡와를 올리거든. 그리고 그 밑에는 일반적인 종도리가 없어서, 없을 무, 대들보 양, 누각 각 자를 쓴 무량각지붕이라고 해.
엄 마 일반적인 종도리 대신 쌍종도리를 쓴다고 했죠?
아 빠 당신 기억을 잘하네?

강녕전의 월대는 대청마루로 확대된다

아 름 강녕전의 월대는 무슨 용도로 사용했나요?
아 빠 월대는 임금의 상징이라고 했지? 궁궐은 세 부분으로 나누면 외조, 치조, 연조로 나뉘지만, 외조와 치조를 묶어서 외전, 연조를 내전이라고도 해서 크게 두 부분으로 나누기도 해. 그래서 외전 지역의 으뜸 전각인 법전에 월대를 만드는 것이고, 그것이 근정전 월대야. 또한, 내전 지역의 으뜸 전각에도 월대를 만드는데, 그것이 이 강녕전 월대야.
엄 마 결국 내전 지역에서 가장 중요한 건물이 바로 이 강녕전이란 말이죠? 그래서 인왕산에서 날아오는 나쁜 기운도 경회루 연못으로 1차로 막고, 거기다가 경회루 건물로 2차로 막은 것이 이 중요한 강녕전을 보호하려고 한 것이군요.

아빠 따라서 이 월대에서는 각종 공식, 비공식 행사가 열렸어. 특히 엄청나게 큰 잔치가 벌어진다면 월대의 크기로도 모자랄 수가 있겠지? 그때 이 월대를 확장시킬 수 있는 비법이 있어.

호림 이 돌로 된 월대를 어떻게 확장해요?

엄마 그런 뜻이 아니라 월대 뒤에 있는 강녕전의 대청마루를 같이 쓴다는 말이겠지.

아빠 맞아. 민가에서도 대청은 조상에 대한 제사를 지내거나 각종 잔치를 여는 장소였어. 이런 대청이 보통 6칸짜리 대청이어서 육간 대청이란 말이 생겨났어. 민가에서는 6칸짜리 대청도 넓다고 했는데, 강녕전의 대청은 무려 9칸짜리 대청이야. 이것뿐만이 아니야. 우리 한옥의 특징은 분합문을 들어 올리면 공간이 확장된다고 했잖니? 대청마루 뒤쪽

강녕전의 들어올려진 분합문

의 저 분합문을 들어 올리면 대청은 9칸이 아니라 12칸이 되면서 뒤쪽까지 완전히 시원하게 트인 대청이 되는 것이야. 어때, 멋진 변신술 같지 않니?

아 름 강녕전의 지붕 옆면에 무슨 글자가 쓰여 있어요. 그런데 읽기 어려운 글자네요.

아 빠 응, 저건 강康 자야, 반대편에는 녕寧 자가 쓰여 있어. 이 건물이 강녕전이란 것을 나타낸 거야.

강녕전 합각에 쓰여 있는 글자. (위) 강, (아래) 녕

창덕궁의 희정당은 원래 경복궁의 강녕전 건물

엄 마 창덕궁에서도 본 적이 있어요. 희정당 건물에도 한쪽 면에는 강, 반대쪽 면에는 녕 자가 쓰여 있었어요.

아 빠 그건, 1917년에 창덕궁의 내전이 큰 화재로 소실되자, 1918년에 일본인들이 창덕궁을 복원한다는 미명 하에 강녕전을 헐어서 창덕궁의 희정당을 지었기 때문이야. 그때 교태전도 헐려서 창덕궁의 대조전을 복원하는 데 쓰였지. 따라서 지금의 강녕전과 교태전은 최근 복원한 건물들이야.

아 름 어떻게 집을 헐어서 옮길 수가 있어요? 조립식 주택도 아닐 텐데…

아 빠 아름아, 목조 건축물인 한옥은 마치 레고 블록처럼 하나씩 분해해서 다시 조립할 수 있어. 그래서 화재만 피하면 수백 년을 거뜬하게 버틸 수 있지. 만약 일부 목재가 썩거나 변형되면 그런 부분만 교체하면 되기 때문이야. 그래서 안동 봉정사 극락전이나 영주 부석사 무량수전 같은 고려 시대의 목조 건축물이 600년이 훨씬 넘도록 아직 남아 있는 거야.

아 름 강녕전은 아궁이는 있는데 굴뚝이 안 보이네요? 어떻게 된 거죠?

아 빠 강녕전은 임금님이 주로 계시는 곳이기 때문에 특히 화재에 대해서 철저히 대비했어. 그래서 다른 곳에서 보지 못했던 우물도 옆에 있고, 굴뚝도 가능하면 건물에서 멀리 떨어지게 했지. 굴뚝이 없는 것이 아니라 멀리 떨어지게 한 것이니깐 한번 찾아봐.

아 름 아, 찾았어요. 건물 뒤쪽에 교태전으로 가는 출입문의 양쪽에 굴뚝을 붙여 놨어요. 너무 감쪽 같아서 이것이 굴뚝인 줄 모르겠어요. 그런데 강녕전의 양 옆에 있는 건물들은 왜 만든 것이에요?

양의문 담장에 있는 강녕전 굴뚝

아 빠 지금은 부속 건물들을 합해서 모두 5채가 있지만, 경복궁의 초기에는 3채만이 있었어. 가운데의 강녕전과 동쪽의 연생전延生殿, 서쪽의 경성전慶成殿 이렇게 말이다.

아 름 이것도 유교 예법에 따라서 그렇게 한 것인가요?

아 빠 그렇지! 이 경복궁의 모든 곳이 유교 예법을 철저히 따르고 있어. 유교 예법에 따르면 천자는 6침, 제후는 3침이라고 했거든. 그래서 조선은 정침인 강녕전을 가운데 두고, 동소침으로 연생전, 서소침으로 경성전을 만들었어.

아 름 그런데 왜 두 채가 더 추가되었나요?

강녕전에서 찾아보는 음양오행의 조화

아 빠   정확한 기록은 없지만, 경복궁을 중건하면서 흥선대원군이 청나라의 그늘에서 벗어나서 조선의 자주적인 면모를 갖추려고 연길당^{延吉堂}과 응지당^{膺祉堂}을 추가한 것 같아. 그러면서도 교태전과의 음양오행을 잘 맞출 수도 있는 이점도 있지.

엄 마   그럼 나머지 부속 건물들에서 우리가 눈여겨볼 만한 것은 없나요?

아 빠   그럴 리가? 우선 동소침과 서소침을 잘 봐. 보통의 전각은 좌우 대칭으로 만들거든. 그런데 연생전과 경성전은 정면이 7칸임에도 대청을 가운데 세 칸으로 만들지 않고 가운데 칸과 그 남쪽 칸의 단 두 칸으로 대청을 쓰고 있어. 왜 그럴까?

엄 마   마치 일부러 그런 것 같아요. 그러면서도 두 건물이 마주 보고 있어서 대칭과 비대칭의 묘한 조화가 있어요.

아 빠   맞아. 묘한 조화! 쉽게 말해 음양의 조화이기도 하지. 두 건물의 이름에서도 그것을 확인할 수가 있어. 연생전은 맞이할 연, 날 생, 큰집 전이고, 경성전은 경사 경, 이룰 성, 큰집 전이야.

엄 마   이 이름을 누가 지었어요?

아 빠   조선의 개국 공신인 정도전이 지었어. 정도전의 설명을 요약해 보면, 만물은 봄에 생성되어 가을에 결실을 이룬다. 임금도 인으로써 백성을 살리고, 의로써 완성해야 한다… 이렇게 돼. 따라서 건물의 이름에서 연생延生은 태어남을 맞이하고, 경성慶成은 결실 맺음을 경축하는 의미가 담겨 있지.

엄 마   정말 그 속에 음양오행이 다 들어가 있네요? 봄은 동쪽이고 유교 오상의 인이고, 가을은 서쪽이고 유교 오상의 의에 해당하니깐요. 그래서 동소침에는 날 생 자를 넣어서 이름을 지었고, 서소침에는 이룰 성 자를 넣었군요. 그럼, 뒤쪽의 연길당과 응지당의 뜻은 무엇이죠?

아 빠   연길당은 한자가 쉽지만, 응지당은 좀 어려운 한자야. 우선 연길당은 맞이할 연, 길할 길, 집 당이고, 응지당은 받을 응, 복 지, 집 당이야.

엄 마   길함을 맞이하고, 복을 받는다는 뜻이군요.

아 름   연 자가 맞이한다는 뜻이라고요? 그러면 연희동이라는 동네는 기쁨과 복을 맞이하는 동네라는 뜻이네요. 참 예쁜 이름이다. 동쪽의 건물들에는 연 자가 많이 들어가는구나. 연생전, 연길당!

아 빠   아무튼, 연길당과 응지당도 대칭과 비대칭의 조화를 꾀한 집이야. 두 집 모두 정면 네 칸 집인데, 유독 동쪽의 세 칸만을 열린 대청으로 쓰고 있지? 대칭 속의 비대칭이야. 수학적으로 보자면, 대칭으로 이동한 것이 아니라 평행으로 이동한 것이지. 그뿐만 아니라 연길당은 뒷마당이 있는데, 응지당은 뒷마당이 없어. 또한, 앞쪽의 연생전, 경성전과도 대칭과 비대칭을 이루고 있어. 앞의 건물들은 서로 마주 보고 있는데, 이 건물들은 서로 나란히 있고, 또한 앞의 건물들은 서열이 높은 전이고, 이 건물들은 서열이 낮은 당이고. 어때? 묘한 조화지?

경복궁에 왕의 침전이 5개나 되는 실질적인 이유

엄마   그런데 여보, 앞쪽에 있는 침전도 원래 3개나 되었는데 왜 2채를 더 추가했을까요? 음양오행이나 중국에서의 탈피와 같은 명분 말고, 뭔가 실용적인 목적이 있지 않을까요?

아빠   응, 강녕전을 침전, 연침, 연거지소라고 하지만 실제 왕이 잠만 자는 곳이 아니라 주로 거처하는 곳이라고 하는 것이 더 정확한 표현이야. 그래서 내전 지역에서 가장 으뜸가는 큰 집이라고 해서 대전이라고 하는 거야. 그렇다 보니 일반적인 정치 행위도 이 대전 일곽에서 많이 벌어졌을 것이고, 그런 여러 정치를 하기 위해서는 건물들이 많이 필요했을 거로 생각해.

강녕전

조선고적도보에 실린 강녕전의 모습

교태전

 양의문 앞

교태전

아름   드디어 중전마마가 계시는 곳까지 왔네요. 제 기억을 더듬어 보면, 이 곳의 문 이름은 음양을 나타내는 말이라고 하셨던 것 같아요. 맞아요?

아빠   그래, 잘 기억하고 있구나, 이 문은 교태전交泰殿으로 들어가는 출입문인데, 양의문兩儀門이라고 해. 양의문의 양의는 음양을 달리 부르는 말이야. 이곳 교태전은 중전마마가 계시는 곳인데, 중전은 중궁전을 줄여서 부르는 말이야.

양의문

건물 이름은 그 건물의 주인을 부르는 호칭이 될 수 있다

아 름   그럼 중전마마라는 말은 건물의 이름을 사람에게 붙인 것이군요. 마치 전하! 각하! 이런 말처럼이요.

아 빠   그렇지. 그런 말이 또 있어. 세자를 동궁마마라고 부르는 것도 세자가 머무르는 곳이 궁궐의 동쪽에 있어서, 세자의 처소를 동궁이라고 부르는 것에서 유래한 것이야. 자, 교태전으로 들어가자.

교태전 앞

아 름   엄마, 이곳 교태전의 글자도 하나씩 불러주세요. 지금까지 엄마가 한 글자씩 불러준 모든 현판은 제가 거의 뜻을 알아맞혔어요.

엄 마   이번에는 쉽지 않을 것 같은데… 아무튼, 사귈 교, 클 태, 큰집 전!

아 름   엥? 가운데 글자가 클 태예요? 태극기 할 때 태 자가 아닌데…

아 빠   한자의 클 태자는 두 개가 있어. 太와 泰자야. 먼저 것은 태극기 할 때처럼 큰 대 자에 점 하나 더 찍은 글자야. 한편, 뒤의 것은 동남아의 태국, 또는 태산이 높다 하되…로 시작하는 시조에 나오는 태 자야.

뱀의 발   **왕비는 내명부의 수장이다**

내명부内命婦는 조선 시대 궁중에 있는 왕비와 후궁, 그리고 이들을 모시는 궁녀를 통틀어 일컫는 말이다. 내명부의 상대 개념으로 왕족과 관리의 아내를 일컫는 외명부外命婦가 있다. 임금의 딸인 공주와 옹주, 세자의 딸인 군주, 현주 등은 모두 외명부에 속한다. 이러한 내, 외명부의 최고 권한은 왕비에게 있기 때문에 국왕도 내명부 일에는 간섭하지 않는 것이 관례였다.

내명부의 기능은 크게 내관内官과 궁관宮官으로 나뉘고, 품계에 따라 각기 고유한 직무가 부여되었다. 내관은 정 1품에서 종 4품까지의 왕의 후궁. 궁관은 정 5품 이하의 궁녀로서, 종 4품 이상의 품계에는 오르지 못하였다. 이들이 올라갈 수 있는 최고 품계는 정 5품 상궁이었고, 이들은 일정한 직무와 품계를 가지고 국가로부터 녹을 받고 궁중의 살림살이를 도맡은 핵심 계층이다.

정 1품	빈嬪
종 1품	귀인貴人
정 2품	소의昭儀
종 2품	숙의淑儀
정 3품	소용昭容
종 3품	숙용淑容
정 4품	소원昭媛
종 4품	숙원淑媛

둘 다 모두 크다는 뜻이지.

아 름   음… 도무지 뜻을 모르겠어요. 크게 사귄다? 사귀어서 크게 된다?

호 림   여기가 무슨 미팅 장소야?

아 빠   아름아, 고민은 그 정도로 충분해. 교태라는 말에는 철학적인 뜻이 담겨 있어. 그러니 보통사람에게는 그 뜻이 제대로 전달되지가 않지.

아 름   그래도 도전할래요. 지금까지 현판은 제가 거의 다 맞혔단 말이에요.

아 빠   좋아. 아빠가 최대한 쉽게 설명해서 도와줄게. 먼저 이곳 중궁전이 어떤 곳인지 나라 전체로서 다시 한번 생각해 보자.

아 름   나라 전체의 측면에서 본다면 이곳 중궁전은 아마도 이 나라를 이끌어 갈 세자가 태어나는 곳?

아 빠   맞았어. 옛날 조선 시대의 표현을 빌리자면 왕자를 생산하는 곳이야. 물론 왕자 중에서 세자가 나오게 되겠지.

호 림   생산이요? 여기가 무슨 공장인가?

아 빠   따라서 이 중궁전은 세자를 생산하는 국가 최고의 막중한 임무를 맡고, 또한 궁궐 안팎의 모든 여인을 지휘 감독하는 내명부의 최고 수장이신 왕비님이 거처하는 곳이야. 그래서 이곳의 이름도 세자를 생산하기 위해 최고로 좋은 뜻을 골라서 지은 것이야.

음양의 공간인 교태전 영역

아 름   그럼 사귄다는 교 자는 음양이 서로 조화된다는 뜻인가요?

아 빠   그렇지.

아 름   아! 알았다. 왕과 왕비의 음양이 잘 조화되어서, 큰 사람인 세자를 낳으라는 뜻이군요?

아 빠   아름이 수준에서는 그 정도가 최고의 답이 되겠지만, 좀 더 깊은 뜻이 있어. 이제부터는 주역에 대해 이야기해 줄게.

엄 마   주역이요? 주역을 아이들이 어떻게 이해할 수 있겠어요? 옛날 사람들도 사서삼경 중에서 논어, 맹자, 중용, 대학, 이런 것들을 먼저 공부하고 나서, 가장 나중에 공부했다는 주역인데…

아 빠   주역을 다 알 필요는 없고, 그냥 태 괘에 얽힌 이야기만 이해하면 돼. 애들아, 주역이라는 것이 무슨 이야기냐 하면, 옛날 고대 중국의 주나라에서 쓰던 역법 책이야.

주역의 기초 입문

아 름   역법이 뭐예요?

아 빠   역법이라는 것은 천체의 주기적인 운행을 시간 단위로 구분하여 정하는 방법이야. 이것으로 달력도 만들고, 일식 월식 같은 천체 현상도 예측했어. 그런데 하늘과 시간을 공부하다 보면 다가올 미래에 대해 궁금한 것이 생기게 마련이고, 따라서 미래를 내다보기 위해 옛날 사람들은 대대로 많은 점괘를 쳐 보았지.

호 림   점을 치는 것은 미신이잖아요?

아 빠   그렇지만 고대 중국의 주나라에서 그때까지 수많은 점을 친 것에 대한 결과들을 모아서 통계를 내어보니 그중에 공통점들이 꽤 많이 발견된 거야. 그래서 주나라에서는 그 점괘들을 정리해서 책으로 만든 거야. 그것이 주나라의 역법이라고 해서 주역이라고 불리는 것이지.

호 림   그럼 그냥 통계 책이잖아요. 이런 점괘가 나오면 대체로 이런 결과가 많이 나오더라. 그것도 통계일 뿐이지 100% 맞힌다는 보장도 없을 것이고요.

아 빠   이 주역이 권위를 가지게 된 것에 결정적으로 이바지한 사람이 있어.

바로 저 유명한 공자님이 이론적, 철학적으로 해석해서 십익十翼이라는 제목으로 해설서를 붙여 놓은 거야. 총 10편으로 이루어졌고 주역에 날개를 달아주었다는 뜻으로 열 십, 날개 익 자를 붙여서 십익이라고 한 것이지.

엄 마   맞아요. 우리 동양 사람들은 공자님 말씀이라면 무조건 껌뻑 죽는 경향이 있어요.

아 빠   아무튼 그 주역은 점괘를 총 64개로 분류를 했어. 그래서 주역 64괘卦라는 말이 나온 거야.

아 름   점괘는 어떻게 나누는 거죠?

아 빠   모든 점은 가장 쉬운 것에서 출발하지. 일단, 가장 간단한 점은 두 개 중의 하나를 고르는 거겠지?

주역의 시작은 음과 양

호 림   맞아요, 구슬치기할 때, 홀짝 알아맞히는 거잖아요?

아 빠   노는 이야기가 나오니 호림이 눈빛이 달라지는구나! 바로 그거야. 결국은 미래를 알아 맞히는 거야. 홀짝은 결국 음양과 같은 말이야. 그런데 미래가 홀짝과 같이 단순하게 알 수 있는 것만 아니잖아? 그래서 음양을 두 개씩을 겹쳐서 점을 치면 조금 더 점괘가 많이 나오지? (양, 양)이 나오면 클 태자를 써서 태양, (음, 음)이 나오면 태음 이렇게 부르고 (양, 음)이 나오면 소양, 그리고 (음, 양)이 나오면 소음 이렇게 불렀어.

아 름   아! 한의학에서 말하는 사상체질 말씀이네요. 태양인, 태음인, 소양인, 소음인!

태극기와 8괘 이야기

아빠 맞아. 그런데 음양을 세 번씩 겹치게 되면 8개의 괘, 즉 8괘가 나와.

아름 그렇죠. (음, 양)의 2 곱하기 (음, 양)의 2 곱하기 (음, 양)의 2는 총 8가지 괘가 나와요.

아빠 그 8괘를 하나씩 순서대로 나열하면
(양, 양, 양)부터 마지막 (음, 음, 음)까지 나와. 그래서 이 순서에 이름을 붙여 하나씩 써 보면, 건乾, 태兌, 이離, 진震, 손巽, 감坎, 간艮, 곤坤 이렇게 돼.

아름 어, 어디서 많이 듣던 말들인데. 가만있자… 아 알았다. 태극기의 건곤감리! 맞죠?

아빠 그래 맞았다. 태극기의 4괘는 주역의 8괘 중에서도 위아래가 뒤집혀도 모양이 똑같은 4개를 골라서 쓴 것이야. 원래부터 4괘라는 것은 없고, 8괘에서 특별히 골라낸 것이지.

호림 아, 이건 재미있는 이야기네요. 태극기가 점괘를 포함하고 있다니…

아빠 그런데 (양, 양, 양)으로 된 건괘는 완전히 양으로만 이루어져 있고, (음, 음, 음)으로 된 곤괘는 완전히 음으로만 이루어져 있지. 그래서 이것을 사람에게 적용하면 건은 아빠, 곤은 엄마가 되는 것이야.

8괘의 적용

호림 그럼 양으로 시작하는데 음이 섞여 있으면 어떻게 되나요?

아빠 그럼 그것은 첫째 아들, 둘째 아들, 셋째 아들 이렇게 되고 거꾸로 음으로 시작하는데 양이 섞여 있으면 첫째 딸, 둘째 딸, 셋째 딸 이렇게 되는 것이야.

호림 그런 정도면 점치는 것. 그다지 어렵지 않네요? 나도 점이나 쳐 볼까?

아빠 그런데 그 점괘를 사람이 아닌 자연에 적용하면 (양, 양, 양)으로 된 건괘는 하늘이 되고, (음, 음, 음)으로 된 곤괘는 당연히 땅이 되겠지?

아름 여기까지는 그다지 어렵지 않아요. 만약 그 점괘를 하늘에 적용하면 건괘는 태양이 되고, 곤괘는 달이 되겠네요. 주역도 아빠가 알려주니 쉬워요.

아빠 아니야. 이 정도에서 끝난다면 다들 주역이 왜 그렇게 어렵다고 난리를 치겠니? 이런 8괘를 두 번 붙여서 점을 치면 몇 개의 괘가 나올까?

주역은 총 64괘이다

아름 8괘×8괘 = 총 64괘가 나오겠네요. 아, 너무 경우의 수가 많아요.

호림 난, 점치는 것 포기했어요. 8개면 어떻게 해 보려고 했는데…

아빠 이런 주역의 64괘는 보기에 편하도록 8괘짜리 한 묶음 두 개를 한 세트로 해서 위아래로 배열해. 그렇게 되면 위아래 모두 건인 괘로부터, 위아래 모두 곤인 괘까지 64가지가 나오겠지? 64개의 괘를 다 알 필요는 전혀 없고 단, 두 가지 괘만 알면 돼. 위가 건, 아래가 곤인 괘가 있고, 거꾸로 위가 곤, 아래가 건인 괘가 있어. 주역에서는 위가 건, 아래가 곤인 괘를 천지비天地否라고 불렀고, 거꾸로 위가 곤, 아래가 건인 괘를 지천태地天泰라고 불러.

아 름   아하! 건이 하늘이니깐 천이라고 했고, 곤이 땅이니깐 지라고 했군요.

엄 마   그래서 위/아래가 건/곤이면 천지, 위/아래가 곤/건이면 지천, 이렇게 된 거군요.

아 빠   맞았어. 그런데 천/지는 비이고, 지/천은 태라고 했거든? 주역의 해석을 따르면 천/지는 막힐 비否 자니깐 좋지 않은 괘라고 하고, 지/천은 클 태 자니깐 가장 이상적이면서 주역에서 으뜸으로 치는 괘라고 해.

엄 마   이상해요. 하늘이 위에 있고 땅이 아래에 있으면 좋지 않고, 거꾸로 땅이 위에 있고 하늘이 아래에 있으면 으뜸이라고요? 뭔가 이상해요.

아 빠   좋아, 이렇게 생각해 봐. 위가 하늘이고 아래가 땅이면, 하늘의 성질은 올라가려 하고 땅의 성질은 꺼지려고 하겠지? 그럼 위와 아래가 서로 멀어지기만 하고 조화가 되지 않는 거야. 반면에 위가 땅이고 아래가 하늘이면, 위에 있는 땅은 내려오려 하고 아래에 있는 하늘을 올라가려고 하니, 위와 아래가 서로 잘 조화가 되는 거야. 이런 그림을 우리는 너무 잘 알고 있어. 그 그림이 무엇일까? 힌트는 붉은 악마!

호 림   위와 아래가 서로 잘 조화가 되는 그림? 그것도 우리가 잘 알고 있는 그림? 그게 뭘까?

아 름   아! 알았다. 그건 태극기의 한가운데 있는 태극 그림이에요. 위아래가 서로 빙빙 돌면서 잘 섞이고 있는 그림이잖아요.

주역에서 으뜸으로 치는 괘가 바로 지천태 괘

아 빠   맞았어. 그래서 결론을 말하자면 주역의 64괘 중에서 가장 으뜸으로 치는 괘가 바로 지천태 괘야.

엄 마   아, 그래서 교태전의 뜻은 왕과 왕비님의 음양이 잘 조화가 되어서 새

조선고적도보에 실린 교태전의 모습

　　　로 태어나는 세자는 주역에서 말하는 가장 좋은 미래를 보장받으라는 뜻이군요.
아 빠　100점짜리 정답이야.
아 름　이 건물도 옛날 건물이 아니라 복원한 거라고 하셨죠?
아 빠　그래, 1917년의 창덕궁 화재로 창덕궁의 중궁전인 대조전도 소실되었고 그때 경복궁의 교태전을 헐어서 창덕궁의 대조전을 다시 짓는 데 사용했어.
엄 마　이 건물의 특징은 뭐예요?
아 빠　강녕전과 마찬가지로 무량각지붕을 가진 건물이지만, 남자인 임금의 침전인 강녕전과는 달리 여성인 왕비를 배려한 흔적이 많아. 우선, 뒤편의 후원이 가장 대표적이고, 강녕전과는 달리 교태전의 부속 건물들은 본채와 모두 연결을 시켜놓았기 때문에 공간 활용도가 높지.
엄 마　맞아요. 강녕전의 부속 건물들은 모두 독립적으로 떨어져 있는데, 이곳 교태전은 모두 붙어 있어요. 이런 배치도 결국 음양으로 해석되네요. 정말, 궁궐 안에는 음양오행이 적용되지 않은 곳이 없군요. 그리고 이 양의문의 담장만 봐도 앞쪽의 향오문 담장보다 훨씬 예뻐요. 아무래도 여성의 공간이라서 그런가 봐요.

교태전이 강녕전보다 격을 낮춘 흔적 찾기

아 빠 한편 왕이 왕비보다는 높은 분이니깐, 같은 침전이라도 왕의 침전인 강녕전보다는 교태전을 의도적으로 격을 살짝 낮춘 흔적이 있을 거야. 한번 찾아볼래?

아 름 일단 강녕전에는 월대가 있는데 이곳에는 월대가 없어요. 또 강녕전에는 누마루가 양쪽에 붙어 있는데 이곳에는 없어요. 마당도 강녕전 마당이 훨씬 넓은데, 교태전 마당은 좁아요. 그리고 강녕전에는 부속 건물이 많은데, 이곳에는 적어요. 그리고…

아 빠 건물의 규모를 한번 살펴보렴.

아 름 아, 강녕전보다 교태전의 규모가 작아요.

아 빠 건물의 규모를 말할 때는 그냥 크다 작다로 표현하는 것보다는 고건축적인 표현을 써서 건물의 칸 수로 말하는 것이 더 정확해. 강녕전은 정면 11칸, 측면 5칸의 건물이지만, 교태전은 정면 9칸, 측면 4칸의 건물이야.

엄 마 궁궐에서 풍수에 관한 이야기가 빠질 순 없잖아요? 이곳 교태전에 얽힌 풍수 이야기는 없나요?

아 빠 당연히 있지. 우선은 잠시 옆에 있는 흠경각과 함원전에 먼저 들렀다가, 교태전 뒤편의 아미산으로 가서 계속할게. 왼쪽에 보이는 재성문으로 나가면 바로 흠경각과 함원전이야.

흠경각과
함원전

➡ 흠경각 앞

흠경각

아 름   흠경각은 한자가 좀 어렵네요. 그래도 한번 도전해 볼게요. 엄마?
엄 마   공경할 흠欽, 존경할 경敬, 집 각閣! 흠경각欽敬閣이야.
아 름   공경하고 존경한다? 왕실의 어른을 모신 곳인가요? 아니면 옛날 왕들의 그림이나 책을 모신 곳?
아 빠   이 건물도 이름만으로는 어떤 곳인지 알기가 쉽지 않아. 하지만 흠경각이라는 이름은 지난번 궐내각사에 대해 설명할 때, 아빠가 이미 이야기했어.

시간을 관장하던 궐내각사 흠경각

아 름 궐내각사 설명할 때요? 잠깐만 수첩에 적어 놓은 것을 찾아 볼게요. 아! 보루각과 함께 물시계 등 각종 시계를 통해서 시간을 정밀하고 관측하고 시간을 알려주던 곳이요?

아 빠 그래 맞았어. 찾아보니 나오지? 아무리 머리가 좋아도 수첩을 따라갈 수는 없지.

아 름 그런데 공경하고 존경한다는 뜻이 시간을 아는 것과 무슨 상관이죠?

아 빠 흠경이라는 말은 유교의 고전인 사서삼경 중에서 서경이라는 책에 나오는 말인데, 흠약호천, 경원인시欽若昊天, 敬授人時라는 문구에서 따온 말이야. 뜻은 하늘을 우러러 공경하며, 백성에게 때를 일러준다는 뜻이야.

아 름 옛날에는 하늘을 관측해서 시간을 알았기 때문에 그런 말이 생겨난 거군요?

아 빠 그렇지. 특히 옛날에는 농사가 곧 만백성의 목숨과도 같았기 때문에 농사를 짓기 위한 절기 등 시간을 지배한다는 것은 곧 왕만이 할 수 있는 권능이었지. 따라서 이 흠경각은 궐내각사임에도 외전 지역에 있지

뱀의 발   옛 기록에 나오는 세계 최고의 최첨단 자동 물시계 옥루기륜

…흠경각 안에 오랑캐의 종이인 호지糊紙로 높이 7척가량의 산을 만들고, 금으로 태양의 모형을 만들어 다섯 구름인 오운五雲이 태양을 둘러싸고 산허리 위로 흘러가며, 낮엔 산 위에 뜨고 밤엔 산중에 지면서 일주一周하는데, 절기에 따라 고도와 원근이 태양과 일치한다…

…세종 20년에 임금이 여러 의상을 제작하도록 하고 천추전 서쪽 뜰에 집을 지어 옥루기를 설치했다. 그 바퀴는 물이 쳐서 돈다. 또 북 치는 사람, 종 치는 사람, 시각을 맡은 옥녀가 장치돼 있어 모든 기관이 스스로 치고 스스로 움직인다. 그것을 장치한 집을 흠경각이라 한다…

이 옛날 기록들을 잘 살펴보면 시각과 방위와 계절을 살피던 옥루기륜은 한마디로 자동 천문 물시계라고 할 수 있는데, 물의 흐름으로 모든 것이 작동되면서 시간과 하늘의 모양이 표시되도록 기묘하게 만들어졌다.

또 수입 종이를 발라서 약 210cm 정도의 인조 산을 만들고, 그 둘레를 황금으로 만든 태양이 돌게 했고, 옥으로 만든 여자 인형 넷과 청룡, 백호, 주작, 현무의 네 방위의 신 인형이 시각에 맞춰 정확하게 움직이며, 무사나 십이지신 모습의 인형이 목탁, 북, 징, 종 따위를 치게 했다. 또 산의 사방엔 농촌의 사계절 풍경을 그린 시경의 빈풍칠월편을 진열해 농사 짓는 모습을 사람이 볼 수 있게 했다.

아 름   여러 가지 많은 시계를 장영실이 만들었다고 학교에서 배웠어요.

아 빠   맞아. 이 흠경각도 세종 임금 때 장영실이 어명으로 건립한 건물이야. 이곳 흠경각에는 자동으로 작동하는 옥루기륜玉漏機輪이란 물시계가 있었대. 이런 과학 기구의 등장은 당시 원나라를 통해 받아들인 아라비아 천문 기구의 영향을 받은 데다가 세종 대왕과 장영실로 대표되는 훌륭한 신하들의 창조적 노력이 있어 가능했다는 평가야. 조선이라는 나라가 쇄국의 이미지가 남아 있는 것은 조선 말기 때만 잠깐 그랬지, 전체적으로는 그렇지 않았어. 중국을 비롯한 외국과의 교류도 활발했고, 삼포왜란이라는 말이 생길 정도로 일본과의 교역도 많았어. 자, 이제는 함원전 앞으로 가 볼까?

➡️ 함원전 앞

아 름   자, 이제 또 뜻풀이에 도전합니다. 엄마, 이제는 자동으로 말씀해 주셔야죠!

엄 마   품을 함含, 으뜸 원元, 큰집 전殿! 함원전含元殿이야.

아 름   으뜸 되는 것을 품고 있는 집? 으뜸 되는 것이라면 임금님인데, 그리고 임금님의 집은 이미 강녕전이 있는데… 또 누구를 모신 곳이지? 혹시 임금님의 돌아가신 조상님을 모신 곳인가요?

엄 마   임금님의 돌아가신 조상님은 종묘와 왕릉이 있잖니?

아 빠   임금님 이외에 만인의 으뜸이 될 만한 분이 또 누가 있을까? 예를 들어, 왕궁이 아닌데도 임금님이 사는 집처럼 전이라는 최고 서열의 집 속에 살만한 사람은?

함원전

유교 국가의 궁궐에도 불당은 있었다

호 림 혹시 부처님? 절에 가면 부처님은 대웅전에 계시잖아요!

아 빠 와! 호림이가 그걸 맞히다니, 대단하구나. 이 함원전은 기록에 따르면 내불당으로 쓰였다는구나. 거기다 교태전이 바로 옆에 있으니 왕비가 자주 사용했을 것 같지?

아 름 아빠, 조선은 유교의 나라이기 때문에 숭유억불 정책을 써서 불교를 억압한 나라잖아요?

아 빠 응, 그 말은 맞아. 그러나 조선이라는 나라가 정치 이념으로는 유교를 숭상했어도 종교가 그 당시로써는 마땅히 불교를 대체할 것이 없었어. 그래서 불교가 비록 고려 때보다는 지위가 형편없이 떨어지기는 했지만 그래도 최소한의 명맥은 이어갔지.

엄 마 궁궐이라면 만백성의 모범을 보여야 할 임금이 사는 곳인데 이런 곳에 부처를 모신 곳이 있다면 백성에게 위신이 서지 않는 것은 아닐까요?

아 빠 그게 말이야 좀 복잡한데… 왕에 따라 입장이 많이 달랐어. 태종 같은 왕은 불교를 최대한 억압한 왕의 대표적인 경우이고, 세조와 명종은 불교를 보호하려는 견해였어. 세조는 자신의 피부병을 치료하기 위해 오대산의 상원사를 찾아갈 정도였고, 나름대로 조카를 죽인 양심의 가책 때문이라도 불교에 기대고 싶었을 거야. 한편, 명종은 자신의 어머니인 문정왕후가 승려 보우와 함께 불교를 중흥시키려고 했었기 때문에 조선 최대의 마마보이 왕으로서는 어쩔 수가 없었을 거야.

호림 명종은 어느 정도 마마보이였어요?

아빠 문정왕후가 자신의 말을 듣지 않는다는 이유로 왕인 명종의 종아리를 회초리로 때릴 정도였어. 아무튼, 이 함원전은 원래 동쪽에 있던 인지당과 더불어 교태전을 보좌하던 소침전小寢殿 건물이었어. 함원전 역시 1917년 창덕궁 화재 이후 교태전과 함께 철거돼 창덕궁 내전 전각을 중건하는 재목으로 사용되었어. 그래서 지금도 창덕궁의 대조전 부속 건물로 남아 있지. 자, 이제 함원전의 오른쪽 뒤로 돌아가면 아미산이야.

함원전 화계에서 바라본 경회루의 모습

아미산의 굴뚝 _ 보물 제811호

→ 아미산 앞

아미산

아 름   여기가 아미산峨嵋山이에요? 참 예쁘다.
아 빠   경회루를 설명할 때 이미 말했듯이 이곳 아미산은 원래부터 있던 것이 아니라 경회루의 연못을 팔 때 나온 흙을 이곳에다 쌓아서 만든 인공산이야. 그런데 다른 곳도 많은데 왜 하필 이곳에다 흙을 쌓아 놓았을까? 여기에도 숨겨진 풍수 이야기가 있어.
엄 마   궁금해요. 어서 들려줘요.

아미산은 풍수에서 말하는 생기를 저장하는 잉

아 빠 풍수에서는 좋은 기운이 뭉쳐져 있는 명당, 즉 혈 자리를 찾는 것이 최종 목적이야. 그런데 명당자리는 흔적을 남기거든. 마치 날 잡아 보라 하는 것처럼

아미산에서 본 교태전

말이지. 그 흔적이라는 게 바로 한자로 배부를(또는 아이 밸) 잉孕 자를 쓰는 풍수 잉이야.

아 름 그럼 아기를 잉태했다고 할 때의 그 잉도 같은 한자인가요?

아 빠 그렇지!

엄 마 왜 잉이 명당자리의 흔적이 되죠?

아 빠 풍수도 그 내용이 매우 복잡하기는 하지만 그중에 형기론形氣論이라는 이론에 따르면, 땅에서 명당, 즉 혈 자리를 찾는 과정이, 엄마가 아기를 낳는 것과 같은 이치라고 보고 있어. 즉, 엄마가 아기에게 새 생명을 넣어주는 과정이, 땅에도 그대로 적용된다고 보는 것이고 그 생명의 기운이 생기야. 그래서 아기를 밴 엄마가 결국 자궁문이 열리면서 새 생명을 탄생시킬 때, 그 자궁문이 열리는 곳이 혈 자리가 되는 것이야. 왜냐하면 생명의 기운이 나오는 곳이니깐.

엄 마 그래서 아이를 밴 것처럼 배부른 땅이 있으면 그것이 바로 혈 자리 바로 앞이라는 말이 되겠네요?

아 빠 그렇다고 해서 아무 땅이나 아이를 밴 것처럼 생겼다고 풍수 잉이 되는 것은 아니야. 풍수에서 찾으려는 좋은 기운은 아무 데서나 불쑥 솟아 나오는 것이 아니라, 피가 흐르는 핏줄처럼 용맥선과 지맥선을 타

아 름	거기까지는 기억나요.
아 빠	백두산에서 시작한 생명의 기운인 생기는 백두대간白頭大幹과 여기에서 연결된 14개의 정간正幹, 그리고 정맥을 통해 우리나라 전국으로 퍼져 나가. 그런데 그중 한북정맥을 타고 오는 생기는 북한산을 거쳐서 경복궁 바로 뒷산인 백악산 자락까지 내려와. 그렇게 달려온 생기는 땅의 지맥선을 타고 오다가 어느 한 지점에서 한꺼번에 솟아오르지. 그 생기가 솟아오르는 자리가 바로 명당자리, 혈 자리가 되는 것인데, 그 혈 자리 앞에는 반드시 풍수 잉이 있어. 그래서 풍수 잉을 혈 자리를 증명한다고 해서 혈증穴證이라고 불러.
아 름	그럼 아미산이 풍수 잉이란 말씀이네요. 잉은 배부를 잉이라고 했으니 땅에서 배가 부르다는 말은 땅의 모양이 그런 모양이란 말이잖아요.
아 빠	그렇지. 아름아. 어려운 내용인데도 이해했구나.

고 온다고 했어. 기억나지?

뱀의 발 — 경복궁의 진정한 혈 자리는 어디?

경복궁에서 교태전, 강녕전, 그리고 근정전은 모두 혈 자리에 해당한다. 혈 자리는 반드시 하나만 있는 것은 아니기 때문이다. 그렇지만 가장 핵심을 이루는 혈 자리가 있다. 그렇다면 경복궁의 혈 자리 중에서도 가장 핵심이 되는 혈 자리는 어디일까?

일반적으로는 교태전인 것으로 알려져 있다. 왜냐하면, 국본인 왕자를 생산하는 곳이며, 바로 뒤편에 혈증이라고 불리는 아미산이 있기 때문이다. 하지만, 기록을 살펴보면 약간 다른 결론에 도달한다.

아미산은 태종 12년 경회루 연못을 파면서 나온 흙을 쌓아서 만들었다고 기록에 나와 있다. 그런데 교태전은 아미산이 만들어진 28년 후인 1440년에 짓기 시작했기 때문에 아미산을 만들었을 때는 교태전은 없었고 강녕전만 있었다. 따라서 강녕전은 분명히 혈 자리에 들어서 있는데 그 혈 자리에 생기를 넣어주는 전용 주입구인 풍수 잉이 필요했고, 바로 그것이 아미산이다.

이제 다시 한번 정리해 보면, 풍수에서 명당자리에는 혈이 있고, 혈 뒤에는 잉이 있다. 그리고 그 뒤에는 생기를 넣어주는 생기의 통로인 지맥선이 있다.

아미산의 조경

아 름   그런데 아미산이 예쁘기는 한데 화단에 이상하게 생긴 돌은 왜 갖다 놓은 건가요?

아 빠   이상하게 생긴 그 돌을 괴석이라고 불러. 글자 그대로 괴상하게 생긴 돌이란 뜻이야. 그런데 우리나라 궁궐 어디를 가더라도 저런 괴석들을 자주 볼 수 있어. 왜냐하면, 저 괴석은 도교 사상에서 나온 것인데 괴석이 있는 곳은 신선이 사는 세상이라고 옛날 사람들은 믿었던 거지. 그리고 그 옆에는 돌로 만든 상자가 있는데, 그것을 돌로 만든 연못이라는 뜻에서 석지石池라고 불러.

아미산 괴석

아 름   둘째 단에 있는 석지에는 이름이 붙어 있는데 뭐라고 쓰여 있어요?

아 빠   떨어질 낙, 노을 하, 못 담, 이렇게 낙하담落霞潭과 적실 함, 달 월, 연못 지 이렇게 함월지涵月池라고 되어 있어.

엄 마   노을이 떨어지고, 달을 적시고 있는 작은 연못이라! 정말 멋진 말이네요.

호 림   저 조그만 돌 상자가 무슨 연못이야?

아 름   오빠! 왜 그렇게 상상력이 빈곤하니? 맨날 엉뚱한 상상만 하지 말고, 제대로 된 상상도 해 봐! 아빠, 맨 위의 단에 있는 저 벽돌로 만든 것은 뭐죠? 네 개씩이나 되네?

낙하담

아 빠 　저것은 굴뚝이야.

아 름 　저렇게 예쁜 것이 굴뚝이라고요?

아 빠 　응, 굴뚝 맞아. 아마 우리나라에서 가장 예쁜 굴뚝 중 하나일 거야. 그래서 이 아미산과 저 굴뚝이 국가지정문화재 보물 제811호로 지정되었어.

함월지

아미산 굴뚝의 아름다움

아 름 　역시 보물이구나. 그런데 굴뚝에 잔뜩 새겨진 것들은 무엇이에요?

아 빠 　저 굴뚝에는 직접 무늬를 새긴 것이 아니라 벽돌처럼 구워 만든 네 종류의 무늬판을 끼운 거야. 맨 아래쪽 무늬판은 불가사리와 같이 사악한 것을 쫓아내는 벽사의 동물들을 새겼고, 그 위의 큼직한 무늬판은 사군자와 십장생을 새겼어. 또 그 위에는 학이나 박쥐 따위의 길함과 복을 상징하는 무늬판을 박았고, 맨 위에는 덩굴무늬가 박힌 무늬판을 끼웠어.

아미산 굴뚝

아 름 　그 위에는 마치 목조 건축물처럼 처마도 있고 서까래도 보이고 기와지붕도 있어요. 맨 꼭대기에 올라가 있는 네모 상자가 연기를 내뿜는 구멍인가요?

아 빠 　그래, 그것을 연가(煙家)라고 불러. 그런데 이 아미산의 모든 조형물은 아무 곳에서나 잘 보이는 것이 아니라, 가장 잘 보이는 곳이 따로 있어.

그곳이 어디일까? 힌트는 이 모든 것이 누구를 위해 만들어졌는지를 생각해 보면 쉽게 알 수 있지.

아 름   아, 알았다. 바로 교태전의 뒷마루죠? 이 모든 것이 중전마마를 위해 만든 거잖아요?

아 빠   그렇지. 그리고 교태전을 빠져나가는 저 연휘문(延暉門)을 봐. 저렇게 붉은 벽돌로 예쁜 무지개 문을 만든 것은 이곳이 여성의 공간임을 다시 한번 확인시켜 주는 것이야. 게다가 앞으로도 저런 양식의 문을 자주 만나게 될 거야. 궁궐의 뒤쪽에는 여성들의 공간이 많기 때문이지.

연휘문

자경전 _ 보물 제809호
(자경전 십장생굴뚝 / 보물 제810호)

➡ 자경전 꽃담 앞 휴식 공간

자경전

자경전 앞 휴식 공간

호 림 아, 다리 아파! 여기서 좀 쉬었다가요. 마침 넓은 평상도 많이 있네요.

아 름 아빠, 이곳은 왜 이렇게 공터가 넓죠? 옛날 사람들이 휴식하던 공간이었나요?

조선의 법궁, 경복궁

북궐도형으로 채워나가는 경복궁의 빈 공간

아 빠　아니야. 원래 이곳에는 자미당紫薇堂이란 건물이 있었고, 이 아래쪽에는 인지당麟趾堂이란 건물이 있었어. 그리고 더 아래쪽에는 아침, 저녁 수라와 그에 따르는 여러 가지 찬품을 맡았던 내소주방內燒廚房과 잔치 음식 등 특별한 상에 오르는 음식을 맡아 보던 외소주방外燒廚房, 그리고 수라 이외에 다과를 만들던 생물방 등이 있었어. 이렇듯 궁궐 안은 후원을 제외하면 거의 빈틈없이 전각들로 채워져 있었어.

아 름　그런 것은 어떻게 알 수 있나요?

아 빠　바로 이 북궐도형北闕圖形이라는 그림을 보고 알 수 있지. 이 북궐도형은 경복궁과 후원을 평면배치도 형식으로 표현한 그림인데, 일종의 건축 도면이라고 보면 돼. 따라서 이 북궐도형은 근래에 경복궁을 복원하는데 있어서 매우 중요한 고증자료로 활용되지. 그리고 이것의 제작 시기는 1907년경에 궁궐의 재산을 조사하기 위한 목적으로 작성된 것으로 추정되고 있어.

아 름　이런 건축 도면은 북궐도형 하나만 있나요?

아 빠　아니, 창덕궁과 창경궁의 건축 도면인 동궐도형東闕圖形도 있는데, 아마도 북궐도형과 같은 시기에 같은 기관에서 만들어진 것 같아.

엄 마　이 북궐도형을 보니 건물이 몇 칸짜리 건물인지가 한눈에 쏙 들어오네요. 게다가 지금은 흔적만 남아 있는 것들도 자세히 알 수 있어요. 이곳 수정전 자리를 좀 봐요. 지금은 수정전 기단의 가장자리에 건물이 있었던 흔적만 남아 있지만, 수정전과 천추전 주위의 행각과 연결한 복도 그림이 그대로 나와 있어요. 어쩜, 신기해라!

아 빠　북궐도형만 봐도 이렇게 경복궁이 전각들로 빈틈없이 꽉 차 있었는데 지금은 일제의 궁궐말살 정책과 한국전쟁의 전화로 말미암아 건물 대

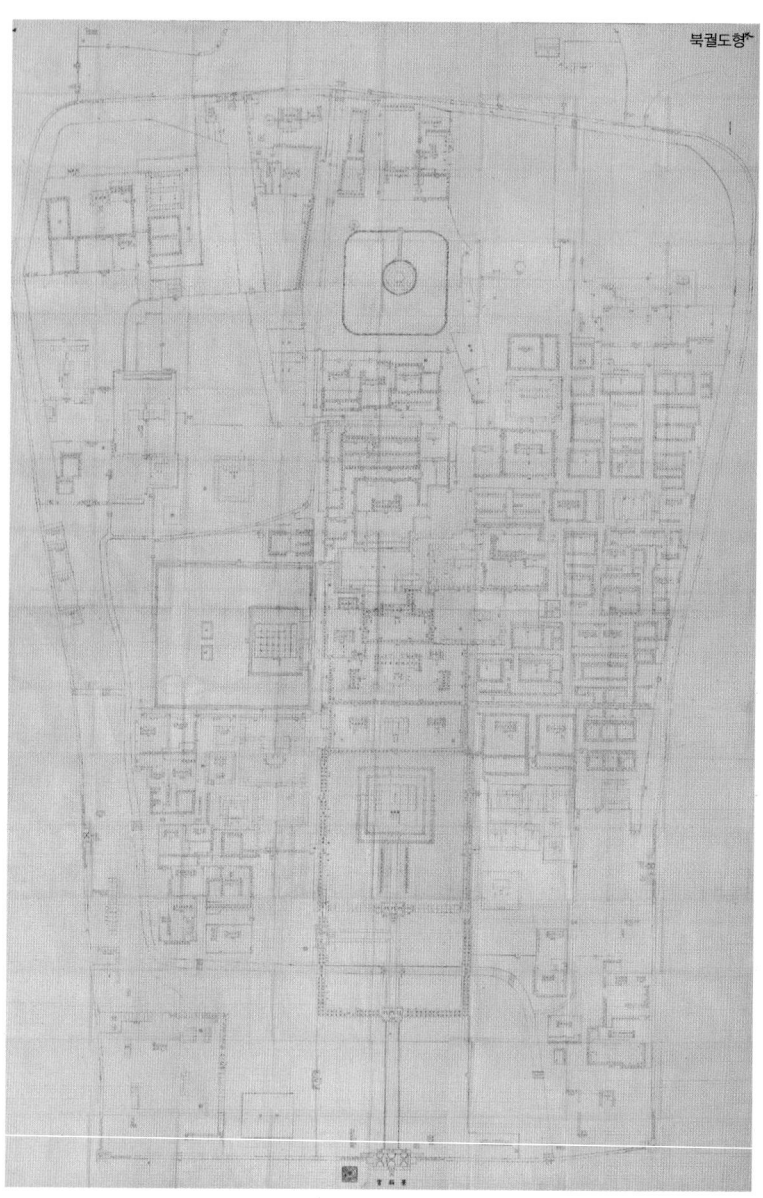

조선의 법궁, 경복궁

부분이 사라져 버렸어. 그래서 일부 남아 있던 건물에다가 주요 건물들만 복원한 것이 지금의 경복궁이야. 그렇다 보니 지금 우리가 보는 건물들은 거의 모두 서열이 높은 전 위주로 되어 있어. 그런 이유로 서열이 조금 낮은 당, 합, 각, 재, 헌, 루, 정은 보기 어렵지.

꽃담의 천국, 자경전

아 름 그런데 이곳은 아주 예쁜 담들이 많아요. 주변이 온통 꽃밭 같아요.

아 빠 이곳은 주위가 여성들의 공간이어서 예쁜 꽃담으로 이루어져 있어. 지금 우리가 지나온 교태전의 꽃담도 예쁘지만, 정말 최고의 꽃담은 바로 맞은편에 있는, 우리가 보고 있는 자경전의 서쪽 편 꽃담이야. 그리고 저 꽃담의 반대쪽인 안쪽 벽면에도 예쁜 무늬들로 가득해.

자경전 꽃담의 모습

아 름   자경전은 무슨 건물이에요? 일단 한자 뜻으로 한번 맞혀볼게요. 엄마 부탁해요.

엄 마   자애로울 자, 경사스러울 경, 큰집 전! 자경전慈慶殿이야.

아 름   자애롭다고요? 한번 추리해 보죠. 집에서 가장 자애로우신 분은 누굴까? 혹시 어머니? 아니면 할머니? 그렇다면 이곳은 임금님의 어머니나 할머니가 계셨던 곳인가요?

엄 마   맞았어. 그분들을 대비라고 하지. 그래서 이곳 자경전은 바로 대비전으로 쓰였던 건물이란다.

아 름   아하! 교태전, 자경전 모두 왕비와 대비를 모신 전각이어서 담장도 여성스럽게 꽃담을 두른 것이군요? 옛날 사람들은 참 세심한 곳까지도 신경을 많이 썼구나. 그런데 아빠, 지금까지 우리가 봤던 교태전까지는 광화문부터 일직선 상에 있었는데 이곳 자경전은 동쪽으로 비켜나 있어요. 무슨 이유가 있나요?

아 빠   궁궐의 배치는 유교의 예법에 따르고, 특히 주례고공기라는 책을 많이 참조했다고 했지? 주례고공기에 따르면 대비의 거처를 동조東朝라고도 하는데, 이는 외조, 치조, 연조의 삼문삼조가 왕을 중심으로 하는 궁궐의 기본 배치법인 데 비해서, 그 동쪽에 왕실의 최고 어른인 대비의 거처를 마련했기 때문이야. 보통 대비전은 중궁전의 동북쪽에 만들어. 그렇지만 이것은 원칙일 뿐이고 예외적인 사례도 많아.

아 름   아하! 그래서 대비들의 궁궐인 창경궁도 창덕궁의 동쪽에 만들었구나!

아 빠   창경궁뿐만 아니라 창덕궁 안에서도 같은 원칙이 적용되었어. 동궐도를 보면 대비전인 집상전을 중궁전인 대조전의 동북쪽에 만들었지. 아무튼, 이곳 자경전 꽃담은 예쁘네? 하면서 그냥 지나칠 것이 아니라, 한번 제대로 눈여겨볼 만한 가치가 있어. 이 꽃담은 맨 아래 기초 부분에 장대석을 놓고, 그 위로 네모난 화강석을 세 줄로 쌓았어. 그리고 그 위로 붉은 황토색 벽돌을 쌓아 올렸는데, 아주 예쁜 무늬들이 많지?

꽃담의 숨은 글자

호 림   무슨 도장에 새긴 글자 같은 것도 있고, 기하학적인 무늬도 있어요.

아 빠   한자가 쓰여 있는데 워낙 디자인을 복잡하게 해서 우리가 읽기에는 좀 어려워. 조금 전에도 설명했지만, 이 담벼락에만 있는 것이 아니라 반대편 담벼락에도 이런 무늬와 글자가 많아. 그래도 일반인이 쉽게 읽을 수 있는 글자가 두 개 있는데 일만 만卍 자와 목숨 수壽 자야.

호 림   그게 일만 만 자예요? 독일의 나치 문양 같은데요?

아 빠   독일의 나치 문양은 일만 만 자와는 모양을 같지만, 방향이 반대면서 약간 45도로 기울여 놓았지. 하켄크로이츠^{Hakenkreuz}라고 부르고 갈고리 십자가라는 뜻이야. 십자가는 우리가 아는 일반적인 십자가 이외에도 수십 종의 십자가가 있어. 예를 들면, 일반 십자가를 거꾸로 해 놓은 십자가도 있는데 이것을 성 베드로 십자가라고 불러. 왜냐하면, 성 베드로가 십자가에 못 박힐 때 주님과 같은 모습으로 죽을 수는 없다고 해서 거꾸로 된 십자가에 처형을 당했기 때문에, 이를 상징하는 의미의 십자가가 된 것이야.

아 름   다른 글자는 없나요?

아 빠   이곳을 연구한 자료에 따르면, 여기에 숨어 있는 글자는 일만 만, 목숨 수 이외에도, 복 받을 복福, 건강할 강康, 편안할 녕寧 이런 글자들이 있다고 해. 그런데 글자가 어려워서 솔직히 아빠도 다 못 찾았어.

엄 마   만수라는 글자는 대비의 만수무강을 기원하는 것이고, 복은 말 그대로 복 많이 받으라는 뜻일 것이고, 강녕이라는 말은 건강하고 평안하라는 뜻이겠네요?
아 빠 그렇지. 그리고 꽃담에는 이런 바탕무늬 위에 직사각형의 그림판을 마치 타일처럼 붙여 놓았어. 이곳은 지형적으로 교태전의 아미산과 같이 화원을 꾸밀 수 없는 공간이기 때문에 담장을 아름답게 꾸미는 새로운 발상을 한 것이야. 왼쪽의 그림부터 하나씩 자세히 볼까?

꽃담 하나씩 읽어보기

엄 마 첫 번째 그림은 매화 같고, 달 속에 작은 새가 있어요. 옆에 있는 글자는 도저히 모르겠어요.
아 빠 내가 힌트를 줄게. 그 그림과 연관이 되는 글자야.
엄 마 이 그림과 연관된 글자? 그림에는 매화가… 아! 봄 춘春 자구나! 당신 힌트를 듣고 알았어요. 그럼, 다음 그림으로 이동!
아 름 두 번째 그림은 복숭아 같아요.
아 빠 맞았어. 천도복숭아야. 그 옆의 글자는 베풀 장張 자야.
엄 마 이제 세 번째 그림을 볼까요? 세 번째 그림은 모란과 나비를 나타낸 그림 같은데, 글자는… 좀 어렵다.
아 빠 그 옆의 글자는 해 년年 자야. 여기 있는 글자들이 대부분 듣고 나면 아, 그렇구나… 하는 생각이 드는데, 막상 처음 알아내려고 하면 매우 어려워.
엄 마 네 번째 그림은 석류 같아요. 옆의 글자는 일만 만萬 자와 비슷한데?
아 빠 그림과 글자 모두 맞었어. 역시 당신의 눈은 예리해.
엄 마 그럼 다섯 번째를 볼게요.
아 름 이 그림에는 그냥 꽃과 나비가 있어요. 그런데 옆의 글자가 없네요? 이상하다?

아빠   일제강점기 때 찍어놓은 꽃담 사진이 아직 남아 있는데 그 사진을 보면, 해 세(歲) 자로 보이는 글자가 있었어. 아무래도 한국전쟁 등을 거치면서 훼손된 것 같아. 자 그럼 여섯 번째 그림을 볼까?

호림   나도 하나 해야지! 이것은 분명히 국화예요. 그리고 나비도 보여요.

아빠   그렇지, 호림이도 잘 맞혔구나. 그 옆의 글자는 굳셀 강(强) 자야. 나머지 그림도 맞혀볼까?

아름   이 그림은 그냥 꽃과 나무예요. 그런데 그 옆의 글자는… 아, 알았다. 나치 문양과 비슷한 일만 만 자가 틀림없어요.

아빠   잘했구나, 아름아.

호림   마지막 그림은 제가 할게요. 이건 대나무예요.

아빠   호림이도 잘했다. 그 옆의 글자는 아빠도 잘 모르겠어. 다만, 자경전 꽃담을 연구하신 분들의 자료를 찾아보니 즐거울 락(樂) 자의 간자체인 乐 글자라고 하네. 다양한 문양은 여기만 있는 것이 아니라 안쪽 벽에도 있어. 그러니 안쪽도

매화 그림과 춘(春) 자

복숭아 그림과 장(張) 자

모란, 나비 그림과 년(年) 자

석류 그림과 만(萬) 자

꽃, 나비 그림과 강(强) 자

꽃, 나무 그림과 만(卍) 자

아 름   놓치지 말고 꼭 봐야 해.

아 름   이런 문양들은 어떻게 만든 것이죠?

아 빠   이런 문양은 벽돌의 틈새를 흰빛이 나는 삼화토三華土로 메우면서 만든 것이야. 삼화토는 모래, 흙, 강회를 1 : 1 : 1의 비율로 섞은 다음 이것을 잘 이겨서 사용하는 것인데, 굳으면 시멘트처럼 매우 단단해서 털어내기조차 힘이 들지. 이런 삼화토의 은은한 흰빛과 붉은 벽돌의 황토색이 잘 조화롭게 대비되는 점을 이용해서 갖가지 기하학적인 문양과 길상 문자를 만들어 낸 것이야.

아 름   아빠, 이런 꽃담을 걷고 있으니깐 마치 정원을 걷는 느낌이에요. 우리, 이제는 자경전으로 들어가요!

🔵 자경전 마당

아 빠   이 자경전은 고종 임금 당시 왕실의 최고 어른이던 대왕대비, 조대비를 위해 지었어.

자경전의 격과 서열을 확인하는 방법

아 름   조대비가 누구죠?

아 빠   조대비가 누구냐 하면 안동 김씨 일가가 세도정치로 왕실을 좌지우지 하던 당시에, 안동 김씨의 견제를 뚫고 전격적으로 흥선대원군과 손잡고 고종을 왕위에 앉힌 인물이야. 따라서 고종에게는 둘도 없이 고마우신 분이지. 아, 순조의 아들이었던 효명세자의 부인이라면 쉽게 알겠구나.

엄 마   그래서 60년에 걸친 안동 김씨의 세도정치가 몰락하게 되었군요.

아 빠   고종 임금께서 얼마나 조대비를 고맙게 생각했느냐 하면, 왕릉을 보면 알 수가 있어. 조대비가 돌아가시고 난 다음 동구릉에 모실 때, 원칙적으로는 음양론의 우상좌하 법칙에 따라 왕비는 원래 낮은 위치인 왕의 왼쪽에 모셔야 하거든. 그런데도 조대비는 거꾸로 왕의 오른쪽에 모셔질 정도였어.

엄 마   이 자경전은 정면 10칸, 측면 4칸의 당당한 건물인데, 교태전처럼 부속 건물들이 붙어 있네요.

아 빠   그렇지? 역시 여성의 공간이라서 음양론을 고려하여 부속 건물을 하나로 묶은 것 같아. 또 재미있는 것은 대비전인 이 자경전의 규모가 정면 10칸이라는 것이야. 중궁전인 교태전은 정면 9칸, 대전인 강녕전은 정면 11칸이야. 어때? 서열을 확인할 수 있지?

엄 마   그렇군요. 비록 왕보다는 아래이지만, 왕실의 최고 어른이시니 왕비보다는 더 높게 대접을 한 것처럼 보여요.

아 빠   또한, 부속 건물인 협경당協慶堂을 자세히 봐! 여기서도 협경당의 지붕을 낮추고 폭을 좁혀서 부속 건물과 본채와의 위계질서를 뚜렷하게 하고 있어. 여기서 한 가지 퀴즈를 내 볼까? 이곳 자경전도 여름을 시원하게 보내는 시설이 있어. 물론 눈에 확연하게 띄는 청연루淸燕樓를 제외하고 또 무엇이 있을까?

협경당

청연루

경복궁 내에서 가장 눈이 호강하는 건물, 자경전

아 름   이건 쉬운 문제네요. 지난번 강녕전에서 보았던 것처럼 왼편의 한 칸을 누각처럼 만들었어요. 이런 시설을 뭐라고 했는데… 시원한 무슨 청량음료… 아, 기억났다. 시원한 대청이라고 해서 양청이라고요.

아 빠   아름이가 정말 잘 기억하고 있구나. 이곳 자경전은 아마도 경복궁 내에서는 가장 시각적으로 다양한 형태의 건축물을 만날 수 있는 곳 같아. 멋지게 2층 형식의 청연루는 보기에도 시원하고, 부속 건물의 하나인 복안당福安堂은 90도 각도로 꺾여 있고, 협경당은 지붕도 낮추고 폭도 좁혔고, 게다가 뭐니뭐니해도 멋진 꽃담으로 이루어져서 눈이 정말 호강을 하는 곳인 것 같아. 이 정도로 끝나는 것이 아니야. 자경전의 뒤로 돌아가면 또 하나의 보물이 숨어 있지. 저기 협경당 쪽의 문으로 들어가 보자.

아 름   보물이 또 있어요? 어서 가 봐요. 아빠!

자경전 뒤 십장생굴뚝 앞

아 름   와! 예쁜 담장이다. 그런데 아까 보았던 담장과는 뭔가 다른 점이 있는 것 같아요.

아 빠   그래, 이건 그냥 담장이 아니야. 굴뚝이야!

이게 담장이야? 굴뚝이야?

아 름   예? 이렇게 예쁜 것이 굴뚝이라고요? 그렇구나… 맨 위에 연기 나오는 구멍이 보여요.

아 빠   이곳은 교태전의 아미산과 같은 지형이 없어서 꽃으로 만든 계단인 화계花階가 없어. 그래서 뒷담장의 일부를 굴뚝으로 만들면서 여기에다 화계와 꽃담이 가진 이미지와 상징, 그리고 의미를 새겨 넣었어. 벽면에 새겨진 그림들을 한번 자세히 봐. 무엇이 보이니?

아 름   가장 아래쪽에는 알 수 없는 동물이 두 마리 있고요. 가운데는 학, 사슴, 소나무, 구름, 거북이 등이 보여요. 그리고 맨 위에는 양쪽에 학이 두 마리 있고요, 가운데는 도깨비 모양의 동물이 있어요. 게다가 양옆에도 박쥐 모양과 덩굴풀 모양이 있어요.

아 빠   잘 보았구나. 일단 맨 위의 가운데의 도깨비와 비슷한 문양은 나티라고 하는데, 나티는 짐승 얼굴을 하고 있고 벽사의 상징으로 많이 표현되는 문양이야. 어떤 이는 용의 정면 얼굴이라고 해. 또한, 양옆의 학은 부리에 뭔가를 물고 있지? 그것은 바로 불로초야. 이것이 왜 불로초인지는 그 해답이 바로 아래에 있어.

십장생굴뚝

호 림   그 아래에는 큰 그림밖에는 아무것도 없어요.

아 빠   그 그림이 해답이야. 그 그림에는 십장생인 해, 산, 물, 구름, 바위, 학, 거북, 사슴, 소나무, 불로초와 국화, 새, 포도, 연꽃, 대나무 등의 무늬가 있어. 십장생은 장수의 상징이지. 그래서 이 굴뚝을 자경전 십장생굴뚝이라고 불러. 그러니깐 학이 물고 있는 것이 불로초야.

아 름   가장 아래쪽에 있는 이 알 수 없는 동물은 뭐예요?

아 빠   맨 아래쪽에 있는 두 마리의 짐승은 불과 쇠를 먹고 산다는 상상 속의 동물인 불가사리야. 여기서 잠시 시간을 줄 테니 너희가 십장생 그림을 하나씩 찾아봐. 하나하나 찾아봐야 진짜 공부야.

호 림   이거 완전히 숨은그림찾기 놀이네… 그래도 재미있다. 더 많이 찾은 사람에게 아이스크림 사주기!

중국 식당에서 붉은 글씨로 쓴 복자를 거꾸로 매달아 놓는 이유

호 림   그런데 옆면의 박쥐는 왜 그렸어요? 나는 박쥐가 싫은데…

아 빠   박쥐를 뜻하는 한자와 복을 뜻하는 한자가 중국 음으로는 둘 다 음이 복으로 같다고 해. 그래서 박쥐가 복을 상징하게 된 것이야. 지금도 중국 식당에 붉은 글씨로 쓴 복자를 거꾸로 매달아 놓은 것을 볼 수가

뱀의 발   불로초 하면 즉시 머릿속에 떠오르는 인물이 진시황제이다. 그는 39세라는 젊은 나이에 중국의 전국시대를 끝내고 대륙을 통일하였다. 그러나 천하 통일의 대업을 이룩한 그도 자신의 죽음에 대해서는 두려워하여 불로장생에 집착하게 되었다. 그러자 그의 주치의들은 그에게 수은을 처방하게 되어 진시황제는 영생불멸의 물질로 수은을 사용하게 되었다. 수은은 소량섭취 시 일시적으로 피부가 팽팽해지는데, 진시황제는 그것을 불로장생의 약으로 믿게 된 것이다. 또한, 당시에는 도교가 성행하였고, 도교에서는 신선이 먹는다는 단약을 개발하는 것이 일반화되었는데, 수은은 마치 단약과 비슷하게 보였던 것이다. 또 당시의 수은은 아주 귀한 것이었으나 진시황제는 전국의 수은을 모아 수은으로 연못을 만들어 놓고 수은을 먹고 얼굴에 바르는 등 수은을 과용하여 결국 수은 중독에 걸려 폭정을 거듭하다가 최측근 경호무사들에게 살해당했다는 기록이 있다.

있는데, 박쥐가 거꾸로 매달려 있듯이 복이 달려 있기를 비는 뜻이래. 우리나라도 넉 사四 자와 죽을 사死 자가 발음이 같다고 해서 건물의 층수를 표시할 때 4를 피하고 영어 four의 F자를 쓰는 것과 정반대의 경우라고 보면 돼.

십장생굴뚝의 박쥐 문양과 당초문

- 아 름 덩굴풀 모양은 무슨 뜻이에요?
- 아 빠 덩굴풀 문양은 한자어로 당초문唐草紋이라고 하는데, 끊어지지 않고 계속 이어지는 덩굴풀처럼 조선왕조가 영원하라는 것을 상징하는 것이야. 자, 이제 자경전의 뒷문으로 해서 경복궁의 후원 쪽으로 가보자! 그곳으로 가는 길에 보물이 또 하나 있는데, 누가 먼저 찾나 봐야지! 이번에도 먼저 찾는 사람에게 아이스크림 하나!
- 호 림 그럼 제가 먼저 찾아볼게요. 아름아, 나 먼저 간다!
- 아 름 아니, 치사하게! 오빠, 같이 가!

집경당과
함화당

> 흥복전 터 풍기대 앞

풍기대

호 림   아빠! 제가 먼저 찾았어요. 여기 풍기대風旗臺라고 있고요, 보물 제847호예요.

아 빠   잘 찾았다. 이것은 바람 풍, 깃발 기, 대 대를 쓰는 풍기대야. 이름에서도 알 수 있듯이 깃발의 나부끼는 정도를 가지고서 바람의 세기와 방향을 측정한 기상 관측 기구지. 지금은 깃발은 없고 돌로 만든 받침 부분만 남아 있는데, 궁궐 그림인 동궐도에도 바람에 나부끼는 풍기대가 그려져 있어. 창경궁에도 성종대왕 태실 부근에 하나가 남아 있어서 우리나라에선 딱 2개의 풍기대가 있어. 혹시 동궐도의 어디쯤 바람에 나부끼는 풍기대가 그려져 있었던가 기억나니?

동궐도에 나오는 풍기대는 모두 3개

호 림   조금 전에 아빠가 성종대왕 태실 부근이라고 하셨잖아요?

아 름   그렇게 시시하게 아빠가 문제를 냈겠어? 저도 분명히 보기는 봤는데 기억이 잘…

엄 마　세자의 정궁이던 중희전의 마당에 있었지. 풍기대뿐만 아니라 해시계, 소간의, 측우기도 있었어. 세자에게 과학기술의 중요성을 일깨워주려고 세자의 정궁 앞마당에 집중적으로 가져다 둔 거야.

아 빠　역시 엄마가 정리를 잘 해주는구나. 동궐도에는 풍기대가 모두 3개가 보이는데, 그중에서도 바람에 나부끼는 풍기대는 엄마의 말대로 중희전의 앞마당에 있어. 그리고 상풍간相風竿이라고 쓰여 있어. 나머지 2개의 풍기대는 깃발은 없이 그냥 풍기석風旗石이라는 이름으로 경복전 터의 앞마당과 대조전 동쪽의 석단 위에 있어. 나중에 동궐도를 다시 보게 되면 꼭 찾아보자.

집경당 앞

아 름　엄마 이 건물의 한자 부탁해요! 뜻풀이를 해 볼게요.
엄 마　모을 집, 공경할 경, 집 당! 집경당緝敬堂이야.

집경당

아 름   모든 사람의 공경을 모아놓은 집이란 뜻인가요?

아 빠   그렇게 봐도 괜찮지만, 집이란 한자가 계속한다는 뜻도 있거든. 그렇게 되면 계속해서 공경하는 집이라는 뜻이 되겠지?

아 름   아빠는 이 어려운 한자들을 어떻게 그렇게 잘 알아요?

건물의 어려운 한자를 읽는 비밀, 문화재청 홈페이지

아 빠   아름아, 이건 정말 비밀인데, 아무에게도 말하면 안 돼. 음… 뭐냐 하면, 문화재청 홈페이지에 가면 다 있어. 하하하!

호 림   뭐야, 난 대단한 비밀이 있는 줄 알았네.

집경당 현판

엄 마   그런데 이곳의 현판은 유독 너무 작은 것 같아요. 다른 곳은 큼직큼직한데…

아 빠   나도 그런 생각이 들어. 바로 옆의 함화당도 현판이 매우 작거든. 이유는 나도 잘 모르겠어. 아무래도 다른 건물들보다는 건물의 격이 많이 떨어져서 그런가 봐.

호 림   난 예산 문제라고 봐. 뭐든지 문제가 생기면 공무원들은 예산 탓만 하잖아요.

엄 마   자, 이곳에서 또 고건축적으로 관찰해볼까? 아름아!

아 름   그런데 아빠, 이 집경당은 공포가 없어요. 익공식도 아니고요.

소로수장집에 대한 고건축적 관찰

아 빠   잘 찾아냈구나. 아름아. 이런 집을 고건축에서는 소로수장집이라고 해.

건물의 기둥머리를 연결하는 창방 위에 작은 접시받침 같은 것이 나란히 놓여 있는 것을 볼 수 있지? 저 작은 접시받침을 한자로 작을 소小, 공포 로櫨 자를 써서 소로라고 해. 그래서 이 집과 같이 공포를 쓰지 않고 소로만으로 기둥 위의 도리를 받치는 집을 소로수장집이라고 해. 공포를 쓰지 않았기 때문에 건물의 화려함은 아무래도 많이 떨어지지.

아 름 그런데 아빠! 자세히 보면 소로가 받치는 것은 도리가 아니에요. 도리 밑에 있는 기다란 사각형의 건축 부재예요.

아 빠 아름이의 관찰력은 알아줘야 하겠구나. 지금까지는 어려울 듯해서 일부러 아빠가 설명하지 않았는데, 아름이가 찾아냈으니 이제는 설명을 제대로 해 줄게. 궁궐이나 관청과 같은 큰 건물에서 쓰이는 도리는 보통 원형으로 생겼어. 따라서 원형의 도리를 받치기 위해서는 그 아래에는 도리의 둥근 면과 꼭 맞아떨어지게 윗면을 다듬은 기다랗고 모진 기둥을 쓰는데 그것이 장여長欐야. 길 장 자에 들보 여 자를 써서 장여라고 하는 거야. 이렇게 장여를 쓰는 이유는 둥근 도리와 모난 다른 부재들이 직접 연결되는 것보다는 네모난 장여와 연결되는 것이 효과적이기도 하고, 장여의 치수가 곧 다른 건축 부재들의 기준이 되기 때문이지.

아 름 그럼 도리의 밑에는 항상 장여가 있다고 생각하면 되나요?

아 빠 시험 답안에도 항상이라는 말이 있으면 정답은 아니지? 그렇지만 거의 그렇다고 보면 돼. 또 이런 소로수장집보다 더 간단한 집도 있어. 여기에서 소로만 빼버리면 창방 위에 그냥 장여만 올라가지? 그런 집을 장여수장집 또는 장여도리집이라고 해.

엄 마 그럼, 장여 마저도 없는 집이 있나요?

아 빠 그런 집이야말로 가장 간단한 구조의 집이야. 아무것도 없이 도리만 있기 때문에 민도리집이라고 불러.

엄 마 아, 이제 정리되었어요. 목조 건축물을 가장 간단한 형태부터 가장 복잡한 형태 순으로 나열하면, 민도리집, 장여도리집, 소로수장집, 익공집, 주심포집, 다포집 이런 순서가 되겠군요.
아 빠 그런 셈이지.

화재를 막는 주술적인 방법

아 름 아빠, 이곳의 누마루 밑에 아궁이가 있어요. 그런데 아궁이 옆의 벽에 이상한 문양이 있어요.

아 빠 응, 그 문양은 빙렬 문양이라고 하는데 쉬운 말로 깨진 얼

집경당 누마루 밑 빙렬 문양

음 문양이라고 해. 왜냐하면, 바로 옆이 아궁이잖아? 목조 건물은 화재에 너무 약하다는 결점이 있지. 사실 궁궐에는 수많은 화재가 일어났고 그것들이 모두 기록에 남아 있어. 따라서 화재를 예방하기 위해서 아궁이 옆에 화마가 얼씬하지 못하도록 깨진 얼음 문양을 새긴 거야. 화마를 물리치기 위해 또 다른 시설도 있었는데 혹시 기억나니?

아 름 그럼요. 근정전 옆에 있던 드므잖아요.
아 빠 정답! 이제 바로 옆의 함화당으로 가 볼까? 함화당으로 가는 저 문을 봐. 계명문이라고 쓰여 있어. 그런데 다른 문과는 달리 벽돌로 예쁘게 무지개 문을 만들었어. 아까 교태전에서 봤던 연휘문과 비슷하지? 저렇게 문을 예쁘게 만든 것은 이

계명문

곳이 여성들의 공간이라는 것을 보여주는 증거야.

아 름   그런데 계명문을 자세히 보니, 아! 저건 아빠가 설명한 작은 접시받침인 소로 모양이다! 벽돌로 만든 문인데도 마치 나무로 만든 것처럼 소로 모양을 만들었어요. 그뿐만이 아니라 지붕 밑에도 서까래 모양을 만들었어요.

아 빠   그래, 아름이가 잘 찾아냈구나. 벽돌로 만들었지만 마치 나무로 만든 것처럼, 계명문이라는 글자 바로 위쪽에는 창방 모양을 만들었고 그 위에는 소로 모양을 올렸지. 게다가 소로 사이에는 마치 공간이 떠 있는 것처럼 흰색으로 메웠어. 그리고 소로 위에는 장여와 도리 모양까지 차례로 올렸고, 그 위를 서까래 모양이 튀어나왔어. 목조 건축물인 소로수장집을 벽돌로 완벽하게 흉내 낸 것이야.

호 림   저렇게 만들 바에는 차라리 나무로 만들지…

엄 마   저 문을 보고 있자니, 돌로 목탑을 완벽하게 재현해 낸 익산의 미륵사지탑이 생각나요. 계명문이 우리에게 목조 건축 기법을 다시 한번 되새겨 주네요.

아 빠   아무튼 아름이가 재미있는 것을 찾아냈어. 자, 이번에는 저기 복도각을 한번 주목해 볼까? 집경당과 함화당은 저기 보이는 것처럼 다락처럼 생긴 복도로 연결되었어. 혹시 우리가 지나온 곳 중에서 과거에는 저렇게 다락처럼 생긴 복도로 연결되었지만, 지금은 흔적만 남은 곳이 어딘지 아는 사람?

복도각으로 연결된 흔적이 남아 있는 건물은 수정전

아 름   그건 생각이 잘 안 나요.

엄 마   경회루 앞쪽에 있는 수정전이야. 아까 자경전 앞에서 동궐도형을 볼 때 엄마가 말했었잖아. 지금은 수정전의 동쪽 기단 모서리에 보면 천추전 옆의 행각과 복도로 연결되어 있던 흔적만이 있지만, 동궐도형에는 분명하게 연결된 복도각이 그려져 있어.

함화당 앞

아 름 아빠, 이 두 건물은 어째서 다른 궁궐 건물들과 떨어져 있나요?
아 빠 원래 이 두 건물은 독립적인 건물이 아니라 흥복전興福殿이라는 건물의 부속 건물이야. 일제강점기를 거치면서 이 부근의 모든 건물이 다 뜯겨 나갔어. 우리가 풍기대를 찾았던 그곳 알지? 그 앞의 넓은 터가 바로 흥복전 터야.
아 름 그럼 왜 이 두 건물만은 남아 있나요?
아 빠 그건 이 두 건물이 일제강점기 때 조선총독부 박물관의 사무실로 쓰이면서 간신히 살아남은 거야.
엄 마 흥복전이 이 건물들의 중심이라면 흥복전은 어떤 용도로 쓰였나요?

여성들을 위한 공간인 흥복전, 집경당, 함화당

아 빠 응, 흥복전은 기록에 따르면 시대별로 왕의 편전으로 쓰이거나 외국 사신을 접견하는 등 여러 용도로 쓰였지만, 여러 정황으로 봐서는 주로 후궁의 침전으로 쓰인 것 같아. 특히 신정왕후인 조대비가 이곳 흥복전에서 돌아가셨고, 주변의 시설물들이 여성 취향으로 만들어져 있거든. 게다가 뒤편 아미산의 바로 맞은 편에는 중궁전인 교태전이 있지. 또한, 궁녀들이 이 근처에 집중적으로 배치되어 있다는 기록도 그런 정황을 뒷받침하거든. 그리고 북궐도형를 보면 함화당 바로 옆에는 장고醬庫가 두 곳이나 있고, 지금은 개울 건너편에 복원되었어. 장고는 우리나라 음식의 기본이 되는 된장, 고추장, 간장, 젓갈, 술 등을 담가 보관하던 곳이야.

아 름 아, 조대비라면 교태전 옆의 자경전 주인 말씀이군요?

아 빠 맞아. 그래서 이곳도 후궁들의 처소였을 가능성이 높아.

엄 마 여보, 후궁은 도대체 몇 명이고, 어떤 일을 하는 거예요? TV 사극에는 자신의 소생을 왕위에 올리기 위해 온갖 방법을 동원하여 권력 다툼만 하던데요.

내명부의 체계

아 빠 먼저도 잠시 이야기했지만, 후궁도 모두 내명부에 소속되어 있어. 먼저 내명부의 최고 수장은 당연히 중전이신 왕비님이야. 그 아래로 정1품 빈, 종1품 귀인, 정2품 소의, 종2품 숙의, 정3품 소용, 종3품 숙용, 정4품 소원, 종4품 숙원까지 모두 여덟 단계의 품계를 내관 또는 후궁이라고 해. 그 아래 정5품 이하로는 모두 궁관이라고 하는데, 궁녀로서 올라갈 수 있는 최고 등급은 정5품인 상궁이야.

뱀의 발 장고가 있으면 음식을 만들었다는 뜻이다. 궁궐에서의 음식은 최고의 재료로 만들어져 임금님께 올라간다. 영조실록에 따르면, 대궐에서 왕족의 식사는 하루 다섯 번이라고 기록되어 있다. 이른 아침의 초조반상初朝飯床과 아침, 저녁때의 두 차례에 걸친 수라상水刺床, 점심때의 낮것상, 그리고 야참夜食까지 총 다섯 번의 식사를 말한다.
이른 아침 초조반으로는 미음, 응이, 죽 등을 가볍게 먹었고, 아침 수라는 오전 10시경, 저녁 수라는 오후 5시경에 들었다. 낮것상에는 간단한 장국상이나 다과상을 올렸고, 야참으로는 면, 약식, 식혜 또는 타락죽 등을 올렸다. 조선 시대 궁중에서는 주방 상궁들이 평상시의 수라상 음식을 만들었으나, 궁중 잔치 때는 대령숙수待令熟手라는 남자 조리사들이 음식을 만들었다. 솜씨 좋은 숙수는 대부분 대를 이어가며 궁에 머물렀고, 그 중엔 왕의 총애를 받은 이도 많았다. 조선말, 나라가 망한 후 숙수들이 시중의 요정으로 빠져나가 일하게 되면서 궁중의 연회 음식이 일반에도 널리 알려지게 되었다.

아 름 1품부터 4품까지가 내관 또는 후궁이고 5품부터 9품까지는 궁관 또는 궁녀군요.

호 림 쉽게 말해서 4품이 후궁의 커트라인이란 말이지!

아 빠 조선에서는 남자든 여자든 1품에서 4품까지가 특별한 의미가 있어. 남자 문관의 경우, 1품부터 4품까지는 ㅇㅇ대부라고 하고, 5품부터 9품까지는 ㅇㅇ랑이라고 불러. 또한, 무관의 경우도 1품부터 2품까지는 문관과 동일하게 ㅇㅇ대부, 3품부터 4품까지는 ㅇㅇ장군이라고 부르고, 5품부터 9품까지는 ㅇㅇ위라고 불러.

엄 마 ㅇㅇ대부라고 하면, 사대부라는 말의 대부도 같은 뜻인가요?

아 빠 응, 조선 양반 계급의 다른 명칭인 사대부士大夫라고 하는 말도 5품부터 9품까지의 낮은 관직의 선비 사와 1품부터 4품까지의 높은 관직에 있는 대부를 합쳐 부르는 말이야.

엄 마 결국 1품부터 4품까지는 여자든 남자든 그 아래 품계와는 확연히 구분되는 신분이군요.

고위직의 품계는 1품 ~ 4품까지

아 빠 그리고 후궁의 역할은 경국대전이라는 조선의 법전에 품계 별로 담당 업무가 나와 있어. 간단하게 요약하자면, 왕비를 도와 부인의 예를 의논하고, 제사와 접객의 일을 담당하고, 평소 왕이 거처하는 전각을 관장하고, 명주와 모시를 길쌈하여 바치는 것 등이야.

엄 마 그럼, 정 1품이 빈이니깐 세자빈도 정 1품이겠네요. 그런데 임금의 후궁 중에는 빈도 있고, 귀인도 있고, 더 아래의 품계도 많은데 서열이 어떻게 정해지나요?

아 빠 좀 복잡한 이야기이기는 하지만, 품계가 반드시 모든 서열의 척도는 아니야. 예를 들어, 왕의 후궁인 귀인은 종 1품으로 정 1품인 세자빈보다는 아래야. 하지만 세자빈으로서는 귀인이 왕의 후궁이니 시어머니 급이거든? 어떻게 하대하겠어?

엄 마 하기야, 그랬겠네요.

아 빠 또 세자빈은 내명부 정 1품 빈과 달리, 왕비처럼 품계가 없는 무품이라는 주장도 있어. 왜냐하면, 경국대전의 이전吏典 1면을 보면 내명부와 세자궁으로 품계표가 독립적으로 되어 있어.

엄 마 아… 분리되어 있다면 세자도 후궁이 따로 있다는 말이군요?

왕뿐만 아니라 세자도 후궁이 있었다

아 빠 그렇지. 세자도 당연히 후궁이 있어. 그런데 정 1품 부분의 구분선이 없는 거야. 원래 없던 건지, 아니면 지워진 건지. 확실치가 않아. 만약 원래 없던 것이라면 세자빈은 내명부의 정 1품 빈과 같은 품계라는 것이고, 원래 있던 것이 지워진 것이라면 세자빈은 세자궁의 최고 수장으로 무품이 맞는 것이 되거든. 아무튼, 세자빈은 내명부의 빈과는 구분되게 빈궁嬪宮이라는 호칭으로 불렸고, 내명부의 빈은 빈의 이름에다가 성씨를 붙여서 불렀어. 예를 들면 경빈 박씨, 희빈 장씨와 같이.

호 림 아유, 너무 복잡해요. 이제 후궁 이야기는 그만하고 건물 좀 봐요.

아 름 엄마, 건물의 한자 부탁해요! 뜻풀이할 거예요.

엄 마 짤 함, 조화로울 화, 집 당! 함화당咸和堂이야.

아 름 조화롭게 짜다? 간이 적당하다는 말인가?

호 림 후궁들의 처소라서 음식 용어를 쓴 건가?

아 빠 이것도 좀 어려운 한자구나. 함이라는 글자는 소금, 짜다는 뜻도 있지만, 이것도 동사로 쓰이면 두루 미치다, 충만하다는 뜻으로 쓰여. 또,

함은 모두라는 뜻도 있어.

아 름   아! 그러면 조화로움이 충만한 곳 또는 모두 다 화합하는 곳! 이름이 참 예쁘네요.

아 빠   그리고 이 건물은 흥복전의 부속 건물인 만큼 여기도 서열이 낮은 후궁이나 궁인들이 살았을 가능성이 많아. 우선 건물의 격이 아주 낮거든. 이 건물의 격이 지금까지 우리가 봤던 다른 전각들보다 낮은 흔적들을 찾아볼까?

함화당이 격이 많이 떨어지는 흔적 찾기

호 림   일단 이름이 당이고요.

아 름   어디 보자… 기둥이 원기둥이 아닌 사각기둥이고요, 아! 지붕의 용마루가 다른 곳에서는 양성을 해서 하얀데, 여기는 보통의 용마루네요.

함화당

엄 마 나도 하나 찾았어. 처마가 홑처마야. 다른 곳은 거의 다 겹처마거든.

아 름 그리고 또 중요한 한가지가 빠졌네요. 다른 곳에서는 공포를 쓰거나 익공식으로 화려하게 건물을 지었는데, 여기는 단순하게 소로만으로 건물을 지은 소로수장집이에요.

아 빠 이제 모두 프로 선수급이야.

> 함화당 창무문 앞

아 름 아빠, 이곳에 웬 돌로 만든 그릇이 있죠?

인공 연못의 용도

아 빠 하지荷池라고 쓰여 있는 이것은 인공으로 조성한 석연지石蓮池야. 돌로 만든 연못이라는 뜻이지. 교태전 뒤의 아미산에서도 봤던 기억이 나지?

엄 마 아미산은 연못을 만들 공간이 전혀 없어서 돌로 만든 연못을 만든 것은 이해가요. 하지만, 함화당은 바로 옆에 저렇게 커다란 연못인 향원지가 있음에도 왜 굳이 이곳에 인공 연못을 만들었을까요?

아 빠 아마도 예전에는 함화당이 향원지와는 격리되어 있었기 때문에, 시각적으로는 향원지와 향원정이 전혀 보이지 않았을 것으로 추정해.

향원정

 향원정 취향교 앞

취향교에서 본 향원정

아 름 여기는 아주 예쁜 곳이에요. 휴대폰 사진기로 찍어서 배경화면으로 저장할래요. 엄마, 이곳 이름이 뭐죠?
엄 마 향기 향, 멀 원, 정자 정! 향원정香遠亭이야.
아 름 향기가 먼 정자? 이건 좀 해석이 너무 무미건조해. 그렇다면 멋지게 시적인 표현으로, 먼 곳에서 향기가 은은하게 퍼지는 정자?

향기는 멀수록 맑아진다

아 빠   하하하! 아름이는 이제 시인이 되어도 되겠는걸? 아름이의 해석이 아빠는 더 좋은 것 같아. 그렇지만 이 향원정이라는 말은 출처가 분명히 나와 있어. 옛날 중국의 송나라에는 주돈이^{周敦頤}라는 유명한 유학자가 있었어. 이 분은 도가 사상의 영향을 받아 새로운 유교 이론을 창시했는데 세계는 태극 → 음양 → 오행 → 남녀 → 만물의 순서로 구성된다고 하였어. 우리가 지금까지 공부한 음양, 오행이 모두 들어가 있지? 그런데 이분이 쓴 수필집인 애련설^{愛蓮說}이 있는데, 여기서 향원익청^{香遠益淸}이라는 유명한 구절이 나오는 거야.

아 름   향원 다음에 무슨 말이라고요?

엄 마   더할 익, 맑을 청!

아 름   그럼, 향기는 멀면 멀수록 맑다는 뜻인가요? 모순이 있는 말이잖아요.

엄 마   아니란다. 향기를 내는 꽃에 코를 바짝 들이대고 냄새를 맡아봐! 향기가 너무 진하면 오히려 코가 막혀서 향기를 느낄 수 없어. 오히려 조금 멀리 떨어져야 진정한 향기를 느낄 수가 있는 것이지.

향원정과 백악산

아 빠   아무튼, 이 정자는 너무나도 아름다워서 건물이 아니라 마치 조각품 같아. 마치 너희 엄마 같지 않니?

엄 마   여보, 나는 기분이 무척 좋지만, 눈치가 있어야지요! 아름이가 샘내요.

원지 위에 있는 향원정

아 빠   아차! 그렇구나. 가만 보니 어딘가 모르게 향원정은 아름이도 많이 닮은 것 같아.

아 름   됐어요. 아빠는 항상 2%가 부족해요. 그것만 알면 돼요.

아 빠   이런, 아빠가 아름이에게 점수를 많이 잃었네. 점수를 만회하려면 아빠가 나머지도 열심히 설명해 주고 맛있는 것도 많이 사줘야 하겠구나. 이제, 향원정이 있는 연못을 한번 봐. 향원지라고 하는데 연못의 모양이 어때?

향원지에 담긴 동양 사상

호 림   연못이 사각형이에요. 그 속에 동그란 섬과 향원정이 있어요.

아 빠   그래. 이런 조경 방식이 우리나라의 전통적인 연못 조경 방식이야. 연못을 만들 때도 그냥 만드는 법이 없어. 반드시 동양적인 사상을 고려해서 만들지. 연못을 만들 때 고려하는 동양적인 사상은 뭘까?

아 름 　하늘은 둥글고 땅은 네모나다고 아빠가 전에 그러셨어요.
아 빠 　맞았어. 그것을 한자로 표현하면, 천원지방이라고 해. 자주 들었지? 하늘 천, 둥글 원, 땅 지, 모날 방!
호 림 　귀에 못이 박일 정도로 들었어요.
아 빠 　그래서 향원정의 연못도 가장자리는 땅을 상징하기 때문에 사각형으로 모나게 만들었고, 가운데의 섬은 하늘을 상징하는 것이기 때문에 둥근 섬을 만들었어.
아 름 　아빠, 그런데 경회루의 연못은 왜 섬이 둥글지가 않고 네모나죠?
아 빠 　아! 아름이가 예리하게 질문하는구나. 경회루의 연못은 섬이 둥글지도 않고 네모난데, 게다가 섬이 하나도 아닌 두 개가 있지. 따라서 우리나라의 전통적인 연못 조경 방식과는 분명히 달라. 나도 아직까지는 정확하게 그 근거를 찾지는 못했지만 나름대로 추측하는 것이 있어. 경회루의 연못은 처음부터 풍수를 근거로 만들었기 때문에, 일반적인 조경 이외에 풍수적인 요소가 많이 들어간 것 같아.
엄 마 　경회루 연못은 인왕산의 산살을 막기 위한 것이라고 했잖아요? 그것 이외에도 또 다른 풍수 내용이 있어요?
아 빠 　경복궁 안에 큰 연못의 개수는 경회루 연못과 향원지, 이렇게 딱 2개야. 2는 음수지? 그리고 경회루 연못 안의 섬의 숫자도 2개야. 게다가 섬의 모양도 음을 상징하려고 네모나게 만든 것 같아.

경회루 연못의 섬이 네모난 이유는 음양을 고려했기 때문

아 름 　왜 경회루의 연못은 만들 때, 음양의 조화가 아니라, 몽땅 음을 상징하는 것으로만 했을까요?
아 빠 　1997년에 경회루의 연못에서 청동으로 된 용을 발굴한 것이 뉴스에 나온 적이 있어. 그건 옛날에 누군가가 일부러 빠뜨린 것인데, 아무래도 경복궁에 넘치는 불의 기운인 화기를 누르기 위해 집어넣은 것 같아.

아 름 아빠가 관악산의 화기에 대해서 말씀해 주신 것이 생각이 나요. 화기를 누르려고 숭례문 현판도 세로로 세우고, 현판 글씨도 불꽃처럼 날카롭게 썼고, 광화문 앞에 해치를 세워 두었다고요.

아 빠 응, 잘 기억하는구나. 용은 물속에 사는 용왕과도 밀접하게 관련이 있고, 또 구름 속에서 비를 내리기도 해서 음(-)인 상징성이 강하지. 음기가 강해야 화재에 잘 대비할 수 있겠지? 양기가 강하면 쉽게 불이 날 수 있잖아? 젖은 나무보다는 마른 나무가 훨씬 불이 잘 붙는 것과 같은 이치라고 보면 돼. 그런 경회루의 연못 속에 양의 하늘이 아닌, 음인 땅을 상징하게끔 네모난 섬을 만들면서 그것도 음수인 두 개를 만들어서 음기를 훨씬 강화한 것이 아닐까 하고 나는 생각해.

엄 마 당신 말을 들어보면 그것이 마치 틀림없는 사실인 것 같아요. 어쩜 그렇게 자기의 생각을 남들이 철석 같이 믿도록 할 수 있어요?

음양오행론은 모든 문화재를 열어보는 만능열쇠다

아 빠 그냥 내 생각일 뿐인데, 아무래도 내가 음양오행에 대해 공부를 많이 해서 그런 것이 잘 정리되나 봐. 그렇다고 향원지까지 몽땅 음으로 만든 것은 아니야. 너무 음기만 모여 있어도 좋지 않거든. 아무튼, 경회루의 연못과 이 향원지는 서로 간에는 음양의 조화처럼 잘 조화를 이루는 것 같아.

엄 마 맞아요. 경회루와 경회루 연못은 크고, 향원정과 향원지는 작아요. 경회루의 연못은 네모난 섬이 두 개라서 음인데, 이곳 향원지는 둥근 섬이 하나라서 양이에요. 연못과 누정이라는 공통점을 가지고 있으면서

아 름   도 음양이 잘 조화되는 것 같아요.

아 름   아빠, 저 향원정의 지붕이 바로 모임지붕이죠?

아 빠   그래, 저렇게 추녀마루가 하나로 모인 지붕을 모임지붕이라고 하고, 지붕 면이 6개라서 육모지붕이라고 해. 그리고 모임지붕의 지붕마루 한가운데에는 기와로 된 항아리 모양의 장식이 올라가는데, 저것을 절병통飾甁桶이라고 불러. 지금까지 우리는 한옥의 모든 지붕 양식을 다 보았어. 복습 해볼까? 경복궁에서 우진각지붕은 무엇 무엇이었지?

아 름   잠깐만요, 수첩을 좀 찾아보고요. 광화문, 홍례문, 근정문이요.

아 빠   맞았어. 그 이외에도 경복궁의 동쪽 대문인 건춘문, 서쪽 대문인 영추문, 북쪽 대문인 신무문이 더 있어. 경복궁의 동서남북 사대문은 모두 우진각지붕이야. 그럼 맞배지붕은?

아 름   기별청과 사정문이요.

아 빠   맞았어. 그리고 홍례문과 근정문의 행각들도 모두 우진각 지붕이야. 잠시 후에 볼 집옥재도 맞배지붕이지. 그럼 무량각지붕은?

아 름   강녕전과 교태전이요.

아 빠   잘했다. 나머지는 거의 모두 팔작지붕이고 향원정과 팔우정만 모임지붕이야. 한옥 지붕 복습 끝!

아 름   향원정으로 가는 저 나무다리도 참 예쁘네요. 사진 배경으로 좋겠다.

아 빠   저 나무다리도 예쁜 이름이 있어. 취향교醉香橋야, 취할 취, 향기 향, 다리 교!

아 름   향기에 취하는 다리! 와, 정말 매우 예쁜 이름이다.

엄 마   여보, 그런데 북궐도형에는 취향교가 북쪽에 그려져 있어요. 지금 우리가 보고 있는 다리는 남쪽에 있고요! 어찌 된 것이죠?

취향교 방향이 북쪽에서 남쪽으로 바뀐 이유?

아 빠 응, 원래 취향교는 북쪽에 있었는데 한국전쟁 때 파괴되어 지금의 위치로 옮겼어. 저쪽 북쪽으로 가 볼래? 그러면 옛날 다리가 놓였던 석축이 아직도 남아 있는 것을 확인할 수 있거든.

🔵 건청궁 정문 앞 향원정 북쪽 기단

엄 마 궁금한 것이 두 가지가 생겼어요. 취향교가 처음에는 왜 북쪽에 있었을까? 그리고 왜 남쪽으로 옮겨졌을까?

아 빠 그것은 아마도 향원정의 주인이 바뀌었기 때문일 것이야. 옛날 향원정의 주인은 바로 우리 뒤에 있는 건청궁의 안주인인 명성황후 민씨야. 따라서 명성황후가 쉽게 향원정을 이용할 수 있도록 다리를 건청궁이 있는 북쪽에 만든 것이지. 다리 기단의 방향을 잘 보면 건청궁의 정문과 일직선이지?

아 름 정말 그래요!

아 빠 하지만 향원정이 을미사변으로 주인인 명성황후를 잃고, 게다가 한국전쟁으로 취향교마저 파괴되자, 새롭게 취향교를 만들려는 사람들이 향원정의 주인을 다시 생각했을 거야. 누가 향원정의 진정한 주인이 되어야 할까? 그때는 이미 조선은 없어지고 대한민국이 건국되었으니 이제 경복궁과 향원정의 진정한 주인은 일반 국민이라고 생각했겠지. 따라서 일반 국민은 경복궁의 광화문을 통해서 남쪽에서 올라오기 때문에 새로 만드는 취향교를 남쪽으로 향하게끔 만든 것일 거야. 믿거나, 말거나…

엄 마 역시 당신의 설명은 저절로 사람의 고개를 끄덕거리게끔 하는 그 뭔가

가 있어요. 그래서 안 믿을 수가 없어요.

아 빠   자, 이제는 저 향원정을 건축적으로 자세히 한번 들여다볼까? 그냥 예쁜 집이라고만 흘려보지 말고 찬찬히 뜯어봐. 자, 이제 뭐가 보이는지 한 사람씩 말해 볼까?

예쁜 향원정 열심히 뜯어 보기

아 름   2층으로 되어 있는데 난간의 모양이 1층과 2층이 달라요.

아 빠   아름이가 용케도 잘 찾았네. 난간의 모양이 다른 것은 1층은 평난간이고 2층은 계자난간이어서 그래. 난간의 모양으로 봐서는 1층의 난간은 그냥 모양을 위해서 만들어 놓은 것이고 2층의 난간은 실제로 사용한 난간으로 보여. 왜냐하면, 1층의 난간은 너무 낮아서 실용적이지 않아.

아 름   평난간은 뭐고 계자난간은 뭐죠?

아 빠   평난간은 계자다리가 없는 난간이고, 계자다리가 있는 난간이 계자난간鷄子欄干이야. 그럼 계자난간이 뭐냐? 우리말로 고쳐 쓰면 닭 모양 난간이란 뜻이야. 밖으로 튀어나온 모양이 닭의 상체 또는 닭의 다리와 비슷하게 생겼다고 해서 붙여진 이름이지. 아무튼, 계자난간을 만든 이유는 적은 노력으로도 집을 화려하게 보이게 만들기 때문이야. 결론적으로 평난간은 걷거나 움직이는 동선 위주의 공간에 설치하는 것이 일반적이고, 계자난간은 정적인 공간에서 안정적인 보호를 위한 시설이야. 어때? 향원정에도 잘 들어맞지?

엄 마   처마는 겹처마예요. 집도 육각지붕인데 기둥도 육각형이에요.

아 빠   맞아, 저렇게 정자가 1층, 2층 모두 갖춰진 것은 꽤 드물고, 게다가 지붕과 기둥이 모두 육각형인 것도 아주 드문 예야. 그리고 모든 면에는 사분합문을 설치했어. 만약 저 문들을 모두 들어 열었다고 상상해봐. 얼마나 멋지겠어? 그리고 여기서는 잘 보이지는 않지만, 서쪽의 기단 부분에 보면 아궁이도 설치되어 있어. 겨울에도 향원정을 사용할 수 있도록 한 것이지.

아 름   이 향원지의 물은 어디서 나오나요? 그냥 땅속에서 솟아나나요?

아 빠   이 향원지의 물이 나오는 곳은 바로 저기 향원지의 북서쪽 모퉁이에 있어. 우리 한번 가볼까?

→ 향원정 열상진원 앞

아 름   이 한자는 무엇이에요?

열상진원에서 열상은 한양을 뜻하는 말

아 빠   이라고 되어 있는데, 한강의 진짜 근원이라는 뜻이야. 여기서 퀴즈를 하나 낼까? 이 물은 북쪽에서 흘러내려와 둥근 그릇 모양의 수조에 모인 뒤에 오른쪽으로 난 구멍으로 들어가게 되어 있지? 왜 이렇게 만들었을까?

열상진원

뱀의 발 한강을 옛날에는 다른 말로 아리수 또는 열수洌水라고 했었다고 한다. 그래서 열상洌上은 열수의 위쪽, 즉 북쪽을 가리킨다. 한강의 북쪽이면 어딜까? 바로 한양이라는 뜻이다. 따라서 이곳에서 솟아난 샘물이 향원지와 경회루 연못을 지나서 영제교 밑으로 흐른 다음, 청계천으로 합류하고 이것이 마지막에 한강으로 흘러간다. 따라서 이곳이 한강의 진짜 근원이라고 생각해서 열상진원이라는 이름을 지었다.

아 름   제가 보기에는요, 이 물이 바로 향원지로 흘러가면 내려오는 물살 때문에 향원지의 물 표면에 잔잔한 물결이 계속 일어날 것 같아요. 그러면 향원정의 멋진 모습이 물 위에 안 비치잖아요?
그래서 물결이 생기지 않도록 완충 작용을 한 것 같아요.
아 빠   오, 아름이의 과학적인 생각은 정말 놀랍구나. 멋진 대답인 것 같아.

서류동입 명당수의 과학적인 해석

엄 마   나는 이렇게 생각해요. 예로부터 명당수는 서류동입이라고 했잖아요? 그러니깐 서쪽에서 흘러와서 동쪽으로 흘러가야 명당수가 되기 때문에 동쪽으로 난 구멍을 따라서 물이 흘러가도록 만든 거예요.
아 빠   아름이의 답은 과학적인 답이었는데, 당신의 답은 풍수적인 답이군! 그리고 당신의 생각은 옛날 이것을 만들었던 사람들의 생각과 100% 일치해. 따라서 당신의 답과 아름이의 답을 합치면, 200점짜리 정답이야. 참고로 지금 교보 빌딩 뒤쪽에 복원하고 있는 중학천에도 열상진원이라고 이름을 붙인 시설을 만들었는데, 이곳과 똑같이 명당수의 개념을 적용해서 만들고 있어.
엄 마   그런데 열상진원이 여러 개가 되면 사람들이 헷갈리지 않을까요? 원래 원조집은 단 하나만 있어야 하는데도 너도나도 원조집이라고 간판을 붙이니깐 너무 혼란스럽잖아요.
아 빠   맞아. 참기름이면 충분한데, 순참기름, 진짜참기름, 순진짜참기름… 이런 식이면 도대체 어느 것이 진정한 참기름이야?

건청궁

> 건청궁 정문 앞

건청궁 정문

아빠 이곳이 그 유명한 건청궁乾淸宮이야.

명성황후를 시해한 낭인의 정체를 밝힌다

아름 아! 학교에서 배웠어요. 명성황후가 일본 낭인들에게 시해당한 곳이라고 했어요.
호림 그런데 낭인이 뭐예요?

조선의 법궁, 경복궁

아 빠 낭인은 말 그대로 유랑하는, 즉 떠돌아다니는 사람이라는 뜻이야. 옛날 일본에서는 사무라이라고 부르는 무사 집단이 있었어. 그런데 이 무사 집단은 다이묘라고 부르는 각 지방의 봉건 영주에게 소속되어 있어서 그들의 봉건 영주에게만 충성을 다 바쳐 일했어. 그러다가 그들이 속해 있던 영주의 가문이 전쟁으로 망하거나, 막부라고 불리던 일본 정부의 명령으로 가문이 폐쇄되어 하루아침에 주인을 잃고 실업자가 된 무사들이야.

호 림 한마디로 정리해고된 것이네요?

아 빠 그렇지. 이들은 전직 무사들이었기 때문에 무예에는 뛰어난 소질이 있었지만, 전쟁이나 무예 이외에는 따로 생업을 가진 자들이 아니었기 때문에 일본 정부에게는 아주 골칫거리였어. 명성황후 시해 사건에 일본이 낭인을 동원한 이유는, 그들이 공식적인 소속이 없어서 일본 정부가 사건을 저지른 후 오리발을 내밀 수 있다는 치밀한 계산 때문이었어.

호 림 정말 나쁜 놈들이군요.

엄 마 그 일이 1895년에 일어났는데, 을미년에 일어났다고 해서 을미사변乙未事變이라고 해.

아 름 일단, 건청궁의 뜻을 한번 알아맞혀 볼게요. 엄마 한자를 불러주세요.

엄 마 마를 건, 맑을 청, 집 궁!

아 름 맑고 마른 집?

건청궁에 담긴 8괘의 의미

아 빠 처음의 건 자는 건조하다는 뜻일 때도 마를 건 자이지만, 주역에서 나오는 8괘의 이름으로 쓰이면 하늘을 뜻하는 건 자가 돼.

엄 마 아! 태극기의 건, 곤, 감, 리 할 때의 그 건?

아 빠 그렇지. 여러 번 말했듯이 주역에서 8괘는 양에서 음으로 가면서 이름이 일건천一乾天, 이태택二兌澤, 삼이화三離火, 사진뢰四震雷, 오손풍五巽風, 육감수六坎水, 칠간산七艮山, 팔곤지八坤地 이렇게 돼. 일건천의 건괘는 하늘을 뜻하고, 이태택의 태괘는 연못, 삼이화의 이괘는 불, 사진뢰의 진괘는 우레, 오손풍의 손괘는 바람을 뜻해. 그리고 육감수의 감괘는 물, 칠간산의 간괘는 산, 팔곤지의 곤괘는 땅을 뜻하지.

아 름 태극기의 건곤감리는 결국, 하늘과 땅과 물과 불을 뜻하는 것이군요?

아 빠 그래 맞아. 따라서 건청궁이란 뜻은 맑은 하늘과 같은 집이란 뜻이야. 그럼 돌발 퀴즈 하나 낼게. 옛날 책 중에 손감묘결巽坎妙訣이라는 책이 있었어. 이 책은 어떤 분야의 책이지?

엄 마 손이라면 바람을 뜻하고, 감이라면 물을 뜻하니깐, 바람과 물에 대한 묘한 비결이라는 책이네요? 그럼… 아! 풍수! 풍수에 대한 묘한 비결이라는 책이군요.

아 빠 응, 맞혔어. 풍수를 다른 말로 손감이라고 할 수 있지. 자! 이제 건청궁 안쪽으로 들어가 볼까?

뱀의 발 — 건물에 단청을 하는 이유

건청궁은 단청을 하지 않아서 백골집이라고 부른다. 건물에 단청을 하는 이유는 첫 번째로 예쁘게 보이려고 하는 것이고, 두 번째는 건물을 오래가도록 하려는 것이다. 건물에 단청을 하게 되면 나무의 표면에 얇은 막을 입히게 되고, 이것이 습도나 벌레들로부터 나무를 지켜주는 역할을 한다. 그런데 요즘은 여러 가지 화학페인트가 많아서 쉽게 건물에 단청을 할 수 있지만, 옛날에는 단청의 색을 만들기 위해서는 천연의 염료를 많이 구해야 했다. 그런데 천연의 염료가 구하기도 어렵고 값도 비쌌기 때문에 나라에서는 궁궐이나 관청 이외의 일반 민가에서는 단청을 하지 못하도록 엄격하게 규제했다. 단지, 사찰은 부처님이 계신 곳이라서 예외로 인정한다.

이 건청궁은 다른 궁궐 건물과는 달리 일반 사대부의 집처럼 지었다. 다른 궁궐에도 일반 사대부의 집처럼 지은 곳이 또 있는데, 그것은 창덕궁의 연경당이다. 연경당 역시 백골집이다. 아무튼, 이 집은 생김새도 독특한데, 이 집이 만들어진 내력에도 독특한 부분이 있다. 1873년 고종이 경복궁 중건을 마무리하면서 이 건청궁을 짓기 시작했는데, 국가 재정으로 지은 것이 아니라, 왕의 개인 돈인 내탕금을 들여서 경복궁 안의 가장 깊숙한 곳에 만들었다. 이해에 고종은 아버지인 흥선대원군의 섭정을 종식하고, 스스로 정치하겠다는 친정을 선언하였는데, 이것으로 미루어 봐서 건청궁 건립은 고종이 대원군의 그늘에서 벗어나 정치적으로 독립하려는 의지를 드러낸 것이라고 생각이 든다.

건청궁 장안당 앞

장안당

아 름 이 건물의 현판도 읽어 주세요. 엄마!
엄 마 길 장, 평안할 안, 집 당! 장안당長安堂이야.
아 름 오래오래 평안하게 지내는 집이란 뜻이네요?
아 빠 그래, 장안당은 민가에서는 남자가 사용하는 사랑채에 해당하는 건물이야. 이곳 건청궁은 왕의 공간인 장안당 구역, 왕비의 공간인 곤녕합 구역, 그리고 부속 건물인 복수당 구역 이렇게 세 구역으로 나뉘어.

건청궁과 향원정은 분리하지 말고 한 세트로 보아라

아 름 여기서도 남녀의 서열이 또 나오는 군요? 남자는 장안당의 당堂, 여자는 곤녕합의 합閤!
아 빠 이제, 아름이가 유교의 예법에 따르는 건물의 서열을 정확히 알게 되었구나. 축하한다. 그런데 이름만 차이 나는 것이 아니라 장안당과 곤녕합의 건축물에도 남녀의 차이가 있어. 잠시 후 곤녕합에서 확인해 볼 테니 장안당을 잘 눈여겨봐 둬.
아 름 그런데 저기 멋진 누각에 쓰인 현판은 뭐라고 쓰여 있어요?
아 빠 추수부용루秋水芙蓉樓라고 되어 있는데, 추는 가을 추, 수는 물 수, 부용은 연꽃이란 뜻이고 루는 누각이라는 뜻이야.
아 름 그럼, 가을에 물 위에 떠 있는 연꽃과도 같은 누각이란 뜻이네요? 정말 아름다운 이름이에요.
아 빠 음… 내가 보기에는 가을 물 위에 떠 있는 연꽃을 볼 수 있는 누각이라는 생각이 드는구나.

아 름 그런 연꽃이 어디에 떠 있어서 볼 수 있다는 건가요?

아 빠 바로 앞을 잘 보렴.

아 름 아하! 향원지와 향원정 말씀이네요. 아빠 말을 듣고 보니 아빠 해석이 더 잘 맞는 것 같아요. 그럼 저기 문에 쓰여 있는 글자는 무엇이에요?

엄 마 시작할 초, 볕 양, 문 문! 초양문初陽門이야.

아 름 햇볕이 시작하는 문? 햇볕이 왜 저기서 시작하죠?

엄 마 아름아, 저 문의 방향을 잘 보렴. 동쪽을 향한 문이지? 해가 동쪽에서 뜨니깐 햇볕이 시작하는 문이란 말이 왠지 잘 어울리는 것 같지 않니?

➡ 건청궁 곤녕합 앞

아 름 엄마, 저 현판의 한자도 불러주세요.

곤녕합

엄 마   땅 곤, 편안할 녕, 쪽문 합! 곤녕합坤寧閤이야.

아 름   땅처럼 편안한 집이란 뜻이군요! 음양으로 따져서 왕비의 공간이니깐 땅이라고 했겠죠? 건청궁의 건은 하늘을 뜻하고 8괘이며, 곤녕합의 곤은 땅을 뜻하는 8괘니깐 음양이 잘 맞네요. 그럼 오른쪽에 붙어 있는 저 현판은요?

엄 마   구슬 옥, 병 호, 다락 루! 옥호루玉壺樓야.

깨끗한 마음을 뜻하는 옥호루

아 름   옥으로 만든 병과 같이 생긴 누각? 저게 왜 옥으로 만든 병처럼 보이는지, 잘 모르겠어요.

아 빠   이 말은 사전 지식이 없으면 당연히 모를 수밖에 없어. 왜냐하면, 원래 뜻은 당나라의 시인인 왕창령王昌齡의 시에서 따온 말이거든. 왕창령이 벼슬아치로 있다가 무슨 일 때문에 지방으로 좌천당한 거야. 그래서 당나라의 서울이었던 장안에서 찾아온 친구와 밤새 술로 우정을 나누다가 새벽녘에 친구를 보내면서 시를 읊은 거지. 그때 자기의 마음을 장안에 있는 친구들에게 전해달라며 일편빙심재옥호一片氷心在玉壺라고 표현했어.

엄 마   일편빙심이면 한 조각의 얼음과 같은 깨끗한 마음이라는 뜻이고, 재옥호라면 옥으로 만든 병 속에 있다는 뜻이잖아요? 뜻을 합치면 옥으로 만든 병 속에 있는 한 조각의 얼음과 같은 깨끗한 마음이 되네요. 결국, 자기는 깨끗한 마음을 가졌다는 뜻이군요.

아 름   옥호루의 뜻은 깨끗한 마음을 가지라는 말이군요. 왕은 연꽃을 볼 수 있는 멋진 누각에서 놀고 있으면서, 왕비에게는 깨끗한 마음을 가지도록 수행해라? 이건 너무 불공평해.

아 빠   아름아, 너무 속상해하지 마. 그 옆에 붙어 있는 현판을 봐. 사시향루^四^{時香樓}라고 되어 있지? 넉 사, 때 시, 향기 향, 다락 루!

아 름   사시사철 향기가 나는 누각? 이건 좀 괜찮네…

아 빠   조금 전에 장안당 앞마당에서 아빠가 장안당과 곤녕합의 건축물에 남녀의 차이 나는 곳이 있다고 했지? 그것을 한번 찾아볼까?

건청궁의 건축에서 음양의 차이를 확인하기

아 름   음… 찾았어요. 장안당의 누각은 아래쪽이 열려 있는데, 곤녕합의 누각은 아래쪽이 닫혀 있어요.

엄 마   나도 하나 찾았어요. 장안당의 대청은 양의 자리인 동쪽으로 치우쳐 있고, 곤녕합의 대청은 음의 자리인 서쪽으로 치우쳐 있어요.

아 빠   잘 찾았구나. 게다가 장안당의 다락은 튀어나왔는데, 곤녕합의 다락은 숨어 있지? 이렇듯 음양의 원리만 잘 알고 있으면 누구나 쉽게 우리 문화재를 잘 해석할 수 있어. 또 한 가지가 더 있는데, 고건축적으로 봤을 때 장안당이 곤녕합보다 격이 높은 이유를 찾아볼 수 있지.

아 름   장안당은 겹처마인데, 곤녕합은 홑처마예요.

호 림   장안당의 대문은 솟아 있는 솟을대문인데, 곤녕합의 대문은 그냥 평대문이에요.

엄 마   장안당은 이익공계 집인데, 곤녕합은 소로수장집이에요.

아 빠   와, 다들 100점이야.

호 림   건청궁은 명성황후 시해사건 때문에 매우 우울한 곳이네요. 혹시 이곳과 관련된 재미있는 이야기는 없나요?

아 빠   응, 하나 있지. 이곳 건청궁은 우리나라에서 가장 먼저 전기가 들어온 곳이야. 1887년에 미국의 에디슨 전기회사에서 발전기를 설치해서 이곳 건청궁과 향원정 사이에 우리나라 최초로 전등이 가설되었어. 중국이나 일본의 궁보다도 2년이나 앞섰다고 해. 그런데 그때 당시의 전기 기술이 그다지 좋지 못해서 전등불도 자주 꺼지고 유지 비용이 많이 들어갔기 때문에, 사람들은 전등불을 건달불이라고 부르기도 했대.

문에서 본 곤녕합 후면(정시합)

집옥재

> 집옥재 월대 앞

팔우정과 집옥재

아 름 어, 여기에도 월대가 있는 건물이 있네요? 궁궐 안에서 보기 드물게 큰 맞배지붕이면서도 건물 모양도 특이해요. 게다가 현판도 숭례문처럼 세로로 쓰여 있어요. 왜 이렇게 된 거죠?

아 빠 너무 한꺼번에 질문하면 대답하기 곤란하잖니? 하나씩 천천히 하자.

아 름 알겠어요. 우선 현판부터 한번 읽어볼게요. 엄마 부탁해요.

엄 마 모을 집, 구슬 옥, 집 재! 집옥재集玉齋야.

아 름 옥처럼 귀한 것을 모은 집이란 뜻이네요. 그럼 여기는 왕실의 보물 창고였나요? 아무 데나 없는 월대가 있는 건물인 것으로 봐서는 분명히 중요한 보물이 있는 건물인 것 같아요. 게다가 궁궐의 가장 뒤쪽에 숨어 있잖아요. 제 추리가 어때요?

호 림 보물이라고? 그렇다면 나도 구미가 당기는데…

아 빠 집옥재는 왕실의 수많은 도서를 모아 놓은 서재로서 기능하였기 때문에 옥처럼 귀한 서책을 모아둔 집이라는 뜻으로 볼 수 있지.

호 림 겨우 책이요? 난 진짜 보물인 줄 알았는데… 아쉽네.

함녕전은 덕수궁이 아닌 창덕궁에도 있었다?

아 빠 쉽게 말하자면 집옥재는 도서관으로 쓰였어. 이런 사실을 알 수 있는 이유는 바로 집옥재의 장서 목록인 집옥재서적목록集玉齋書籍目錄이 현재 규장각에 남아 있기 때문이야. 그리고 이 집옥재는 처음부터 여기에 있었던 것이 아니라, 창덕궁 함녕전咸寧殿의 부속 건물로 있던 것을 1891년에 이곳으로 옮겨온 것이야.

엄 마 여보, 함녕전은 덕수궁에 있잖아요? 당신이 그런 실수를 하다니…

아 빠 내가 실수를? 그럴 리가 없지! 1891년까지는 함녕전은 분명히 창덕궁에 있었어. 그렇지만 지금 현재 덕수궁에도 함녕전이 남아 있어. 왜 그럴까?

호 림 한글만 똑같고 한자가 다른 것 아닐까요?

아 빠 그게 아니야. 1895년 바로 옆 건청궁에서 일어났던 을미사변 때문에 고종 임금이 일본으로부터 신변의 위협을 느꼈고, 따라서 러시아 공사관으로 몸을 피하는 아관파천을 단행했어. 그런데 일국의 국왕이 어떻게 남의 나라 공사관에서 1년 이상을 보낼 수가 있겠어? 당장 돌아와야 한다는 여론이 빗발친 거야.

호 림 그야 너무 당연하겠죠. 그렇지만 자기가 있던 그 자리에서 부인이었던 명성황후를 죽인 일본이 무섭기는 했을 것 같아요.

일본이 두려워 몸을 피한 고종의 선택

아 빠 그래서 고종 임금은 경복궁으로 돌아온 것이 아니라 일본의 공관이 없으면서도 서구 여러 나라의 공관이 몰려 있었던 덕수궁으로 거처를 옮겼어. 그러면서 1897년부터 덕수궁을 대대적으로 수리하기 시작했지. 그때 지금의 함녕전이 만들어진 거야.

아 름 그럼 창덕궁의 함녕전을 왜 경복궁으로 옮겨온 것인가요?

아 빠 그건 1876년에 경복궁에 큰 화재가 있었고, 고종 임금은 일단 급한 대로 창덕궁으로 거처를 옮겼어. 그러다가 12년 후인 1888년에 경복궁으로 돌아오게 되는데, 그러면서 여러 전각을 다시 수리하게 하고 집옥재도 그때 만들어지면서 창덕궁에 있던 함녕전을 가져와서 부재들을 활용한 거야. 목조 건물은 레고 블록처럼 분해 및 조립이 쉽다는 말은 그전에도 했었지?

집옥재의 독특한 외관은 최신 문물을 받아들이려는 시도

아 름 그런데 왜 건물을 이렇게 특이하게 지었어요?

아 빠 그 당시는 아마도 중국 청나라의 문물을 최신식으로 여겼기 때문인 것 같아. 그래서 현판도 세로로 단 것일 거야. 잘 봐. 기둥을 받치고 있는 주춧돌도 우리의 전통적인 천원지방형 주춧돌이 아니라 북 모양이지? 여기에는 이런 중국풍의 흔적이 더 있는데 한번 직접 찾아 봐.

호 림 지붕의 끝에 이상한 모양의 동물이 있어요. 저것도 중국풍이죠?

아 름 맞배지붕에다가 건물의 벽도 벽돌로 되어 있어요.

엄 마 월대로 올라가는 답도의 소맷돌이 용과 비슷한 서수예요. 근정전 앞에는 해치가 있었는데…

아 빠 모두 잘 찾았네. 특히 엄마는 찾기 어려운 것을 찾았어. 역시 엄마야. 그리고도 더 있어. 이곳 월대는 약간씩 뒤로 물리면서 쌓는 방식인데, 경복궁 내에서 볼 수 있는 우리 전통 방식의 다른 월대와는 방식이 달라. 지붕의 용마루 선도 거의 직선에 가깝지. 또 건물의 맨 앞쪽에 있는 퇴칸을 모두 개방했어. 마치 사당이나 종묘의 건축같이 말이야.

아 름 저도 또 찾았어요. 분합문의 창살 무늬도 우리 전통 방식과는 많이 달라요. 그리고 신기하게도 유리창도 있어요.

아 빠 잘 찾았구나. 그리고 이곳의 창문도 창문이 둥근 보름달과 같은 만월창과 반달 같은 반월창을 이용해서 이국적인 느낌이 더 강하지. 건물 양쪽 끝에는 팔각투공창八角透孔窓을 만들어서 환기하도록 했어. 이 모든 것이 중국풍의 영향이야.

집옥재 뒤쪽 창문

아 름 그럼 팔우정八隅亭은 무엇이죠? 생긴 것은 향원정과 비슷하네.

닮은 듯 안 닮은 듯, 팔우정과 향원정

아 빠 얼핏 보면 향원정과 닮았지? 두 건물 모두 2층은 계자난간이고, 1층은 평난간이야. 그렇지만 다른 점이 더 많아. 향원정은 2층인데 팔우정은 3층과 같은 느낌이지? 또한, 창문에 한지가 아니라 유리창이 달린 것도 달라. 낙양각이라고 해서 양쪽 기둥과 위쪽 면에 마치 장막을 걷어 올렸던 형상으로 예쁘게 장식한 것도 특이하지. 아무튼, 뜻을 한자로 말하자면 여덟 팔, 모퉁이 우, 정자 정!

호 림 뭐야? 여덟 개의 모퉁이를 가진 정자? 그럼 팔각정이랑 똑같은 뜻이잖아? 난 또 특별한 뜻이 있는 줄 알았네.

아 빠 팔우정은 서고로 활용되었어. 다른 건물과는 달리 공중에 떠 있는 누각처럼 보이지? 책을 보관하는 곳은 모두 저런 건물처럼 누각 형식으로 지어. 왜냐하면, 저렇게 해야 땅에서 올라오는 습기로부터 책을 보호할 수 있거든. 자, 그럼 여기서 또 퀴즈 하나 낼게. 팔우정과 같은 저런 누각 형식으로 지었으면서 귀중한 책을 보관하는 곳이 몇 곳 더 있는데 그곳이 어디 어디일지 한번 맞혀 볼까?

아 름 힌트 좀 주세요.

아 빠 왕실이나 궁궐과도 관련이 있고, 궁궐 안에도 있고 밖에도 있다는 것이 힌트야. 그래도 어렵나? 좋아. 결정적인 힌트! 정조와 세계 유산!

엄 마 아! 알았다. 조선왕조실록을 보관하는 곳이군요.

뱀의 발 　조선 전기의 4대 사고, 조선 후기의 5대 사고

　　조선왕조실록을 보관하던 곳을 사고라고 부른다. 조선 전기에는 한양 궁궐에 춘추관사고가 있었고, 화재 등 혹시 모를 재난에 대비해서 주요 도시인 충주, 성주, 전주에 각각 사고를 만들었다. 이것이 조선 전기의 4대 사고이다.

그런데 임진왜란이 일어나면서 전주사고만 무사하고 나머지는 모두 불에 타 버렸다. 그래서 조선 후기에는 주요 도시가 아닌 깊은 산 속으로 사고를 옮겼는데, 경상도에 태백산사고, 오대산사고, 무주에는 적상산사고, 강화도에는 정족산사고를 만들었다. 궁궐 안의 춘추관사고를 포함하여 조선 후기의 5대 사고 체제가 된 것이다. 그런데 마니산사고와 묘향산사고도 있었다. 이 두 개의 사고는 말하자면 임시로 설치된 사고였다. 임진왜란으로 유일하게 살아남은 조선왕조실록 전주본 1세트를 묘향산사고에 임시로 보관하다가 전란이 모두 끝나고 나라가 안정을 되찾자 다시 안전한 보관을 위해 여러 개로 만드는 작업을 했다. 작업의 편의를 위해서 한양에서 가까운 강화도 마니산에 사고를 만들어 둔 뒤, 묘향산사고의 실록을 옮겨와서 작업하였다. 그런 다음 춘추관, 태백산, 오대산, 묘향산, 마니산 이렇게 다섯 곳에 분산해서 재배치했다. 그런데 광해군 때 후금의 동태가 심상치 않자, 북쪽의 묘향산사고가 위험하다고 판단이 되어서 그곳의 실록을 남쪽의 무주에 있는 적상산사고를 옮겼고, 효종 때에는 마니산사고에서 불이 나는 바람에 역시 마니산사고에 있던 모든 서적을 가까운 정족산성 내에 새로 지은 사고로 옮겼다.

어느 사고를 가더라도 사각과 선원보각이라는 두 개의 건물 구역으로 분리되어 있다. 사각에는 실록을 보관하고, 선원보각에는 왕실의 족보인 선원록을 보관한다.

아 빠   그렇지. 바로 실록을 보관하는 사고(史庫)야. 사고에는 실록뿐만 아니라 왕실 족보인 선원록(璿源錄)도 보관해. 그래서 실록을 보관하는 곳을 사각, 선원록을 보관하는 곳을 선원보각이라고 해.

사고의 건축적 특징은 책을 잘 보존하려고 철저히 습기를 차단하는 것

엄 마   사각, 선원보각이라는 이름에서도 이런 건물들은 모두 지상에서 떨어져 있는 누각 형태로 만들어졌다는 것을 알 수가 있네요.

아 빠   응, 사고는 책의 보존을 위해서 통풍이 잘되도록 사방에 창문을 만들었지만, 그것도 눈·비가 들이치지 않도록 처마 쪽에 위로 바짝 붙여서 만들었어. 또한, 눈·비에 대해 좀 더 확실하게 대비하기 위해서 지붕을 비정상적으로 크게 만들어서 처마를 길게 늘였지.

호 림   결정적인 힌트 중에서 세계유산인 조선왕조실록은 나왔는데 나머지 하나는 뭐죠? 정조대왕과 관련이 있다고요?

엄 마   아, 규장각!

아 빠   그렇지, 창덕궁 후원에 있는 주합루 기억나지? 거기가 정조대왕의 개혁적 꿈이 담겨 있는 왕실 도서관인 규장각이야. 그곳도 휜칠하게 솟아 있는 2층 누각 건물이지. 주합루는 2층에 붙어 있는 현판 이름이고, 1층에는 규장각이라고 이름이 붙어 있어.

아 름   이곳 집옥재는 그나마 조선의 건물처럼 보이는 것이 오른쪽에 있어서 이게 우리 궁궐이구나 하는 느낌이 드네요. 그렇지만 전체적으로는 영 조화가 너무 맞지 않아요. 마치 양복 입고 고무신 신은 것 같아요. 아무튼, 오른쪽의 건물 이름도 한번 불러 주세요. 뜻을 한번 알아맞혀 볼게요.

엄 마   화합할 협, 길할 길, 집 당! 협길당(協吉堂)이야.

협길당

아 름   모두가 화합해서 길함을 누리는 집?
호 림   쉽게 말해 우리도 한번 잘살아 보자는 뜻이네!

궁궐 현판에 잘못 쓴 글자가 보인다?

아 빠   협길은 함께 복을 누린다는 뜻이야. 협은 함께, 길은 복을 의미해.
엄 마   아니, 여보! 그런데 자세히 보니 협길당은 글자가 좀 이상해요. 길 자와 당 자가 모두 정상적인 글자가 아니에요.
아 빠   여기 현판에서 길 자의 윗부분이 표준 서체는 사士이지만, 여기서는 토土처럼 쓰였지? 이건 잘못 쓴 것이 아니라, 서법에서 흔히 나타나는 속체俗體라는 거야. 강녕전 옆의 연길당에서도 저것과 똑같은 길 자가 쓰였는데 그때는 잘 몰랐지?
엄 마   그랬어요? 나는 정말 몰랐어요.
호 림   쉽게 말해 글 좀 쓴다고 잘난 체하는 것이죠? 가수가 자기 노래를 부를 때, 원래의 박자를 약간 무시하면서 잘난 척하는… 뭐 그런 것?

조선의 법궁, 경복궁

아빠   글쎄, 약간은 그런 면이 있을 수도 있겠지만, 원래 속체란 정자체가 아니어도 뜻이 왜곡되지 않는 범위 내에서 일반 민간에서는 널리 통용되는 글자
체이거든. 그래서 풍속 속 자를 쓰는 거야. 그래서 획을 일부러 빼기도 하고, 뜻을 분명히 밝혀 줄 때는 오히려 더하기도 해. 옆 글자인 당에서 흙 토 위에 점을 더한 것도 그런 이유야.

아름   그럼, 이곳에 월대가 놓인 이유는 왜죠?

아빠   그것은 고종 임금이 이곳을 외국의 사신들을 만나던 접견장으로도 사용했기 때문에 왕실의 권위를 내세우기 위해 월대도 놓고, 화려한 답도도 설치한 것으로 보여. 자, 이제 경복궁 답사의 마지막이 조금씩 보이는구나. 지금부터는 경복궁에서 가장 구석진 곳에 있는 태원전으로 가야 하는데 길 찾기가 쉽지 않아. 이정표가 부족해서 같은 길을 빙빙 돌기 일쑤지. 함화당 옆에 있는 장고의 북쪽 담을 끼고 오른쪽으로 가면 돼.

태원전

🔵 태원전 건숙문 앞

태원전

아 름 아빠, 이곳은 왠지 느낌이 무거운 것 같아요. 경복궁의 가장 구석진 곳이고, 사람들도 별로 없고. 마치 뭐랄까… 묘지나 사당 같은 분위기?

아 빠 응, 이곳은 태원전泰元殿이라는 곳인데, 빈전殯殿이나 혼전魂殿으로 사용되었던 곳이야. 우리가 이곳으로 올 때 북쪽에서 남쪽으로 흐르는 물길이 경복궁의 동쪽과 이곳 서쪽의 태원전 쪽을 갈라놓은 것을 기억하니? 이곳은 돌아가신 분들을 모신 곳이기 때문에 의도적으로 물길로 분리한 것 같아. 게다가 방향도 경복궁에서 가장 서쪽이잖아? 돌아가신 분들은 서방정토西方淨土로 간다고 하지? 태원전의 위치도 그런 것을 고려한 것 같아.

빈전과 빈궁을 혼동하지 말자

아름 빈전은 세자빈이 살았던 집이란 뜻이 아닌가요?

아빠 아니, 세자빈이 살았던 곳은 빈궁이라고 하지. 빈전은 돌아가신 왕과 왕비의 관을 모시는 곳이야. 일반 사람들은 빈소라고 하지만 왕과 왕비는 최고 서열의 집인 전 자를 붙이는 거야. 빈궁의 빈嬪 자와 빈전의 빈殯 자는 물론 한자도 달라.

호림 그럼 혼전은 영혼을 모신 곳인가요?

아빠 옛날 사람들은 부모님이 돌아가시면 삼년상을 치렀다는 것은 알지? 궁궐의 법도도 마찬가지야. 국상國喪이 나면 왕이나 왕비의 장례를 5개월에 걸쳐서 치른 후에 삼년상이 끝날 때까지는 신주를 종묘에 바로 모시지 않고, 가신주假神主를 만들어서 삼년상이 끝날 때까지 혼전에 모셔.

뱀의 발 　빈전과 혼전

국상에 대한 표현은 대상자에 따라 다르다. 국왕과 왕비의 장례는 국장國葬이라 하고, 세자와 세자빈의 장례는 예장禮葬이라 하고, 황제의 장례는 어장御葬이라 했다. 사망을 표현하는 말도 대상자에 따라 다르다. 예기禮記에는 천자는 붕崩, 제후는 훙薨, 대부大夫는 졸卒, 사士는 불록不祿, 서민은 사死라고 규정했다. 조선은 제후국이므로 훙이란 표현을 써야 하는데, 실록에는 통상 상上이 승하昇遐했다고 적고 있다.

국상이 발생하면 당일에 장례의 집행을 담당할 임시 관청인 도감都監이 설치되고, 이곳에서 업무를 담당할 관리들이 차출되었다. 국장 관련 도감으로는 장례를 총괄하는 국장도감國葬都監, 시신을 안치하는 빈전을 설치하고 염습과 복식을 준비하는 빈전도감殯殿都監, 무덤을 조성하는 산릉도감山陵都監이 설치되었다. 이 세 개의 도감을 총괄 지휘하는 총호사摠護使는 통상적으로 좌의정이 맡았다.

그런데 빈전도감과는 별도로 혼전도감魂殿都監이 설치되었는데, 이곳은 장례를 치른 후 가신주를 모시고 삼년상을 치르는 혼전에 관한 업무를 담당하는 곳이었다. 대부분은 빈전도감이 혼전에 관한 업무까지 함께 담당하였다. 국상 절차가 대부분 완료되어 왕릉 조성까지 끝나게 되면, 시신을 매장한 후 혼을 위로하는 제사인 우제虞祭를 지내며, 가신주를 모시고 궁궐로 돌아와 혼전에 모셨다. 가신주를 안치하고 나면 국장도감은 업무를 종결하고 해산하였다. 그러나 국장은 끝나지 않았고 가신주를 혼전에 모시고 삼년상을 지내야 했다. 3년이 지나면 혼전에 모신 가신주를 꺼내어 종묘의 빈터에 묻고, 새 신주를 만들어 종묘에 모셨는데, 이를 부묘祔廟라 한다. 국왕의 신주를 종묘에 모시는 행사는 별도로 부묘도감祔廟都監이 담당하였다.

돌아가신 분들을 위한 공간, 태원전

아 름   결국 이 태원전은 돌아가신 분들을 위한 곳이군요. 그래서 어쩐지 느낌이 좀 그렇더라. 이 문의 이름을 알려주세요.

엄 마   세울 건, 엄숙할 숙, 문 문! 건숙문建肅門이야.

아 름   역시 이곳은 엄숙해야 하는 곳인가 봐요. 문의 이름도 엄숙함을 세우는 문이네요. 지붕도 화려하지 않게 맞배지붕으로 만든 것 같고요. 아빠가 그러셨죠? 엄숙해야 하는 곳에는 맞배지붕을 많이 쓴다고요.

아 빠   그렇지. 이 문은 태원전으로 가는 첫 번째 문이기 때문에, 특별히 엄숙함을 강조하였어. 자, 이제 들어가볼까?

아 름   오른쪽의 이 건물은 어떤 용도인가요?

아 빠   이건 공묵재恭默齋라고 하는 건물인데, 재실로 사용한 것으로 추정해. 공손할 공, 침묵할 묵, 집 재 또는 재계할 재 자를 써서, 목욕재계하고 공손히 침묵을 지킨다는 뜻이지.

아 름   재실은 제사를 준비하는 곳인가요?

공묵재

조선의 법궁, 경복궁

아 빠   그래. 능이나 종묘, 무덤, 사당에서 제사를 지내기 위해 지은 집이야. 그래서 어떤 왕릉에 가더라도 재실은 항상 있는데, 요즘은 보통 왕릉 관리 사무실로 많이 쓰이지.

아 름   이 두 번째 문의 뜻은 무엇이죠?

엄 마   경치 경, 편안할 안, 문 문! 경안문景安門이야.

아 름   편안한 경치? 이해가 안 되네요.

아 빠   경 자는 경치라는 뜻도 있지만, 크다는 뜻도 있어. 따라서 크게 평안하다는 뜻이 되지. 경복궁의 경 자도 같은 뜻이야. 그래서 경복이라는 말이 큰 복을 누리라는 뜻이 된다고 했지? 돌아가신 왕이나 왕비께서 편안히 계시라는 뜻이야.

아 름   이 문에서 저기 뒤쪽 태원전 건물까지 벽이 막히지 않은 복도가 있고, 기둥들이 죽 늘어서 있는 것이 매우 엄숙한 느낌이 드는 것 같아요.

태원전과 종묘의 열주 효과와 천랑

아 빠   그런 것을 열주 효과라고 해. 열주는 기둥이 열 지어 서 있는 것을 말하는데, 그런 환경에서는 누구나 왠지 모르게 엄숙한 느낌이 들지. 그런 것은 우리나라뿐만 아니라 유럽의 그리스 로마 문명도 마찬가지야. 그래서 지금도 그리스나 로마의 고대 신전에 가보면 줄지어 선 돌기둥을 우리가 쉽게 볼 수 있지. 우리나라에서도 가장 열주 효과를 잘 보여주는 곳이 있어. 혹시 어딘지 짐작하겠니?

엄 마   일단 엄숙한 곳에서 찾아야 하겠군요. 그러면서도 기둥이 줄지어 설 만한 곳?

아 빠   힌트는 이것도 세계유산이야.

아 름   아! 종묘군요. 세계문화유산 중에서 엄숙한 곳은 조선왕릉과 종묘가 대표적인데, 조선왕릉에는 줄지어 선 기둥이 없으니 종묘가 정답이 되겠네요.

아 빠   그렇지! 종묘는 우리나라에서 가장 긴 목조 건물인데, 기둥들이 줄지어 서 있는 것을 보면 누구나 옷 매무새를 단정히 할 수밖에 없어. 그리고 이렇게 벽이 막히지 않는 복도를 뚫을 천, 복도 랑 자를 써서, 천랑穿廊이라고 불러. 주요 건물의 정면까지 천랑을 만든 것은 기능적으로는 해나 눈, 비를 맞지 말라는 뜻이기도 하지만, 그만큼 건물의 격을 높이는 시설물로 보여. 마치 월대처럼 말이야. 그래서 천랑이 붙어 있는 건물이 많지 않아.

아 름   그럼 다른 궁궐에서 현재 천랑이 남아 있는 건물이 있나요?

아 빠   응, 창덕궁에는 편전인 선정전의 입구까지 천랑이 남아 있고, 창경궁에는 정전인 명정전의 옆과 뒤로 천랑이 연결되어 있어.

아 름   그런데 지금까지 이곳의 기둥은 모두 네모난 사각기둥뿐이에요. 왜 원

창덕궁 선정전

종묘 정전

기둥은 하나도 없죠?

엄마   이곳은 돌아가신 분들을 모신 곳이라고 했지? 그렇다는 이야기는 음양으로 봤을 때 어떤 기운이 많을까?

아름   아 그렇구나, 그래서 음인 사각기둥만 볼 수 있구나. 태원전의 한자는 아까 모두 배웠던 한자라서 제가 알아맞힐 수 있을 것 같아요. 클 태 자와 으뜸 원 자니깐… 으뜸으로 가장 크다? 세상에서 가장 크다? 이게 뭐지?

아빠   이미 답이 나왔는데 모르겠니? 아름아, 이 세상에서 가장 큰 것이 뭐니? 조금 더 구체적으로 물어볼까? 아름이는 엄마 아빠를 얼마만큼 사랑하지?

아름   하늘만큼 땅만큼이요.

아빠   거봐, 답이 나왔잖아!

아름   설마 하늘이요?

아빠   왜 아니겠니? 태원은 하늘이란 뜻이야. 즉 돌아가신 분들을 모시는 곳이기에 하늘나라로 가시라고 건물의 이름에 하늘이라는 말이 들어간 것이야.

태원전 지붕이 굳이 맞배지붕이 아닌 이유

아름   그런데 이곳은 엄숙한 곳인데도 태원전은 왜 맞배지붕이 아니고 팔작지붕이죠?

아빠   이곳이 빈전이나 혼전으로 자주 사용되기는 했어도 항상 그 용도로만 사용된 것은 아니야. 즉, 평소에는 태조 이성계의 어진을 모시기도 했기 때문에 굳이 맞배지붕을 안 쓴 것 같아. 그리고 바로 옆에는 영사재永思齋라는 건물이 있는데, 태원전과 붙어 있어서 내부에서 왕래할 수 있어. 길 영 자에 생각 사 자를 쓰는데, 돌아가신 분을 오래오래 생각하여 가슴 속에 새겨둔다는 뜻이겠지? 민간에서도 조상을 모시는 개인 사당에 영모당永慕堂이나 영모재永慕齋라는 이름을 흔히 사용하는데, 생각할 사를 추모할 모로 바꾼 것이니깐 똑같은 의미로 쓰인 것이야.

엄 마 그런데 이 주변은 굉장히 공간이 넓은 것 같아요. 그리고 빈 건물들이 수없이 많아요. 왜 그렇죠?

아 빠 응, 그것은 국상이 발생하면 한꺼번에 수많은 사람이 몰리기 때문에 그럴 거야. 실제로 국상이 나면 전체 장례를 책임지는 국장도감이라는 임시관청이 생기고, 거기다가 빈전을 관리하는 빈전도감, 혼전을 관리하는 혼전도감, 왕릉을 실제 만드는 역할을 하는 산릉도감 등 수많은 임시관청이 생겨나지. 그런 관청들과 일하는 관리들을 위해 주변의 공간에 건물들을 많이 지어 놓은 거야.

호 림 아빠, 뒤쪽에 옛날 우물이 있어요.

아 빠 경복궁에는 아직도 남아 있는 우물이 여러 개가 있어. 응지당膺祉堂 근처에도 하나가 있었고 이곳에도 있지. 동궐도를 보면 궁궐의 곳곳에 우물이 많았어. 아무래도 궁궐에는 많은 사람이 살아서 그랬을 거야. 그런데 이 우물의 가장자리 돌에 뭔가 설치했던 흔적이 있지?

아 름 예, 마치 기둥을 세운 것 같아요.

아 빠 맞아. 왜냐하면, 우물은 위에 지붕을 씌워야지 빗물이 우물로 들어가지 않거든. 자, 이제 경복궁을 나갈 시간이 되었구나.

호 림 아, 오늘 답사 끝!

아 빠 아니야. 호림아. 아직 답사가 끝난 것이 아니야. 동궁 지역은 나갈 때 들르려고 일부러 빼놓았어. 답사를 마치고 그냥 나가면 섭섭하잖니?

태원전 뒤 우물

자선당과
비현각

 자선당 앞마당

자선당

아 름   오늘의 마지막 코스인 자선당이네요. 이곳도 한자 뜻을 불러주세요.
엄 마   재물 자, 착할 선, 집 당! 자선당資善堂이야.
아 름   좀 난해하네… 재물을 착하게 모으는 집? 착한 재물을 모으는 집?

동궁마마는 곧 세자를 가리킨다

아 빠   한자가 그래서 어렵다고 하는 거야. 자선이라는 말은 착한 성품을 기른다는 뜻이야. 재물 자資라고 하는 한자는 여러 가지 뜻으로 쓰이는데, 명사가 아닌 동사로 쓰이면 기르다, 돕다, 주다, 쓰다, 취하다 등의 뜻으로 쓰이기 때문이야. 경희궁의 편전을 자정전資政殿이라고 하는데 거기에 나오는 재물 자는 돕는다는 뜻으로 쓰였어. 그래서 자정전은 정치를 돕는 집이란 뜻이야. 이 정도의 힌트면 이 건물의 주인을 알겠니?

아 름 착한 성품을 기르는 집이면, 분명히 학생처럼 배우는 사람이 살고 있었을 거예요. 그런데 궁궐에서 이렇게 큰 독립 건물을 가지고 있으면서 학생처럼 배우는 사람이면, 음… 세자밖에는 없어요!

엄 마 딩동댕! 그래 아름아. 왕세자가 이 건물의 주인공이란다. 혹시 세자를 부를 때, 딴 이름도 있는데 그게 뭔 줄 아니?

아 름 동궁마마라고 부르죠.

엄 마 맞았어. 동궁마마라고 부르지. 그 이유는 이곳 세자의 거처가 궁궐의 동쪽에 있기 때문이야. 지금도 근정전과 사정전의 동쪽에 있지?

아 빠 엄마가 요약을 참 잘해 주었구나! 동궁은 세자궁으로도 불렸어. 그런데 이 자선당은 아무래도 세자의 처소인 만큼 왕이나 왕비의 처소와는 격을 달리하려고 했어. 그 흔적을 너희가 한번 찾아볼래?

동궁전이 대전이나 중궁전보다 격을 낮춘 흔적 찾기

호 림 하나는 내가 찾았다. 건물이 작아요.

아 빠 간단한 것을 먼저 찾았구나. 그뿐만 아니라 자선당은 우선 건물의 이름에서도 격이 낮지. 강녕전과 교태전은 모두 전인데, 이곳은 당이야. 건물 서열 기억나지? 전·당·합·각·재·헌·루·정! 한편, 건물의 규모도 강녕전이 정면 11칸, 교태전이 정면 9칸인데, 자선당은 정면 7칸이야. 이 모든 것이 유교 예법에 따라 상하질서를 고려해서 만들어진 것이야.

엄마 여보, 예전에 방송에서 자선당이 일본에서 반환받은 유물이라는 것을 본 기억이 나요.

아빠 응, 자선당은 일본 정부의 궁내 대신이던 다나카라는 사람이 1915년에 경복궁의 자선당을 통째로 뜯어다가 일본에 무단으로 반출했었어. 그런 바람에 한때 일본에 있었다가 관동대지진 때 불타 버렸어. 그런데 문화재 반환 운동의 결과로 80년이 지난 1995년에 자선당의 불에 타고 남은 석조 기단만 돌아왔지.

엄마 그렇지만 지금 자선당 석조 기단은 너무 새것이에요!

아빠 사실 아무리 돌이라 하더라도 지진으로 균열이 가고, 화재로 말미암은 열로 손상이 심한 경우에는 다시 사용하기 어려운 것이 많아. 그래서 새로 복원한 것이야. 얘들아, 혹시 이곳에 대해 궁금한 것이 있니?

아름 예, 왕과 왕비는 침전이 따로 있는데 세자와 세자빈은 침전을 같이 쓰나요? 아니면 옆에 나란히 있는 비현각이 세자빈의 침전인가요?

조선의 법궁, 경복궁

여자와 남자의 공간 배치는 음양오행론을 따른다

아 빠 세자와 세자빈은 침전을 같이 써. 자, 자선당을 잘 봐. 가운데 대청을 사이에 두고 좌우로 온돌방이 있지? 그럼 어느 쪽이 세자의 방일까?

아 름 이제, 음양오행을 이해하니깐 이 정도의 문제는 너무 쉬워요. 해가 뜨는 동쪽이 양, 해가 지는 서쪽이 음이니깐 세자의 방은 동쪽이고, 세자빈은 서쪽이에요.

아 빠 이제 원리를 아니깐 이 정도 문제는 너무 쉽지? 이곳 자선당은 세자의 정침이고, 옆의 비현각(丕顯閣)은 세자의 편전이야. 말하자면 자선당은 잠을 자는 안방이고, 비현각은 서재나 공부방이라는 말이지.

아 름 맞아요. 옛날 사람들은 잠을 자는 안방을 가장 높은 서열로 쳤어요. 그래서 비현각은 이름도 낮은 서열인 각인가 봐요. 전당합각재헌루정!

엄 마 이젠 아름이도 척척박사구나!

아 빠 그리고 아직 복원된 것은 아니지만, 동궁의 아래쪽에는 춘방(春坊)과 계방(桂坊)이라는 건물이 있었어. 춘방은 세자시강원(世子侍講院)의 다른 이름이고, 계방은 세자익위사(世子翊衛司)의 다른 이름이야.

엄 마 아! 사극에서 그런 이름을 들었던 기억이 나요. 시강원은 학문을 가르

	치던 곳이고, 익위사는 세자를 호위하는 무관들이 근무하던 곳이죠?
아 빠	맞았어. 춘방이라고 하는 이름도 알고 보면 동궁과 마찬가지 뜻이 있는 곳이야. 왜냐하면, 오행에서 동쪽은 계절로 치면 봄, 즉 춘春이지? 그래서 춘방이 세자시강원이 된 것이야.
호 림	아빠, 옛날 세자들은 어떻게 공부했나요? 지금처럼 학원이 있는 것도 아닐 텐데…

평생 공부해야 했던 조선의 임금들

아 빠	옛날 세자의 교육 시스템은 너무나도 철저했지. 조선이라는 나라에서 단 한 사람만을 위한 교육 시스템이기 때문이지. 온 나라의 최고 스승이 다 모여서 세자를 가르쳐. 아주 어릴 때는 보양청輔養廳에서, 좀 더 커서는 강학청講學廳에서 교육받고, 세자나 세손으로 책봉을 받으면 시강원侍講院에서 교육을 받아. 시강원에서의 교육을 서연書筵이라고 하지. 그런데 이것으로 끝이 아니야. 왕이 되어도 교육을 받아. 왕이 받는 교육을 경연經筵이라고 해. 이 경연은 아침에 하면 조강, 낮에 하면 주강, 저녁에 하면 석강이라고 하고, 심지어 밤에 하면 야대라고 해.
호 림	왕이 되고 나서도 종일 교육을 받아요? 나 절대로 왕 안 할래!
아 빠	이제, 비현각 쪽을 가 보자.
호 림	자선당과 비현각 사이의 작은 건물은 뭐죠?
아 빠	응, 화장실인데 옛날에는 측간厠間이라고 불렀지.
호 림	아, 세자와 세자빈의 전용 화장실이구나!

측간

조선의 법궁, 경복궁

왕실 가족을 위한 독립된 화장실 건물은 없다

아 빠 아니야. 원칙적으로 왕실 사람들은 용변을 자기가 처리하지 않아! 반드시 내시나 궁녀들이 이동식 변기를 들고 다니면서 처리해. 그래서 강녕전이나 교태전 영역에 화장실이 없었던 거야. 여기에 있는 화장실도 내시나 궁녀들이 사용했을 거야. 참고로 일을 마치면 전담 내시나 궁녀들이 명주 수건 등으로 뒷마무리해 주었다고 하는데 특별히 왕은 명주 중에서도 가장 광택이 나는 비단으로 뒷마무리했다고 해. 그리고 왕의 큰 것은 매화라고 불렸고, 왕의 작은 것은 매우라고 불렀어. 왕의 이동식 변기는 매우틀이야.

호 림 왕에게는 사생활이란 하나도 없구나! 불쌍한 왕들…

비현각 앞마당

아 빠 이 비현각은 클 비, 나타날 또는 밝을 현 자를 써서 크고 밝은 전각, 또는 크게 드러내는 전각이란 뜻으로, 세자가 스승을 모시고 학문을 연마하고 정무도 보던 곳이야. 자선당을 정당이라고 하고, 이곳 비현각은 편당이라고 해.

아 름 임금이 주인이면 건물의 호칭이 정전, 편전이라고 할 텐데, 세자가 주인이어서 한 단계씩 격을 낮추어서 정당, 편당이라고 하는군요?

엄 마 아름이의 센스가 보통이 아닌데?

아 름 그런데 조선에서 세자가 되면 거의 다 왕이 되었나요?

아 빠 조선에서 세자가 되었는데도 왕이 못된 사람이 무려 11명이나 돼. 유명한 양녕대군을 비롯한 의경세자, 순회세자, 소현세자, 효장세자, 사도세자, 문효세자, 효명세자 등이지. 결국, 조선의 27명의 왕 중에는 세자가 아닌 사람 중에서 왕이 된 사람이 더 많다는 뜻이야.

호 림 아빠가 동쪽 임금이니깐 아들인 저는 세자가 맞죠?

아 빠 그렇지. 그러니 호림아, 너는 세자답게 열심히 공부하고 운동하고 모범이 되어야 한다. 이곳 자선당도 착한 성품을 기르라는 뜻인 것, 너도 이제는 잘 알겠지?

호 림 그럼 저에게도 세자빈을 빨리 만들어 주세요.

아 빠 뭐라고?

뱀의 발 통계로 보는 조선왕실 / 27명의 왕 + 5명의 추존왕 - 2명의 폐출된 왕

적장자로서 왕이 된 경우	문종, 단종, 연산군, 인종, 현종, 숙종, 순종
적장자로서 적장자에게 왕위를 물려준 경우	문종, 현종
가장 어린 나이로 등극한 왕	헌종 / 8세 즉위
가장 많은 나이로 등극한 왕	태조 / 58세 즉위
가장 장수한 왕	영조 / 83세
가장 단명한 왕	단종 / 17세
조선 왕의 평균 수명	46세
조선 왕의 평균 재위 기간	19년 2개월
재위 기간이 가장 길었던 왕	영조 / 52년, 숙종 / 46년, 고종 / 44년
재위 기간이 가장 짧았던 왕	인종 / 9개월
재위 기간이 가장 길었던 세자	순종 / 32년
자식이 없었던 왕	단종, 인종, 경종
자식이 가장 많았던 왕	태종 / 29명, 성종 / 28명, 선조 / 25명, 정조 / 23명, 세종 / 22명
왕은 아니었지만, 아들이 왕이 되면서 왕으로 추존된 경우	덕종 / 성종 아버지, 원종 / 인조 아버지, 진종 / 정조 양아버지, 장조 / 정조 아버지, 익종 / 헌종 아버지
왕비가 가장 많았던 왕	숙종 / 인경왕후, 인현왕후, 폐비 장씨; 장희빈, 인원왕후, 중종 / 단경왕후, 장경왕후, 문정왕후, 성종 / 공혜왕후, 폐비 윤씨; 연산군 생모, 정현왕후
후궁이 가장 많았던 왕	성종 / 11명, 태종 / 8명

비현각의 모습

경복궁 관람 정보

경복궁 관람 정보 (2011년 8월 1일 기준)

- 관람 시간 _ 3~10월 09:00~18:00 (입장은 17:00까지)
  11~2월 09:00~17:00 (입장은 16:00까지)
- 매주 화요일 휴궁
- 관람 요금 _ 어른(19~64세) 3,000원, 청소년(7~18세) 1,500원
- 통합 관람권(10,000원)으로 4대궁(경복궁, 창덕궁(후원 포함), 창경궁, 덕수궁)과 종묘 관람 가능
- 경회루 특별 관람 _ 경복궁 홈페이지에서 선착순으로 예약 신청, 추가요금 없음, 동절기는 관람 중지

경복궁 무료 해설

- 월, 수 ~ 토요일 _ 11:00, 13:00, 14:00, 15:00, 16:00 (동절기 15:30)
  일요일 _ 11:00, 12:30, 13:00, 13:30, 14:00, 14:30, 15:00, 16:00 (동절기 15:30)
- 시작하는 곳 _ 흥례문 안쪽 경복궁 안내실 앞
- 관람 요금 _ 어른(19~64세) 3,000원, 청소년(7~18세) 1,500원
- 소요 시간 _ 1시간~1시간 30분
- 단체는 사전 예약 필수 (경복궁 홈페이지 www.royalpalace.go.kr 참조)

조선의 법궁, 경복궁

경복궁으로 가는 지하철

- 지하철 3호선 경복궁역 5번 출구 _ 광화문까지 200미터
- 지하철 5호선 광화문역 2번 출구 _ 광화문까지 450미터

수문장 교대 의식

- 행사 기간 _ 연중 상설 (화요일 휴무)
- 행사 시간 _ 10:00~15:00 (1일 6회/매시 정각), 16:00에는 수문장 퇴장 의식만 시행
- 행사 장소 _ 광화문과 흥례문 사이

경복궁 소재 국가지정문화재 현황

- 국보 _ 근정전 (국보 제223호)
  경회루 (국보 제224호)
- 보물 _ 자경전 (보물 제809호)
  자경전 십장생굴뚝 (보물 제810호)
  아미산의 굴뚝 (보물 제811호)
  근정문 및 행각 (보물 제812호)
  경복궁 풍기대 (보물 제847호)
- 사적 _ 경복궁 (사적 제117호)

경복궁 답사 순서 → 광화문 및 동십자각 → 흥례문 → 영제교 → 근정문과 근정전 → 사정문과 사정전 → 수정전 → 경회루 → 향오문과 강녕전 → 흠경각과 함원전 → 양의문과 교태전 → 자경전 → 집경당과 함화당 → 향원정 → 건청궁 → 집옥재 → 태원전 → 자선당과 비현각

실질적인 법궁, 창덕궁

동궐도 _ 국보 제249호

🔸 국립중앙박물관 동궐도 앞

동궐도

아 름   아빠, 이 궁궐 그림 정말 대단해요. 동궐도東闕圖라고 되어 있으니 동궐인 창덕궁과 창경궁을 그린 것이겠죠?

아 빠   그럼, 내가 가장 좋아하는 궁궐 그림이야.

호 림   난, 아빠가 왜 이 그림을 가장 좋아하는지 알아!

아 름   그게 뭔데?

호 림   아빠 이름이 동쪽 임금이잖아! 그러니깐 동궐은 동쪽 임금의 궁궐이고 아빠의 궁궐이란 말이지!

아 빠   녀석, 싱겁긴! 아무튼, 이 그림은 국보 제249호로 지정되어 있어. 그런데 우리가 보고 있는 이 그림은 진본은 아니고 모사본이야.

실질적인 법궁, 창덕궁

아 름 그럼, 진본 그림은 어디에 있어요?

야 빠 진본 그림은 두 군데에 있는데, 고려대학교 박물관과 동아대학교 박물관에 있어. 모사본이라도 좋으니 이런 그림이 우리 집에 걸려 있으면 참 좋을 텐데…

호 림 아빠, 누군가 이 그림을 그냥 준다 해도 우리 집에는 걸 데도 없어요.

아 빠 그렇구나. 가로가 576센티미터, 세로가 243센티미터니깐 그림이 너무 커서 웬만한 집의 벽에는 걸 수 없을 거야.

호 림 참, 이 동궐도가 국보 제249호라고 하셨는데 하나의 국보가 어떻게 두 곳의 박물관에 있죠? 혹시 그림이 두 개로 분리되어 있나요?

아 빠 조금 전에도 말했듯이 동궐도라는 그림은 두 점이야. 하나는 고려대학교에 소장되어 있던 동궐도로 처음부터 국보로 지정되었고, 또 다른 하나는 동아대학교에 소장되어 있던 동궐도인데, 처음에는 보물로 지정되어 있었어.

아 름 하나는 보물이었다고요?

아 빠 응, 두 그림은 채색의 정도와 일부 배경산수의 표현에서 약간의 차이가 나고, 게다가 고려대 소장본은 위아래로 6면이 접혀 있는 첩자 형태의 16권으로 되어 있었어. 하지만, 동아대 소장본은 16폭의 병풍으로 꾸며져 있었기 때문에 처음에는 서로 다른 그림인 줄 알았던 거야. 그렇지만 자세한 연구를 해 본 결과, 그림의 규모와 표현 방법이 동일한 작품으로 밝혀졌기 때문에 동아대 소장본에 대한 보물 지정을 해제하고 국보로 승격해 지정한 것이지.

엄 마 그런데 이 정도의 그림은 절대로 개인의 힘으로는 그릴 수 없었을 거예요. 왜냐하면, 항공 촬영도 불가능했던 그 옛날에, 구중궁궐 속을 이처럼 손바닥 보듯 그리고 있는데 이것은 필시 국가적인 사업으로 진행되었을 거예요.

아 빠 당연하지. 경비가 철통 같은 궁궐 전체를 이토록 정확하게 그려냈다는 것은 국가적인 지원 없이는 도저히 불가능한 일이야. 그럼에도 실록이나 승정원일기, 의궤 등 모든 기록을 살펴봐도 동궐도가 그려졌다는 기록은 전혀 남아 있지 않아. 왜 그런지 짐작이 가니?

호 림 뭐… 기록을 남기지 말라고 명령을 내렸으니깐 없겠죠!

아 빠 빙고! 호림아, 그게 정답이야. 이건 국가의 극비 사업이었던 거야.

아 름 왜 궁궐 그림 그리는 것이 국가의 극비 사업이죠?

동궐도는 임금님의 생명과 밀접한 관련

아 빠 이 동궐도는 그림의 성격도 있지만, 지도의 성격도 있어. 따라서 궁궐의 모든 위치 정보가 다 담겨 있기 때문에, 만약 이 동궐도가 외부로 유출된다면 자객이나 암살범에 의해 임금님의 생명이 위험해질 수 있어. 실제로도 그런 비슷한 일이 있었고.

호 림 임금님을 암살하려는 일이 실제로 있었다고요?

아 빠 응. 바로 정조 임금 때의 일이지. 영조의 뒤를 이어 정조가 새로운 왕위에 오르자 가장 두려움에 떨었던 인물들은 정조의 아버지였던 사도세자를 죽이는 데 앞장선 사람들이었어. 그중에 홍상범이라는 사람은

> **뱀의 발** 잃어버린 동궐도 1점을 찾아라
>
> 현재까지 밝혀진 동궐도는 고려대 소장본과 동아대 소장본 2점뿐이다. 하지만, 이 그림은 최소한 3점 이상이 만들어졌음이 분명하다. 왜냐하면, 병풍으로 만들어져 있는 동아대 소장본과는 달리 16권의 접이식 첩자 형태로 되어 있는 고려대 소장본에는 각각의 첩자에 제목이 붙어 있는데, 동궐도 人1, 동궐도 人2, … , 동궐도 人16, 이렇게 되어 있기 때문이다. 제목에 들어간 사람 인人 자는 옛날 우리 조상들이 순서를 나열할 때 썼던 방식이다. 우리 조상들은 천, 지, 현, 황 … 과 같이 천자문의 순서대로 나열하거나, 아니면 천, 지, 인과 같이 순서로 순번을 매겼다. 동궐도는 천, 지, 인으로 번호를 붙인 것이 확실하다.
> 참고로, 경복궁의 사정전 행각에 있는 창고는 천자고, 지자고, 현자고, … 이런 식으로 팻말이 붙어 있고, 임진왜란 때 우리 수군이 쓰던 대포의 종류는 천자총통, 지자총통, 현자총통, 황자총통이다.

20명의 무사를 끌어모아 암살단을 조직하고, 정조가 머물고 있던 경희궁의 존현각 지붕 위까지 숨어들었다가 발각되어 사형을 당했어.

엄 마   예전에 TV 사극에서 그 비슷한 장면을 본 기억이 나요. 자객이 세손이었던 정조의 침실까지 침입했다가 도망간 장면 말이에요.

아 빠   그건 드라마의 설정을 그렇게 했던 것이고, 실제로는 지붕 위에 숨어 있다가 정조의 호위 무사들에게 발각되어 도망을 친 것이야. 그런데 자객들이 임금의 침소까지 손쉽게 접근할 수 있었던 이유는 바로 궁중 나인이었던 월혜가 길 안내를 했기 때문이지. 그만큼 궁중의 지리 정보는 곧 임금의 생명과도 직결되기 때문에 이런 동궐도가 만들어진 것은 극비에 부쳤을 것으로 짐작돼.

아 름   그런 위험 부담에도 이 그림은 왜 만들었을까요?

아 빠   기록에 따르면, 창덕궁을 포함한 조선의 궁궐에는 크고 작은 화재가 끊임없이 있었어. 원래 목조 건축물은 화재에 약하거든. 따라서 큰불이 나면 다시 창덕궁의 옛 모습을 복원할 때 참고할 만한 자료가 꼭 필요했을 거야. 그런 목적으로 이런 동궐도가 필요했던 것이지. 실제로 이 동궐도를 봐도 이곳 통명전 터처럼 건물은 없고 주춧돌만 보이는 곳이 군데군데 보이잖아? 이런 건물들이 화재로 없어진 건물들이고, 실록이나 각종 기록에 그런 화재 사건이 자세히 적혀 있어.

엄 마   그러면 그 기록들을 역추적하면 건물에 불이 난 시기를 알 수 있을 테고, 그렇게 되면 이 그림을 그린 시기도 대략 알 수 있을 것 같아요.

호 림   야, 재미있겠다. 마치 탐정이 사건을 추리하는 것 같아요.

아 빠   실제로 엄마가 말했던 그런 방식으로 이 그림이 그려진 시기를 알아낼 수 있어. 그랬더니 대략 순조 27년인 1827년에서 순조 30년인 1830년 사이로 좁혀졌지.

궁궐의 청기와에 얽힌 뒷이야기

아 름   창덕궁 그림 중에서 지붕이 녹색인 건물이 두 개가 있어요! 이끼가 낀 지붕인가요?

아 빠   그건 청기와로 지붕을 덮어서 그런 거야. 청기와는 옹기나 도기 수준의 보통 기와와는 달리 청자나 백자처럼 유약을 발라 높은 온도로 가마에서 구워냈어. 그래서 매우 비싼 재료인 것이야. 광해군이 인정전과 선정전을 청기와로 하려다 사치스러운 궁궐을 조성한다는 이유로 사관의 비판을 받았다는 실록의 기록도 있을 정도야.

엄 마   기와를 청기와로 하면 예쁘게 보이는 것 이외에 어떤 장점이 있나요?

아 빠   오래된 한옥의 기와지붕을 본 적이 있지? 그런 지붕은 어떻게 보여?

엄 마   마치 사람이 늙으면 머리가 하얘지는 것처럼 기와도 희끗희끗 하얗게 변해요.

창덕궁 선정전

실질적인 법궁, 창덕궁

아 빠 흙으로 빚은 보통 기와는 1,000도 이하의 낮은 온도에서 구워지기 때문에 시간이 오래될수록 탄소가 빠져나가게 돼. 그래서 조금씩 희게 되는 거야. 또한, 겨우내 얼었다 녹기를 반복하는 동안에 흡수된 수분이 팽창하면서 기왓장이 깨어지기도 하지. 하지만, 1,300도 이상의 온도로 구운 자기는 전혀 이야기가 달라. 청자나 백자는 수백 년이 지나도 외부의 큰 충격이 없는 한, 자체적으로 깨어지는 일은 거의 없어. 백제 시대의 무령왕릉에서는 1,500년이나 된 백자 등잔도 나왔지. 전 세계적으로도 천 년 넘은 도자기는 수두룩해. 이런 이유 때문에 궁궐에서도 중요한 건물에는 비싼 재료인 청기와를 쓰려고 한 거야.

엄 마 색깔도 변함 없고 견고하니까 청기와를 썼다는 얘기군요. 그런데 청기와가 얼마나 비싸면 사관들이 비판할 정도였어요?

아 빠 청기와는 비싸기도 했지만, 만들기도 매우 어려웠어. 우리 옛말 중에 청기와 장수라는 표현이 있을 정도야. 그 뜻은 저만 알고 남에게는 알리지 않아서 어떤 일을 자기 혼자서 차지하려는 사람을 가리켜. 옛날에 어떤 사람이 청기와 굽는 법을 알아냈지만, 그 이익을 혼자 차지할 생각으로 아무에게도 그 비법을 알려주지 않고 죽었대. 그 바람에 후

뱀의 발 도자기의 구분

통상적으로 도자기라고 하는 것은 여러 가지 종류의 점토를 반죽하고 성형해서 구운 것을 뜻한다. 이는 크게 나뉘어서 토기, 도기, 자기로 구분된다. 먼저 굽는 온도로 살펴보면, 토기는 1,000도 이하의 낮은 온도에서, 도기는 1,300도 이하의 중간 온도, 그리고 자기는 1,300도 이상의 높은 온도에서 구워진다. 초벌구이 때 물을 흡수하는 상태를 보면, 토기와 도기는 물을 흡수하지만, 자기는 거의 흡수하지 않는다. 한편, 가볍게 퉁겨보면 토기와 도기는 둔탁한 소리가 나지만, 자기는 금속성의 맑은소리가 난다. 유약은 토기에서는 사용하지 않지만, 도기와 자기에는 사용한다.

종합적으로 봐서 토기는 기와와 화분, 토관에 사용하고, 도기는 두꺼운 식기나 장독 등으로 사용하며, 자기는 얇은 고급 식기에 사용한다. 한편, 일본은 동아시아에서 가장 도자기의 발달이 늦은 나라였다. 그러다가 어느 한순간 도자기의 수준이 급격하게 올라갔고, 지금은 중국과 더불어 세계 각지에 수출하는 등 도자기 산업이 매우 발달하였다. 일본의 도자기 수준이 급상승했던 바로 그 어느 한순간이 바로 임진왜란이다. 일본은 임진왜란 때 조선의 수많은 도공을 포로로 데려가서 그들의 도자기 산업을 일으켰던 것이다.

아 름 세에까지 그 비법이 전해지지 않았다는 이야기에서 비롯한 말이야.

아 름 그럼 왜 궁궐의 모든 지붕에 청기와를 올리지 않은 건가요? 임금님은 나라에서 제일가는 부자일 텐데…

아 빠 아름아, 조선이라는 나라는 모든 것을 철저하게 유교의 예법에 따른다고 했지? 특히 성리학은 너무 한쪽으로 치우치는 것을 경계했어. 좀 어렵게 말해서 중용中庸을 추구한 것이지. 따라서 각종 건물을 짓거나 조형물을 만들 때도 검이불루 화이불치儉而不陋 華而不侈라는 원칙을 중요시했어. 뜻을 풀이하자면, 검소하지만 누추해 보이지 않고, 화려하지만 사치스러워 보이지 않는다는 뜻이야.

아 름 청기와가 올라간 저 두 건물은 어떤 건물이죠?

아 빠 앞쪽에 있는 건물은 창덕궁의 편전인 선정전인데, 항상 임금님이 신하들과 함께 정치를 하는 곳이야. 즉, 임금의 정치 활동 무대 중에서 가장 중심이 되는 곳이지. 또한, 뒤쪽의 건물은 징광루澄光樓라고 하는데, 내전 지역에서 유일하게 2층 누각으로 되어 있는 건물이야. 바로 옆에 왕비의 침전인 대조전이 있는 것으로 봐서는, 구중 궁궐 깊은 곳에 갇혀 살다시피 하는 왕비에게 숨을 좀 돌리라는 배려가 아닐까 하고 짐작이 돼.

아 름 청기와 지붕은 창덕궁에만 있었나요?

아 빠 아냐, 경복궁에도 청기와지붕은 있었어. 임진왜란 때의 일본군 종군 승려였던 샤쿠시타쿠가 남긴 기록인 조선일기 중에는 일본군이 한

동궐도 속 청기와로 그려진 징광루와 선정전의 모습

실질적인 법궁, 창덕궁

양에 입성한 직후, 경복궁을 돌아본 기록이 남아 있는데, 그중에는 지붕에는 유리 기와를 덮고, 잇단 기왓줄마다 푸른 용 같다는 구절이 있어. 또, 최근 경복궁의 발굴 작업에서도 실제 청기와가 발굴되었기 때문에 물증까지 나온 셈이지. 여기서 아빠가 재미있는 퀴즈를 낼게. 이 동궐도가 그려진 계절을 알아맞혀 봐.

동궐도의 숨은그림찾기

호 림 동궐도에 대한 아무런 기록이 없다고 했잖아요? 그렇다면 그것을 어떻게 알아요?

아 빠 그림 속에 답이 있어. 자세히 그림을 봐.

아 름 아, 찾았다. 여기저기에 있는 버드나무에 노란색의 새순이 돋아나고 있어요. 이른 봄이에요!

엄 마 나도 찾았어요. 동궐도의 5시 방향에 과수원처럼 보이는 곳에 있는 작은 나무들에도 분홍색 꽃이 피어나고 있어요.

호 림 나도 찾았는데 내 것은 좀 특별해.

아 름 뭐가 특별한데?

호 림 응, 창경궁의 정문 옆에 있는 나무에도 분홍색 꽃이 피었는데 그 나무에는 까치집도 있다!

아 름 어, 정말! 까치집이 있네? 이 동궐도는 정말 세밀하게 그렸구나!

아 빠 얘들아, 이렇게 그림만 보면서 감탄할 것이 아니라, 직접 창덕궁과 창경궁으로 찾아가서 우리 눈으로 확인해 보자.

호 림 좋아요, 지금 출발!

창덕궁의
역사

 안국역으로 가는 지하철 3호선 객차 안

아 름 아빠, 창덕궁이 만들어진 이야기를 들려주세요.
아 빠 응, 창덕궁昌德宮은 경복궁에 이어 조선에서 두 번째로 만들어진 궁궐이야. 조선이 건국되고 나서 곧바로 이방원을 주축으로 제1차 왕자의 난이 일어났어. 그래서 경복궁에서는 형제들을 죽이는 끔찍한 일이 벌어진 거야. 태조에 이어 왕위에 오른 정종 임금은 이런 경복궁이 싫다면서 한양을 버리고 고려의 수도였던 개경으로 돌아가 버렸어.
엄 마 그래서 조선의 왕 중에서 정종 임금만 오로지 개성에 왕릉이 있군요?

창덕궁의 탄생 배경

아 빠 맞아. 그 때문에 경복궁은 사실상 10여 년간 제구실을 못한 채 빈 궁궐이 되어버렸지. 정종에 이어 왕위에 오른 태종도 즉위식은 개경의 수창궁壽昌宮에서 했어. 그렇지만 개경에서도 제2차 왕자의 난이 일어나는 등, 정치 상황이 여전히 불안했기 때문에 태종은 이를 극복하려고 한양으로 다시 천도하고 새로운 궁궐을 계획했던 거야.
엄 마 태종은 경복궁이 자기가 이복형제들을 죽인 곳이기 때문에 거기서 살기가 싫었겠죠? 그래서 일부러 새로운 궁궐을 지으려고 했군요?
아 빠 아마, 조금은 그랬을 거야. 아무튼, 태종은 경복궁의 동쪽 향교동에 13개월에 걸친 공사 끝에 1405년에 278칸짜리 새 궁궐을 완공하고 이름

실질적인 법궁, 창덕궁

을 창덕궁이라고 했어. 창성할 창, 덕 덕 자인 창덕의 뜻은 덕의 근본을 밝혀서 번창하라는 뜻이야.

아 름 경복궁 이름의 핵심 글자는 복이고, 창덕궁 이름의 핵심 글자는 덕이네요. 제 생각에 조선 시대 사람들은 복과 덕을 가장 중요하게 생각했던 것 같아요.

호 림 복덕방은 그래서 나온 이름인가?

아 빠 그렇지만 태종은 아버지인 태조가 만든 조선의 법궁인 경복궁도 소홀히 할 수는 없었을 거야. 그래서 자신은 창덕궁에 주로 머물면서, 중국에서 온 사신을 접대하는 등의 국가의 주요 행사는 경복궁에서 했다고 기록되어 있어.

아 름 그런데 임진왜란으로 모든 궁궐이 불타버렸죠?

아 빠 그렇지. 조선 전기에는 경복궁이 법궁 역할을 하고 창덕궁이 이궁 역할을 했지만, 임진왜란 때 한양의 모든 궁궐이 불타버린 후, 동궐인 창덕궁과 창경궁만이 복구되었어. 경복궁이 복구 대상에서 빠진 것은 풍수지리와 관련하여 경복궁을 흉궁이라고 생각했기 때문이야.

엄 마 임진왜란 후 궁궐을 복구한 사람은 광해군이었죠? 그런데 광해군은 그것 말고도 여러 궁궐을 지었다고 들었어요.

아 빠 응, 광해군은 창덕궁과 창경궁 말고도 자수궁慈壽宮, 경덕궁慶德宮, 인경궁仁慶宮을 지었어.

광해군은 왜 궁궐을 5개나 지어야 했나

엄 마 광해군은 왜 그렇게 궁궐을 많이 지으려고 했을까요? 전쟁이 끝난지 얼마 안 되어서 나라 살림도 형편없었을 텐데…

아 빠 아마도 광해군은 실추된 왕권을 바로 세우기 위해서 그렇게 무리했던 것 같아.

아름 왕권이 실추되다니요?

아빠 광해군의 아버지인 선조는 조선 최초의 서자 출신인 왕이었어. 게다가 광해군 자신도 서자 출신이고. 적자와 서자의 차별을 철저하게 따지는 성리학의 나라인 조선에서 서자는 거의 사람 취급을 못 받았어. 심지어 왕도 콤플렉스를 느낄 정도였으니깐.

아름 맞아요. 홍길동전에서도 아버지를 아버지라 부르지 못하고 형을 형이라 부르지 못한다고 했어요.

아빠 그 때문에 선조와 광해군은 비록 왕이었지만 신하들로부터 눈에 보이지 않는 무시를 많이 당했지. 그런 증거가 왕릉에서도 발견되거든. 원래 새로운 왕릉이 만들어질 때마다 왕릉 주변은 화소 지역이라고 해서, 평균 24만 평씩이나 되는 넓은 주변 지역 내의 모든 민가와 무덤을 모두 다른 곳으로 강제 이주시켜. 한마디로 왕릉은 신성한 지역임을 나타내는 것이야. 따라서 아무리 고관대작이라 하더라도 화소 지역 내에서는 집을 철거당하고, 심지어 조상의 묘들도 몽땅 파내야 해.

호림 집은 몰라도 묘까지 파내는 것은 너무 했다. 나름대로 자기 조상을 명당자리에 모셨을 텐데…

아빠 적자 출신인 양반들의 처지에서 볼 때, 아무리 왕이지만 서자인 왕을 위해서 적자인 자신들이 집을 강제로 이주해야 하고, 심지어 집안의 묘들을 몽땅 이주한다는 것은 도저히 용납할 수 없는 일이었거든. 그래서 선조의 왕릉을 새로운 곳에 만들지 않고 이미 태조와 문종의 왕릉이 자리 잡고 있던 지금의 동구릉 자리에다가 추가로 집어넣어서 마치 왕실의 공동묘지처럼 만들어 버린 것이야. 어차피 그곳은 이미 화소 지역으로 지정되어 있었기 때문에 양반들이 추가로 피해 보는 일은 없었지.

엄 마   게다가 선조는 왜적의 침입을 막지 못해서 한양과 백성을 버리고 의주까지 쫓겨가기도 했지요. 그전까지 왕이라는 존재는 감히 쳐다보지도 못하는 절대지존이었는데, 선조 이후부터는 한낱 서자 출신이 부모 잘 만나 호의호식好衣好食하는 존재로 비쳤겠군요.

풍수에 집착하는 광해군

아 빠   광해군 역시 서자 출신이었고, 그것도 장남이 아니라 차남이었어. 또 중국은 광해군이 세자 시절부터 왕이 된 후까지도 줄곧 장자가 아니라는 이유로 책봉을 미뤄왔고, 심지어 실사를 나온다고까지 했거든. 쉽게 말하자면 광해군은 정통성 논란에 휩싸인 거지. 그러니 광해군으로서는 왕위를 계승했지만 제대로 왕으로 인정받지 못했던 거야. 또한, 왕이 되고 나서도 여전히 선조의 적자이면서 자신의 이복동생이었던 영창대군이 살아 있었거든. 그것 때문에 광해군은 풍수에 매우 민감하게 반응했어. 특히 인왕산왕기설仁旺山王氣說에는 더욱 그랬지.

엄 마   인왕산왕기설이 뭐죠?

아 빠   1392년 조선이 건국되고 한양에 도읍을 정할 때 궁궐의 위치를 어디로 할까를 두고 논쟁이 심했어. 무학대사는 한양의 서쪽 인왕산이 높고 우람해서 왕기가 서려 있으니, 인왕산을 주산으로 삼고 궁궐을 동향으로 하자고 했어. 하지만 정도전은 옛날부터 모든 왕은 모두 남쪽을 향하고 다스렸지, 동쪽을 향했다는 말은 들어보지 못했다며 반박했어.

아 름   정도전의 말이 그 유명한 군주남면이죠?

아 빠   그렇지! 잘 기억했구나. 그리고 정도전의 말대로 경복궁은 지금의 위치에 만들어졌어. 그랬더니 무학대사가 지금 내 말대로 하지 않으면 200년 뒤에 가서 내 말을 생각하게 될 것이라고 했대. 이 이야기는 전설처럼 민중들 사이에서 오래도록 전해졌고 정확히 200년 후인 1592년에 임진왜란이 터졌지.

아 름   1392년에 조선이 세워졌고 1592년에 임진왜란이 일어났으니깐, 정말 정확히 200년이네요?

아 빠   임진왜란 이후에는 흉흉한 민심을 타고 인왕산왕기설은 더욱 날개를 달았어. 그래서 광해군은 자신의 정통성을 확보하고 혹시나 다른 사람에게 흘러갈 왕기를 꺾기 위해서 인왕산 기슭에 왕기가 서려 있다는 곳을 찾아 왕기를 눌러버리고자 자수궁, 경덕궁, 인경궁을 세운 거야. 그중 자수궁과 인경궁은 없어지고 경덕궁만 남아서 이름이 바뀌었는데 지금의 경희궁慶熙宮이 되었지. 원래 경덕궁 자리는 인조의 아버지였던 정원군의 집이 있었던 곳이야.

엄 마   결과적으로 정원군의 아들인 인조가 왕위에 올랐으니 인왕산왕기설은 사실로 증명되었네요?

아 빠   내가 보기에는 후세 사람들이 말을 짜맞춘 것 같아. 아무튼, 인조가 광해군을 몰아내는 과정에서 궁궐들 대부분이 또다시 없어지게 돼.

아 름   왜요?

아 빠   인조반정 때 반란군이 실수로 불을 내서 창덕궁이 홀랑 다 타버렸고, 이듬해에는 논공행상에 불만을 품은 이괄의 난으로 창경궁마저 불타버렸어. 거기다가 인조는 광해군이 만들어 둔 궁궐은 꼴 보기가 싫었기 때문에 자수궁과 인경궁을 헐어서 창덕궁 등 다른 건물을 짓는 데 써 버렸어. 하지만 경덕궁만큼은 손을 안 댔지. 왜 그랬을까?

아 름   그야 원래 경덕궁은 인조에게는 자기 아버지였던 정원군의 집이었기 때문이죠.

아 빠   맞았어. 아무튼, 창덕궁은 중건된 이후에도 크고 작은 화재와 증축이 수없이 반복되었어. 그러다가 1917년 겨울에 또 한 번의 큰불로 선정전 동쪽의 거의 모든 내전이 소실되었지. 이 불은 고의적인 방화로 전해지고 있어.

아 름 왜 일부러 궁궐에 불을 내요?

아 빠 그 시기는 일제강점기야. 일본은 이 당시 우리 민족의 정신을 말살하려는 계획을 서서히 추진했어. 그중 하나로 궁궐을 훼손하기 시작한 거야. 궁궐은 조선의 상징이었거든. 그리고 1917년 화재로 없어진 창덕궁 전각을 짓기 위해서 멀쩡한 경복궁의 건물들을 헐어서 가져온 거야. 일본으로서는 창덕궁도 훼손하고 아울러 경복궁도 훼손하는 일거양득의 효과를 거둔 거지.

엄 마 일제가 저질렀던 또 다른 나쁜 짓은 없었나요?

아 빠 수없이 많지. 대표적으로 창덕궁의 정문에서 가까운 곳에 있던 선원전 건물을 창덕궁 후원의 후미진 곳으로 이전시켜 버렸어. 선원전 건물은 왕실의 족보인 선원록과 역대왕의 어진을 모신 곳이야. 왕실의 상징적인 장소를 후미진 곳으로 옮기는 의도는 충분히 짐작할 만하지?

뱀의 발   창덕궁을 속성으로 만들 수 있었던 비법

창덕궁은 인조 25년에 다시 중건이 시작되는데, 태종 때 처음 창덕궁을 지을 때는 278칸을 짓는 데 13개월이 걸렸지만, 인조 25년에 중건할 때는 무려 735칸을 짓는 데 겨우 5달이 걸렸다. 그 이유는 태종 때와는 달리, 광해군이 이미 만들었던 자수궁이나 인경궁과 같은 궁궐을 헐어서 지금의 창덕궁을 중건했기 때문이다. 어떻게 보면 건물을 지었다기보다는 분해했다가 재조립했다는 표현이 더 적합한 것 같다. 그런 이유 때문에 고건축적인 측면에서 보았을 때 창덕궁의 일부 건물들은 궁궐 안에 만들어졌던 시기보다도 훨씬 더 옛날의 건축 기법이 보인다는 특징이 있다.

돈화문 – 보물 제383호

> 🔵 돈화문 앞

돈화문

아 름   아빠, 돈화문敦化門의 뜻을 다시 한번 알려주세요.
아 빠   돈독할 돈, 될 화, 문 문! 이렇게 세 글자로 되어 있는데, 지난번에도 설명했다시피 궁궐의 정문 이름에는 가운데 글자가 모두 될 화 자로 되어 있어. 광화문, 홍화문, 흥화문, 인화문처럼. 이것은 임금이 백성을 교화한다는 의미를 담고 있어. 돈화문의 돈 자는 도탑다, 돈독하다는 뜻이니깐 백성에 대한 교화를 돈독하게 한다는 뜻이야.
호 림   경복궁도 그랬지만, 창덕궁도 궁궐 입구가 차도와 가까워서 너무 좁

실질적인 법궁, 창덕궁

다는 느낌이에요.

아 빠   지금과 같이 이렇게 궁궐 앞을 가로지르는 넓은 길이 조선 시대에는 없었어. 창덕궁뿐만 아니라 경복궁도 마찬가지야. 모두 일제강점기 때 생긴 길이지. 궁궐은 정문이 보통 남쪽을 향하고 있어. 그건 군주남면君主南面 때문이라고 아빠가 여러 번 이야기했지? 따라서 궁궐의 정문 앞에는 남쪽을 향하는 넓은 길이 있어. 이것을 주작대로라고 불러. 왜 주작대로라고 불렀을까?

아 름   아, 사신도에서 남쪽을 지키는 방위신이 주작이기 때문이에요.

아 빠   그렇지. 경복궁이든 창덕궁이든 궁궐의 정문으로 들어오는 넓은 주작대로는 원래 종로에서 시작해 궁궐 정문으로 이어지게 되어 있어.

호 림   종로에서 걸어오려면 다리 꽤 아팠겠다. 왜 그렇게 멀리서 걸어오게 했어요? 지금처럼 궁궐 정문 앞에 큰길을 만들면 편리했을 텐데…

돈화문의 후광 효과

아 빠   궁궐은 왕권의 상징이야. 따라서 왕실의 위엄을 보일 수 있게 한 거지. 종로에서 이곳 돈화문으로 천천히 걸어온다고 생각해봐. 그러면 돈화문과 궁궐이 점점 커져 보이겠지? 그런데 궁궐만 보이는 것이 아니야. 궁궐 뒤쪽에는 풍수에서 말하는 창덕궁의 주산인 응봉의 줄기와 그 너머 한양의 진산인 북한산이 떡하니 버티고 있는 거야. 바로, 후광효과後光效果를 노리는 거야.

아 름   후광효과가 뭐예요?

아 빠   후광효과는 글자 그대로 뒤 후, 빛 광 자야. 뒤쪽에 있는 빛이란 뜻이지. 예수님이나 부처님을 보면 머리 뒤쪽에 보름달처럼 동그란 것이 있는 것을 봤지?

아름 예, 봤어요. 성모 마리아도 있고요. 성인들은 다 있는 것 같아요. 부처님은 머리 뒤뿐만 아니라 몸 뒤에도 있던 걸요?

아빠 그것이 바로 후광효과라는 것이야. 사람의 뒤에서 빛이 비치면 이상하게도 그 사람이 어딘지 모르게 성스럽게 보이고 위대해 보이는 거야. 원래 이런 후광효과는 고대 페르시아 지역에서 발생한 불을 숭배하는 조로아스터교, 우리말로 배화교라는 종교에서 나온 것이야. 이런 전통이 오랜 시간이 지나면서 자연스럽게 기독교와 불교에도 전해진 것이야. 그래서 예수님이나 성모 마리아 그리고 여러 성인의 머리 뒤에는 후광이 들어가고 불교에서는 특히 그것을 광배光背라고 부르는데 머리 뒤에 있으면 두광頭光, 몸 뒤에 있으면 신광身光이라고 불러.

엄마 결국 궁궐로 다가오면서 왕실의 위엄을 몸소 체험하라는 뜻이군요. 그래서 광화문도 거대한 석축 위에 지어졌고, 이 돈화문도 당당하게 2층으로 만들어졌군요!

아빠 이 수선전도라는 지도를 보면 그 사실을 더욱 확실하게 알 수 있지.

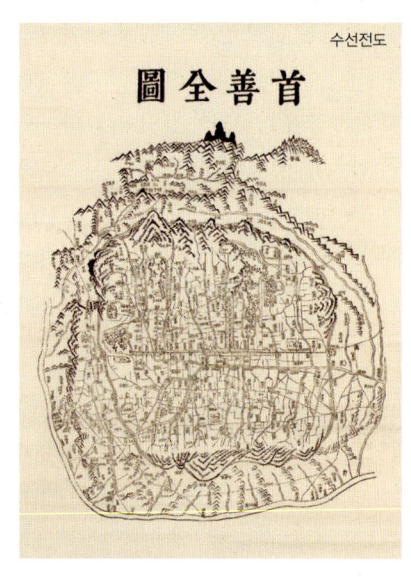

수선전도

아름 네. 정말 종로가 가로로 쭉 뻗어 있고 거기서부터 궁궐의 정문 쪽으로 주작대로가 시원하게 뚫려 있어요.

아빠 이 종로의 양쪽 끝이 바로 동대문인 흥인지문興仁之門과 서대문인 돈의문이야. 이렇게 옛날 지도로 보니 왜 동대문이고, 왜 서대문인지 확실하게 눈에 들어오지?

아 름 정말 설명이 따로 필요 없군요. 그런데 정작 남대문은 한양 도성의 남쪽이 아니라 남서쪽에 있네요?

엄 마 그것은 목멱산木覓山이라고 불렸던 남산이 한양의 정남쪽을 가로막고 있어서 그런 거야.

고건축 안내문을 제대로 읽으려면

아 빠 아무튼, 이 돈화문은 현존하는 궁궐의 정문 중에서 가장 오래된 문일 뿐더러 창덕궁의 내전과 외전을 통틀어 가장 오래된 목조 건축물이야. 그래서 보물 제383호로 지정되었지. 안내문을 읽어보면, 돈화문에 대한 고건축적인 설명이 나와 있어. 정면 5칸, 측면 2칸이고, 한가운데 4개의 고주와 주변의 14개의 평주로 2층 구조를 받치고 있다고 해. 어떤 문화재든 고건축 설명이 나오면, 설명만 읽지 말고 그 내용을 문화재와 하나씩 맞춰서 확인해 보는 습관이 중요해.

아 름 그럼 실제 기둥을 세어 볼게요. 가운데 4개의 기둥은 높은데, 주위를 둘러싼 14개의 기둥은 낮아요.

아 빠 지붕 형식은 우진각이고 서까래에 부연까지 있는 겹처마에다가 공포는 외2출목, 내3출목의 다포계 건물이야. 다포계 건물이니깐 당연히 기둥과 기둥 사이의 창방은 물론 그 위의 평방도 있어야 하겠지? 그리고 약간의 귀솟음 수법도 보여.

아 름 지난번 고건축에 대한 아빠의 설명을 듣고 자세히 공부했더니, 이제는 설명 내용이 귀에 쏙쏙 잘 들어와요. 참 신기해요.

아 빠 그렇지? 규칙도 모르면서 어떻게 스포츠 경기를 재미있게 관람하겠니? 문화재도 기본 용어는 알아야만 문화재가 제대로 보이는 거야.

엄 마   그런데 정면 5칸짜리 건물인데, 양쪽의 두 칸은 벽으로 막혔어요. 처음부터 막을 거면 담장에다 포함하지 왜 문에 만들었을까요?

아 빠   바로 중국 때문이야. 유교의 예법에 따르자면 황제만이 궁성의 대문을 5칸으로 할 수 있고, 조선과 같은 제후는 3칸 대문이어야 해. 자금성의 사진을 보면 출입구가 모두 5칸짜리야. 그렇지만 조선이 어떤 나라야? 자존심 하나로 먹고사는 나라잖아! 그냥 순순히 따를 나라가 아니지. 경복궁 하나만 제대로 유교 예법을 따져서 100% 철저하게 만들었으면 됐지, 왜 창덕궁까지 건드려? 하면서 문을 5칸짜리로 만들고 양쪽 두 칸은 판벽으로 막아 버린 거야.

엄 마   만약 중국의 사신이 와서 어? 이거 궁궐 문이 왜 5칸이냐고 한다면, 조선에서는 네 눈에는 이게 문으로 보이니? 벽이지 않냐고 응수하면 되겠네요?

경복궁은 모델하우스, 창덕궁은 살림집

아 름   아빠! 그런데 돈화문은 창덕궁의 정문인데도 너무 한쪽으로 치우쳐 있는 것 아녜요?

아 빠   응, 돈화문이 한쪽으로 치우친 것은 사실이야. 그렇지만 거기에는 나름대로 이유가 있어. 내가 보기에는 경복궁은 모델하우스 같고, 창덕궁은 살림집 같아. 그래서 경복궁은 한치도 유교의 예법에서 어긋남이 없이 잘 만들어져 있어. 궁궐의 교과서지. 정문인 광화문에서 중궁전인 교태전까지 일직선 상에 모든 중심 건물이 배치되어 있어서 보기에는 참 좋아.

엄 마   하지만 맑은 물에는 물고기가 없다고 하잖아요? 너무 규범적으로 만들다 보니 사람 냄새가 안 나요! 그래서 정작 사람이 살기에는 불편한 점이 많았을 거예요.

아빠 그래서 창덕궁은 원칙을 충실하게 지키면서도, 그때그때 사람이 사는 데 불편함이 없도록 많은 배려와 예외를 적용했어. 예를 들면, 우리 민족 전통의 조경 방식 같은 것 말이야. 그래서 사람이 살기에는 너무 편했기 때문에 조선의 역대 왕들도 경복궁보다는 창덕궁을 선호했어. 임진왜란 직후에 창덕궁은 복구했지만, 정작 법궁인 경복궁은 복구 대상에서 제외된 것도 그런 이유야.

아름 그래도 돈화문이 한쪽으로 치우친 것에 대한 설명으로는 부족해요!

아빠 일단 창덕궁의 지형이 경복궁처럼 남쪽 중앙에 문을 낼 수는 없게끔 되어 있어. 왜냐하면, 그 자리는 응봉에서 시작해서 종묘로 들어가는 풍수지맥선이 있는 곳이거든. 만약 정문을 만드는 공사를 하면서 그 풍수지맥선을 잘못 건드리는 날에는 그 당시로써는 국가적인 대재앙이 되는 거야. 종묘로 들어가는 명당 기운이 끊어졌다고 생각해 봐. 그때의 국왕은 조상 앞에 대죄인이 되는 것이지. 그런 이유 때문에 인정문 밖의 작은 조정마당도 네모 반듯한 것이 아니라 풍수지맥선을 피하려고 일부러 한쪽을 살짝 찌그러뜨린 모양이 되었어.

아름 그것 말고, 또 다른 이유도 있죠?

아빠 응, 우리의 전통적인 건축법에서는 대문에서 안마당이 직접 들여다보이도록 배치하지 않아. 외부 사람들의 시선을 살짝 돌려놓으면, 집 안에서 생활하는 사람들이 편하거든.

호림 그런데 가운데 칸이 양쪽 칸보다 조금 더 넓어요.

아빠 여러 개의 기둥으로 이루어진 칸 중에는 보통 가운데 칸을 다른 칸보다 조금 더 넓게 만들었어. 그것을 어칸이라고 하는데, 그 조직에서 가장 높으신 분들만 출입하게 하는 관행이 있지. 궁궐에서는 임금님이 되겠고, 사찰에서는 주지 스님이 되겠지. 돈화문도 마찬가지야. 가운데 어칸은 임금님의 전용 출입구야. 그렇지만 임금님 말고 저 칸으로 다닐 수 있는 사람이 또 있어. 누굴까? 정답은 이미 한참 전에 내가 설명한 부분에 나왔어.

아 름   그렇다면, 임금님보다 높거나 최소한 같은 수준의 사람일 텐데. 아! 중국의 사신이군요! 중국 황제를 대신해서 온 사람이니깐, 임금님과 같은 대접을 했겠네요.

엄 마   자세히 보니, 어칸의 폭만 넓은 것이 아니라 그 위에 올라간 공포의 숫자도 차이가 나요. 어칸 위에는 주간포 3개가 올라가 있지만, 다른 칸에는 주간포가 2개밖에 없어요. 여기에서도 위계질서를 만들어 놨군요. 참, 세밀한 부분까지도 신경을 썼구나!

동궐도 돈화문과의 차이점

아 빠   그런데 이 동궐도에 나오는 돈화문과 지금의 돈화문을 비교해 볼까? 뭐 이상한 것 없니?

윤증 고택의 내외벽

뱀의 발   집안사람들의 프라이버시를 위해서 외부 사람들의 시선 처리를 하는 시설물 중의 대표적인 것이 내외벽이고, 그 모범적인 사례가 충남 논산에 있는 윤증 고택이다. 조선 후기의 건축물인 윤증 고택은 양반집으로서는 보기 드물게 외부의 담장이 전혀 없는 개방형 구조로 되어 있지만, 안채 입구로 들어서는 곳에 내외벽이 있다. 안채가 곧바로 보이지 않도록 문의 맞은편에 내외벽인 널빤지 벽을 쳐서 옆으로 돌아들어 가도록 하였다. 이는 문을 열어두더라도 안이 훤히 들여다보이지 않게 하고, 외간 남자가 찾아왔을 때 단번에 서로의 얼굴을 마주치지 않고, 벽을 사이에 두고 말을 주고받을 수 있게 한 것이다.

그러나 안채의 대청마루에 앉으면 출입문 앞을 내외벽이 가로막고 있음에도 놀랍게도 밖이 훤히 보인다. 왜냐하면, 내외벽에 바닥에서 30cm 정도의 공간을 두었기 때문이다. 그 틈 사이로 드나드는 이의 신발이 보인다. 비단신을 신고 오는지, 짚신을 신고 오는지, 여자인지 혹은 남자인지 틈 사이로 신발만 보고 알 수 있게 해 놓았다.

아 름   음, 지붕의 모양이 달라요. 동궐도에는 팔작지붕으로 되어 있지만 실제로는 우진각지붕이에요.

아 빠   잘 찾았구나. 동궐도를 그린 순조 임금 시기 이후에 돈화문을 우진각지붕으로 고쳤다는 기록이 아직 없는 것으로 봐서는 화원이 잘못 그린 것이 아닌가 추측이 돼. 그런데 또 하나가 더 있거든.

동궐도의 돈화문 부분

엄 마   그렇구나! 동궐도에는 돈화문의 양쪽 막힌 칸이 좌우의 담장과 마찬가지로 하부에는 벽돌로 쌓고 상부에는 흙벽으로 되어 있는데, 지금의 돈화문은 모두 나무 판벽으로 막혀 있어요!

아 빠   정말 어려운 부분을 잘 찾았네. 역시 엄마가 예리한 데가 있어.

아 름   그런데 동궐도의 돈화문은 가운데는 닫혀 있고, 양옆의 문은 X자로 막아 놨어요. 왜 그렇죠?

아 빠   응, 가운데 닫힌 문은 당연히 임금님의 전용문이기 때문에 평상시에는 항상 닫아 놓는 것이고, 좌우 양옆의 문은 수문장이 교대근무 중임을 나타내는 것으로 보여. 그리고 여러 기록을 참고해 보면 신하들은 보통 돈화문을 이용하지 않고 서쪽에 있는 금호문金虎門과 남쪽에 있는 단봉문丹鳳門으로 출입했다고 해.

엄 마   금호문은 쇠 금에 호랑이 호 자를 쓰니 오행의 백호를 의미하는 것으로 분명히 서쪽의 문이겠고, 단봉문은 붉을 단에 봉황 봉 자를 쓰니, 오행의 주작을 의미하는 것으로 분명히 남쪽의 문이겠네요. 어쩌면 이름도 이렇게 한결같이 음양오행의 원칙을 지키면서 잘 지을까?

짧은 다리 조랑말과 노둣돌의 모순

아 름 그런데 아빠, 동궐도의 돈화문 앞에 있는 붉은 색 나무틀은 뭐죠? 그리고 그 앞에 조그만 돌계단도 있어요!

아 빠 응, 그것은 말을 매어놓는 틀이야. 그리고 돌계단은 노둣돌 또는 하마석下馬石이라고 하는데 말에서 내릴 때 밟고 내려오라는 뜻이지. 하지만 실제 사용된 것은 아니고 그냥 상징적인 의미야. 왜냐하면, 조금 전에 말했듯이 신하들은 거의 금호문과 단봉문으로 출입했기 때문이지. 게다가 더 재미있는 것은 저 노둣돌이 사실은 거의 무용지물에 가깝다는 것이야.

아 름 왜 무용지물이죠? 말에서 내릴 때 많은 도움이 될 텐데요?

아 빠 지금 TV 사극을 통해서 보는 주인공들이 타는 키 크고 멋진 말들은 모두 다 수입한 것이야. 옛날 우리나라에는 그런 말이 한 마리도 없었어. 그 대신 우리의 토종말인 조랑말을 탔지. 제주도의 키 작은 조랑말 알지? 그러다 보니 심할 때에는 말의 키가 작아서, 거의 발이 땅에 끌릴 정도였다고 해.

호 림 그런 말을 타고 무슨 전쟁을 해요?

아 빠 호림아, 키가 작은 조랑말이라고 해서 우습게 보면 안 돼. 몽골의 칭기즈칸은 조랑말을 탄 기병대를 앞세워서 전 세계를 정복하고 대제국을 세웠어.

아 름 지금 돈화문 앞에 있는 이 단은 월대인가요?

아 빠 응, 월대가 맞아. 그런데 경복궁의 근정전에서 보던 월대의 위엄은 보이질 않지? 이게 다 주변의 도로 높이가 더 높아서 그래. 불과 십몇 년 전만 해도 이 월대는 땅속에 묻혀서 보이지도 않았어.

호 림 왜 그랬대요?

아 빠   그것은 대한제국 말기에 순종과 조선총독부의 고위관리들이 자동차로 창덕궁을 출입하면서 이용에 불편이 없도록 주변의 땅과 도로를 월대보다 높게 만든 거야. 그런 이유 때문에 지금은 없지만 창덕궁 안에는 얼마 전까지도 순종의 자동차를 전시하는 어차고御車庫가 있었어. 또 희정당의 남쪽 행각 앞에도 자동차를 쉽게 이용할 수 있도록 개조했어.

현재 카페로 사용되는 어차고의 모습

엄 마   나름대로 새로운 문물을 받아들인 것이군요.

금천교

→ 금천교 위

금천교

아름 아빠, 경복궁의 영제교는 들어오는 길과 일직선인데, 이곳 금천교錦川橋
는 방향이 90도로 꺾여 있어요. 왜 이렇게 되어 있나요?

창덕궁의 명당수는 어디에서 흘러와서 어디로 흘러가나

아빠 이곳 창덕궁은 처음 만들어질 때 경복궁과는 달리 조선의 법궁이 아니
었기 때문에, 궁궐의 배치가 유교의 규범에서는 약간 벗어나서 눈에

거슬리지 않을 만큼의 한도 내에서 어느 정도는 자유롭게 이루어졌어. 그 때문에 자연에 순응하는 우리 전통의 멋이 배어 있는 것 같아.

엄 마 그렇지만 이 금천도 명당수가 되려면 서류동입 원칙에 따라서 서쪽에서 흘러와 동쪽으로 빠져나가야 할 텐데 지금 이곳은 북쪽에서 곧장 내려와서 남쪽으로 빠져나가잖아요? 어찌 된 일이죠?

아 빠 동궐도를 자세히 보면 이 물길이 돈화문 옆의 수문을 지나 동쪽으로 휘어져 나가는 것이 보이지? 이렇게 휘어진 물길은 창경궁에서 나온 명당수와 합쳐져서 오간수문五間水門으로 거쳐 청계천과 한강으로 흘러들어가. 그렇게 되면 이 물길도 궁궐 전체를 감싸는 서류동입의 명당수가 되는 셈이지. 동궐도를 자세히 보면 금천에 물이 많이 흐르는 것이 보이지? 예전에는 수량이 많았던 모양이야. 그리고 이 금천교는 이 창덕궁 전체를 통틀어 가장 오래된 건조물이야. 화재에 강하고 내구성이 좋은 것이 석조 문화재의 장점이기도 하지.

뱀의 발 | **오간수문과 이간수문**

동대문인 흥인지문과 남소문인 광희문光熙門 사이는 도성에서 가장 지대가 낮은 지역이었다. 따라서 도성 내에서 흐르던 물은 모두 이 두 문 사이로 빠져나갔는데, 도성 밖으로 물을 내보내기 위해서 성벽 밑으로 물을 통과시키게 한 시설이 오간수문과 이간수문二間水門이다. 청계천을 통해서 흐르는 물을 내보내는 다섯 칸짜리 시설이 오간수문이고, 이간수문은 남산에서 흘러내리는 물을 내보내는 두 칸짜리가 이간수문이다. 그런데 재미있는 것은 하나는 다섯 칸짜리이고, 다른 하나는 두 칸짜리라는 것이다. 성벽 밑으로 물을 내 보내는 시설에 하나는 다섯 칸짜리, 또 하나는 두 칸짜리 수문을 만들었다. 왜 그럴까?

한양 도성의 성곽에서 두 수문의 위치를 보면 흥인지문 – 오간수문 – 이간수문 – 광희문 순이다. 오간수문은 동대문인 흥인지문에 가깝고, 이간수문은 남소문인 광희문에 가깝다. 구한말에서 일제강점기로 넘어가던 초기에 상여가 한양 도성의 모든 문으로 나갈 수 있다는 공고가 난 적이 있다. 뒤집어서 말하면 그 이전에는 상여가 나가는 문이 따로 있었다는 말이다. 한양에서 사대문으로 상여가 나갈 수 있는 것은 국상이 났을 때뿐이다. 서오릉西五陵과 서삼릉西三陵이 서울의 북쪽에 가까운데도 서라는 방위가 명칭에 붙은 이유는 국상 행렬이 서대문을 통해서 나갔기 때문이다. 아무튼, 일반 상여는 사대문이 아닌 사소문으로 나가야 했는데, 북서쪽의 창의문彰義門은 산에 있는데다 출입이 불편했고, 북동쪽의 혜화문惠化門은 닫혀 있는 숙정문을 대신해 북문으로 쓰였기 때문에, 상여가 정상적으로 나갈 수 있는 문은 소의문昭義門(서소문)과 광희문밖에 없었다. 이런 이유로 광희문은 시체가 나간다고 해서 시구문屍口門이라는 별명이 생겨났다. 따라서 살아 있는 사람이 다니는 흥인지문에 가까운 수문은 양수인 오간수문으로 만들었고, 죽은 사람이 나가는 광희문에 가까운 수문은 음수인 이간수문으로 만들었다.

잠자리 성곽 돌을 찾아라

호 림 무지개다리 사이에 무섭게 생긴 저것은 무엇이죠?

아 빠 일단 우리 문화재에서 무섭게 생긴 것은 모두 사악한 기운을 물리치는 역할을 해. 마을 입구의 장승이 그렇고, 사찰 입구의 금강역사와 사천왕이 그렇고, 왕릉의 혼유석魂遊石 밑에 있는 북석이 그렇지. 귀신의 얼굴이라는 뜻에서 귀면이라고 부르고 나티라고도 부르는데, 용의 정면 얼굴이라는 이야기도 있어. 또 재미있는 것은 창덕궁수리도감의궤昌德宮修理都監儀軌라는 책에는 저것이 청정무사석蜻蜓武砂石이라고 쓰여 있는데, 청정은 한자로 잠자리를 가리키는 말이고 무사석은 성곽 돌이란 뜻이야.

엄 마 그러고 보니 마치 잠자리의 앞모습과 닮았어요.

아 빠 이 금천교를 지키고 있는 동물들이 많은데 모두 한번 찾아볼래? 몇 마리인지도 한번 알아보고.

아 름 네! 난간의 네 귀퉁이에 4마리가 있고요. 양쪽 난간 기둥의 뿌리 부분에 4마리씩 총 8마리, 그리고 잠자리 성곽 돌 앞에 한 마리씩 총 2마리, 모두 합해보니 14마리예요. 그러고 보니 모양이 모두 달라요. 난 모두 같은 동물인 줄 알았는데. 특히 잠자리 성곽 돌 앞의 동물 중 남쪽의 것은 해치처럼 생겼고, 북쪽의 것은 한 눈에도 거북인 줄 알겠어요.

해치 형상의 돌 짐승 (남쪽)

현무 형상의 돌 짐승 (북쪽)

아 빠 거북은 북쪽을 지키는 방위신 북현무이니깐 당연히 북쪽에 있겠고, 해치는 불

실질적인 법궁, 창덕궁

을 먹고 산다고 했으니 광화문 앞의 해치처럼 남쪽을 바라보고 있는 것이 당연하겠지? 이 두 동물은 금천이 흐르는 이 어구를 지키는 벽사의 동물들인데, 여기서 퀴즈 하나 낼게. 경복궁의 영제교에서 어구를 지키는 동물을 뭐라고 했더라?

아 름   천록이요.

아 빠   역시 아름이야. 그럼 또 하나 퀴즈를 내지. 동궐도에 그려져 있는 금천교에는 이 동물들 중 몇 마리가 보일까?

동궐도 없는 창덕궁 답사는 팥소 없는 찐빵

아 름   설마 이런 조그만 동물들까지 그려져 있으려고요? 어디 한번 동궐도 책을 보여주세요. 어라! 난간 네 귀퉁이에 서수 4마리와 해치가 그려져 있어요! 동궐도는 정말 대단하구나!

아 빠   그러니까 창덕궁 답사에 동궐도가 빠지면, 팥소 없는 찐빵이지.

호 림   그런데 이 돌다리는 길이 세 개로 나뉘어 있고요. 그것이 궁궐 안쪽까지 쭉 이어져요.

아빠 호림이도 한 건 올렸구나! 궁궐에서 임금님이 계신 곳까지는 정로가 이어져 있어. 삼도가 아니라 정로! 기억나지? 그중에서 가운데 길은 임금님 전용의 어로야.

궁궐 안과 밖을 구분 짓는 실질적인 경계는 바로 금천교

호림 그런데 정로가 왜 궁궐 정문이 아닌 금천교에서부터 시작하죠?
아빠 그것은 금천교가 궁궐 안과 밖을 구분 짓는 경계라는 것을 상징하는 것이야.
호림 궁궐의 안과 밖은 궁궐의 담장이 경계이어야 하잖아요?
아빠 아니야. 눈에는 그렇게 보일지 모르지만, 실질적인 경계는 바로 이 금

실질적인 법궁, 창덕궁

천교야. 그래서 금천교의 안쪽에서 부르는 이름과 바깥쪽에서 부르는 이름이 똑같은 금천교라도 한자로 쓰면 달라지잖니? 안쪽은 명당자리이기 때문에 비단 금錦 자를 쓰고, 바깥쪽은 나쁜 기운이 넘어오지 못하도록 금할 금禁 자를 쓴다고 설명했잖아.

엄 마 그건 풍수에서나 나오는 이야기 아닌가요?

아 빠 그렇지 않아. 예를 들어, 왕비의 친정아버지께서 돌아가셨다면 왕비는 친정 집까지 조문을 갔을까? 아니야. 왕비에게는 친아버지이고 왕에게는 장인이 되겠지만, 왕도 왕비도 모두 이곳 금천교까지만 나와서 돌아가신 분이 계시는 쪽을 향해 곡을 하는 것으로 조문을 마쳤어. 이것을 바라볼 망에 곡할 곡 자를 써서 망곡望哭이라고 해. 망곡을 하는 위치는 결국 왕과 왕비가 나갈 수 있는 실질적인 경계가 바로 이 금천교라는 것을 알려주는 것이야. 또한, 승정원에서 일하는 승지가 퇴근하는 기준선이 이 금천교 밖을 나서는 것이었어. 또 동궐도에서 한번 확인해 줄까? 동궐도에서 금천교 주변을 잘 봐.

아 름 어! 금천교부터 궁궐 안쪽으로 들어가는 길이 마치 보도블록이 깔린 것처럼 완전히 달라져요.

아 빠 방전方甎이라고 하는 전돌을 깔아서 그런 거야. 금천교의 바깥쪽은 그냥 길일 뿐이지? 이처럼 금천교는 눈에 보이지 않는 궁궐 담이었어.

아 름 아빠, 재미있는 것을 찾아냈어요. 동궐도의 금천 위에는 돌로 만든 금천교만 있는 것이 아니라 나무다리도 있었어요.

아 빠 나무다리뿐만 아니라 금천을 가로지르는 복도각도 있었고 외다리도 있고 심지어 건물을 금천 위에 지어 놓기까지 했어. 동궐도는 이렇듯 시간을 들여서 천천히 봐야만 제대로 보여.

진선문

> 진선문 앞

진선문

아름 엄마, 이 문의 한자 뜻을 하나씩 불러주세요.
엄마 나아갈 진進, 착할 선善, 문 문門!
아름 착한 것이 나아간다? 착한 것 이외에는 모두 길을 비켜라? 뭐 이런 뜻인가요?
아빠 진선은 선한 말을 올린다는 의미와 훌륭한 사람을 천거한다는 의미가 있어. 인정전은 임금님이 계신 정전이기 때문에, 이 진선문을 거쳐 바른 말을 올리거나 훌륭한 인재를 천거, 돈화문을 통해 돈독해진 임금

실질적인 법궁, 창덕궁

님의 백성에 대한 교화가 더욱 퍼져 나가기를 기원하는 이름이야. 그런데 이 진선문에는 예전에 유명한 북이 하나 걸려 있었어. 혹시 알아맞힐 수 있겠니?

호 림 유명한 북? 페이스북Facebook인가? 참, 그 북이 아니지. 그럼, 혹시 자명고 아니에요?

아 름 그건 고구려 때 호동왕자와 낙랑공주 이야기에 나오는 북이잖아!

호 림 호림왕자와 낙랑공주 아니었니?

아 름 헉! 완전 어이가 없네. 아빠, 힌트 하나만 주세요.

진선문에 설치된 북, 신문고

아 빠 진선문이라는 이름과 잘 어울리는 북이야.

아 름 착한 것과 잘 어울리는 북이라… 혹시 신문고申聞鼓?

아 빠 맞았어. 신문고야.

호 림 아, 신문고! 나도 학교에서 배웠어요. 옛날 조선에는 신문고가 있어서 백성이 억울한 일이 있을 때 신문고를 치면 왕이 직접 억울함을 풀어주는 제도라고 들었어요. 참 좋은 제도예요.

아 빠 그런데 그것 다 거짓이야.

엄 마 설마… 학교에서 아이들에게 엉터리를 가르쳤겠어요?

신문고는 일반 백성에게는 그림의 떡이었다

아 빠 우리 아이들이 유치원생이 아니잖아? 이제는 진실을 배울 나이가 되었어. 신문고는 태종 때 중국 송나라의 등문고登聞鼓를 본보기로 하여 만든 제도인데, 취지는 호림이의 말대로 백성의 억울함을 풀어주는 북이 맞아. 그렇지만 일반 백성이 도저히 칠 수 없는 북이라는 것에 문제의 심각성이 있지.

아름   일반 백성이 왜 못 쳐요?

아빠   다른 복잡한 것은 다 몰라도 되고, 이 신문고가 설치된 장소만 알면 왜 신문고를 일반 백성이 사실상 칠 수 없었던가를 쉽게 알 수 있어. 기록에 따르면, 신문고가 설치된 곳은 두 군데인데 의금부와 이곳 진선문이야.

엄마   의금부라면 왕명을 받들어서 죄인을 다루는 지금의 대검찰청과 같은 관청이잖아요?

아빠   그렇지. 주로 역모 사건 등 굵직굵직한 사건만을 다루는 곳이지. 잡범들은 포도청에서 취급하니깐… 따라서 일반 백성은 말만 들어도 손발이 오그라드는 그런 무시무시한 곳에 신문고가 있었어. 또한, 임금님의 바로 코앞에 신문고가 있었어. 바로 이곳 진선문 옆에 말이야.

엄마   일반 백성이 궁궐 안의 신문고는 치기가 어려웠겠지만, 그래도 정말 억울한 일이 있으면 의금부의 신문고를 쳤을 것 아니겠어요?

신문고 치는 절차를 하나라도 빼먹거나 무시하면 큰 처벌

아빠   신문고는 아무나 아무렇게 치는 것이 아니야. 신문고를 잘못 치면 엄청난 처벌을 받아. 제도만 놓고 본다면, 일단 신문고를 치려는 일반 백성이 있다고 가정해 보자고. 한양에 사는 백성이 1차로 자기가 사는 곳의 관아를 거쳐서 2차로 사헌부司憲府에서 허가를 받고, 마지막에 의금부에서 조사를 거쳐 신문고를 쳐야 했어. 지방에 사는 백성은 더 까다로워. 1차로 자기가 사는 고을의 원님에게 확인서를 받고 2차로 자기가 속한 도의 관찰사의 확인서까지 받은 후에 3차로 사헌부를 거치고 4차로 의금부에 가는 거야.

호 림 확인서만 받으면 되는 거잖아요. 어려울 것 없겠네.

아 빠 관청에 있는 관리들이 신문고를 쳐도 좋다는 확인서를 떼 주면 그 관리들은 어떻게 될까? 확인서의 내용은 내가 해결 못한 일이니깐 위에서 해결해 달라는 이야기잖아? 달리 말하자면 자신이 무능하다는 확인서를 누가 떼 주겠어? 거기다가 일반 백성이 억울한 일을 당하면 누구한테 당하겠어? 대부분 그 지방의 양반이나 관리들한테 당하는 것이겠지? 가재는 게 편이라고 했는데, 관리들이 양반 편이지 일반 백성 편이겠어?

엄 마 듣고 보니 그렇군요.

아 빠 거기다 반드시 거쳐야 하는 사헌부는 또 어떤 곳이야? 대표적인 공직 사정 기관이야. 의금부 못지않은 곳이지.

호 림 그럼 아무도 신문고를 치지 못했겠네요. 그렇게 절차가 복잡하고 어려워서야…

반드시 사헌부를 거치도록 한 이유

아 빠 아니야. 일반 백성은 신문고를 못 쳐도 양반들은 칠 수 있었어. 사실 신문고를 설치한 진짜 이유는 사헌부를 거치도록 한 부분에 숨어 있어. 그리고 임금님의 코 앞인 진선문에 신문고를 설치한 것도 마찬가지 이유야.

엄 마 사헌부를 거치도록 한 것이 신문고를 설치한 진짜 이유라고요? 사헌부와 신문고가 무슨 연관이 있어요?

아 빠 내가 사헌부는 어떤 관청이라고 했지? 대표적인 공직 사정 기관이라고 했잖아. 지금도 감사원이 한번 움직이면 공무원들이 숨소리도 못

내잖아? 신문고는 일반 백성을 위하는 것이 아니라 왕권을 강화하려는 목적이 더 강해. 즉, 역모逆謀라든지 권력층 비리라든지 왕권에 도전하는 모든 시도를 신문고를 통해서 고발하도록 한 거야.

아 름   그림의 떡이란 말이 신문고에 딱 어울리네요.

아 빠   아무튼, 이 진선문은 궁궐의 중문에 해당해. 조선과 같은 제후국은 삼문三門 구조라고 말했지? 그럼 경복궁에서 진선문과 같이 중문 역할을 하는 문은 무엇일까?

아 름   흥례문이요.

아 빠   잘했다. 궁궐을 답사할 때에는 그 궁궐 하나만 볼 것이 아니라 항상 이런 방식으로 서로 다른 궁궐들과 비교해 가면서 공부하는 것이 조선 궁궐을 체계적으로 이해할 수 있는 좋은 방법이야.

뱀의 발   사헌부

오늘날의 감사원에 해당한다. 사간원司諫院과 함께 대간臺諫 또는 양사兩司라고 하였다. 또한, 사간원, 홍문관弘文館과 함께 삼사三司라고 하였다. 한편, 형조, 한성부와 함께 삼법사三法司로 일컬어졌다. 본래의 업무는 중앙과 지방의 행정을 감찰하고, 관리를 규찰하며, 풍속을 바로잡고, 사건을 심리하는 일이다. 또한, 탄핵을 주관하고 종친과 문무백관을 규탄함은 물론이고 심지어 국왕에 대해서도 언제나 극간極諫을 했다. 그리고 사헌부는 관원의 기강을 감찰하는 사법 기능을 담당하였던 만큼 그 위풍이 삼엄하였다. 정 2품 대사헌이 수장이다. 대사헌의 관복에 붙어 있는 흉배는 해치이다.

숙장문

> 인정문과 숙장문 갈림길 위

정로에서 본 인정문과 숙장문

아 름 여기는 문이 세 개나 몰려 있네! 끝에 있는 문의 한자 부탁해요.
엄 마 엄숙할 숙, 문장 장, 문 문! 숙장문肅章門이야.
아 름 엄숙한 문장? 좀처럼 연상이 안 되네요.
아 빠 엄숙하면서도 빛난다는 뜻이야. 문장 장 자는 아름답게 빛난다는 뜻인데, 다른 표현으로는 문채文彩 난다고도 하지. 그런데 왜 이런 명칭이 숙장문에 붙었느냐 하면, 바로 우리가 서 있는 이 마당 때문이야.
호 림 이 마당이 어때서요?

실질적인 법궁, 창덕궁

임금의 즉위식이 열리던 조정의 바깥마당

아 빠 이 마당은 조정의 바깥마당이야. 여기서는 엄숙하면서도 빛이 나는 국가의 중요 행사가 많이 열렸어. 예를 들어 왕의 즉위식이 열리는 곳이지. 그전에도 설명했지만, 즉위식 자체는 정전의 문에서 열리고 그런 다음 정전으로 들어가서 공식 행사가 끝나는 거야.

엄 마 그 이유가 즉위식이 끝나기 전까지는 아직 왕이 아닌 세자의 신분이기 때문에 왕의 건물인 정전으로 들어갈 수 없어서, 정전의 문에서 즉위식이 끝나고 정식으로 왕이 된 후에야 비로소 정전에 당당히 들어가서 백관들의 하례를 받는다고 당신이 설명했어요.

아 빠 이곳 바깥마당은 그와 같은 조정의 중요한 행사들이 많이 열렸어. 그래서 여기에는 나무도 심지 않고 조경도 하지 않았지. 그런데 일제강점기에는 이곳의 전각들을 모두 헐어낸 뒤 이곳에 예쁜 화단을 만들고 조경을 했어. 눈에 보이지 않게 우리 궁궐을 조금씩 훼손한 것이야.

호 림 그런 놈들이 더 무서운 놈들이에요.

아 빠 이곳에서는 왕실의 주요 행사들이 많이 치러지기 때문에 주위의 행각에는 궐내각사인 많은 관청이 있었어.

엄 마 경복궁과는 궐내각사 배치법이 조금 다르군요. 경복궁에는 근정문 앞마당에 직접 관청이 있는 것이 아니고 서쪽의 유화문을 나가야만 궐내각사가 모두 모여 있었는데, 이곳 창덕궁은 바로 조정 바깥마당의 행각에 궐내각사가 있네요.

궐내각사 배치법은 경복궁과 대동소이

아 빠 그렇지 않아. 물론 경복궁의 유화문 밖에도 궐내각사가 많이 몰려 있기는 했지만, 유화문 안쪽의 영제교를 둘러싸고 있는 홍례문 행각에도 결속색, 마색, 정색, 내병조, 배설방 등 많은 궐내각사가 있었어. 내가 경복궁에서 설명할 때 궐내각사가 많이 모여 있는 유화문을 너무 강조하다 보니 홍례문 행각 안쪽에 있던 궐내각사들을 빠뜨린 것 같아. 미안!

엄 마 그렇다면 경복궁이나 창덕궁이나 외조의 기본 배치는 비슷하다는 말이군요. 궁궐의 동쪽은 세자의 궁인 동궁이 있고, 서쪽에는 궐내각사들이 몰려 있으면서 특히 조정 바깥마당을 중심으로 집중적으로 배치되어 있네요.

아 빠 그렇지. 이곳 창덕궁도 우리가 서 있는 진선문과 숙장문 행각을 따라 결속색, 정색, 내병조, 전설사, 배설방, 호위청, 상서원이 있었고, 금천교를 건너기 직전 북쪽으로는 내각, 옥당, 내의원 등 궐내각사가 많이 몰려 있었어.

아 름 아빠 말을 들어보니 경복궁과 창덕궁의 조정 바깥마당의 행각에 있는 궐내각사 중에는 결속색, 정색, 내병조 등이 공통으로 들어가 있는 것 같은데, 이들의 역할은 무엇이죠?

조정 바깥마당의 공통 궐내각사

아 빠 그들은 모두 육조 중의 병조에 소속된 관청으로 궁과 임금을 수호하고 의식을 지원했어. 일단 내병조는 글자 그대로 궁궐 안에 배치된 병조의 부속 관아이고, 정색은 궁 안의 군사 장비를 관리하는 곳이며, 마색은 왕의 수레나 가마 등을 관리하던 곳, 결속색은 왕의 거둥 시에 주변의 잡인을 물리치는 일을 담당했어.

호 림 아! 결속색이라는 관청은 TV 사극에서 왕이 가마를 타고 궁궐 밖을 나

　　　　갈 때, 물렀거라 주상전하 행차시다! 하고 소리치던 사람들이 일하던 관청이구나. 나도 그 정도 일이라면 잘할 수 있을 텐데…
아 름　그러고 보니 이곳 행각에 현판이 몇 개 붙어 있네요.
아 빠　진선문 쪽에 있는 현판은 정청政廳인데, 정청은 이조나 병조에서 문무관에 대해 관리의 임면任免이나 출척黜陟 등 인사에 관한 일을 맡아보던 벼슬아치인 전관銓官이 궁중에서 정사를 보던 곳이야.
엄 마　문무관에 대한 모든 인사 처리가 되는 곳이라면 가장 핵심적인 관청이겠군요.
아 빠　그렇다고 봐야지. 그래서 이곳에서 일하는 사람들은 이조와 병조의 당상관, 이조와 병조를 담당하는 승지, 그리고 사관도 있었고, 심지어 사정기관인 사헌부의 대사헌까지 있었어. 관리들에 대한 감찰이나 탄핵 내용도 다루었다는 뜻이야. 한편, 우리 뒤쪽에 있는 현판은 상서원尙瑞院과 호위청扈衛廳이야.
아 름　상서원은 지난번에 아빠가 옥새를 관리하던 곳이라고 알려 주셨어요. 호위청은 임금님을 호위하는 관청임을 금방 알 수 있겠네요.
엄 마　그런데 한자가 잘못된 것이 아닌가요? 호 자가 보호할 때의 지킬 호護 자가 아니잖아요.
아 빠　호위청의 호는 뒤따를 호扈 자야. 뒤따를 호, 지킬 위, 관청 청, 즉 뒤따르면서 지킨다는 뜻이지. 궁중의 경호에 관한 사무를 맡아보던 군영이니깐 지금으로 말하자면 청와대 경호실쯤 될 거야. 그리고 상서원은 아름이가 기억한 내용이 맞아. 높일 상, 상서로울 서, 집 원 자를 써서 임금의 옥새나 궁궐을 출입하는 증표인 부신符信을 관장하던 관청이지.
엄 마　이 넓은 공간에 달랑 현판 세 개만 붙어 있으니 좀 휑한 느낌이에요. 전문가들이 좀 더 고증해서, 지금보다 더 많은 궐내각사의 현판을 붙여야만 궁궐의 권위가 설 것 같아요.

아 빠   좋은 지적이야. 그리고 이 숙장문은 내전으로 들어가는 문이야. 즉 이 숙장문의 뒤쪽에는 왕과 왕비의 침전이 있다는 뜻이지. 말하자면 우리가 서 있는 이 공간은 궁궐의 삼조인 외조와 치조 그리고 연조가 한꺼번에 모이는 접점이라고 볼 수 있지.

아 름   그런데 이 마당의 모양이 조금 어색해요. 네모 반듯하지 않고 한쪽이 찌그러진 모양이에요. 보세요, 진선문 쪽의 행각이 숙장문 쪽보다 훨씬 길어요.

아 빠   아름이 관찰력은 알아줘야 해. 이 마당을 처음 만든 사람은 박자청(朴子靑)이란 사람이야. 왕릉 공부를 조금이라도 한 사람은 누구나 박자청이란 이름을 모두 알지. 이 사람은 평민 출신이지만, 공조판서까지 올랐던 당대 최고의 건축가였어. 따라서 조선 초기의 왕릉, 궁궐을 비롯한 국가적인 건축은 거의 모두 이 사람의 손에서 탄생했어. 당연히 이 마당도 박자청이 만들었지.

사다리꼴 모양의 인정문 마당

실질적인 법궁, 창덕궁

풍수 때문에 찌그러진 조정의 바깥마당

숙장문 앞 마당

호림 당대 최고의 건축가가 왜 이 마당의 모양을 반듯하게 못 만들었나요?

아빠 그것은 박자청이 풍수를 완벽하게 이해했기 때문이야. 조선 초기의 왕릉을 모두 박자청이 만들었다고 했지? 이 사람은 건축과 풍수를 꿰뚫고 있었어. 경복궁을 만들고 창덕궁을 만든 사람이 이 정도의 조그만 조정마당을 반듯하게 못 한 이유는 바로 창덕궁의 앞쪽에 있는 종묘 때문이야. 종묘로 들어가는 생기 충만한 지맥선을 보호하기 위해서 돈화문도 왕궁의 정문에 만들지 않고 서쪽으로 치우쳐 만들었지.

아름 아하! 그래서 풍수를 모르고서는 문화재를 제대로 이해하지 못한다는 말이구나.

뱀의 발   박자청

1357(공민왕 6)~1423(세종 5). 고려 말과 조선 전기의 무신이다. 고려 말 내시(고려의 내시는 환관이 아니라 궁궐 내부에서 일하는 일반 관료를 지칭함)로 출사해 낭장郎將에 오르고, 1392년 조선이 건국되자 중랑장으로 승진하였다. 고려 말의 환관이었던 김사행金師幸으로부터 건축에 관련된 모든 것을 전수받았다. 따라서 고려 말~조선 초기의 국가적인 건축(왕릉, 관청, 궁궐)은 거의 모두 김사행, 박자청의 작품이었다.

1393년 입직군사入直軍士로 궁문을 지킬 때에 태조의 여덟 번째 아들인 의안대군이 들어가려 하자 왕명이 없다고 거절하였는데, 의안대군이 발길로 차며 상처를 입혔는데도 끝내 거절하였다. 태조가 이 사실을 알고 은대銀帶를 하사해 내상직內上直에 임명하고 어전 밖을 지키도록 하였다. 철야로 직무에 충실해 선공감소감繕工監少監이 되고, 공조, 예조전서, 중군총제겸선공감사中軍摠制兼繕工監事가 되는 등, 주로 영선營繕 직을 맡았다.

문묘文廟를 새로 지을 때 역사의 감독을 맡아 주야로 살피고 계획해 4개월 만에 완공시켰다. 그러나 모화관을 남지南池에 닿게 하는 작업은 시일만 끌고 완성하지 못해 사헌부로부터 탄핵을 받았다. 1408년 공조판서를 역임할 때 신의왕후의 제릉齊陵과 태조 이성계의 건원릉健元陵의 공사를 감독하였다. 1419년 인정문 밖의 행랑 축조를 감독했으나 측량 실수로 기울어지자 직무 태만으로 하옥되기도 하였다. 그러나 이것은 풍수를 고려한 의도적인 것이었다.

동궐도의 숙장문과 복원된 숙장문의 차이점 찾기

아빠 　풍수 때문에 조정 바깥마당이 찌그러진 이런 사실은 동궐도를 보면 더욱 확실히 알 수 있어. 이 조정 바깥마당 앞에는 종묘의 무성한 소나무들이 숲을 이루고 있잖아. 그곳이 종묘로 들어가는 풍수지맥선이야. 자, 이번에는 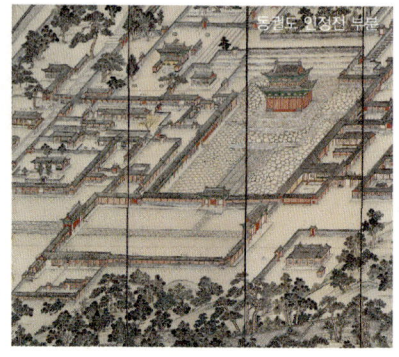 동궐도를 본 김에 숙장문을 한번 잘 살펴볼래? 지금의 숙장문과 분명하게 다른 것이 하나 있을 거야. 힌트는 안과 밖이야.

아름 　안과 밖? 잘 모르겠네요. 지붕도 같은 팔작지붕에, 정면 3칸도 같고…

엄마 　난 찾았다.

아름 　도대체 뭐예요? 난 아무리 봐도 모르겠던데…

엄마 　우리가 보는 숙장문은 현판이 우리 쪽에 있지만, 동궐도의 현판은 반대쪽에 있어. 이건 분명히 동궐도를 그린 화원이 실수했거나, 아니면 복원공사를 하면서 제대로 복원을 못 했거나 둘 중 하나야.

정로 위에서 바라본 숙장문의 모습

인정문 _ 보물 제813호

🔵 인정문 앞

인정문

아 름 이 글자는 쉬워서 엄마가 한자 뜻을 알려주지 않아도 알 수 있어요. 어질다는 인 자와 정사 정 자가 있으니깐 임금님께서 어질게 정치해 달라는 뜻이죠?

엄 마 그렇지, 그리고 저 뒤의 인정전도 같은 뜻이란다.

즉위식은 인정전이 아닌 인정문에서

아 빠 내가 여러 번 말했듯이 왕이 되는 즉위식은 궁궐에서 가장 큰 행사 중의 하나임에도 궁궐의 법전인 인정전이 아니라 인정문에서 치렀어.

실질적인 법궁, 창덕궁

아 름   알아요. 즉위식이 끝나기 전에는 왕세자라 하더라도 아직 정식 왕이 아니어서 왕의 전용 공간인 인정전에 들어가지 못하기 때문이죠. 하도 자주 들어서 이제 암기가 되었어요. 그런데 이곳 인정문에서 즉위식을 한 왕은 누구누구인가요?

아 빠   연산군을 비롯한 효종, 현종, 숙종, 영조, 순조, 철종, 고종 등이야. 이들 왕의 즉위식은 대부분 눈물바다였지.

호 림   아니, 왕의 즉위식은 당연히 축하해야 할 의식인데, 왜 그랬나요?

아 빠   왜냐하면, 왕의 즉위식은 대부분 선왕이 돌아가신 지 5일 만에 치러지기 때문이야. 따라서 아버지가 돌아가셨는데 어찌 눈물이 없을 리가 있겠니? 이런 상황을 자세히 알려주려고 내가 조선왕조실록 중에서 조선 제18대 왕인 현종의 즉위식 부분을 뽑아왔지.

호 림   물론 아빠가 한자를 많이 아시는 것은 알지만, 조선왕조실록은 옛날 한자투성이일 텐데, 어떻게 아빠가 그것을 찾을 수가 있었어요?

실록을 통해서 본 즉위식 장면

아 빠   호림아, 조선왕조실록은 인터넷으로 쉽게 검색할 수 있게끔 홈페이지가 만들어져 있어. 그곳에서 검색어를 입력하면 내가 원하는 부분을 한문 원본과 함께 한글 번역본까지 찾을 수 있지. 아무튼, 현종의 즉위식 대목이 바로 이 내용이야. 여기서 사왕은 선왕의 대를 이어받는 왕을 말하는 거야. 즉위식이 끝나지 않았으니 정식 왕은 아니고, 그렇다고 선왕은 이미 돌아가셨으니 왕세자도 아니고, 어정쩡한 신분이라서 사왕이란 이름을 붙인 거야.

현종 즉위년 1659년 5월 9일 왕세자의 즉위의식을 거행하다.

태백산사고본 1책 1권 5장

사왕嗣王이 인정문의 어좌御座에 이르러 동쪽을 향하여 한참 서 있었는데, 도승지가 꿇어앉아 어좌로 오를 것을 청하였으나 응하지 않았고, 김수항이 종종걸음으로 나아가 꿇어앉아 청하였으나 사왕이 역시 따르지 않았다. 이은상이 총총히 나와 급히 예조판서 윤강을 불러들여 그로 하여금 앞으로 나아가 꿇어앉아서 청하게 하였으나, 그때까지도 사왕이 따르지 않다가 영의정 정태화가 종종걸음으로 나와 두세 번 어좌로 오를 것을 청하자 사왕이 그제야 비로소 어좌에 올라 남쪽을 향하여 섰다. 태화가 다시 어상御床에 올라가 앉을 것을 청하니, 사왕이 이르기를 이미 자리에 올랐으면 앉은 것이나 다름이 없지 않은가 하고 이어 흐느끼기 시작했고, 좌우도 모두 울며 차마 쳐다보지 못하였다. 태화가 의식대로 할 것을 굳이 청하자 사왕이 비로소 앉아서 백관의 하례를 받고 예를 마치었다. 상上이 인정문 동쪽 협문으로 걸어서 들어가 인정전 동쪽 뜰로 올라 전殿 밖의 동편 거느림채를 돌아 인화문仁和門을 거쳐 들어갔는데, 통곡하는 소리가 밖에까지 들렸다.

호 림 그래서 어정쩡한 위치인 인정문에서 즉위식을 하는 것이죠.

아 빠 즉위식 때문에 인정문에 있는 어좌 근처까지는 왔지만, 거기에 한사코 앉기를 거부한 것이야. 아버지께서 돌아가셨는데 이 와중에 내가 어떻게 아버지의 자리를 차지하느냐? 뭐, 그런 뜻이지.

호 림 그래도 왕이 안 될 수는 없잖아요?

아 빠 그래서 여러 신하가 어좌에 앉기를 차례로 권하는데, 들은 체도 않다가 마지막으로 영의정까지 나서자 그제서야 못 이기는 체하고 어좌에 올랐지만, 앉지는 않고 남쪽을 바라보고 선 것이야.

아 름　그 유명한 군주남면이군요! 그렇게 많이 들었던 바로 그 군주남면!

엄 마　우리 똑똑이가 잘 찾아내는구나!

아 빠　그래도 앉지를 않자, 영의정이 의식대로 할 것을 다시 간곡히 청해서 비로소 백관의 하례를 받고 즉위식의 예를 마친 거야. 이제는 정식 왕이 된 것이지. 그런 다음 인정전으로 올라 들어갔는데, 그 안에서도 계속 통곡하는 장면을 실록에 쓴 것이야.

아 름　그런데 이 문은 왜 보물 제813호로 지정되었나요?

아 빠　아마도 왕위를 이어받는 의식이 거행되던 곳이기도 하고, 정전인 인정전과 함께 조선왕조 궁궐의 위엄과 격식을 가장 잘 간직하고 있는 건축물이어서 보물로 지정된 것 같아. 고건축적인 설명을 해 볼까? 정면 3칸에, 측면 2칸짜리 다포계 팔작지붕이면서 5량 집이야.

엄 마　5량 집이면 단면으로 봤을 때 도리가 5개가 들어갔다는 말이죠? 앞에서부터 뒤쪽으로 차례차례 말하면 주심도리 – 중도리 – 종도리 – 중도리 – 주심도리 이렇게요.

아 빠　이제는 목조건축 구조가 머릿속에 잘 그려지지?

오얏꽃 문양에 얽힌 이야기들

호 림　그런데 인정문의 용마루에 저건 뭐죠? 무궁화 같은 게 3개가 있어요.

아 름　저기 뒤쪽 인정전에도 있는데 인정전의 용마루에는 5개나 있어요.

아 빠　응, 저건 오얏꽃 문양이야. 한자로는 이화李花라고 하지.

인정문 용마루의 오얏꽃 문양

엄 마   오얏꽃이요? 배꽃 아닌가요? 당신이 방금 한자로 이화라고 한다고 했잖아요?

아 빠   어? 당신도 배꽃으로 알고 있었어? 그렇게 혼동해서 알고 있는 사람이 뜻밖에 많아. 왜냐하면, 이화여자대학교의 이름에 나오는 이화나, 이조년李兆年의 유명한 시조인 이화에 월백하고 은한이 삼경인제… 의 이화가 모두 배꽃을 말하거든. 우리말로 읽을 때는 모두 이화라고 하지만, 실은 한자가 달라. 배꽃은 배 리梨 자를 쓰지만, 오얏꽃은 오얏나무 리李 자를 써.

호 림   이화여대의 이화가 배꽃이라고요? 그럼 이화여대는 순 우리말로는 배꽃계집큰배움터가 되나요?

아 름   오빠는 또 엉뚱한 소리야! 그런데 오얏꽃은 도대체 무슨 꽃이에요? 전 처음 들어봐요.

아 빠   너희가 알아듣기 쉽게 말하자면, 자두나무의 꽃이란 뜻이야.

아 름   그런데 뜬금없이 오얏꽃 문양이 왜 저기에 있나요? 다른 곳에서는 전혀 못 본 것 같아요.

아 빠   저 오얏꽃은 조선 왕조를 뜻해. 너희 조선 왕실의 성씨가 이씨인 것은 알지? 그 이 자를 오얏나무 이라고 해. 따라서 오얏나무 문양은 조선의 왕실을 뜻하지.

엄 마   오얏꽃 문양이 조선 왕실을 뜻한다면 왜 다른 조선 왕실의 문화재나 궁궐에는 저런 문양이 없죠?

오얏꽃 문양은 대한제국 때부터

아 빠   오얏꽃 문양이 공식적으로 쓰이기 시작한 것은 대한제국 때부터야. 그때부터 오얏꽃 문양이 왕실, 아니 황실의 공식 문양이 된 것이야. 그렇지만 사람에 따라서는 이런 문양을 쓰기 시작한 것이 일본의 교묘한 술책으로 조선 왕실이 일개 왕의 가문으로 전락해 가는 증거라는 주장도 있어.

엄 마 어째서 독자적인 왕실의 문양을 쓰는 것이 문제가 되나요?

아 빠 왜냐하면, 조선고적도보朝鮮古蹟圖譜라는 화보집에서 확인된 1904년 무렵의 인정전의 용마루에는 오얏꽃 문양이 없었어. 일본의 간섭이 심해지던 을사늑약乙巳勒約 이후에 생긴 증거가 되는 셈이지. 그리고 일본의 강압에 의해 고종과 순종이 거의 감금 상태였던 창덕궁과 덕수궁에만 이 문양이 존재한다는 거야.

아 름 덕수궁에도 이 오얏꽃 문양이 있어요?

아 빠 그럼. 편전인 덕홍전의 내부 창방에 표시가 되어 있어. 을미사변으로 명성황후가 일본에 시해당하고 나서 고종 임금은 누구보다도 신변의 위협을 느꼈어. 그래서 일본을 견제할 수 있는 강대국인 러시아의 공사관으로 1년씩이나 몸을 피했지.

엄 마 그걸 아관파천俄館播遷이라고 한단다.

아 빠 그렇지만 일국의 국왕이 남의 나라 외교 공관에 있다는 것이 말도 안 된다는 여론이 들끓자, 고종은 환궁하지만, 일본이 두려워서 경복궁으로는 가지 못하고 서구의 공관들이 모여 있지만 일본 공관은 근처에 없었던 경운궁慶運宮으로 간 것이야.

아 름 고종은 덕수궁으로 가셨잖아요?

뱀의 발 대한제국 이전의 우리나라에서 왕조의 이름 앞에 그 왕조의 성씨를 붙이는 일은 없었다. 그렇지만 구한말의 언제부터인가 이씨 조선이라는 뜻의 이조라는 말이 널리 쓰이기 시작했다. 이씨 조선이라는 말은 이씨 성을 가진 일개 왕의 가문이라는 뜻이고, 그 말은 곧 중국이든, 일본이든 황제의 나라 밑에 있는 속국이라는 의미가 은연중에 포함되는 것이다. 그러므로 이조라는 말을 쓰지 않는 것이 좋다. 그냥 조선으로 쓰면 된다. 따라서 백자를 말할 때도 이조백자라는 말은 쓰지 말아야 한다. 조선백자가 올바른 표현이다.

아빠 그때까지의 이름은 경운궁이 맞아. 순종이 즉위하고 나서 덕수궁으로 이름이 바뀐 것이지. 아무튼, 그때 고종은 경운궁 안에서 더는 조선이 외세에 흔들려서는 안 되고 급변하는 국제정세 속에서 조선이 자주독립 국가임을 대내외에 천명하기 위해 대한제국大韓帝國을 선포하기로 한 거야.

뱀의 발   **사대주의**

조선은 국가적으로 중요한 일들은 항상 중국의 허락을 받았다. 이는 조선이 스스로 중국 황제의 제후국임을 인정한 것이다. 이것을 사대주의事大主義라고 한다. 예를 들어 조선이라는 나라 이름도 중국의 허락을 받고 썼다. 태조 이성계가 고려 왕조를 무너뜨리는 역성혁명易姓革命을 한 뒤에 새로운 나라 이름의 후보를 조선과 화령和寧 두 가지로 압축했다. 그리고 중국에 사신을 보내 나라 이름을 정해 달라고 했다. 조선은 단군 이래 우리 민족이 처음 세운 나라의 이름이었고, 화령은 이성계의 고향 이름이었다. 그런데 당시 중국의 명나라는 조선이라는 이름이 먼 옛날 은나라 말기에 중국에서 한반도로 넘어간 은나라의 왕족인 기자가 단군조선을 밀어내고 세운 기자조선이라고 생각해서 최종적으로 조선이라는 이름을 선택해 준 것이다.

그러나 사대주의를 무조건 나쁜 것으로 몰아가는 것은 경계해야 한다. 특히 최근 중국에서 주장하는 동북공정東北工程의 내용과 같이 우리나라가 중국의 지방 정부에 불과하다는 것은 더더욱 아니다. 사대란 본래 큰 것, 즉 대국을 섬긴다는 뜻이다. 한국, 중국, 일본을 포함하는 유교 문화권 또는 한자 문화권에서 사대의 사事는 섬긴다奉는 좋은 뜻으로 사용됐다. 춘추좌씨전春秋左氏傳에는 예禮라는 것이 작은 것은 큰 것을 섬기고, 큰 것은 작은 것을 사랑하고 양육해야 한다고 하였다. 또한, 맹자孟子의 양혜왕편에도 어질다는 것은 큰 것이 작은 것을 섬기는 것이고, 지혜롭다는 것은 작은 것이 큰 것을 섬기는 것이다. 큰 것이 작은 것을 섬기는 것은 하늘을 즐겁게 하는 것이고, 작은 것이 큰 것을 섬기는 것은 하늘을 두려워하는 것이라고 했다. 이 말들에서 중국 중심의 전통적 세계관에서 나타나는 몇 가지 특징을 살펴볼 수 있다. 음양의 조화를 중시하는 동양의 세계관에서 이처럼 사대는 사소事小와 짝할 때만 존재할 수 있다. 따라서 사라는 섬김은 의례적인 관행임에 주목할 필요가 있다.

이러한 사대와 사소의 관계는 중국을 중심으로 한 국가 간의 세계 질서에서도 적용되었다. 이에 따라 조선 왕조의 입장은 대국인 중국에 조공을 바쳐야 했고, 중국 황제는 조선의 왕을 책봉하였다. 중화中華와 외이外夷와의 의례적 관계에서 보면, 조선의 사대는 조공으로 나타나고 중국의 사소는 책봉으로 나타났던 것이다. 중세적 세계 질서가 흔들리지 않던 이 시기에 한중 간의 이러한 사대 관계는 평화적 외교 관계였던 것이다. 이런 체제를 거부하는 것은 곧 기존의 세계 질서를 거부하는 것이고, 이는 곧 나라를 전란으로 몰아가는 결과를 낳았다. 필요 없이 전쟁할 이유는 없는 것이다. 따라서 소국으로서 대국과의 관계에서 자기의 독자성을 유지하기 위한 외교적 의례 관행으로서의 사대는 적절하고 필요한 것이었다.

그런데 우리나라를 강점한 일제는 통치의 명분 확보를 위하여 중국에 대한 역사적인 사대 의례 관행을 자율성이 아닌 타율성으로 해석하고, 우리나라의 역사를 남에게만 의지하는 사대주의적 역사라고 규정하였다. 사대는 분명히 우리의 전통 사회에서 대외 관계의 한 특성으로 존재하였던 것이다. 그런데 이를 대외 인식의 한 틀로만 보지 않고 한국인의 의존적인 국민성 또는 민족성을 나타내는 개념으로 확대한 것은 일본의 제국주의적 지배의 소산물이었다.

실질적인 법궁, 창덕궁

우리나라 국호에 담긴 숨은 이야기들

호 림   그런데 나라 이름이 왜 하필 대한제국이죠?

아 빠   조선이라는 나라는 국왕이 다스리는 왕국이야. 대한제국은 황제가 다스리는 제국이지. 그런데 왕보다는 황제가 더 지위가 높지? 고종 임금이 생각하기에는 조선이라는 왕국으로 계속 남아 있게 되면, 결국 중국이라는 황제국으로부터 간섭을 받아서 자주적이지 못하다는 말이 되잖니?

엄 마   그래서 중국의 영향력에서 벗어나려고 황제의 속국인 왕국이 아니라 스스로 황제의 나라인 제국이 되고자 했다는 건가요?

아 빠   그렇지. 그리고 고종 임금은 기왕 제국이 되는 김에 중국 영향을 지속적으로 받아왔던 조선이라는 기존 왕국의 이름을 쓰기보다는, 새로운 이름을 쓰는 것이 더 낫다고 생각했던 거야.

호 림   그럼 하필 왜 대한大韓이라는 이름을 썼대요?

아 빠   그것은 우리의 역사적인 정통성을 한韓이라는 것에서 찾으려고 한 것이야. 옛날 우리나라는 삼한으로 나뉘어 있었는데, 이를 통합한 큰 대한을 정통성의 근거로 삼은 것이지.

엄 마   우리나라에 있었던 나라 중에서 한이라는 이름이 들어간 삼한이라면, 진한, 변한, 마한의 이 세 나라잖아요? 어떻게 이 조그마한 세 나라를 정통성의 근거로 삼은 거죠?

아 빠   이 부분에 대해서는 사람들의 의견이 분분해. 분명히 당신 말도 명확한 근거가 있는 이야기이지만, 삼한은 진한, 변한, 마한이 아닌 고구려, 백제, 신라였다는 의견을 지지하는 사람도 매우 많아. 그렇지만 그 어느 쪽이 되었든 난 불만이야. 나는 우리 민족의 정통성을 한이 아니라 단군에게서 찾아야 한다고 생각해.

아 름   왜 전설 속의 인물인 단군이 우리의 정통성이죠?

아 빠   개천절이라는 날은 왜 국경일이 되었지? 하늘을 열었다는 날은 즉 우리 민족의 시작을 의미하는 것이야. 따라서 단군이 세운 나라인 조선이 우리 민족의 정통성이 되어야 해. 그리고 싫건 좋건 조선은 우리의 대외적인 대표 이름이었어. 그래서 중국에서는 중국 북동부에 있는 우리 동포를 조선족이라고 부르고, 나쁜 의도를 가진 말이긴 하지만, 일본에서는 우리 민족을 조선인이라는 뜻의 조센진이라고 해.

우리의 뿌리는 조선이다

호 림   단군이 세운 나라는 고조선이 아닌가요?

아 빠   단군이 세운 나라의 이름은 분명히 조선이야. 다만, 이성계가 세운 나라와 이름이 같아서 서로 구별하기 위해 옛 고古 자를 붙여서 고조선이라고 부를 뿐이야. 옛 조선이라는 뜻이지. 구한말舊韓末이라는 말도 비슷한 경우야. 고종이 선포한 대한제국과 현재의 대한민국은 똑같이 국호가 대한이고, 핵심 단어는 한이야. 지금도 우리나라를 간단히 한국韓國이라고 하잖아? 따라서 고종이 선포한 한국을 옛 구 자를 써서 구한국舊韓國이라고 하고, 시기가 조선 말기라서 구한말이라고 하지.

엄 마   구한말이라는 뜻이 그런 의미였구나. 난 지금까지도 몰랐어요.

아 빠   그리고 단군이 세운 조선은 전설 속의 나라가 아니라 엄연히 역사책에 등장하는 나라야. 여러 기록에 따르면 단군조선을 이어 그 자리에 기자조선이 들어서고, 기원전 195년 무렵에는 연나라 사람 위만이 기자조선을 무너뜨리고 위만조선을 세웠다고 되어 있어. 비록 중국의 허락을 받긴 했어도, 이성계도 그런 뜻에서 국호를 조선이라고 정했잖아? 고종 임금이 자주독립을 하겠다는 생각에 너무 빠진 나머지, 스스로 논리적인 모순에 빠진 것이야. 조선이라는 나라 이름은 그 자체가 역사적으로 우리의 독자성을 내포한 이름이야.

아 름 아빠의 결론은 우리 민족의 정통성은 고조선, 아니 옛 조선에서 찾아야 한다는 말이군요. 그렇다면 우리나라의 이름도 대한민국이 아니라 대조선민국이 되어야 하는 것 아니에요?

아 빠 글쎄, 내 이야기는 그저 원칙적인 내용일 뿐이야.

호 림 대한제국 이야기 때문에 정작 오얏꽃 이야기를 못 들었잖아요. 오얏꽃 이야기를 해 주세요.

오얏꽃에 얽힌 도참사상

아 빠 그래 오얏꽃에 대한 이야기 중 가장 유명한 이야기를 들려주지. 옛날 신라 말기에 풍수의 대가였던 도선道詵이라는 고승이 있었는데, 이 분이 남긴 책 중에 도선비기道詵秘記가 있었어. 지금은 그 책이 전해지지는 않지만, 그 책의 내용 중에는 목자득국木子得國이라는 내용이 있었대. 나무 목, 아들 자, 얻을 득, 나라 국!

아 름 나무의 아들이 나라를 얻는다?

엄 마 그것이 아니라 나무 목의 아래에 아들 자가 들어가면 오얏나무 이가 되는 거야. 즉, 이씨 성을 가진 사람이 나라를 세운다는 내용이야.

아 빠 목자득국설 때문에 실제로 고려 시대에는 이자겸이나 이의민 등이 반란을 일으키기도 했어. 모두 이씨 성을 가진 사람들이지. 또한, 남경에는 500년 뒤 오얏 성씨를 가진 새로운 왕조가 들어설 것이라는 내용도 있었대.

아 름 남경이 어디예요?

엄 마 한양이란다. 지금의 서울이지.

아 빠 이런 도선비기의 내용 때문에 고려의 조정은 매우 예민한 반응을 보였는데, 고려 중엽부터 지금의 서울인 남경에 오얏나무를 베는 관리, 즉 벌리목사伐李牧使를 두기도 했대. 오얏나무가 이씨를 뜻한다고 보았던 것이야. 그래서 지금의 청와대 뒷산인 백악산에 오얏나무를 잔뜩 심고 나무가 무성해지면 반드시 모두 찍어서 베어버렸다고 해. 이 모두가 이씨들의 기운을 누르기 위해서였지.

호 림 그래도 결국에는 이씨가 새로운 나라를 세웠네요.

인정문에서 본 인정전

인정전 _ 국보 제225호

> 🔵 인정전 앞

인정전

아름 이곳 인정전(仁政殿)은 경복궁의 근정전과 비슷한 것 같으면서도 다른 점이 있어요.

인정전과 근정전 비교하기

아빠 그렇지, 인정전과 근정전은 각각의 궁궐에서 으뜸가는 전각인 법전이지만 그리고 아무리 창덕궁이 실질적인 법궁 역할을 했다고는 하지만,

실질적인 법궁, 창덕궁

그래도 명목상 법궁인 경복궁과 비교하자면 뭔가 차이가 날 수밖에 없지 않겠니? 지금부터 그 차이 나는 부분을 우리 같이 찾아보자.

아 름 들어오는 정문의 규모가 달라요. 근정전이 거느린 근정문은 2층 우진각지붕이었는데, 인정전이 거느린 인정문은 1층 팔작지붕이에요.

인정문과 인정전

호 림 나도 찾았어. 경복궁의 근정전에는 월대에 돌난간과 동물 조각들이 있었는데, 창덕궁의 인정전에는 아무것도 없어요.

아 빠 차이점을 모두 잘 찾았구나. 역시 비교해보니 서로의 모습이 더욱 또렷해지지?

호 림 아빠, 질문이 있는데요, 답도에 새겨진 새는 무슨 의미가 있나요? 계단의 방향이 남쪽이라서 주작을 새겨놓은 것이 아닌가요?

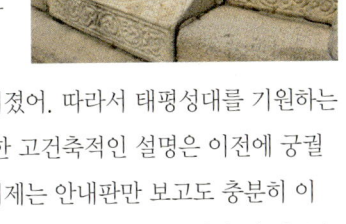
인정전 답도

아 빠 주작과 봉황은 전혀 달라. 그리고 여기에 새겨진 새는 봉황이야. 봉황은 성군이 나타나거나 성군이 나라를 다스릴 때 나타나는 새라고 알려졌어. 따라서 태평성대를 기원하는 의미를 담고 있지. 이 인정전에 대한 고건축적인 설명은 이전에 궁궐 안내판 공부 때 상세히 했었으니 이제는 안내판만 보고도 충분히 이해가 되겠지? 지금부터는 안내판의 내용 말고 좀 더 자세히 이 건물을 봐. 특히 문에서 뭔가 특이한 점을 찾을 수 있을 거야.

아 름 문이라… 그리고 보니 가운데 칸은 문이 4개이고, 나머지 칸은 문이 3

개예요. 또 2층에도 창문이 가운데 칸은 4개이고 그 양옆 칸은 3개, 양 끝에는 2개예요.

아빠 인정문도 그렇지만 인정전도 가운데 칸이 가장 넓지. 이렇게 건축물의 가운데 칸을 어칸이라고 하고 보통 다른 칸보다 넓게 만드는데, 이것은 이 문을 통해서 들어갈 수 있는 분을 위해 의도적으로 격을 높인 것이야. 궁궐에서는 이 어칸을 통해서 임금님만 출입하는 것이고, 사찰에서는 주지 스님이 어칸으로 출입을 해.

뱀의 발 — 상상 속의 동물

• 봉황鳳凰
용과 학이 교미하여 낳은 상서로운 새인데, 봉황은 합성된 단어로 수컷은 봉, 암컷은 황이라고 한다. 성군聖君이 출현하거나 세상이 태평성대일 때 나타난다고 알려졌다. 머리는 닭, 턱은 제비, 목은 뱀, 다리는 학, 꼬리는 물고기, 깃털은 원앙, 등은 거북, 발톱은 매를 닮았으며, 오색찬란한 빛으로 빛나는 몸에 다섯 가지의 아름다운 울음소리를 내며, 오동나무에 산다.

• 용
동아시아 지역의 상상 동물이다. 우리나라에서는 용을 가리켜 미르라는 고유어로 불렀다. 등에는 81장의 비늘이 있고, 목 밑에는 한 장의 커다란 비늘을 중심으로 하여 반대 방향으로 나 있는 49장의 비늘이 있다. 이것을 역린逆鱗이라고 하는데, 이곳이 용의 급소다. 이곳을 누가 건드리면 용은 엄청난 아픔을 느끼므로 미친 듯이 분노하여 건드린 자를 물어 죽인다고 한다. 그래서 다른 사람이 건드리지 않았으면 하는 곳을 건드려 화가 나게 하는 일을 역린을 건드린다고 표현하게 되었다. 발톱이 5개인 오조룡五爪龍은 황제를, 발톱이 4개인 사조룡四爪龍은 황태자와 제후를 상징하였다.

• 해치獬豸, 해태海陀
동아시아 고대 전설 속의 시비와 선악을 판단하여 안다고 하는 상상의 동물이다. 사자와 비슷하나 기린처럼 머리에 뿔이 있다고 정의되는 해치는 목에 방울을 달고 있으며, 몸 전체가 비늘로 덮여 있다고 알려졌다. 또한, 겨드랑이에는 날개 닮은 깃털이 나 있고 여름에는 늪 가에 살며 겨울에는 소나무 숲에 산다고 알려졌다. 부정한 사람을 보면 뿔로 받는다. 영어로는 unicorn-lion(외 뿔 달린 사자)이다.

• 삼족오三足烏
세 발 까마귀라는 뜻인데, 고대 동아시아 지역에서 태양에 산다고 여겨졌던 전설의 새이다. 해를 상징하는 원 안에 그려지며, 종종 달에서 산다고 여겨졌던 원 안의 두꺼비에 대응된다. 발이 셋인 이유는 태양이 양陽이고, 3이 양수이므로 자연스레 태양에 사는 까마귀의 발도 3개라고 여겼기 때문이다.

• 기린麒麟
중국의 전설 속의 동물로 수컷을 기, 암컷을 린이라고 한다. 기린은 모든 동물 중에서도 으뜸으로 간주하였으며, 성인이 태어날 때 그 전조로 나타난다고 한다. 생김새는 사슴의 몸에 소의 꼬리와 발굽을 가졌으며, 이마에는 한 개의 뿔이 달렸다.

엄 마   우리 전통의 분합문은 참 효율적인 것 같아요. 문을 접은 후에 밖으로 밀어내거나 들어 올리면 시야도 뻥 뚫리고 여름에는 통풍이 잘되어서 무척 시원한 것 같아요.

인정전의 분합문이 안쪽으로 열리는 이유

인정전 분합문

아 빠   응, 그런 것이 우리 한옥이 갖는 특징이기도 하고, 현재 인정전의 구조이기도 해. 그렇지만 조선고적도보를 통해 확인해 본 일제강점기 이전의 인정전의 분합문은 지금과는 구조가 달랐어. 분합문이 바깥쪽으로 열리는 일반적인 전통 한옥의 경우와는 달리, 인정전의 분합문은 안쪽으로 열리게 되어 있었던 거야. 지금은 분합문의 내부에 있는 문만 안쪽으로 열리게 되어 있어.

엄 마   그것 참 이상하군요. 거기에는 뭔가 이유가 있었을 것 같아요.

아 빠   그래, 이유가 분명히 있지. 그 이유를 확인할 수 있는 단서가 두 가지인데, 그 중 하나가 의궤야. 각종 의궤를 보면, 인정전 건물 바로 앞에서 해를 가리기 위해 커다란 천막을 설치하고 국가의 중요 행사를 진행하는 장면이 그림으로 그려져 있거든. 따라서 분합문이 밖으로 열리는 것보다는 안쪽으로 열려야만 공간을 효율적으로 사용할 수 있는 거야. 그리고 의궤의 그림 말고 또 하나의 단서는 바로 건물의 기둥과 평방에 박혀 있는 저 쇠고리야. 저 쇠고리가 그 천막을 고정하는 데 사용되었어.

엄 마   품계석이 서 있는 인정전의 마당에 있는 쇠고리와 같은 용도군요.

아 빠   그렇지. 여기서 돌발 퀴즈 하나! 각종 궁궐 의식에서 필요한 천막을 치는 일을 담당하던 궐내각사를 뭐라고 했지?

인정전 평방에 박힌 쇠고리

인정전 내부

아 름   잠깐만요. 궐내각사의 명단과 하는 일을 제가 수첩에 적어놨거든요. 어디 보자… 전설사와 배설방입니다. 전설사는 의식이 있을 때 장막을 공급하던 일을 했고요, 배설방은 임금님의 장막설치를 관장했다고 합니다.

아 빠   맞아. 잘했다, 아름아! 답사할 때 메모하는 습관은 아주 중요해. 자, 이번에는 건물의 안쪽에서 인정전의 특이한 점을 한번 찾아볼까?

호 림   금방 찾았어요. 커튼과 샹들리에가 있어요. 왜 여기에 생뚱맞은 서양식 실내장식과 가구가 있죠?

아 름   저도 찾았어요. 바닥이 근정전과는 달리 전돌이 아니라 마루예요.

아 빠   그래 우리의 전통 궁궐 안에서 이런 서양식 실내 장식을 보니 매우 어색하지? 마치 양복 입고 고무신 신은 것처럼 이상해 보이잖아? 이렇게 된 것은 1908년경 일본인들에 의하여 창덕궁 일부가 변형되어 서양식 가구와 실내장식이 들어오기 시작했기 때문이야. 더욱 가슴 아픈 것은 바로 이곳에서 1910년 한일합방조약이 체결되었다는 것이지. 이 인정전은 국보 제225호야.

실질적인 법궁, 창덕궁

아 름 슬픈 역사를 간직한 국보로군요.
아 빠 자, 그럼 이제 동궐도와 비교해 보면서 인정전의 특징을 살펴볼까?

인정전에 얽힌 풍수이야기

엄 마 근정전은 건물과 주변을 둘러싼 행각 등 전체 영역이 좌우가 거의 대칭인 것처럼 보였는데, 인정전은 건물만 좌우 대칭일 뿐, 전체 영역은 좌우가 대칭이 아니에요. 인정전의 뒤편 동쪽에는 행각이 들어서 있지만, 서쪽에는 화단이 조성되어 있어요. 특히 화단이 있는 쪽은 마당도 서쪽으로 밀려들어 갔어요.

아 빠 마당이 서쪽으로 밀려들어 갔다면, 의도적으로 그런 것은 아닐까?

엄 마 그런 생각이 드네요. 당장 보기에도 뒤쪽 화단과 담장이 서쪽으로 치우쳐 있으니 이상하잖아요. 왜 저런 식으로 만들었을까요?

아 빠 저것이 바로 창덕궁 궁궐에 숨어 있는 비보 풍수야. 지난번 경복궁의 풍수 설명에서 경회루의 연못과 향원지 연못이 각각 인왕산과 북악산에서 날아오는 산의 살기를 막아주는 역할을 한다고 했지? 그런데 창덕궁은 다행히도 인왕산과 북악산의 살기로부터는 안전 지역이야.

엄 마 인왕산과 북악산으로부터 안전 지역이라면 왜 창덕궁에 풍수 비보책을 썼어요?

아 빠 바로 창덕궁이 가지고 있는 자체적인 풍수 문제 때문이야. 복잡한 이야기는 생략하기로 하고, 풍수에서는 내가 앉아 있는 뒤쪽의 산이 꺼져 있어서 허虛하거나, 물이 흘러들어오면 그쪽으로 가장 나쁜 황천살黃泉煞이 흘러들어온다고 해. 자세한 방향은 패철이라고 하는 지관들이 들고 다니는 복잡한 나침반으로 측정할 수 있어.

엄 마 그렇다면 인정전의 서쪽으로 마당과 뒤쪽 담장이 밀려들어 간 것이 그쪽에서 날아오는 황천살을 피하려고 일부러 그렇게 만든 것이라는 거죠? 가만있어 보자… 그쪽에 산이 꺼져 있거나, 물이 흘러들어 오는 곳이 있나? 아! 그렇구나, 창덕궁의 명당수가 인정전의 북서쪽에서 흘러들어오고 있어요.

아 빠   바로 그거야. 비록 창덕궁의 금천이 명당수라고 해도 그쪽에서 나쁜 기운이 명당수의 물길을 따라 덩달아 들어오는 거야. 그것 때문에 금천을 지키는 서수를 금천교에 조각으로 만들어 둔 것이지. 아무튼, 인정전의 뒷담을 정상적으로 만들었다면 북서쪽에서 나쁜 황천살 기운이 명당수에 편승해서 인정전 쪽으로 넘어오는 거야. 따라서 그 나쁜 기운이 들어오지 못하게 뒷담장을 서쪽으로 이동시켜서 기운이 넘어오는 길을 차단해 버린 것이지. 풍수 용어로는 불견^{주1} 처리했다고 해. 아니 불, 볼 견! 눈에 안 보이게 함으로써 비보하는 방법이야.

엄 마   여보, 그러고 보니 이곳 인정전의 마당도 음양의 대비되는 배치가 보여요. 서쪽에 있는 행각은 판벽으로 막혀 있는데, 동쪽의 행각은 뻥 뚫려 있어요. 그리고 서쪽의 뒤편은 담장으로 막혀 있는데, 동쪽의 뒤편은 행각의 창문이 뚫려 있어요. 음양의 대비 또는 조화가 근정전 마당에서만 볼 수 있는 것이 아니었구나!

아 빠   좋은 것을 찾아냈네. 앞으로도 이런 음양의 대비 효과를 자주 보게 될 거야. 특히 희정당과 대조전 일곽에서는 더욱 그래. 자, 그럼 이제 동쪽 행각에 난 문으로 나가서 편전인 선정전을 살펴보자.

행랑에서 본 인정전

선정문과
선정전 _ 보물 제814호

🔵 ➡️ 선정문 앞

선정전

아 름 여기도 정전이니 당연히 정치하는 곳이겠군요. 또 바로 옆에 있는 인정전이 법전이니, 이곳은 당연히 편전이겠고요.

엄 마 이제 우리 아름이가 궁궐의 기본 형식을 제대로 이해했구나. 그럼 이곳의 뜻을 한번 알아맞혀 보렴. 베풀 선, 정사 정, 큰집 전! 선정전宣政殿이야.

아 름 정사를 베푸는 집, 곧 정치하는 집이란 뜻이네요. 뜻은 쉽네요.

아 빠 선 자는 베푼다는 뜻도 있고, 널리 떨친다는 뜻도 있어. 국위선양國威宣揚

실질적인 법궁, 창덕궁

에서처럼 말이다. 그래서 어진 정치를 널리 펼침, 또는 베푸는 것이라고 해석할 수 있지.

선정전과 경복궁의 사정전은 기능이 같다

엄 마   경복궁에서는 편전인 사정전이 법전인 근정전 뒤에 있었는데, 이곳 창덕궁에서는 편전인 선정전이 법전인 인정전의 동쪽 뒤편에 있네요. 아마도 지형 때문에 이렇게 배치한 것이겠죠?

아 빠   응, 그렇지. 그러면서도 법전인 인정전과의 위계질서를 고려해서 약간 뒤쪽으로 물러나게 했어. 또 재미있는 것은 이곳 선정전을 뜻밖에 왕비가 사용했다는 기록이 여러 군데 나와 있어. 성종 임금 때에는 왕비가 이곳에서 노인들을 위한 양로연을 베풀었고, 백성에게 비단 생산을 위한 양잠을 장려하려고 친잠례親蠶禮도 지냈고, 명종 임금 때에는 문정왕후가 모든 신하를 모아놓고 수렴청정垂簾聽政을 하기도 했어. 이처럼 선정전의 역할은 일정한 용도에만 국한되지는 않았던 것 같아.

엄 마   맞아요. 또 선정전 앞에는 벽이 없는 복도각인 천랑도 있어요. 이런 천랑은 빈전과 혼전으로 쓰였다는 경복궁의 태원전에서 본 적이 있어요. 다른 곳에서 쉽게 볼 수 없는 천랑이 여기에 있는 것으로 봐서는 이곳도 태원전과 마찬가지로 빈전과 혼전으로도 사용되었던 것 같아요.

선정전 천랑

아빠   당신 말처럼 순조 임금 이후로 이곳을 빈전과 혼전으로 사용한 기록이 자주 나와. 그리고 이곳은 편전으로 쓰기에는 장소가 좀 협소한 느낌이 들지? 그래서 선정전을 대신해서 바로 옆에 있는 희정당熙政堂을 추가적인 편전으로 많이 이용하기도 했어. 자, 그럼 여기서 경복궁의 편전인 사정전과 종합적인 비교를 한번 해 볼까? 우선 비슷한 점은 무엇이지?

선정전과 경복궁의 사정전 비교하기

아름   이 선정전은 경복궁의 사정전과 마찬가지로 네 방향이 모두 흙벽 없이 문으로만 되어 있어요. 그래서 실내가 아주 밝아요.

아빠   그렇구나. 사방이 분합문이니 채광이 좋아서 실내가 밝은 대신에 겨울철 보온에는 불리하겠지? 이번에는 사정전과 다른 점은 무엇일까?

아름   사정전에는 좌우에 보조 건물이 있지만, 이곳 선정전은 좌우에 보조 건물이 없어요.

아빠   그렇지. 사정전의 좌우에는 온돌 시설을 갖춘 만춘전, 천추전이라는 건물이 있었어. 하지만, 선정전은 그런 건물들이 없어서 추운 계절에는 편전으로 사용하는 데 불편했을 거야. 아마 그런 이유에서 희정당을 추가적인 편전으로 많이 활용하게 되고, 그 대신 선정전은 빈전이나 혼전 등 다른 용도로도 자주 이용한 것 같아.

호림   지붕이 달라요. 이 선정전은 지붕이 청기와예요.

선정전의 청기와 지붕

실질적인 법궁, 창덕궁

선정문과 선정전

| 아빠 | 좋은 것을 발견했구나, 호림아. 이 선정전은 현재 창덕궁에 유일하게 남아 있는 청기와 건물이야. 창덕궁이 아니라 조선 궁궐 전체를 통틀어도 청기와 건물은 이곳뿐이지. 동궐도를 보면 순조 30년 당시에는 청기와 건물이 이곳 선정전과 2층 건물인 경훈각景薰閣 딱 2곳뿐이었어. 그렇지만 옛 기록을 보면 임진왜란으로 불타기 전인 경복궁에도 청기와 건물이 여러 개 있었던 것으로 나와.

아름 그리고 사정전에 없는 월대가 있어요.

아빠 그렇지, 이 선정전이 보기 드물게 청기와지붕인데다가 나지막하기는 하지만 월대까지 갖춘 것을 보면 꽤 서열이 높은 집임을 알 수가 있지.

호림 아빠, 그런데 이상하게도 선정문宣政門 앞에는 왜 이렇게 빈터가 넓죠?

아빠 그것은 일제강점기를 거치면서 이렇게 된 것이야. 지금은 많은 건물이 철거되어 남아 있는 것이 하나도 없지만, 동궐도를 찾아보면 이 선정전 앞에는 임금님과 직접 관련된 중요한 관청들이 이 빈터를 가득 채우고 있었어.

호림 임금님이 항상 계시는 곳이니 당연히 그랬겠죠. 임금님이 계신 곳의 바로 앞에 있는 관청이라면… 혹시 지금의 청와대 비서실쯤 되나요?

선정전 앞의 궐내각사

아 빠   호림이가 잘 생각해 냈구나. 이 빈터에는 양사兩司의 관리들이 일하던 대청臺廳과 승지들이 일하던 승정원承政院이 바로 앞에 있었어. 승정원이야 왕명을 출납하는 곳이니깐 당연히 이곳에 있어야 하겠고, 대청은 임금님에게 간언諫言하는, 쉽게 말해서 임금님에게 옳지 못하거나 잘못된 일을 고치도록 바른 말을 하는 것을 주 업무로 삼은 언관言官들이 있었던 곳이야.

엄 마   언관은 언로言路를 책임진 관리라는 뜻이니, 말하자면 지금의 청와대 출입 기자들이나 민정수석쯤 되겠네요.

아 름   양사라면 사가 들어가는 두 곳의 관청인 것 같은데, 어느 관청인가요?

엄 마   양사는 사헌부와 사간원을 말한단다. 사헌부는 정책 비판을 포함하여 시정을 논의하고 관리들의 기강과 풍속을 바로잡고 탄핵하던 감찰 기관이고, 사간원은 정책을 비판하고 국왕의 잘못을 지적하여 바로잡고 정사의 잘못을 논쟁하던 관청이란다.

아 빠   여기에다 홍문관을 포함하면 양사가 아니라 삼사三司가 되지. 홍문관 역시 정책을 비판하고, 궁중의 각종 문헌 관련 업무 및 왕의 자문을 맡

뱀의 발   승정원과 승정원일기承政院日記

승정원은 정 3품 아문으로 오늘날의 대통령실에 해당하는 왕명의 출납을 담당하던 행정기관이다. 왕명을 출납하는 기관으로서, 도승지는 이조, 좌승지는 호조, 우승지는 예조, 좌부승지는 병조, 우부승지는 형조, 동부승지는 공조의 일을 분담하여 맡아보게 하고 각 업무에 관해 국왕의 자문 역할도 하였다. 승정원은 왕이 내리는 교서나 신하들이 왕에게 올리는 글 등 모든 문서가 거치게 되어 있어 국왕의 비서 기관으로 그 역할이 중대하였으며, 때로는 다른 기관을 무시하고 권력을 행사하기도 했다. 특히 6승지는 모두 경연참찬관經筵參贊官과 춘추관수찬관春秋館修撰官을 겸하고 도승지는 그 위에 예문관직제학藝文館直提學, 상서원정尙瑞院正을 겸하는 등 국정을 위하여 요직을 차지하고 있었다.

한편, 승정원일기는 승정원에서 왕명 출납, 행정 사무 등을 매일 기록한 일기인데, 1623년(인조 1년) 음력 3월부터 1894년(고종 31년) 음력 6월까지의 기록이 현존한다. 원래 조선 개국 이래의 일기가 있었는데, 임진왜란 때 불탔고, 1623년까지의 일기도 이괄의 난으로 말미암아 거의 사라졌다. 2001년 9월 세계기록유산에 등재되었다.

실질적인 법궁, 창덕궁

은 관청인데, 이 세 곳의 관청을 거치면 출세의 보증수표를 받은 거나 다름이 없었다고 해. 특히 이 세 곳은 항상 청렴함이 요구된다고 해서 청요직淸要職이라고 불렸어.

호림 이 건물도 국가지정문화재인가요?
아빠 그럼, 보물 제814호야. 자 이제 바로 옆에 있는 희정당으로 가 볼까?

희정당

희정당 _ 보물 제815호

→ 희정당 남행각 앞

희정당

아 름   어? 이곳은 이름에 전이 아니라 당이 들어가 있네요? 건물의 규모로 봐서는 전이라고 불러도 충분할 것 같은데…

엄 마   이곳은 원래 임금님의 대전인 희정당熙政堂이란다. 그런데 나중에는 편전으로 쓰였지. 이곳의 뜻도 한번 알아맞혀 보렴. 빛날 희, 정사 정, 집 당! 희정당!

아 름   온 세상이 빛날 정도로 정치를 잘해라… 뭐 이 정도의 뜻이겠죠?

아 빠   대강은 그렇지. 한자 사전을 찾아보면 빛날 희 자는 화평하게 즐기라는 뜻도 있어. 따라서 화평하고 즐거운 정치를 하는 집이란 뜻이야.

실질적인 법궁, 창덕궁

희정당이 선정전에 비해 격이 낮은 이유

아 름   그런데 왜 이곳만 집의 서열이 당이죠? 지금까지 아빠에게 배운 대로라면 정치하는 집은 인정전과 선정전처럼 모두 전이었잖아요? 경복궁에서도 근정전과 사정전이 정치하는 집이었고요, 창경궁에서도 명정전과 문정전이 정치하는 집이었어요.

아 빠   글쎄, 이 집을 전이 아니라 당으로 낮춰 이름을 붙인 이유가 기록된 공식 자료를 아직은 찾지 못했는데 우리가 한번 추측해 볼까? 지금까지의 답사 실력을 총동원하면 충분히 짐작할 수 있을 것 같은데?

엄 마   나는 이렇게 생각해요. 모든 궁궐에 정치하는 집은 두 곳이 있어요. 으뜸가는 전각인 법전과 평상시 정치를 하는 편전이죠. 그리고 이 두 곳에서 정치를 하기 때문에 항상 이름에는 정사 정政 자가 들어가요. 그런데 무슨 이유에서인지 창덕궁에서는 원래 편전이었던 선정전은 잘 안 쓰게 되고, 대신 희정당을 새로운 편전으로 쓰게 된 것이에요. 그래서 편전이 두 곳이 된 셈인데, 그래도 건물 간의 위계질서를 생각해서 나중에 추가로 편전으로 쓰인 희정당을 한 단계 낮춘 것 같아요.

아 빠   음… 나도 엄마 생각에 동감이야. 선정전은 청기와지붕을 씌웠고, 월대까지 만든 곳이니깐 희정당에 비해 훨씬 격이 높은 곳이라는 것을 쉽게 알 수 있지. 그리고 위계질서를 좀 더 확실하게 하려고 이름까지 전과 당으로 구분한 것 같아.

호 림   그럼, 본부인과 첩 같은 관계로 보면 될까요?

아 름   오빠는 비유해도 꼭 그런 식이야!

호 림   그런데 이곳 희정당은 우리 전통과는 좀 거리가 먼 느낌이 들어요.

아 빠   이 창덕궁은 실제 조선 말기에 임금님이 생활하시면서 새로운 서구 문명을 받아들인 흔적이 많아. 앞서 보았던 인정전의 실내 장식도 서양식으로 되어 있었지? 이곳 희정당에도 뒤편으로 가면 양철 빗물받이를 포함해서 유리문도 달렸고 서양 가구장식에 전등까지 남아 있어. 특히 우리가 보고 있는 이곳 남쪽 행각은 자동차가 들어올 수 있도록 건물의 구조 자체를 변형했어.

희정당의 현관 장식

아름 행각의 기둥에는 대한제국의 문양인 오얏무늬도 있어요.

창덕궁 외전과 내전의 유정한 배치

엄마 그런데 배치도를 보면 치조 구역인 인정전과 선정전의 방향이 이곳 희정당을 비롯한 내전 일대의 방향이 약간 어긋나 있어. 희정당의 서쪽을 보면 눈으로도 쉽게 확인돼요. 앞쪽이 좁고 뒤쪽이 넓어요.

아빠 이것을 두고 여러 가지 해석이 분분해. 일단 이곳의 자연 지형에 맞춰서 건물을 지었기 때문이라는 주장이 아직은 공식적인 내용이야. 하지

뱀의 발 빈청과 어차고
희정당의 남행각 아래쪽으로 현재 휴게실 용도의 건물이 있다. 그러나 기억을 조금만 더 예전으로 돌리면 그곳에 순종 황제와 황후가 탔다던 자동차가 전시되었던 것을 어렴풋이 떠올릴 수 있다. 그때의 명칭은 어차고御車庫였다. 그러나 동궐도를 보면 그곳은 빈청賓廳이었다. 빈청은 조선 시대 각 궁궐 내에 설치한 고관들의 회의실이다. 대부분 승정원에 가까운 곳에 위치한다. 빈청은 의정부의 삼정승을 비롯한 육조의 판서, 지변사재상知邊司宰相, 5군영五軍營의 대장 등 정 2품 이상의 비변사備邊司 당상관들이 정기적으로 회의를 하거나, 변란, 국상, 기타 국가적으로 긴급한 일이 있을 때 관계자들이 모여 대책을 의논하던 회의실로 사용되었다. 따라서 빈청은 실질적으로 의정부와 육조의 권한을 넘어서는 조선 후기 최고의 의사결정기구의 장이었다.
그런 빈청이 철거되고 차고로 둔갑한 것은 1910년 경술국치 직후로 추정된다. 그런 빈청을 어차고로 만든 것은 우연이 아니다. 조선 궁궐과 정치 문화를 능멸하고 부정하는 일제의 치밀한 계산이 깔렸다고 볼 수 있다. 그런데 지금은 어떤가? 기껏 어차고를 없애고 휴게실의 용도로 사용되고 있다니… 창덕궁의 위상이 제대로 서려면 복원 대상 1순위가 바로 빈청이 되어야 한다.

만, 우리가 이해하기에는 뭔가 좀 부족한 것 같지 않아? 나중에 대조전 부분에서 좀 더 자세히 설명하겠지만, 내가 보기에는 여기에도 풍수가 작용했던 것 같아. 풍수의 관점에서 보면, 건물의 배치를 획일적으로 너무 딱딱하게 하면 좋지 않다고 해. 그것을 정이 없다는 뜻의 무정無情하다고 하지. 쉽게 말해서 사람 사는 맛이 안 난다는 뜻이야. 경복궁에서도 잘 생각해봐. 모든 건물이 네모 반듯한 모눈 종이에 올라가 있는 느낌이잖아?

엄 마 　맞아요. 도시에서도 네모 반듯하게 구획 정리가 잘된 곳은 왠지 사람 냄새가 안 나요. 대신 집들이 불규칙하게 오밀조밀 모여 있고 골목이 미로처럼 되어 있는 구시가지는 정겨운 느낌이 들어요.

아 빠 　그래서 사람이 낮에 일하거나 학문이나 공부를 하는 곳은 정신이 맑고 또렷해야 해서 건물이 크고 지붕도 높고 구획 정리가 잘된 곳이어야 하지. 음양으로 따지면 양인 공간이야. 반면에 사람이 편안히 쉬고 잠자는 곳은 건물도 아담하고 지붕도 낮고 안이 잘 들여다보이지 않는 공간이 좋아. 음양으로 따지면 음인 공간이야.

호 림 　집의 용도에도 음양이 있어요?

아 빠 　아무렴. 그래서 정치하는 공간인 인정전과 선정전은 양인 공간이고, 이곳 희정당과 뒤쪽의 교태전 등 내전 지역은 음인 공간이어서 서로 음양의 조화를 맞추려고 한 것이야. 경복궁도 마찬가지야. 편전인 사정전과 침전인 강녕전이 담 하나를 사이로 붙어 있지만, 사정전은 둥근 기둥을 썼고, 강녕전은 네모기둥을 써서 음양의 조화를 맞추려고 했잖니? 풍수에서는 이를 정이 많다는 뜻으로 유정有情한 배치라고 하지. 자, 동입서출이라고 했으니 우리도 희정당의 동쪽의 출입구로 들어가 보자. 왜냐하면, 희정당의 마당을 보려면 동쪽으로만 가야 하거든. 서쪽은 막혀서 보이지가 않아.

> 희정당 마당 동쪽 옆면

아름 : 이 건물이 경복궁의 강녕전을 헐어다가 이곳에 다시 지은 건물이라고 하셨죠?

아빠 : 응. 1917년 창덕궁의 대화재로 내전 지역이 몽땅 불에 타자, 일제는 이를 복구한다는 핑계로 경복궁의 내전 지역을 몽땅 헐어다가 이곳 창덕궁의 내전 지역을 복구했지. 그때 헐어낸 경복궁의 강녕전이 바로 이 희정당 건물

희정당 합각 (위: 강(康), 아래: 녕(寧))

이야. 지금도 이 건물의 동서 양쪽의 측면 합각면에는 각각 강康 자와 녕寧 자가 쓰여 있어. 저 글자 보이니? 저 것은 강 자야.

아름 : 저 글자가 강 자라고요? 그렇지만 알아보기가 어려워요.

아빠 : 저 글자는 길상문자吉祥文字라고 해. 길함과 상서로움을 담고 있는 문자라는 뜻이야. 다른 말로 문자도文字圖라고도 해. 문자와 그림의 회화적 요소를 결합하여 그린 그림으로 도장 글씨 등에서 쉽게 볼 수 있어.

희정당은 원래 강녕전이었다

호림 : 그럼, 경복궁의 강녕전을 복원할 때 이 건물을 그대로 옮겨갔겠네요? 더군다나 건물 양쪽 벽에 강녕이라는 글자까지 있으니 말이죠.

아빠 : 그렇다고 해서 희정당이 옛날 강녕전의 모습을 그대로 간직한 것은 아니야. 조선고적도보라는 화보집에 나오는 옛 강녕전과 비교해 보면,

없던 용마루가 추가되었고 강녕전 앞에 있던 당당한 월대도 없고, 건물의 구조도 변형되었어. 불타기 전에 여기에 있었던 희정당은 원래 정면 5칸, 측면 3칸짜리 건물이었거든.

조선고적도보에 실린 강녕전

아름 원래 희정당은 그렇게 작은 건물이었어요? 그래서 전이 아니라 당이었구나.

아빠 그랬던 희정당이 경복궁의 강녕전 건물을 뜯어다 새로 지으면서 이렇게 바뀐 거야. 그래서 동궐도에

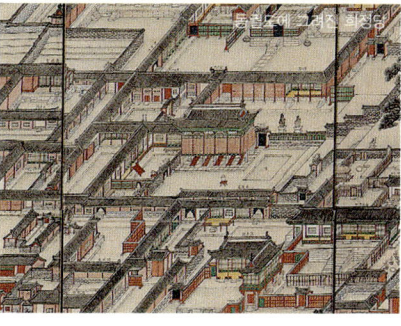
동궐도에 그려진 희정당

서 보던 옛 희정당은 완전히 없어진 셈이지. 아무튼, 결과적으로는 본래의 강녕전도 아니고 본래의 희정당도 아닌 이상한 모습의 집이 되었어. 본래의 강녕전은 정면 11칸, 측면 5칸의 큰 집이었는데, 이곳의 공간이 좁아서 건물 네 면의 마지막 퇴칸을 통로로 만들어 썼기 때문에 실제 사용되는 공간은 정면 9칸에 측면 3칸이야. 이런 식으로 일제강점기에 희정당을 복원하면서 제대로 집을 만들지 못한 흔적이 희정당 안팎으로 몇 군데 더 있는데 한번 찾아볼래? 힌트는 물과 연기야.

희정당 중건의 문제점들

엄마 물과 연기라… 일단 물과 관련된 것부터 한번 찾아봅시다. 음… 저,

하나 찾았어요. 여춘문(麗春門) 앞에 있는 희정당 동쪽 담장에 뜬금없이 배수구가 설치되어 있어요. 사람이 다니는 통행로에 웬 배수구?

아빠 잘 찾았어. 이 배수구는 동궐도를 보면 쉽게 이해할 수 있어.

엄마 아, 옛날에는 희정당의 동쪽 마당에 연못이 있었구나. 그래서 이 배수구가 필요한 것이었구나!

아름 엄마가 물과 관련된 것을 찾았으니 나는 연기와 관련된 것을 찾아야겠네요. 음… 저도 하나 찾았어요. 희정당의 앞마당에 굴뚝이 있어요. 굴뚝은 원래 뒷마당에 있어야 정상이죠?

엄마 그렇구나. 경복궁에서는 자경전처럼 굴뚝을 뒷담에 붙여서 만든다든지, 교태전처럼 화계에 만들어서 눈에 잘 띄지 않게 했는데, 여기는 너무 생뚱맞게 앞마당에 있잖아요.

아빠 이야, 다들 정말 잘 찾는구나. 이번에는 음양을 고려하여 비슷하게 기능하는 것임에도 일부러 다르게 만든 것을 찾아볼까? 이건 좀 어려울 거야. 희정당 안에서만 찾지 말고 밖에서도 찾아봐!

엄마 비슷한 기능을 하는데도 다르다? 그렇다면 하나가 아니라 두 개라는 뜻인데… 희정당에서 두 개인 것이 뭐지?

아름 알았어요! 희정당에서 대조전으로 넘어가는 복도가 두 곳이에요.

엄마 그렇구나. 이 두 곳의 복도각이 서로 모습이 달라요. 동쪽의 것은 개방적이고 서쪽의 것은 폐쇄적이에요. 음양에 따르면 동쪽은 양이니 개방적이고, 서쪽은 음이니 폐쇄적이겠죠?

아빠 두 모녀가 합작하여 100점! 그리고 이 희정당은 보물 제815호야. 지금까지 본 창덕궁의 건축물 중에 다섯 번째 국가지정 문화재야. 돈화문, 인정문, 인정전, 선정전, 그리고 희정당! 자, 이제는 뒤쪽의 중궁전인 대조전으로 가 보자.

희정당과 대조전을 잇는 두 복도각의 모습 (위:동쪽, 아래:서쪽)

대조전 _- 보물 제816호

> 대조전 선평문 앞

대조전

아 름   아빠, 이 문은 왜 이렇게 계단이 높죠? 그리고 저 뒷건물은 경복궁의 강녕전이나 교태전처럼 용마루가 없어요. 무량각지붕이니깐 이곳도 분명히 왕비님이 계셨던 곳일 것 같아요. 한번 현판을 읽어봐야지. 큰 대*자는 알겠고. 마지막도 전殿 자인데, 가운데 글자는… 엄마, 부탁해요.

선평문

엄 마   아름이가 이제 무량각지붕을 보면 왕비님의 집인 것을 자동으로 아는구나. 가

실질적인 법궁, 창덕궁

운데 글자는 만들 조造 자야.

아 름   크게 만든다? 음… 그러니깐 큰 인물을 만든다는 뜻이겠군요. 나라를 물려받을 왕세자를 낳아 기르는 곳이니까요. 맞죠?

아 빠   그래 맞아. 이곳은 왕비의 정당正堂인데, 지혜롭고 현명한 큰 인물인 왕자를 생산한다는 뜻으로 널리 알려졌어. 하늘에 비유되는 왕과 비교해 땅에 비유되는 왕비의 집인 만큼 하늘 높이 용마루가 솟지 않도록 무량각 건물로 지어진 셈이야. 그리고 계단을 높게 만든 것은 왕비의 침전인 대조전을 함부로 들여다볼 수 없게끔 하는 의도가 있지.

엄 마   아! 일반 사대부 집에서 안채를 바로 들여다보지 못하도록 내외벽을 만든 것과 같은 이치로군요!

아 빠   그렇지.

아 름   이 건물도 경복궁의 교태전을 뜯어다가 만든 것이라고 하셨죠?

아 빠   그래. 그렇기는 한데, 그렇다고 교태전을 그대로 옮겨 지은 것이 아니고, 창덕궁에 적합하도록 구조는 새롭게 만들었어. 그렇다 보니 희정당과 마찬가지로 이곳의 지형이 원래 경복궁의 평평한 지형과는 달라서 조금은 답답하게 배치되었지.

조선고적도보와 동궐도로 찾아보는 대조전의 특징들

엄 마   그렇다면 지금의 대조전과 조선고적도보의 경복궁 교태전, 그리고 동궐도에 있는 원래 대조전을 서로 비교해 보면 어떻게 변형되었는지 알 수 있겠군요!

아 빠   응 이것이 조선고적도보의 경복궁 교태전이고, 이것이 동궐도의 대조전이야. 분명히 현재의 대조전과 비교했을 때 서로 다른 것이 있지?

아 름   하나 찾았어요! 동궐도에 있는 옛날 대조전은 지붕의 한가운데가 솟아 있는 솟을지붕인데, 지금 현재의 대조전은 일자로 평평해요.

조선고적도보에 실린 교태전

엄마 나도 찾았어요! 조선고적도보에 있는 옛날 교태전은 월대가 없는데, 옮겨 지은 현재의 대조전은 널찍한 월대가 있어요. 옛날 대조전 건물은 불에 탔어도 월대는 돌이라서 화마를 피할 수 있었고, 그래서 재활용한 것 같아요.

아빠 모두 잘했어. 그리고 하나가 더 있는데, 동궐도의 옛날 대조전의 정문인 선평문宣平門은 1칸짜리 대문이지만, 현재의 선평문은 3칸짜리 대문이야. 이것도 분명히 달라진 점이야. 그리고 이 대조전에서는 효명세자가 태어나기도 했지만, 성종, 인조, 효종, 철종, 순종 등 조선 왕조를 통틀어 가장 많은 왕이 돌아가신 곳이야.

대조전에 숨어 있는 음양 이론

엄마 여보, 이 대조전은 기둥이 좀 특이하네요. 바깥 기둥은 각이 진 기둥인데, 안쪽 기둥은 둥근 기둥이에요. 이렇게 만든 이유가 뭐죠?

아빠 대조전의 건축에도 동양 전통의 음양이론이 곳곳에 숨어 있어. 우선, 바깥 기둥은 각이 진 기둥이기 때문에 음을 상징하고 곧 땅을 상징해.

왕비의 침실이 있는 대조전 서쪽 부분

그리고 안쪽 기둥은 둥근 기둥으로 양을 상징하고 곧 하늘을 상징해.

아 름   천원지방 말씀이죠?

아 빠   그렇지. 그런데 하늘과 땅을 상징하는 교태전에 추가로 사람이 들어가면, 우주를 주관하는 세 가지 원천인 천·지·인天地人 삼재三才가 되고, 그 삼재의 합일을 통해서 하늘나라의 이상을 실현하고자 하는 뜻을 담고 있다고 해. 또한, 동쪽 방에는 왕의 침실을 온돌방으로 꾸미고 서쪽 방에는 왕비의 침실을 침대방으로 꾸민 것도 모두 음양 이론에 맞춘 것이야. 자, 이제 대조전의 뒤쪽으로 한번 가 볼까? 서쪽에 있는 행각의 문으로 나가 보자.

→ 대조전 서쪽 행각 경극문 앞

호 림   아빠, 이 건물은 내부 벽면이 타일로 되어 있어요. 뭐 하는 건물이죠?

아 빠 한번 맞혀 볼래?

아 름 가장자리에 불 피우는 곳이 있는 것으로 봐서는 부엌 같아요.

엄 마 궁궐에서는 부엌이라고 하지 않고 수라간*水刺間이라고 한단다. 옛날 장금이가 활동했던 수라간!

수라간 내부 모습

호 림 아, 장금이! 갑자기 배가 고파지네! 그런데 이 건물도 대조전과 복도로 연결되어 있네요. 그러고 보니 아까 희정당부터 대조전 그리고 주변의 건물들이 모두 복도로 연결되어 있어요. 비나 눈이 올 때는 젖지 않고 이동할 수 있어서 편하긴 할 텐데, 혹시 불이라도 나면 어떻게 되지?

창덕궁이 화재에 취약했던 이유

아 빠 호림아, 잘 봤다. 이곳 창덕궁의 내전 건물들이 여러 차례 화재로 큰

뱀의 발 대장금은 조선 시대 중종의 신임을 받은 의녀醫女였던 장금長今의 삶을 재구성한 TV 사극이다. 장금이라는 이름은 중종실록에 열 번가량 등장하는데, 장금이라는 의녀가 있었고 왕의 신임을 받았다는 정도로만 기록되어 있다. 그밖에는 장금의 본명이나 출신 등의 자세한 기록이 전해져 있지 않기 때문에 드라마에 등장하는 장금이라는 인물에 관한 내용은 대부분 작가의 상상력으로 만들어진 허구의 이야기다.

특히 장금이 수라간에서 활동하던 장면에서 만한전석滿漢全席이라는 중국의 요리가 등장해 유명세를 탔는데, 만한전석은 만주족이 통치했던 청나라 때의 최고급 황실 요리로 청나라 4대 황제인 강희제가 회갑을 맞아 전국의 노인 2,800여 명을 초대해 잔치를 열면서 청의 뿌리인 만주족과 중국의 주류인 한족의 산해진미를 한데 어우러지도록 두루 갖춘 잔칫상을 가리켜 친히 만한전석이라 부른 것으로 전해진다.

따라서 중국 음식의 대표, 중국 요리의 최고 표현이라고 하는데, 우리가 듣기만 해도 소름이 끼치는 살아 있는 원숭이 골을 젓가락으로 파먹는 별난 요리도 만한전석의 하나라고 한다. 하지만, 만한전석은 만주족과 한족의 모든 요리를 망라한다는 뜻으로서 청나라 이후에나 등장한 것이며, 따라서 대장금의 배경이 된 조선 중종 때엔 있지도 않은 것이었다.

피해를 본 이유도 바로 이런 복도들이 불을 옮기는 역할을 했기 때문이야. 이 때문에 1917년의 대화재 때에도 내전 지역은 몽땅 불에 타버렸지만, 복도로 연결되지 않은 외전 지역인 선정전과 인정전은 무사했지. 자, 이제는 조금 더 뒤쪽에 있는 경훈각 쪽으로 가 볼까?

경훈각 앞

엄 마 여보, 동궐도를 보니 이 건물은 옛날에는 2층으로 되어 있었나 봐요. 게다가 지붕도 청기와도 덮었어요. 뭐하던 건물이죠?

아 빠 동궐도 그림에서도 확인할 수 있듯이 이 건물은 원래 2층이었어. 1층은 경훈각景薰閣으로 불렸고, 2층은 징광루澄光樓라고 불렸어. 청기와로 덮여 있으니 당연히 중요한 건물이었지. 이 건물은 선조 임금이 명나라의 황제로부터 받은 망의蟒衣라는 관복을 보관하던 곳이야.

호 림 겨우 옷 하나 보관한다고 최고급인 청기와로 덮어요? 너무 했다.

아 빠 옛날 조선 시대에는 그럴 수밖에 없었어. 특히 선조 임금의 입장으로는 명나라의 도움으로 임진왜란이라는 큰 위기를 넘겼기 때문이지.

호 림 아빠, 경훈각 앞의 이 우물이 동궐도에도 나와 있어요.

아 빠 잘 찾았구나. 동궐도에는 여기저기 우물이 많이 표시되어 있는데 여기도 그중 하나야. 조금 전에 보았던 수라간 때문에라도 이 우물은 꼭 필요했을 거야.

아 름   그런데 동궐도에는 2층이던 이 건물이 왜 1층으로 바뀌었어요?

아 빠   이 건물도 대조전과 복도로 연결되었기 때문에 1917년 대화재 당시에 다른 내전들과 마찬가지로 소실되었어. 그리고 희정당, 대조전을 중건할 때 경복궁의 만경전을 헐어서 이곳에 단층으로 중건했다고 해. 자, 이제 딱딱한 이야기는 접어두고 이 건물에서 재미있는 것을 찾을 수 있는데, 온돌을 사용한 흔적과 더불어서 화장실의 흔적을 찾을 수 있다는 거야. 한번 찾아볼래?

경훈각의 화장실 흔적 찾기

호 림   온돌은 양쪽에 아궁이가 있어서 금방 알 수 있는데 화장실의 흔적은 도저히 못 찾겠어요.

아 름   저도 샅샅이 뒤져 봤는데 못 찾겠어요.

아 빠   경훈각 뒤편의 서쪽 아궁이 위에 있는 모퉁이에 작은 문이 보이지? 그 문 안에는 바퀴 달린 네모난 작은 수레가 있어. 그 수레의 용도는 왕과 왕비가 문 위의 마루에서 용변을 보고 나면, 그것을 변기에 담아 내의원으로 가져가는 것이야. 그러면 내의원의 어의들은 왕과 왕비의 용변을 가지고 만져보고 냄새 맡고 심지어 먹어보기도 하면서 건강을 점검했다고 해.

경훈각 뒤편에 있는 화장실

호 림   아무리 왕과 왕비의 똥이지만, 똥을 먹다니! 웩! 그건 너무 심하다.

아 빠   옛날 왕들은 자신의 용변도 자신이 직접 처리할 줄 몰랐대. 우리나라 뿐만 아니라 중국의 황제도 마찬가지였어. 왜냐하면, 모든 것을 옆의 내시들이 다 알아서 해 주었기 때문이야.

엄 마   왕이란 자기 혼자서는 아무것도 할 줄 모르는 존재였어. 평생을 그렇게 살았대. 불쌍하지?

아빠 아무튼, 왕은 따로 화장실에 갈 필요가 없는 거야. 왜냐하면, 항상 이동식 화장실이 준비되어 있거든. 그리고 궁궐에서는 똥을 매우라고 불렀고, 특히 왕의 이동식 변기를 매우틀이라고 했어. 그런 이유로 궁궐의 내전 지역에는 왕족들이 사용하는 화장실 건물은 따로 없어. 물론 왕족 이외에 궁녀들처럼 궁궐에서 사는 사람들을 위한 화장실은 있었어. 경복궁의 자선당 화장실 기억나지?

호림 왕의 똥이라도 냄새는 많이 날 것 같은데, 냄새는 어떻게 처리했대요?

아빠 매우틀의 구조는 왕이 앉는 부분에는 나무로 만든 틀에 빨간 고급 천을 덮었고, 아래쪽에는 구리로 된 그릇이 놓였어. 그리고 그릇 위에 매추라는 여물을 잘게 썬 것을 뿌렸고, 그 위에 용변을 보면 다시 매추를 뿌려서 그 위를 덮었다고 해.

뱀의 발 **창덕궁에서 풍수로 찾아보는 왕과 왕비의 침전**

창덕궁에서는 대비전을 왜 무량각지붕으로 만들었을까? 유교 예제에 따라 궁궐을 분석하면, 왕의 침전은 희정당이고, 왕비의 침전은 대조전이다. 그리고 이것이 지금까지의 공식적인 의견이다. 그러나 풍수하는 사람들의 시각에서는 전혀 다른 의견이 나오기도 한다. 그것의 출발점이 바로 창덕궁에서는 대비전을 왜 무량각지붕으로 만들었느냐는 의문이다. 결론부터 말하자면, 일부 풍수의 시각으로는 왕의 침전이 대조전, 그리고 왕비의 침전이 집상전이라는 것이다. 그렇게 생각하는 첫 번째 이유가 동궐도에서도 확인할 수 있듯이 무량각지붕이 대조전과 집상전 단 두 곳이라는 것이다. 현재까지 우리나라의 목조 건축물 중에서 무량각지붕은 왕과 왕비의 침전 이외에는 하나도 없다. 두 번째 이유는 두 건물 모두 월대를 갖추고 있다는 점이다. 반면에 희정당은 월대가 없다. 세 번째 이유는 풍수에서 생기가 들어오는 지맥선이 집상전과 대조전에 닿아 있다는 것이다. 동궐도를 자세히 보면 집상전의 뒤쪽에 나무가 무성한 산줄기가 보이고 다른 곳에서는 볼 수 없는 둥근 반월형 담장이 보인다. 그곳이 풍수에서 명당 혈자리에 생기를 불어넣어 주는 풍수 잉이다. 풍수 형세론에서는 잉이 없으면, 절대 명당이 안 된다고 한다. 그런 이유로 풍수 잉은 그래서 명당 혈을 입증한다고 해서 혈증이라고까지 불린다. 참고로, 조선왕릉에서 풍수 잉이 없는 왕릉은 하나도 없다. 반달 담장의 목적은 풍수 잉을 보호하려는 것이다. 마지막 네 번째 이유는 희정당의 마당에 있는 연못이다. 희정당이 만약 왕의 침전이라면, 당연히 풍수적으로 최고의 명당자리가 되어야 하는데, 명당 혈자리 바로 옆에 명당수가 아닌 연못을 만들어 왕기를 꼼짝 못하게 하는 짓을 할 이유가 없다. 우리나라에서 명당이라고 이름난 집의 마당에 연못이 있는 집은 거의 없다. 따라서 풍수 초보자가 봐도 희정당 자리는 명당 혈자리가 아니다. 그렇다면 희정당이 왕의 침전이 아니었으면 무슨 용도의 건물이었을까? 문패를 보면 바로 답을 알 수가 있다. 가운데의 정! 바로 선정전과 같이 정치하는 집이다. 즉 제2의 편전인 것이다.

엄 마   여보, 여기 동궐도를 보면 대조전 뒤에도 대조전과 똑같이 무량각지붕인 건물이 있어요. 건물 규모만 아주 약간 차이가 날 뿐, 전체적으로는 모양도 거의 똑같이 생겼어요. 무량각지붕은 왕과 왕비의 침전에만 있는 것이라고 했는데 이 건물은 뭐죠?

아 빠   동궐도나 궁궐지를 살펴보면 그 건물은 집상전集祥殿이라고 되어 있어. 그리고 대비를 위한 대비전으로 활용된 것을 알 수 있어. 원래 대비전은 중궁전의 동북쪽에 짓는 규범이 있거든. 그런 이유로 경복궁도 대비전인 자경전이 중궁전인 교태전의 동북쪽에 있어. 자, 이제는 동궁전인 성정각誠正閣으로 갈 차례야.

대조전 화계의 봄 풍경

성정각,
관물헌

🔵 → 성정각 영현문 앞

성정각 영현문

아 름   아빠, 이곳은 지금까지 봐 온 건물들과는 분위기가 사뭇 달라요.
아 빠   이곳이 어떤 곳인지를 한번 알아맞혀 볼까? 힌트를 여러 개 줄게.

현판으로 성정각의 용도 추측하기

호 림   힌트를 하나도 아닌 여러 개를? 그건 문제가 쉽지 않다는 말인데…
아 빠   아니야, 지금까지 우리가 쌓아온 답사 실력이면 충분히 알 수 있어.

실질적인 법궁, 창덕궁

첫 번째, 우리가 보고 있는 이 건물의 남쪽 문의 이름은 영현문迎賢門인데, 맞이할 영, 현명할 현 자를 써서 현명한 분을 모신다, 또는 환영한다는 뜻이야. 두 번째, 이 문으로 들어가서 정면에 누각으로 된 건물이 보이지? 그 누각에 달린 남쪽 현판을 보면 보춘정報春亭인데, 알릴 보, 봄 춘 자를 써서 봄을 알린다는 뜻이야. 세 번째, 보춘정 뒤쪽에 관물헌觀物軒이란 건물이 있는데, 그곳에 붙어 있는 현판은 집희緝熙이고 이을 집, 빛날 희 자를 써서 계속해서 밝게 빛난다는 뜻이야. 네 번째, 이 건물의 동쪽 문의 이름은 자시문資始門인데, 도울 자, 시작할 시 자를 써서, 시작을 돕는다는 뜻이야. 다섯 번째, 관물헌 뒤의 후원으로 이어진 길가에 남쪽으로 난 문의 이름은 망춘문望春門인데, 바랄 망, 봄 춘 자를 써서, 봄을 기다린다는 뜻이야.

엄 마 　잠깐만요, 남쪽으로 난 문의 이름이 봄을 기다리는 망춘문이라고요? 남쪽의 문이 봄? 이상하다. 남쪽이면 음양오행에서 여름이 되어야 하잖아요?

아 빠 　그러니까 그것이 힌트란 말이야. 남쪽으로 난 문의 이름을 여름이 아닌 봄으로 부여한 특별한 이유가 있어.

아 름 　아빠의 힌트를 들어보면, 봄이란 말이 자주 나와요. 봄을 알리는 보춘정이라는 이름도 있고, 게다가 남쪽으로 난 문의 이름도 망춘문이죠. 그렇다면, 이 건물은 봄과 밀접한 관련이 있어요. 엄마! 궁궐 안에서 봄 춘 자가 들어간 관청이 있나요?

엄 마 　춘방春坊이라는 관청이 있지. 다른 말로 세자시강원世子侍講院이라고 하는데, 조선 시대 때 왕세자의 교육을 담당했던 관청이란다.

아 름 　그리고 봄은 동쪽이죠? 그러면 이곳은 동궁이 되잖아요! 이제 알았다. 이곳은 동궁인 세자가 있었던 곳이면서, 세자가 공부하던 곳인 것 같아요. 왜냐하면, 이 건물의 남쪽문의 이름도 현명한 분을 모신다는 영현문이잖아요.

엄마 그렇구나. 계속해서 밝게 빛낸다는 집희라는 현판의 뜻도 세자를 상징해. 왜냐하면, 지금의 임금처럼 세자도 앞으로 왕이 되면 계속해서 나라를 밝게 빛내라는 뜻이 되겠지. 시작을 돕는다는 자시문도, 떠오르는 태양인 세자의 왕권 세습을 돕는다는 뜻이고.

아빠 이야, 두 모녀의 추리 실력이 대단한걸? 맞아어. 이곳 성정각은 세자가 학문을 배우던 곳이야. 그래서 건물 이름도 정성으로 올바른 것을 공경한다는 뜻이 붙어 있지. 정성 성誠, 바를 정正, 집 각閣!

→ 성정각 보춘정 앞

동궁인 성정각이 내의원이 된 사연

아름 그런데 아빠, 여기 창덕궁 안내 책자에는 이곳이 이라고 되어 있어요.

아빠 원래 창덕궁의 내의원은 이곳의 반대편인 인정전의 서쪽에 있었어. 그러던 것이 1917년 대화재 때 이곳으로 옮겨온 것 같아. 지금 마당에 있는 돌절구가 보이니? 저것으로 약재를 다루었지. 내의원을 좀 더 자세히 아는 방법이 바로 동궐도야. 옥당이라고 불리던 홍문관 뒤쪽으로 약방이라는 한자가 보이는데, 이곳이 바로 내의원이란다.

실질적인 법궁, 창덕궁

엄 마   정말! 약재를 끓이던 솥이 3개나 보이고, 게다가 약을 갈던 돌절구가 2개가 보여요.

아 빠   약을 갈던 그 돌절구를 약연(藥碾)이라고 해. 그리고 이

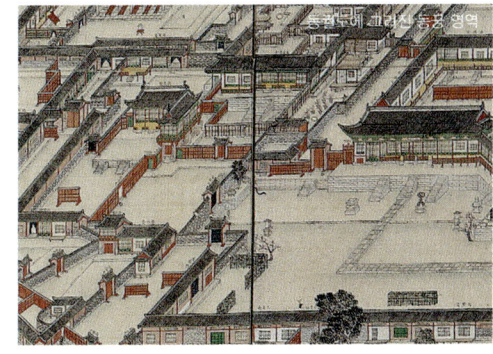

곳 성정각 앞의 집에 걸린 현판 중에는 임금께서 드시는 약을 짓는다는 조화어약(調和御藥), 임금의 몸을 보호한다는 보호성궁(保護聖躬)이 있어서 이곳이 내의원으로 쓰였음을 확실하게 증명하고 있지.

아 름   그런데 동궐도에는 성정각 앞에 붉은색의 담이 왜 이렇게 많아요?

아 빠   그것은 필요에 따라 이동시킬 수 있는 조립식 담장인데 판장(板墻)이라고 불러. 성정각 앞은 꽤 넓은 마당인데 이것을 판장으로 세분한 것으로 봐서는 이 건물에 출입하는 사람의 신분이나 직책에 따라서 통로를 구분하여 왕세자가 공부에 전념할 수 있도록 배려한 것 같아.

호 림   동궐도에서 성정각 오른쪽에 있는 큰 건물은 뭐예요?

동궁의 중심 건물이었던 중희당

아 빠   이곳 성정각은 동궁이 학문을 하던 서연 장소이지만, 그 오른쪽은 동궁의 정당인 중희당(重熙堂)이야. 동궁이 정치를 하는 곳이지. 아쉽게도 중희당 건물은 현재 남아 있지 않아. 창덕궁 후원으로 가는 길과 낙선재로 가는 갈림길이 옛날 중희당이 있던 자리야.

호 림   아직은 왕도 아닌 세자가 어떻게 정치를 해요?

아 빠   옛날 기록을 보면 세자도 정치에 자주 참여했어. 왕위를 급작스럽게 물려주는 것보다는 조금씩 국정에 참여시키면서 세자가 정치를 서서히 알아가도록 하는 것이지. 심지어는 왕이 세자에게 국정을 통째로 맡기는 대리청정代理聽政을 시키기도 했어. 이때는 신하들에 대한 인사권인 용인用人, 군사를 움직일 수 있는 병권인 용병用兵, 사람을 벌주는 형인刑人을 제외하고는 모든 국정을 세자에게 맡기는 거지.

아 름   세종대왕도 대리청정을 통해 국정의 경험을 쌓았나요?

아 빠   그럼, 세종대왕도 대리청정을 통해서 국정을 미리 경험했기 때문에 훌륭한 임금이 된 것이야. 이와 같이 중희당은 세자의 정치 공간이면서도 세자를 위한 특별한 시설물들이 많이 있었어. 동궐도에 해답이 있으니깐 동궐도 그림을 보면서 한번 찾아볼래?

호 림   세자를 위한 특별한 시설물이라… 어디 보자… 어, 중희당의 마당에 이상한 것들이 있어요.

아 름   하나는 알 것 같아요. 측우기와 비슷해요. 나머지는 잘 모르겠어요.

아 빠   응, 이곳은 장차 나라를 짊어질 세자가 있는 곳이라서 당시로써는 첨단 과학 시설물들을 설치했어. 오른쪽에서 왼쪽으로 가면서 각각 비의 양을 측정하던 측우기測雨器, 천체의 움직임을 관측하던 소간의小簡儀, 시간을 알아보던 해시계, 그리고 바람의 풍향과 풍량을 알아보던 풍기대風旗臺가 있어. 즉, 세자가 항상 과학적인 면에도 힘을 쓰라는 뜻이야.

성정각 관물헌 앞

아 름   아빠, 성정각의 뒤에 있는 이 건물은 현판이 좀 특이해요. 보통 건물은 대부분 전, 당, 합, 각, 재, 헌, 루, 정으로 끝나는데, 이 건물은 그냥 집희예요. 집희당도 아니고, 집희헌도 아니고… 이상해요.

아빠 이 건물은 관물헌(觀物軒)이라고 하는데 동궐도에는 유여청헌(有餘淸軒)이라고 되어 있어. 이 건물과 관련이 있는 역사적인 사건이 있는데 그것이 바로 갑신정변이야.

관물헌

아름 역사책에서 배웠던 용어예요.

아빠 조선의 개항기 때에 우리나라의 정치 집단 중에는 외국의 신식 문물을 받아들여 나라를 근대화하려는 집단으로 개화파가 있었어. 모든 정치적인 것이 그렇듯이 개화파도 온건파와 급진파로 나뉘어 있었는데, 온건개화파는 갑오개혁을 주도한 김홍집이 중심이었고, 기존의 조선 왕실의 존재는 인정하면서 개혁하려고 했어. 그렇지만 김옥균을 중심으로 하는 급진개화파는, 청나라에 의존적인 조선 왕실의 외척 세력이었던 민씨 정권을 완전히 몰아내고 새로운 개화 정권을 수립하고자, 일본의 도움을 받아 지금 조계사 입구 근처에 있던 우정국 개국축하 만찬회에서 정변을 일으켰어.

호림 요즘 말로 쿠데타죠?

엄마 마치 고려 말의 상황 같네요. 고려 왕실의 존재를 인정하면서 개혁하려 했던 정몽주 일파와 고려 왕실을 완전히 몰아내고 새로운 왕조를 수립하려 했던 정도전과 이성계 일파의 싸움과 닮은꼴이에요.

아빠 그래, 맞아. 다음날 급진개화파는 신정부의 수립을 발표했는데, 이 쿠데타 정권은 겨우 3일 만에 무너졌어. 왜냐하면, 명성황후 쪽에서 임오군란 이후 조선에 주둔해 있던 청나라군에 개입을 요청했고, 1,500명의 청군이 급진개화파를 공격하게 된 것이야. 이때 급진개화파는 고호 림   왜 하필 이곳이죠?

아 빠   이곳은 지형이 사방을 감시하기에도 좋고, 창덕궁 내에서도 가장 협소한 지역이기 때문에 적은 병력으로도 청군을 막을 수 있다고 생각한 것이지. 하지만 도움을 주기로 한 일본군이 퇴각해버려서 급진개화파는 곧 몰락하게 된 것이야. 갑신정변이 3일 만에 끝났다고 해서 삼일천하라고도 부르지. 자, 이제는 낙선재로 가 볼까?

뱀의 발 동궐도에서 앙부일구 찾기

요즘 학교에서 사회 시간에 학생들에게 우리의 전통 시계를 가르치는데, 가장 대표적인 것이 다른 나라에서 찾아보기 어려운 해시계인 앙부일구仰釜日晷이다. 보물 제845호인 앙부일구는 세종 16년(1434)에 장영실, 이천, 김조 등이 만들었던 해시계로, 시계판이 가마솥 같이 오목하고 이 솥이 하늘을 우러르고 있다고 해서 이런 이름을 붙였다. 글자를 그대로 해석하면 우러를 앙, 가마 부, 날 일, 그림자 구이다. 이것은 둥근 지구 모양을 표현한 것이고, 작은 크기로도 시각선, 계절선을 나타내는 데 효과적이었다. 오목한 시계판에 세로선 7줄과 가로선 13줄을 그었는데, 세로선은 시각선이고 가로선은 계

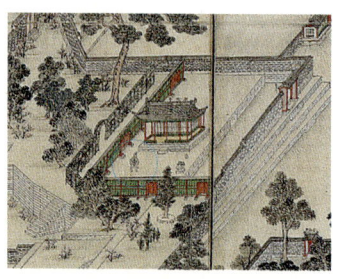

절선이다. 해가 동쪽에서 떠서 서쪽으로 지면서 생기는 그림자가 시각선에 비추어 시간을 알 수 있다. 또 절기마다 태양에 고도가 달라지기 때문에 계절선에 나타나는 그림자 길이가 다른 것을 보고 24절기를 알 수 있다. 특히 세종실록에 글을 모르는 백성을 위해 12지신 그림으로 그려서 시간을 알게 했다는 기록이 있다. 또한, 이것은 대궐에 두었을 뿐만 아니라, 종로 혜정교와 종묘 앞에 설치한 우리나라 최초의 공동 시계였다는 점에도 의의가 크다. 그러나 아쉽게도 중희당의 해시계는 학생들이 학교에서 배우는 앙부일구가 아닌 평면 해시계이다. 그 때문에 중희당에 대한 동궐도를 설명할 때면, 학생들의 실망감이 약간 묻어난다. 이럴 때 동궐도에 숨어 있는 앙부일구를 찾아줄 수 있다. 동궐도를 유심히 살펴보자. 중희당 건물에서 오른쪽에 있는 창경궁 쪽으로 계속 가다 보면 나무가 많은 곳에 작은 집이 하나 보인다. 창경궁 쪽에서 보면 명정전의 왼쪽이다. 그 집이 낙선재의 뒤쪽에 있는 취운정이라는 집인데, 그 앞마당에 앙부일구가 놓여 있다.

광물관의 봄 풍경

낙선재,
석복헌, 수강재

→ 낙선재 장락문 앞마당

낙선재

호 림 아빠, 여기서 잠깐 쉬어요. 오래 걸어 다녔더니 다리가 좀 아파요. 바로 옆에 있는 화장실도 좀 다녀와야겠어요.

아 빠 그래 이곳 벤치에서 잠시 쉬었다가 가자.

아 름 그런데 아빠, 이곳은 궁궐 같지가 않고 일반 양반들의 한옥 같아요.

아 빠 이곳 낙선재樂善齋는 궁궐 중에서 가장 최근까지, 정확히는 1989년까지 왕실 아니 황실 사람들이 줄곧 살았던 곳이야. 특히 주로 여성들이 살았어. 왜냐하면, 낙선재는 처음부터 여성들을 위해 지어졌거든. 그래

실질적인 법궁, 창덕궁

서 낙선재의 뒤편은 여성들의 공간에만 있는 화계가 잘 만들어져 있지.

낙선재 장락문

아름 정말요, 낙선재 뒤쪽으로 예쁜 정자들이 많이 보여요. 그런데 왕실 사람들이라고요? 그럼 1989년까지 조선의 왕족들이 실제로 여기에 살아 있었단 말인가요? 그럼 불과 22년 전까지도 이곳에 조선의 왕족이 살았다고요? 믿어지지가 않아요. 조선이 망한 지가 100년이 넘었는데…

낙선재는 여성들의 공간

아빠 그래, 좀 놀라운 이야기지? 그렇지만 사실이야. 대표적인 조선 왕실 사람으로는 조선의 마지막 왕비였던 순정황후 윤씨, 영친왕英親王의 부인이었던 조선의 마지막 황태자비 이방자李方子 여사, 그리고 고종의 막내딸이었던 조선의 마지막 황녀, 덕혜옹주가 살았던 곳이야.

호림 덕혜옹주는 최근에 나온 책 이름 중에서 들어봤어요.

엄마 영친왕, 이방자 여사, 덕혜옹주 등 이름은 모두 들어봤는데 누가 누군지 정확히 모르겠어요.

아빠 그래 그럼, 조선의 마지막 왕실 사람들의 가계도를 설명해 줄게. 우선 고종 임금은 정실부인이 명성황후 민씨 한 사람뿐이고, 나머지 여섯 부인은 모두 후궁들이야. 그리고 명성황후에게서 적장자인 순종을 낳았지. 명성황후는 순종 이외에도 3명의 왕자와 1명의 공주를 낳았지만 모두 첫돌도 못되어서 다 사망했어.

아 름 아… 어린 자식들을 잃은 명성황후는 얼마나 가슴이 아팠을까?
아 빠 그리고 후궁들에게서도 여덟 자식을 얻었는데 성인이 될 때까지 살아남은 사람은 겨우 3명뿐이야. 귀비 엄씨에게서 영친왕을, 귀인 장씨에게서 의친왕을, 그리고 귀인 양씨에게서 덕혜옹주를 얻었지.
엄 마 영친왕과 의친왕은 순종과 이복형제로군요. 그런데 영친왕을 마지막 황태자라고 하잖아요? 순종은 왜 황태자로 영친왕을 택했죠?

커피와 고종의 독살 미수사건

아 빠 그것은 경종이 왕세제王世弟로 훗날 영조가 되는 연잉군을 지정한 것과 마찬가지야. 경종에게는 후사가 없었기 때문이지. 순종도 커피 독살 미수사건 때문에 몸이 쇠약해져서 후사가 없었어.
호 림 임금을 독살시키려 했다고요? 그것도 커피로?
아 빠 고종 임금이 일본의 만행을 피해 러시아 공사관에서 1년 이상 머물렀던 아관파천 기간에 당시의 세자였던 순종과 함께 서양에서 들어온 커피 맛에 푹 빠졌다고 해. 그 이후로 덕수궁으로 돌아와서 대한제국을 선포한 뒤로도 커피를 못 잊고 계속 마셨다고 해.
엄 마 커피는 한번 맛에 빠지면 헤어나기 어려워요.
아 빠 그런데 아관파천 시절에 막강한 세도를 부린 러시아어 역관이었던 김홍륙이란 사람이 덕수궁 환궁 후에는 하루아침에 자신의 세도가 사라지자 그것에 앙심을 품고 고종과 순종이 마시는 커피에 다량의 아편을 넣었다고 해. 고종은 맛이 이상한 것을 느껴서 바로 뱉어냈지만, 순종은 이미 한 모금을 마셔서 치아가 모두 빠지는 등 심하게 고생하고 그 이후에 몸이 아주 쇠약해졌다고 해.
호 림 그런 죽일 놈이 있나! 그놈에게는 당장 사약을 내려야 해요. 아니, 그

커피를 마시게 해야 해요. 아니야, 그것도 부족해! 당장 능지처참陵遲處斬을 해야 해요.

조선의 마지막 왕비 순정황후 윤씨

아 빠   이곳 낙선재는 순종의 두 번째 왕비였던 순정황후 윤씨가 1966년까지 여생을 보낸 장소야. 순정황후에 얽힌 이야기는 많아. 특히 1910년 한일합방을 막으려 했던 이야기도 유명하지. 순정황후가 병풍 뒤에서 어전회의를 엿듣고 있었다고 해. 그때 친일파 대신들이 순종 임금에게 한일합방 조약에 날인을 강요하자, 기지를 발휘해 옥새를 자신의 치마 속에 감추고 내주지 않았다고 해. 그렇지만 결국에는 큰아버지 윤덕영에게 강제로 빼앗겼어. 그럼에도 순종이 끝까지 조약에 동의하지 않자, 당시 총리대신이었던 이완용이 대신 서명해 버린 거야.

아 름   치마 속에 옥새를 감추다니 그런 노력도 수포로 돌아갔군요.

호 림   이제 이완용이 왜 매국노인지 확실하게 알겠어요.

뱀의 발 능지처참은 능지형을 집행한 후에 참형에 처한다는 뜻

일반 사람들은 능지처참이란 말을 많이 들어봤으나 실제 능지처참이 어떤 형벌인지 잘 모른다. TV 사극을 통해서 본 정도로는 나라의 대역죄인들을 수레에 양팔과 양다리를 묶어놓고 찢어 죽이는 정도로 알고 있는 것이 대부분이다. 그러나 이런 형벌은 능지처참이 아닌 거열형車裂刑이다. 수레 거, 찢을 열, 형벌 형!
능지형은 너무 가혹해서 사극 방송에서는 보여줄 수가 없다. 능지처참은 능지형을 한 후에 머리를 잘라내는 참형에 처한다는 말이다. 능지형은 고대 중국에서 만들어진 형벌인데, 많은 사람이 모인 장소에서 죄인을 기둥에 묶어놓고 살점을 포를 뜨듯 베어내되, 한꺼번에 많이 베어내서 죽지 않도록 조금씩 베어내어 참을 수 없는 고통 속에서 죽이는 형벌이다. 이때 살을 베어내는 망나니가 실수로 죄인을 빨리 죽게 만들면, 오히려 망나니가 처벌을 받기 때문에 망나니도 아주 신중에 신중을 기했다고 한다.
우리나라에도 능지처참을 시행했다는 기록이 있다. 조선왕조실록에는 세조 때 사육신이 능지처참을 당했다고 나오고, 또한 광해군 때도 허균이 모반죄로 능지처참되었다고 전해지고 있다. 허균이라면 우리가 잘 알고 있는 최초의 한글소설 홍길동전을 쓴 바로 그 사람이다. 허균의 홍길동전은 당시 조선의 정신적인 지주였던 성리학적 가치관인 적자와 서자 간의 차별을 부정하고 새로운 이상국인 율도국을 건설하는 내용이기 때문에 집권 계층에게는 나라의 근본질서를 무너뜨리는 역모죄에 해당한다고 봤다.

아 빠   순정황후는 그뿐만 아니라 1950년 한국전쟁이 일어나자 피난하지 않고 창덕궁에 남아서 왕실을 지키려고 했고, 궁궐에 들이닥쳐 행패를 부리는 인민군들을 호통을 쳐서 내보냈다는 일화도 있어.

아 름   와! 정말 멋있는 분이다.

아 빠   그런데 1951년에 다시 전세가 급박해지자 미군에 의해서 피난길에 오르게 되고 전쟁이 끝나서 창덕궁에 환궁하려 했지만, 이번에는 당시 대통령이었던 이승만에 의해서 저지되어 창덕궁이 아닌 정릉의 인수재(仁壽齋)로 거처를 옮기게 되었어.

호 림   우리나라 대통령이 왜 마지막 조선 왕비의 환궁을 방해했대요?

아 빠   아마도 이승만은 사람들의 순정황후에 대한 존경심을 두려워한 것 같아. 이승만은 순정황후뿐만 아니라 독립운동을 했던 의친왕을 포함하여 전체 조선 왕실 사람들을 배척했어. 아마도 자신의 정권에 도움이 되기 보다는 불리한 점이 많다고 생각했던 것 같아. 그래서 이승만 정권은 독재를 통한 부정부패로 썩어서 결국에는 4·19 혁명으로 무너진 것이야. 그런 이승만을 최근 일각에서는 역사적으로 재조명을 한데나 뭐라나 하는데, 정말 어이없는 일이지.

엄 마   조선의 마지막 왕비인 순정황후 이야기도 재미있지만, 조선의 마지막 황녀 덕혜옹주의 이야기도 재미있을 것 같아요.

조선의 마지막 황녀 덕혜옹주

아 빠   덕혜옹주의 이야기는 매우 슬픈 이야기야. 덕혜옹주는 고종이 60세가 되던 해에 후궁 복녕당 양씨에게서 얻은 고명딸인데, 나라를 빼앗긴 상태에서 본인의 의사와는 상관없이 일본에 강제로 유학을 갔고 거기서 일본 학교에 적응하지 못해 정신쇠약에 걸렸고, 나중에는 정신분열

	증 증세까지 보였어. 또한, 일본 왕실 사람과 강제 혼인까지 하게 되었지만, 곧 남편에게서도 버림을 받게 되었지.
아 름	강제로 유학 간 것도 모자라서 결혼까지 하다니… 너무 불쌍하다.
아 빠	결국, 1962년 귀국할 때까지 정신 장애로 동경 인근에서 병원을 전전하는 비참한 생활을 하다가 박정희 정권에 의해 귀국해서 이방자 여사와 함께 창덕궁에서 생활했어. 하지만, 노환으로 고생하다가 1989년 4월 21일에 이곳 수강재에서 타계하셨고, 그로부터 9일 뒤인 4월 30일에는 이방자 여사마저 서거하셨기 때문에 창덕궁 낙선재는 완전히 주인을 잃게 된 것이지.
호 림	아빠, 덕혜옹주는 왜 옹주라고 하죠? 임금의 딸이면 공주 아닌가요?
아 빠	그렇게 부르는 것은, 조선이 성리학에 기초한 엄격한 사회의 신분질서를 유지해서 그래. 우선, 어머니가 본처일 경우 태어난 아이는 적자嫡子라고 불러. 그렇지만 어머니가 첩일 경우에는 두 가지 경우로 나뉘는데, 어머니가 양인 출신의 첩일 경우 태어난 아이는 서자庶子라고 불렀고, 어머니가 천민 출신의 첩일 경우 태어난 아이는 얼자孼子라고 불렀어. 서자와 얼자를 한꺼번에 부르는 이름이 바로 서얼이야.
엄 마	아버지가 양반이라도 서얼 출신은 거의 양반 대접을 못 받았단다. 심지어 자기를 낳아준 아버지도 아버지라고 못 불렀다고 한단다. 그래서 홍길동전이라는 소설이 나왔지.
아 빠	왕실에서는 태어난 아이가 아들이냐 딸이냐에 따라서 부르는 이름이 달라져. 정궁正宮 왕비에게서 태어난 아들은 수양대군, 월산대군처럼 대군大君이라고 불렀고, 후궁에게서 태어난 아들은 은언군, 복성군처럼 그냥 군君이라고 불렀어. 또한, 정궁 왕비에게서 태어난 딸은 경안공주, 정선공주처럼 공주公主라고 불렀고, 후궁에게서 태어난 딸은 화완옹주, 덕혜옹주처럼 옹주翁主라고 불렀어.

호 림   아버지가 세자인 경우도 자녀에게 적서의 차별이 있었나요?

아 빠   그럼. 세자도 정실 부인인 세자빈 이외에 후궁을 둘 수 있었어. 아버지가 세자인 경우에 본처인 세자빈에게서나 후궁에게서나 태어난 아들들은 모두 군이라고 불렀지만, 딸의 경우에는 세자빈의 딸이면 군주郡主, 후궁의 딸이면 현주縣主라고 불렀어.

호 림   어휴, 너무 복잡하다. 옛날에 안 태어나길 잘한 것 같아.

조선의 마지막 황태자비 이방자 여사

아 름   그럼 이번에는 조선의 마지막 황태자비인 이방자 여사 이야기를 들려주세요.

아 빠   순종의 이복동생인 이은李垠은 영왕, 또는 영친왕이라고 불렸어. 그리고 순종의 뒤를 이을 후계자로 지목돼 조선의 황태자가 되었어. 하지만 일본에 나라가 넘어가면서 강제로 유학을 가게 되었고, 심지어 생모인 귀비 엄씨의 장례식에도 귀국이 허용되지 못했지. 이 모든 것을 당시 조선의 통감이던 이토 히로부미가 계획한 것이었어.

호 림   아, 안중근 의사에게 저격당한 이토 히로부미!

아 빠   그러면서 일본 육사를 졸업하고, 일본에 의해 일본 황실 사람인 이방자 여사와 강제로 정략결혼을 당했어. 그런데 일본 육군 시절에는 일을 잘해서인지 승진을 거듭해서 일본 육군 중장까지 되었어. 그 때문에 친일행적이 논란이 되었고, 해방 후에도 미 군정과 이승만 정권의 반대로 귀국을 거절당했어. 패전 이후 일본에 계속 거주하면서 재산이 몰수된 상태에서 별다른 직업을 구하지 못하자, 생활고를 이기지 못하고 이방자 여사가 생업 전선에 뛰어들게 되었어.

엄 마   이방자 여사도 일본 황실 출신이었을 텐데 생업전선에 뛰어들다니 매아 빠 　우 힘들었겠네요.

아 빠 　덕혜옹주와 마찬가지로 박정희 정권에 의해 가족과 함께 귀국했는데, 이때는 이미 영친왕은 뇌출혈로 혼수상태에 빠지는 등 병석에서 회복하지 못하고 7년 동안 고생하다 1970년에 사망했어. 그 뒤 이방자 여사는 국가의 생활비 보조로 생계를 유지한 어려운 환경 속에서도 사회봉사활동에 활발하게 참여하였고, 한국 장애인들의 어머니로 존경을 받으셨지. 창덕궁의 낙선재에서 운명하셨는데 고종과 순종이 묻힌 홍유릉에 남편인 영친왕과 함께 합장되었어. 능의 이름은 영원(英園)이라고 해. 태자와 태자비의 신분이기 때문에 능이 아닌 원인 것이지.

엄 마 　역사 이야기는 많이 들었고 지금까지 쉬었으니 이제부터는 답사를 다시 시작해요.

낙선재 장락문 입구

낙선재가 국상 때 쓰인 건물이라는 증거를 찾아라

아 빠 　그럴까? 우선, 이 낙선재는 국상을 당한 왕후와 후궁들을 위해 세워진 것으로 전해지고 있거든. 저기 낙선재 끝 쪽의 정원 안에 사각정이 보이니? 원래 정자는 경치가 좋은 곳에다 만드는 것이 일반적인데, 저곳은 경치가 좋은 곳도 아닌데 왜 저런 엉뚱한 곳에 정자를 만들었을까? 그리고 정자는 보통 화려하게 육각정 또는 팔각정으로 만드는데, 그냥 단순하게 사각정이지? 이유가 뭘까?

호 림 　아빠가 방금 국상을 당한 왕후와 후궁들을 위해 낙선재가 만들어졌다고 했잖아요. 국상 때 쓰려고 한 것 아닌가요?

아 빠 　그렇지! 바로 저 사각정의 용도는 관을 발인할 때까지 두던 빈전으로 사용된 것이야. 그리고 이곳은 크게 세 구역으로 되어 있어. 서쪽에서 동쪽으로 가면서 낙선재, 석복헌, 수강재 이렇게 되어 있지.

아 름   이곳 정문 이름의 뜻을 알아맞혀 볼게요. 다행히도 다 아는 한자예요. 길 장長, 즐거울 락樂, 문 문門! 길게 오래도록 즐거움을 누리라는 뜻인 것 같아요.

엄 마   이제 아름이가 제법인걸? 엄마 도움도 없이 한자를 읽어낼 수 있다니!

아 빠   아름이가 정확히 맞혔구나. 장락문長樂門이란 현판은 이곳 낙선재에도 있지만, 후원 쪽에 있는 연경당의 정문도 장락문이야. 나중에 연경당에서 다시 한번 확인해 보자.

창경궁에 장락문은 두 곳

아 름   잊어버리지 않게 수첩에 이렇게 적어 놓을게요.

아 빠   장락문은 연경당에서도 또 나온다! 그리고 이 낙선재는 궁궐지宮闕志에 따르면 창덕궁이 아닌 창경궁 영역에 속해. 이 동궐도 그림을 봐. 창덕궁과 창경궁은 동궐도에 나오는 바로 이 건양문建陽門을 기준으로 나뉘거든. 건양문의 동쪽에 보이는 이 궁궐 과수원의 옆 건물이 바로 수강재야. 그런데 이 동궐도에는 낙선재와 석복헌이 안 보여. 왜 그럴까?

연경당 장락문

호 림   아마도 불이 나서 그림을 그릴 당시에는 없었던 것 아닐까요?

아 빠   이 낙선재가 만들어진 것은 1847년이야. 동궐도는 1827~1830년 사이

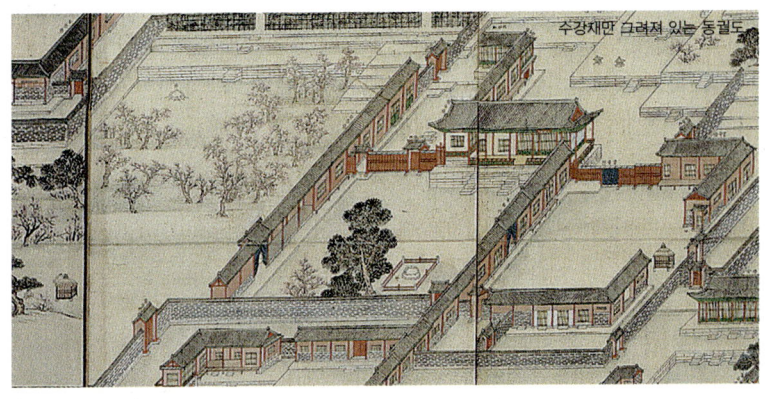

수강재만 그려져 있는 동궐도

에 만들어졌으니 없는 게 당연하지. 한편, 1876년 큰불로 경복궁의 내전이 전소하자, 잠시나마 고종 임금이 중희당을 대전으로, 그리고 낙선재를 편전으로 활용하기도 했어.

아름　아빠, 낙선재의 누마루 밑에서 그 전에 보았던 문양이 있어요. 얼음이 깨진 문양 말이에요. 지난번 경복궁에서도 본 기억이 나요.

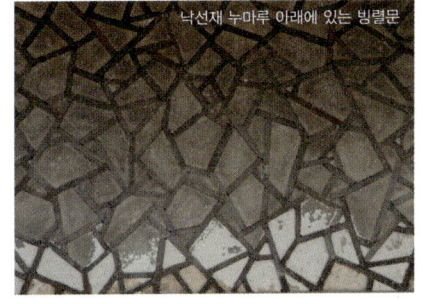

낙선재 누마루 아래에 있는 빙렬문

아빠　응, 경복궁의 함화당 누마루 밑의 문양과 같은 것이야. 빙렬문氷裂紋이라고 했지. 화마를 물리치기 위한 주술적인 의미로 불씨가 날리는 것을 막으려고 아궁이 근처에 설치하는 방화벽이야.

아름　이곳 낙선재의 뜻도 글자가 쉬워서 알아맞힐 수 있을 것 같아요. 즐거울 락, 착한 선이니깐, 착하면 언제나 즐겁다는 뜻이겠죠?

아빠　응, 비슷해. 착함을 즐기라는 뜻이지.

석복헌

> 석복헌

엄 마 낙선재는 양반 가의 사랑채에 온 기분이라면, 이곳 석복헌(錫福軒)은 안채 같아요. 구조가 일반 양반 가와 거의 비슷해요. 실제로 최근까지 사람이 살아서 그런가 봐요. 이곳에서 순정황후께서 돌아가셨다고요?

아 빠 응, 조선 왕조로 볼 때는 마지막 왕비인 순정왕후가 되고, 대한제국으로 볼 때는 마지막 황후이신 순정효황후가 되는 것이지. 이름이 중요한 것은 아니야. 껍데기뿐인 제국이 왕국보다 나은 것이 뭐가 있겠어? 아무튼, 그분께서는 돌아가시는 그 순간까지 온화한 성정과 기품을 잃지 않으셨던 진정한 조선의 국모셨지.

아 름 석복헌이라는 이름을 들어봐도 집의 서열이 느껴져요. 집의 서열이 전-당-합-각-재-헌-루-정이니깐, 낙선재가 서열이 높고, 석복헌은 서열이 낮잖아요. 그런데 석복의 뜻이 뭐죠?

엄 마   줄 석錫, 복 복福, 집 헌軒! 뜻이 너무 쉽지? 말 그대로 복을 주는 집이야. 그러고 보니 낙선재를 남자 주인이 거처하는 사랑채로 보고, 석복헌을 여자 주인이 거처하는 안채로 봐도 되겠어요. 그런데 그 옆의 수강재는 뭐죠? 집의 서열로 보면 여자 주인이 있는 안채보다도 하나 더 높은 서열인데요.

아 빠   헌종이 낙선재를 지을 때, 왕비에게서 후사가 없자 후궁을 맞아들이면서 이곳을 지었어. 낙선재는 헌종이 자신의 서재 겸 사랑채로 사용했고, 후궁인 경빈 김씨는 이 석복헌을 쓰도록 한 것이야. 그런데 수강재는 석복헌을 쓰는 후궁보다는 훨씬 서열이 높은 사람이 살아야겠지? 그 사람은 바로 헌종의 할머니였던 순원왕후 김씨였어. 당시에는 수렴청정을 끝낸 대왕대비 신분이었어.

엄 마   그렇군요. 석복헌은 처마도 홑처마예요. 건물의 구조도 일부러 위계질서를 고려해서 차이 나게 했어요.

호리병 모양의 난간 장식

호 림   아빠, 재미있는 것을 하나 찾아냈어요. 보실래요? 석복헌의 난간에는 호리병이 하나씩 있어요. 왜 호리병을 이곳에 만들어 놨을까요?

아 빠   정말 재미있는 것을 찾아냈구나. 아빠가 보기에는 음… 그냥 단순하고 쉽게 생각하면 다산을 상징한다고 볼 수도 있고, 좀 더 깊이 생각해보면 이곳 석복헌도 여성만의 공간임을 고려해 볼

석복헌의 호리병 난간

때, 경복궁의 건청궁 내에 있는 옥호루와도 연관성이 있는 것 같구나.

엄 마 　아! 명성황후가 시해당했던 그 옥호루! 아마 그 뜻이 옥으로 만든 호리병 속의 한 조각 얼음 같은 깨끗한 마음이라고 했던 것 같아요.

아 빠 　응, 맞았어. 잘 기억하고 있었네! 당나라의 시인 왕창령의 시 구절에서 따온 말이지. 궁궐 안의 여성이라면 그런 깨끗한 마음을 가져야 한다는 뜻에서 중전이 있는 건청궁에는 현판을 옥호루라 했고, 후궁이 있는 석복헌에는 은유적으로 난간에 옥으로 만든 호리병을 만든 것 같아. 자, 이제 수강재로 가 볼까?

수강재

아 름 　이곳 수강재壽康齋에서는 불운한 조선의 마지막 황녀 덕혜옹주가 돌아가셨다고 했죠? 한자의 뜻을 불러주세요.

엄 마 　목숨 수壽, 건강할 강康, 집 재齋!

아 름 　이것도 뜻이 쉽네요. 건강하게 오래 사시라는 뜻이네요.

아 빠 　그래, 이곳 수강재는 원래 태종 임금이 세종에게 보위를 물려준 뒤 거

뱀의 발　석복헌에 살았던 백인 여성은 누구?

조선 왕실의 일원으로 백인 여성이 있었다. 일반인들에게는 의외의 이야기일지는 모르지만 사실이다. 바로 이방자 여사의 둘째 며느리이고, 이름은 줄리아 멀록이다. 영친왕과 이방자 여사의 둘째 아들인 이구李玖는 일본에서 태어나 생활하다 해방 후 귀국하려 했지만, 이승만의 반대로 귀국이 무산되었다. 그리고 미 군정의 특별배려로 미국으로 가서 유학한 뒤, MIT에서 건축학을 전공하고 뉴욕의 한 건축사사무소에 취직했다. 한때는 서울대학교와 연세대학교의 건축과에서 강의를 할 정도의 인재였다. 아무튼, 미국의 유학 생활 동안 알게 된 우크라이나계 미국인인 줄리아 멀록과 결혼하였는데, 백인 여성과 결혼한다는 점에서 일부 왕실의 종친들이 거세게 비난하고 반대했다. 심지어 결혼하고 나서도 이혼을 강요했다고 한다. 아마도 조선의 마지막 황세손이 외국 여성과 결혼한다는 것이 그들의 심기에는 매우 불편했을 것이다. 줄리아는 결혼 생활 20여 년 동안 시어머니인 이방자 여사를 열심히 돕고 부양했지만, 종친들의 지속적인 반대와 비난에 시달렸다. 그러다 결국에는 불임설 등이 원인이 되어 1982년에 이혼했다. 이방자 여사도 줄리아가 외국인만 아니었다면… 하면서 매우 안타까워했다고 전한다. 결국, 조선의 마지막 황태자는 일본인과 결혼을 하고, 마지막 황세손은 미국인과 결혼했다는 진기한 기록이 남은 셈이다.

처하던 수강궁壽康宮 자리야. 상왕으로 물러나서도 오랫동안 건강하게 살라는 뜻을 담고 있지. 나이는 어렸지만 역시 세조에게 왕위를 넘겨주고 상왕으로 물러났던 단종도 이곳에 머물렀어. 그래서 헌종이 수렴청정에서 물러난 대왕대비였던 순원왕후를 이곳에 모신 것도 왕실의 어른께서 건강하고 오래 사시라는 뜻에서 그런 것이야.

덕수궁은 고유명사가 아니라 보통명사

엄마 수강궁이라면 덕수궁과도 비슷한 뜻이겠군요!

아빠 맞아. 수강궁이나 덕수궁이나 똑같은 뜻인데, 둘 다 왕위에서 물러난 상왕이 오래 사시라는 뜻이야. 태조로부터 왕위를 물려받은 정종이 상왕으로 물러났던 태조를 위해 개성에 궁궐을 지었는데, 그것을 덕수궁이라고 불렀어. 그리고 한양에도 태조를 위한 궁궐을 지었는데, 그것도 덕수궁이라고 했어. 이 두 개의 덕수궁은 현재의 덕수궁과는 전혀 별개의 궁궐이야. 하지만 현재의 덕수궁도 고종이 순종에게 왕위를 물려주고 난 다음 머무르던 궁궐이었기 때문에 이전의 덕수궁과 성격이 같다고 볼 수 있지.

수강재

엄 마   그렇다면 수강궁이나 덕수궁은 고유명사가 아니라 상왕의 장수를 비는 뜻에서 붙이는 보통명사라고 봐야 하겠군요. 마치 숭례문을 남대문이라고 하고, 흥인지문을 동대문이라고 하는 것처럼요.

아 빠   그렇지. 남대문은 개성에도 있고 평양에도 있어. 남쪽에 있는 큰 대문은 모두 남대문이야. 왜냐하면, 보통명사니깐. 따라서 지금의 덕수궁을 제대로 부르려면 경운궁이라고 불러야 해.

호 림   아빠, 남자들의 바지에도 남대문은 있어요.

아 름   오빠! 또 엉뚱한 소리!

아 빠   자, 이제 창덕궁에서 가장 아름다운 곳으로 갈 거야. 바로 후원이지. 미리 디지털카메라 잘 챙겨 둬. 사진 찍을 곳이 아주 많거든. 아까 우리가 보았던 성정각의 관물헌 자리로 가자. 그곳이 바로 후원 입구야.

엄 마   그런데 낙선재의 뒤편에 보이는 저 예쁜 정자들은 왜 못 보는 거죠?

아 빠   낙선재의 후원에 있는 정자들의 이름은 각각 취운정翠雲亭, 한정당閒靜堂, 상량정上凉亭, 승화루承華樓, 삼삼와三三窩라고 부르는데, 먼발치에서 보더라도 너무너무 예쁜 정자들이라는 것을 알 수 있지. 그렇지만 어찌 된 영문인지 2010년 5월부터 낙선재의 후원 관람을 폐지해버렸어. 그전까지는 낙선재 후원 특별관람이라고 해서 인터넷으로 예약만 하면 후원을 포함한 낙선재의 전 지역을 관람할 수 있었거든.

엄 마   우리 아이들이 낙선재 후원을 못 보게 되어서 참 안타깝네요.

아 빠   당신과 난 그래도 예전에 낙선재 후원을 가 보았지만, 우리 호림이와 아름이가 못 보게 되어서 많이 아쉬워. 난 요즘 궁궐을 답사할 때마다 답답하게 생각되는 부분이 많아. 아까 빈청을 휴게실로 쓰는 것도 그렇고, 궁궐 통합 관람권이라고 해 놓고선 정작 경희궁은 빼고, 음택인 종묘를 집어넣지를 않나… 그러다가 아이들이 종묘를 궁궐로 알면 어떻게 하나 걱정도 돼.

실질적인 법궁, 창덕궁

낙선재 후원의 만월문 모습

후원 입구,
함양문

 창덕궁 후원 함양문 매표소 앞

아 름 아빠, 후원後苑은 왜 자유관람이 안 되는 거죠?
아 빠 창덕궁은 궁궐의 외전, 내전 지역까지는 자유로이 관람할 수 있지만, 후원 지역은 전체가 넓은 숲으로 이루어져 있어서 화재나 문화재 보호 그리고 안전 등의 이유로 제한관람 제도를 시행하고 있어. 그렇지만, 창덕궁 관람의 하이라이트는 바로 이 후원 관람이야. 그러니깐 꼭 봐야 하는 곳이지. 게다가 궁궐을 안내하는 문화해설사들이 친절하게 설명해 주시니 편하게 관람할 수 있어. 저분들을 열심히 따라다니면서 설명도 귀담아듣고 궁금한 것이 있으면 언제든지 질문해도 돼.
호 림 아빠보다 우리 문화에 대해 더 잘 설명하는 사람은 없잖아요!
아 빠 그렇지 않아. 아빠도 모르는 것들이 많아. 그래서 아직도 시간 날 때마다 매일매일 공부하잖니?
아 름 그래도 나는 공부하는 아빠보다 놀아주는 아빠가 더 좋은데…
아 빠 이거, 아름이에게 한방 얻어맞은 기분인걸?

비원은 일제가 나쁜 의도로 퍼뜨린 이름

엄 마 그러게, 평소에 애들이랑 많이 놀아주지 그랬어요. 얘들아! 그렇지만 아빠는 나름대로 온 힘을 다하고 있단다. 그래서 아빠는 자주 우리 식구끼리 답사 여행도 많이 다니잖니? 그건 그렇고, 여보, 예전에는 이곳을 왜 비원이라고 불렀죠?

아 빠   예전에는 이 후원만을 비원이라고 부른 것이 아니라 창덕궁 전체를 비원이라고 불렀어. 비원秘苑은 글자 그대로 비밀스러운 정원이라는 뜻인데, 일제강점기 때 생긴 말이 별 반성 없이 최근까지 사용되었던 거야. 일제가 비원이라는 말을 퍼뜨린 이유도 사실 치밀한 속셈이 깔렸지. 즉, 궁궐을 궁궐로 보지 않고 아무나 들어갈 수 없는 정원 정도로만 알게 함으로써 조선의 백성에게 옛 조선의 영광을 서서히 잊어버리게끔 한 것이야.

엄 마   맞아요. 몇 년 전까지만 해도 창덕궁은 사전 예약에다가 안내원이 없이는 입장 자체가 불가능했었는데, 지금은 그나마 후원을 제외하고는 자유 관람이 허용되어서 참 다행이에요. 그런데 비원이라는 말이 일제강점기에 퍼진 말이라면, 조선 시대에는 뭐라고 불렸어요?

아 빠   기록을 찾아보면, 주로 지금처럼 후원이라고 불렸고, 때로는 궁궐 안에 있다고 내원內苑, 아무나 들어갈 수 없는 곳이라고 금원禁苑, 또는 중국 황제의 동산 이름을 따서 상림원上林苑이라고도 불렸어. 그리고 원래는 창경궁의 후원과 창덕궁의 후원이 서로 연결되어서 구분이 없었는데, 일제강점기에 창경궁을 창경원으로 고치면서 담장을 쌓았기 때문에 지금처럼 분리되었어.

호 림   아빠, 후원에서는 도대체 무엇을 하나요?

창덕궁 후원의 용도

아 빠   후원은 왕과 왕실 사람들의 휴식처야. 그래서 곳곳에 경치 좋은 곳을 골라 정자와 누각을 만들었어. 지금은 누각 18채와 정자 22채가 남아 있는데, 한때는 100채가 넘었던 적도 있었대.

아름 쉬는 곳을 만들려고 이렇게 넓은 곳을 정원으로 만들어요? 낭비가 너무 심하다.

아빠 후원은 휴식처로만 사용된 것이 아니야. 국왕과 왕자들이 글을 읽으면서 학문을 연마하기도 했고, 영화당映花堂이란 곳에서는 과거 시험을 치르기도 했어. 또한, 조선은 농경 사회였기 때문에 국왕이 온 백성에게 농사의 모범을 보이려고 직접 논밭을 갈기도 했어. 또 왕비는 왕비대로 친잠례라고 해서 부녀자들에게 양잠을 권장하고자 친히 내외명부를 거느리고 누에를 치고 비단 생산에 힘을 쓰는 궁중 의례를 이곳에서 행했어. 그리고 궁궐 밖을 자주 나갈 수 없는 국왕과 왕자들이 일반 사대부를 체험해 보고자 연경당이라는 일반 사대부 집을 지어놓고 양반들의 삶을 몸소 겪어 보기도 했어.

아름 조선판 체험 삶의 현장이 이곳에 있었구나!

아빠 우리나라 조경의 특징은 다른 나라와는 달리 자연과의 합일을 매우 중요하게 여겼어. 자연에서 경치를 빌려 온다는 뜻의 차경借景이라는 말

> **뱀의 발** 임금이 친경親耕 시범을 보이기 위해 창덕궁의 후원에서 논밭을 갈기도 했지만, 동대문 밖에 전농동에 선농단이라는 제단을 만들어 놓고 매년 경칩이 지나면 왕이 친히 쟁기를 잡고 밭을 갈아 보임으로써 일반 백성에게 농사의 소중함을 알리는 의식을 치렀다. 이 행사가 끝나고 나면 행사에 모여든 많은 사람을 위해서 당시에는 귀한 음식인 쇠고기와 쇠 뼈를 준비해서 쇠 뼈를 곤 국물에 밥을 말아서 나눠주었는데, 이것이 바로 설렁탕이다. 선농단先農壇에서 먹는 탕이란 뜻이다.
> 조선 시대 의궤 중에서 친경의궤親耕儀軌와 친잠의궤親蠶儀軌는 조선 왕실에서 농업을 국가 경영의 근본으로 인식했음을 보여주는 희귀본이다. 이 의궤에는 임금이 몸소 농사짓고, 왕비가 누에 치는 모범을 백성에게 보여주기 위해 행했던 친경례와 친잠례 의식이 구체적으로 담겨 있다. 영조 43년(1767년)에 작성된 친경의궤를 보면, 친경은 국왕이 왕세손(훗날 정조)과 왕실 종친, 그리고 문무백관을 거느리고 긴 행렬을 이루면서 선농단에 나가는 것으로 시작된다. 이곳에서 선농제라는 제사를 지낸 후에 남쪽에 마련된 왕실 소유의 논밭인 적전에서 본격적인 밭갈이가 시작된다. 이를 보기 위해 농민들이 구름 떼처럼 몰려들었다고 한다. 왕은 소 두 마리에 달린 쟁기를 잡고 모두 다섯 차례에 걸쳐 밭을 갈았고, 그 뒤를 이어 왕세손이 갈고, 신하들은 지위의 높낮이에 따라 7~9차례를 갈았다. 농민이 밭을 가는 것으로 친경 행사는 끝이 난다. 왕이 밭을 갈았다면 왕비는 누에 농사를 시범 보이는 친잠례를 행했는데, 정순왕후도 친잠단을 쌓고 역시 다섯 가지의 뽕잎을 따 누에를 먹이는 의식을 행했다. 왕과 왕비가 친경과 친잠례에서 다섯 차례의 밭을 갈고 다섯 가지의 뽕잎을 먹인 것은 유교에서 군자가 갖추어야 할 5가지 덕목인 인, 의, 예, 지, 신, 즉 오상五常을 뜻한다.

로 설명할 수 있지. 그리고 이 창덕궁의 후원은 그런 차경이라는 말뜻에 100% 들어맞는 곳이야. 자연의 경치를 빌어다 쓸 뿐이고, 지나치게 기교를 부리거나 인공적인 면을 최소화하려고 애썼어.

엄 마 한마디로 자연과 하나가 되어서 소박하게 살아가고자 했던 우리 조상의 생각이 깃든 곳이군요. 담양의 소쇄원이 생각나요.

정조의 꿈이 서린 후원

아 빠 그렇지. 그리고 이 창덕궁 후원과는 떼려야 뗄 수 없는 임금님이 한 분이 계셔. 그 분의 꿈이 아직도 이 창덕궁 후원 속에서 꿈틀거리고 있어. 자세히 보면 동궐도에서도 확인되는 부분이야. 누구인지 알아맞혀 볼까? 힌트는 음… 효명세자가 본받으려고 했던 분이야.

엄 마 효명세자라고 하면 순조 임금의 아들이었다가 왕위에 오르지 못하고 요절하신 분 아닌가요? 효명세자가 본받으려고 했던 임금이라면 분명히 자기 아버지인 순조나 할아버지인 정조, 그리고 고조할아버지인 영조, 그 위로 경종이나 숙종 정도가 될 텐데… 누구일까?

아 빠 맞아. 그 임금 중에 한 분이야.

아 름 그렇다면 영조나 정조 임금 중에서 한 분이겠네요. 두 분이 워낙 훌륭하신 분이니깐요.

엄 마 얘들아, 우리 동궐도를 한번 찾아보자. 아빠가 동궐도 속에서도 힌트가 있다고 했거든.

호 림 동궐도에서 후원 부분은 유독 한 군데가 눈에 확 들어와요.

아 름 저도 그렇게 보여요. 연못에 떠 있는 2척의 배까지 그려졌어요. 여기가 어디죠?

엄 마 이곳은 부용지라는 연못인데, 후원 중에서도 가장 아름다운 지역으

실질적인 법궁, 창덕궁

동궐도 후원 부분

로 손꼽히는 곳이란다. 부용지 바로 뒤에는 규장각이라는 건물인데…
아, 규장각!

아름 규장각이요? 정조 임금이 세운 왕실 도서관이잖아요? 학교에서 배웠어요. 규장각에서 정약용 같은 젊고 유능한 신하들을 많이 길러 내서 나라를 개혁하려고 했다고요.

아빠 맞았어. 정답은 정조 임금이야. 아름이가 학교에서 배운 그대로야. 정조의 개혁 꿈이 서려 있는 곳이 바로 이 규장각이고, 규장각은 이곳 후원에만 있는 것이 아니야. 동궐도를 보면, 정문인 돈화문을 들어서자마자 바로 마주 보이는 곳에 내각이라고 쓰여 있는 정문을 가진 큰 궐내각사 건물이 한 채 당당히 버티고 있는데, 내각은 규장각의 다른 이름이야. 즉 후원에 있는 규장각의 별관이라고 볼 수 있지. 그만큼 규장각에 대한 정조의 기대는 컸어.

호림 그런데 여기 이 함양문은 어디로 통하는 문이에요? 돈까지 받네?

아빠 응. 이 함양문은 임금님이 창경궁과 창덕궁을 오갈 때 드나들던 문이야. 이 문으로 나가면 창경궁의 중궁전인 통명전의 서쪽 돌계단과 연결되어 있어. 창덕궁과 창경궁을 한꺼번에 돌아볼 수 있어서 무척 편리하긴 한데, 함양문을 통과하려면 창경궁 입장료를 다시 내야 해.

뱀의 발 　동궐도는 효명세자를 위해 그린 그림

　동궐도는 여러 정황 증거를 종합해 보면 효명세자를 위한 그림이라고 볼 수 있다. 물론, 동궐도에 대한 기록은 전혀 없다. 그러나 동궐도가 그려진 시기가 대략 1827~1830년 사이이고, 그 시기에는 순조 임금이 나라를 다스리고 있었고, 안동 김씨의 세도 정치가 한창일 때였고, 효명세자가 대리청정을 시작하고 있었다. 대리청정했다는 말은 그때 제왕 수업을 받고 있었단 말이다. 동궐도를 보면 창덕궁 후원 출입구 근처에 주변보다 배율을 확대해서 그린 큰 건물들이 보인다. 그것이 바로 동궁 영역이고 그 중심에는 효명세자가 대리청정을 하던 중희당이 있다. 또한, 중희당의 마당에는 각종 과학 기구 시설들도 자세히 그려져 있다. 모두가 세자의 제왕 수업을 위한 배려다. 효명세자는 안동 김씨들이 세도정치를 펴는 암울한 현실 속에서 뭔가 새로운 시대를 열기 위해서 자신이 본받고 싶은 모델을 선정했는데, 그것이 할아버지인 정조 임금인 것으로 보인다. 그래서 규장각도 일부러 크게 그린 것 같다. 그뿐만이 아니다. 동궐도를 그린 계절이 사계절 중에서 봄이다. 왜 봄일까? 세자인 동궁은 음양오행에서는 동쪽인 봄에 해당한다. 이렇듯 동궐도는 마치 다빈치 코드와 같이 파면 팔수록 새로운 사실들이 자꾸 나온다.

부용정에서 바라본 규장각

부용지 주변

 부용지 동쪽 가장자리와 영화당 사이

부용지

부용지는 연못이라는 뜻

아 름   아빠, 이곳은 TV 사극에서 많이 봤어요.
아 빠   그래 이곳은 TV 사극에 배경으로 자주 등장하는 곳이야. 부용지芙蓉池 라고 하는데, 부용이 연꽃을 뜻하는 한자말이고 지는 못을 뜻하니깐 쉬운 우리말로 하면 그냥 연못이 되겠지? 쉬운 말을 놔두고 괜히 어려운 한자말을 썼어. 그렇지? 내가 보기에는 아마 후원 중에서도 이곳이

실질적인 법궁, 창덕궁

가장 경치가 아름다운 곳으로 꼽힐 거야.

아름 이 연못도 천원지방 사상으로 만들었네요? 못이 땅을 상징하도록 네모나게 만들고, 가운데 섬이 하늘을 상징하도록 둥글게 만들고요.

엄마 이제 아름이가 척척박사가 다 되었구나. 여보, 그런데 이 연못은 물이 고여 있나요? 고인 물은 썩기 마련인데…

아빠 이곳은 새 물이 들어와서 순환하게 되어 있어. 우선 건너편의 가장자리 석축에 이무기가 입을 딱 벌리고 있는 것이 보여? 저기가 입수구야. 반대편에는 배수구가 있고. 그렇지만, 비가 올 때가 아니면 저 이무기가 물을 토해내는 모습을 보기 어려워.

엄마 비가 올 때만 물이 들어온다면 이 큰 연못이 쉽게 썩을 텐데…

아빠 이곳 부용지에는 새 물이 또 다른 경로를 통해서도 공급돼. 바로 바닥에 있는 샘이야.

호림 연못 바닥에 샘이 있는지 어떻게 알 수가 있죠?

아빠 그것을 알게 해 주는 것이 바로 건너편에 있는 담장으로 둘러싸인 사정기비각四井記碑閣인데, 사정기라는 글을 비석에 써서 보관하는 보호각이야. 넉 사, 우물 정, 기록 기! 세조 때 처음 이곳에 네 개의 우물을 만들었다는데 임진왜란과 병자호란 등 수많은 병화를 겪으면서 두 곳은 사라지고 나머지 두 곳만 남았다고 해. 그래서 숙종이 안타깝게 여겨서 남은 두 개의 우물을 보수하고 이를 기념하기 위해서 비를 세웠다는 기록이 저 비각에 남아 있어.

사정기비각

부용지의 뱃놀이는 얼마나 멋있었을까?

아 름 아까 후원에 입장하려고 기다릴 때 아빠가 보여주신 동궐도에는 이곳 부용지에 배가 두 척이나 떠 있었잖아요? 실제 뱃놀이를 한 것인가요? 아니면 보기에만 좋으라고 갖다 둔 것인가요?

아 빠 동궐도 그림의 배 두 척을 자세히 보면 종류가 달라. 위쪽의 배는 그냥 쪽배인데, 아래쪽의 배는 화려하게 황룡으로 장식한 비단 돛배야. 분명히 하나는 임금님 전용이고 나머지 하나는 신하들이 탔겠지. 그리고 궁궐지라는 책에는 숙종이 지은 희우범주라는 시가 있는데, 이 시는 저기 위쪽의 희우당에서 내려다보는 부용지의 뱃놀이에 대해 쓰고 있고 정조도 이곳에서 여러 신하와 낚시와 뱃놀이를 즐겼다고 해.

엄 마 하기야 이곳은 정조가 아끼던 많은 신하들과 규장각이 있으니, 정조가 신하들과 뱃놀이를 자주 했을 것 같아요.

아 름 저기 저 정자는 지금까지 제가 본 것 중의 최고인 것 같아요. 경복궁의 향원정도 참 예쁘지만, 저 정자에는 비교가 안 돼요.

아 빠 마치 건물이 아니라 공예품 같지? 부용지에 있어서 부용정芙蓉亭이라고 부르는데, 우리나라 정자 건축의 백미로 꼽히는 작품이야. 아빠도 우리나라에서 최고의 정자를 꼽으라면 이 부용정과 수원 화성의 방화수류정訪花隨柳亭을 꼽아.

부용정

실질적인 법궁, 창덕궁

부용정의 세심한 음양 조화 효과

엄 마   저 부용정의 문도 분합문이군요. 저 분합문의 들어열개를 올리면 정말 멋있을 것 같아요. 마치 물가에서 날개를 펴고 날아오르려는 한 마리의 백로같이 보일 것 같아요.

아 빠   저 부용정도 얼핏 보면 모양이 대칭인 것 같지만, 실은 연못 쪽과 반대쪽으로 나뉘어서 음양 조화를 맞춘 것이 있어. 한번 찾아볼래? 모든 모양이라는 것이 칼로 자른 듯이 정확하게 대칭이면 보기에도 딱딱하고 금방 물리지만, 작은 변화를 주게 되면 보고 또 봐도 질리지가 않아. 그런 것이 바로 음양의 조화야.

아 름   아빠는 너무 음양 조화를 좋아하시는 것 같아. 문제마다 꼭 음양 조화를 찾으라고 하네.

호 림   난 찾았다. 뜻밖에 쉽네요. 연못 쪽의 정자가 한 단계 높아요.

아 름   저도 찾았어요. 정말 숨은그림찾기처럼 어렵네요. 연못 쪽의 난간과

뱀의 발   물가의 정자는 왜 두 기둥의 다리가 물속에 있을까?

우리나라 궁궐 안에서 물가에 만들어진 정자는 거의 예외 없이 두 기둥의 주춧돌이 물속에 있다. 그것도 하나도 아니고, 세 개도 아니고, 꼭 두 개이다. 결론부터 말하면 정자의 다리는 사람의 다리를 뜻하는 것이다. 물가 정자의 두 다리를 물속에다 만든 이유는 임금에게 말없이 가르치고자 하는 바가 있어서다. 맹자라는 책에 나오는 옛날이야기에 따르면, 공자가 제자들과 공부하고 있는데 담 너머로 아이들이 부르는 이런 노래를 들었다고 한다. 창랑의 물이 맑으면 내 갓끈을 씻고, 물이 흐리면 내 발을 씻는다! 그 노래를 들은 공자님은 신분의 상징인 갓끈을 씻느냐, 더러운 발을 씻느냐는 오로지 물이 맑은가 흐린가에 달렸다며 제자들을 훈계했다고 한다. 이 고사에서 유래하여 임금이 물속에 두 다리를 담근 정자를 볼 때 자기 주위에 군자가 모여드는지, 아니면 소인배들이 모여드는지를 확인하면서 자기반성을 하려고 만들었다고 한다. 임금도 항상 맑은 마음을 가져야 주위에 좋은 신하들이 많이 모인다는 것을 물가의 정자가 말없이 가르치고 있는 것이다. 나름대로 멋들어진 우회적인 교육 방법이다. 또한, 부용정은 건물 자체로 뜻하는 바가 한 가지 더 있다. 그것은 부용정의 건물 평면도와 비슷한 한자와 관련이 있는데, 부용정을 하늘에서 내려다보면 버금 아亞 자와 비슷하다. 버금이라는 말은 두 번째라는 말이다. 유교에서 서열로 치면 첫 번째는 공자이고 두 번째는 맹자이다. 그래서 맹자를 공자에 버금가는 성인이라는 뜻으로 아성亞聖이라고 부른다. 따라서 아 자 모양의 건물은 항상 맹자님을 생각하면서 열심히 학문하라는 가르침도 있다. 창랑 노래의 고사도 맹자라는 책에 나온다. (원전은 굴원屈原의 어부사漁父辭다)

반대쪽의 난간이 달라요.

아빠   잘 찾았구나. 역시 우리 아이들이야. 연못 쪽은 물이 있으니 음이고, 반대쪽엔 땅이 있으니 양이야. 그래서 음인 연못 쪽의 집 바닥은 한 단계 높게 지어서 양으로 만들었고, 난간도 닭 다리 모양의 계자 난간으로 밖으로 돌출시켰기 때문에 역시 양의 느낌이 들지. 그래서 음양을 조화롭게 맞추었어.

엄마   반대로 양인 땅 쪽 바닥을 한 단계 낮게 만들어서 음으로 만들었고, 난간도 평난간으로 밋밋하게 만들었기 때문에 음의 느낌이 들도록 했군요.

영화당과 춘당대는 조선 선비의 최대 소망

아름   후원에서는 처음으로 현판 읽기에 도전해 봐야겠어요. 이 건물의 첫 번째 한자의 뜻은 뭐죠? 가운데 꽃 화는 알겠어요.

엄마   첫 글자는 비칠 영 자란다. 영화당映花堂!

영화당

아 름   꽃이 비치는 집? 아, 부용지에 연꽃이 비치는 집! 뜻으로 풀이해보면 참 예쁜 이름이네요.

아 빠   그렇게 해석해도 되지만, 비칠 영 자는 시에서 어우러진다는 뜻으로 더 많이 쓰이기 때문에 꽃과 어우러지는 집으로 풀이하는 게 더 좋아. 이 영화당을 이야기하면서 빼놓을 수 없는 것이 바로 춘당대春塘臺야. 춘당대는 바로 이 영화당 앞에서부터 창경궁의 춘당지 앞까지 펼쳐진 넓은 마당인데, 여기 동궐도에서도 확인할 수 있지. 어때? 꽤 넓은 마당이지? 원래 창덕궁과 창경궁은 같은 동궐 구역이라서 후원을 같이 쓰기 때문에 춘당대가 넓었지만, 지금은 담장으로 가로막혀 춘당대가 그토록 넓은 곳인지를 사람들이 잘 몰라.

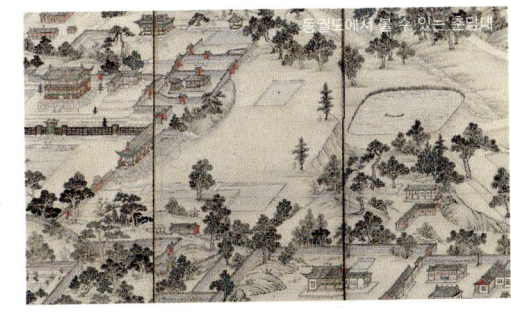

동궐도에서 볼 수 있는 춘당대

호 림   아빠, 지금 이 넓은 춘당대 마당에서 무엇을 했을까 하고 퀴즈를 내시려는 거죠?

아 빠   녀석, 귀신같이 알아맞히는구나. 그래 바로 그 퀴즈를 내려고 했다.

호 림   이렇게 넓은 데가 있었으면 아마도 무예를 연마하지 않았을까요?

아 름   난 답을 알아. 오빠는 아빠 설명을 잘 듣지 않아서 답을 모르지? 아까 후원 입구에서 입장하기 전에 아빠가 설명해 주실 때 후원에서는 과거시험도 치렀다고 했어. 맞죠?

호 림   그랬나? 뭐 그럼, 내 답을 약간 수정하면 되겠네. 과거 시험도 문과 시험이 있고 무과 시험도 있으니 이곳에서 무과 시험을 치렀다고 하면 나도 정답이 되잖아!

조선 시대 관리 등용문인 과거 시험 제도

아 빠 호림아, 너의 임기응변은 정말 대단하구나! 조선의 과거제도는 관리를 등용하는 시험인데 지금으로 치자면 국가 공무원 임용고시 정도가 되겠지. 우선 과거 시험에는 세 분야가 있었는데 무엇 무엇인지 알겠니?

호 림 문과와 무과, 그리고 내과?

아 름 내과가 뭐야, 오빠!

호 림 내시를 뽑는 시험 아닌가?

아 빠 문과와 무과는 너희도 쉽게 알 것이고, 나머지 하나는 잡과雜科야.

아 름 잡과요?

아 빠 그래. 잡과는 통역을 맡은 역관을 뽑는 역과譯科, 왕족의 건강을 돌보는 어의를 뽑는 의과醫科, 풍수를 다루는 상지관相地官을 뽑는 음양과陰陽科, 그리고 법률 전문가를 뽑는 율과律科 등이 있었어. 행정 실무자나 전문직 관리를 주로 뽑았어. 하지만, 양반 계층이 문과와 무과에 지원하는 데 비해서 잡과는 중인 신분의 사람들이 지원했기 때문에 잡과는 문과나 무과보다 무시되었지.

호 림 어떻게 무시했다는 거죠?

아 빠 양반 관료를 선발하는 문과와 무과는 전국 동시에 시행이 되면서 총 3차례의 시험을 거쳐. 제1차 시험을 초시初試, 제2차 시험을 복시覆試, 최종 제3차 시험을 전시殿試라고 하는데, 전시는 왕이 친히 참석하여 합격자를 가렸어. 이 영화당과 춘당대는 바로 그 최종 시험인 전시가 열렸던 장소야. 따라서 조선의 선비라면 누구라도 이곳에 한번 서 보기를 소원했지. 그렇지만, 잡과는 제2차 시험인 복시에서 끝나고 왕 앞에서 치르는 전시가 없었어.

아 름 그렇다면 세 번의 과거 시험은 어떻게 치러지는 것이에요?

과거 시험은 초시, 복시, 전시가 있다

아빠   원칙적으로 과거 시험은 3년마다 한 번씩 치르는데 이것을 식년시(式年試)라고 해. 제1차 시험인 초시는 소과(小科)라고도 하는데, 지방별로는 향시(鄕試), 한양에서는 한성시(漢城試), 그리고 성균관에서는 관시(館試)로 합격자를 뽑았어. 경국대전을 보면 문과에서 240명을, 그리고 무과에서 190명을 뽑았다고 해. 그렇다고 그들이 모두 관리가 되는 것이 아니야. 제2차 시험인 복시를 통과해야 해.

호림   와! 3년마다 치는 전국 시험에서 겨우 그 인원만 뽑아요? 그것도 1차 시험이라면서요? 경쟁률이 어마어마했겠네요.

아빠   제2차 시험인 복시에서는 문과에서 33인을, 그리고 무과에서는 28인을 뽑았어. 복시를 통과하면 최종 합격이 되는 셈이야. 왜냐하면, 제3차 시험인 전시는 합격자를 뽑는 것이 아니라 순위만 정하거든. 그렇지만 전시도 중요한 시험이야. 왜냐하면, 순위가 높을수록 고속 승진이 보장되거든.

엄마   문과에서는 33인, 무과에서는 28인이라… 이 숫자는 어딘가에서 많이 들어본 숫자인데? 아, 파루(罷漏)와 인정(人定)의 종 치는 숫자와 같군요.

문과, 무과 합격자 숫자에 얽힌 이야기

아빠   역시 엄마의 안목은 대단해. 조선 시대 성문을 여닫을 때는 반드시 종을 쳐서 시각을 알렸는데, 성문을 닫는 시각인 초경 3점에 28번 치는 종을 인정(인경)이라고 하고, 그때 이후로는 통행금지야.

호림   초경 3점이면 몇 시쯤이에요?

아빠   경(更)이라는 시간 단위는 해가 지면서부터 해가 뜰 때까지의 밤 시간을

5등분한 것이야. 초경初更은 술시戌時라고도 하는데 저녁 7시에서 9시 사이야. 이경二更(해시亥時)은 저녁 9시~11시, 삼경三更(자시子時)은 밤 11시~새벽 1시까지야. 그래서 가장 깊은 밤을 삼경이라고 하지. 사경四更(축시丑時)은 새벽 1시~3시, 그리고 마지막인 오경五更(인시寅時)은 새벽 3시에서 5시 사이지.

아 름 그럼 점點은 1경을 다시 다섯 등분 한 것이죠? 제가 눈치 하나는 엄청 빠르잖아요?

아 빠 맞아. 점은 1경을 다섯 등분 했으니까, 초경 1점(저녁 7:00~ 7:24), 초경 2점(저녁 7:24~7:48), 초경 3점(저녁 7:48~8:12), 초경 4점(저녁 8:12~8:36), 초경 5점(저녁 8:36~9:00)가 되는 것이지. 호림이의 질문에 답이 나왔지?

호 림 대략 저녁 8시 전후군요.

아 빠 새벽 5경 3점에는 큰 쇠 북을 33번 쳐서 성문을 열었는데, 이것을 파루라고 해. 문과의 합격자가 33명인 것은 문신 관료가 음양오행 측면에서 보면 해가 뜨는 동쪽이라서 그런 거야. 그래서 문신 관리를 동반이라고 하고, 해가 뜨기 전에 치는 파루의 숫자에서 33이 나온 거야.

엄 마 그럼 무과의 합격자가 28명인 것은, 무신 관료가 음양오행에서 볼 때 해가 지는 서쪽이고, 그래서 해가 지고 난 이후에 치는 인정의 숫자에서 28이 나왔군요!

규장각은 인정전 서쪽의 궐내각사 자리에도 있다

아 빠 이제 이 부용지 일대의 중심 건물인 저 주합루宙合樓를 설명해 줄게. 저 건물은 2층인데 1층을 규장각奎章閣, 2층을 주합루라고 해.

아 름 아빠, 저에게도 현판을 읽어 볼 기회를 주셔야죠.

▲주합루

뱀의 발 　종을 굳이 33번과 28번을 치는 이유는?

28과 33이라는 숫자는 불교의 28천天과 33천에서 나온 숫자다. 여기서 천은 쉽게 말해서 하늘나라를 뜻한다. 불교 교리에 따르면, 부처님은 수미산須彌山에 계신다고 하고 수미산에는 우리 인간 세계에서 부처님이 계시는 하늘나라까지 맨 아래에서부터 위쪽으로 28개의 하늘나라가 층층이 쌓여 있는데, 이것을 28천이라고 한다. 사찰에서 법당 안에 부처님을 안치하기 위하여 마룻바닥보다 높게 설치한 불단을 수미산을 상징한 것이라 하여 수미단須彌檀이라고 한다. 불교의 28천은 아마도 동양의 별자리 체계인 28수와도 관련이 있는 것 같다. 따라서 28번 치는 인정은 우주의 일월성신 28수에게 고하여 온 백성의 밤 사이 안녕을 기원하는 것이다.

그럼 33천은 뭔가? 불교의 28천 중에서 가장 아래쪽에 있는 하늘나라는 인간 세상에서 보면 가장 가까운 하늘나라인데, 네 명의 왕, 즉 사천왕四天王이 지키는 하늘나라라고 해서 사왕천四王天이라고 부른다. 사왕천은 수미산의 기슭에 있는데, 인간 세상에서 가장 가까운 하늘나라이기 때문에 어느 절을 방문하더라도 제일 처음 만나는 것이 사천왕이 지키는 천왕문이고, 천왕문은 사왕천을 시각적인 조형물로 형상화한 것이다.

한편, 사왕천 다음에 나오는 두 번째 하늘나라는 수미산의 정상 부분에 있으며, 도리천忉利天이라고 부른다. 도리천은 인간이 걸어서 갈 수 있는 가장 높은 하늘나라다. 그 위로 공중에 층층이 쌓여 있는 26개의 하늘나라는 인간이 걸어서는 갈 수 없다. 그런데 이 도리천을 다스리는 신은 불교를 수호하는 신 중에서 최고의 신인 제석천帝釋天 또는 제석천왕이라고 하는데, 이분은 인간 세상을 다스린다고 한다. 도교에서 말하는 석제환인, 즉 옥황상제이다. 사왕천의 사천왕도 매월 15일에 제석천에게 보고한다. 그런데 도리천을 다른 말로 33천이라고도 한다. 제석천왕은 도리천의 주인인데, 자신은 도리천의 한가운데인 선견성에 있으면서 동서남북 4방위에 각각 8개의 성을 관할한다. 따라서 도리천에는 총 33개의 성이 있고 이 때문에 도리천을 다른 말로 33천이라고 부른다. 따라서 파루에 33번의 종을 울리는 것은 인간 세상의 주인인 제석천왕의 도리천에 고하여 오늘 하루 백성의 안녕을 기원하는 것이다. 새해 첫날 보신각에서 제야의 종을 33번 치는 것도 1년 동안 국민의 안녕을 기원하는 의미이다.

불국사는 글자 그대로 부처님의 나라를 형상화한 사찰이다. 따라서 불교 교리 그대로 만들어졌는데, 불국사에 들어가면서 제일 먼저 만나는 천왕문을 지나면, 그 유명한 청운교, 백운교가 나오는데 계단 숫자를 합치면 모두 33개이다. 천왕문은 이미 지났으니 첫 번째 하늘나라인 사왕천은 지난 셈이고, 청운교와 백운교는 두 번째 하늘나라인 도리천을 뜻하기 때문에 33계단이다. 그리고 그곳이 사람이 걸어서 갈 수 있는 가장 높은 하늘나라이다. 참고로 세 번째 하늘나라는 야마천夜摩天, 네 번째 하늘나라는 미륵보살이 계시는 도솔천兜率天이다. 이런 식으로 27번째 하늘나라는 집착하는 모든 생각 그 자체도 떨쳐버린 무소유처천無所有處天이고, 마지막 28번째 하늘나라는 의식도 무의식도 없는 단계인 비상비비상처천非想非非想處天이다.

아 빠　이번에는 좀 어려울 텐데… 그래도 한번 도전해 보아라.
엄 마　먼저 주합루부터 할게. 집 주, 합할 합, 다락 루!
아 름　집을 합친 누각? 전혀 감이 안 오네…
엄 마　이번에는 규장각 차례다. 별 규, 글 장, 집 각!
아 름　별? 글? 별에 대한 글을 모아놓은 집?
호 림　여기가 무슨 천문대 도서관이야?
아 빠　아름아, 아빠가 어렵다고 했잖니. 뜻을 못 풀었다고 너무 실망하지는 말아라. 그래도 노력하는 태도가 더 중요해. 아빠는 그런 아름이 모습이 보기에 참 좋아. 대신 아빠가 쉽고 자세하게 설명해 줄게. 2층으로 된 이 건물은 원래 1층은 왕실 도서를 보관하는 도서관으로 규장각이라고 하였고, 2층은 열람실로 쓰였는데 주합루라고 불렸어. 나중에는 규장각이 인정전 서쪽의 내각이라고 부르는 궐내각사 위치로 옮겨갔기 때문에 지금은 이 건물 전체를 주합루라고 부르고 있어.
호 림　그런데 왜 집을 합친 것이라는 뜻이 붙어요? 1층의 규장각과 2층의 주합루를 합쳤다는 뜻인가?
아 빠　여기서 주는 그냥 집을 뜻하는 것이 아니야. 우주를 뜻해. 바로 우주와 합쳐져서 하나가 되는 집이란 뜻이지. 쉽게 말하면, 위로는 하늘 끝까지 아래로는 땅끝까지 모든 것이 하나가 되는 집이란 뜻이야. 세상의 모든 지식을 다 모아놓은 왕실 도서관에 꽤 잘 어울리는 이름이잖니?
호 림　그러면 규장각은 무슨 뜻이죠? 별에 대한 글이 도대체 무슨 뜻인지…

동양의 별자리인 28수 이름에서 따온 규장각

아 빠　규라는 글자는 별 규라고 했지? 이 규라는 별은 아빠가 불교의 28천을 설명하면서 이야기했던 동방의 별자리인 28수 중에 하나야. 너희는

　　　　사자자리, 쌍둥이자리, 처녀자리, 물병자리와 같은 별자리 이름을 알고 있지? 그것은 서양에서 이름을 붙인 별자리들의 이름이야. 동양에서도 하늘의 별자리에 이름을 붙였는데, 모두 28개의 별자리가 있어. 이것을 28수라고 해.

호 림　28수는 어떻게 불러요? 여기에도 사자자리, 처녀자리와 같은 이름이 있나요? 아니면 호랑이자리, 총각자리… 이런 이름인가?

아 빠　28수는 동서남북에 각각 7개의 별자리가 있어. 그러면 4×7이니깐 28개가 되지. 동양에서는 사자자리, 쌍둥이자리, 물병자리와 같이 하나하나의 별자리 이름을 부르는 게 아니라, 우리가 잘 알고 있는 방위신의 이름을 붙여.

아 름　아! 동쪽에는 청룡, 서쪽엔 백호, 남쪽은 주작, 북쪽 현무… 이렇게요?

아 빠　그렇지. 동쪽의 7개의 별자리는 전체가 모여서 청룡의 모양을 나타내는데, 각각 청룡의 뿔, 목, 가슴, 배, 심장, 꼬리, 항문 부분에 해당하지. 이름은 각角, 항亢, 저氐, 방房, 심心, 미尾, 기箕라고 해. 마찬가지로 서쪽의 7개의 별자리는 호랑이의 꼬리부터 몸통, 앞발 부분에 해당하고 이름이 규奎, 루婁, 위胃, 묘昴, 필畢, 자觜, 삼參이야.

엄 마　그러면 별 규 자는 28수 중에서, 서쪽에 있는 7 별자리 중에서도 가장 앞에 나오는 별자리군요!

아 름　그러면 28개의 별자리 이름 중에서 왜 하필이면 별 규 자를 썼어요?

아 빠　이곳은 왕실 도서관이잖니? 즉 최고의 학문을 하는 곳이잖아? 그런데 별 규 자는 그 형상이 글월 문 자와 비슷해서 흔히 문장을 비유하는 말로 쓰여. 하늘에 있는 별과 같은 문장이면, 누구의 문장일까?

호 림　하늘같이 높으신 분의 문장이겠죠. 임금이겠네요.

아 빠　그래서 규장은 임금의 시와 문장을 뜻하는 말이기 때문에 규장각은 곧 임금의 시와 문장을 보관하는 집이 되는 것이야. 즉, 왕실 도서관이 되는 셈이야. 따라서 규장각과 주합루라는 이름에는 학문에 전념하고 새로운 인재를 발굴하여 새로운 시대를 열려는 정조의 의지가 반영되었다고 할 수 있지. 그래서인지 궁궐지의 기록에 따르면, 이곳 창덕궁뿐만 아니라 경희궁에도 규장각이 있었어.

어수문은 유비와 제갈공명의 관계를 나타낸 말

아 름   아빠! 주합루로 올라가는 계단에 앙증맞은 문이 있어요. 아주 예쁜 문이에요. 가져가고 싶다. 한자도 쉽네요. 고기 어, 물 수, 문 문이니깐, 물고기의 문? 글자는 쉬운데 해석이 안 되네? 이를 어쩌지?

아 빠   그것은 어수魚水라는 말이 생긴 옛이야기를 몰라서 그런 것이야. 우리말에는 그 유래를 알아야만 뜻을 알 수 있는 고사성어가 많아. 예를 들면 조삼모사朝三暮四 같은 말이지. 어수는 유비, 관우, 장비로 유명한 소

어수문

호 림   설 삼국지에 나온 말로, 임금과 신하가 물과 물고기처럼 서로 긴밀하게 의기투합한다는 뜻이야.

호 림   물을 만난 물고기라는 뜻도 되나요?

아 빠   그런 뜻도 되겠지. 아무튼, 어수는 거꾸로 써서 수어水魚라고도 하는데, 삼국지三國志 유비가 자신과 제갈공명과의 관계를 물고기와 물에 비유한 데서 유래하였어. 유비가 제갈공명을 등용한 후에 두 사람의 사이가 나날이 가까워지자 그전에 도원결의의 맹세를 했었던 관우와 장비가 이를 못마땅하게 여기고 불만을 표시했어. 그러자 유비는 나에게 제갈공명이 있는 것은 물고기에게 물이 있는 것과 같다. 따라서 그대들은 다시는 불평을 말라고 했대.

엄 마   그래서 매우 절친한 친구 사이를 수어지교水魚之交라고 한단다.

아 빠   저 어수문은 사찰의 일주문처럼 네모기둥 두 개가 지붕을 받치고 있는데, 지붕은 우진각지붕이야.

아 름   우진각지붕은 상당히 큰 문에만 만드는 줄 알았는데 저렇게 조그만 지붕도 있구나!

아 빠   그렇지. 보통 우진각지붕은 숭례문, 광화문처럼 성문이나 궁궐문과 같이 큰 문에 많이 만들지. 아무튼, 저 어수문은 겹처마에 공포도 다포로 꾸몄어. 게다가 문 모서리에는 낙양각洛陽刻이라는 장식도 있고, 고급스러운 장식이란 장식은 모두 갖추고 있어. 따라서 크기는 작지만 없는 게 없는 문이야.

호 림   작은 거인이란 말이 어울릴까요?

엄 마   호림아, 너는 언어의 마술사구나!

아 빠   아마도 임금이 드나드는 문이라서 그런 것 같아. 신하들은 당연히 양 옆의 작은 문으로 다녀야 하지. 그리고 여기서는 잘 보이지가 않지만, 주합루에서 내려다보면 어수문과 부용정이 일직선 상에 서 있어. 그런 광경을 봐야 이곳 경치를 제대로 볼 수 있는 거야. 내가 언젠가 말했지? 경복궁의 아미산도 교태전의 왕비 눈높이에서 봐야만 제대로 보인다고.

엄 마 　여보, 그런데 주합루 주변의 건물들의 용도는 뭐죠?

왕실도서관은 규장각, 주합루뿐만이 아니다

아 빠 　규장각과 주합루가 왕실도서관이라고는 했지만, 규모가 좀 작지?

아 름 　저도 그렇게 생각했어요. 도서관이면 꽤 커야 하는데…

아 빠 　그래서 동궐도를 참고해야만 이 왕실 도서관의 규모를 제대로 알 수 있는 거야. 동궐도에서 규장각의 남서쪽에 보면 네 개의 건물들이 있어. 우선 여기 봉모당은 선왕들과 관련된 각종 유품과 문건을 보관하는 곳이야.

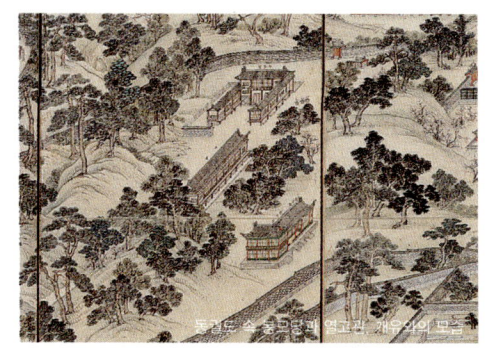

동궐도 속 봉모당과 열고관, 개유와의 모습

아 름 　봉모당의 뜻을 풀어주세요. 그래야만 오래 기억할 수 있잖아요.

아 빠 　그렇지! 봉모당奉謨堂은 받들 봉, 의논할 모, 집 당이니깐, 임금과 신하가 함께 국사를 논의하며 지은 글인 모훈謨訓을 받드는 집이란 뜻이야. 그리고 그 남쪽 언덕에는 중국에서 들어온 2만여 권의 책을 보관하던 열고관과 개유와가 있었어. 열고관閱古館은 볼 열, 옛 고, 집 관이고 개유와皆有窩는 모두 개, 있을 유, 움집 와!

아 름 　한자의 뜻을 아니깐 쉽게 이해돼요. 열고관은 고서를 보는 곳이고, 개유와는 없는 게 없이 모두 다 있는 집이란 곳이네요?

아 빠 그렇지. 그래서 우리 문화재를 공부하려면 한자 공부가 필요한 거야. 열고관의 서북쪽에는 국내 책 1만여 권을 소장했던 서고가 있었고, 그리고 지금 주합루의 바로 서쪽에 있는 건물은 책을 말리던 서향각이야. 서고는 너무 쉬우니 설명 안 해도 알겠지? 서향각書香閣은 책 향기가 나는 누각이란 뜻이야. 이것도 쉽지? 따라서 봉모당, 열고관, 개유와, 서고, 서향각이 모두 이 왕실 도서관의 부속 건물인 셈이지. 왕실 도서관의 규모가 대단하지? 그렇지만, 아쉽게도 일제강점기를 거치면서 서향각과 규장각만 남고 나머지는 다 헐렸어.

호 림 책을 말려요? 빨래도 아닌데 왜 책을 말려요?

아 빠 책을 오래 보관하기 위해서 옛날에는 글, 그림 등을 4개월에 한 번씩 날씨가 좋을 때마다 햇볕에 말렸어. 이것을 포쇄曝曬라고 하는데, 포쇄는 이곳 궁궐에서만 한 것이 아니야. 혹시 궁궐 말고 어디에서 했는지 알아맞혀 볼까?

아 름 책은 아무 책이나 포쇄하는 것이 아니고 왕실 도서관인 규장각처럼 중요한 곳의 책만 포쇄했을 거야. 그렇다면 조선에서 중요하게 여기는 책이 뭐가 있을까?

호 림 조선에서 제일 중요한 책은 조선왕조실록 아닐까? 중요하니깐 각 지방에 실록을 보관하는 장소를 여러 개 만들었지.

아 빠 호림이가 정확하게 맞혔구나. 조선왕조실록을 보관하고 있는 5대 사고에서도 실록과 선원록의 책들에 대해서 똑같이 작업했어. 책 향기가 나는 곳이란 뜻을 가진 서향각의 이름도 포쇄 작업 때 책에서 나는 고유의 냄새를 향기라고 표현한 것이야.

애련지 주변

 금마문 입구

금마문

아름   아빠, 이 문의 이름이 특이하네요? 쇠로 만든 말이란 뜻인데 왜 이런 뜻이 붙었나요?

금마문이란 책을 보관하던 장소의 문

아빠   금마문金馬門은 안쪽에 있는 두 개의 건물인 기오헌寄傲軒과 운경거韻磬居의 주 출입문이야. 원래 금마문은 중국의 한나라 때 대궐 문의 이름인데, 문 옆에 구리로 만든 말이 있어서 금마문이라고 이름이 붙었어. 금마라는 곳은 국가에서 책을 보관하던 장소였다고 해. 그런데 기오헌과 운경거는 효명세자가 바쁜 대리청정 생활에서 벗어나 잠시 책을 읽으면서 쉬던 곳이야. 따라서 이곳에는 세자가 읽을 서책들이 많이 비치되어 있었을 것이고, 중국의 전통을 따라 그렇게 이름이 붙은 거야.

엄 마   여보, 이 안내 책자에는 기오헌이 아니라 의두합倚斗閤이라고 되어 있어요. 게다가 동궐도를 보니 이안재易安齋라고 표시되어 있어요. 한 건물에 다른 이름이 세 개나 붙었는데 도대체 어떻게 된 거죠?

아 빠   원래 처음 이 자리에는 이안재라는 독서처가 있었는데, 동궐도가 그려진 순조 27~30년에는 의두합으로 고쳐 지어졌어. 그런데 동궐도에는 화원이 실수로 옛 이름을 그대로 쓴 것 같아. 그렇지만 의두합도 언제부터인가 기오헌으로 편액이 바뀌었는데, 그 시기가 확실하지는 않아.

엄 마   의두합, 기오헌, 이안재… 모두가 매우 어려운 한자군요. 한자를 풀이하면 이 집의 용도를 쉽게 알 수 있겠죠?

아 빠   아무렴. 우선 의두합부터 알아볼까? 의지할 의, 말 두, 쪽문 합! 이렇게 세 글자인데, 가운데 있는 두는 북두칠성을 뜻해. 따라서 북두칠성에 의지하는 집이란 뜻이야. 그럼 왜 북두칠성에 의지한다는 뜻을 붙였을까? 힌트는 두 가지인데 바로 이 집의 방향과 주인이야.

아 름   집의 방향은 북쪽이고, 주인은 효명세자라고 했는데…

기오헌과 운경거

의두합의 북두칠성은 정조 임금

엄 마   음… 아! 알겠어요. 일단 이 집이 북향이어서 북두칠성을 바라본다는 뜻도 있고요, 북두칠성은 위치가 바뀌지 않는 별이잖아요? 그럼 이 집의 주인인 효명세자에게 흔들리지 않는 본보기가 될만한 사람을 비유하는 말일 거예요. 바로 이 집의 뒤쪽에 규장각과 주합루가 있으니, 효명세자가 의지하고 본받고자 했던 분은 바로 할아버지인 정조 임금이었을 거예요.

아 빠   맞았어. 역시 엄마는 고수야. 그리고 이안재나 기오헌은 모두 같은 출처에서 나온 말이야. 중국의 유명한 시인이었던 도연명의 시 귀거래사歸去來辭에서 나온 말이지.

호 림   귀거래사? 그건 가수 김신우의 노래인데?

엄 마   가수 김신우는 도연명의 시 귀거래사에서 노래의 제목을 빌려 온 것뿐이야. 귀거래사는 도연명의 가장 대표적인 작품 중의 하나인데, 관리였던 도연명이 상급 기관의 관리에게 굽실거려야 하는 현실에 대한 분을 못 참고 관직을 과감하게 던져버린 채 고향인 시골로 돌아오는 심경을 노래한 시야.

아 빠   이안재가 되었든 기오헌이 되었든, 궁극적으로 전달하려는 뜻은 같다

뱀의 발   귀거래사 중 기오, 이안이 나오는 구절

도연명은 고향으로 돌아온 뒤 은둔해 생활하면서 여러 작품을 남겼는데, 특히 도화원기桃花源記라는 작품에서는 그 유명한 무릉도원武陵桃源이란 말을 만들어 냈다. 또한, 귀거래사에서는 다음과 같은 구절이 있다.

의남창이기오倚南窓以寄傲 / 남쪽 창가에 기대어 거리낌 없이 있노라니.
심용슬지이안審容膝之易安 / 무릎 하나 들일 만한 작은 집이지만, 이 얼마나 편한가.

기오는 의지할 기寄, 거만한 오傲로 내 마음대로 거리끼지 않는다는 뜻이고, 이안은 쉬울 이易, 편안할 안安으로 너무 편안하다는 뜻이다.

고 볼 수 있지. 결국, 집은 작아도 내 마음대로 있으니 거리낌이 없고 마음 편하다는 말이야. 그래서 이안재가 되었든 기오헌이 되었든 결국은 같은 뜻이라는 거지.

호 림   도연명은 그럴지 몰라도, 그래도 난 평수가 넓은 큰 집이 좋아요. 좁은 집에서 안 살아 본 사람은 말을 말아요. 어휴!

아 름   그럼 그 옆에 있는 운경거라는 뜻은 뭐예요?

엄 마   운韻은 음운, 운율이라는 뜻인데, 시를 뜻하는 말이야. 운을 띄운다는 말 알지? 그리고 경磬은 경쇠라는 뜻인데, 악기를 뜻해. 국악기에 편경編磬이라고 알지? 그때의 경이야. 그리고 거居는 산다는 뜻이야. 주거할 때의 거.

아 빠   엄마가 잘 설명해 줬구나. 운경은 결국 시와 음악을 뜻하는 말이야. 바로 옆의 기오헌은 독서를 하는 곳이고, 운경거는 시와 음악으로 휴식을 취하는 곳이야.

호 림   한마디로 독서실과 노래방이라고 보면 되겠군요.

아 름   오빠! 왜 그렇게 단순하니?

아 빠   허허, 녀석! 역시 호림이 다운 발상이구나!

불로문 입구

불로문의 글자는 전서체

호 림   어? 이 문은 특이하네? 그리고 어디서 본 기억이 나는데? 아! 맞다. 지하철 3호선 경복궁역에서 경복궁 쪽으로 나가는 통로에 이것과 똑같이 생긴 문을 보았어요. 그런데 무슨 글자가 이렇게 이상하게 생겼지?

엄 마   이 글자는 전서篆書라고 하는 글씨체야. 실용적인 글자라기보다는 의식용으로 많이 쓰인단다. 한자는 다섯 가지 글씨가 있는데, 전서, 예서隸書, 해서楷書, 행서行書, 초서草書, 이렇게 다섯 가지란다. 그중에서 전서는 한자가 처음 생겨난 초기의 상형 문자에 가까운 글씨고, 따라서 다른 글씨체보다 훨씬 먼저 생겨났지. 그리고 해서는 가장 반듯한 정자체이고, 그리고 초서는 완전 필기체란다.

불로문

아 름 : 아, 도장이나 낙관 같은 것에서 많이 보던 글씨체구나.

아 빠 : 그렇지. 이 글자는 아니 불, 늙을 로, 문 문 자야. 늙지 않는다는 불로문不老門이지. 문은 대개 나무로 만드는데, 이 문은 돌로 만들었잖아? 그만큼 오래간다는 뜻이야. 따라서 이 문을 지나가는 사람은 무병장수한다는 이야기가 전해 내려와. 또는 문을 한 번 지날 때마다 한 살씩 젊어진다는 이야기도 있어. 열 번 지나가면 10년은 젊어지겠지?

호 림 : 스무 번 지나가면 아빠의 빠진 머리카락이 다시 생겨날지도 모르죠. 하하하.

아 름 : 아빠, 이 문에는 옛날에 나무 문짝을 달았나 봐요. 문을 고정하던 흔적이 있어요.

아 빠 : 그래. 그것을 돌쩌귀라고 하는데 경첩의 일종이야. 예전에는 이 문에 문짝을 달았다는 증거가 되는 셈이지. 역시 아름이의 관찰력은 예리해! 자, 그럼 불로문으로 들어가면서 한번 젊어져 볼까?

실질적인 법궁, 창덕궁

호 림   아빠, 이거 타임머신이네요, 그렇죠?
아 빠   여기에 있는 이 연못의 이름은 애련지야. 연꽃을 사랑하는 연못이라는 뜻이야. 조금 전에 지나왔던 부용지와 뜻이 통하는 이름이지?
엄 마   애련지? 어디서 들어본 이름인데?

애련지와 향원지는 모두 같은 어원

아 빠   응, 우리가 경복궁의 향원정을 답사할 때 나왔던 이름이야. 향원이라는 말이 중국의 시인 주돈이가 지은 애련설에서 나왔다고 했지. 따라서 이름의 원천이 같은 거야. 이왕에 향원정과 향원지가 나왔으니 창덕궁의 애련지와 경복궁의 향원지를 한번 비교해 볼까?
호 림   또 비교하는 문제? 난 비교 문제는 너무 어렵다고요. 하나를 봐도 잘

애련지와 애련정

모르겠는데…

아 빠 호림아, 문화재는 비교하는 습관을 들여야만 제대로 이해할 수 있어. 예를 들어 탑을 봐도 다른 탑들과 비교해야만 진정한 문화재의 의미를 알 수 있는 것이지. 그래야 한 문화재를 봐도 집중해서 관찰할 수 있어. 처음에는 어렵더라도 자꾸 습관을 들여야 해.

아 름 음, 천원지방이니깐… 사각 연못은 똑같고요… 그런데 향원지는 둥근 섬이 가운데 있었는데, 애련지는 섬이 없어요. 또 향원지는 정자가 둥근 섬 안에 있었는데, 애련지는 정자가 연못가에 있어요.

엄 마 내가 보기에는 연못에 물이 들어오는 방식도 약간 달라요. 향원지에서는 연못가의 열상진원이라는 샘에서 솟아난 물을 명당수를 만들려고 일부러 서류동입하게 방향을 바꾸어 연못으로 흘러가게 만들었잖아요. 그런데 이곳에서는 연경당 쪽에서 돌로 만든 도랑을 따라 흘러나온 물이 저기 애련지의 서북쪽 모퉁이에서 넓은 판석의 홈통을 따라 흘러온 다음 가느다란 폭포를 이루어 떨어지고, 그런 다음 또다시 작은 낙차를 만들며 연못 속으로 흘러가요.

향원지와 애련지 간 급수 방식의 차이점

아 빠 아름이도 잘 맞혔고, 당신은 정말 세심한 것까지 잘 봤어. 그런데 이곳 애련지로 들어오는 물은 원래부터 서쪽의 연경당에서 동쪽인 애련지로 흘러들어오는 명당수의 조건을 갖추었기 때문, 굳이 억지로 명당수를 만들 필요가 없는 것이지. 그리고 숙종 때의 기록에 따르면, 이곳 애련지도 향원지처럼 연못 가운데 섬을 만들고 그 위에 정자를 지었다고 되어 있는데 언제 지금처럼 바뀌었는지는 알 수가 없어.

엄 마 저 애련정이 두 기둥의 주춧돌을 물속으로 넣은 것도 부용정과 마찬가지로 임금님이 깨끗한 마음을 가지라는 교훈을 주기 위한 것이죠?

아 빠   그렇지. 저 애련정은 건물은 작지만 오밀조밀하게 장식이 잘 갖춰져 있어. 내가 항상 하는 말이지만 정자는 그 건물을 보라고 지어놓은 것이 아니라, 그 정자 속에 들어가서 주변의 경치를 보라고 지어놓은 거야. 저 애련정 기둥 사이의 창방에 가득하게, 그리고 기둥에는 기둥뿌리까지 길게 낙양각이 설치되어 있어서, 저 안에 들어가서 주변 경치를 보면 마치 예쁜 액자 속의 풍경화를 보는 것 같을 거야. 그렇지만 저 애련정에 들어가 볼 수 없으니 참으로 안타깝지. 자, 이제 연경당 쪽으로 가 볼까?

🔵 연경당 장락문 입구

아 름   어, 여기도 이름이 장락문이네. 아까 낙선재에서도 보았는데… 아참, 아빠가 그때 설명해 주셨죠. 같은 이름이 연경당에도 있다고. 그런데 궁금한 것이 하나 있어요. 아까 낙선재도 그랬지만 커다란 이 집의 이름이 왜 연경당인가요? 건물이 한 채가 아닌 여러 채가 있잖아요?

연경당 장락문

사랑채의 이름이 집 전체를 대표하는 이름

아 빠 우리나라에서는 건물이 여러 채라 하더라도 그중 남자 어른이 거처하는 사랑채의 이름이 그 집 전체를 대표하는 이름이 되는 경우가 많아. 창덕궁의 낙선재와 연경당도 마찬가지이지만, 일반 사대부의 집도 예외가 아니야.

엄 마 세계문화유산으로 지정된 우리나라의 두 역사 마을인 하회와 양동마을을 예로 들어 볼까? 안동 하회마을에서는 양진당養眞堂, 충효당忠孝堂 등이 그 집의 대표 이름이 되는 경우이고, 경주 양동마을에서는 관가정觀稼亭, 무첨당無忝堂, 서백당書百堂 등이 그 집의 대표 이름이야. 해남에 있는 고산 윤선도의 고택도 녹우당綠雨堂으로 부른단다.

아 빠 궁궐도 예외는 아니지만, 이렇게 여러 채의 건물로 이루어진 큰 집을 관람하기 전에 반드시 먼저 해야만 하는 것이 하나 있어. 그것은 건물의 종합적인 배치를 파악하는 것이야. 배치를 보지 않고 개별 건물들만 보면, 뭐랄까… 마치 장님이 코끼리를 더듬는 것과 마찬가지야. 자, 이 건물의 배치를 살펴볼까? 이 건물은 행랑이 독특하게 안팎으로 이중 구조로 되어 있어. 그리고 안채 영역과 사랑채의 영역으로 크게 나뉘는데, 안채 영역에는 반빗간이 딸려 있고 사랑채 영역에는 선향재善香齋와 농수정濃繡亭이 딸려 있지. 서쪽이 안채 영역이고, 동쪽이 사랑채 영역이야.

아 름 아빠, 또 음양 이야기하려고 하시죠? 이제는 저도 충분히 알아요. 해가 지는 서쪽은 음이니깐 안채가 자리 잡고, 해가 뜨는 동쪽은 양이니깐 사랑채가 자리 잡는다. 어때요?

엄 마 서당개도 3년이면 풍월을 읊는다고 했는데, 이제는 아름이가 문화해설사를 해도 되겠구나.

연경당은 순조의 존호를 올리는 진찬연을 위해 만들었다

아 빠   이곳 연경당演慶堂은 원래 효명세자가 부모님인 순조와 순원왕후의 진찬을 위해서 정성 들여 지은 집인데, 1827년을 전후로 지어진 집이라서 동궐도에도 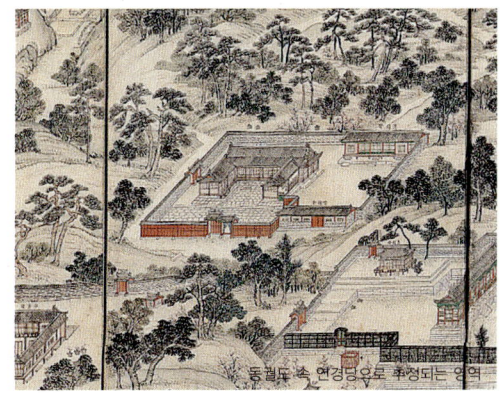 나와. 그런데 동궐도에 나온 연경당과 지금의 연경당은 위치도 다르고 건물의 모양이나 규모도 완전히 다른데, 그 이유와 내력은 알려진 바가 없어. 아마도 옛날 연경당을 없애고 새롭게 건물을 지었는데, 건물의 이름만 계승해서 쓴 것 같아.

아 름   그럼 연경당이란 이름이 좋아서 그런 것 같네요. 연경당의 한자를 알려주세요. 뜻을 맞혀 볼게요.

엄 마   늘일 연演, 경사 경慶, 집 당堂!

아 름   경사스러움을 널리 퍼뜨린다는 뜻이군요. 효명세자가 부모님의 궁중 잔치인 진찬을 위해서 지은 이름치고는 꼭 맞는 이름이네요. 그런데 어떤 잔치였대요?

아 빠   기록에 따르면, 1827년에 효명세자가 순조에게 존호尊號를 올리는 예를 올렸다고 되어 있어.

아 름   존호는 존경스러운 호칭이라는 뜻인가요?

사람 이름을 직접 부르면 예의에 어긋난다

아 빠 그렇지. 원래 임금이 살아 있을 때는 별도의 호칭이 없어. 그냥 주상전하 또는 전하라고만 하지. 물론, 임금에게도 이름은 있었어. 예들 들어 정조의 이름은 이산(李祘)이야. 하지만, 옛날에는 그 사람의 이름을 직접 부르면 예의가 아니라고 여겼어. 일반 민중에게는 이름을 직접 부르면 그 사람에게 좋지 못한 일이 생긴다고까지 믿었어. 그래서 일반 백성은 이름을 부르지 않고 대신에 천한 이름을 썼지.

호 림 아, 그래서 옛날 사극을 보면 개똥이니 마당쇠니 그렇게 불렀구나! 지금도 할머니는 저만 보면 귀여운 내 똥강아지! 이렇게 부르시잖아요.

아 빠 일반 백성은 그렇게 했지만, 양반은 체통이 있어서 그러질 못했지. 그래서 자(字)와 호(號)를 썼어. 자는 스스럼없이 부를 수 있도록 지은 새 이름인데 반해서, 호는 그 사람의 개성이나 성품, 직업, 취미, 특기를 반영한 이름인데, 남이 지어주는 때도 있지만 주로 자신이 직접 지었어. 추사체로 유명한 김정희는 호가 추사, 완당 등 200개가 넘었대.

아 름 그럼, 임금은 별도의 호칭이 없이 그냥 전하라고만 한다면서 왜 존호를 올렸나요?

아 빠 존호는 왕과 왕비가 살아 있는 동안에 부르는 호칭이기는 하지만, 평상시에는 쓰이지 않고 외교나 예식, 제사 등에만 사용했어. 그리고 왕과 왕비가 돌아가시면 시호(諡號)와 묘호(廟號)를 붙이는데, 묘호는 종묘에서 위패를 모시고 제사를 지낼 때 사용되는 이름이야. 우리가 알고 있는 조선 임금의 이름이 모두가 묘호야. 태정태세문단세… 로 시작하는 조선 왕들의 이름 말이야. 한편, 시호는 큰 공이 있는 사람에게 국가에서 내리는 특별한 이름인데…

아 름 예를 들면 이순신 장군의 충무공이라는 이름이죠?

아 빠   잘 알고 있구나. 그런데 충무공은 이순신 장군에게만 주어진 시호가 아니야. 이순신 장군 이외에도 충무공은 많아. 남이 장군도 충무공이고, 진주대첩의 김시민 장군도 충무공이야. 충무공으로 대표적이 분이 이순신 장군일 뿐이야. 시호는 왕에게 주어지기도 하고, 신하에게 주어지기도 하는데 신하에게 주어지는 시호를 담당하는 궐내각사가 봉상시奉常寺야. 왕과 왕비의 경우에는 시호도감諡號都監이라는 임시 관청을 만들어서 시호를 올리지. 세종대왕은 묘호는 세종世宗이지만, 시호는 장헌영문예무인성명효대왕莊憲英文睿武仁聖明孝大王이야. 다른 왕들도 거의 모두 10자가 넘는 긴 시호를 갖고 있지.

호 림   예? 세종장헌… 뭐라고요? 그렇게 긴 걸 아빠는 다 알고 있어요?

아 빠   비밀 하나 이야기해 줄까? 나는 세종대왕 것 하나만 제대로 외우고 있어. 이것 하나만 외워도 다른 사람들에게 시호 설명하는 데는 전혀 지장이 없어. 다만, 세종대왕의 시호 하나만이라도 그 내용을 확실하게 알고 있지. 세종의 시호 중 영문은 한글을 창제하고 학문의 수준을 높인 공으로 문을 꽃피웠다는 뜻이고, 예무는 대마도를 정벌하고 여진을 쫓아내는 등 무를 예리하게 단련시켰다는 뜻이며, 인성은 성품이 어질고 성스럽고 명효는 아주 효성스럽다는 뜻이야.

연경당 외행각의 동쪽 담벼락이 판자로 된 이유

아 름   아빠, 여기 담벼락을 보면 왼쪽은 벽돌인데, 오른쪽은 나무판자로 되어 있어요. 왜 그렇죠? 혹시 이것도 음양오행하고 관련 있나요?

아 빠   음양오행하고는 직접적인 관련이 없어. 보통의 담벼락은 벽돌이나 흙벽으로 마무리하지. 그런데도 나무판자로 벽을 만들었다면 뭔가 꼭 필요해서 그렇게 만들지 않았을까? 힌트는 연경당 배치도에 나와 있어.

호 림   아, 알겠다. 그쪽에 마구간과 화장실이 있어요. 그래서 통풍이 잘되라고 그런 것이구나.

아 빠   이번에는 호림이가 맞혔구나. 잘했다. 그리고 이건 동궐도형東闕圖形이라는 도면 그림인데, 여기가 연경당에 해당하는 도면이야. 자, 이제 확인이 되지? 여기가 마구간과 화장실이라고 되어 있지? 여기 도면에는 화장실은 측厠이라고 되어 있는데, 옛날에는 화장실을 측간厠間이라고 불렀기 때문이야.

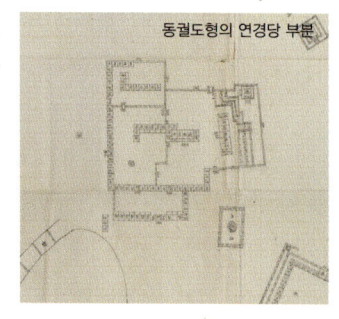

동궐도형의 연경당 부분

아 름   아빠 안쪽 행각에는 문이 두 개네요? 특히 오른쪽에 보이는 문이 더 높게 만들어져 있어요. 남녀차별 때문에 그런거죠? 너무 했어요.

아 빠   아름아 너에게는 서운하게 들릴지 모르지만, 남녀차별이라는 말보다는 남녀유별男女有別이라는 말이 더 정확해. 왜냐하면, 조선이라는 사회는 성리학에 기반을 두고 사회를 지탱했기 때문에 모든 것에 질서를 부여하고 서열을 정하는 것이 정상적이었어. 만약 그것에 대항하면 국가의 존립을 위태롭게 한다고 여겨서 심하면 사형까지 시켰어. 조선 후기에 천주교인들이 박해를 받은 이유 중의 하나가 모든 인간은 동등하다고 믿은 것이었어. 유교 사회 양반들의 입장에서는 도저히 받아들일 수 없는 주장이었거든.

엄 마   모든 양반집이 그렇듯이, 이곳도 여자들의 안채 영역과 남자들의 사랑채 영역이 구분되어 있고, 그 때문에 출입하는 대문도 따로따로야. 그래서 남자들이 쓰는 쪽의 대문은 솟을대문으로 서열을 높게 만들었고, 여자들이 쓰는 쪽의 대문은 평대문으로 낮게 만든 거야. 항상 옛날 사람들의 처지에서 문화재를 봐야 해. 우선 사랑채로 들어가 보자.

아빠 그런데 이 연경당은 외형적으로는 남녀의 공간이 담장으로 엄격하게 구분된 것처럼 보이지만, 실상 내부적으로는 안채와 사랑채가 연결되어 있어. 이런 것이 음양의 조화이고, 한마디로 태극이라고 볼 수 있지. 태극은 음양이 분리된 채로만 있는 것이 아니라 서로가 조화롭게 섞이려고 하는 형상이야. 그리고 이 사랑채의 이름이 바로 이 집의 대표 이름인 연경당이야. 주인을 위해서 계단 앞에는 말을 타고 내릴 때 디딜 수 있도록 노둣돌을 만들어 두었지.

남녀의 공간으로 나뉜 연경당의 중문

남자의 공간인 사랑채

여자의 공간인 안채

선향재와 집옥재 비교

호림 그런데, 아빠! 오른쪽의 저 건물은 꽤 이상해요. 한눈에도 우리나라 전통 건물 같지가 않아요.

아빠 저 건물은 선향재善香齋라고 하는데, 서재 겸 응접실로 쓰였어. 앞쪽에 설치된 것은 햇볕을 막는 시설인 차양이야. 왜 저곳에 차양이 설치되었을까 생각해 봐.

선향재 내부

아름 음… 알겠어요. 저 건물은 서쪽을 바라보고 있어요. 그래서 한낮 무렵 남쪽에 높이 뜬 해가 아니라, 오후 늦게 서쪽으로 낮게 지는 해 때문에 깊게 들어오는 햇빛을 차단하려고 차양도 아주 길게 만든 것 같아요.

엄마 아름이의 관찰력은 역시 대단하구나. 여보, 저런 차양이 우리나라에서는 매우 드물죠?

아빠 응, 나도 강릉에 있는 선교장船橋莊에서 본 것 이외에는 다른 곳에서는 본 적이 없어. 게다가 선향재는 옆쪽의 벽체가 대부분 벽돌로 마감되어 있어. 이런 건축물 어디서 본 기억나지 않아?

엄마 그러고 보니, 경복궁의 집옥재와 비슷해요. 집옥재도 옆면이 대부분 벽돌이었던 것 같아요.

아빠 맞아, 경복궁의 집옥재와 비슷한 느낌이지? 집옥재도 외국 사신을 응접하던 곳이니깐 이곳 선향재와 용도가 같다고 할 수 있지. 그 때문에 이 연경당도 고종 때 지어진 것 같다는 느낌이 들어. 왜냐하면, 집옥재를 지을 때도 외국의 선진 문물을 받아들인다는 취지에서 중국풍의 건물을 지었는데, 연경당에도 비슷한 건물이 있다는 말은 결국엔 건물이 지어진 시기가 비슷하다고 추정할 수 있지. 자, 이제 안채가 있는 쪽으로 가 보자.

아 름   여기는 반빗간이라고 되어 있는데 반빗간이 뭐죠?

아 빠   쉽게 말해 부엌이야. 보통의 집에는 부엌이 안채와 가까운 곳에 있지만, 손님이 많은 큰 부잣집에서는 따로 별채를 지어서 부엌으로 쓰기도 했는데 이것을 반빗간이라고 해. 아빠가 이곳에서 마지막으로 퀴즈를 하나 낼게. 이곳 연경당도 사랑채와 안채의 서열을 다르게 하려고 의도적으로 만든 것들이 있어. 들어오는 문의 차이는 이미 알고 있으니 다른 것들을 한번 찾아봐. 힌트는 창문과 기둥 위쪽이야.

호 림   일단 쉬운 것부터 찾아야죠. 무엇보다도 사랑채 쪽이 공간이 훨씬 넓어요. 게다가 뒤쪽에 정자도 있고요.

농수정

아 름 저도 찾았어요. 사랑채의 창문은 모양이 복잡하고 예쁜데, 안채는 모양이 아주 단순해요.

엄 마 나도 알 것 같아요. 사랑채의 기둥 위의 도리는 둥근 도리인데, 안채의 기둥 위 도리는 네모난 도리예요. 기둥 중에서도 둥근 기둥이 서열이 높고 모난 기둥이 서열이 낮은 것처럼, 도리도 마찬가지죠?

아 빠 다들 잘 찾았네. 아름이가 찾아낸 것처럼 사랑채의 창문은 완자창卍字窓이라고 하는데, 문양이 화려해. 그리고 안채의 창문을 세살창이라고 하는데, 단순한 직선으로만 되어 있어. 마지막으로 엄마가 찾아낸 것은 정말 어려운 것이야. 네모난 도리를 납도리라고 하고, 둥근 도리를 굴도리라고 하는데, 엄마가 말한 것처럼 둥근 굴도리를 네모난 납도리보다 더 고급으로 치지.

뱀의 발 — 농수정이 될 수밖에 없는 이유

선향재 뒤쪽에 전체적인 느낌이 연경당과는 사뭇 다른 예쁜 정자가 하나 있다. 바로 농수정이다. 연경당은 일부러 단청도 안 하고 처마도 홑처마로 만들어서 소박한 인상을 주도록 했지만, 농수정 만큼은 아주 공들여 지었다. 처마도 겹처마이고 분합문이나 마루, 난간을 만든 솜씨가 보통이 아니다. 선향재 뒤편에서 농수정까지 올라가는 경사지에는 화계까지 만들었다.

유교의 성리학적인 가치관에서 볼 때 검이불루 화이불치儉而不陋 華而不侈라는 말이 있다. 검소하지만 누추하지 않고, 화려하지만 사치스럽지 않다는 것이다. 조화로움과 어느 쪽에도 치우치지 않는 중용을 나타낸 말이다. 이곳 연경당도 모두 검소한 쪽으로 조성하는 것보다는 한쪽 구석에 약간의 화려함을 더하여 전체적인 조화가 잘 맞도록 고려한 것으로 보인다.

관람지 주변

🔹 관람정 앞

아 름 아빠, 이 연못은 모양이 참 독특하네요. 마치 우리나라 지도 같아요.

관람정이 다른 정자들과 다른 세 가지

아 빠 응, 네 말처럼 한반도 지도와 닮았다고 해서 그전에는 반도지半島池라고 했는데, 요즘 들어서는 관람정觀纜亭이라는 정자가 있기 때문에 관람지觀纜池라고 이름이 바뀌었어. 그런데 동궐도를 보면, 이곳의 모양이 전혀 달랐어. 이 그림을 볼래? 네모난 연못이 두 개가 있고 그 아래쪽에 둥근 섬이 들어가 있는 둥근 연못이 하나 있지. 그런데 1907년경에 만들어진 동궐도형에는 이 연못이 표주박처럼 생겼어. 즉, 모양이 두 번 변한 거지. 1907년 이후에 연못의 모양이 한반도 지도처럼 생긴 것이야.

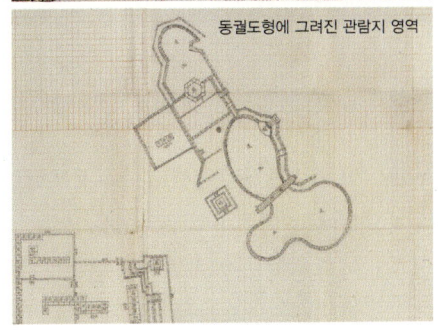

아름   왜 그런 거죠?

호림   일제강점기에 그렇게 만든 것이네요. 그렇다고 하면 분명히 뭔가 나쁜 의도가 들어가 있을 것 같아요.

아빠   기록이 없어서 이런 모양으로 만든 의도를 정확히 알 수는 없지만, 이 연못의 한반도 지도 모양을 자세히 보면 남쪽과 북쪽이 거꾸로 되어 있다는 것을 알 수 있어. 우리나라를 거꾸로 세운 것과 같은 모양이지. 그래서 아무래도 별로 좋은 느낌이 들지는 않아.

엄마   여보, 저 관람정이라는 정자도 생김새가 아주 특이하네요. 마치 합죽선 부채를 펼쳐놓은 것 같아요.

아빠   우리나라에서 저렇게 생긴 정자는 저것 하나뿐이라고 해. 관람정도 다른 물가에 있는 정자들처럼 정면의 두 기둥은 마치 발을 담근 것처럼 못 속에 박힌 주춧돌 위에 올라가 있어.

관람지

관람지에서는 뱃놀이를 했었다

아 름   이곳 관람정의 현판도 아주 독특해요. 푸른 나뭇잎 모양에다 글씨를 썼어요. 이곳 관람정은 연못 모양, 정자 모양, 현판 모양… 이 모든 것이 독특해요. 아마 일제강점기 때 만들어져서 우리 전통 방식을 따르지 않는 것 아닐까요?

아 빠   그럴 가능성이 전혀 없지는 않구나. 아무튼, 이곳 관람지에는 배를 띄웠을 거야.

호 림   그것을 어떻게 알 수 있죠?

아 빠   관람정의 이름으로 알 수가 있지. 볼 관, 닻줄 람, 정자 정! 닻줄은 배를 매어 놓는 줄이니깐, 결국엔 뱃놀이를 보는 정자라는 뜻이야.

호 림   나는 구경한다는 뜻의 관람인 줄 알았는데 그것이 아니었구나!

존덕정 앞

아 름   아빠, 이 정자의 모양도 특이해요. 지붕이 이중이네요? 이 정자의 이름을 한자로 불러주세요.

실질적인 법궁, 창덕궁

엄 마   공경할 존, 덕 덕, 정자 정! 존덕정(尊德亭)이야.

아 름   덕을 존경하는 정자?

아 빠   덕성을 높이 존중하는 정자란 뜻이야. 이 존덕정은 이 관람지 영역의 중심 건물이야. 우선 주변의 다른 정자들보다 격이 높게 만들어졌어. 다른 물가의 정자들처럼 두 기둥은 물속에 있지만, 관람정과는 달리 겹처마에 내부의 단청도 화려하지. 특히 가장 한가운데의 천정에는 청룡과 황룡이 여의주를 놓고 희롱하는 그림이 있어서 왕과 왕권의 위엄을 보여주고 있어.

존덕정

존덕정 천장의 화려한 단청 모습

존덕정은 정조 임금의 상징

존덕정 눈썹지붕

엄 마   지붕은 왜 이중으로 겹쳐 있죠?

아 빠   지붕이 완전하게 이중으로 겹쳐 있는 것이 아니라, 처마 부분에 잇대어서 지붕을 따로 씌운 퇴칸을 한 겹 돌렸기 때문에, 이중인 것처럼 보이는 것이야. 고건축에서는 저런 지붕을 눈썹지붕이라고 해. 바깥쪽 퇴칸의 모서리마다 가는 기둥 세 개씩을 세운 것도 다른 곳에서는 좀처럼 볼 수 없는 모습이지. 그런데 이 존덕정에서 눈여겨보아야 할 것은 북쪽에 걸린 현판이야.

엄 마 깨알같이 한자가 가득한데 어떻게 읽어요?

아 빠 그것을 다 읽기는 어렵지만, 첫 부분에 나오는 제목은 읽어볼 만하지. 만천명월주인옹자서萬川明月主人翁自序라고 되어 있어. 뜻을 풀이하자면 백성을 이 세상의 모든 개천인 만천萬川에 비유하고, 그 위에 하나씩 담겨 비치는 밝은 달빛인 명월明月을 태극이요 군주인 나라고 표현해서, 모든 백성에게 직접 닿는 지고지순한 왕정이 자신이 추구하고 실현할 목표라는 것을 나타낸 것이야.

엄 마 백성을 만천에 비유하고 그 위에 비치는 달빛을 자신인 군주에 비유했다고 하니, 부처님의 교화인 달빛이 모든 중생인 천 개의 강에 비친다는 월인천강지곡月印千江之曲의 뜻과 비슷하군요. 이런 글을 쓴 사람이 도대체 누구죠?

아 빠 바로 정조 임금이야. 그는 만천에 비치는 밝은 달이 되기 위해 선왕인 영조 때부터 시작된 궐 밖 행차뿐만 아니라, 역대 왕릉 참배를 구실로 직접 도성 밖으로 나와서 많은 백성을 직접 만나는 기회를 만들었어. 100회 이상을 기록한 이러한 정조 임금의 행차는 단순한 왕릉 참배의 목적뿐만이 아니라, 신하들을 거치지 않고 일반 백성의 민원을 직접 접수하는 기회로도 활용한 것이야. 그래서 정조를 개혁 군주라고 하지. 따라서 이 존덕정은 정조를 상징하고 있다고 봐도 무방해. 바로 위쪽에 폄우사를 지어 놓은 것도 모두 이 존덕정 때문이야. 자, 폄우사로 가 보자.

→ 폄우사 앞

폄우사는 효명세자가 정조를 생각하면서 책을 읽던 곳

엄 마   폄우사砭愚榭를 지은 이유가 바로 이 존덕정 때문이라고요?

아 빠   이 폄우사를 봐 모양새가 좀 이상하지 않아? 이 관람지 영역에 있는 건물 중에서 정자가 아닌 건물은 저것밖에 없어. 관람정, 존덕정, 승재정, 뒤쪽 언덕 위에 있는 청심정清心亭까지 모두 정자로 만들어진 건물인데, 유독 저 폄우사만 정자가 아니야.

엄 마   그래요, 이 건물은 궁궐 안에서는

찾아보기 어려운 소박한 맞배지붕에다가, 처마도 홑처마예요. 여기는 뭐 하는 건물이죠? 한자도 매우 어려운 한자인데…

아 빠   돌침 폄에 어리석을 우, 그리고 정자 사야. 돌침을 놓아서 어리석음을 치료한다는 뜻이지. 이곳은 효명세자가 책을 읽던 곳으로 전해지는데, 효명세자는 바로 앞의 존덕정을 바라보면서 할아버지인 정조를 항상 본받으려고 노력했던 것이 바로 이 폄우사의 뜻에 녹아 있는 것 같아.

아 름   정자도 아닌 건물에 왜 정자 사 자를 붙여요?

아 빠   보통의 정자라면 당연히 정자 정 자를 붙였겠지. 그렇지만 폄우사의 모양이 보통의 정자는 아니잖아? 효명세자가 공부하려면 추울 때를 대비해서 난방도 해야겠지? 그래서 보통의 정자가 아니라 사계절용으로 이런 건물을 지은 것이야. 그래서 정자 사 자를 쓴 것이고, 옥편을 찾아보면 사榭는 높은 터에 지은 목제 건물을 뜻해. 서경이라는 책에 보면, 흙이 높은 곳을 대臺라고 하고 나무가 있는 곳을 사라고 한다고 되어 있어. 그런데 후대로 오면서는 그런 구분 없이 일반적으로 누각이나 누대와 같은 의미로 쓰였어. 이제, 승재정으로 가 볼까?

🔵 승재정 앞

엄 마   이 사각 정자는 어디서 많이 본 듯한 정자인데…

아 름   엄마, 바로 조금 전에 연경당에서 봤잖아요?

엄 마   그렇구나, 거기에 있던 농수정과 거의 비슷하게 생겼구나.

승재정은 농수정과 분위기·제작 수법이 비슷

아 빠   그래 맞았어. 연경당의 농수정과 이곳의 승재정勝在亭은 분위기나 장식, 그리고 제작 수법이 비슷해. 이 승재정은 1827년~1830년 사이에 만들어진 동궐도에는 그냥 초가 정자로 되어 있고, 1907년경에 만들어진 동궐도형에는 지금의 건물이 있는 것으로 봐서는 만들어진 시기가 대략 고종 때쯤일 것으로 짐작할 수 있어. 또한, 지금의 연경당도 고종 때 다시 만들어진 것으로 추정되기 때문에, 농수정과 승재정이 비슷한 것은 아무래도 제작 시기와 제작 인물이 같을 가능성이 있다는 뜻이 되지.

아 름 승재정은 무슨 뜻이에요?

아 빠 명승지! 할 때의 승 자는 경치가 좋은 곳을 뜻하고 재는 있을 재 자니깐, 빼어난 경치가 있는 정자라는 뜻이야. 이런 이름이 붙은 이유는 설명이 따로 필요 없지? 한눈에 주변의 모든 경치가 보이잖니?

승재정

옥류천 주변

🔵 옥류천 가는 길, 취규정 앞

아름   아빠, 갑자기 웬 등산 코스죠?

호림   저도 힘들어요. 창덕궁에 등산 코스가 있는 줄 누가 알았을까?

아빠   창덕궁의 가장 안쪽에 있는 옥류천 일대를 돌아보려고 가는 길인데, 잠깐이나마 제법 경사가 있는 오르막을 이렇게 올라가야 해. 그렇지만 금방 올라갈 수 있어. 저기 정자가 보이니?

아름   예, 사방이 모두 뻥 뚫려 있어서 보기에도 시원한 정자예요. 이름이 좀 어렵네요. 가운데 자는 규장각! 할 때의 규奎 자인데…

별 규 자는 문을 상징

엄마   아름이가 별 규 자를 기억해 냈구나. 대단하다. 첫 글자는 모을 취 자란다. 취합이라는 말 알지?

아름   그럼요. 취규정聚奎亭인데, 뜻은 별을 모으는 정자? 별이 모이는 정자? 여기서 천문을 관측했나?

호림   아니면, 온 나라의

취규정

실질적인 법궁, 창덕궁

스타들이 모이는 정자? 쉽게 말해서 조선판 스타킹 아닐까요?

아 빠   규 자는 규장각 앞에서 아빠가 동양의 별자리인 28수를 설명할 때 알려줬듯이, 서쪽 7개 별자리 중 첫 번째 별이야. 그런데 규 자가 글월 문 자와 비슷해서 문운文運을 주관하는 별로 일컬어지지. 따라서 직역을 하면 별들이 규성奎星 주위로 모여든다는 뜻이 되고, 의역하면 인재가 모여들어 천하가 태평해진다는 뜻이지. 이 건물의 특징은 뭘까?

아 름   정면에서 보면 세 칸인데, 가운데 칸이 무척 넓어서 양쪽 옆 칸의 두 배는 족히 될 것 같아요.

아 빠   그래 잘 보았다. 조금 있다가 이 건물과 쌍둥이처럼 비슷하게 생긴 건물을 보게 될 것이야. 이 건물과의 차이점을 한번 알아맞혀 보도록 해.

호 림   으… 또 비교하는 문제!

아 빠   그래야만 좀 더 집중해서 우리 문화재를 볼 수가 있어. 자, 이제 옥류천 쪽으로 내려가자.

취한정 앞

아 름   야, 정말 조금 전의 취규정과 똑같이 생긴 건물이 있어요. 건물 이름이 좀 어렵네요. 엄마! 한자의 뜻을 알려주세요.

엄 마   푸를(비취) 취, 찰 한, 정자 정! 취한정翠寒亭이야.

아 름   푸르고 추운 정자? 푸르고 서늘한 정자?

취한정

호 림   너무 추워서 입술이 파랗게 되는 정자!

아 빠   이곳이 겨울에는 엄청나게 추운 곳이고, 여름에도 그리 더운 줄 모르는 곳이야. 그래서 푸른 숲으로 싸여 있어서 서늘하다는 뜻으로 취한정이라는 이름이 붙은 거야. 취규정과는 어떤 점이 다른지 한번 말해 볼래? 너희의 관찰력을 한번 시험해 볼게.

취한정과 취규정의 차이점

호 림   으… 너무 똑같이 생겼다.

아 름   저도 잘 모르겠어요.

아 빠   취규정은 건물의 기단이 한 단이었는데, 이곳 취한정은 기단이 두 단이야. 그리고 취규정은 가운데 어칸에 아무것도 없었는데, 이곳 취한정은 양옆에 작은 난간이 있어. 특히 이 작은 난간은 동궐도에서도 확인할 수 있어. 그래서 아빠가 이렇게 동궐도와 두 정자의 사진을 준비했지. 한번 비교해 봐.

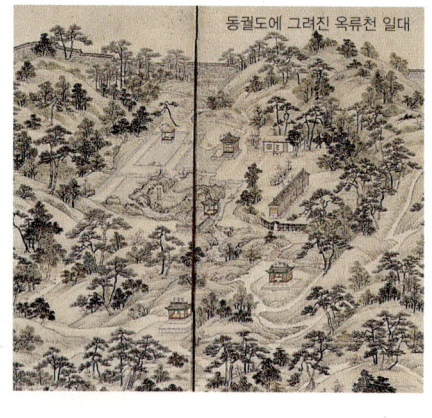

동궐도에 그려진 옥류천 일대

아 름   어, 정말이네?

호 림   야호! 아빠가 말해 주지 않은 것을 제가 하나 찾아냈어요.

아 름   그게 뭔데?

호 림   취규정의 기둥에는 아무것도 없는데, 취한정의 기둥에는 기다랗게 글씨가 적혀 있어요.

아 빠   오, 호림이가 한 건 했는데? 기둥에 쓰여 있는 이 글들을 주련柱聯이라고 해. 장식으로 써서 붙이는 것인데 대부분 한자로 된 시를 쓰지. 이런 주련을 읽어 보는 것도 나름대로 재미있는 도전이기는 한데, 그 대신 한자 공부를 많이 해야 해. 자, 이제 옥류천으로 가 볼까?

옥류천, 소요정 앞

호 림 누가 이런 예쁜 바위에 낙서하고 글자를 새긴 거야?

아 빠 호림아, 이 바위에 글씨를 새긴 사람은 바로 인조 임금과 숙종 임금이야. 아래쪽에 옥류천이라는 세 글자를 새기고, 물줄기가 바위 암반을 돌아 소요정逍遙亭 앞에서 작은 폭포가 되도록 한 사람이 인조 임금이고, 그 위쪽에 네 줄의 한시를 새긴 사람이 바로 숙종 임금이지.

아 름 아빠, 옥류천이 바위를 돌아 흘러가게 한 것이 마치 경주의 포석정鮑石亭과 비슷한 것 같아요.

옥류천에도 경주 포석정과 같은 유상곡수거가 있다

아 빠 그래, 아름아, 좋은 것을 발견했구나. 이렇게 돌로 물이 흘러가게 한 시설을 유상곡수거流觴曲水渠라고 하고, 이런 시설 위에서 여는 잔치를 유상곡수연流觴曲水宴이라고 해. 한자로 풀어보면 흐를 류, 잔 상, 굽을 곡, 물 수! 즉 굽이굽이 흘러가는 물 위에 술잔을 띄우는 잔치지.

아 름 이런 잔치는 우리나라에만 있는 잔치인가요?

아 빠 아니야. 이런 유상곡수 시설이나 전통은 중국, 우리나라, 일본에 모두 다 있어. 유상곡수의 가장 빠른 기록은 명필로 유명한 중국의 왕희지王羲之가 처음 한 것으로 되어 있어. 왕희지는 친구들과 함께 물 위에 잔을 띄워 놓고 술잔이 자기 앞에 오는 동안 시를 읊어야 하는데, 시를 짓지 못하면 벌로 술 3잔을 마시는 잔치를 벌였다는 기록이 난정기蘭亭記에 남아 있어.

호 림 신라가 포석정에서 이렇게 유상곡수를 하면서 놀다가 나라를 망친 것을 알면서도 조선의 인조 임금이 이런 시설을 또 만든 것은 비판받아야 할 것 같아요.

아 빠 아니야. 호림아. 그런 생각은 잘못된 것이야. 우리가 보통 일반적으로 알고 있는 포석정 이야기는 적군이 쳐들어오는데도 포석정에서 놀던 경애왕景哀王이 쳐들어온 후백제의 견훤에게 붙잡혀서 죽었다는 것이지? 그리고 이런 이야기는 실제 삼국사기에 실려 있어. 그렇다면 포석정은 실제 술을 먹고 놀던 유희 공간이었을까?

호 림 다들 그렇게 알고 있는 것 아닌가요?

경주 포석정에 관한 진실게임

아 빠 그렇다면 아빠가 몇 가지 질문을 해 볼게. 첫째, 포석정이 유희 공간이라면 어째서 신라인들이 경주에서 가장 신령스럽게 여기는 경주 남산의 기슭에 만들어 두었을까? 둘째, 경애왕은 후백제의 견훤이 쳐들어왔을 때 포석정에 있다가 잡혀 죽었다고 기록되어 있는데, 국왕이 바로 코앞에 적들이 왔는데 술 놀이를 했다는 게 상식적으로 이해 가니? 셋째, 경애왕이 죽었을 때가 음력 11월, 양력으로 환산하면 크리

스마스 전후야. 그런데 그 추운 때에 술잔이 물에 떠다닐 수가 있을까? 물이 얼지 않았을까? 또 경애왕이 제정신이라면 그렇게 추울 때 야외에서 연회를 했을까?

호 림 듣고 보니 뭔가 많이 이상한 것 같아요.

아 빠 결론부터 말하면, 포석정은 유희 공간이 아니고 제사 공간이야. 화랑세기花郞世紀라는 책에서도 포석사鮑石祠라고 사당임을 나타내고 있고, 실제 1998년에 포석정에서 포석이라는 명문이 새겨진 기와가 발굴되었어. 물증까지 나온 것이지.

아 름 포석정이 아니라 포석사라는 사당이었다?

아 빠 응, 포석정은 유희 공간이 아니라 조상에게 제사를 올리는 신성한 제사 공간이었어. 그리고 경애왕은 신라의 조상신들에게 국가를 구원해 달라는 제사를 올리다가 견훤에게 죽임을 당한 것이라고 보는 것이 상식적인 결론이야.

호 림 그렇지만 삼국사기의 기록은 그렇게 안 되어 있잖아요?

아 빠 삼국사기는 고려 사람인 김부식이 쓴 책이야. 김부식은 유학자이기도 하지. 유학자 대부분은 망한 나라의 임금에 대해서는 그 임금이 정치를 잘했는지 못했는지는 상관없이 나라를 제대로 지키지 못했다는 이유 하나로 상당히 나쁘게 평가하려는 경향이 있어. 대표적인 것이 백제의 의자왕이야. 의자왕은 해동증자海東曾子라고 불리며 성군聖君 소리를 들었는데, 나라를 잃었다는 것 때문에 모든 평판이 나빠진 것이야.

호 림 그럼, 삼천 궁녀 이야기는 뭐죠?

삼천 궁녀 이야기도 낭설에 불과하다

아 빠 특히 삼천 궁녀 이야기는 전혀 근거도 없는 이야기야. 김부식의 삼국

사기에도 없어. 조선 중기 민제인閔齊仁이라는 사람의 백마강부白馬江賦라는 시에서 궁녀 수 삼천이라는 말이 처음 나오는데, 이것도 실제 궁녀 수가 삼천이라는 말이 아니고, 많다는 뜻의 시적인 표현으로 봐야 해. 그런데 일제강점기를 거치면서 대중가요의 가사에 삼천 궁녀가 들어간 곡이 여러 개가 불리면서 사람들의 인식에는 의자왕이 방탕한 왕으로 잘못 알게 된 것이야.

엄 마 그럼 유상곡수연은 왜 한 것이죠?

아 빠 조금 전에 말했던 중국의 명필 왕희지의 난정기를 보면, 유상곡수가 계사禊事 또는 계욕禊浴이라는 의식과 관련이 있다는 것을 알 수 있어. 계사는 3월 첫 번째 뱀날에 동쪽을 향해 흐르는 물에 몸을 씻어 부정을 없애는 의식인데, 유상곡수와 함께 이루어졌다고 하거든. 다시 말해서 유상곡수는 단순한 유희가 아니라 계사라는 신성한 의식을 동반한 것인데, 나름대로 풍류의 멋을 지니긴 했지만, 성스러운 의식도 있었다는 뜻이야.

엄 마 그럼 제사를 지내고 난 다음, 제관들이 모여서 음복飮福하는 것과 비슷하다고 보면 될까요?

아 빠 그렇지. 이런 의식이 후대에 오면서 제사는 사라지고 술잔 돌리는 의식만 남은 거지. 이제, 숙종 임금이 남긴 시를 한번 읽어볼까? 아빠가 해석까지 해 줄게.

비류삼백척飛流三百尺 / 날아서 흐르는 폭포는 삼백 척인데,
요락구천래遙落九天來 / 멀리 구천 하늘에서 내려오네.
간시백홍기看是白虹起 / 보고 있으면 흰 무지개 일어나고,
번성만학뢰飜成萬壑雷 / 골짜기마다 천둥소리 가득 날아다니네.

호 림   이건 순 거짓이에요. 이 조그만 폭포가 삼백 척이고 골짜기마다 천둥 소리가 날아다닌다고? 너무 심하다.

아 름   오빠. 이건 시야, 시! 오빠가 밥 두 그릇 뚝딱 다 먹고 나서도 간에 기별도 안 갔다고 말하는 것과 똑같다는 말이야! 그런데 아빠! 이 옥류천의 유상곡수거도 자세히 보니 명당수로 만들기 위해 서쪽에서 동쪽으로 물길을 일부러 돌렸어요. 서류동입이라고 하셨죠?

아 빠   아름이가 좋은 걸 찾아냈구나. 이제 풍수 전문가가 다 되었는걸? 이제, 이 옆의 소요정을 한번 볼까?

호 림   이 정자는 글쎄요… 그다지 특이한 것은 없어 보여요.

아 빠   이 소요정은 정자 자체는 별로 대단한 것이 아니야. 원래 정자라는 것이 정자 자체를 보라는 것이 아니거든. 우리 조상들은 주변의 풍광이 가장 잘 보이는 곳에 정자나 누각을 지었어. 따

라서 주변의 풍광을 즐기는 것이 핵심이야. 예를 들어, 강릉의 경포대를 가면 경포대에서 보이는 경포호수의 경치가 주인공이지, 경포대 누각 건물이 주인공이 아니야. 여기 소요정도 이곳에서 내다보이는 경치가 끝내주기 때문에 숙종, 정조, 순조 등 역대 조선의 왕들이 이곳과 관련된 글들을 많이 남겼어. 따라서 이 소요정이 옥류천 주변의 정자 중에서 가장 많은 사랑을 받은 곳이라는 생각이 들어.

아 름   소요정의 뜻풀이는요?

엄 마   노닐 소^逍, 멀 요^遙, 정자 정^亭이야.
아 빠   이 말은 장자^{莊子}라는 책의 소요유^{逍遙遊}라는 말에서 나온 것인데, 방해받지 않고 멀리 천천히 노닌다는 뜻이야. 자 이제 청의정으로 가 볼까?

🔵 청의정 앞

호 림   아빠, 궁궐 안에도 초가지붕의 건물이 있네요?
아 빠   그래, 이 청의정^{淸漪亭}은 궁궐 안에 남아 있는 유일한 초가지붕 건물이야. 또한, 이 건물은 건물의 바닥은 네모난 모양이지만 지붕은 둥글게 만들었어. 뭐 생각나는 게 없니?

청의정

아 름   천원지방이요! 하늘은 둥글고 땅은 네모나다는 동양 사상이요!

청의정은 천원지방 사상을 접목한 것

아 빠   그래, 바로 그 천원지방을 이 건물의 구조에 반영한 것이지. 조금 더 자세히 이 건물을 살펴보면, 네 개의 기둥머리에 창방은 네모지게 만들었는데, 그 위에 올라간 도리는 팔각이 되도록 연결했어. 그리고 그 위의 서까래도 역시 팔각으로 만들었어. 사각에서 바로 원으로 만들어지는 것이 아니라 팔각을 한 번 거쳐 간 것이지. 뭔가 변화할 때도 급격하게 변하는 것보다는 중간 과정을 거치면서 서서히 변하는 게 좋아.
호 림   청의정 앞에 웬 풀밭이죠?

아 빠   풀밭이 아니라 논이야. 조선은 농업이 기반인 나라이기 때문에 농업의 중요성을 깨닫고 농민을 이해하고자 직접 농사를 체험하려고 했던 것이고, 이 청의정의 지붕은 이 논에서 나온 볏짚으로 만들었어. 청의정은 맑고 잔잔한 물결을 의미하는데, 시경의 한 구절에서 따온 말이라고 해. 자, 이제 상림삼정上林三亭의 마지막인 태극정으로 가 볼까?

태극정 앞

아 름   상림삼정이 뭐예요?

상림삼정은 소요정, 청의정 그리고 태극정이다

아 빠   상림원上林苑이라고 하는 것은 고대 중국 황제의 동산 이름인데, 궁궐의 후원을 뜻하는 말로 쓰여. 따라서 사람들은 창덕궁 후원에서 가장 아름다운 세 정자를 꼽아서 상림삼정이라고 불렀고, 그것이 바로 이 옥류천 지역의 소요정, 청의정, 그리고 이 태극정太極亭이야. 그런데 이 태극정은 다른 정자들에 비해서 뭔가 다른 것 같지 않니?

엄 마   맞아요. 다른 정자들에 비해서 격을 갖추려는 의도를 엿볼 수 있어요. 일단 기단만 봐도 세벌대의 장대석 기단 위에 다시 안쪽으로 외벌대 기단을 또 놓았고, 진입 공간도 전돌을 깔아두는 등 신경을 썼어요. 게다가 지붕도 화려하게 겹처마로 만들었고 옥류천 지역에서도 가장 높은 곳에 만들었어요.

아 빠 역시 엄마의 눈은 보통이 아니야. 태극정이 다른 정자에 비해 또 다른 한 가지는 바로 이름이야. 다른 정자들은 보통 경치나 감정을 나타내는 이름을 쓰고 있는데, 태극정은 철학적인 이름을 쓰고 있지.

태극의 핵심은 운동성이다

아 름 아빠, 저는 아직도 태극이 뭔지 잘 모르겠어요. 그냥 태극기만 생각나는데 도대체 태극이 뭐죠?

아 빠 그것 참 쉽지 않은 질문이구나. 그렇지만 아빠가 나름대로 가장 쉽게 설명해 주마. 태극太極은 쉽게 말해 태초에 천지가 분화되기 이전인 혼돈된 상태인 원기元氣를 뜻하는데, 비슷한 것으로 무극無極, 황극皇極이라는 것이 있어.

아 름 조금 더 쉽게 설명해 주세요.

아 빠 예를 들어, 너희 학교 운동장에 남학생과 여학생이 섞여 있다고 해 보자. 전혀 질서없이 말이야. 그런 상태를 무극이라고 보면 돼. 극이 없다는 뜻이야. 무질서 그 자체지. 그런데 남학생은 모두 왼쪽에 모여 있고, 여학생은 모두 오른쪽에 질서정연하게 모여 있다고 해 보자. 확실히 구분되지? 이런 상태를 황극이라고 보면 돼. 하지만 황극은 질서는 있는데 운동성이 없어. 하지만 태극은 여기에 운동성이 하나 더 추가된 것이야. 남학생들은 무리를 지어서 여학생들 자리로 옮겨가고, 또 여학생들도 무리를 지어서 남학생들 자리로 이동하는 것이지. 태극은 이처럼 운동성이 중요한 역할을 해. 남자, 여자가 있다고 아이가 태어나는 것은 아니잖아? 남녀가 결혼해야만 아이가 태어나지.

아 름 아하, 그래서 태극기의 태극이 서로 돌아가면서 자리를 바꾸려고 하는군요.

아 빠 그래. 주역周易에서는 태극은 음과 양이라는 양의兩儀를 낳는다고 했어.

엄 마 기억나요. 경복궁 교태전의 정문이 양의문이었어요.

아 빠 그리고 양의는 사상四象을 낳고, 사상은 팔괘를 낳는다고 되어 있어. 물론 팔괘가 두 번 겹치면 주역의 64괘가 되는 것이지. 이 모든 것의 출발이 태극의 운동성이야. 자, 이제 오늘 답사의 마지막 코스인 농산정으로 가자.

🔵 농산정 앞

아 름 이 건물은 정자 같지 않아요. 관람지에서 보았던 폄우사와 비슷한 느낌이에요.

농산정

아빠   그렇구나. 농산정籠山亭은 마루와 온돌을 모두 갖추고 있는 건물이기 때문에 뒤쪽에는 굴뚝까지 있어. 아무래도 추운 겨울에 이곳 옥류천에 왔다면 몸을 녹일 시설이 필요하지 않았을까? 그리고 기록을 보면 정조와 순조, 그리고 효명세자가 이곳을 자주 이용하면서 글을 남겼을 뿐만 아니라 신하들에게 글을 짓게 하거나 성균관 유생들에게 경전을 강론하게 했다고 해. 그런 것으로 미루어 짐작해 볼 때, 이곳은 단순한 휴식 공간이 아니라 신하들의 학문을 시험하던 장소로도 쓰였던 것 같아.

농산정과 폄우사 비교

엄마   폄우사와 비교해 보면, 소박한 맞배지붕이며 홑처마가 폄우사와 비슷한 느낌이 드네요.

호림   그럼 추운 겨울에도 임금님은 폄우사에서 한번 몸을 녹이고, 또 여기서도 또 한번 몸을 녹일 수 있어서 후원에서 생활하시기가 큰 불편이 없으셨겠어요.

어수문 옆 취병의 모습

실질적인 법궁, 창덕궁

아 빠 그렇게 볼 수도 있겠구나. 게다가 이곳 농산정에는 폄우사에 없는 부엌도 있어.

아 름 마지막으로 제가 뜻을 풀어 볼게요. 맨 앞글자만 알려주세요.

엄 마 둘러쌀 농籠 자란다. 새장이라는 뜻도 있고, 농성할 때의 농이지.

아 름 그럼 산으로 둘러싸인 정자란 뜻이네요.

아 빠 그렇지. 자, 마지막으로 우리 동궐도에 나오는 옥류천 지역을 잘 살펴보자. 뭔가 눈에 띄는 것이 없니?

호 림 아빠, 농산정 앞에 녹색 담장이 있어요. 이런 담장이 동궐도 여기저기 있는데 이게 뭐죠?

아 빠 아, 그것은 취병翠屛이라고 하는 산울타리 담장이야. 이 담장은 살아 있는 키 작은 나무와 덩굴 식물들로 만들었는데, 여름에는 녹색의 담으로 되었고 겨울에는 대나무 담으로 사용되었어. 그런데 취병은 관리하기가 무척 어려워. 왜냐하면, 살아 있는 담장이기 때문이야.

엄 마 그런데 취병을 부용지 근처에서 봤던 기억이 어렴풋이 나요.

아 빠 맞았어. 지금은 창덕궁 내의 단 한 곳에 취병을 설치해 두었는데, 그곳이 바로 부용지에서 규장각으로 올라가는 화계야. 자, 창덕궁 답사하느라고 다들 힘들지? 여기를 마지막으로 해서 창덕궁 후원에 대한 답사도 끝이다. 나가는 길에 잠시 쉬었다가 창경궁까지 둘러볼까?

호 림 다리도 아픈데 창경궁은 다음번에 보면 안 될까요?

아 빠 창덕궁과 창경궁은 동궐이라는 틀 속에 하나로 묶여 있기 때문에 되도록 한꺼번에 돌아보는 것이 좋아. 그렇지만 오늘은 너희가 힘들어하니 너무 무리하지는 않을게. 그럼 창경궁 답사는 다음 기회로 하자.

창덕궁 관람 정보

창덕궁 일반관람 정보 (2011년 8월 1일 기준)

- 관람 시간 _ 4~10월 09:00~18:30 (입장은 17:30까지)
  11, 3월 09:00~17:30 (입장은 16:30까지)
  12~2월 09:00~17:00 (입장은 16:00까지)
- 매주 월요일 휴궁
- 관람 요금 _ 어른(19~64세) 3,000원, 청소년(7~18세) 1,500원
- 통합 관람권(10,000원)으로 4대궁(경복궁, 창덕궁(후원 포함), 창경궁, 덕수궁)과 종묘 관람 가능
- 무료 해설 _ 09:30, 11:30, 13:30, 15:30, 17:30 (1시간 소요)

창덕궁 후원 특별관람 정보 (2011년 8월 1일 기준)

- 관람 시간 _ 4~10월 09:00~18:30 (입장은 16:30까지)
  11, 3월 09:00~17:30 (입장은 15:30까지)
  12~2월 09:00~17:00 (입장은 15:00까지)
- 매주 월요일 휴궁
- 관람 요금 _ 어른(19~64세) 5,000원, 청소년(7~18세) 2,500원
  일반관람권 외 별도로 구매해야 함
- 후원 특별관람은 안내원의 안내에 따라 관람하는 제한관람임
- 무료 해설 _ 10:00, 11:00, 12:00, 13:00, 14:00, 15:00, 15:30, 16:00, 16:30 (2시간 소요)

실질적인 법궁, 창덕궁

창덕궁으로 가는 지하철

- 지하철 3호선 안국역 3번 출구 _ 돈화문까지 300미터
- 지하철 1, 3, 5호선 종로3가역 6번 출구 _ 돈화문까지 600미터

창덕궁 소재 국가지정문화재 현황

- 국보 _ 인정전 (국보 제225호)
- 보물 _ 돈화문 (보물 제383호)
  - 인정문 (보물 제813호)
  - 선정전 (보물 제814호)
  - 희정당 (보물 제815호)
  - 대조전 (보물 제816호)
  - 구선원전 (보물 제817호)
- 사적 _ 창덕궁 (사적 제122호)

창덕궁 답사 순서 → 돈화문 → 금천교 → 진선문 영역 → 인정문과 인정전 → 선정문과 선정전 → 희정당 → 대조전 영역 → 성정각과 관물헌 → 낙선재 영역

창덕궁 후원 답사 순서 → 부용지 주변 (부용정, 주합루, 영화당) → 애련지 주변 (애련정, 기오헌, 연경당) → 관람지 주변 (관람정, 존덕정, 폄우사, 승재정) → 옥류천 주변 (취한정, 소요정, 청의정, 태극정, 농산정)

대비들의 궁궐, 창경궁

다시 동궐도

🔵 국립중앙박물관 동궐도 앞

아 름   아빠, 지난번 창덕궁 답사는 동궐도 덕분에 아주 재미있었어요. 지금은 건물이 남아 있지 않아서 그냥 갔더라면 전혀 몰랐을 부분도 알게 되었고요. 2백 년 전 동궐도와 비교해 볼 때, 지금 남아 있는 건물의 바뀐 모습이나 위치를 눈으로 확인할 수 있던 것도 재미있었어요. 이번 창경궁 답사도 역시 동궐도를 미리 꼼꼼히 공부하고 가야겠죠?

아 빠   그럼! 우리가 에버랜드에 놀러 갈 때, 어떤 놀이기구와 어떤 공연이 언제 어디서 있는지 미리 알아야만 100% 제대로 놀다 올 수 있는 것과 마찬가지야.

호 림   맞아요. 저도 지난번에 에버랜드에 새로 생긴 놀이기구들을 몰라서 놓치고 그냥 왔었던 경험이 있어요. 제 친구들은 거의 다 타 봤다고 하던데, 그것 때문에 친구들과 대화가 안 돼요. 좀 억울해요.

아 빠   지난번에 우리가 창덕궁을 자세히 봤으니 창경궁 공부는 한결 쉬울 거야. 내가 항상 강조하는 것이지만, 궁궐을 답사할 때는 자기가 있는 궁궐 하나만을 보지 말고, 다른 궁궐들과 연계해서 보도록 노력해야 해. 특히 동궐인 창경궁과 창덕궁은 분리해서 생각하지 말고 항상 한 묶음으로 봐야 해. 예를 들면 말이야, 모든 궁궐에는 명당수가 흐른다고 했지? 창경궁의 명당수는 무엇일까?

아 름   당연히 명정전 앞을 흐르는 금천이죠. 까치집까지 그려져 있잖아요?

호 림   아, 내가 지난번에 찾아낸 그 까치집!

금천의 발원지는 어디일까

아 빠 창경궁의 금천을 옥천이라고 해. 따라서 창경궁의 금천교는 경복궁의 영제교와 같이 자기 고유의 이름이 있어. 바로 옥천교_{玉川橋}지. 그럼 동궐도에서 옥천을 따라 올라가면 어디서 옥천이 흘러오는지를 알 수 있겠지? 한번 찾아봐.

동궐도에 그려진 창경궁 부분

아 름 어, 옥천이 창덕궁의 후원 쪽으로 연결되네? 찾았다. 그런데 이건 창덕궁의 관람지 부근에 있던 지붕이 2중으로 되어 있는 정자인데… 정조 임금의 글이 걸려 있었고, 이름이…

호 림 나도 약간 기억이 나. 눈썹지붕이라는 재미있는 이름의 지붕이 있었거든.

엄 마 존덕정이야. 지붕에 청룡과 황룡이 그려져 있던 것도 기억나니?

아 름 예, 기억나요. 아빠처럼 되려면 궁궐 공부를 더 열심히 해야 할 것 같아요. 최소한 건물 이름은 기억을 해야 하는데…

아 빠 아름아, 한꺼번에 아빠처럼 될 수는 없어. 지난번 초가지붕으로 된 유일한 정자인 청의정에서 배운 것 기억 안 나니? 천원지방 사상에 따라서, 아랫부분은 사각으로 만들었지만, 위쪽에 바로 둥근 지붕을 씌운 것이 아니라, 도리와 서까래를 8각으로 만들고 그 위에 둥근 지붕을 씌웠잖니? 한꺼번에 바뀌는 것보다는 서서히 중간 과정을 거쳐 가면서 바뀌는 것이 좋다는 것을 청의정이 우리에게 말없이 가르쳐 주고 있는 것이야.

호 림   솔직히 말하자면, 청의정이 가르쳐 주는 것이 아니라 아빠가 가르쳐 주는 것이잖아요!

아 름   예, 너무 서두르지는 않을게요. 그런데 아빠, 질문이 있어요. 여기 창덕궁의 편전인 선정전 정면 앞에도 앞마당을 양분하는 복도가 있고, 저기 창경궁의 편전인 문정전 정면 앞에도 앞마당을 가로지르는 복도가 있는데, 선정전 앞의 복도는 벽이 뚫려 있고 문정전 앞의 복도는 벽이 막혀 있어요. 둘 다 편전 앞의 복도인데 왜 저렇게 다르게 만들었나요?

벽이 있는 복도와 벽이 없는 복도의 차이

아 빠   오, 예리한 질문이구나. 복도는 비나 눈, 바람을 피해 편하게 이동하려고 만들어진 긴 건축물이야. 한자로는 랑(廊)이라고 해. 그런데 복도의 칸 칸을 막으면 순식간에 방으로 변신하지. 경복궁의 근정전 주위를 둘러싼 행각의 기둥에서 칸막이를 했던 흔적을 우리가 찾은 적이 있지? 그래서 행랑, 행각, 이런 말은 모두 복도라는 뜻의 흔적을 담고 있어. 그런데 복도 중에는 벽이 있는 것도 있고 없는 것도 있는데, 특히 벽이 없는 복도를 뚫을 천, 복도 랑 자를 써서 천랑(穿廊)이라고 해.

엄 마   천랑을 경복궁의 태원전 앞에서도 봤고, 창덕궁의 선정전 앞에서도 봤어요. 그때의 설명으로는 천랑은 돌아가신 분들을 모신 빈전 앞에다 설치하는 것이라고 했어요. 태원전은 돌아가신 분을 모신 빈전이나 혼전으로 쓰인 곳이니 당연하겠고, 또한 선정전도 빈전으로 쓰였던 적이 있다고 했어요.

아빠 그런데 최소한 내가 아는 범위 내에서는 천랑은 빈전에만 쓰라고 한 규정은 없는 것 같아. 만약 동궐도에서 천랑이 빈전으로 쓰인 곳에만 있고, 또한 그곳만 빈전으로 쓰였다면 그런 설명이 맞다고 할 수 있을 거야. 그렇지만, 빈전하고는 상관없는 곳에도 천랑이 있고, 게다가 빈전으로 여러 번 사용한 기록이 확실히 남아 있는 건물에서도 천랑이 없는 곳이 많아. 일관성이 없다면 그 주장은 설득력이 떨어지지.

호림 그럼 아빠의 결론은 무엇이죠?

아빠 복도는 그냥 복도일 뿐이야. 다만, 정상적인 범위에서 벗어나는 경우는 그 의도를 생각해 봐야 해. 우리의 전통 건축에서 복도를 건물의 중앙으로 바로 연결하는 경우는 거의 없어. 왜냐하면, 복도를 건물의 중앙 입구까지 만들어 두면 마당이 답답해져서 사람들이 심리적으로 거부감을 갖거든. 그래서 마당은 크게 만들어두고, 대신에 복도를 건물 주변으로 빙 둘러서 만들지. 그걸 행각이라고 하잖아?

아름 아! 경복궁의 근정전을 둘러싼 행각처럼 말이죠?

엄마 경주의 불국사도 그렇게 되어 있어요.

아빠 그렇지, 그런데 복도를 건물의 중앙까지 만들면 시각적으로는 답답한 대신에, 비나 눈, 바람을 피해서 편하게 이동할 수 있는 복도의 장점은 최대로 살릴 수 있지. 그래서 일부 건물은 마당이 줄어드는 불편을 감수해 가면서까지도 복도를 건물의 중앙 입구까지 연결한 것이야. 내가 보기에는 그런 건물들은 공통되는 특징이 있어. 그것이 뭘까? 우리 한번 다 같이 생각해 볼까?

호림 굳이 마당이 줄어드는 불편을 감수했다면, 다른 말로 하면 마당이 필요 없다는 뜻이 아닐까요?

엄마 그렇겠구나! 편전은 일상 정치를 하는 곳이라서 굳이 마당이 필요 없겠구나. 꼭 마당이 필요한 공식 행사는 바로 옆에 있는 정전 앞의 큰 마당에서 하면 되니깐 말이야.

아 름   그럼 경복궁의 태원전은 어떻게 설명이 되나요?

아 빠   경복궁의 태원전은 주로 돌아가신 분들의 빈전이나 혼전으로 쓰인 건물이니깐 사람이 항상 사는 건물이 아니어서 시각적인 답답함은 그리 중요하지 않았을 거야. 따라서 그곳에서는 국상이 났을 때 행사만 잘 치르면 되기 때문에 행사에 도움이 될 수 있는 실용적인 복도가 필요했던 것이지.

벽이 있는 복도를 굳이 건물 중앙 입구까지 설치한 이유

아 름   건물의 중앙 입구까지 복도가 설치된 이유는 어느 정도 설명이 되었지만, 선정전과 문정전처럼 벽이 있는 것도 있고 없는 것도 있는지에 대해서는 설명이 안 되었어요.

아 빠   아름아, 우리 상식적으로 생각해 볼까? 일단 마당을 가로질러 복도를 설치한다고 해 보자. 그럴 경우, 너 같으면 벽이 있는 복도를 만들겠니? 아니면 벽을 없앤 복도를 만들겠니?

호 림   나 같으면 벽이 없는 복도를 만들겠다.

아 름   왜?

호 림   잘 생각해 봐. 일단, 어떤 방식이든 복도를 만들면 지붕이 있으니깐 눈, 비를 피할 수는 있어. 그렇지만, 벽이 있는 복도를 만들면 마당을 전혀 못 쓰잖아. 벽이 없는 복도를 만들면 약간 불편해도 마당을 쓸 수는 있어. 시각적으로도 크게 불편하지도 않고.

아 빠   호림이의 상식적인 생각이 바로 정답이야. 그럼에도 창경궁의 문정전은 벽이 있는 복도를 설치했어. 왜 그랬을까? 아빠가 보기에는 여기에도 음양이 적용된 것 같아.

엄 마 아! 창경궁은 왕의 궁궐이라기보다는 대비를 위한 궁궐이라고 했죠? 그러니깐 창덕궁이 양의 궁궐, 창경궁은 음의 궁궐이 되겠네요. 그래서 창덕궁과 음양을 대비시키기 위해서 편전 앞에 있는 복도의 벽을 막아 음의 기운을 상징한 것이겠네요.

이름 없는 행각의 주인은 바로 궁녀나인들

아 름 아빠, 명정전의 바로 위쪽으로는 이름이 쓰여 있지 않은 긴 행각들이 여러 채가 나란히 있는데 저 건물들은 뭐죠?

아 빠 이 동궐도는 누가 언제 어디서 어떻게 만들었는지 전혀 기록이 없어서 추정할 수밖에 없어. 일단 이것도 상식적으로 생각해 볼까? 다른 곳에 비해서 이곳은 인구 밀도가 높겠지? 그런데도 건물의 이름이 없다면, 이곳에는 누가 살았을까?

호 림 궁궐 안에 사는 사람 중에서 숫자는 많은데, 이름이 필요 없는 사람이 주인공이겠군요.

아 름 그런 사람들이라면 내시와 궁녀들일 텐데…

엄 마 내시는 궁궐 안에서 살지 않고 궁궐 밖에서 살았어. 출퇴근을 했지.

아 빠 그래 맞아. 그래서 동궐과 비교적 가까운 종로3가 근처에 봉익동鳳翼洞이라는 동네가 있어. 한자를 풀이하자면 봉황 봉, 날개 익, 동네 동! 봉황의 날개들이 모여 사는 동네란 뜻이야. 용과 봉황은 왕을 뜻하기 때문에 왕의 날개는 곧 왕을 바로 옆에서 모시는 내시를 뜻해. 그래서 봉익동이라는 동네 이름이 생겨난 것이지.

호 림 그럼 내시는 궁궐 안에 살지 않았으니 남아 있는 사람들은 궁녀들뿐이겠네요.

동궐 장독대에 얽힌 이야기

아 빠   맞아. 평생을 궁궐 안에서 살아야 하는 내명부의 궁녀나인들이 그곳에 거처를 둔 것 같아. 이왕 궁녀 이야기가 나왔으니 궁녀들의 흔적을 이 동궐도에서 찾아보자. 이 동궐도에는 장독대가 네 군데 있어. 한번 찾아보겠니?

아 름   창덕궁 쪽에는 선정전의 11시 방향에 있고요. 창경궁에는 통명전 터 근처에 세 군데가 몰려 있어요.

아 빠   창경궁에 장독대가 세 곳이 몰려 있다는 이야기는 결국 우리가 조금 전에 알아본 궁녀들의 거처가 바로 창경궁이라는 사실과 어느 정도 들어맞는 이야기겠지? 게다가 통명전 터 서쪽에 있는 두 곳의 장독대를 비교해 보면 재미난 사실도 알 수 있어.

호 림   이거, 재미있는데! 마치 사건을 추리하는 것 같아.

엄 마   아, 알겠다. 위쪽에 있는 장독대는 담도 벽돌담이고 그 안에 있는 건물도 기와지붕인데, 아래쪽에 있는 장독대는 담이 대나무로 만든 것 같고 그 안의 건물도 초가지붕이에요.

아 빠   정확히 알아냈어. 장독대 안의 건물은 소금창고인 염고鹽庫라고 쓰여 있어. 두 장독대가 이런 차이를 보이는 것은 저곳을 이용하던 사람들의 신분이 달랐다는 것을 추측할 수 있지. 또 재미난 곳을 한번 알아볼까? 동궐도의 가장 오른쪽 아래쪽을 보면 긴 행각과 담장이 네모난 큰 마당을 만들고 마당의 안쪽에도 여러 건물이 있는데, 그중 두 건물은 벽이 없고 기둥만 있어. 이곳은 뭘까?

엄 마   건물 이름 중에 말 마馬 자가 자주 나오는 것으로 봐서는 말과 관련이 있는 것 같아요.

아 빠   그곳은 내사복시內司僕寺라는 관청이야. 원래 사복시는 궐외각사인데,

임금이 타는 수레와 말, 마구, 목축에 대해 일하는 곳이야. 그런 사복시의 궐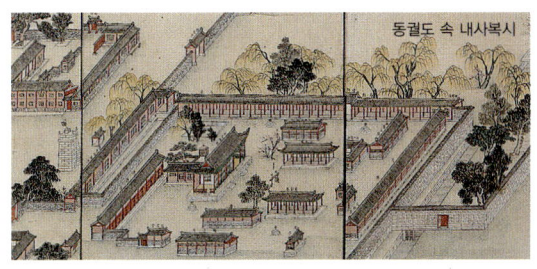
내 파견부서라고 보면 돼. 그래서 요즘 말로 하자면 임금님 전용 주차장이라고 볼 수 있겠지. 그렇지만, 동궐도에는 가슴 아픈 사연이 있는 부분도 있어. 여기 통명전 터 위에 있는 이 건물인데 이름이 자경전이야.

정조가 자신의 거처를 창경궁으로 옮긴 이유

엄 마   자경전이면 경복궁에 있는 대비전이잖아요?

아 빠   지금 경복궁에 있는 자경전은 창경궁의 이 자경전을 보고 후대에 만든 것이지. 그렇지만, 경복궁 자경전의 모델이 된 이 창경궁 자경전은 현재 창경궁에는 남아 있지 않아. 왜냐하면, 일제강점기에 이 자경전을 헐어버리고 그 자리에 이왕가박물관李王家博物館이라는 일본풍의 건물을 지었기 때문이야. 이것이 우리나라 국립 박물관의 시초가 되는 셈이지. 나중에 조선총독부박물관이 생기자 박물관 자리를 그쪽으로 넘겨주고 나서 장서각藏書閣이라는 이름으로 1992년까지 서고로 쓰이다가 철거되었어. 50대 이상의 사람들이라면 창경궁 내의 일본식 건물을 어렴풋이 기억하는 사람들이 많아.

아 름   그런데 왜 저 자경전에 가슴 아픈 사연이 있다는 거죠?

아 빠   저 자경전을 지은 사람이 바로 정조 임금이거든. 자경전의 위치를 봐.

바로 통명전 뒤쪽이지? 그리고 통명전보다도 높은 곳이지? 대비는 왕비보다도 웃어른이기에 저렇게 왕비의 중궁전 바로 뒤쪽에 바짝 붙여서 그것도 쳐다보는 위쪽에다 대비전을 지을 수 있는 것이야. 사실 알고 보면 저곳이 창경궁에서 가장 높은 곳이야. 그런데 정조 임금이 자경전을 저렇게 높은 곳에 지은 것은 단순히 대비가 왕비보다 웃어른이어서 그런 것만은 아니야. 또 다른 이유가 있어.

아 름   자경전이 대비전이라면 정조 임금의 어머니가 사는 집이겠군요. 정조 임금의 어머니라면, 아! 혜경궁 홍씨. 사도세자의 부인이었던 혜경궁 홍씨군요.

아 빠   그래, 바로 혜경궁 홍씨야. 그런데 저 자경전 자리에서 동쪽을 바라보면 지금은 서울대학교병원이 있는 자리에 옛날에는 경모궁景慕宮이 있었어. 경모궁은 사도세자의 사당이었어. 그러면서 정조 자신도 거처를 창경궁의 자경전 아래쪽에 있는 영춘헌迎春軒으로 옮겼고, 결국 그곳에서 돌아가셨어.

엄 마   사도세자를 생각하는 정조의 마음을 충분히 짐작할 수 있네요.

뱀의 발   동궐도에서 찾아낸 화원의 실수

춘당지의 5시 방향에 신독재慎獨齋라고 하는 건물이 있다. 궁궐지에는 춘궁의 서당이라고 되어 있다. 쉽게 말해서 세자의 공부방이라는 뜻이다. 그런데 건물을 자세히 들여다보면 뭔가 이상한 것을 느낄 수 있다. 신독재는 건물로 올라가는 계단은 있는데 계단이 끝나는 곳에는 출입구가 아니라 창문이 있다. 이 부분은 분명히 화원이 실수를 한 부분이다.

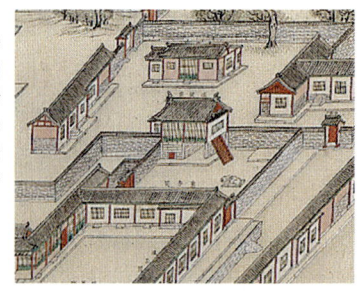

창경궁의 풍수는 왕과 왕비를 위한 것이 아니었다

아 빠 마지막으로 창경궁의 풍수를 한번 볼까? 풍수에서 말하는 살아 있는 좋은 기운인 생기는 산을 타고 온다고 했지? 산을 직접 보기 어려우면 산줄기에서 나무가 많은 곳을 찾으면 돼.

엄 마 그러고 보니 산줄기에서 나무들이 밀려오는 것처럼 보이네요.

아 빠 우선 그전에 창덕궁을 한번 볼까? 외전 지역의 가장 으뜸 전각인 인정전의 바로 뒤쪽까지 산줄기가 타고 내려오는 것이 보이지? 인정전은 당연히 명당자리야. 그리고 내전 지역인 대조전 뒤쪽에도 산줄기가 내려오고 있지? 게다가 혈자리를 증명한다는 풍수 잉도 보여. 반달 모양의 담장이 보호하고 있는 것이 생기를 불어넣어 주고 있는 풍수 잉이야. 대조전도 명당자리에 있는 것이지.

아 름 요약하자면, 궁궐에서 가장 명당자리에 들어서야 할 건물이 외전 지역에서는 법전이고, 내전 지역에서는 대전과 중궁전이라는 말이죠?

아 빠 응, 그렇다면 창경궁의 풍수는 어떨까? 창경궁에서도 외전 지역과 내전 지역을 나눠서 한번 살펴보자고. 창경궁의 외전 지역의 으뜸 전각인 명정전 바로 뒤쪽으로 산줄기가 보여?

엄 마 아니요. 산줄기가 명정전이 아니라 그 옆에 있는 문정전 쪽으로 가고, 그것도 문정전 건물 쪽이 아닌 문정전의 마당 옆쪽으로 가고 있어요.

아 빠 그리고 대전인 환경전과 통명전 터를 봐. 그 주위로 산줄기가 보여?

엄 마 환경전 근처에는 아무것도 없고요. 통명전도 산줄기는 없어요. 오히려 통명전 뒤에 있는 자경전이 뒤쪽에 둥근 담장이 있어요. 둥근 담장은 풍수 잉을 보호하는 담장인데… 그렇다면 중궁전인 통명전이 아니라 오히려 대비전인 자경전이 창경궁의 명당자리라는 뜻이 되나요?

아 빠 처음부터 내가 말했잖아. 창경궁은 대비들을 위한 궁궐이라고.

창경궁의 역사

> 홍화문으로 걸어가는 길

홍화문으로 가는 길

아 름 아빠, 창경궁은 왕을 위한 궁궐이 아니라고 하셨잖아요? 그 이유를 다시 한번 알려주세요.

창경궁을 리모델링한 이유는 대비들을 모시기 위함

아 빠 응, 창경궁은 성종 임금 때 지금의 창덕궁 낙선재 부근에 수강궁壽康宮 이라는 이름으로 있던 조그만 옛 궁궐을 리모델링한 궁궐이야. 수강궁은 세종 임금이 상왕으로 물러나 있던 아버지 태종 임금을 위해 지은 궁이었어. 그리고 수강궁이라는 이름 자체가 목숨 수壽, 건강할 강康 자를 쓰기 때문에 이름만 들어도 그 궁궐을 만든 의도를 알 수 있지. 그곳에 모신 분이 만수무강하시라고 지은 것이야.

호림   궁궐을 리모델링한 이유가 무엇이었나요?

아빠   성종 임금이 왕위에 올랐을 때 왕실의 어른이신 대비가 세 분이나 계셨어. 아무리 여자가 남자보다 오래 산다고 해도 이런 경우는 흔치 않아. 그리고 한 궁궐에 대비가 계신 전각을 세 개나 만들기도 쉽지가 않지. 또 대비전을 세 개나 만들었다고 해도 같은 궁궐 안에서 중전과 대비 세 분이 생활한다면 서로가 얼마나 신경 쓰이겠니?

엄마   그것은 여자라면 누구라도 싫어할 상황이에요. 왕비도 대비들도 모두가 서로 불편했을 거예요.

아빠   그래서 세 분 대비를 위해서 왕이 거처하는 창덕궁에 붙여서 옛 궁궐인 수강궁을 리모델링한 것이야. 그런 이유 때문에 창경궁은 완전히 독립적인 궁궐이 아니라, 창덕궁의 부족한 기능을 일부 보완하는 성격을 가지게 된 것이지.

창경원과 창경궁은 어떤 관계가 있나?

아름   할머니와 할아버지가 가끔 창경원昌慶苑이라고 말씀하시던데, 창경원과 창경궁은 무슨 관계죠? 창경원에는 동물원도 있었고, 식물원도 있었다고 하셨거든요.

아빠   그건 이야기가 좀 긴데… 결론부터 말하자면 창경원은 일본이 훼손한 창경궁의 딴 이름이야. 창경궁이 심하게 훼손되기 시작한 것은 1907년부터야. 조선 말기부터 우리나라를 식민지로 만들어서 대륙으로 진출

하는 발판으로 삼으려던 일본은 강력한 경쟁자였던 러시아와의 전쟁에서 승리를 거두었어. 그리고 더 이상의 견제 세력이 없다고 판단하고 1905년에 조선과 을사늑약을 강제로 체결했어. 을사늑약은 조선의 외교권을 박탈하고 일본 천황이 파견한 통감이 조선의 외교를 총 지휘한다는 것이야. 을사년에 이루어진 이 조약을 강요하고 체결한 가장 핵심적인 인물이 바로 이토 히로부미伊藤博文였고, 이토는 초대 통감으로 취임했지. 나라를 빼앗은 원흉이 바로 이토였기 때문에 안중근 의사가 그를 저격한 것이야.

호림 조약이라면 우리가 동의하지 않으면 성립하지 않잖아요?

아빠 그때 일본은 조약을 체결하기 위해서 궁궐 주위 및 서울 시내의 중요한 곳마다 무장한 일본군들이 경계를 서고, 또한 쉴 새 없이 시내를 무장한 채로 시위행진을 했어. 게다가 조약체결을 위한 회의장이 있는 궁궐 안으로도 무장한 헌병과 경찰들이 드나들면서 공포 분위기를 만들었지. 이런 분위기 속에서 고종 황제는 참석하지 않은 채로 어전회의가 열렸는데, 일부의 반대가 있었지만 이완용을 대표로 하는 다섯 대신이 적극적으로 찬성하여 결국 조약이 체결되었어. 그래서 조약에 찬성한 다섯 대신을 을사오적乙巳五賊이라고 부르게 되었고, 매국노의 대명사가 된 것이야.

호림 고종이 참석하지 않았다면 뒷날 고종께서 이 조약은 무효라고 하시면 되잖아요?

아빠 당연히 그랬지. 고종 황제는 즉시 미국에 있던 황실 고문 헐버트에게 짐은 총칼의 위협과 강요 아래 최근 양국 사이에 체결된 이른바 보호조약이 무효임을 선언한다. 짐은 이에 동의한 적도 없고 금후에도 결코 아니할 것이다. 이 뜻을 미국정부에 전달하기 바란다며 통보했어.

아름 그때 미국이 도와줬으면 무효가 되었겠네요?

아 빠　그렇지만 이미 일본은 미국과 가쓰라-태프트 밀약The Katsura-Taft Agreement 이라는 것을 맺어서, 미국은 필리핀을 통치하고 일본은 조선을 보호국으로 만든다는 데 서로 은밀히 동의한 상태였어. 그러니 고종의 노력은 허사였지. 일본은 이런 식으로 영국과도 협정을 맺어 양해를 받아 놓은 상태였어. 청나라와 러시아는 전쟁에서 이겨 놓아서, 그 당시에 일본을 견제할 상대는 아무도 없었던 셈이야.

호 림　그래서 고종 임금도 완전히 포기했나요?

고종이 퇴위 되고 순종이 등극하는 헤이그밀사사건

아 빠　아니야. 1907년에 네덜란드의 수도 헤이그에서는 제2회 만국평화회의가 열렸는데, 고종 임금은 이 회의에 3명의 특사를 파견해서 국제 사회에 을사늑약의 무효를 주장하려고 했어. 하지만, 이미 한국은 외교권이 박탈된 상태였고 일본의 조직적인 방해 때문에 회의에 참석조차 못했어. 이 사건이 전해지자 이토 히로부미는 고종에게 특사 파견의 책임을 추궁한 뒤, 강제로 퇴위시키고 순종을 등극시킨 거야. 이것을 헤이그밀사사건이라고 하지.

호 림　아니, 한 나라의 임금을 강제로 바꾸다니…

아 름　임금이 아니라 황제야.

아 빠　이름뿐인 황제가 무슨 의미가 있겠니? 아무튼, 순종은 즉위하자마자 거처를 경운궁에서 창덕궁으로 옮겼어. 이것도 순종과 고종을 떼어 놓으려는 일제의 의도가 깔린 것이었어.

호 림　경운궁은 어디예요?

엄 마　지금의 덕수궁이란다. 원래 고종과 순종을 포함하여 전체 황실 가족은 경운궁에 살고 있었는데, 고종이 일본의 압력으로 물러나고 순종이 즉위하면서 순종은 창덕궁으로 거처를 옮겼어. 그리고 고종만 남은 경운궁은 고종이 덕을 누리면서 만수무강하라는 뜻으로 덕수궁으로 불리게 된 것이야.

창경원은 창경궁을 의도적으로 격하시킨 이름

아빠   순종이 창덕궁으로 거처를 옮기자, 일본은 순종을 위로한다는 명목으로 창덕궁에 붙어 있던 창경궁의 전각을 헐어내고, 그 자리에 동물원과 식물원을 만들었어. 그러면서 이름도 창경궁에서 창경원으로 바꾸었지. 아무나 넘보지 못하던 지엄하신 임금의 궁궐이 일반인에게 개방되면서 궁궐이 갖던 왕권과 왕실의 상징성은 그야말로 땅에 떨어지게 된 것이야. 그런 상태로 창경궁은 창경원이라는 이름으로 1970년대까지 서울의 대표적인 유원지로 이용되었어. 그래서 나이 드신 분들에게는 창경궁보다 창경원이 더 익숙한 이름이 된 것이야.

아름   창덕궁은 그 뜻이 덕의 근본을 밝혀서 번창하라는 뜻이라고 하셨잖아요? 그럼 창경궁은 경사스러운 일로 번창하라는 뜻인가요?

아빠   그렇지. 그나마 다행인 것은 1980년대에 창경궁에 대한 복원 공사가 진행되어서 지금처럼 창경궁의 이름도 회복되었고, 어느 정도 궁궐의 모습을 회복했어.

조선고적도보에 실린 명정전 내부

명정문

명정전 답도

옥천교

홍화문

조선고적도보에 실린 창경궁의 이모저모

뱀의 발   창경원의 벚꽃과 대학생들의 나체팅

    창경궁은 일찍이 중종이 대장금의 진료를 받았던 곳이며, 선인문宣仁門 앞마당에서는 사도세자의 뒤주 비극이 일어나기도 했다. 정조가 어머니 혜경궁 홍씨의 회갑 기념으로 가난한 백성에게 쌀을 나눠주고, 아버지 사도세자의 사당을 참배하려고 쪽문인 월근문月覲門을 낸 곳 역시 창경궁이다. 수많은 왕실 가족들의 생로병사가 이루어졌고 왕이 직접 농사 시범을 보인 곳 또한 창경궁이었다. 한마디로 조선 왕조의 혼이 깃든 터였다. 바로 그런 창경궁에서 일제는 조선왕조 말살을 기도했다. 1907년부터 창경궁 안의 건물들을 헐어내고 동, 식물원과 박물관을 지었으며, 언덕과 뜰에 가득 일본의 상징인 벚나무를 심더니, 이름도 창경원으로 격하했다. 명목적으로는 백성이 부담 없이 와서 보라고 순종이 궁苑을 원苑으로 낮췄다지만, 일제 정책에 굴복한 것임은 불을 보듯 뻔하다. 그리고 1924년 봄, 창경원에 처음으로 색등을 밝히고 일본 것을 흉내 내어 밤 벚꽃놀이가 벌어졌다. 그것이 한국전쟁 후 60~70년대엔 온 국민의 유일한 상춘 관광지이자 소풍의 대명사로 자리 잡았다. 40대를 넘긴 사람이면 누구나 하나쯤 창경원의 추억이 있을 만큼 국민적인 명소였다. 일부 대학생들은 나체팅을 한다며 창경원을 찾았다. 밤(나이트) 벚꽃(체리 블로섬) 미팅의 앞글자를 하나씩 뽑아 만든 나체팅은 70년대 대학가에서 한때 인기 품목이었다. 1986년, 새롭게 단장해 복원한 창경궁을 공개하기에 앞서, 아직 궐내에 남아 있던 벚나무의 처리 문제가 관심사로 떠올랐다. 창경원 시절에 있던 1천3백여 그루 가운데, 학교 등에 분양하고 남은 6백 그루를 그대로 궐내에 두느냐, 아니면 없애느냐는 논란이었다. 나무엔 죄가 없으므로, 또한 그것이 수많은 사람의 추억에 얽혀 있으므로 존치하자는 의견도 적지 않았다. 그러나 식민잔재를 말끔히 청산하자는 의견을 엎지는 못했다. 벚나무는 어린이 대공원과 여의도 등으로 옮겨 심어졌다. 이후 여의도의 윤중로 벚꽃축제가 창경원 시절 벚꽃축제를 대신하고 있다.

홍화문 – 보물 제384호,
선인문, 월근문

→ 홍화문 앞

홍화문

아름   아빠, 창경궁의 정문은 다른 궁궐의 정문보다는 뭔가 느낌이 다른 것 같아요. 왜 그렇죠?

홍화문이 광화문이나 돈화문에 비해 왜소하게 보이는 이유

아빠   아빠가 보기에는 창경궁의 방향 때문에 그런 것 같아. 경복궁이나 창덕궁에서는 궁궐이 남쪽을 바라보고 있지만, 이 창경궁은 동쪽을 바라보고 있지. 게다가 경복궁은 정문인 광화문이 육중한 석축 위에 올라가 있고, 창덕궁도 비록 공간이 협소하기는 하나 돈화문 앞의 월대를 복원시켜 놓아서 궁궐 정문이 주는 위엄을 어느 정도 느낄 수 있어. 하지만, 이곳 창경궁은 정문 앞이 바로 차도로 막혀서 궁궐의 정문에서 받는 왕권의 위엄을 전혀 느낄 수가 없어.

아 름   그럼 이 차도가 생기기 전인 조선 시대에는 괜찮았을까요?

아 빠   그때도 다른 궁궐의 정문과 비교하면 초라하기 그지없었어. 왜냐하면, 역시 방향 때문이야. 경복궁의 광화문 앞으로 오자면 종로에서부터 권위의 상징인 육조거리를 통과하여 경복궁의 진산(鎭山)인 북악과 그 뒤의 삼각산을 배경으로 한 광화문을 바라보면서 접근을 해야 했어.

아 름   거기다 해치상까지 떡 하고 버티고 있었으니 보통 사람이면 주눅이 들었겠어요.

아 빠   그럼. 창덕궁도 종로에서 시작해서 돈화문까지 이어진 주작대로를 한참 걸어오는 동안 응봉과 삼각산이 주는 후광효과까지 경험하면서 돈화문 앞에 도착하면, 널따란 월대 위에 올라가 있는 돈화문을 바라보면서 궁궐의 위엄을 느낄 수 있었지. 그런데 창경궁은 정문 앞이 산으로 막혀 있어. 따라서 남쪽에서 북쪽으로 난 길을 따라 올라가다가 홍화문 앞에서 왼쪽으로 꺾어야만 궁궐의 정면을 바라볼 수 있게 되는 거야. 궁궐의 위엄이나 권위 따위와는 거리가 멀지. 혹시, 조선 시대에도 있었던 창경궁 앞의 이 길이 무슨 길인 줄 아니?

엄 마   이 길을 따라가면 성균관에 닿게 돼요. 지금도 그 자리에는 성균관대학교가 있죠.

아 빠   맞아. 창경궁 앞의 이 길은 조선 시대의 국립대학교였던 성균관으로 가는 길이었어. 쉽게 비유하자면 창경궁으로 가는 길에서 드는 느낌이란, 다른 궁궐의 정문에서 받는 엄숙한 느낌과는 달리, 성균관이란 학교 가는 길에 잠깐 들르는 느낌이었을 거야. 따라서 조선 시대에도 홍화문 앞에서 궁궐의 위엄을 느끼기에는 많이 부족했겠지. 그런데 이런 것들은 사실 의도적으로 그렇게 한 것이야.

아 름 의도적으로 이렇게 만들었다고요? 왜요?

아 빠 창경궁도 처음부터 제대로 만들겠다는 마음만 먹었다면 창덕궁처럼 방향을 남쪽으로 향하게 하고, 모든 건물의 배치도 그에 따라서 남향으로 만들었을 거야. 하지만 일부러 그렇게 하지 않았지. 왜냐하면, 제대로 만들 생각이 처음부터 없었던 거야.

엄 마 왕을 위한 궁궐이 아니라 대비를 위한 궁궐이어서 그렇다는 건가요?

홍화문은 임금과 백성이 만나는 소통의 장

아 빠 그렇지. 아무튼, 홍화문弘化門은 넓을 홍, 될 화, 문 문자를 써서 임금님의 교화가 온 세상에 넓게 퍼지라는 뜻으로 이름을 지었어. 그러려면 실제로는 임금이 백성을 직접 만나야 하겠지? 기록에는 이곳 홍화문 앞에서 영조 임금께서 직접 백성을 만났다고 해. 그래서 군역을 2필에서 1필로 줄여주는 균역법을 제정하고자 백성의 의견을 묻기도 했고, 흉년이 들었을 때에는 백성에게 쌀을 나눠주는 행사도 했는데, 이 모든 것을 바로 이 홍화문 앞에서 했다고 해.

뱀의 발 군역이란?
옛날에는 16세에서 60세 사이의 양반과 천민을 제외한 모든 양인은 군역의 의무를 졌는데, 대부분이 농민이었다. 그렇지만 모든 농민이 한꺼번에 군대에 가면 농사를 지을 사람이 없기 때문에 비교적 건강한 사람은 정군正軍이라고 해서 직접 군대에 갔고, 정군에 속하지 않는 사람들은 보인保人이라고 해서 정군의 생계를 책임지도록 했다. 보통 정군 1명에 보인이 3~4명이었다. 그렇게 되면 보인은 정군에게 한 달에 면포를 2필씩 군비를 지급하고 군역의 의무를 수행한 것으로 쳤다. 그런 군역 의무를 매월 2필에서 1필로 줄여주었으니 균역법은 백성의 부담을 확 줄여준 좋은 제도였다.

아빠   영조뿐만 아니라 정조 임금도 혜경궁 홍씨의 회갑을 기념하기 위해서 이곳 홍화문 앞에서 가난한 백성에게 쌀을 나누어 주었는데, 이런 사실이 원행을묘정리의궤[園行乙卯整理儀軌] 중에서 홍화문사미도[弘化門賜米圖]라는 그림으로 남아 있어.

아름   그럼 이곳은 임금님과 백성 간 만남의 광장이라고 볼 수 있겠네요?

아빠   그런 셈이지. 그리고 홍화문은 창경궁의 정문인데, 궁궐이라면 궁도 있어야 하지만 궐도 있어야 하겠지? 경복궁의 동십자각처럼 독립된 건축물로서의 궐은 없지만, 흔적은 창경궁에도 남아 있어. 찾아보렴.

아름   궐은 망루라고 했는데, 망루의 흔적을 찾으면… 혹시 양쪽에 있는 저 누각 모양의 건물인가요?

아빠   그래, 바로 저것이 궐의 흔적이야. 흔히들 십자각이라고 하지. 이 홍화문은 궁궐문 중에서는 창덕궁의 돈화문 다음으로 오래된 목조 건축물이야. 고건축적으로 살펴볼까? 정면 3칸, 측면 2칸의 중층 구조이고 다포계의 우진각지붕인데, 17세기의 건축 기법을 잘 나타내주기 때문에 국가지정문화재인 보물 제384호로 지정받았어. 그런데 동궐도에는 팔작지붕으로 그려져 있어. 동궐도에는 홍화문뿐만 아니라 돈화문도 팔작지붕으로 그려져 있는데, 아마도 화원이 실수로 우진각지붕을 팔작지붕으로 잘못 그린 것 같아.

창경궁의 궐 흔적

아름   그럼, 지금까지 우리가 동궐도에서 찾아낸 실수는 모두 3개예요. 돈화문과 창덕궁의 지붕을 팔작지붕으로 잘못 그린 것과 신독재 계단 위에 출입문이 아닌 창문을 그린 것이요.

정조의 지극한 효심이 깃든 월근문

아 빠   그렇구나. 그리고 이 홍화문의 북쪽으로 담장을 따라가면 월근문月覲門이 나와. 달 월, 뵐 근, 문 문이라서 매달 뵙는다는 뜻이야. 누구를 매달 뵙기 때문에 그런 이름이 붙었을까? 힌트를 주자면 이 문을 통해서 금방 갈 수 있는 곳과 관련이 있어.

엄 마   창경궁의 맞은편에는 지금 서울대학교 병원이 있는데, 이 자리에는 옛날에 사도세자의 사당인 경모궁이 있다고 당신이 말했어요. 그렇다면 혜경궁 홍씨와 정조가 매달 경모궁에 참배를 다녔다는 뜻?

아 빠   딩동댕! 따라서 월근문은 정조의 지극한 효심이 가득한 곳이라고 할 수 있지. 월근문은 나중에 창경궁을 다 돌아보고 나오는 길목에 있으니깐 아빠가 먼저 설명만 해 준 거야. 아무튼, 이렇게 창경궁은 정조와 사도세자와 관련된 곳이 많아. 그럼 우리 정조의 아버지인 사도세자가 뒤주에 갇혀 죽은 곳으로 가 볼까?

호 림   창경궁 안에 정말 그런 곳이 있어요?

▶ **선인문 안쪽 마당**

선인문   선인문의 안쪽 마당

아 빠   바로 이곳이야. 베풀 선, 어질 인, 문 문! 선인문宣仁門이야. 어짊을 널리 베푸는 문이란 뜻인데, 바로 이 문의 안쪽 마당에서 사도세자는 뒤주에 갇혀 죽었어.

조선의 세자를 둘이나 죽인 어질 인 자

엄 마 조선에서는 어질 인 자가 들어갔지만 어진 것과는 거리가 먼 것이 또 있어요. 바로 인조 임금 말이에요. 자신의 친아들인 소현세자를 독살시켜 죽였는데도 말도 안 되게 묘호에 어질 인 자를 썼어요. 사도세자가 죽은 이곳도 어질 인 자가 붙은 문이 있으니, 조선의 세자들에게는 어질 인 자가 생명을 단축하게 하는 글자인 모양이에요. 참, 역사의 아이러니 같아요.

아 빠 사도세자의 죽음을 둘러싸고 여러 가지 논란이 많아. 지금까지 많이 알려진 이야기로는 사도세자가 정신병의 일종인 조울증 때문일 것이라는 의견이 대세야. 혜경궁 홍씨가 쓴 한중록에는 증세가 심할 때 세자가 심야에 칼을 차고 청계천 물길을 따라 누군가를 죽이러 간다고까지 했는데, 사도세자가 죽이려고 했던 누군가는 도대체 누구였을까?

엄 마 혹시 아버지인 영조 임금이었을까요?

아 빠 아마도 그런 것 같아. 심지어는 자신의 아들인 정조였을 수도 있고. 왜냐하면, 영조가 그런 일이 있고 난 이후에 굳이 사도세자를 죽이려고 까지 한 것으로 봐서는 자기 자신의 안위, 또는 세손의 안위가 걱정되었다고 보는 것이 상식적인 해석이지. 심지어 사도세자의 생모인 영빈 이씨도 사도세자를 죽이는 쪽에 가담한 것으로 보면 아무래도 사도세자로 말미암아 세손까지 피해 볼 수 있다고 판단한 것 같아. 즉, 세자를 죽여서라도 세손은 살려야겠다고 결론을 내린 것 같아.

아 름 아무리 그래도 사도세자의 친어머니가 자식을 죽이라고 했다는 것이 믿어지지가 않아요. 그런데 사도세자는 왜 그랬대요? 그냥 아무런 이유 없이 미치지는 않았을 것 아녜요?

사도세자가 미칠 수밖에 없었던 이유

아 빠 사도세자의 아버지는 영조 임금이지. 그런데 영조 임금은 순탄하게 왕위에 오른 것이 아니야. 영조가 아직 연잉군^{延礽君}이라는 왕자의 신분이었을 때, 이복형인 경종은 이미 세자 자리에 있었어. 조선에서 왕이 되지 못하는 왕자는 죽을 확률이 매우 커. 왕위를 위협하는 존재가 되기 때문이야. 그래서 조선 초기에 양녕대군이 세자 자리를 버리자 태종은 셋째 아들인 충녕대군에게 자리를 넘겨줬는데, 둘째인 효녕대군은 스스로 머리를 깎고 절에 들어갔어. 왜냐하면, 권력에 의지가 없다는 것을 보여줘야만 생명을 유지할 수 있다고 판단했기 때문이야.

호 림 그런 비슷한 사례가 또 있어요?

아 빠 그럼. 얼마든지 있지. 이 창경궁을 만든 성종 임금이 원래 왕위 계승 서열에서 세 번째인 것은 알지? 예종의 아들인 제안대군도 있었고, 성종의 친형이었던 월산대군도 있었어. 그럼에도 한명회의 농간으로 성종이 임금 자리에 오르자, 월산대군은 이름 그대로 전국을 떠돌며 자연 속에 묻혀 풍류로 세월을 보냈고, 제안대군은 일부러 바보 행세를 하면서 목숨을 부지했어.

아 름 나도 그런 사람 알아요. 바로 흥선대원군이죠. 안동 김씨의 세도 정치로 왕족 대부분이 역모로 죽임을 당하자, 일부러 시정잡배들과 어울려 망나니짓을 하고 다니면서 권력의 희생물이 되지 않으려고 했대요.

아 빠 잘 알고 있구나. 그런 상황에서 노론의 도움과 경종의 급작스런 죽음으로 정말 운 좋게 왕위에 오른 영조는 초기에 왕권이 안정적이지 못했어. 특히 경종을 독살했다는 소문이 파다했고, 이를 빌미로 이인좌^{李麟佐}는 난까지 일으켰어. 따라서 영조는 자신의 아들인 사도세자에게 이런 험난한 세상 속에서 스스로 확고한 왕권을 세울 수 있도록 어려서부터

혹독한 제왕 교육을 했어.

호 림 아! 비극은 거기서 시작되었구나!

아 빠 그래, 머리가 좋은 영조와는 달리, 사도세자는 그다지 공부에는 뛰어난 인재가 아니었나 봐. 공부를 힘들어했고, 오히려 칼과 무예를 좋아했나 봐. 그러다 보니 영조의 꾸지람은 점점 많아지고 부자 사이는 점점 벌어졌지. 그런 와중에 사도세자가 아버지인 영조에게 선왕인 경종이 어떻게 죽었냐고 물어본 적도 있었지. 그렇지 않아도 경종 독살설 때문에 콤플렉스를 가지고 있던 영조의 반응은 말 안 해도 알겠지?

엄 마 사도세자는 왜 그런 질문을 했대요?

아 빠 그것은 사도세자를 모시던 내관들이 거의 모두 경종을 모시던 내관들이었거든. 따라서 그 내관들이 사도세자에게 경종이 독살되었을 것이라고 이야기했을 가능성이 커. 거기다가 사도세자는 대리청정 동안 세금을 감면하는 등 가난한 백성을 위한 정책을 많이 베풀었어. 가난한 백성이야 좋아할 일이지만, 권력층인 양반들에게는 자신의 돈줄을 잘라버리는 일이었지. 따라서 당시 집권 노론 측에서는 사도세자를 정적으로 몰았고, 사도세자를 집중적으로 공격했어. 사도세자는 아버지로부터 제왕 수업에 대해 끊임없는 질책을 받았고, 집권당으로부터도 무차별 정치적 공격을 받으니깐 정신적으로 버텨내지 못한 것 같아.

아 름 불쌍한 사도세자. 공부 때문에 스트레스받고, 또 백성을 위하려다 양반들에게 공격받고…

사도세자의 자결을 막는 신하들

아 빠 영조가 사도세자를 죽이려고 마음먹고, 처음에는 칼을 주면서 자결하라고 명을 내렸어. 그런데 사도세자는 자결하지 못했어. 왜일까?

호 림   그야 사도세자가 거부했겠죠. 억울하게 죽는 것 같으니깐요.

아 빠   아니야. 사도세자가 자결하려고 하자 그 주위에 있던 신하들이 자결하지 못하도록 칼을 빼앗아 버린 것이지. 그리고 사도세자가 목을 매려고 하자, 그것도 못하게 막았어. 사도세자가 무슨 짓을 해서라도 죽으려 하면 한사코 주위에 있던 신하들이 막았던 거야.

호 림   집권당인 노론의 신하들은 사도세자를 정적으로 몰았다면서요? 그러면 사도세자가 죽기를 원해야 정상 아닌가요?

아 빠   그 사람들은 사도세자가 두려운 것이 아니야. 정작 두려운 것은 세손인 정조였지. 나중에 정조가 왕위에 올랐을 때, 사도세자가 죽던 자리에 자신들이 있었던 것을 알게 되면 무슨 일이 벌어질지 아무도 모르기 때문이야. 특히 연산군 때의 선례가 있어서 더욱 그랬어.

아 름   그래서 뒤주가 나온 것이군요.

아 빠   처음에는 소주방에 있던 뒤주를 가져왔는데, 크기가 작아 사도세자가 들어가지를 못했어. 그랬더니 어영청이라는 병영에 있던 큰 뒤주를 다시 가져왔어. 그런데 이 뒤주 아이디어를 낸 사람이 누군 줄 아니? 바로 혜경궁 홍씨의 아버지이자 사도세자의 장인인 홍봉한洪鳳漢이야.

아 름   어떻게 그럴 수가?

하필이면 선인문 마당에서 사도세자를 죽인 이유

아 빠   그래서 정조는 왕위에 오르자마자 자신의 외가댁인 풍산 홍씨 집안을 거의 쑥대밭으로 만들었어. 지금까지 내가 이야기한 내용의 많은 부분이 혜경궁 홍씨가 쓴 한중록이라는 책에 나오는 내용을 근거로 했어. 하지만 한중록이라는 책도 알고 보면 혜경궁 홍씨가 자신의 친정집인 풍산 홍씨 집안을 변론하기 위해서 쓴 것이야. 그러다 보니 남편인 사도세자의 입장보다는 남편을 죽이는 결정을 내린 친정 집안의 입장에서 글을 많이 썼어. 아무튼, 그런 것은 다 제쳐놓고 일단 사도세자가 왜 꼭 이곳에서 죽을 수밖에 없었는지를 한번 알아보자. 다른 곳도 많은데 왜 하필 여기일까? 힌트는 음양오행으로 생각해 봐.

호 림 또 음양오행 문제야? 아무튼, 이곳이 사람 죽이기에 좋은 곳이니깐 이곳에서 죽였겠죠.

아 빠 그런 표현은 좀 그렇고, 이곳이 그나마 궁궐 안이라는 특수한 환경 속에서도 사람을 죽여도 될 만한 장소였을 거야. 우선 이곳은 창경궁의 중심이 되는 으뜸 전각인 명정전의 서쪽이거든.

호 림 아빠, 이쪽은 남쪽인데…

아 빠 사실 호림이 말대로 절대방위絕對方位로는 남쪽이 맞아. 하지만, 군주남면 원칙에 따라서 임금이 바라보는 쪽은 무조건 남쪽이 돼. 이것을 상대방위相對方位라고 하지. 그래서 상대방위로 본다면 명정전이 바라보는 홍화문 쪽이 남쪽이 되고, 우리가 서 있는 이곳이 상대방위로는 서쪽이 되는 것이야. 양반 중 무신들인 무반은 정전의 서쪽에 선다고 했지? 따라서 사람을 죽이는 무신들의 기운이 있는 쪽이 바로 이쪽이야.

엄 마 이곳 선인문이 동궁의 정문이기도 했다던데…

아 빠 맞아, 선인문을 통해서, 사도세자가 세자였던 시절의 동궁전이었던 시민당時敏堂으로 출입했지. 하지만, 꼭 그 사람이 살았던 곳에서 죽이라는 법은 없어. 게다가 명정전의 반대쪽으로는 내전들이 몰려 있잖아? 왕족들이 사는 곳에서 죽이기는 좀 그랬겠지? 이쪽은 궐내각사가 많이 있었고 또한 내사복시에서 관장하던 왕실 전용 마구간도 있었거든. 사람 사는 생활 공간이라기보다는 업무 공간이라고 봐야지.

엄 마 혹시 이곳에서 가까운 문정전文政殿과도 관련이 있나요? 동궐도의 문정전을 보면 경복궁의 태원전처럼 문정전의 정면 앞까지 복도가 있던데요. 보통 천랑은 빈전이나 혼전에서 많이 쓴다는 이야기가 있었잖아요? 비록 문정전의 복도는 벽이 막혀 있어서 천랑은 아니지만…

아빠   좋은 지적이야. 창경궁의 편전인 문정전은 옛날에는 휘령전(徽寧殿)이라고도 했는데, 혼전의 목적으로 많이 사용했어. 특히 영조 임금의 첫 번째 부인이었던 정성왕후 서씨의 혼전으로 사용되었지. 아무래도 여러 정황상 이쪽이 죽음과 관련이 많은 것은 사실이야.

엄마   그렇다면 풍수적인 이유도 있을까요?

아 빠   그럼. 이곳은 바로 창경궁의 금천이 궁궐 밖으로 흘러나가는 곳이거든. 사람이 죽게 되면 좋지 않은 기운이 생겨날 텐데 그런 나쁜 기운이 함께 궐 밖으로 바로 흘러나가는 것이 풍수상으로도 좋겠지. 사도세자의 죽음과 관련된 그런 조치는 또 있었어. 수원에 있는 사도세자의 능인 융릉隆陵을 가보면 봉분에 살※을 막으려 병풍석을 둘렀어. 원래 병풍석은 모든 왕릉에 사용되다가 세조가 병풍석을 금지하는 유훈을 남긴 이후로는 쓰지 않는 것이 원칙이었지.

문정전

옥천교 _ 보물 제386호

🔵 홍화문과 옥천교 사이

옥천교에서 본 홍화문

옥천교는 서울의 궁궐 중 유일하게 금천이 살아 있는 다리

아 름   아빠, 이 다리 밑으로는 실제로 물이 흘러요.

아 빠   응, 금천교가 창덕궁에서 가장 오래된 건조물이듯, 옥천교는 창경궁에서 가장 오래된 건조물이야. 보물 제386호인데, 석조물이 목조물보다는 오래가기 때문이지. 옥천교는 서울의 궁궐 중에서 명당수인 금천이 유일하게 살아 있는 다리야. 이 옥천교는 최근에 복원했지만 풍수를 고려하지 않고 복원해서 좀 아쉬운 점이 많아.

엄마   풍수를 고려하지 않았다는 말이 대체 무슨 뜻이죠?

아빠   지금은 이 옥천교 밑의 금천이 직선으로 되어 있지? 그런데 이 동궐도형을 봐! 어때?

아름   우와! 이 그림에는 물길이 여러 번 휘어져 있어요.

아빠   더 놀라운 것을 보여줄까? 창경궁의 입구에서 명정전 앞까지 깔린 정로를 봐. 일직선이야? 이 정로가 정확히 일직선이라면 명정문의 어칸 정 중앙에 명정전의 현판이 보여야 해. 어때? 명정전 현판이 명정문 어칸의 북쪽 기둥 쪽에 붙어 있지? 명정문에서부터 정로가 오른쪽으로 살짝 꺾인 거야.

호림   옛날의 토목공사 기술이 부족해서 이렇게 된 것이 아닐까요?

아빠   모르는 소리! 옛날에는 궁궐 안의 모든 것을 풍수를 고려해서 만들었어. 하지만, 지금은 풍수를 하나의 미신으로 치부하기 때문에, 복원해

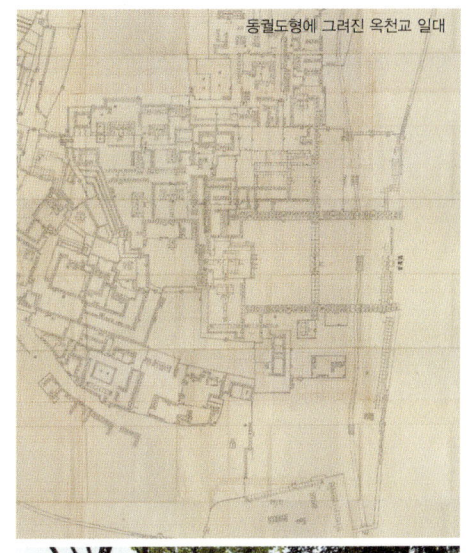

동궐도형에 그려진 옥천교 일대

옥천교

도 이렇게 만든 것이야. 문화재는 옛사람의 눈으로 봐야 하는데, 현대 사람들은 이 간단한 이치를 모르는 것이지. 우선 물길부터 볼까? 풍수는 대부분 상식으로도 이해할 만한 내용이야. 그럼 퀴즈 하나 낼게. 강물이 자기 집 옆을 직선으로 스치듯 곧장 흘러가는 것이 좋을 것 같아? 아니면 곡선으로 감싸주듯이 흘러가는 것이 좋을 것 같아?

호 림 강물이 곧장 직선으로 흘러가면 물살이 빠를 것이고, 그러면 위험할 것 같아요. 그런 것 때문에 물놀이도 못할 것 같고 강 주변에는 아무것도 없을 것 같아요. 대신에 강이 곡선으로 휘어지면 물살이 느려지겠고 덤으로 모래사장도 생길 것이고, 그렇게 되면 물놀이도 하고, 좋을 것 같아요.

아 름 저도 같은 생각이에요.

엄 마 안동의 하회마을이 명당으로 유명한데, 하회라는 이름도 강물이 돌아간다는 뜻이잖아요? 그러니깐 물이 곡선으로 흐르는 것이 당연히 좋을 것 같아요. 그리고 강물이란 원래 내버려둬도 자연적으로 굽이굽이 흐르게 되어 있잖아요? 요즘 그것을 인위적으로 직선으로 만들려는 정신 나간 사람들이 있어서 문제죠. 자연을 거스르면 안 된다는 간단한 사실을 왜 모를까요?

안동 하회마을

휘어진 물길의 안쪽이 명당

아 빠 다들 정답이야. 동궐도형을 보더라도 물길이 이렇게 휘어져 있어. 풍수에서 물은 명당 기운을 잡아 둔다고 했지? 이렇게 물길을 휘게 해야 그 기운을 제대로 잡아둘 수 있는 거야. 이것을 직선으로 만들어 버리면 물길과 함께 기운도 다 빠져나가 버리는 것이지.

아 름 물길이 곡선으로 휘는 경우에는 안쪽과 바깥쪽이 생기는데, 어느 쪽이 더 좋아요?

아 빠 물길은 안쪽으로 휘게 해야지 바깥쪽으로 휘게 하면 안 돼! 물이 돌아나가는 안쪽이 명당이야. 명당을 접시라고 가정하고 접시에 명당수인 물을 담으려면 오목한 쪽에 담아야겠지? 반대로 볼록한 쪽에 물을 담으려면 안 되는 것과 마찬가지 이치야.

엄 마 가만히 생각해보니 안동의 하회마을도 돌아나가는 물길의 안쪽에 있어요!

아 빠 그래서 명당인 명정전 쪽에서 보면 물길이 돌아나가는 안쪽에 명정전이 있고, 물길이 돌아나가는 바깥쪽에 홍화문이 있는 거야.

호 림 그럼 물길 말고, 이 정로가 꺾인 것은 왜 그렇죠?

뱀의 발 하회마을과 양동마을의 풍수

최근 유네스코 세계유산으로 등재된 하회마을과 양동마을은 조선 시대의 대표적인 반촌(양반마을)으로, 역사가 가장 오래됐고 자연경관도 제일 탁월한 곳이다. 하지만 두 마을은 묘하게도 서로가 대비되는 면이 있다. 안동 하회마을은 풍산 유씨, 경주 양동마을은 월성 손씨와 여강 이씨가 모인 집성촌集姓村이다. 조선 전기에 형성된 두 마을은 씨족 마을이 만들어지는 두 가지 전형적인 모습을 각각 대표한다. 하회마을이 새로운 살 곳을 찾아 이주해 정착한 개척입향開拓入鄕의 사례라면, 양동마을은 혼인을 통해 처가에 들어와 살면서 자리를 잡은 처가입향妻家入鄕의 사례가 된다. 또한, 하회마을이 강가를 끼고 있는 반면에, 양동마을은 낮은 산속에 들어앉아 있다. 하회마을과 양동마을은 모두 풍수 사상에 따른 길지吉地에 자리 잡았다. 하회마을은 물이 마을을 섬처럼 둘러싼 형태로 연꽃이 물에 떠 있는 모습과 같다는 연화부수형蓮花浮水形의 명당이다. 하회河回마을이라는 이름도 강이 마을을 감싸고 돈다는 뜻을 담았다. 양동마을은 여러 작은 골짜기가 나란히 흐르는 이른바 물勿 자형 터를 차지하여 구릉 등과 같은 지세를 거스르지 않고 그대로 활용한 건물 배치가 두드러진다.

물길과 돌길은 속성이 같다

아 빠   물길과 돌길은 근본적으로 속성이 같아. 길도 직선으로 된 길보다는 굽은 길이 훨씬 명당 기운을 잘 지켜내. 길이 직선으로 뚫려 있으면 자동차가 빨리 달릴 수 있으니깐 차에게는 좋을지 몰라도 사람에게는 길을 건널 때 상당히 위험하지. 하지만, 길이 곡선으로 휘어져 있으면 자동차도 약간 속도를 줄여야 하고 사람도 길을 건널 때 위험이 줄어들게 되지. 풍수는 차가 아니라 사람의 처지에서 보는 것이거든.

아 름   그럼 길을 어떻게 휘어놓아야 명당이 돼요?

아 빠   아빠가 물길과 돌길은 속성이 같다고 했지? 물길처럼 돌길이 휘어지는 안쪽에 명당이 있어야 해. 명정문에서 봤을 때 홍화문까지의 돌길이 약간 북쪽으로 꺾였지?

엄 마   명당 접시에 물을 담으려면 오목한 쪽에 담아야 한다고 했으니깐…

아 빠   물길이 들어오는 북쪽이 명당이라는 뜻이야. 따라서 물이 흘러나가는 남쪽은 명당이 아니지. 그래서 창경궁에서 왕과 왕비를 비롯한 왕실 사람이 사는 명당 지역은 물길이 들어오는 쪽인 북쪽이고, 반대로 남쪽에서는 내사복시에서 말을 키우거나 영조가 사도세자를 죽인 곳으로 정한 것이지.

옥천교의 봄 풍경

명정전 _ 국보 제226호,
명정문 및 행각 _ 보물 제385호

> 명정문 앞

명정문에서 보이는 명정전

아름 이 문은 한자가 쉬워서 뜻을 금방 알 수 있을 것 같아요. 밝을 명, 정사 정자를 쓰니깐 정치를 밝게 하라, 또는 밝은 정치를 하라는 뜻이죠. 그 뒤의 명정전明政殿도 마찬가지고요.

명정문이 보물로 지정된 이유

아빠 그렇지. 이 명정문明政門도 홍화문과 거의 같은 시기에 만들어진 것으로 추정돼. 또한, 건물의 짜임이 착실하고 알차서 조선 중기의 문을 대표할 만하고, 짜임새가 조선 전기 건축 양식의 형태를 잘 간직하고 있어서 궁궐의 중문 건축 연구에 중요한 자료가 되고 있어.

호 림   이 정도의 설명이 나오면 무조건 국가지정문화재야.

아 빠   호림이의 눈치는 역시 알아줘야 해. 그래서 명정문과 주변 행각은 보물 제385호로 지정되었어. 그렇지만 홍화문이 우진각지붕에 중층인 것과는 달리, 명정문은 팔작지붕이면서 단층이야. 동궐도를 보면 홍화문도 팔작지붕으로 그렸는데, 아마도 명정문이 팔작지붕이어서 화공이 잠깐 혼동했나 봐.

행랑에서 본 명정전

아 름   아빠, 홍화문과 명정문 사이를 둘러싼 행각의 북쪽에 출입문이 두 곳이 있는데, 각각 이름에는 어떤 뜻이 담겨 있나요?

아 빠   홍화문 쪽의 출입문이 광덕문이고, 명정문 쪽의 출입문이 숭지문이야. 각각의 문에는 글자 그대로의 뜻이 있고, 또 하나는 음양오행에 따른 뜻이 숨어 있지.

문의 이름에는 방향을 나타내는 뜻이 숨어 있다

호 림   글자 그대로의 뜻부터 말씀해 주세요.

아 빠   광덕문光德門은 빛 광, 덕 덕, 문 문으로, 덕을 빛내는 문이란 뜻이야. 숭지문崇智門은 숭상할 숭, 지혜 지, 문 문으로, 지혜를 숭상하는 문이지.

아 름   그런데 광덕문과 숭지문에 음양오행에 따른 뜻도 숨어 있다고요?

아 빠 그래, 한번 찾아봐. 일단 힌트는 음양오행 및 방향과 관련이 있어.

아 름 음… 동서남북 방향과 관련 있는 음양오행은 목, 화, 토, 금, 수이고, 광덕문과 숭지문에는 그런 글자가 없는데…

아 빠 조금 더 힌트를 줄까? 한양도성의 사대문 이름을 생각해보렴.

아 름 사대문이면 동쪽의 흥인지문, 서쪽의 돈의문, 남쪽의 숭례문, 북쪽의 소지문 또는 숙정문… 아! 생각났다. 인, 의, 예, 지, 신이 각각 동서남북과 중앙이에요. 지가 북쪽을 가리키니까, 그럼 숭지문은 북쪽에 해당하는 거죠. 그래도 광덕문은 방향을 나타내는 글자가 없는데…

엄 마 혹시 광덕문의 빛 광 자가 오행의 화와 비슷하게 해석될 수 있나요? 빛은 불에서 나오잖아요. 만약 그렇다면 광덕문은 남쪽인데…

호 림 숭지문이 북쪽이고 광덕문이 남쪽이라고요? 틀렸어요. 지도를 보세요! 숭지문은 서쪽이고 광덕문은 동쪽이에요.

아 빠 호림아, 지도에 나오는 방위는 절대방위야. 그렇지만 우리 문화재는 절대방위보다도 상대방위를 더 많이 사용했어. 군주남면 생각나니?

아 름 이제, 알았다. 군주남면 때문에 임금이 바라보는 방향이 무조건 남쪽이 되어요. 따라서 상대방위를 따르면 홍화문 쪽이 남쪽이고, 명정문 쪽이 북쪽이 되죠. 그렇게 되면 홍화문 쪽의 광덕문은 남쪽이라는 뜻

광덕문

숭지문

광정문

영청문

이 숨어 있고, 명정문 쪽의 숭지문은 북쪽이라는 뜻이 들어 있어요.

아 빠 　와, 아름이의 정리 솜씨는 100점이구나! 이제 명정문을 지나서 창경궁의 조정마당으로 들어가 볼까?

명정전 앞

엄 마 　창경궁의 조정마당은 경복궁과 창덕궁에 비하면 참 아담하다는 생각이 들어요. 아무래도 명정전이 2층이 아니라 단층이어서 그런 느낌이 드는 것 같아요.

아 빠 　그래, 이곳 창경궁이 대비들을 위해서 만든 궁궐이라서 그래. 그래서 여성스러운 분위기가 강해. 이 때문에 정치를 하는 외전 지역보다는 생활을 하는 내전 지역이 훨씬 잘 발달해 있지. 그리고 으뜸 전각인 명정전은 조선왕조의 법전 중에서 가장 오래되었어.

호 림 　가장 오래되었으면 무조건 국보죠?

아 빠 　오늘 호림이의 눈치는 대단한걸? 맞았어. 국보 제226호야.

아 름 　이곳 행각에도 문이 두 개 있어요. 혹시 저 두 문에도 각각 글자 자체의 뜻이 있고 음양오행에 따른 뜻도 숨어 있나요?

뱀의 발　방향에는 절대향과 상대향이 있다

절대향絕對向은 태양향이라고도 하는데, 말 그대로 태양이 뜨는 쪽이 동쪽, 지는 쪽이 서쪽이다. 한편, 상대향相對向은 지세, 시계視界, 실존성 및 사회성을 지닌 것으로, 쓰임에 따라 지세향, 시계향 등으로 불린다. 자동차 내비게이션도 절대향과 상대향을 사용한다. 즉, 절대향은 남쪽이 아래, 북쪽은 위로 고정된 지도 위에 자동차가 회전 및 동서남북 방향으로 이동하는 데 반하여, 상대향은 자동차가 붙박이로 고정되어 있고, 지도가 회전 및 이동을 한다. 우리는 이미 서양 문화에 길들어 절대향에는 익숙한데, 상대향에는 익숙하지 않다. 우리를 포함한 전통적인 동양 문화권에서는 두 가지 방향을 모두 사용했지만, 실생활에서는 상대향이 더 중요한 자리를 차지하고 있었다. 상대향의 대표적인 예를 들어보면, 제사를 지낼 때 병풍은 원래 북쪽에 두는 것이 맞지만, 집의 구조상 북쪽에 병풍을 치지 못할 때는 병풍을 어디에다 치든 간에 병풍이 있는 쪽을 북쪽으로 설정하는 것이다.

상대방위와 절대방위를 섞어 쓴 것도 음양의 조화

아 빠 그냥 답을 말해 버리면 재미가 없겠지? 이번에도 퀴즈를 통해서 한번 알아보자. 일단 절대방위로 말해서, 북쪽에 있는 문이 영청문이고 남쪽에 있는 문은 광정문이야. 영청문永淸門은 길 영, 맑을 청, 문 문이고, 오래오래 길게 맑다는 뜻이야. 광정문光政門은 빛 광, 정사 정, 문 문이며, 정치를 빛낸다는 뜻이야. 그럼, 이번에는 글자 뒤에 숨어 있는 음양오행의 뜻을 찾아볼까?

호 림 광정문은 빛 광 자가 있으니 남쪽입니다. 지도에서 봐도 남쪽이에요. 절대방위로요! 헤헤, 조금 전에 나온 것이어서 쉽네. 거저먹었다.

아 름 그럼 영청문에는 북쪽이라는 뜻이 숨어 있을 텐데… 북쪽은 오행五行에서 물 수水, 또는 오상五常에서 지혜 지智하고 관련 있어야 하는데, 도저히 그런 뜻을 못 찾겠어요.

엄 마 이것도 직접 북쪽을 가리키는 글자가 아니라 간접적으로 연관된 글자임이 분명해. 음… 아, 알겠다! 맑을 청淸의 맑다는 뜻에도 물이 관련 있고요. 길 영永 자에서 맨 위의 점을 빼면 물 수水 자가 돼요. 그렇게 되면 북쪽을 뜻하는 의미가 되죠.

호 림 그래도 이해가 안 돼요. 명정문 밖에서는 상대방위를 적용하고 명정문 안쪽에서는 절대방위를 적용한다는 것이 이상해요.

아 빠 이상할 것이 없어. 그 자체가 음양이야. 문의 안쪽과 바깥은 서로 음양이어서 반대인 것이지. 따라서 절대방위와 상대방위를 명정문을 중심으로 음양처럼 대비시켜 놓은 것이야. 명정문의 안쪽은 햇볕만 쏟아지는 양의 공간이니깐 항상 변하지 않는 태양을 중심으로 하는 절대방위를 적용하고, 명정문의 바깥쪽은 명당수가 있는 음의 공간이니깐 항상 물길처럼 방향이 바뀔 수가 있어서 상대방위를 적용한 것으로 생각해.

호 림 아무튼, 아빠 생각이죠?

아 빠 아빠가 음양오행 공부를 왜 했겠니? 자, 그럼 명정전을 다시 한번 자세히 볼까? 명정전이 규모가 작고 동향東向인 것, 단층인 것을 제외하고도 다른 궁궐의 법전과는 분명히 눈에 띄게 차이 나는 부분이 있어. 한번 찾아볼까? 힌트는 정면이고 너무 가까우면 찾기가 어려워.

명정전을 근정전, 인정전과 비교

아 름 음… 정면에서 보이는 것이라면… 이래서는 안 되겠다. 근정전과 인정전 사진을 같이 놓고서 비교해 봐야지!

경복궁 근정전

엄 마 아름이 요령이 보통이 아니구나!

창덕궁 인정전

아 름 아, 찾았다! 정면에서 보이는 분합문의 숫자가 달라요. 자, 근정전과 인정전의 정면 사진과 비교해 보세요. 모두 정면에서 보면 5칸인데, 한 칸에 들어가는 분합문의 숫자가 달라요. 경복

창경궁 명정전

궁의 근정전은 3·4·4·4·3 분합문이고요, 창덕궁의 인정전은 3·3·4·3·3 분합문, 그리고 창경궁의 명정전은 2·3·3·3·2 분합문이에요.

아 빠   아름이가 놀라운 것을 발견했구나. 이건 아빠도 아직 발견하지 못한 것인데… 분합문 숫자만 봐도 궁궐의 위계서열을 금방 알 수 있는 걸!

호 림   저도 하나 찾아낸 것 같아요. 명정전의 좌우 끝 칸의 아랫부분에는 벽돌로 되어 있어요. 다른 곳에서는 못 본 것 같아요.

아 빠   오랜만에 호림이도 한 건 올렸는걸? 대신에 아빠가 호림이에게 적절한 문화재 용어를 좀 알려줄게. 건물의 좌우 끝에 있는 칸은 끝 칸이라고 하지 않고 퇴칸退間이라고 해. 퇴라는 말은 물러나 있다는 뜻이야. 그래서 가장 바깥쪽에 있는 마루를 툇마루, 들보 중에서 가장 바깥쪽에 있는 들보를 퇴보 또는 퇴량退樑이라고 하지. 그리고 가장 중앙에 있는 칸은 어칸御間이라고 해.

엄 마   호림이가 발견한 퇴칸의 벽돌 마감은 동궐도에서도 확인할 수 있단다.

아 빠   이제 문정전으로 갈 차례인데, 우리 잠깐 짬을 내서 문정문 바깥쪽의 관천대를 먼저 다녀오자.

명정전 퇴칸의 벽돌 마감 모습

관천대 _ 보물 제851호

🔵→ 관천대 앞

아 름   이게 관천대觀天臺예요? 그냥 돌계단처럼 보이는데…

현존하는 옛날의 천문관측소는 모두 네 곳

아 빠   볼 관觀, 하늘 천天, 대 대臺! 글자 그대로 하늘을 관측하던 곳이야. 여기에서는 우주 천체나 대기 중의 여러 가지 변화를 관측하던 곳인데, 조선 왕조의 길흉을 점치려는 데 목적이 있었어.

대비들의 궁궐, 창경궁

엄 마 　이것과 비슷한 것이 창덕궁 옆 현대 사옥의 앞마당에도 있어요.

아 빠 　우리나라에 현존하는 천문 관측소는 네 군데가 있는데, 그중에서 경주 첨성대가 신라의 것이고, 개성 만월대 첨성대는 고려의 것이야. 그리고 조선의 것은 두 곳인데, 창경궁의 이 관천대와 현대 사옥의 앞마당에 있는 관상감 관천대가 있지. 지금의 현대 사옥 자리는 예전에는 하늘을 관측하는 것을 주 업무로 하던 관상감觀象監이라는 관청이 있었다. 조선의 두 관천대는 구조나 크기, 제작 방법이 거의 같은데, 현대 사옥 마당의 것은 이것과 비교했을 때, 돌계단이 없고 키가 조금 더 큰 정도야. 지금은 두 곳 모두 천문 관측기구는 없어지고, 그냥 대만 남았지.

관상감 관천대

호 림 　첨성대와 관천대는 같은 말인가요?

아 빠 　예전에는 관측소를 소간의대, 또는 첨성대라고도 불렀어. 소간의대는 바로 이 관천대에 소간의小簡儀라는 천문 관측기구를 올려놓고 관측했다고 해서 생긴 이름인데, 저기 위쪽에 있는 화강암 석대 위에는 소간의를 고정했던 구멍이 5개가 뚫여 있어. 그리고 첨성대瞻星臺는 볼 첨瞻, 별 성星, 대 대臺를 쓰는데, 이것도 글자 그대로 별을 관측하던 곳이야.

엄 마 　소간의는 만 원짜리 지폐에 나오는 그 천문 관측기기인가요?

아 빠 　만 원짜리 지폐에 나오는 천문 관측기기는 혼천의渾天儀인데, 천체의 운행과 그 위치를 측정하여 천문 시계의 구실을 하였던 기구로 혼천시계라고도 불리지. 그런데 이 혼천의를 약간 간소화한 것이 간의라는 천문 관측기기고, 간의는 다시 대간의와 소간의로 나뉘는데, 이곳에 설치한 것은 소간의야. 그리고 동궐도의 중희당 마당에 있는 천문 관측기기 중에서도 이 소간의가 있어.

옛날에 천문대를 산속에 만들지 않았던 이유는?

아 름 아빠, 요즘은 천문대가 모두 깊은 산 속에 있잖아요. 옛날에는 왜 이런 궁궐이나 도시에 천문대를 만들었대요?

아 빠 요즘 천문대를 깊은 산 속에 만드는 이유는 별과 천체를 잘 관측하기 위한 것이야. 현대의 도시는 사람이 너무 많이 몰려 살아서 주위의 조명도 너무 밝고 미세 먼지도 많아서 별이 잘 안 보여. 하지만 옛날에는 해만 떨어지면 무조건 사람들은 다 잠을 자기 때문에 주변이 칠흑처럼 깜깜해서 굳이 산속까지 올라가서 별과 천체를 관측할 필요가 없지. 게다가 옛날에는 장소가 어디든 모두 청정 구역이라 공기도 깨끗했어.

호 림 맞아요. 예전에 아빠랑 월악산으로 캠핑 갔을 때 밤하늘을 보니깐, 도시에서 보이지 않던 별들이 굉장히 많이 보였어요.

엄 마 지금도 절에 가면 스님들이 해만 떨어지면 다 주무신단다. 물론 새벽에는 일찍 일어나시지. 스님들은 아직도 옛날 사람들의 생활 주기를 잘 지키고 있는 것이야.

아 름 그런데 옛날 사람들은 망원경도 없었을 텐데, 별을 무엇으로 관측했대요?

아 빠 그냥 맨눈으로 관측했어. 옛날 사람들은 TV나 컴퓨터를 볼 일이 없어서 눈을 혹사할 일이 없었지. 그래서 현대인들보다 시력이 엄청나게 좋았을 거야.

뱀의 발 북두칠성은 별이 7개가 아니라 8개?

북두칠성은 그냥 대충 보면 별이 일곱 개로 보이지만, 시력이 좋은 사람이 자세히 보면, 손잡이 부분의 끝에서 두 번째에 있는 별이 두 개로 보인다. 아주 밝은 별 바로 옆에 작은 별 하나가 살짝 겹쳐 있는 것이다. 그래서 옛날 로마에서는 병사들을 선발할 때 그 작은 별이 보이느냐 아니냐를 시력 측정의 기준으로 정했다고 한다.

광화문광장에 전시된 혼천의 모형

문정전

 문정전 앞

문정전

문정전이 명정전보다 격이 떨어지는 증거

아 름   아빠, 이 문정전文政殿은 왜 방향을 남쪽으로 향하게 했나요?
아 빠   문정전은 경복궁의 사정전이나 창덕궁의 선정전처럼 임금과 신하가 평소 함께 정사를 보살피던 편전이야. 현재 창경궁의 외전 지역에서는 유일하게 남향인 건물이지. 임진왜란 때 전체 궁궐이 모두 소실된 이후에 광해군 때 중건되었는데, 그때의 실록 기록을 보면 이 문정전을 명정전과 같이 동향으로 둘지, 아니면 원래대로 남향으로 둘지를 두고 반년에 걸쳐 논란을 벌였다고 해.

아 름   그럼 남향으로 하자고 주장한 사람들의 근거는 무엇이었나요?

아 빠   만약 문정전을 명정전과 같이 동향으로 하면, 한 궁궐에 정전이 둘이 되어 옛 제도를 어지럽힌다고 한 것이지.

아 름   그렇지만 경복궁도 근정전과 사정전이 같은 방향이고, 창덕궁도 인정전과 선정전이 나란히 있잖아요?

아 빠   경복궁과 창덕궁은 정전과 편전이 행각으로 둘러싸여서 서로 완전히 독립적인 영역인 데 비해서, 창경궁은 명정전과 문정전이 거의 같은 영역 안에 들어와 있거든. 봐, 바로 옆에 붙어 있잖니? 그래서 정전인 명정전과 격을 달리하려고 편전인 문정전의 방향을 남향으로 했지. 그 외에도 명정전과의 격을 달리하려고 의도적으로 만든 것들이 많아. 이건 퀴즈야.

호 림   일단 쉬운 것부터! 문정전은 명정전보다 건물이 작아요!

아 름   문정전의 기단이 명정전의 기단보다 낮아요.

엄 마   명정전의 월대는 2단인데, 문정전의 월대는 1단이에요. 그리고 명정전은 정면 5칸인데, 문정전은 정면 3칸 건물이에요.

호 림   엄마, 하나씩 해야지 너무 욕심이 많아요! 그런데 더는 없는 것 같네.

아 름   나도 더는 못 찾겠다.

아 빠   아직도 하나가 남았어. 이것은 기록에도 나오는 반년 동안의 논란에도 언급된 내용이야. 힌트는 도형과 관련 있어.

호 림   도형이면, 삼각형, 사각형, 오각형, 타원 뭐 그런 것들인데…

아 름   아, 알겠어요. 명정전의 기둥은 둥근 기둥인데, 문정전의 기둥은 네모 기둥이에요. 둥근 기둥이 훨씬 만들기 어려워서 아무 건물에나 못 쓰게 하죠. 맞죠?

아 빠 정답이야.

호 림 그런데, 문정전의 마당에 보면 기둥을 놓았던 자리가 있어요. 저기에도 건물이 있었던 모양이죠?

아 빠 저곳에는 건물이 있었던 것이 아니라 복도가 있던 장소야. 그것을 알 수 있게 하는 것이 동궐도지. 동궐도에 보면 창덕궁의 선정전처럼 문정전의 정면 입구에서부터 마당 쪽으로 벽이 막힌 복도가 놓이고, 그리고 저기에 보이는 주춧돌 자리에 벽이 뚫린 천랑이 영어 알파벳 T자처럼 되어 있었어.

엄 마 마당을 가로지르는 복도나 천랑은 이 건물이 빈전으로 쓰였던 것을 의미하는 것이죠?

아 빠 이 문정전이 빈전으로 쓰인 것은 기록이 있어서 확실해. 인조 임금 당시 소현세자의 상을 치를 때 저기 앞쪽에 있는 문정문 밖에서 배곡례拜哭禮를 했다는 기록이 있고, 또한 영조의 첫 번째 부인이었던 정성왕후 서씨의 혼전으로도 쓰였어. 하지만 지난번에 설명했듯이 빈전을 반드시 천랑이 있는 곳에만 설치하는 것은 아니야.

문치주의의 상징인 문정전과 문약해진 조선

아 름 문정전의 뜻은 문文으로 정치한다는 뜻이죠? 그럼 양반 중에서 무신들은 기분이 나빴겠어요. 문신만 우대하니깐 말이죠.

아 빠 그러게 말이다. 너무 한쪽으로만 치우치면 결국 전체에 문제가 생기는 법이거든. 집안에서는 엄마 아빠가 균형을 잘 이루어야 하고, 나라에서도 진보와 보수, 문신과 무신이 균형을 잘 이루어야 해. 이게 다 음양의 조화거든.

호 림 아빠는 모든 것의 결론이 음양의 조화예요? 마치 깔때기 같아.

아 빠　그건 아빠의 주장이 아니라 세상의 이치가 그렇기 때문이야. 세종대왕이 태평성대를 누릴 수 있었던 이유도 너무 학문에만 몰두한 것이 아니라, 북으로는 육진을 개척하고 남으로는 대마도를 정벌하는 등, 문무의 균형을 잘 이루었기 때문이야. 그래서 세종대왕의 시호가 세종장헌영문예무인성명효대왕이 된 것이지. 여기서 영문은 문을 꽃피웠다는 뜻이고, 예무는 무를 예리하게 단련했다는 뜻이야. 하지만 조선은 시간이 지날수록 지나치게 문치주의에 빠졌고, 양반 자제들은 무조건 병역을 면제받았어. 조선의 군대는 평민들만 가는 곳이 된 거야. 사회 지도층이 빠진 군대가 무슨 힘이 있겠어? 과거 시험을 봐도 문과는 임금 앞에서 제3차 시험인 전시를 치렀지만, 무과는 임금 앞이 아닌 훈련원이나 모화관에서 제3차 시험인 전시를 치렀어. 그러다 보니 무신들은 홀대받았고, 자연히 국방을 소홀히 할 수밖에 없었지.

엄 마　그런 상태를 문약文弱해졌다고 해. 문文 때문에 나라가 약弱해졌다는 소리야. 결국 그래서 임진왜란도 일어났고 외세에 나라를 빼앗긴 것이야. 조선을 건국한 태조 이성계가 무장 출신이라는 점을 후손들이 망각했기 때문이지.

아 빠　엄마의 분석이 정확해. 그래서 처음의 마음가짐인 초심이 중요하다고 사람들이 말하는 거야. 나는 그래서 나의 정신적인 지주이신 신영복 교수님의 처음처럼이란 말을 항상 되새기지. 그리고 한 가지 더 비밀 이야기를 하자면, 너희 엄마가 아빠와 연애 시절에 아빠에게 마음을 빼앗긴 것이 바로 신영복 교수님의 책 때문이야. 내가 밤새 읽은 신영복 교수님의 책 독후감을 너무 재미있게 들려줬거든. 그러니 아빠로서는 신영복 교수님이 평생 은인이 된 것이지. 너희 엄마를 얻게 해 주신 분이니깐…

엄 마　애들 앞에서 별소리를… 자, 다음 장소로 가죠!

숭문당

  숭문당 앞

숭문당

숭문당에서 확인해 보는 영조 임금의 향학열 및 편집증

아 름   아빠, 이 건물은 왜 이렇게 정전과 편전에 바짝 붙여서 지었어요?

아 빠   궁궐의 으뜸 전각인 정전과 임금님의 평상시 정치 공간인 편전에 이토록 바짝 붙였다면, 그만큼 이 건물의 중요성을 높이 봤다는 증거겠지. 이름은 숭문당崇文堂인데, 뜻은 글자 그대로야. 숭상할 숭崇, 글월 문文, 집 당堂! 학문을 숭상한다는 뜻이지.

대비들의 궁궐, 창경궁

엄 마 바로 옆에 있는 문정전도 문치주의의 상징이었는데, 이곳에 또 숭문당이 있으니 문치로의 쏠림 현상이 너무 심했네요.

아 빠 이곳에서는 영조 임금이 친히 성균관의 태학생太學生을 불러서 시험을 치르기도 하고, 경연을 열곤 했대. 경연이 뭔지 알지? 학식 있는 신하와 강론하는 것인데, 실록에는 무려 3,458회를 열었다고 되어 있어. 그만큼 학문을 좋아했던 영조 임금의 성격을 잘 나타내 주는 건물인데, 저 숭문당 현판도 영조의 어필이야.

호 림 그런 아빠 밑에 공부에 소질 없는 사도세자가 태어났으니… 쯧쯧. 사도세자의 운명은 어느 정도 예견되어 있었네요. 제가 보기에는 영조도 문제가 많은 임금 같아요.

아 빠 그래, 호림이 말이 맞아. 아빠가 생각해도 영조의 성격이 좀 이상한 것 같다는 생각이 들어. 자식은 부모가 만든다고 했거든. 결론적으로 사도세자의 정신병은 영조가 만든 것이라고 봐야 해. 여러 자료를 종합해 보면 영조도 일종의 편집증 내지는 강박증이 있었던 것 같아. 그리고 그것은 아무래도 영조 자신의 출신 성분에 대한 콤플렉스 때문인 것 같아. 민간에서 떠도는 이야기대로라면 서자庶子도 아닌 얼자孼子 수준이었기에 그 정도가 더 했을 거야. 따라서 어렵게 왕위에 오른 영조는 어떻게든 왕권을 강화하고자 노력했고, 심지어는 사도세자를 아들이 아니라 왕위 계승자로만 생각한 것 같아. 그래서 그토록 사도세자를 몰아친 것이지.

뱀의 발 서얼庶孼이란 서자와 얼자를 한꺼번에 부르는 말로, 양반의 자손 가운데 첩의 소생을 이른다. 서자는 양인良人 첩의 자손이며, 얼자는 천인賤人 첩의 자손을 말한다. 고려 시대에는 서얼에 대한 차별이 두드러지지 않았으나, 고려 말에서 조선 초기에 들어와서 성리학의 귀천 의식과 계급 사상이 지배 계급의 생각으로 자리 잡게 되자 서얼의 등용에 제한을 두기 시작하였다. 서얼은 가정에서도 천하게 여겨 재산 상속권이 없었고 관직에 등용되기도 어려웠다.

아 름   영조의 성격이 이상했다는 증거도 있어요?

아 빠   영조는 아들인 사도세자에게만 심하게 대한 것이 아니었어. 1761년에 묘하게도 삼정승이 거의 한 달 간격으로 사망한 적이 있었는데, 그때 영의정이었던 이천보李天輔가 죽기 직전에 전하, 이제 화 좀 그만 내십시오. 그렇게 화를 내면 전하에게도 해롭고, 나라에도 좋지 않다고 글을 올렸대. 평소에 하고 싶었던 말을 죽기 직전에 한 것이지. 얼마나 영조가 무서웠으면 평소에는 한마디 못하다가 죽기 전에 했겠니?

숭문당의 건축적 특징

엄 마   여보, 이 건물은 궁궐에서 보기 드문 홑처마예요.

아 빠   응, 아무래도 바로 옆에 정전과 편전이 있으니 격을 그보다 많이 낮추려고 했던 것 같아. 공포도 초익공으로 간소하게 만들었잖아? 게다가 건물의 앞쪽은 2층 누각처럼 만들었지만, 뒤쪽에서 보면 낮은 초석 위에 그냥 집을 지었어.

엄 마   건물 앞뒤의 느낌에서 너무 차이 나는 것이 마치 부석사의 범종각을 보는 것 같아요. 범종각은 앞에서 보면 팔작지붕이어서 마치 하늘을 날아가는 것 같고, 뒤에서 보면 맞배지붕이어서 수줍은 처녀 같아요.

아 름   아빠, 그리고 이곳은 왠지 너무 눈에 익어요.

아 빠   그것은 이곳에서 TV 사극 촬영이 매우 많기 때문이야. 건물이 오밀조밀하게 모여 있을뿐더러 이렇게 건물 사이가 복도로 연결된 부분 때문에 TV 카메라에 영상이 잘 나오나 봐. 자, 이제 내전과 외전을 구분하는 빈양문이다.

➡ 빈양문 앞

아 빠   이 빈양문을 나서면 외전 지역에서 내전 지역으로 넘어가는 거야. 명정전까지는 이렇게 벽이 없는 복도인 천랑으로 연결되어 있어. 이 문의 이름은 손님 빈賓, 볕 양陽, 문 문門 자를 써서, 빈양문賓陽門이라고 해. 볕은 곧 태양이니

빈양문에서 바라본 천랑 모습

깐, 하늘의 태양을 귀한 손님으로 맞는 문이란 뜻이야. 그럼, 여기서 태양은 누구일까?

아 름   이 문을 거쳐서 정치하는 구역인 명정전과 문정전으로 갈 수 있잖아요. 그러면 정치하는 사람 중에 하늘의 태양에 견줄 수 있는 사람은 곧 임금님이죠. 맞죠?

아 빠   100점! 이제 함인정으로 가 볼까?

부석사 범종각

함인정

→ 함인정 앞

함인정은 과거급제자의 접견 장소

아 름 야호, 터널을 빠져나온 느낌이에요.
아 빠 빈양문을 벗어나면 이제부터는 내전 공간이 시작되는 것이야. 저쪽의 함인정으로 가 보자.
아 름 엄마, 이 정자의 한자 뜻을 불러주세요.
엄 마 젖을 함涵, 어질 인仁, 정자 정亭! 함인정涵仁亭이란다.

아름 어진 인에 흠뻑 젖는다? 너무 멋지고 시적인 표현이에요.

아빠 이 함인정은 원래 광해군이 인왕산 기슭에 세웠던 인경궁(仁慶宮)에 함인당(涵仁堂)이라는 건물로 있었어. 그런데 인조가 인경궁을 허물 때 함인당을 이 자리에 옮겨서 세우면서 함인정이라고 불렀어. 그리고 영조실록에는 영조 임금이 문무 과거에 급제한 사람들을 이곳에서 접견하였다고 되어 있어. 임금 앞에서 치르는 과거 시험의 마지막 3차 시험인 전시를 어디서 치렀다고 했지?

아름 창덕궁 후원 부용지에 있는 영화당 건물과 그 앞의 춘당대라는 넓은 마당이라고 하셨어요. 그런데 시험은 창덕궁 후원에서 치르고, 합격자는 창경궁인 이곳에서 접견해요?

아빠 동궐도를 자세히 보면 창덕궁과 창경궁은 후원을 같이 쓴 것을 알 수가 있어. 지금도 창덕궁과 창경궁은 함양문을 거쳐서 서로 왕래할 수 있잖니?

함인정의 건축적인 특징

호림 아빠! 이 건물은 기둥이 좀 특이해요. 보통 기둥은 한 줄로 서 있는 것이 일반적인데, 여기의 기둥은 한 줄이 아니에요.

아빠 이 함인정은 가운데 칸을 특별하게 만들다 보니 기둥이 그렇게

함인정 내부

서게 된 것이야. 정면 세 칸, 측면 세 칸짜리 건물인데, 가장 안쪽의 공간은 둘레의 공간보다도 마룻바닥을 한 단 높게 하였고, 게다가 천장까지도 격을 높여 만들었어. 자 봐! 안쪽에는 마루가 높지? 그리고

둘레의 공간에는 서까래가 드러나게 보이는 연등천장椽燈天障으로 되어 있지만, 가장 안쪽의 공간은 우물천장으로 고급스럽게 마감했어.

엄 마 가장 안쪽에 마루를 높이고, 천정을 고급스럽게 만든 것은 아무래도 거기가 임금의 자리라서 그렇죠?

아 빠 당연하지.

아 름 천장의 종류는 어떻게 되나요?

아 빠 일단, 가장 간단한 천장 모양인 저렇게 서까래가 드러나 보이는 연등천장이 있어. 서까래를 한자로 연椽이라고 해서 그런 이름이 붙었어. 덧서까래를 부연附椽이라고 하는 것도 같은 한자를 쓰기 때문이야.

호 림 아빠, 저 기억났어요. 외할아버지 집도 연등천장이에요. 마루에서 천장을 보면 서까래가 보였어요. 그것이 연등천장이었구나.

아 빠 반면에 서까래를 숨기도록 자재를 쓰는 천장을 반자틀천장이라고 하는데, 연등천장에 비하면 당연히 고급 천장이지. 여기에도 여러 종류가 있는데, 대표적인 것이 종이를 써서 만든 것을 종이반자, 그리고 최고급 천장인 우물반자가 있어. 우물반자는 가로세로로 반자 틀을 짜고, 잘 다듬은 널빤지로 덮는 천장이야. 가로세로로 짜인 틀 모양이 우물 정井 자와 비슷해서 우물천장이라고도 하지. 그 외에도 빗천장, 귀접이천장 등 종류가 많지만, 이 정도만 알면 충분해. 자, 다음 코스로 이동!

뱀의 발 함인정의 내부에 사방으로 돌아가면서 한시가 적혀 있다. 귀거래사歸去來辭로 유명한 시인 도연명의 사시四時라는 작품이다. 한자가 어렵지 않으니, 한번 눈여겨볼 만하다.

춘수만사택春水滿四澤 / 봄날의 물은 사방 연못에 가득하고,
하운다기봉夏雲多奇峯 / 여름 구름은 기이한 봉우리에 많이 걸려 있도다.
추월양명휘秋月揚明輝 / 가을 달은 밝은 빛을 드날리고
동령수고송冬嶺秀孤松 / 겨울 산마루엔 한 그루 소나무가 빼어나도다.

함인정 내부 천장의 모습

경춘전과
환경전

→ 경춘전과 환경전 마당

경춘전

아 름 이 두 건물에 서열이 높은 이름인 전이 붙어 있고, 내전에서 이 정도로 큰 건물이면 분명히 중요한 건물이었을 것 같아요.
아 빠 맞아. 매우 중요한 건물이지. 정면에 보이는 건물은 창경궁의 대전인 환경전이고, 왼쪽의 경춘전도 대비나 세자빈이 주로 썼어.
아 름 일단 건물 이름의 뜻부터 풀어 볼게요. 엄마, 한자 뜻 부탁해요.
엄 마 환경전歡慶殿은 기쁠 환歡, 경사 경慶, 큰집 전殿이고, 경춘전景春殿은 볕 경景, 봄 춘春, 큰집 전殿이란다.

대비들의 궁궐, 창경궁

아 름   환경전은 말 그대로 기쁘고 경사스러운 집이고, 경춘전은 따뜻한 봄 햇볕과 같은 집이란 뜻이네요. 글자 뜻 그대로라서 쉬워요.

엄 마   그런데 여보, 지금의 건물들이 동궐도에 보이는 모습과는 약간 차이가 나요. 동궐도에는 환경전이나 경춘전이 모두 정면의 가운데 세 칸이 대청마루인데, 지금은 경춘전만 가운데 세 칸이 대청이고, 환경전은 가운데 한 칸만이 대청이에요.

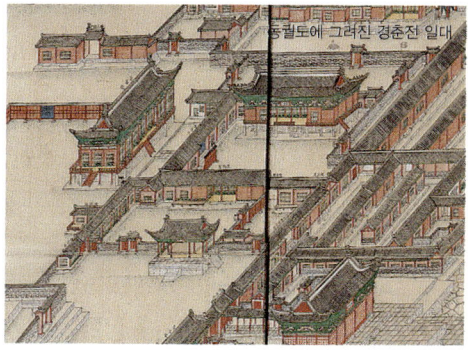
동궐도에 그려진 경춘전 일대

아 빠   그뿐만이 아니야. 지금 경춘전과 환경전의 기단 부분에는 불을 때는 아궁이가 보이지만, 실제 건물 내부에는 전체적으로 통마루가 깔려 있어. 이것은 일제강점기에 창경궁을 창경원으로 격하하면서 이 두 건물을 전시관으로 구조를 변경했기 때문이야.

환경전

동궐도에서 경춘전의 정면에만 전돌이 깔린 이유

엄 마   동궐도를 보면 경춘전의 정면에는 명정전 앞까지 정로가 깔린 것처럼 전돌이 깔렸어요. 그런데 환경전에는 그런 것이 없어요. 왜 그럴까요?

아 빠   글쎄, 일단 동궐도는 아무런 기록이 없으니, 우리가 추측해 보는 수밖에 없을 것 같아. 내가 보기에는 경춘전 앞에 전돌이 깔려 있는 것은 건물의 격을 한 단계 더 높이려는 의도 같아. 그래서 방향도 으뜸 전각인 명정전과 같은 동향을 하고 있어. 그런데 이상하지? 임금님의 침전인 대전은 경춘전이 아니라, 환경전이거든? 환경전은 명정전보다 격이 낮은 편전인 문정전처럼 남향하고 있어. 전돌이 깔린 진입로도 없고. 왜 그럴까?

아 름   창경궁이 대비들의 궁궐인 것과 관련이 있는 것 같아요.

아 빠   그래, 맞아! 바로 이 창경궁이 대비들의 궁궐이기 때문에 이렇게 만든 것이야. 정상적인 궁궐이라면 대전보다 더 높은 격의 내전 건물이 있을 수는 없지. 하지만, 창경궁은 임금이 살지 않는 궁궐로 지었으므로 왕실의 최고 어른이자, 임금의 어머니인 대비를 위해 대비전인 경춘전을 대전인 환경전보다 격을 더 높게 만든 것이야.

아 름   그럼 경춘전에 계셨던 대비는 누구누구였죠?

아 빠   이 창경궁을 만든 성종의 어머니인 인수대비는 자신의 손자인 연산군에게 머리로 들이 받혀 절명했는데, 인수대비가 돌아가신 곳이 바로 이 경춘전이야. 그런데 연산군은 처음부터 폭군은 아니었어. 즉위 초기에는 성종의 뒤를 이어 나름대로 정치를 잘하고 있었거든.

호 림   연산군이 처음에는 폭군이 아니었다? 처음 듣는 이야기예요.

아 빠   원래 역사란 승자의 기록만이 남기 때문에, 패자인 연산군에게 유리한 기록은 별로 없어. 연산군 시절에 대표적인 간신배인 임사홍任士洪은 당시의 권력 투쟁에서 점점 밀리게 되자, 상대방을 꺾기 위해 무리수를 두었어. 그것은 폐비의 일은 절대 입 밖으로 내지 말라는 성종의 유언을 무시하고 연산군에게 밀고한 것이야. 그때 연산군은 자신의 생모가 사약을 받아 죽은 사실을 알고 나서 충격을 받아 거의 미친 사람이 되었다고 전하고 있어.

아름 그때까지 연산군은 자신의 생모가 누군 줄 몰랐다고요?

아빠 응, 성종이 이런 사태를 예견하고 미리 신하들에게 입단속한 거야. 그런데 그것을 임사홍이 깬 거지. 그리고 나서 연산군의 피의 복수극이 시작되었어. 신하 중에서는 폐비 사건에 적극적으로 가담한 사람은 물론이고, 폐비 과정에 반대하지 않았거나 그 자리에 있었다는 이유만으로도 많은 사람이 화를 입었어. 심지어는 자신의 친할머니임에도 인수대비를 머리로 들이받아 죽음에 이르게 하는 패륜적인 행동을 한 것이야. 이런 모든 사건을 갑자사화甲子士禍라고 해.

아름 이런 역사적인 사건을 알고 건물을 보니깐, 건물이 달리 보여요.

아빠 또, 순조 때에는 정조의 어머니인 혜경궁 홍씨도 여기서 돌아가셨어. 그리고 장희빈과의 갈등으로 온갖 수모를 겪은 인현왕후 민씨도 이 경춘전에서 돌아가셨지.

뱀의 발 연산군의 폐비 윤씨는 1445년생이므로 1457년생인 성종과 비교해 보면 띠동갑이다. 즉, 성종은 띠동갑인 연상의 여인을 왕비로 맞이한 것이다. 어우동 추문 등 조선 최대의 여성 편력을 자랑했던 임금인 성종의 눈에 뜨일 정도였으니 대단한 미모였다고 한다. 그러나 미인은 박명하다고 했던가! 시어머니인 인수대비와의 불화가 끊이질 않았고, 다른 후궁들에 대한 심한 견제로 성종의 눈 밖에 났다. 드디어 성종과의 말싸움 도중에 왕의 얼굴에 손톱자국을 낸 것이 발단이 되어 왕비의 자리에서 폐출廢黜되었다. 조선 조정에서는 그녀가 폐서인廢庶人이 된 이후 자신의 행동을 뉘우치고 있는 점, 세자의 생모라는 점 등을 이유로 들어 그녀를 살려 두고자 하였고, 성종도 다시 폐비를 불러들이려고 했다. 그러나 성종의 모후母后인 인수대비와 후궁인 엄숙의, 정숙용 등의 사주로 말미암아 궁녀들이 성종에게 허위로 보고하면서 1482년, 결국 사약을 받아 사사賜死되고 말았다. 폐비 윤씨는 죽기 전 자신의 피가 묻은 금삼錦衫을 친정어머니 장흥부부인長興府夫人에게 전달하고 아들이 자라거든 이를 전달해 달라고 유언을 남기고 죽는다. 훗날 연산군이 왕위에 오르면서 이 사건에 대해 알게 되고, 결국 이 사건에 관련된 사람들을 처벌하면서 1504년에 갑자사화 등이 일어난 것으로 알려졌다.

통명전 _ 보물 제818호

 통명전 앞

통명전

조선 궁궐에 있는 무량각 건물은 모두 네 채

아 름   아빠, 이곳에도 용마루가 없는 무량각지붕의 건물이 있어요. 당연히 왕비의 침전이겠죠?

아 빠   현재 조선의 궁궐 안에 남아 있는 무량각 건물 네 채 중의 하나지. 이 통명전을 제외하고 나머지 세 곳의 무량각 건물을 기억해 볼까? 우선 경복궁에는?

대비들의 궁궐, 창경궁

아 름 왕의 침전인 강녕전과 왕비의 침전인 교태전이요! 그리고 창덕궁에는 왕비의 침전인 대조전이요!

호 림 나도 말하려고 했는데, 기회를 안 주네. 아쉽지만 어쩔 수 없지 뭐.

아 빠 그럼 조금 어려운 문제 하나 내 볼까? 지금은 없지만 동궐도에 나오는 무량각 건물은?

아 름 이번에는 오빠에게 기회를 줄게. 한번 해 봐! 아까 기회가 없어서 아쉽다고 했잖아?

호 림 아, 그게 말이야… 그래도 하던 사람이 계속하는 것이 좋을 것 같아.

아 름 엄마, 도와주세요! 사실은 저도 기억이 안 나요.

엄 마 집상전이란다. 동궐도에서는 대조전과 집상전 두 건물만이 무량각 건물이었어.

아 빠 남아 있는 무량각 건물은 몇 채 되지 않으니깐 머릿속에 넣어두렴. 그리고 이 통명전通明殿은 통할 통通, 밝을 명明 자를 써서, 두루두루 통하여 밝다, 현명하다는 뜻이야. 왕비님이 모든 것에 두루두루 잘 통달해서 세상을 밝게 만들어달라는 염원이 담겼다고 봐야지.

엄 마 이 통명전도 여성의 공간이라서 여성을 배려한 흔적이 많아요. 우선 서쪽의 경사지를 화계로 처리하고, 그 아래에는 예쁘게 만들어진 돌 연못을 만들었어요.

통명전의 여성 배려 공간인 인공 연못에서 찾아보는 음양의 이치

아 빠 이 돌 연못은 우리나라에서 몇 안 되는 정말 예쁜 인공 돌 연못이야. 연못에서 북쪽으로 약 5미터 정도 떨어진 곳에 샘이 있어서, 이곳에서 솟아나는 물이 직선으로 된 돌 물길을 통하여 작은 폭포를 이루면서 연못으로 들어가게 되어 있지.

엄 마   창덕궁의 연경당 근처에 있던 애련지와 비슷한 느낌이 들어요. 거기서도 연경당 쪽에서 돌로 만든 도랑을 따라 흘러나온 물이 애련지의 서북쪽 모퉁이에서 넓은 판석의 홈통을 따라 흘러온 다음에 가느다란 폭포를 이루면서 애련지 속으로 떨어지죠.

아 빠   게다가 이 연못은 가운데를 가로지르는 돌다리를 통해 북쪽과 남쪽으로 나뉘는데, 북쪽에는 네모난 괴석분^{怪石盆}이 2개가 있고, 남쪽에는 둥근 앙련대석^{仰蓮臺石}이 하나 있어. 이것도 음양을 맞춘 것이야. 더운 남쪽에는 양을 상징하는 둥근 받침대를, 그리고 추운 북쪽에는 음을 상징하는 네모난 받침대를 쓴 것이야. 그뿐만 아니라 둥근 받침대는 숫자도 양수인 홀수로 만들어서

통명전 연못

북쪽에 있는 괴석분   남쪽에 있는 앙련대석

더욱 양의 기운을 더했고 네모난 받침대는 숫자를 음수인 짝수로 만들어서 더욱 음의 기운을 보탰지.

아 름   태극기의 건, 곤, 감, 리 4괘를 봐도 양인 것은 길게 하나이고, 음인 것은 짧게 두 개예요. 그래서 양이 홀수이고, 음이 짝수이구나.

아 빠   원래 홀수와 짝수의 음양은 수컷과 암컷의 성기 모양에서 나온 것이

야. 아무튼, 그런 가운데서도 받침대가 두 개인 쪽의 면적을 크게 하고 받침대가 하나인 쪽의 면적을 작게 해서 음양의 적절한 조화를 꾀한 것이지. 또 음의 공간인 북쪽의 돌난간을 보면, 긴 쪽이 5칸, 짧은 쪽이 3칸인 양수로 되어 있어. 반대로 양의 공간인 남쪽의 돌난간을 보면, 긴 쪽과 짧은 쪽 모두 2칸인 음수로 되어 있지. 이런 작은 것에서도 음양의 조화를 신경 쓴 거야. 그래서 이 연못을 보고 있으면 왠지 모르게 마음이 편해져.

엄 마 이 인공 연못은 튼튼한 돌로 만들어져 있으니깐 처음 만들어졌을 때의 모습이 전혀 바뀌지 않았겠죠?

아 빠 성종실록에 보면 이 돌 연못에 물을 끌어들이는 시설이 지금처럼 돌이 아닌 구리로 되어 있었나 봐. 그래서 신하들로부터 사치스럽다는 지적이 있었는데 성종이 더는 개의치 말라고 하면서 상황을 종료시켰다는 기록이 있어. 따라서 처음에는 이 시설을 구리로 만들었다는 것을 알 수 있지.

물에도 음양이? 삼수변과 이수변에서 발견하는 미묘한 차이

엄 마 연못의 뒤쪽에 열천洌泉이라고 쓰인 글자가 있어요. 가만, 이 글자는 어디서 본 글자인데?

아 빠 경복궁 향원지의 열상진원에서 본 그 글자와 비슷하지? 여기에서 열천의 열洌 자는 한자 부수로 이수변(冫)을 쓰고 향원지의 열상지원의 열洌 자는 삼수변(氵)을 써. 둘 다 물을 뜻하기 때문에 뜻은 거의 같다고 보면 돼. 맑고 차가운 물이란 뜻이야. 그래도 약간의 미묘한 차이가 있기는 하지.

엄 마 이수변과 삼수변의 미묘한 차이라고요?

아빠 이수변과 삼수변 모두 물을 뜻하는 글자이기는 한데, 여기에도 음양이 있어. 삼수변은 많은 양의 물을 나타내는 모습을 형상화한 것이야. 그리고 3은 양수라서 움직임이 많은 물이야. 이에 반해 이수변은 얼어붙은 물의 모습을 형상화한 것이야. 왜냐하면, 2는 곧 음수이기 때문에 물 중에서도 움직임이 없는 물을 뜻하지. 얼음이나 얼음처럼 차가운 물을 뜻해. 그래서 빙산의 얼음 빙* 자에는 이수변의 변형된 꼴이 적용되어 있고, 청량음료의 서늘할 량* 자와 겨울에 잘 먹는 동태의 얼 동* 자도 모두 이수변을 쓰고 있어.

엄마 세상에, 물을 나타내는 글자에도 음양이 숨어 있다니…

아빠 세상의 모든 것이 모두 음양으로 설명된다고 했잖아! 자, 이번에는 건물 쪽을 살펴볼까?

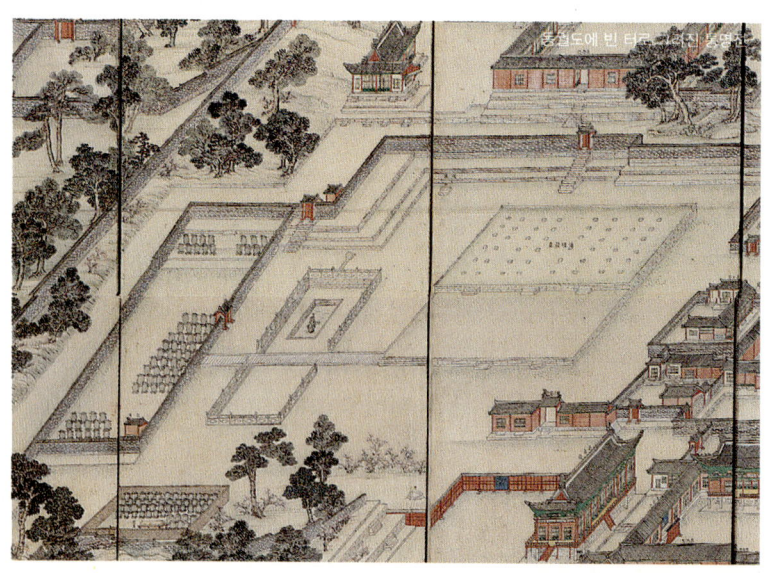

대비들의 궁궐, 창경궁

통명전의 건축적 특징

아 름   아빠, 이곳의 천장도 아까 보았던 함인정과 같은 구조예요. 건물의 가장 바깥쪽은 서까래가 보이는 연등천장이고, 가장 안쪽의 천장은 우물천장이에요.

통명전의 천장 부분

엄 마   아름이는 방금 배운 것도 잘 활용하는구나. 여보, 그런데 천장과 천정 어느 말이 맞는 말이죠?

아 빠   천장이 맞는 말이야. 천정은 우물천장을 한자로 표기하다 보니 우물 정 자를 써서 천정(天井)으로 쓰기도 하지만, 분명히 천장이 올바른 표현이야. 아름이가 본 것처럼 통명전은 가장 가운데는 우물천장이고, 좌·우측의 온돌방 천장은 종이천장이야. 이곳 통명전에서는 우리가 지금까지 배웠던 세 가지 천장 종류인 연등천장, 종이천장, 그리고 우물천장까지가 한 곳에 다 있는 셈이지. 그리고 이곳은 왕비가 계시는 공간이라서 건물에 품격도 갖추었어. 건물 앞에는 넓은 월대를 쌓았고 드므도 설치했어. 그리고 마당에는 박석까지 깔았지. 다른 건물에서는 볼 수 없는 시설들이야.

엄 마   그런데 동궐도에는 이 통명전이 없고 빈터에 주춧돌만 나와 있어요.

아 빠   이 통명전은 정조 14년인 1790년에 화재로 소실된 후, 순조 33년인 1833년에 다시 복구한 것이야. 동궐도가 그려진 시기가 대략 1827~1830년 사이이기 때문에 당연히 동궐도에는 나오지 않아. 현재 이 통명전은 보물 제818호로 지정되어 있어.

양화당,
영춘헌, 집복헌

→ 양화당 앞

아 름   이 건물은 옆의 통명전과 거의 비슷한 것 같아요. 엄마, 이 건물의 이름은 뭐죠?
엄 마   기를 양養, 조화로울 화和, 집 당堂 자를 써서 양화당養和堂이라고 해.
아 름   글자 그대로 조화로움을 기르는 집이라는 뜻이네요. 그런데 통명전의 바로 옆에 있으면서 통명전과 거의 비슷한 것으로 봐서는 분명히 통명전과 관련 있는 집 같아요.
아 빠   아름아, 잘 보았다. 이곳 양화당에서는 철종 임금의 왕비인 철인왕후 김씨가 돌아가시기도 하셨는데, 왕비의 일상생활 공간으로 쓰였던 건물이야. 그래서 통명전과 비교해 보면 통명전과 비슷하면서도 서로 간에 음양을 맞추었어. 통명전은 잠자는 침전이기 때문에 밤을 상징하는 음의 느낌으로 집을 만들었고, 양화당은 일상생활 공간이기 때문에 낮을 상징하는 양의 느낌으로 집을 만들었지.

엄 마 그렇군요. 통명전은 난간이 없어서 집이 폐쇄적인 느낌이 드는데, 양화당은 집의 가장자리 양쪽에 난간이 있어서 개방된 느낌이 들어요.

아 빠 건물의 규모도 정면 6칸, 측면 4칸으로 통명전의 정면 7칸, 측면 4칸과 거의 비슷한 규모야. 그래도 통명전과 격이 같을 수는 없어서 정면 칸 수를 하나 줄인 것이야. 그 외에도 양화당이 통명전과 비교해 격이 떨어지는 것이 몇 가지 있는데 한번 찾아볼까?

양화당이 통명전과 비교해 격이 떨어지는 사례

호 림 나는 항상 쉬운 것부터 해야지! 이름에서 격이 떨어져요. 통명전은 제일 서열이 높은 전이고, 양화당은 그다음 서열인 당이에요.

아 름 통명전은 월대가 있는데, 양화당은 월대가 없어요.

호 림 자세히 보면 건물 기단의 높이도 통명전이 높고 양화당이 낮아요.

아 름 잡상雜像의 숫자도 통명전이 더 많아요.

호 림 뭐야, 해 보자는 거야? 좋아. 통명전은 정면 계단이 3개인데, 양화당은 2개예요.

아 름 이제 뭐 없나? 아, 있다! 통명전은 기둥 위에 뾰족하게 튀어나온 것이 2개인데, 양화당은 1개뿐이에요.

호 림 에… 또… 음, 졌다.

아 빠 잘했다. 얘들아. 그중에서 아름이가 아주 중요한 걸 찾아냈구나. 마지막에 찾은 것 말이다. 아빠가 고건축에 대해서 설명할 때, 공포栱包란 전통 목조 건축물에서 지붕의 처마 끝 무게를 받치기 위해서 기둥의 꼭대기 부분에다가 역삼각형 모양으로 짜맞추어 댄 까치발처럼 생긴 나무 부재라고 설명했지?

익공계 공포에 대하여

호 림 아, 아빠가 우산에 비유해서 우산 살대와 가운데 손잡이 기둥 부분을 연결해주는 역삼각형 모양의 지지대라고 하신 것이요? 기억나요.

아 빠 그것이 공포인데, 건축 부재인 공포의 구조는 주심포, 다포, 익공 이렇게 3개로 나뉘어져.

엄 마 주심포柱心包는 기둥의 중심에만 공포가 올라가 있는 것이고, 다포多包는 기둥과 기둥 사이에도 공포가 올라가 있다고 했던 것 기억나니?

아 빠 그리고 또 하나의 공포 양식이 있는데 건축에서는 그것을 익공翼工이라고 해. 공포의 모양이 새의 날개를 닮았다고 해서 날개 익 자를 써서 그런 이름이 붙었어. 익공은 공포 중에서 가장 간결한 형식이야. 일단 주심포와 비슷하게 기둥 위에만 있어. 그리고 주심포나 다포처럼 기둥 밖으로 도리가 튀어나오는 출목 구조가 거의 없어. 아무튼, 익공도 새의 날개 모양이 하나이면 초익공, 두 개면 이익공, 이런 식으로 불렀어. 이런 공포의 기능적인 특징은 지붕의 처마를 길게 빼주는 역할을 하지만, 장식적인 효과도 크지. 따라서 초익공보다는 이익공이 훨씬 고급처럼 보이는 거야.

호 림 쉽게 말해서 새의 날개가 하나인 것보다는 두 개인 것이 훨씬 고급이다, 이거죠?

아 빠 그렇게라도 이해하면 다행이구나. 그렇지만 앞으로 자주 보게 되면 자연스럽게 이해될 것이야. 참, 또 하나가 있는데 양화당은 화반이 없이 소로만으로 기둥 위의 도리와 장여를 받치는 간소한 구조야. 화반(花盤)이라고 하는 것은 기둥머리의 창방 위에 장여를 받치기 위하여 끼우는 널조각이거든. 이것의 기능은 장여가 처지는 것을 막는 지지대의 역할인데, 이런 기능적인 이유 말고도 이 화반을 화려하게 만들어서 장식적인 효과를 낼 수도 있어. 그런데 양화당은 그 화반을 생략한 거지. 양화당과 통명전의 기둥을 가로지르는 창방 위를 비교해 보면 아빠 말을 쉽게 알 수 있어.

아 름   아빠 말이 어렵기는 해도 비교해 보니 약간 이해 가는 것 같아요. 아무튼, 양화당 쪽이 통명전보다는 목조 건축 구조가 간단해 보여요.

아 빠   이제 영춘헌과 집복헌 쪽으로 가보자.

 영춘헌 앞

화계에서 본 영춘헌과 집복헌 일대

정조대왕이 영춘헌에서 승하하신 이유

아 름   아빠, 여기의 집들은 이름이 헌으로 끝나는 것을 보니 옆에 있는 통명전, 양화당과 비교해 봤을 때 격이 좀 떨어지는 집 같아요.

아 빠   당연히 그랬겠지. 통명전과 양화당은 왕비의 거처이지만, 이곳 영춘헌迎春軒과 집복헌集福軒은 주로 후궁들의 거처였던 것 같아. 그래서 사도세자도 이곳에서 태어났고, 순조

영춘헌과 집복헌

도 여기서 태어났지. 두 사람 모두 후궁의 몸에서 태어난 사람들이야. 게다가 정조 임금은 영춘헌에서 거처하다가 재위 24년 만인 1800년에 이곳에서 승하하셨어.

엄 마   정조 임금은 돌아가신 아버지 사도세자의 사당인 경모궁이 보이는 곳

뱀의 발   **경모궁터**

서울 종로구 연건동에 있는 정조의 생부인 사도세자의 묘가 있던 곳이다. 지금의 서울대학교병원 부근 일대에 있던 함춘원含春苑의 옛터이다. 함춘원은 창경궁을 창건하고, 풍수지리설에 따라 궁궐의 동쪽에 있는 이곳에 나무를 심고 담장을 둘러 잡인들이 출입하지 못하게 하였는데, 창경궁에 딸린 후원後苑으로 함춘원이라고 불렀다.

사도세자는 영조의 둘째 아들로, 세자로 책봉되었다가 부왕을 대신하여 국정을 맡기도 했지만 유폐되어 죽었는데, 영조는 그를 불쌍히 여겨 사도思悼라는 시호를 내리고 1762년에 사도묘思悼廟를 건립한 뒤 수은묘垂恩廟로 개칭하였다. 1764년에는 사도세자의 사당인 수은묘를 함춘원으로 옮기었으며, 1784년에는 정조가 수은묘를 경모궁景慕宮이라고 하였다. 1899년에 장헌세자를 장조로 추존하고, 경모궁에 있던 장조의 신위를 종묘로 옮기면서 경모궁도 그 기능을 잃게 되자 경모전景慕殿으로 고쳤다. 일제강점기 때 함춘원 옛터인 경모궁 일대에 경성제국대학이 세워지면서 이곳의 원래 모습은 사라졌다. 또 6·25전쟁으로 옛 건물 대부분이 불타 없어지고 지금은 경모궁터인 거대한 석단石壇과 그 앞에 함춘문含春門만 남아 있다.

집복헌 내부

에서 돌아가셨구나. 정조 임금은 정말 효자예요.

아 름 이 집들은 모두 미음 자 모양의 집이네요? 게다가 모두 헌으로 끝나니, 서열이 같은 집인가요?

아 빠 그렇지는 않아. 영춘헌이 좀 더 높은 서열이고, 집복헌이 좀 낮은 서열이야. 우선 건축적으로 봐도 쉽게 알 수가 있어. 영춘헌은 겹처마에 소로를 쓴 집이지만, 집복헌은 홑처마에 소로도 없이 장여도리집으로 만들었어. 또한, 영춘헌은 정조 임금께서 거처하셨던 곳이기도 해. 또 일대가 1830년의 대화재 때 모두 불에 탔는데, 이 영춘헌은 1934년에 낙선재 뒤쪽에 있던 장남궁을 헐어다가 그 재목으로 다시 지었다고 해. 장남궁이라면 동궐도에 나오는 천지장남지궁天地長男之宮을 말하는 거야.

엄 마 천지의 장남은 곧 왕세자를 말하니깐 세자의 침소를 말하는 곳이군요!

아 빠 그래, 바로 옆에는 연영합延英閤이라는 현판도 있었지. 멀쩡한 세자의 침소를 헐어다 영춘헌을 지을 정도면, 이곳을 꽤 높이 평가한 셈이지.

아 름 순조 임금에게는 아버지인 정조가 돌아가신 곳이니깐 더욱 그랬겠죠.

엄 마 그런데 동궐도에서 영춘헌과 집복헌의 배치가 지금과는 많이 달라요.

아 빠 그것은 동궐도가 그려진 것이 1830년 화재 이전이고, 이곳이 다시 지어진 것은 1834년 이후라서 그럴 거야.

아 름 아빠! 1834년에 다시 지어진 건물치고는 너무 새 건물이에요.

아 빠 이 건물들은 창경궁이 창경원 시절에 임시 관리사무소로 사용되었어. 그래서 원형이 많이 훼손되었고 이것을 복원하다 보니 이렇게 새 건물처럼 보이는 거야.

성종대왕태실

> 성종대왕태실 앞

성종대왕태실

성종대왕태실이 창경궁에 있는 이유

호 림 아빠, 이곳에 웬 무덤 비슷한 것이 있어요.

아 빠 이건 무덤이 아니라 태실胎室이야. 태실은 조선 왕실에서 왕족의 출산이 있을 때 그 아기의 태胎를 봉안하고 표석을 세운 곳이야. 조선 왕실에서는 돌아가신 분의 무덤만큼이나 새로 태어난 왕족의 태를 중요하게 여겼어. 이것도 모두 풍수의 영향이야. 왕릉이 도성 밖 100리를 벗어나지 않도록 하는 규정은 있었지만, 태실은 그런 규정이 없어서 전국 방방곡곡 명당자리를 찾아서 만들었어.

아 름 　그럼 태실을 모두 찾아다니려면 전국을 다 돌아다녀야 하겠네요?

아 빠 　그렇지 않아. 지금은 거의 모두가 서삼릉西三陵에 모여 있어.

아 름 　그럼 누군가가 전국의 태실을 모았다는 말이네요? 누가 그랬죠?

엄 마 　누구겠니? 모두 일제강점기 때 일본인들이 한 짓이지.

호 림 　분명히 무슨 속셈이 있었을 것 같아요.

아 빠 　그 속셈은 태실에 묻혀 있던 태항아리를 차지하려는 것이었어.

아 름 　태항아리요?

아 빠 　응. 태실은 무덤과는 달리 태를 봉안하는 장소이기 때문에, 관을 쓰지 않고 큰 항아리를 써. 그런데 이 항아리가 보통 항아리가 아니라, 최고급 조선백자 항아리거든.

호 림 　알고 보니 일본놈들은 문화재 도굴꾼들이었네요.

아 빠 　나라 잃은 설움이라는 것이 바로 그런 거야. 우리 눈앞에서 도둑질해도 뭐라 할 수가 없었지. 아무튼, 일제는 전국의 태실을 한 곳에서 관리하겠다는 핑계로 1930년에 전국의 태실을 모두 서삼릉으로 옮겨오게 했어. 그때 성종대왕의 태실만은 이곳으로 왔어. 왜일까?

아 름 　그야. 이 창경궁을 성종대왕이 만들었기 때문이죠!

귀부와 이수는 비석의 아래와 위를 장식하는 장식물

아 빠 　맞았어. 이 태실은 마치 사찰의 부도와 비슷하게 생겼어. 사각형의 지대석 위에다가 돌로 만든 종 모양인 석종형 몸체를 놓고, 그 위에 8각형의 지붕돌을 올렸어. 그리고 상륜부는 보주로 장식했지. 그리고는 왕릉에서 보는 것처럼 8각의 난간석을 둘렀어. 그리고 그 앞에 태실비가 있는데, 비를 올려놓는 귀부가 가장 아래쪽에 있고 그 위에 비의 몸체, 그리고 맨 위에는 이수를 올려놨어. 비를 세우는 가장 교과서적인 형식이지.

아름 　귀부와 이수는 뭐예요?

아빠 　귀부龜趺는 거북 모양으로 만든 비석의 받침돌이야. 거북 귀龜 자에 책상다리할 부趺 자를 쓰지. 가장 대표적인 귀부는 국보 제25호로 지정된 경주의 태종무열왕릉비야.

호림 　아, 작년에 경주로 답사 갔을 때, 봤던 그것 말이죠? 기억나요.

아빠 　한편, 이수螭首는 비석의 맨 위에 올려놓는 장식인데, 교룡 이螭 자에 머리 수首 자를 쓰지. 교룡은 용의 일종인데, 그건 너희에게 설명하기는 너무 어려우니깐, 좀 쉽게 설명하자면… 그래! 용이 되기 직전의 이무기라고 생각하면 기억하기 쉽겠구나. 이무기의 머리, 그래서 이수! 그리고 비석의 앞면에는 성종대왕태실成宗大王胎室이라고 새겨져 있어.

뱀의 발 **태실**

옛날 왕가王家에 출산이 있을 때 그 출생아의 태를 봉안하고 표석을 세운 곳이다. 태봉胎封이라고도 한다. 조선 시대에는 태실도감胎室都監을 임시로 설치하여 이 일을 맡게 하였다. 출산한 후, 태는 깨끗이 씻은 후 항아리에 봉안하고 기름종이와 파란 명주로 봉했다. 붉은색 끈으로 밀봉한 다음, 항아리를 큰 항아리에 담았다. 이렇게 두 개의 항아리에 태를 보관하였다. 항아리에 보관된 태는 태봉지를 선정하여 묻는다. 이것은 안태安胎라고 한다. 태봉지胎封址가 정해지면 궁에서는 태봉출태봉출胎封出 의식을 행하고, 안태사 행렬이 태봉지로 출발했다. 안태 행렬이 태봉지에 도착하면 그곳의 지방관들은 태를 봉안하는 의식이 끝날 때까지 지원하였다. 왕세자의 태실은 석실을 만들고 비석과 금표를 세웠다가 국왕으로 즉위하면 태실을 가봉加封하였다. 국왕의 태실은 8명의 수호 군사를 두어 관리하였으며, 태실 주변은 금표禁標로 접근을 제한하였다. 태봉, 태산胎山, 태봉지 등의 명칭이 있는 지명은 이곳에 태실이 있었다는 의미이다.

성종대왕태실의 비각 모습

춘당지,
관덕정

 춘당지 앞

춘당지

아 름   아빠, 여기에도 연못이 있어요. 마치 경복궁의 향원지 같아요.
아 빠   이 연못의 이름은 춘당지春塘池야. 어디서 들어본 이름이지?
아 름   창덕궁의 춘당대 말씀이군요.
아 빠   그래, 이 춘당지는 창덕궁의 영화당 앞에 있는 넓은 마당인 춘당대와 붙어 있던 연못이라서 이름이 춘당지가 된 것이야. 그런데 동궐도에 나오는 이 춘당지에는 조그만 조각배가 하나 떠 있거든. 그래서인지 일제강점기 때 일본인들이 창경궁을 창경원으로 격하시키면서 이곳을 유원지화하고 이 춘당지에 보트를 띄웠어.
엄 마   나도 옛날 창경원에 소풍 왔을 때, 그런 장면을 봤어요. 그리고 보트

타던 사람이 물에 빠지는 것도 봤어요.

아빠 그리고 춘당지 저쪽 건너편에 온실이 보이지? 그곳은 창경궁의 식물원 대온실인데, 아직 남아 있는 창경원 시절의 흔적이지. 자 이제 답사도 마지막 코스이니깐 느긋하게 식물원에서 구경도 하고 관덕정에서 오늘 답사를 정리해 볼까?

창경궁 대온실

관덕정 앞

호 림 아이고, 다리야! 이제 오늘의 마지막 코스구나.

아 름 아빠, 이 정자의 이름은 볼 관, 덕 덕 자를 써서 관덕정觀德亭인데, 뭐 하던 건물이죠? 덕을 본다? 이해가 잘 안 되네요.

관덕정

아 빠 관덕정이란 이름이 붙어 있는 곳은 무조건 활을 쏘는 곳이라고 보면 돼. 제주도에도 관덕정이란 정자가 있어.

엄 마 아, 제주도에 갔을 때 봤던 제주 관아 터에 있던 그 정자 말이군요!

아 빠 응, 관덕이란 말은 예기禮記라는 책에 나오는 구절인데, 활 쏘는 것으로 덕을 본다. 쏘아서 정곡을 맞추지 못하면, 남을 원망치 않고 제 몸을 반성한다는 대목에서 관덕이란 말이 유래한 것이야. 쉽게 말해서 남의 탓을 하지 말라는 이야기지.

뱀의 발 궁시

활 궁弓, 화살 시矢를 쓰면서 활과 화살을 가리키는 말이지만, 육예六藝 중의 하나로써 활쏘기를 일컫는 말이기도 하다. 육예는 주례周禮에서 이르는 여섯 가지 기예를 가리키는 말로, 예禮(예학), 악樂(음악), 사射(활쏘기), 어御(말타기), 서書(붓글씨), 수數(수학)이다. 조선 무과 시험의 시험 과목은 무예로 활쏘기와 창술을 시험하였는데, 목전(나무 화살), 철전(쇠 화살), 편전(작은 화살), 기사(말 타고 활쏘기), 기창(말 타고 창 쓰기)의 다섯 가지 무예와 격구擊毬로 이루어졌다. 이를 보면 무예 시험에서 말타기와 함께 시험한 활쏘기의 비중이 높았음을 보여준다. 한편, 활과 비슷한 기계로 쇠뇌가 있는데, 활보다 멀리 쏠 수 있는 살상력이 뛰어난 장거리 공격용 무기이다. 활에 쇠로 된 발사 장치가 있어 그 기계적인 힘으로 화살을 쏘는 고대의 무기이며, 노弩라고도 한다. 삼국 통일 이후, 당나라는 천 보를 날아간다는 신라의 천보노千步弩의 비밀을 알아내려고 백방으로 노력했지만, 무위에 그친 이야기는 유명하다. 한편, 수원 화성에도 쇠뇌를 쏠 수 있는 2곳의 노대弩臺(동북노대와 서노대)가 따로 세워져 있는데, 이로써 쇠뇌는 전투에서 중요하게 쓰였던 무기임을 알 수 있다. 그리고 궁노수弓弩手란 활을 쏘던 궁수弓手와 쇠뇌를 쏘던 노수弩手를 한꺼번에 일컫는 말이다.

관덕정에서 내다본 여름 풍경

관덕정에서 내다본 가을 풍경

창경궁 관람 정보

창경궁 일반관람 정보 (2011년 8월 1일 기준)

- 관람 시간 _ 4~10월 09:00~18:30 (입장은 17:30까지)
  11, 3월 09:00~17:30 (입장은 16:30까지)
  12~2월 09:00~17:00 (입장은 16:00까지)
- 매주 월요일 휴궁
- 관람 요금 _ 어른(19~64세) 1,000원, 청소년(7~18세) 500원
- 통합관람권(10,000원)으로 4대궁(경복궁, 창덕궁(후원 포함), 창경궁, 덕수궁)과 종묘 관람 가능
- 무료 해설 _ 10:30, 11:30, 13:30, 14:30, 15:30, 16:30 (1시간 소요) / 옥천교 앞 출발

창경궁으로 가는 지하철

- 지하철 4호선 혜화역 4번 출구 _ 홍화문까지 800미터
- 지하철 1, 3, 5호선 종로3가역 7번, 11번 출구 _ 홍화문까지 1,300미터

창경궁 답사 순서 → 홍화문 → 선인문 → 옥천교 → 명정문 → 명정전 → 관천대 → 문정전 → 숭문당 → 빈양문 → 함인정 → 경춘전 → 환경전 → 통명전 → 양화당 → 영춘헌, 집복헌 → 자경전 터 → 성종대왕태실 → 춘당지 → 관덕정 → 월근문

양화당 지붕 위 가을 풍경.

창경궁 소재 국가지정문화재 현황

- 국보 _ 명정전 (국보 제226호)
- 보물 _ 홍화문 (보물 제384호)
  명정문 및 행각 (보물 제385호)
  옥천교 (보물 제386호)
  통명전 (보물 제818호)
  창경궁 풍기대 (보물 제846호)
  관천대 (보물 제851호)
  창경궁 내 8각7층석탑 (보물 제1119호)
- 사적 _ 창경궁 (사적 제123호)

왕궁이 아닌 황궁, 덕수궁

덕수궁의
역사

> 시청역으로 가는 지하철 안

아 름   아빠, 노래에도 나오는 그 유명한 덕수궁의 돌담길은 언제부터 생긴 길인가요? 조선 초기? 아니면 임진왜란 후?

아 빠   덕수궁의 돌담길은 조선이 망하고 난 이후, 일제강점기인 1922년에 생긴 길이야.

덕수궁의 돌담길이 생긴 지는 90년도 채 안 된다

덕수궁 돌담길

호 림   예? 90년도 채 안 된 길이라고요?

아 빠   그래, 우선 궁궐 이름부터 정리하자. 덕수궁은 원래 처음부터 지어진 궁궐 이름이 아니야. 경운궁慶運宮이 제대로 된 이름이지.

아 름   그렇지만 다들 덕수궁으로 알고 있는 걸요?

호 림   저도 경운기는 들어 봤어도 경운궁은 들어 보지 못했어요!

아 빠   덕수궁德壽宮은 순종이 황제로 즉위하면서 일제에 의해 강제로 폐위된 고종 황제에게 지어 드린 궁

왕궁이 아닌 황궁, 덕수궁

호(宮號)야. 그런데 조금만 깊이 생각해 보면, 순종이 지어 드린 이름이 아니라, 일제가 붙인 이름일 가능성이 더 커. 왜냐하면, 덕수궁이란 이름은 조선에서 처음 쓰인 궁호가 아니거든.

아 름   그럼 또 다른 덕수궁이 있었단 말인가요?

아 빠   기록에 처음 나오는 덕수궁은 조선 건국 후 얼마 되지 않아 이방원이 주도한 왕자의 난을 겪고 난 뒤 태조 이성계가 인생의 허무함을 느끼고 왕위를 내놓았을 때, 제2대 정종 임금이 상왕으로 물러난 태조에게 붙였던 궁호야. 상왕께서 덕을 누리며 오래 사시라는 뜻이지. 그런데 일제는 순종 즉위 후, 경운궁에 고종과 같이 있었던 순종을 강제로 창덕궁으로 이어(移御)시켰어. 고종의 정치적 영향력이 순종에게 미치지 못하게 하려는 조치였지. 그러면서 서둘러 고종에게 덕수라는 궁호를 올린 거야. 뭔가 냄새가 나지?

덕수궁이란 궁호에 숨어 있는 일제의 의도는 무엇일까?

엄 마   고종이 이제 더 이상 황제가 아닌, 물러난 옛 황제라는 사실을 기정사실화한 것이군요.

아 빠   그렇지. 그러면서 대한제국의 궁궐이었던 덕수궁을 다른 궁궐들과 마찬가지로 훼손하기 시작했는데, 조직적으로 덕수궁 터를 분할해 매각했어. 그래서 그 매각한 땅에는 외국 공관들이 들어와서 지금처럼 영국, 러시아, 캐나다, 미국대사관 사저 등이 덕수궁을 빙 둘러싸고 있지. 이때 1922년 일제가 덕수궁의 서쪽에 있던 역대 왕의 어진(御眞)을 모신 선원전 터를 관통하는 도로를 만들면서 덕수궁의 돌담길이 생겼어.

엄 마   일제는 창덕궁의 선원전도 뒤쪽 후미진 곳으로 옮겨버리더니, 이곳에서도 똑같은 짓을 했군요. 일제의 조선 궁궐을 말살하려는 의도가 너무 분명해요.

아름 그럼, 덕수궁 아니 경운궁은 언제 처음 만들어졌나요?

아빠 궁궐 이름이 계속 헷갈리지? 경운궁이라는 이름이 원래의 이름이었다는 것을 꼭 기억하고, 앞으로 언젠가는 경운궁이라는 본래의 이름으로 돌아갈 수 있도록 우리가 열심히 노력하자는 전제하에 일단 용어는 덕수궁으로 통일하자. 왜냐하면, 우리 식구끼리야 상관이 없지만 다른 사람들과 의사소통할 때는 보편적으로 쓰이는 이름인 덕수궁을 쓰지 않으면 서로가 불편하기 때문이야. 아무튼, 덕수궁은 조선 시대의 궁궐 가운데서 가장 늦게 만들어진 궁궐이야.

아름 그렇다면 덕수궁은 임진왜란 이전에는 없었던 궁궐이란 말씀인가요?

아빠 그렇지. 임진왜란 때 선조 임금이 의주로 피난 갔다가 돌아와 보니 한양의 모든 궁궐이 불타버린 거야. 그렇다고 임금님이 노숙할 수는 없는 노릇이잖아? 그래서 한양에서 가장 번듯한 집을 찾아 보니, 마침 지금 덕수궁 자리에 있던 월산대군의 사저가 있었던 거야. 물론, 당시에는 월산대군은 이미 돌아가신 지 오래고 그 후손이 살고 있었지.

덕수궁은 월산대군의 사저였다

엄마 월산대군이면 세조의 맏손자죠? 한명회의 농간으로 억울하게 왕위를 동생인 성종에게 넘긴 그 사람!

아빠 그래. 그 월산대군의 사저를 임시 거처로 사용하면서 창덕궁 등 나머지 궁궐들을 재건하기 시작한 거야. 그래서 덕수궁이 처음엔 정식 궁궐이 아니었기 때문에 정릉동행궁貞陵洞行宮이라고 불렀어.

엄마 정릉동이면 성북구에 있잖아요? 이곳은 중구 정동이에요.

아빠 이곳의 지명이 정동인 것과 성북구에 있는 정릉동이라는 지명 모두가 사실은 태조 이성계의 왕비였던 신덕왕후 강씨의 능인 정릉 때문에 생겨난 것이야. 태조가 끔찍이도 사랑했던 신덕왕후가 죽고 나자, 태조는 도성 10리 밖 100리 안에 왕릉을 만들어야 한다는 원칙을 무시하고, 바로 경복궁의 코앞인 이곳 덕수궁 터에 신덕왕후의 능인 정릉을 만들었어. 그리고 이 정릉을 돌보는 흥천사興天寺라는 절의 종소리를 듣고 나서야 수라상 수저를 들었다고 할 정도였어.

정동과 정릉동의 지명 유래는 모두 정릉

아 름   그런 정릉이 지금은 왜 이곳에 없고 다른 곳에 있나요?

아 빠   태종 이방원 때문이야. 태조 이성계는 원래 신의왕후 한씨란 첫 번째 부인이 있었어. 신의왕후 한씨를 향처鄕妻라고 부르지. 향처는 고향에 있는 처란 뜻이야. 고려 말의 풍습으로는 부인을 두 명 두는 풍습이 있었다고 하는데, 고향에 있는 처를 향처라고 하고, 서울에 있는 처를 경처京妻라고 해. 당연히 신덕왕후는 경처였지. 그렇다고 신덕왕후가 첩이라는 말은 아니야. 엄연히 정식 부인이야. 아무튼, 신의왕후는 태조가 조선을 건국하기 직전에 돌아가셨어. 신의왕후는 슬하에 6명의 아들을 두었는데, 그중에 태종 이방원이 다섯 번째 아들이야.

호 림   그럼, 엄밀하게 말하자면 신의왕후 한씨는 왕비가 아니네요? 태조가 조선을 건국하기 전에 돌아가셨잖아요?

아 빠   그렇게도 말할 수 있지만, 조선에서는 추증追贈이라는 제도 때문에, 실제 살아 생전에는 왕과 왕비가 아니었어도 나중에 왕과 왕비로 대접해주는 제도가 있어. 아무튼, 한양에서 태조가 조선을 건국하는 과정에서 경처였던 신덕왕후 강씨는 태조에게 정치적으로 많은 도움을 주었어. 흔히들 신덕왕후를 강비라고도 하는데, 신덕왕후가 당시 권문세가 출신이어서 태조의 정치적인 후견인 역할을 한 것이야. 그런 신덕왕후를 태조가 예뻐한 것은 당연한 일이겠지?

아 름   어느 정도 예뻐했어요? 아빠가 엄마를 예뻐하는 것처럼요?

아 빠   그렇지. 어느 정도였냐 하면, 이미 장성한 신의왕후 한씨 소생의 여섯 아들을 다 제쳐놓고 신덕왕후 강씨 소생의 11살 난 막내아들인 방석을 세자로 삼았어. 이때까지만 해도 정치권력은 신덕왕후와 조선의 대표적인 개국공신인 정도전이 한편이 되어서 정국의 주도권을 쥐고 있었어. 따라서 신덕왕후가 살아 있을 때는 이방원도 어쩔 수 없었지. 하지만, 신덕왕후가 사망하고 나자 상황이 급변한 거야. 정도전 쪽의 정치적인 힘이 약해지게 되었고 이때를 틈타 이방원이 나서서 세자였던 방석과 그의 동복형 방번 그리고 정도전을 한꺼번에 제거했어. 이것을 제1차 왕자의 난이라고 해.

호 림   그럼 이방원이 정릉을 옮겼다는 건가요?

태종 이방원의 조직적 정릉 훼손 계획

아 빠   응. 제1차, 제2차 왕자의 난을 통해 실권을 장악한 이방원은 그나마도 명목상의 왕이었던 자기 친형인 정종에게서 왕위를 넘겨받아 조선 제3대 임금인 태종이 된 거야. 그러자 태종은 자신의 정통성을 주장하기 위하여 계모이자 사실상 조선의 초대 왕비였던 신덕왕후를 후궁으로 격하시키고 정릉에도 손대기 시작했어. 우선 태종은 정릉의 100보 밖까지 집을 짓도록 허락한 거야. 원래 왕릉의 주변은 화소 지역이라고 부르는 신성한 영역을 확보하는데, 먼저 홍살문을 세우고, 주변에 민가는 물론이고 무덤도 모두 강제로 파내어 이장시키거든. 조선 왕릉의 화소 지역의 평균 크기가 24만 평이야.

엄 마   예나 지금이나 한양은 금싸라기 땅이라서 꽤 비쌌을 텐데, 20만 평이 넘는 택지 지구가 개발되었으니 당시의 권문세도가들이 얼씨구나 하면서 정릉 주변에 집을 지었겠군요.

아 빠   이런 광경을 지켜볼 수밖에 없었던 태조의 심정은 어땠을까? 이런 비참한 심정의 태조가 머물렀던 궁이 바로 정종이 지어 드린 옛 덕수궁이야. 이름은 같지만 지금의 덕수궁과는 전혀 별개의 다른 궁이었어. 내가 창덕궁의 수강재에서 설명할 때 개성과 한양에 서로 다른 덕수궁이 3개나 있었다고 설명한 적이 있지? 아무튼, 사랑했던 아내를 위해 자신이 애써 만든 정릉이 그런 식으로 망가지는 것을 보고 태조는 하염없는 눈물을 흘렸다고 전해지고 있어.

엄 마   얼마 전인가 청계천을 복원하면서 정릉에서 썼던 석물이 발굴되었다는 뉴스를 들은 적이 있는데, 그때의 석물이 옛 정릉에서 쓰였던 그 석물인가 봐요?

아 빠   응, 태종은 정릉의 화소 지역을 없애버린 것만으로도 모자라서 이번에는 아예 능을 지금의 정릉동 위치인 도성 밖 양주 땅으로 옮겨버린 거야. 지금이야 정릉동도 서울시의 안쪽이지만, 옛날에는 한성 밖에 있었지. 정릉동이 행정 구역으로는 성북구에 속하는데, 성북구란 말도 한양성 밖 북쪽이란 뜻이야.

아 름   성북구가 그런 뜻이었어요? 그럼 성동구도 한양성 밖의 동쪽이란 뜻이겠네요?

엄 마   그렇지. 지명도 그 유래를 알고 나면 재미있지?

호 림   그럼, 성남시도 한양성의 남쪽이라서 그런 이름이 붙었겠네요.

아 빠   호림아, 가만히 있었으면 중간이나 갈 텐데… 성남시는 남한산성의 남쪽이어서 생긴 이름이야.

호 림   에고… 혹 떼려다가 혹 붙였네.

아 빠   아무튼, 태종은 정릉의 봉분을 깎아버리고 정자각을 허물었으며, 석
물들은 모두 땅에 묻도록 했는데, 그 이듬해에 청계천의 광통교廣通橋가
홍수로 무너지자 예전 정릉의 석물들을 실어다가 다리를 보수하는 데
써 버린 거야. 백성들이 신덕왕후의 능을 이루던 석재들을 밟고 다니
도록 한 것이지. 그런 이유로 이곳 정동이란 동네 이름은 옛날 정릉이
있었기 때문에 생겨난 것이야.

아 름   이곳을 왜 정릉동행궁이라 부르게 됐는지 이제는 잘 알겠어요.

정릉동행궁에서 정식 궁궐인 경운궁으로

아 빠   응. 선조는 이 비좁은 정릉동행궁에 16년간이나 더 살다가 창덕궁으로
옮겨가지도 못하고 이곳에서 승하하셨어. 그 뒤를 이은 광해군도 이곳
에서 즉위식을 하고 2년 후에나 창덕궁으로 옮겨갈 수 있었는데, 그때
부터 이곳을 정릉동행궁이 아닌 경운궁으로 부르게 되었어. 그 뒤에도
광해군이 이곳 경운궁을 대폭 정비하면서, 조그만 행궁이 아닌 어느
정도는 궁궐다운 궁궐이 되었지.

엄 마   광해군이 한때 계모였던 인목대비를 서궁西宮에 유폐시켰다고 역사책
에 나오는데, 혹시 그 서궁이 덕수궁을 가리키나요? 아니면 경희궁을
가리키나요?

아 빠   경희궁은 동궐의 맞은편에 있다고 해서 서궐西闕이라고 하고, 속칭 서
궁은 이 덕수궁을 가리켜. 따라서 인목대비가 유폐되었던 서궁은 이곳

뱀의 발   덕수궁은 조선 왕실의 측면에서 보면 임진왜란 직후의 매우 어려운 시절을 떠올리는 곳이다. 특히 선
조 임금이 이곳에서 어려운 시절을 보냈기 때문에 후대 임금들은 임진왜란을 상기하면서 선조 임금
을 추모하기 위하여 석어당昔御堂을 만들었다. 그런 석어당에 광해군은 인목대비를 유폐시켰고, 인조반정 이후에
는 거꾸로 광해군이 석어당의 마당에서 인목대비에게 죄를 고하고 인조에게 옥새를 넘겼다.

덕수궁이 맞아. 한편, 광해군을 몰아낸 인조도 이곳 경운궁에서 즉위식을 했어. 왜냐하면, 인조반정 군의 실수로 애써 만들었던 창덕궁이 홀랑 불에 타 버렸거든.

엄 마   그렇다면 이 덕수궁은 왕실로 봐서는 참으로 어려운 시절을 보낸 추억의 궁궐이 되겠군요. 선조는 임진왜란 후 마땅히 있을 집이 없어서 이곳에서 행궁 생활을 했고, 광해군 때는 인목대비를 감금한 장소로 쓰였으며, 인조 역시 반정 직후 다른 궁궐들이 불에 타서 이곳을 임시 거처로 썼으니깐 말이죠.

아 빠   그랬던 덕수궁이, 아니 지금부터는 경운궁이라고 부를게. 왜냐하면, 곧이어 경운궁에서 덕수궁으로 이름이 바뀌는 부분이 나올 것이기 때문에 헷갈리지 말라고 그러는 거야. 아무튼, 이 어려운 시절의 경운궁이 다시 정식 궁궐로 쓰이게 된 것은 1895년 을미사변으로 고종이 러시아 공사관으로 몸을 피한 아관파천 시절이야. 일단 을미사변으로 신변에 불안을 느낀 고종은 러시아 공사관으로 피했고, 나머지 왕실 가족은 이곳 경운궁에 옮겨 살게 되었어. 그랬던 고종도 1897년에 안팎의 여론에 밀려 러시아 공사관에서 나온 뒤, 여기 경운궁으로 돌아왔어. 그럼 고종은 왜 하필 상대적으로 규모가 작은 궁궐인 이곳 경운궁으로 돌아왔을까? 돌아갈 곳은 경복궁이나 창덕궁과 같은 큰 궁궐도 있었는데…

아 름   고종이 아관파천 당시 머물렀던 러시아 공사관이 어디에 있었죠?

아 빠   아름이가 눈치가 빠르구나. 러시아 공사관은 바로 이곳 정동에 있었어. 경복궁은 명성황후가 일본의 낭인들에게 참혹하게 시해당한 장소라서 꺼려졌고, 창덕궁은 바로 근처에 일본공사관이 있어서 엄두가 안 났지. 하지만, 이곳 경운궁 주변에는 이미 러시아를 포함한 많은 서구 열강의 공사관이 둘러싸고 있었거든. 그래서 나름대로 일본의 침략으로부터 보호받을 수 있다고 판단한 것 같아.

엄 마 그래서 아관파천 때도 왕실 가족을 경운궁으로 먼저 보냈군요. 이제 상황이 정리되네요. 그러고 나서 곧바로 대한제국을 선포했죠? 고종은 더 이상 왕이 아닌 황제가 되었고, 따라서 경운궁도 왕궁이 아니라 황궁이 되는 셈이네요.

아 빠 그렇지. 이때의 경운궁은 황궁에 맞게끔 전각을 복구하거나 증축하였기 때문에 현재 덕수궁 면적의 약 3배에 해당하였고, 전각 수는 지금 남아 있는 전각의 약 10배나 되었어. 바로 이 그림이 옛날 대한제국 시대의 경운궁 배치도야. 어때 지금과는 비교가 안 될 만큼 크지?

호 림 와, 아주 크다. 제법 황제의 궁궐다운 모습이 나는 걸요?

아 빠 이때는 경운궁의 영역이 경희궁하고 맞닿아 있어서 바로 건너갈 수 있는 구름다리도 있었고, 동궐인 창덕궁과 창경궁이 후원을 같이 사용하는 것처럼 경운궁과 경희궁은 상림원이라고 하는 왕실 정원을 같이 썼던 거야. 또 이때 세워진 중화전은 지금과는 달리 2층이었어. 왜냐하면, 법궁의 법전들은 모두 2층으로 지었기 때문이지. 경복궁의 근정전, 창덕궁의 인정전처럼 말이야. 그러다가 1904년 화재가 발생하여 경운궁의 중심 건물들이 모두 소실되었어.

아 름 아쉽다. 화재만 아니었어도 제대로 된 황궁을 볼 수 있었을 텐데…

아 빠 그런 와중에 일본에 의해 조선은, 아니 대한제국은 을사늑약을 통해 일본의 보호국이 되었고 서서히 식민지의 길에 들어선 거야. 그래서 헤이그 밀사 사건으로 말미암아 고종이 강제로 퇴위 당하고 순종이 즉위한 것이지. 그런 다음 순종은 창덕궁으로 옮겨가게 되었고, 고종만이 경운궁에 남았어. 그때, 물러난 태황제 고종에게 덕을 누리며 오래 살라고 덕수라는 궁호를 올렸고, 그 때문에 300년 가까이 불리던 경운궁이 덕수궁이 된 것이야.

왕궁이 아닌 황궁, 덕수궁

엄 마 그런데, 나는 덕수궁에 가 보면 우선 실망감이 들어요. 그래도 나름대로는 대한제국을 선포했던 황제의 궁궐이었는데, 너무 장소도 협소하고 건물들의 배치도 제각각이고 격식에 맞는 것도 제대로 없어요.

아 빠 그것은 누구나 느끼는 공통적인 생각이야. 그 원인은 덕수궁에 대한 충분한 사전지식이 없어서 그래. 왜냐하면, 덕수궁은 출발 자체가 비어 있는 땅에 궁궐을 만든 것이 아니라, 월산대군의 사저에서 시작되었기 때문에 처음부터 궁궐로서의 기본 형식을 갖추지 못했어. 게다가 지형 자체가 큰 궁궐이 들어서기에는 많은 제약이 있었고, 일제강점기를 거치면서 파괴와 훼손을 많이 겪어서 원형을 많이 잃었어. 따라서 다른 궁궐보다도 더 철저하게 공부하고 가야만 덕수궁을 제대로 볼 수가 있지.

대한제국 시대의 경운궁 배치도

대한문

🔸 대한문 앞

대한문

덕수궁의 정문이 2층이 아닌 단층인 이유

아 름 아빠, 덕수궁의 정문은 지금까지 본 궁궐의 정문 중에서 보기 드물게 단층 건물이네요.

엄 마 그렇구나. 아름이의 관찰력이 대단한걸? 경복궁의 광화문, 창덕궁의 돈화문, 창경궁의 홍화문이 모두 2층인데 여기는 단층이구나.

아 빠 이 문은 대한문大漢門인데, 지금은 덕수궁의 정문으로 쓰이고 있어. 고

왕궁이 아닌 황궁, 덕수궁

건축적으로 보자면 정면 3칸, 측면 2칸의 다포계 우진각건물이야. 이렇게 궁궐의 정문을 단층으로 만든 것은 이 문이 원래부터 덕수궁의 정문이 아니었을뿐더러, 1904년 큰불로 말미암아 소실된 덕수궁의 정전인 중화전이 복원될 때, 2층에서 1층으로 줄어들어서 아마도 그것과 격을 맞추기 위한 것으로 보여.

호 림   지금은 이 문이 정문이지만, 옛날에는 이 문이 정문이 아니었다는 말씀인가요?

아 빠   그럼, 각 궁궐의 정문 이름에는 모두 될 화化 자가 들어가 있어. 경복궁은 광화문, 창덕궁에는 돈화문, 창경궁에는 홍화문, 경희궁에는 흥화문! 어때?

경복궁 광화문

창덕궁 돈화문

경희궁 흥화문

호 림   듣고 보니 모두 화자가 들어가 있네요. 그럼 덕수궁도 옛날에는 화 자가 들어간 문이 정문이었겠네요.

아 빠   그래. 옛날 덕수궁 이전의 궁궐이었던 경운궁의 정문은 인화문仁化門이었어. 모든 궁궐의 정문 이름에 화 자를 쓴 것은 임금님이 백성을 교화한다는 의미가 담겨 있는 거야. 왜냐하면, 임금님이 백성을 공식적으로 만나는 곳이 바로 궁궐의 정문이거든. 인화문의 의미는 어질 인仁, 될 화化, 즉 임금님이 백성을 어질도록 교화한다는 뜻이야. 그리고 인화문의 위치도 군주남면 원칙에 따라서 정전인 중화전과 중화문의 남쪽에 있었어.

원래 경운궁의 정문은 인화문

아름   그런데 왜 궁궐의 정문이 남쪽의 인화문에서 동쪽의 대한문으로 바뀌게 되었나요?

아빠   기록에 따르면 인화문이 19세기 말까지는 경운궁의 정문으로 역할을 제대로 하고 있었어. 고종이 아관파천을 끝내고 경운궁으로 환궁할 때도 인화문으로 들어왔고, 독립협회 회원들이 복합상소를 올린 것도 바로 인화문 앞이었어.

아름   복합상소가 뭐죠? 여러 사람의 상소를 한꺼번에 묶어서 올리는 상소인가요?

아빠   엎드릴 복伏, 쪽문 합閤 자를 쓰는데, 나라에 큰일이 있을 때 조정의 신하들 또는 유생儒生들이 대궐 문밖에 이르러 상소하고 엎드려 청하던 일을 말해. 여기서 쪽문 합 자를 쓰는 이유는 왕이 평소에 거처하는 편전의 앞문을 합문閤門이라고 했고, 복합은 결국 상소자가 직접 합문 밖에 엎드려서 상소의 내용이 받아들여지기를 청하는 것으로, 요즘 말로 하자면 연좌시위連坐示威하는 것이지.

호림   옛날에도 연좌시위가 있었어요? 그것도 왕 앞에서? 지금 대한민국은 청와대 근처에는 개미 한 마리도 얼씬 못하는데… 와, 조선이라는 나

뱀의 발   **영조 임금은 파업(?)했다**

영조 임금은 자신의 의지를 관철하려는 방법으로 합문을 폐쇄하여 신하들의 접견을 거부했고, 수라를 거부하는 단식 농성(?)을 자주 사용했다. 조선왕조실록 영조 15년 1월 무오조 기사를 보면, 영조는 근심스럽기가 날로 심해지니, 임금 노릇하기가 어렵다 하겠다며 신하들과 대립하였다. 이 부분에 대해 사관은 다음과 같이 평을 했다. 임금이 무신년의 변란 뒤부터 노론, 소론 양편 사람을 아울러 써서 탕평蕩平의 정치를 하였지만, 당인黨人들이 마음을 고치지 않은 것을 매우 미워하였으므로, 이따금 일에 따라 몹시 노하여 혹 합문을 닫고 조정에 나오지 않거나, 음식을 물리치고 먹지 않으며 문득 시상時象을 거론하였다. 즉, 영조는 자신이 탕평책을 쓰려 했는데 노론과 소론의 신하들이 이를 따르지 않자, 합문을 폐쇄하여 신하들의 접견을 일체 거부하고 단식까지 하는 등 요즘 말로 하자면, 임금이 파업한 것으로 볼 수 있다.

라는 정말 대단한 나라군요! 그런데 궁궐 정문이 왜 갑자기 대한문으로 바뀌었어요?

아빠 20세기가 시작하는 1900년에 들어서면서 경운궁의 동문인 대안문^{大安門} 앞을 기점으로써 각 방향으로 뻗어 나가는 도로가 건설되었어. 지금처럼 말이야. 그 때문에 대안문은 사람들의 왕래가 매우 활발하게 이루어지는 명실상부한 서울의 중심이 되었고, 자연스럽게 경운궁 정문의 기능이 인화문에서 대안문 쪽으로 옮아오게 된 것이야. 그러면서 인화문은 아예 사라져버렸지.

엄마 듣고보니 마치 동대구역이 대구역을 대신해서 대구광역시의 관문이 된 것과 비슷하군요!

아름 아빠가 자꾸 대안문이라고 하시네. 여기는 대한문인데… 이 쉬운 한자를 못 읽으시나?

대한문이 풍수적으로 좋다는 이유는?

아빠 원래 이 문의 이름은 큰 대^大, 편안할 안^安 자를 쓰는 대안문이었어. 그랬는데 풍수상으로 대안이라는 이름이 불안하니 나라의 평안을 위해 대한으로 바꾸자는 의견이 받아들여져서 이름이 대한문으로 바뀌게 되었어.

엄마 왜 대한이라는 이름이 풍수적으로 좋다는 것이죠?

아빠 대한제국의 수도는 한양이야. 대한이라는 이름은 한양을 수도로 정하며 새로 태어난 대한제국이 영원히 창대하라는 염원을 담은 말이거든. 그런데 풍수적으로 한양은 한수^{漢水}, 곧 한강의 북쪽(위쪽)인 양^陽에서 유래한 것이야. 만약 한강의 아래쪽이었으면 한양이 아니라 한음이 되었겠지. 따라서 한양은 경복궁 향원지에 있던 열상진원의 열상^{冽上}이라는 말과 같은 말이야.

엄 마 　맞아요. 당신이 경복궁 답사 때 알려준 내용이 문득 생각나요. 한강을 옛날에는 한수라고도 했지만, 또 다른 말로는 아리수 또는 열수洌水라고 한다고 했어요. 그래서 열상은 열수의 위쪽, 즉 북쪽이고, 한강의 북쪽이면 곧 한수의 북쪽이므로 한양이라고 했어요. 어쩜 이렇게 몰랐던 사실들이 연결이 잘 될까?

덕수궁 금천교

아 빠 　자 이제 궁궐 안으로 들어가 볼까?

아 름 　아빠, 이곳의 금천교는 왜 이렇게 궁궐 정문과 바짝 붙어 있어요? 게다가 금천도 흐르는 물이 아니라 연못 같아요.

두 번씩이나 통째로 뒤로 옮겨진 대한문

아 빠 　이 금천교뿐만이 아니야. 저기 하마비下馬碑가 보이니? 대소인원개하마大小人員皆下馬라고 쓰여 있어. 풀이하자면 대소인원, 큰 사람이든 작은 사람이든 모두 개皆, 하마下馬! 즉 말에서 내려라. 하마비는 궁궐 앞에서는 신분의 고하高下를 막론하고 누구나 타고 가던 말에서 내리라는 뜻을 가진 비석인데, 이것이 왜 궁궐 정문의 바깥에 있지 않고 왜 생뚱맞게 안쪽에 있겠니? 이 모든 것의 원인은 바로 이 덕수궁의 궁궐 담장과 아울러 대한문의 위치가 옮겨졌기 때문이야.

아 름 　궁궐 담과 대한문의 위치가 바뀌면서 주변의 시설물들도 제자리를 못 찾게 된 것이라고요?

아 빠 　응, 1914년에 세종로 사거리에서 남대문에 이르는 태평로가 넓게 만들어지면서 지금 서울시청을 바라보고 있는 덕수궁의 동쪽 담장과 대한문이 뒤로 밀려나게 되었어. 또 1968년에도 도시계획으로 태평로의 폭이 왕복 10~18차선으로 크게 확장되면서 또 한 번 뒤로 물러나 앉게 된 것이야. 이 사진을 볼래? 1970년에 찍은 사진인데, 대한문이 마치 지금의 경복궁 동십자각처럼 도로 한가운데 고립되어 있지?

아름 담장은 그렇다 치더라도 저 큰 대한문은 어떻게 옮겼어요?

아빠 아빠가 한옥 건물은 레고 블록처럼 조립할 수 있다고 했지? 그래서 해체해서 옮길 수도 있겠지만 가까운 거리라면 굳이 해체하지 않고 통째로 옮길 수도 있어. 이 대한문을 옮길 때가 그랬지. 일단 가장 무거운 지붕 위의 기와는 모두 벗겨 내고, 나무 구조인 건물의 뼈대만 남긴 채 뒤로 조금씩 통째로 이동시키는 방법을 쓴 거야. 그런 다음 자리를 잡고 다시 기와를 올리면 되는 것이지.

도로 한가운데 고립된 대한문의 모습 (1970년)

중화문과
중화전 _ 보물 제819호

 중화문 앞

중화문

행각이 있어야만 조정마당이 제대로 구성이 된다

아 름   아빠, 여기서부터는 다른 궁궐들의 조정마당과 비교하는 공부 방법이 필요하겠죠?

아 빠   그렇지! 이제는 아름이가 궁궐을 체계적으로 보는 눈을 가지게 되었구나. 우선 다른 궁궐의 조정과 비교해서 뭐가 다른지 한번 말해 봐.

아 름   우선 금방 알 수 있는 것이 다른 궁궐들처럼 조정을 감싸는 주변의 행

왕궁이 아닌 황궁, 덕수궁

아 빠   이곳도 원래는 근정전을 둘러싸고 있는 경복궁의 회랑처럼 중화문中和門의 좌우로 긴 행각이 있었어. 그 증거가 저기 동쪽의 휴식 공간으로 쓰이는 기역 모양의 건물이야. 저 건물은 바로 중화문 행각의 동남쪽 모퉁이 부분에 해당하기 때문에 기역 모양으로 꺾여 있어. 그 양쪽 옆으로 행각이 계속 연결되어 있다고 상상해 보면 이곳의 느낌도 많이 달라질 거야. 그리고 이 중화문을 쳐다보면 느낌이 어떠니?

각이 없어요. 그러다 보니 집중이 안 되고 산만해져요. 다른 궁궐의 조정에서는 왜 엄숙한 느낌이 드는지를 여기에 와 보니 알겠어요.

아 름   왠지 지붕이 다른 궁궐의 문과 비교해 너무 커 보여요.

아 빠   맞아. 이 중화문의 지붕은 유난히 커. 1902년 처음 이 중화문이 만들어졌을 때는 2층으로 지어졌어. 마치 경복궁의 근정문처럼 말이야. 하지만 1904년의 화재로 중화전이 소실되면서 원래 2층이었던 중화전이 재정적인 어려움 등 여러 사정상 1층으로 복원된 거야. 주 건물이 2층에서 1층으로 규모가 줄어들었는데 출입문만 덜렁 2층으로 있으면 격이 맞지 않겠지? 그래서 이 중화문도 2층에서 1층으로 만든 거야. 그러다 보니 지붕의 비율이 상대적으로 커졌어.

중화전과 중화문은 화재로 소실 후 복원할 때 2층에서 단층으로 복원

호 림   중화문은 중국을 뜻하는 것 아닌가요? 자장면집도 중화요리집이라고 하잖아요!

아 빠   중국을 뜻하는 중화中華는 가운데 중中, 빛날 화華 자를 써. 반면에, 여기 중화문의 중화中和는 가운데 중中, 화합할 화和 자를 쓰지. 중화는 중용中庸이라는 책에서 나온 말인데, 어느 한 쪽으로 치우치지 않는 바른 성정性情이라는 뜻이야. 자, 그럼 이 중화문 밑에서 우리가 지금까지 공부한 고건축 내용을 다시 한번 살짝 복습해 볼까?

아 름 아빠가 고건축 중에서 특히 목조 건축물에서는 뼈대가 가장 중요하다고 하셨어요. 그리고 뼈대를 이루는 것 중에서 반드시 알아야 하는 3가지가 있는데 기둥, 도리, 보라고 했어요.

엄 마 우리 아름이가 잘 기억하고 있네, 그럼 실제 이 건물에서 그 3가지를 찾아볼 수 있겠니?

아 름 기둥은 일단 너무 쉽고요, 좀 헷갈리는 것이 도리와 보인데, 도리는 건물의 용마루와 나란한 방향으로 놓인 건축 부재이고요, 여기서 보면 기다란 저 통나무 맞죠? 그리고 도리는 지붕에 경사면을 만들기 위해서 높이가 다른 도리가 최소한 3개는 필요하다고 했어요. 가장 낮은 곳에 있는 도리는 기둥의 중심에 올라가 있는 주심도리이고, 가장 높은 곳에 있는 도리는 용마루 바로 밑에 있는 종도리라고 했죠?

호 림 그 둘 사이에 있는 도리는 중도리야. 나도 이제 그 정도는 알아.

아 름 그리고 보는, 특히 대들보는 도리와 직각 방향으로 놓인 건축 부재라고 했어요. 건축 부재 중에서 제일 큰 것이요. 바로 저것이요.

아 빠 잘 기억하고 있구나. 대체로 살펴보면 도리는 가늘고 긴 통나무이고, 대들보는 짧고 굵은 통나무지. 중화문의 도리 숫자를 세어보면 모두 5개야. 기둥 위에 하나, 중간에 하나, 맨 꼭대기에 하나, 반대편의 중간에 하나, 그리고 반대편 기둥 위에 하나. 고건축 용어로 하자면, 기둥 위에 있는 도리는 기둥의 중심에 있다고 해서 주심도리, 중간의 도리는 가운데 중 자를 써서 중도리라고 하고, 맨 꼭대기의 용마루 밑의 도리는 꼭대기인 마루 부분에 있는 도리라고 해서 마루 종* 자를 쓰는 종도리야.

엄 마 그럼, 이 중화문의 도리를 옆에서 본 순서대로 부르면 어떻게 되지?

아 름 주심도리 - 중도리 - 종도리 - 중도리 - 주심도리, 이렇게 되죠?

아 빠 잘했다. 이런 집을 도리가 5개라고 해서 5량 집이라고 불러. 량은 보나 도리를 나타내는 한자야. 양상군자 생각나지? 대들보 위에 있는 군자는 곧 도둑을 가리키는 말이야. 자 이제 중화전 쪽으로 가 보자.

중화전 앞

아 름 이 중화전中和殿도 중화문과 마찬가지로 지붕이 너무 커 보여요. 이것도 화재 이후 복원할 때 2층에서 1층으로 만들다 보니 이렇게 된 거죠?
아 빠 그렇지. 그래도 이 중화전은 상월대와 하월대를 모두 갖추고 있어서, 법전이 갖추어야 할 최소한의 격식은 갖추고 있지. 재미있는 것은 중화전의 월대 중앙에 있는 답도에 있어. 너희는 경복궁이나 창덕궁, 그리고 창경궁의 답도에 뭐가 새겨져 있었는지 기억하니?
아 름 봉황이요.

중화전

중화전 영역에서 황제의 흔적 찾기

아 빠 그렇지. 그곳은 왕궁이기 때문에 답도에 봉황을 새겼어. 하지만 이곳은 황제의 궁이라서 답도에 봉황대신 한 단계 격이 높은 용을 새겼어. 그것도 오조룡이라는 발톱이 다섯인 용이야. 그것 말고도 황제임을 나타내는 것이 또 있지. 그것은 바로 저 중화전 속에 있어. 한번 찾아봐.

중화전 답도

아 름 혹시 임금님의 자리 위쪽 천장에 있는 용 아닌가요? 다른 궁궐에서는 봉황인 것 같았는데…

아 빠 맞았어. 창덕궁과 창경궁에서는 용상 위에 있는 닫집에 나무로 새긴 봉황이 있는데, 이곳에는 쌍용을 새겨 놓았어. 그것 말고도 또 하나가 더 있거든? 용상을 잘 봐.

중화전 천장에 있는 오조룡

황금색의 중화전 용상

호 림 나는 도저히 못 찾겠다. 못 찾겠다. 꾀꼬리!

아 름 저도 이번에는 잘 모르겠어요. 엄마는 아시겠어요?

엄 마 음… 용상에서 황제의 상징이라… 아, 알겠다. 바로 용상의 색이 노란색이야. 노란색은 황금을 상징하면서 황제를 상징해.

호 림 그럼 중화전의 창문도 모두 노란색이니깐 황제를 상징하겠네요?

아 빠 모두, 딩동댕! 호림이도 잘 찾았고, 엄마도 잘 찾았어. 특히 용상은 다른 궁궐에서는 주칠朱漆이라고 해서 붉은색의 용상을 쓰는 데 비해서, 이곳 중화전은 황제를 상징하는 노란색을 쓰지.

엄마 이 중화전은 건축적으로 어떤 의미가 있나요?

아빠 이 중화전은 정문인 중화문과 마찬가지로 기둥이 유난히 높아서 비례감에서 안정적인 느낌이 적어. 게다가 집의 규모와 비교해 지붕이 유난히 크지. 아무래도 2층이던 집을 단층으로 다시 지어서 그런가 봐. 그리고 이 중화전의 공포를 보면 부재의 형태가 유난히 가늘고 약해 보이면서 곡선이 크게 되어 있어. 이런 방식은 조선 후기 수법의 특징이야. 이 중화전과 중화문을 묶어서 보물 제819호로 지정되어 있어.

중화전 월대 위 드므

뱀의 발 중화전의 월대에는 동, 서쪽에 드므가 하나씩 놓였다

동쪽의 드므에는 국태평만년國泰平萬年이라고 쓰여 있다. 뜻은 나라가 태평스럽게 만년 동안 오래 가라는 것이다. 태평이라는 말은 흔히 太平으로 쓰는데, 이곳에서는 泰平으로 썼다. 太와 泰 모두 크 태라고 한다. 서쪽의 드므에는 희성수만세囍聖壽萬歲라고 쓰여 있다. 뜻은 성스러운 임금의 수명이 만년 동안 오래감을 기뻐한다는 것이다. 여기서 쓰인 기쁠 희囍 자는 보통의 기쁠 희喜 자를 두 번 겹쳐 쓴 모양인데, 혼인이나 경사가 있을 때 또는 상대방을 축원할 때 쓰는 글자라고 한다. 또한, 여기서 쓰인 만세萬歲라는 글자는 황제에게만 붙일 수 있던 말로, 이로써 중화전 드므는 고종이 황제에 등극한 이후에 만들어진 것임을 알 수 있다. 황제가 아닌 제후국의 임금에게는 만세가 아닌 천세千歲라고 해야 한다.

석조전

 석조전 앞

조선 왕조의 마지막 궁궐 건물 석조전

아 름 아빠, 이 건물이 진짜 우리 궁궐 건물이 맞나요?

아 빠 응, 서양식 건물이기는 하지만 엄연히 조선 왕조에서 마지막으로 지은 궁궐 건물이야. 정식 명칭은 덕수궁양관德壽宮洋館이라고 하는데, 석조전石造殿이라는 이름으로 더 많이 알려졌지. 우리의 궁궐은 모두 목조 건축물인 데 비해, 돌로 만들어져서 돌 석, 만들 조, 큰집 전 이렇게

왕궁이 아닌 황궁, 덕수궁

해서 석조전이란 이름이 붙었어.

아름 건물은 참 예쁘긴 한데, 우리 궁궐하고는 좀 어울리지 않는 것 같아요. 궁궐 안에 왜 이런 서양식 건물을 지은 거죠?

아빠 조선은 19세기 말부터 본격화된 서양 세력 및 청나라, 일본의 진입으로 말미암아 경운궁 부근인 정동 일대에는 일찍부터 서구 열강의 공사관들이 세워져 있었어. 대표적인 것이 러시아공사관이었지. 그래서 을미사변 이후에 고종이 러시아공사관으로 몸을 피했잖아? 다들 알다시피 그것을 아관파천이라고 해. 이렇듯이 경운궁을 중건한 시기는 바로 이들 외세의 간섭과 영향으로 조선 왕조의 존립마저도 위태롭게 되어 가던 무렵이었어. 이때 조선 왕실에서는 외국 문물을 우리 문화에 접목해 보려는 시도를 몇 번 한 것 같아.

엄마 맞아요, 경복궁에도 중국풍의 건물이 있었어요. 아마 집옥재인 듯하고, 그리고 창덕궁에도 집옥재와 비슷한 중국풍의 건물이 있었어요. 이름은 잘 생각이 안 나는데…

다른 궁궐 안의 외국풍 건물

아빠 연경당에 있던 선향재 말이군. 잘 기억해냈어. 그런데 경복궁과 창덕궁에는 청나라풍의 건축을 시도했었지만, 이곳 덕수궁에는 완전히 서양식 건물로 지었어. 대신 정통적인 궁실 제도를 원칙으로 하면서도 정전이 있는 구역으로부터 멀리 벗어난 지역에다가 이처럼 양관을 세운 거야. 이 석조전의 설계는 영국인이 했고, 시공은 일본 회사가 했어. 그렇지만 우리는 완전히 배제되었지. 그 때문에 우리 처지에서 엄밀히 말하자면 석조전의 건축은 우리의 전통 건축 기술과의 접목이 없었기 때문에 외국 문물의 수용이라고 볼 수도 없게 되었지.

엄 마 　그럼 순수 건축적으로 봤을 때 이 석조전에는 어떤 의미가 있죠?

아 빠 　이 석조전은 건물 앞의 정원과 더불어 19세기 초 유럽에서 유행했던 궁전 건축을 모방한 것인데, 신고전주의 양식의 건축물이라고 볼 수 있어. 당시에 우리나라에 지어진 서양식 건물 가운데서는 가장 규모가 크고, 순수 석조로 된 유일무이한 건물이라는 데 의의가 있다고 할 수 있지. 전체가 3층으로 되어 있는데, 반지하층은 시종들의 대기 장소로 사용되었고, 1층은 접견실 및 홀, 2층은 황제, 황후의 침실, 거실, 욕실 및 담화실 등으로 활용되었어.

호 림 　그 옆의 건물도 같이 만들어졌나요?

아 빠 　그 옆의 서관 건물은 석조전보다 29년 늦게 만들어졌어. 지금은 본관 건물과 복도로 연결되어 있어. 그리고 그 앞의 서양식 분수 정원도 서관 건물과 함께 만들어졌어. 현재 이 석조전 본관은 1909년 당시의 모습으로 복원 공사 중이고, 그 옆의 별관은 덕수궁 미술관으로 활용되고 있어. 자, 여기서도 그냥 지나가면 좀 섭섭하겠지? 이 석조전에서 대한제국의 상징물을 한번 찾아봐.

아 름 　대한제국의 상징물이라면 그 오얏꽃 문양 말이죠? 어디에 있을까?

호 림 　내가 먼저 찾았다! 석조전의 꼭대기에 있는 삼각형 부분에 큰 오얏꽃 문양이 있어요.

뱀의 발 　석조전은 영국인 건축가 하딩 G. R. Harding이 설계한 건물로, 전형적인 서구의 신고전주의 양식이다. 그렇지만 완전히 100% 유럽 스타일은 아니다. 왜냐하면, 계단을 올라가면 건물의 정면과 양옆으로 회랑이 있기 때문이다. 건물의 전면에 회랑을 설치하는 것은 유럽 사회에서는 일반적인 방식이 아니다. 이것은 유럽 제국이 동남아시아에 식민지를 건설하면서 더운 열대성 기후에 적응하는 방법으로 채택한 것이기 때문이다. 또한, 내부로 들어가면 채광 및 환기를 위해 지붕에 낸 창문인 천창이 설치된 2개 층 높이의 커다란 로비가 나온다. 인공 조명이 발달하지 않았던 시절에 대규모 건물에서는 로비를 2층으로 만들고 천창으로 채광함으로써, 건물에 여유로움과 화려함을 주고 천창으로는 내부를 환하게 하는 일거양득의 효과를 얻는 것이 일반적이었다. 이런 전통은 현대 건축물에도 그대로 적용되어 대부분의 대규모 건물에서는 1층의 주 출입구가 연결된 중앙 로비를 크게 만들고 있다.

석조전 박공에 새겨진 오얏꽃 문양

준명당,
즉조당

🔵 준명당과 즉조당 사이

준명당과 즉조당

준명당과 즉조당에서 볼 수 있는 조화 속의 변화

아 름   아빠, 이 두 건물은 닮은 듯, 안 닮은 듯 묘한 데가 있어요.
아 빠   응, 우리의 멋이란 게 그런 면이 있지. 너무 틀에 박히지 않을 정도로 적당히 자유분방하면서도 원칙은 지키는 것이야. 어렵게 말하자면 중용이라고 말할 수 있고, 쉽게 말하면 음양의 적당한 조화라고 표현할 수 있어. 알고 보면 덕수궁 전체에 동서양의 조화를 꾀한 흔적이 곳곳

|엄마| 적당이라는 말은 좋지 않은 뜻으로 많이 쓰잖아요? 적당주의처럼요.
|아빠| 아니야. 그건 적당(適當)이라는 말의 참뜻을 몰라서 그래. 알맞을 적(適), 마땅할 당(當)! 사람들이 적당이라는 말과 대충이라는 말을 제대로 구분하지 않아서 그런 결과가 나온 것이야. 적당이라는 말은 사물의 정도나 수준, 상태 등이 지나치거나 모자람이 없는 것을 뜻해. 그러면서도 기계적인 중립이라는 뜻은 결코 아니지. 적당이라는 말 속에는 사람 냄새가 난다고 표현하는 것이 딱 맞을 것 같아. 그래서 아빠는 우리 집 가훈을 적당히 살자로 정했잖니.
|아름| 왼쪽의 건물과 오른쪽의 건물은 복도로 연결되었는데 서로 대칭으로 보여요. 왼쪽 건물은 대청마루가 왼쪽에서 2, 3, 4번째 칸이고, 오른쪽은 대청마루가 오른쪽에서 2, 3, 4번째예요. 비슷해 보이는데도 차이점이 있어요. 왼쪽 건물은 정면이 6칸인데, 오른쪽은 정면이 7칸이에요. 왼쪽 건물의 이름을 한번 읽어 볼게요. 한자의 뜻을 불러주세요.
|엄마| 깊게 할 준(浚), 밝을 명(明), 집 당(堂)! 준명당(浚明堂)이야.
|아름| 한자 뜻만으로는 잘 모르겠어요. 게다가 가운데 글자는 밝을 명인 줄 알았는데 아니에요. 원래 밝을 명자는 날 일(日)에 달 월(月) 자가 합쳐져야 하는데, 이 글자는 눈 목(目) 자에 달 월 자가 합쳐졌어요. 이건 무슨 글자예요?

현판에 속체를 쓰는 이유

|아빠| 나도 한자가 이럴 때는 꽤 어렵게 느껴져. 우선 깊게 할 준 자는 준설이라는 말로 사용될 때는 깊게 한다는 뜻이지만, 서경이라는 책에서는

다스린다는 뜻으로도 쓰였어. 그리고 가운데 글자는 밝을 명 자가 맞아. 이런 글자체를 속체俗體라고 해.

엄 마   기억나요. 경복궁의 연길당에서 길할 길吉 자도 위쪽의 글자를 선비 사士가 아닌 흙 토土로 썼었고, 협길당에서도 길 자와 당 자를 속체로 썼어요.

아 빠   속체는 나름대로 멋있게 쓰려고 한 것이고, 또한 글자의 의미가 달라지지 않는 범위 내에서 약간 글자를 변형시켜서 글자의 뜻을 분명하게 하려는 목적도 있어. 예를 들어 단순하게 쓰면 밝을 명 자이지만, 날 일을 눈 목으로 변형시켜서 보면, 한자의 뜻에 눈이라는 뜻이 추가되어 밝게 보라는 뜻으로도 전달되지. 그러면 준명당의 해석은 어떻게 될까?

아 름   다스릴 때, 즉 정치할 때 밝게 보라는 뜻이네요. 제대로 백성을 보살피라는 뜻 맞아요?

아 빠   그래, 그냥 밝다라는 원래의 뜻보다 밝게 보다로 해석하면 뜻이 더 풍부해지지? 이런 것이 뜻글자인 한자의 묘미야.

엄 마   덕수궁 안내 책자를 보면 이곳 준명당은 덕혜옹주를 위해 잠시 유치원으로 쓰였다는 내용이 있어요.

아 빠   덕수궁은 일제에 의해 강제로 퇴위 당한 고종이 쓸쓸하게 만년을 보낸 곳이야. 그런 고종에게 단 하나의 위안이 있었는데 그것은 바로 뒤늦게 얻은 딸인 덕혜옹주였어. 실록의 기록에 따르면, 고종은 덕수궁의 궁인 양씨로부터 딸을 얻었는데 양씨에게는 복녕이라는 당호를 내렸고, 태어난 아기는 복녕당 아기로 불렸어. 그런 복녕당 아기에게도 나중에 호를 하사하였는데 그것이 덕혜였어. 정말 눈에 넣어도 안 아픈 딸이었어.

아 름   저처럼요?

아 빠   그래. 고종은 그토록 애지중지했던 딸을 위해서 이 준명당을 유치원으로 만들어서 또래의 친구들과 어울릴 수 있도록 해 주었어. 지금도 그 흔적을 찾을 수가 있는데, 바로 준명당의 기단 바

준명당의 기단에 남은 난간 흔적

깥쪽에 아이들이 혹시 놀다가 떨어지는 부상을 방지하려고 난간을 설치했던 둥근 홈이 일정한 간격으로 파여 있어. 그토록 사랑했던 딸이 었는데 일본에 강제로 시집가는 것을 지하에서 지켜보았을 고종은 얼마나 가슴이 미어졌을까? 자, 이제 옆에 있는 즉조당 쪽으로 가 보자.

즉조당은 즉위식을 거행했던 건물

아 름   이 건물의 이름도 한자가 어렵네요. 엄마 부탁해요.
엄 마   곧 또는 나아갈 즉^{卽}, 보위 조^{阼}, 집 당^{堂}! 즉조당^{卽阼堂}!

뱀의 발   덕혜옹주 (1912~1989)
  고종이 60세가 되던 해에 후궁 복녕당 양씨 사이에서 얻은 고명딸이다. 1912년 덕수궁에서 출생하였는데, 고종의 고명딸로서 5살 때 준명당에 유치원이 들어설 정도로 아버지의 지극한 사랑을 받았다고 전한다. 조선총독부는 처음에는 그녀를 공주가 아닌 옹주여서 왕족의 일원으로 인정하는 것을 꺼렸으나, 1917년 총독 데라우치의 명으로 왕족으로 정식 인정되었다. 처음에는 이름 없이 당호를 따서 복녕당아기福寧堂阿只라고 불리다가 고종 사후인 1921년 덕혜옹주라는 이름을 받았다. 서울의 히노데소학교를 거쳐 일본에 강제로 유학을 간 그녀는 1925년 도쿄 가쿠슈인대학에 입학하였지만 학교 생활에 적응하지 못하여 신경쇠약에 걸렸다. 1930년 모친 복녕당 양씨(귀인 양씨)의 죽음을 계기로 정신분열증 증세를 보였으나 이내 호전되었다. 일본 데이메이 황후의 명령으로 1931년 도쿄에서 쓰시마 섬 도주인 소 다케유키와 강제 혼인하여 이듬해 딸 마사에(정혜)를 낳았으나 출산 후 지병이 악화되어 1953년 남편 소 다케유키에게 버림받고 말았다.
덕혜옹주는 고국으로 다시 돌아오는 것도 순탄하지 않았다. 당시 대통령이던 이승만은 자신의 정치적 입지에 부정적 영향을 우려하여 귀국을 거부하였다. 마침내 1962년 1월 귀국하였지만, 귀국 20년 만인 1982년이 되어서야 호적이 만들어졌고, 결국 실어증과 지병으로 고생하다가 1989년 4월 21일 창덕궁 낙선재에서 76세를 일기로 세상을 떠났다. 유해는 경기도 남양주시 금곡동에 있는 홍유릉에 묻혔다.

아 름   보위에 곧 나아간다? 보위는 임금의 자리잖아요? 혹시 여기서 즉위식이 열렸나요?

아 빠   그래. 맞았어. 이곳에서는 광해군과 인조가 즉위식을 올렸던 곳이야. 그래서 그런지 이곳은 옆의 준명당과 비슷한 규모임에도 고종이 아관파천에서 돌아온 뒤로 이 즉조당을 잠시 정전으로 사용했고, 고종이 대한제국을 선포한 뒤에는 태극전, 중화전으로 불리다가 1902년 정전인 중화전이 새로 지어지면서 다시 즉조당으로 불렸어. 그리고 이 두 건물 사이에는 온돌에 불을 때던 아궁이가 있어. 아궁이가 있으면 짝을 이루는 그 무엇인가가 있어야 하는데 한번 찾아봐.

아 름   그건, 쉽죠. 아궁이가 있으면 연기가 나오는 굴뚝이 있어야 하잖아요. 그런데 어라? 굴뚝이 없네?

아 빠   굴뚝이 없을 리가 있니? 굴뚝은 저기 뒤쪽의 화단에 있어. 궁궐 건물은 대부분 굴뚝을 멀리 만들어서 건물에 연기로 인한 손상을 주지 않도록 하지. 그리고 땅 밑으로는 굴뚝까지 연기가 빠져나갈 수 있는 기다란 연기의 길, 즉 연도를 만들어.

호 림   아빠, 이 건물 뒤편에 방에서 툭 튀어나온 부분이 있어요. 다락과 비슷한 것 같은데 뭐죠?

아 빠   그것은 개흘레라고 하는 것이야. 개흘레는 기둥 바깥의 처마 밑에 달아낸 작은 칸 또는 벽장인데, 옷이나 세간 등을 넣어서 공간 활용도를 높인 것이야. 자 이제 석어당 쪽으로 가 볼까?

즉조당의 굴뚝 부분

즉조당 배면

즉조당 개흘레

석어당

 석어당 앞

석어당

덕수궁에서 유일한 이층 건물인 석어당

아 름 어, 이 건물은 보기 드물게 2층으로 되어 있네요?
아 빠 이참에 궁궐 안에서 2층으로 되어 있는 건물을 정리해 볼까?
아 름 정전 건물이 보통 2층으로 되어 있어요. 경복궁의 근정전과 창덕궁의 인정전이요.
호 림 그리고 궁궐의 문도 2층으로 된 것이 있죠. 생각나는 것은 광화문 하나 밖에 없지만…

엄 마   경복궁의 삼문인 광화문, 홍례문, 근정문이 모두 2층이고, 창덕궁과 창경궁의 정문인 돈화문과 홍화문이 2층이에요. 그리고 향원정이나 팔우정, 또는 주합루, 경회루 같은 정자나 누각이 2층이죠. 참, 지금은 없지만 동궐도에는 청기와 지붕으로 된 징광루도 있었어요.

아 름   게다가 이 건물은 단청도 없어요.

엄 마   단청이 없는 집을 백골집이라고 한단다.

건물에 단청을 하는 이유

아 빠   엄마가 한꺼번에 정리를 다 해 버렸네. 건물에 단청을 하는 이유는 크게 두 가지 목적이 있어. 하나는 목재를 오래 보존하기 위해서지. 습기나 벌레로부터 목재를 보호하려는 것이야. 요즘이야 화학적인 물감이나 도료가 많아져서 단청하는 것이 어렵지 않지만, 옛날에는 단청 색깔을 내기 위해서는 광석이나 기타 자연물에서 추출한 천연 도료를 썼어. 때문에 단청 도료는 값이 엄청나게 비쌌지. 심지어 집값의 1/2이 단청 값이라는 말이 나올 정도였으니깐 충분히 짐작이 가지?

호 림   와! 옛날에 태어나서 물감 장사나 했으면 엄청난 부자가 됐을 텐데…

아 빠   단청을 하는 또 한 가지 이유는 건물에 일정한 색채나 문양을 더함으로써 그 건물의 권위나 특정한 기능을 상징적으로 나타내는 것이야. 그래서 조선의 법전인 경국대전에는 일반 사가私家의 단청을 금한다는 조문이 나와 있어. 이 때문에 단청을 할 수 있는 건물은 궁궐과 관청 그리고 사찰뿐이야. 그래서 현존하는 조선 시대의 주택 건물은 모두 백골집이고, 당시의 상류 주택을 모방하여 궁궐 안에 지었다는 창덕궁 내의 연경당演慶堂도 순수한 백골집이지.

석어당의 여름 풍경

아 름   이 건물의 뜻을 알아 볼게요. 엄마 한자 뜻 부탁해요.
엄 마   옛 석昔, 거느릴 또는 임금 어御, 집 당堂! 석어당昔御堂이야.
아 름   옛날 임금의 집? 여기서 옛날 임금들이 살았다는 뜻인가요?
아 빠   맞아. 이 석어당은 임진왜란으로 피난 갔던 선조가 다시 한양으로 돌아와서 시어소時御所로 사용한 건물인데, 시어소란 임금이 임시로 묵는 곳을 가리켜. 선조는 전쟁으로 국가의 재정이 파탄 나서 파괴된 경복궁, 창덕궁 등을 중건하지 못한 채 이 곳에서 16년을 지내다가 돌아가셨어. 따라서 훗날 임금들은 임진왜란을 상기하면서 이 곳에서 선조를 추모했다고 해. 그래서 석어당이 된 것이지.
엄 마   석어당과 관련된 또 다른 역사적인 사건도 있나요?
아 빠   광해군이 계모인 인목대비를 서궁에 유폐했다는 내용은 알지? 서궁은 덕수궁을 가리키는 말이고 인목대비를 가두었던 건물이 바로 이 석어당이야. 그런데 역사는 돌고 도는 가봐. 인조 반정 이후에 광해군 자신이 바로 이곳 앞마당에서 인목대비에게 죄를 고하고 인조에게 옥새

왕궁이 아닌 황궁, 덕수궁

를 건넜거든.

엄마 건물의 2층에는 뭐가 있어요?

아빠 석어당의 1층에는 다른 건물과 마찬가지로 방과 대청이 있고, 2층에는 칸막이 없이 통으로 뚫린 마룻방이야.

뱀의 발   석어당에서 확인하는 광해군과 인목대비의 악연

광해군이 왕위에 오르는 과정은 정말 험난한 과정이었다. 광해군은 임진왜란이 아니었으면 왕위에 결코 오르지 못할 인물이었다. 선조는 자신이 조선 최초의 서자 출신 왕이라는 것에 대해 너무나 큰 콤플렉스를 가지고 있었다. 그래서 어떻게든 적장자에게 왕위를 물려주려 했으나, 불행히도 왕비인 의인왕후가 왕자를 낳지 못했다. 이때 임진왜란이 터지자 국가 비상 사태를 맞아 조정을 둘로 나누는 분조分朝 체제가 가동되었고, 이에 선조는 평양성에 머무를 때 대신들의 주청奏請을 받아들여 광해군을 세자로 책봉하고 분조를 맡겼다. 그리고 광해군은 분조를 맡아 군사를 모집하고 왜적을 물리치는 데 크게 성공하여 그 능력을 인정받았다. 전쟁이 끝난 지 3년 후 자녀가 없던 의인왕후가 사망하고 선조가 19세인 김제남의 딸을 후비로 삼으면서 광해군의 지위는 심하게 흔들리기 시작한다. 이 새 왕비가 바로 인목대비로, 국혼 4년 후인 1606년 선조 54세 때 선조가 그토록 고대하던 적자인 영창대군을 낳게 된다. 그리고 영창대군이 태어나자 선조의 마음은 급속히 영창대군에게 기울어졌다.

선조의 마음이 영창대군에 있는 것을 본 조정 중신들 중 일부는 광해군을 폐하려 했다. 광해군은 자신이 폐되고 영창대군이 왕이 된다면 이는 곧 자신이 죽을 운명이라는 것을 알았다. 그리고 이 모든 복잡한 상황은 우유부단한 선조가 만들어낸 것이었다. 1608년 선조가 병에 걸리자 유명을 남기려고 시원임대신時原任大臣을 모두 불렀으나, 이때 영의정 유영경이 속임수로 다른 대신들을 돌려보내고 혼자서 선조의 유명을 들었다. 선조의 유명은 세자 광해군에게 왕위를 넘긴다는 것이었다. 그렇지만 유영경은 전교傳敎 받기를 거부하다가 뜻대로 되지 않자, 전위교서傳位敎書를 자신의 집에 감추었다. 그리고 선조가 죽자 유영경은 인목대비를 찾아가 영창대군을 즉위시키고 수렴청정할 것을 종용했다. 그러나 16년간이나 세자 자리에 있었던 33세의 광해군 대신에 2살배기 아기를 왕으로 삼는 것은 현실성이 없다고 판단한 인목대비는 광해군을 즉위시킨다는 한글교서를 내렸다.

광해군의 즉위는 곧 권력층의 피 바람을 예고했다. 즉위 과정에서 정치적인 상처를 입은 임금이 반대파를 숙청하는 것은 왕권 강화 측면에서는 피할 수 없는 과정이다. 광해군의 즉위를 도운 대북大北 정권은 반대파를 숙청할 것을 끊임없이 광해군에게 요구하였고, 반대파의 핵심은 영창대군의 존재 그 자체였다. 명분을 중시하는 성리학 사회인 조선에서 서자 출신 왕에게는 선왕의 적장자가 있음은 엄청난 위협이었다. 또한, 인목대비가 광해군보다 아홉 살이나 연하였지만 엄연한 그의 계모였기 때문에 반대파들은 인목대비를 싸고 돌았다. 대북 정권은 광해군 5년에 발생한 칠서의 옥 사건을 빌미로 계축옥사癸丑獄事를 일으켰다. 그리고 광해군을 압박하여 영창대군을 강화도에 유배시켜 죽이고, 인목대비를 서궁인 덕수궁의 석어당에 유폐시켰다.

정관헌

> 정관헌 앞

동서양의 하모니, 정관헌

아 름 아빠, 이 건물도 서양식 건물이네요? 덕수궁에 서양식 건물이 모두 몇 개죠?

아 빠 응, 덕수궁에서 만날 수 있는 세 곳의 서양식 건물 중 마지막이야. 석조전과 별관은 아까 봤지? 이 건물의 이름은 정관헌(靜觀軒)이라고 하는데, 이국적인 냄새를 물씬 풍기는 건축물이지? 그러면서도 어딘지 모르게 우리의 멋이 동시에 느껴지는 건축물이기도 해.

엄 마   이 건물에 서양의 건축 기법과 우리의 전통 건축 기법이 동시에 있어서 그런 것 같아요.

아 빠   이 정관헌을 설계한 사람은 러시아 건축가인 사바틴 A. I. S. Sabatin 이란 사람이야. 우선 정관헌이 서양식 건물로 보이는 이유는 한옥의 처마가 드러나지 않는 건물이라는 점이야. 그리고 처마를 지지하는 부분에 설치한 기둥과 낙양각처럼 보이는 화려한 장식의 세부적인 표현 및 화려한 색채도 이국적으로 보이지. 게다가 정관헌의 뒷면에는 우리 전통 건축에서는 잘 사용하지 않는 붉은 벽돌을 사용했고, 처마 안쪽의 전형적인 서양식 기둥은 이 건물이 서양식 건물임을 확인시켜 주지.

아 름   그런데도 우리 전통의 멋이 느껴지는 것은 어떤 것 때문인가요?

아 빠   한눈에도 정관헌은 서양식 건물임을 느낄 수 있지만, 건물 지붕을 보면, 서양에서는 사용하지 않는 팔작지붕이야. 게다가 처마를 지지하는 목제 기둥 사이의 금속 난간에는 우리의 전통 문양인 소나무와 사슴을 찾아볼 수 있어. 심지어 목제 기둥의 윗부분에는 박쥐 문양까지 있지. 내가 언젠가 설명한 적이 있는데, 우리가 박쥐 문양을 쓰는 이유는 박쥐를 뜻하는 한자와 복을 뜻하는 한자가 중국식 발음으로는 둘 다 복으로 같기 때문이야. 그래서 박쥐가 복을 상징하게 된 것이지. 지금도 일부 중국 식당에 붉은 글씨로 쓴 복 자를 거꾸로 매달아 놓는 것은 박쥐가 거꾸로 매달려 있듯이 복이 달려 있기를 비는 뜻이래.

정관헌 복도

정관헌 내부 모습

호림   이렇게 이상하게 생긴 건물의 용도는 무엇이죠?

아빠   이 건물은 고종 황제가 다과를 들며 휴식을 취하거나 외빈을 초대해서 연회를 베풀던 장소야. 지대도 높아서 덕수궁 내에서 가장 전망이 좋아. 그래서 건물 이름도 고요할 정靜, 볼 관觀, 집 헌軒 자를 써서, 차를 마시면서 주변을 조용히 내려다보는 집이란 뜻이야. 특히 고종 황제가 커피를 좋아했다는 이야기를 아빠가 한 적이 있었지?

고종의 커피 독살 미수사건

아름   그럼요. 고종 황제가 마시던 커피에 아편을 넣어 독살하려던 사람 이야기까지 들었어요.

호림   고종 황제의 독살 미수 이야기를 다시 한번 해주세요.

아빠   고종 황제가 아관파천 시절 러시아공사관에서 즐기던 커피 맛을 잊지 못해서 결국 이 정관헌을 짓고 외국 사신이나 대신들과 커피를 즐기신 거야. 그때의 커피는 원두를 갈아서 그 가루를 물에 타고 설탕을 첨가

해 마셨다고 해. 그런데 아관파천 시절 김홍륙이라는 역관이 조선과 러시아 사이의 통상에서 엄청난 부를 모았는데, 아관파천 시대가 끝나자 상황이 달라진 거야. 러시아의 영향력이 줄어들자, 김홍륙은 권력 남용 혐의와 의도적으로 통역을 잘못한 사실이 알려지면서 그 죄로 흑산도 유배형을 받았어.

엄 마   화무십일홍花無十日紅이요, 권불십년權不十年이죠.

호 림   화무십일홍? 그건 아빠의 18번 노래에 나오는 말인데?

엄 마   제아무리 아름다운 꽃도 아름다움이 열흘을 넘기지 못하고, 제아무리 막강한 권력이라도 십 년을 못 버틴다는 뜻이란다.

아 빠   김홍륙은 이에 앙심을 품고 귀양을 가기 전날 궁중 요리사였던 공홍식을 불러 고종과 순종의 커피에 다량의 아편을 넣도록 지시했어. 고종은 평소와 커피 맛이 다른 것을 알고 바로 뱉어냈지만, 순종은 이미 한 모금을 마셔버려서 이빨이 다 빠지는 등 심각한 후유증으로 고생했어.

뱀의 발   국내 최초의 커피점, 정동구락부

러시아공사관에 있던 고종에게 커피를 처음 소개해 준 사람이 러시아공사인 웨베르K. Waeber였다. 그리고 웨베르의 처형이 손탁Sontag이라는 사람이었는데, 그가 아관파천 시절 고종 황제의 수발을 들었다고 전한다. 그것을 고맙게 여긴 고종은 손탁에게 정동의 땅을 하사했고, 손탁은 그 땅에 서양식 건물인 손탁호텔Sontag Hote을 지었는데, 호텔 1층에는 정동구락부貞洞俱樂部라는 국내 최초의 커피점이 생겼다고 한다. 구락부는 클럽의 일본식 발음이다.

유현문, 용덕문, 석류문

🔵 유현문 앞

유현문

아름   이 문, 참 예쁘다. 그런데 글씨가 너무 어려워요. 창덕궁의 불로문처럼 전서체네요? 뭐라고 쓰여 있는지 알려주세요.

엄마   오직 유惟, 어질 현賢, 문 문門! 유현문惟賢門이야!

아름   오직 어진 사람만 출입할 수 있는 문이란 뜻이구나!

아빠   그렇게 해석할 수도 있고, 약간 다르게 해석할 수도 있지. 오직 유 자는 생각할 유 자로도 쓰여. 그리고 어질 현 자도 현명하다로 해석돼. 그러면 현명함을 생각하는 문이라는 뜻도 되는 것이야. 그리고 이 유현문의 글자 양옆으로 문양이 있지? 그런데 문의 안쪽과 바깥쪽의 문양이 달라.

유현문 안팎 문양의 뜻을 유추해 보자

호림   어, 그러네요. 바깥쪽의 문양은 학이고, 안쪽은 용인 것 같아요. 학 문양은 자주 보았지만, 용 문양과 짝을 이룬 것은 드물었어요. 이것도 분명히 의미가 있을 텐데…

아 름   학이 천 년을 산다니까, 장수를 의미하는 것 아닐까요?

호 림   그렇지만 용은 장수하고는 상관없거든.

엄 마   이 문이 어진 사람 또는 현명한 사람만이 출입할 수 있다는 뜻이니깐 문 이름과 관련이 있을 거야. 현명한 사람이란 임금이 아니고 분명히 신하를 뜻할 거야. 그러면 신하인 양반은 문신과 무신으로 되어 있으니까, 학은 문신을 상징하고 용은 무신을 상징하는 것이 아닐까?

유현문에 있는 학 문양

아 빠   당신의 추리는 놀랍지만, 약간 틀린 부분이 있어. 학은 문신을 상징하는 것이 맞아. 하지만 무신을 상징하는 것은 용이 아니라 호랑이야. 용은 임금을 상징하지.

호 림   그것을 어떻게 알 수 있나요?

아 빠   그것은 임금과 신하가 입는 옷에서 알 수 있지. 임금과 신하들이 입는 옷에는 흉배胸背라는 것이 있어. 옷의 가슴과 등에 문양을 그려 넣은 것이지. 왕은 발톱이 5개인 오조룡을, 그리고 왕세자는 사조룡으로 구분했고, 신하는 시기에 따라서 규정이 달랐어. 그래서 신하들의 흉배로 그 시기를 짐작할 수도 있지. 고종 때에는 문신 고위관료인 당상관은 학이 두 마리인 쌍학, 중하위관료인 당하관은 한 마리인 단학 흉배였고, 무신인 당상관은 호랑이가 두 마리인 쌍호, 무신인 당하관은 호랑이가 한 마리인 단호를 흉배로 썼지. 그것보다는 이 유현문이 어디로 통하는 문인지를 잘 생각해 봐.

엄 마   이 문은 편전인 덕홍전德弘殿으로 통하잖아요.

아 빠   그래. 이 문은 편전인 덕홍전으로 통해. 편전은 임금과 신하가 함께 모여서 평상시 정치를 하는 곳이잖아? 임금의 상징은 용이라서 용 문양을 그렸고, 신하의 상징은 아무래도 무신보다는 문신이어서 학을 대표로 그린 것으로 보여.

호 림 　아빠, 그런데 저 학이 물고 있는 것은 뭐예요?

아 빠 　아빠가 경복궁의 자경전 십장생 굴뚝에서 설명했는데 기억 안 나니?

아 름 　오빠, 그건 불로초야. 학도 천 년을 산다는데 불로초까지 물고 있으니 얼마나 오래 살겠니! 그러니 십장생에 들어가지. 아마도 임금님께서 오래 사시라는 뜻도 있나 봐. 아무튼, 이 문도 예쁘지만 이 문과 이어진 담장도 참 예뻐요. 경복궁의 꽃담을 보는 것 같아요. 저 아래 쪽에도 문이 두 개나 있네요. 한번 가 봐요. 이 문의 글자는 뭐죠?

용덕문에 쓰인 속체

엄 마 　용 용龍, 덕 덕德, 문 문門! 용덕문龍德門이야.

용덕문

아 름 　용의 덕? 용은 임금이니 평소에 임금님이 덕을 실천하라는 뜻이군요.

엄 마 　그렇지. 그런데 여보, 여기에 덕 자도 속체로 썼네요? 마음 심心 위에 한 일一이 생략되었어요. 이렇게 속체로 쓰는 정확한 이유가 뭐죠?

아 빠 　정자체는 아니지만 일반적으로 흔히 쓰이는 글자체가 속체인데, 생략한 글자인 약자와는 또 약간 성격이 달라. 속자의 특징은 첫째로, 글자의 획수가 간략해져 글자의 뜻이 좀 더 분명해지는 점이야. 또 그와 반대인 경우도 있어. 글자의 획수는 비록 더 늘어났지만, 글자의 뜻이 더욱 구체적인 경우지.

아 름   아! 조금 전에 봤던 준명당의 밝을 명 자처럼요?

아 빠   맞아. 세 번째로는 글자의 획이 직선적이어서 쓰기에 편하다는 장점이 있어. 그리고 부수적으로는 비교적 글자의 음을 쉽게 알 수 있다는 점이 있지. 이런 속체의 특징 덕분에 민중에서는 이지적인 표현으로 일찍부터 사용됐어. 또한, 복잡한 한자의 글자 속성상 어느 정도는 불가피하다고 할 수 있지.

엄 마   그래서 중국에서는 지금도 간자체簡字體라는 글씨체를 쓰는군요.

아 름   이제 마지막 남은 문이네요. 한자의 뜻을 알려주세요.

한때 대한민국을 대표한 석류문

엄 마   줄 석錫, 무리 류類, 문 문門! 석류문錫類門이야. 가운데 류 자도 점 하나 빠진 속체야.

아 름   무리를 준다? 무더기로 준다?

아 빠   모든 것을 하사하는 문이란 뜻이지. 아무래도 정전과 편전을 오가는 문이라 임금님이 자주 이용해서 이런 이름이 붙은 것 같아.

석류문

뱀의 발   석류문은 보기에는 작은 문이지만 한때 우리나라를 대표하던 문이었다. 1963년과 1964년 우리나라가 항공 우편에 사용하던 우표의 도안에 경회루, 수원화성과 함께 이 석류문이 들어가 있었다. 따라서 나름대로 전 세계에 우리나라의 전통문화를 알리던 대표 역할을 해낸 문이다. 바로 이 사진이 그때의 항공 우표 사진이다.

덕홍전

 덕홍전 앞

덕홍전

아 름   엄마, 이 건물의 한자는요?
엄 마   덕 덕德, 넓을 홍弘, 큰집 전殿. 덕홍전德弘殿이야. 덕수궁의 편전이지.

편전인 덕홍전에 정사 정 자가 들어가지 않은 이유

아 름   임금의 덕을 널리 퍼지게 하는 집이라는 뜻이겠네요.
아 빠   그렇지. 이 덕홍전은 1904년 대화재 이후인 1906년에 지어졌으니깐 덕수궁 건물 가운데서는 가장 나중에 지어진 건물이야. 그래서 바닥에는 서양 양탄자가 깔렸고 천장에도 서양식 조명이 달렸어. 또 대한제국의 문장인 황금빛 오얏꽃 문양도 건물 안 창방 곳곳에 박혔어.

아 름 가만 생각해 보니깐, 다른 궁궐의 편전 이름에는 모두 정전이 들어가 있었어요. 경복궁에는 사정전, 창덕궁엔 선정전, 그리고 창경궁은 문정전이잖아요.

엄 마 경희궁의 편전도 자정전資政殿이에요.

아 빠 이곳 덕수궁은 왕궁보다도 격이 더 높은 황궁이어서 그래. 그래서 덕수궁의 법전에

덕홍전 내부 모습

도 정전이 들어가지 않고 중화전이지. 참고로 자금성은 법전이 세 개나 되는데, 중화전中和殿, 태화전太和殿, 보화전保和殿이야.

아 름 알겠어요. 그런데 이 집은 모양새가 다른 건물과 약간 달라요.

아 빠 보통, 정면 칸 수가 측면 칸 수보다 많거든. 그런데 이 덕홍전은 정면 3칸, 측면 4칸으로 측면 칸 수가 정면 칸 수보다 더 많아. 거의 정사각형에 가깝지. 그래서 측면 팔작지붕의 합각 면이 유난히 넓은데, 아름다운 무늬를 넣어서 꽃담 같은 효과를 냈지. 이 건물은 고종이 귀빈을 접견하던 용도로 주로 써서 막힌 곳이 없이 넓게 터서 사용했지.

뱀의 발 대한 황실, 이화문장, 오얏꽃 문양
1897년 10월 12일 고종은 대한제국(1897~1919)을 건국하면서 오얏 이 자에서 따온 오얏꽃 문양인 이화문李花紋을 대한 황실의 상징 문장紋章으로 삼았다. 이화문의 문양은 여러 형태로 남아 있지만, 대체로 다섯 꽃잎의 꽃잎마다 셋의 꽃술을 놓고 꽃잎 사이에 또 꽃술을 하나씩 놓은 꼴로 정형화됐다. 대한 황실의 위엄을 보이려고 적극적으로 활용한 이화문은 대한 황실의 상징 문장으로서 창덕궁에는 인정문과 인정전의 용마루, 희정당의 남행각 궁전 출구에, 덕수궁에는 덕홍전의 내부에 사용했으며, 황실 복식과 가구, 자기, 시계, 우표 등의 각종 황실 용품, 대한제국 순종과 순정황후가 사용했던 어차御車 문에도 황실의 상징 문장인 이화문을 금으로 도금했다.

함녕전 _ 보물 제820호

 함녕전 앞

함녕전

아 름   이 건물의 한자도 알려주세요.
엄 마   모두 함咸, 편안할 녕寧, 큰집 전殿! 함녕전咸寧殿이야!

대전인 함녕전과 편전인 덕홍전이 같은 공간에 존재하는 이유

아 름   이름을 들어보니 모두 편안한 집이니깐, 임금님의 침전이겠군요. 경복궁의 왕 침전이 강녕전이라서 충분히 짐작할 수 있겠어요. 그런데 좀 이상해요. 편전은 정치하는 공간이고, 침전은 생활하는 공간이잖아요? 원래 궁궐은 정치하는 공간을 외전이라고 하고, 생활하는 공간을 내전이라고 해서 엄격하게 분리하잖아요?

아 빠   오, 아름이가 아주 예리한 질문을 했구나. 궁궐은 크게는 외전과 내전으로 구분하지만, 옛날 궁궐을 짓는 예법을 보면 삼조라고 해서 외전도 궐외각사가 모여 있는 외조, 정치하는 치조로 구분하고 내전을 연조라고 했지. 경복궁이 가장 그 구조가 잘 되어 있고, 창덕궁과 창경궁도 나름대로 구분되어 있어.

호 림   황궁이면 그런 구분을 안 해도 되는 건가요?

아 빠   그건 아니야. 중국의 자금성을 봐도 이런 구분이 아주 잘 되어 있지. 그렇지만 덕수궁은 처음부터 빈터에 계획적으로 궁궐을 만든 것이 아니라 임진왜란 이후에 임시 거처였던 월산대군의 사저를 확장하는 형태로 했기 때문에 이런 구분이 명확하지 않아. 그렇지만 외전과 내전을 구분하지 않을 정도로 마구잡이로 만들지는 않았어. 예전에는 행각과 담으로 구분되어 있었지만, 이것이 일제강점기를 거치면서 많은 부분이 훼손되어 지금처럼 된 것이야. 오죽하면 중화전을 둘러싸고 있는 행각도 모두 사라지고 동남쪽의 모퉁이 한 곳만 덩그러니 남았겠니? 이게 다 일제강점기의 상처야. 그리고 이 함녕전이 1904년 덕수궁 대화재의 진원지였어.

호 림   이곳에서 난 불이 덕수궁 전체로 퍼졌다는 말인가요?

대화재의 제1 용의자, 일본 제국주의

아 빠   응, 수리 중이던 이 건물의 젖은 구들장을 말리려고 지핀 불이 기둥에 옮겨 붙으면서 큰불이 발생했고, 때마침 불어온 바람으로 삽시간에 궁궐 전체에 번졌다고 해. 하지만, 1917년 창덕궁의 대화재도 그렇고, 덕수궁의 대화재도 일제에 의한 고의적인 방화 혐의가 짙어. 왜냐하면,

우리의 온돌 구조상 이런 설명은 그다지 설득력이 없거든.

엄 마 　왕의 침전이라면 보통 월대를 만들어서 그 위에 집을 올리잖아요?

아 빠 　보통 그렇게 많이 하지. 대신 이 함녕전은 월대가 아니지만, 월대처럼 구성한 높은 계단이 독특해. 음양오행에 따라서 동쪽 방은 당연히 황제의 침실이고, 서쪽 방은 황후의 침실로 되어 있어. 또 이 건물은 서편의 퇴칸 기둥은 기단석 위에 올라가 있는데, 동편의 퇴칸 기둥은 기단 밖으로 나와 있어. 나름대로 좌우 대칭을 추구하면서도 변화를 준 것이지. 조화 속의 변화! 기억나지? 그리고 이 건물은 조선 후기 마지막 왕실의 침전 건물이라는 의미 때문에 건축사 연구에 좋은 자료가 되고 있어서 보물 제820호로 지정되었어.

고종 황제의 인산일에 일어난 3·1 만세 운동

아 름 　그러면 고종 황제가 마지막으로 이 건물의 주인이었나요?

아 빠 　응. 고종 임금께서는 말년을 이곳에서 보내다가 1919년 1월에 승하하셨어. 그래서 1919년 3월 3일 고종 황제의 인산일因山日에 그 유명한 3·1 독립운동이 일어났지. 자, 이제 덕수궁은 거의 다 돌아보았구나.

호 림 　거의 다? 그럼 아직 남아 있는 게 있다는 말이네요?

아 빠 　녀석, 눈치 하나는 빠르단 말이야. 나가는 길에 광명문에 잠깐 들르고, 덕수궁 밖의 문화재도 볼 것이 있어. 자, 그럼 광명문으로 가자.

뱀의 발 　인산일이란? 장례식 날?

인산因山이란 태상황, 임금, 황태자와 그 황후, 왕비들의 장례 등을 말하고, 인산일은 이런 장례일을 뜻한다. 옛날 중국에서는 황제의 묘를 만들 때 두 가지 방식이 있었는데, 하나는 적토위총積土爲塚이라는 흙을 쌓아서 산처럼 큰 무덤을 만드는 방식이고, 나머지 하나는 인산위릉因山爲陵이라는 기존의 산을 활용하는 방식이었다. 인산위릉은 당나라 때 완성된 방식으로 기존의 산에 무덤을 썼기 때문에 굳이 무덤을 산처럼 쌓을 필요가 없다는 현실론이 반영된 것이었다. 황제의 능을 이렇게 쓰다 보니 황제의 장례를 가리키는 인산이라는 말이 여기서 나왔다.

함녕전의 내부 모습

광명문 _ 보루각 자격루 / 국보 제223호
홍천사 동종 / 보물 제1460호

 광명문 앞

아 름   아빠, 이게 문 맞아요? 문이 전혀 문 같지가 않네요? 왜 이런 곳에 문이 있나요?

광명문이 제자리를 떠난 이유

아 빠   일단 이름부터 읽어 보아라.
아 름   이 글자는 쉬워요. 빛 광光, 밝을 명明, 문 문門! 광명문光明門이에요. 밝은 빛의 문, 또는 밝게 빛나는 문, 이런 뜻일 것 같아요.

아 빠 맞아. 이 광명문은 원래 함녕전의 정문이었어.

아 름 아, 왕의 침전이었던 함녕전! 그런데 왜 침전과는 한참 떨어진 이곳에 있어요?

아 빠 1904년 덕수궁 대화재로 함녕전이 소실되고 이 문만 남았었는데, 1938년에 행각에서 분리되어서 이 자리로 옮겨졌어. 그런데 여기에는 문의 기능과는 전혀 상관이 없는 흥천사 종과 자격루, 그리고 신기전기화차를 가져다 놓았어.

흥천사 동종에 얽힌 이야기

엄 마 흥천사興天寺라면 어디서 들었던 절 이름인데… 아, 기억났다. 태조 이성계의 두 번째 부인 신덕왕후 강씨의 능이 정릉이었는데, 왕비의 명복을 빌기 위해서 세운 절이라고 했어요. 특히 태조는 흥천사의 종소리를 들어야만 수라상 수저를 들었다고 했어요.

아 빠 맞았어. 이 흥천사 동종銅鐘은 조선 전기의 범종을 대표하기는 하지만, 세조 8년인 1462년에 만들어졌기 때문에 흥천사가 만들어질 당시의 종은 아니야. 따라서 태조 이성계가 듣던 종소리는 이 소리가 아니지.

호 림 태조 임금이 듣던 종소리가 아니라니 좀 아쉽다.

아 빠 그래도 이 흥천사 종은 보물 제1460호로 지정된 문화재야. 문화재청의 자료

흥천사 동종

를 살펴보면, 흥천사 종은 고려 말부터 수용된 중국 종의 요소 가운데 한국 전통의 종에서 보였던 형식과 요소가 가미되어 새로운 조선 전기의 종으로 정착되는 과정을 잘 보여주는 범종이라고 해. 그래서 이후에 만들어지는 범종의 기준이 되는 작품이라는 점에서 이 종은 다른 조선 전기 범종의 발전 과정을 잘 보여주는 기념비적인 작품이라 할 수 있어.

아 름 이 종에는 한국 종에서만 볼 수 있는 음관音管이 없네요?

아 빠 조금 전에 설명했다시피, 중국의 종 문화가 수입되면서 그런 현상이 생긴 것이야. 우리의 전통 종은 몇 가지 특징이 있지. 우선 아름이가 말한 대로 대나무처럼 생긴 음관이 종의 맨 위쪽에 있어. 만파식萬波息笛의 전설을 지니고 있기도 한 이 음관은 전 세계에서 유일하게 우리나라의 종에만 있어. 두 번째 특징은 종 모양이 전체적으로 배흘림 기둥처럼 아래로 내려오면서 종의 폭이 넓어지다가 2/3 지점에서 가장 넓어진 후 다시 종의 폭이 좁아진다는 것이야.

아 름 그럼 이 흥천사종은 우리 전통 종의 두 가지 특징이 모두 없네요. 중국 종의 영향이 컸구나!

자격루의 작동 원리

아 빠 그 오른쪽에 있는 것은 자격루自擊漏구나. 이 덕수궁에서 볼 수 있는 유일한 국보 문화재야. 제229호지.

아 름 자격루는 물시계라고 학교에서 배웠는데 이건 전혀 물시계 같지가 않아요. 왜 이것을 물시계라고 하죠?

아 빠 우선 자격루의 뜻부터 살펴보자. 스스로 자自, 칠 격擊, 물샐 루漏! 자격루라는 이름에서 우리는 두 가지를 알아낼 수 있어.

호 림   물샐 루 자 때문에 물시계인 것은 금방 알 수 있어요.

엄 마   스스로 친다는 말은 결국 자동 시보 장치라는 뜻이죠?

아 빠   정답이 모두 나왔군. 자격루는 자동 시보 장치를 갖춘 물시계라는 뜻이야. 그런데 여기에 있는 자격루는 원래 자격루의 구성 부분 중 물을 공급해 주는 부분만 남아 있고, 동력 전달 장치와 시보 장치가 빠져 있어서 이렇게 이상하게 보이는 거야.

자격루

아 름   그럼 어떻게 작동했는지 그 기록이 남아 있나요?

아 빠   다행히도 그 기록이 남아 있어. 내가 자료를 찾아보니 자격루는 지금 보고 있는 것처럼 물을 공급해 주는 장치인 파수호播水壺와 수수호受水壺, 12개의 살대, 동력 전달 장치와 시보 장치로 되어 있어. 작동 원리는 일단 파수호에서 흘러내린 물이 수수호로 들어가 12개의 살대가 차례로 떠오르면, 부력이 지렛대와 쇠구슬에 전해지고 그 쇠구슬이 떨어지는 거야.

호 림   수세식 변기의 구조와 비슷하네요? 물이 차오르면 물이 나오는 밸브가 자동으로 잠기잖아요?

아 빠   뭐, 굳이 비유하자면 그렇게도 볼 수가 있겠구나. 아무튼, 쇠구슬이 떨어지면서 동판 한쪽을 치게 되면 동력이 전해지겠지? 이때 나무로 된 인형 3구가 종과 북, 징을 쳐서 시보 장치를 움직였다고 해.

아 름   12개의 살대가 있으니깐 하루에 12번 시보장치가 움직이겠네요.

아 빠   그렇지. 그리고 나무 인형 둘레에는 12신을 배치하여 1시부터 12시의 시각을 알리도록 하였어. 지금 남아 있는 항아리 모양의 큰 파수호 1개와 작은 파수호 2개, 원통 모양의 수수호 2개, 그리고 부력에 의해 떠오르는 살대가 남아 있지. 그러면, 맞은 편의 신기전기화차神機箭機火車를 볼까?

영화로 배우는 문화재 공부법

호 림 이것은 지난번에 영화 신기전에서 보았기 때문에, 어떻게 사용했는지 다 잘 알아요.

아 빠 역시 영화 한 편이 수백 번의 학교 수업이나 문화재 설명보다 나을 때도 있다니깐.

엄 마 그래서 백문百聞이 불여일견不如一見이라는 말이 생긴 거예요.

아 빠 자, 이제는 덕수궁 궐내에서 볼 것은 다 보았고, 궐 밖에서 덕수궁과 관련 있는 문화재를 찾아보자. 일단 중명전으로 갈까? 중명전까지는 덕수궁의 돌담길을 따라가야 하는데, 우리 노래나 하면서 가자.

엄 마 혜은이가 불렀던 그 노래 말이죠?

> 덕수궁의 돌담길 옛날의 돌담길,
> 너와 나와 처음 만난 아카시아 피던 길.
> 정동교회 종소리 은은하게 울리면은
> 가슴이 뭉클해졌어 눈시울이 뜨거웠어.
> 아~ 지금은 사라진 정다웠던 그 사람이여!
> 덕수궁의 돌담길 옛날의 돌담길,
> 나 혼자서 걸어가는 옛사랑의 돌담길.

신기전기화차

덕수궁 밖의
문화재1 : 중명전

> 중명전 앞

중명전

중명전이 덕수궁 밖에 있는 이유

아 름   아빠, 이 건물이 궁궐 건물이에요? 이것도 서양식 건물인데… 그런데 왜 덕수궁 바깥에 있어요?

아 빠   응, 일제강점기를 거치는 동안 덕수궁이 축소되면서 이렇게 된 것이야. 이 건물이 중명전인데, 대한제국 시대의 경운궁 배치도▶p.669를 보면 바로 이 자리야.

호 림   와! 덕수궁이 이렇게 넓었구나! 그런데 미국과 영국, 러시아 공사관이 덕수궁 영역 안에 들어와 있거나 바로 붙어 있어요. 일본의 공사관만 없고요. 이래서 고종이 일본의 영향력을 피해서 덕수궁을 이곳에 만들었구나.

아 빠   덕수궁과 관련 있는 건물 중에 서양식 건물은 총 4곳이 남았는데, 그 중 3곳이 덕수궁 안에 있고 이 중명전만 바깥에 있어.

아 름   이 중명전의 현판도 속체로 쓰여 있어요.

엄 마   이제는 아름이가 현판의 속체도 알아보는구나. 대견하구나.

아 름   이 중명전의 뜻도 한번 알아볼까요? 엄마 부탁해요.

엄 마   거듭할 중重, 밝을 명明, 큰집 전殿! 중명전重明殿이야.

아 름   거듭 밝다라는 말은 밝음이 계속 이어진다는 뜻인가요?

아 빠   그래, 광명이 계속 이어져 그치지 않는다는 뜻으로 주역에서 나온 말이야. 처음에 이 건물이 지어졌을 때는 수옥헌漱玉軒이라고 불렸어. 이 건물의 설계도 정관헌을 설계했던 러시아 사람인 사바틴이야. 그래서 러시아식 2층 벽돌 건물이 된 것이지. 처음에는 대한제국 황실의 도서관으로 건립했는데, 1904년 덕수궁 대화재 이후 고종 황제의 편전으로 사용하면서 한때 대한제국 역사의 주요 무대가 됐어. 그러다가 엄청난 일이 이곳에서 벌어진 거야.

중명전에서 벌어진 치욕의 사건

호 림   엄청난 일이요?

아 빠   바로 1905년 을사늑약이 여기서 체결된 것이야. 그 때문에 고종 황제가 을사늑약의 부당함을 전 세계에 알리려 헤이그에 밀사를 보낸 것이 드러나서 결국 고종 황제가 강제로 퇴위 되었지.

엄 마 우리나라로서는 치욕의 장소군요.

아 빠 그런데 또 하나의 치욕의 장소가 있지? 1910년 한일합방조약을 맺은 곳, 그곳이 어딜까? 아빠가 언젠가 가르쳐 줬는데…

아 름 기억이 안 나요. 잘 모르겠어요.

호 림 저도요. 저희를 시험에 들게 하지 마옵소서…

엄 마 창덕궁의 인정전 생각 안 나니? 치욕스러운 역사도 우리의 역사이기 때문에 꼭 알아두어야 한다.

아 빠 엄마 말이 맞아. 우리 아픈 역사도 꼭 기억해야 해. 그래야만 약이 되지. 그리고 이 중명전은 몇 번의 화재로 내부는 거의 손실됐고, 지금은 외관만 남아 있어. 영친왕의 비(妃)인 이방자 여사의 소유였다가, 한때 개인에게 팔렸는데, 국가가 다시 사들여서 2007년에 덕수궁에 포함하고 우리나라 근대 건축의 가장 초창기 모습을 간직하고 있다는 이유로 사적 제124호로 지정됐어. 한번 천천히 둘러본 다음, 오늘 답사의 마지막 코스인 환구단으로 가 보자.

중명전의 실내 모습

왕궁이 아닌 황궁, 덕수궁

중명전의 현관 부분

덕수궁 밖의
문화재2 : 환구단

> 환구단 앞

환구단 황궁우

앞으로는 원구단이 아니라 환구단으로 불러주세요

엄 마 여보, 나는 이곳을 원구단圜丘壇으로 알고 있는데, 언제 이름이 환구단圜丘壇으로 바뀌었죠?

아 빠 이곳의 한자 표기와 독음이 여러 기록에 환구단과 원구단이 줄곧 혼용 됐어. 그러던 것을 2005년 문화재청에서 고종실록과 독립신문의 기록에 따라서 환구단으로 통일한 것이야.

아 름   이곳은 뭐 하는 곳이에요?

아 빠   하늘에 제사 지내는 곳이야.

아 름   아, 제천의식祭天儀式이요? 학교에서 배웠어요. 우리 민족은 아주 먼 옛 날부터 제천의식을 해 왔다고요.

아 빠   환구단이 되었건, 원구단이 되었건, 이는 모두 둥글다는 것을 의미하지. 왜냐하면, 이곳은 하늘에 제사를 지내기 때문에 천원지방 사상에 따라서 하늘을 상징하는 둥근 모양을 썼던 거야. 그럼 여기서 돌발 퀴즈! 조선 시대 때 땅에 제사를 지내는 곳은 어디일까?

호 림   저희에게 너무 많은 것을 바라시는 것 아닌가요?

아 름   저도 모르겠어요.

엄 마   그건 사직단이야. 사직단은 토지의 신과 곡식의 신에게 제사를 지내는 곳이야. 조선이 한양에 수도를 정하고 제일 먼저 만든 것이 종묘와 사직이란다. 궁궐보다도 먼저 말이지. 그만큼 중요한 시설이지. 사직단을 보면 사각형으로 만든 커다란 제단이 두 개 있단다. 땅을 상징하기 때문에 사각형의 제단을 만들었고, 하나는 토지의 신, 하나는 곡식의 신을 모신 거야.

아 름   이 환구단은 언제 만들어진 것이에요?

아 빠   1897년 고종이 대한제국을 선포하면서 만든 거야.

아 름   그럼, 조선이 건국될 때, 땅의 신에게 제사 지내는 사직단은 만들면서, 왜 하늘의 신에게 제사 지내는 환구단은 안 만들었어요?

중국에 대한 사대 사상 때문에 제천단을 없앤 조선

아 빠   오, 날카로운 질문이구나. 역시 아름이다워. 조선왕조실록을 보면 태조 때부터 가뭄이 심할 때에는 종묘, 사직 그리고 원단圜壇에서 비를 빌었다는 기록이 있어. 여기서 말하는 원단은 하늘에 제사를 지내는 곳이야. 그렇다고 지금의 환구단은 아니고, 아마 지금의 한남동 부근으로 추정돼. 그렇지만 시기가 지나면서 조선에서는 중국에 대한 사대사상이 강화되었지.

엄 마   중국 황제를 하늘의 아들인 천자라고 부르니깐, 하늘에 제사를 지낼 수 있는 존재는 오로지 천자밖에 없다는 이유로군요.

아 빠   맞았어. 그렇다 보니 조정에서는 조선의 국왕은 천자가 아닌 제후국의 왕으로서 하늘에 제사를 지내는 천제天祭를 거행하는 것이 합당하지 않다는 논의가 여러 차례 있었고, 그 이후 여러 차례 제천단을 폐한 일이 있었던 것으로 기록되어 있어. 그렇지만 고종이 1897년 대한제국의 황제로 즉위하면서 천자가 되었기 때문에 우리도 이제는 완전한 제천의식을 행할 수 있게 된 것이야. 그래서 이 환구단을 만든 것이지. 좀 더 정확히 말하자면, 고종 임금이 이 환구단에서 하늘에 제를 올렸기 때문에 황제 자리에 오른 것이지.

호 림   그럼 저 정자처럼 생긴 건물에서 제를 올렸다는 것인가요?

황궁우는 환구단의 부속 건물일 뿐

아 빠   아니야. 이 사진을 봐. 원래 환구단은 이렇게 큰 종합 건축물이야. 우리가 보고 있는 저 건물은 황궁우皇穹宇라고 하는데, 이 사진의 제일 왼쪽에 조그맣게 나온

구한말 때 환구단의 모습

왕궁이 아닌 황궁, 덕수궁

이 건물이야. 황궁우는 환구단의 부속 건물에 지나지 않아.

호 림   그럼 지금은 환구단은 없고 황궁우만 남은 거네요?

아 빠   그렇지. 이 옛날 사진의 가운데에 있는 커다란 건물이 중심 건물인 원구단(圜丘壇)이야. 이 원구는 화강암으로 된 3층의 단 위에 올라가 있고, 중앙 상부에는 금색으로 칠한 원추꼴의 지붕으로 되어 있어. 이곳에는 여러 신을 모셨는데 가장 중요한 신이 하늘의 신인 황천상제皇天上帝와 토지의 신인 황지기皇地祇야.

환구단 석고(石鼓)

아 름   하늘과 땅의 신을 한꺼번에 같이 모신 거군요.

아 빠   그 뒤 1899년 원구의 북쪽에 부속 건물인 황궁우를 건립하고 신위판神位板을 봉안하면서 태조 이성계를 추존해 태조고황제太祖高皇帝로 삼았어.

엄 마   하늘과 땅의 신에다가 인간의 신인 태조를 추가했군요. 이렇게 되면 천·지·인이 완성되는 셈이네요.

아 빠   그렇지만 1913년 일제에 의해 환구단이 헐리게 돼. 왜냐하면, 일본 천황이 하늘에 제사를 지내기 때문에 조선에서 천제를 지낼 필요가 없다는 이유였지. 그러고는 그 자리에 당대 최고급인 총독부 철도호텔을 세웠고, 이 건물은 1968년에 지금의 조선호텔로 바뀌었어.

엄 마   어쩌다가 환구단이 일개 호텔의 정원 장식물이 되었을까!

아 빠   그러게 말이야. 그리고 황궁우 앞에는 1902년에 고종 즉위 40년을 기념하기 위한 돌로 만든 북을 세웠는데, 이 북은 제천을 위한 악기를 상징하는 것으로 몸체에는 조선 말기 조각의 걸작으로 꼽히는 화려하게 조각된 용 무늬가 있어.

덕수궁 관람 정보

덕수궁 관람 정보 (2011년 8월 1일 기준)

- 관람 시간 _ 09:00~21:00 (입장은 20:00까지)
- 매주 월요일 휴궁
- 관람 요금 _ 어른 (19~64세) 1,000원, 청소년 (7~18세) 500원
- 통합관람권(10,000원)으로 4대궁(경복궁, 창덕궁(후원 포함), 창경궁, 덕수궁)과 종묘 관람 가능

중명전 관람 정보 (2011년 8월 1일 기준)

- 관람 시간 _ 평일 오전: 자유 관람 (10:00~12:00)
  　　　　　　평일 오후: 인터넷 사전예약 관람 (전시관 안내 해설 13:00, 14:00, 15:00, 16:00)
  　　　　　　주말: 인터넷 사전예약 관람
  　　　　　　　　(전시관 안내 해설 10:00, 11:00, 13:00, 14:00, 15:00, 16:00)
- 매주 월요일 휴관
- 관람 요금 _ 무료
- 관람 예약 신청 _ 개인당 예약 인원은 10명까지로 제한, 회당은 정원 25명
  　　　　　　　(인터넷 사전예약 20명 / 현장 접수 선착순 5명)

덕수궁으로 가는 지하철

- 지하철 1, 2호선 시청역 1번, 2번 출구 _ 대한문까지 50미터
- 지하철 5호선 광화문역 6번 출구 _ 대한문까지 500미터

왕궁이 아닌 황궁, 덕수궁

덕수궁 무료 해설

- 화~목 _ 11:00, 14:00, 15:00, 16:30
  금요일 _ 10:00, 11:00, 14:00, 15:00, 16:30
  토요일 _ 10:00, 11:00, 13:00, 14:00, 15:00, 16:30
  일요일 _ 11:00, 13:00, 13:30, 14:00, 14:30, 15:00, 16:30
  공휴일 _ 10:00, 11:00, 14:00, 15:00
- 소요 시간 _ 1시간
- 단체는 사전 예약 필수 (덕수궁 홈페이지 www.deoksugung.go.kr 참조)

왕궁 수문장 교대 의식

- 행사 기간 _ 연중 상설 (월요일 휴무)
- 행사 시간 _ 11:00, 14:00, 15:30 (1일 3회)
- 행사 장소 _ 대한문 앞
- 덕수궁~보신각 순라 의식 _ 11:00 행사 이후 실시

덕수궁 소재 국가지정문화재 현황

- 국보 _ 보루각 자격루 (국보 제223호)
- 보물 _ 중화문 및 중화전 (보물 제819호)
          함녕전 (보물 제820호)
          흥천사명 동종 (보물 제1460호)
- 사적 _ 덕수궁 (사적 제124호)

덕수궁 답사 순서 → 대한문 → 중화문 → 중화전 → 석조전 → 준명당 → 즉조당 → 석어당 → 유현문 → 덕홍전 → 함녕전 → 정관헌 → 광명문

덕수궁 외부 유적 답사 순서 → 중명전 → 환구단

잊히고 사라진 궁궐, 경희궁

서궐도

경희궁의
역사

> 서울역사박물관 입구

서울역사박물관 앞

아 름   아빠, 경희궁慶熙宮으로 가신다더니 왜 이곳으로 오셨어요? 바로 옆이 경희궁이잖아요? 궁궐 건물들도 보이던데…

경희궁은 일제에 의해 철저하게 파괴된 궁궐

아 빠   바로 여기가 경희궁의 옛터야. 경희궁 터는 일제강점기를 거치면서 거의 완벽하게 파괴되었어. 일제는 경희궁의 전각 대부분을 헐어내고 그 자재를 모두 민간에 팔아버렸어. 그러면서 이곳에 일본인 학교인 통감부중학교를 세우고 대운동장, 소운동장에다가 심지어 방공호까지 만들었어. 또 남아 있던 일부 궁궐 영역에는 관공서의 관사를 짓거나 도로를 만들었어. 통감부중학교는 후에 이름이 경성중학교로 바뀌었고, 해방이 되어서도 서울중고등학교로 계속 사용되었지.

엄 마 맞아요. 이곳이 예전에 서울중고등학교가 있었던 자리예요.

아 빠 그후 1978년에 학교가 강남으로 이전하고 민간 기업에 매각되었다가, 1984년에 서울시가 다시 사들여서 발굴 조사를 거친 후, 외전 가운데 정전 지역만이 복원됐지. 2002년부터는 일반 시민에게도 개방했어.

엄 마 기껏 돈 들여서 사들인 궁궐터에 좀 더 복원하지는 않고 왜 박물관을 지었을까? 이런 박물관이라면 서울 어디든 만들면 될 텐데…

경희궁 터에 올라앉은 서울역사박물관

아 빠 그러게 말이야. 그래도 이왕 서울역사박물관에 왔으니 여기에 전시된 유물 중에 조선의 궁궐에 관련된 유물들을 눈여겨 살펴보자. 특히 조선 시대 궁궐의 입지 선정이나 옛날 한양 도성의 지리적인 배치는 궁궐을 공부하는 데 많은 도움이 되거든.

아 름 아빠, 경희궁이 처음 만들어질 때의 이야기도 들려주세요.

아 빠 그럴까? 경복궁이나 창덕궁, 그리고 창경궁은 임진왜란 이전부터 있었던 궁궐인데 반해서, 이 경희궁은 임진왜란 이후에 만들어진 궁궐이야. 그런 측면에서 보자면 덕수궁도 마찬가지구나. 임진왜란으로 한양 도성의 모든 궁궐이 다 불타버린 것은 이미 아는 이야기일 테고, 선조는 한양으로 돌아온 뒤 마땅히 머물 곳이 없어서 월산대군의 사저를 임시 거처로 삼았지.

아 름   그것이 정릉동행궁이 되었고, 덕수궁의 시초가 되었죠.

아 빠   맞았어. 그렇지만 정릉동행궁은 아무래도 불편해서 예전 궁궐이었던 창덕궁과 창경궁의 중건 공사를 먼저 시작한 것이야. 그렇지만 풍수적으로 불길하다는 경복궁은 중건 대상에서 완전히 제외했지. 아무튼, 중건 공사는 시작했지만 전쟁 직후의 나라 살림이 너무 열악해서 공사 진척은 지지부진했고, 결국 선조는 창덕궁으로 돌아가지 못한 채 덕수궁에서 승하하셨지. 그리고 그 뒤를 이어 광해군이 왕위에 올랐는데, 광해군의 즉위에는 왕위 계승을 둘러싸고 잡음이 많았어.

엄 마   광해군은 서자 출신인데다가 차남이었죠. 그런데 같은 서자 출신의 장남이었던 임해군臨海君이 있었어요. 게다가 더 위협적인 것은 나이는 비록 어렸지만 선조의 적자인 영창대군永昌大君의 존재였죠.

아 빠   그래. 내가 언젠가 말한 적이 있었지만, 조선에서 왕이 못된 왕자들은 죽을 가능성이 크다고 했지? 특히, 왕위 계승권이 높은 순서일수록 말이야. 사실 어린 영창대군이야 억울하게 죽었지만, 임해군은 죽을 짓을 하고 다녔어.

호 림   죽을 짓을 하다니요?

아 빠   원래 임해군은 비록 서자였으나 선조의 장남이면서 광해군의 친형이기 때문에 광해군보다는 세자가 될 가능성이 더 컸어. 하지만 성질이 난폭해서 세자가 못된 거야. 게다가 광해군이 세자로 책봉 받자 왕위를 도둑맞았다고 떠들고 다녔어. 참 못난 인간이었지. 그러니깐 죽을 수밖에… 자기 무덤을 스스로 판 거야.

엄 마   맞아요. 비슷한 경우에 처했던 월산대군月山大君을 보면 참 현명한 사람이었다는 것을 알 수 있어요. 비록 억울하기는 하지만 자신을 제쳐놓고 동생인 자을산군이 왕위에 올라 성종 임금이 되자, 세상일을 모두 잊어버리고 오직 풍류만 즐기는 멋진 인생을 살다가 갔잖아요?

경희궁의 시작은 광해군이었다

아 빠   그런 광해군이었기에 항상 왕위에 대한 불안감을 가지고 살았어. 특히 명나라에서 왕위계승 서열에 문제가 있다고 지적하면서, 현장 실사를 위해 사신까지 파견되자 불안감은 더욱 커졌지. 그때 인왕산왕기설(仁旺山王氣說)이 확 퍼진 거야. 즉, 지금의 임금인 광해군이 서자 출신이고, 심지어 명나라에서 제대로 인정도 못 받은 임금이기 때문에, 언젠가는 제대로 된 임금이 나올 것이다. 그리고 새 임금은 인왕산의 왕기를 받은 사람이다. 뭐 이런 식의 소문이야.

아 름   당연히 광해군은 인왕산의 왕기를 없애려고 했겠네요.

아 빠   광해군이 그 소문을 좇아 가보니, 인왕산 밑의 새문동(塞門洞)이라는 동네가 지목되었고, 그 자리에는 선조의 다섯 번째 아들이자 자신의 이복동생인 정원군의 집이 있었어. 그래서 그 집을 강제로 빼앗고 궁을 지었는데 그 궁이 경덕궁(慶德宮)이었고, 훗날 경희궁으로 이름이 바뀌었어.

엄 마   가만, 정원군의 집이 있던 동네 이름이 새문동이라고요? 지금 우리 바로 앞의 도로 이름이 새문안길인데… 혹시 같은 지명을 쓰고 있나요?

아 빠   맞아. 새문안길은 한자로 신문로라고 하지. 새로운 문이니깐 한자로 신문(新門)이 되잖아? 새문안길에 대한 지명의 유래를 알려줄게. 조선을 건국하면서 한양 도성을 처음 만들었을 때, 도성의 동서남북 사방에 큰 문을 만들었어.

호 림   동대문, 서대문, 남대문, 북대문이요. 맞죠?

아 름   오빠, 무식하게 그게 뭐야? 아빠 따라 답사를 그렇게 다녔으면서, 아직도 제대로 된 명칭을 몰라? 흥인지문, 돈의문, 숭례문, 소지문 또는 숙정문, 이렇게 해야지! 덤으로 가운데 보신각도 있고! 동서남북은 유교의 오상에서 말하는 인의예지신(仁義禮智信)과 연결되는 것이야!

새문안길의 지명 유래

아 빠   호림아, 너도 틀린 답은 아니야. 다만, 아름이가 너무나도 완벽한 답을 말했지. 아무튼, 사대문 중에서 돈의문은 처음 만들어진 후에 여러 가지 이유로 원래의 위치에서 약간 이동해서 새로 만들어졌어. 그래서 새로 지어진 문이라 새문으로 불렸고, 돈의문을 통해 들어오는 길을 새문의 안쪽 길이라고 해서 새문안길, 한자로 신문로라고 부른 거야.

호 림   그럼 바로 앞의 길이 새문안길이니 돈의문은 이 근처에 있었겠네요?

아 빠   일제강점기를 거치면서 지금은 없어졌지만, 그 위치는 아마도 지금의 강북삼성병원과 경향신문사 사이의 정동사거리 근처라고 추정되고 있어. 아무튼, 정원군의 사저가 우여곡절

돈의문 터에 세워진 안규철 작가의 작품 _ 보이지 않는 문

끝에 경덕궁이 되었지. 그런데 경덕궁이라는 이름은 훗날 다시 경희궁으로 바뀌었어. 반정으로 왕위에 오른 인조는 자신의 정통성을 부각하려고 아버지인 정원군을 원종으로 추존했어. 조선에서 세자가 아니었으면서도 추존된 왕은 원종 하나뿐이야. 그만큼 정통성이 부족하지. 그런데 훗날 원종에게 올린 시호인 공량경덕인헌정목장효대왕恭良敬德仁憲靖穆章孝大王의 경덕과 궁궐인 경덕궁의 음이 똑같아서 이를 피하고자 경희궁으로 이름을 바꾸었어.

아 름   임금의 이름과 음이 겹쳤다고 해서 궁궐의 이름을 바꿔요?

아 빠   궁궐뿐만 아니라 사람의 이름도 바꾸지. 그리고 이런 제도는 우리나라뿐만 아니라 중국에도 있었어. 예를 들자면… 옛날 고구려의 연개소

文淵蓋蘇文 알지? 연개소문의 장남은 연남생인데, 연개소문이 죽은 뒤에 자신의 동생인 연남건, 연남산에게 고구려의 정권을 빼앗기자 당나라에 투항한 뒤 당나라군을 이끌고 고구려를 함락시킨 장본인이야.

호 림 연개소문의 아들이 연남생? 그럼 연개소문의 성姓은 연개가 아니라 그냥 연씨인가요? 그렇다면 연개소문의 이름은 그냥 개소문이네요.

아 빠 그래. 네 말이 맞아. 그런데 연남생의 묘지가 1929년 중국 낙양 북망산에서 발견되었는데, 묘비의 이름이 천남생으로 되어 있었어. 왜냐하면, 당나라를 세운 당고조唐高祖의 이름이 이연李淵이었는데, 그의 연 자가 연남생의 성인 연 자와 같았기 때문에, 고구려 출신의 모든 연씨는 성을 천씨泉氏로 바꿔야만 했어.

호 림 그럼 왕 이름과 똑같은 한자를 쓰는 사람들은 모두 이름을 바꿔야 하나요? 이건 국가적으로 아주 비효율적인 일이 될 것이에요.

아 빠 그래서 일반 백성의 고충을 덜기 위해서 임금의 이름은 정말 희귀하고 어려운 한자를 써. 이런 이유로 지금 인터넷에 올라가 있는 임금의 이름 중에는 절반 이상이 틀린 한자를 쓰고 있어. 왜냐하면, 컴퓨터에서 사용하는 상용한자로는 임금의 이름을 표시할 방법이 없어서 대략 가장 비슷한 한자를 골라 쓰는 경우가 많거든.

아 름 그러면 경희궁이 만들어진 후에 다른 궁궐들과는 어떤 관계가 만들어졌나요?

아 빠 임진왜란 이후에는 조선의 궁궐 서열이 바뀌었어. 임진왜란 이전에는 조선의 제일 정궁인 법궁의 지위를 경복궁이 가졌고, 창덕궁은 보조적인 궁궐인 이궁의 성격을 가졌지. 그렇지만 꼭 지위가 높은 법궁이라고 해서 더 많이 사용된 궁궐은 아니었어. 역대 왕들은 오히려 살기 편한 창덕궁을 선호했지. 그래서 생활은 창덕궁에서 하고, 공식적인 행사만 경복궁에서 하는 편법을 썼어.

조선 후기 동서 양궐 체제의 구축

아 빠 그런데 임진왜란 이후에 궁궐을 재건하면서 경복궁은 풍수적으로 흉지(凶地)라고 여겨서 재건 목록에서 아예 제외했어. 그래서 조선 후기에는 창덕궁이 실질적인 조선의 제일 정궁인 법궁 지위를 차지한 것이야. 그리고 경희궁이 대신 보조적인 이궁 역할을 하게 된 것이지. 또한, 창덕궁과 창경궁을 동궐이라고 불렸던 것에 비해, 경희궁은 한양도성의 서쪽에 있었기 때문에 서궐이라고 불렸어. 이렇게 해서 조선 후기 동서 양궐 체계가 구축된 것이지.

엄 마 정원군의 사저가 경희궁이 되었으니, 인조 임금으로서는 옛날 자기가 아버지 정원군과 함께 살던 집이 궁궐이 된 셈이네요? 그러고 보면 인왕산 새문동 왕기설이 결과적으로는 맞았어요.

아 빠 초기 경희궁은 오로지 왕기를 꺾으려고 만든 궁궐이기 때문에 다른 궁궐에 비해서는 시설 면에서 많이 뒤처진 것이 사실이었어. 그렇지만 인조가 반정을 통해 왕위에 오르면서 광해군을 쫓아내는 과정에서 화재로 창덕궁이 전소하고, 뒤를 이은 이괄의 난 때문에 창경궁마저도 다 타버렸어. 그 때문에 갈 곳이 없어진 인조가 경희궁을 임시 거처로 삼은 뒤 이곳을 지속적으로 확장했어. 그렇게 해서 경희궁은 동궐에 버금가는 서궐로 만들어진 거야. 여러 기록을 봐도, 인조 이후 철종까지 10대에 걸쳐 조선의 왕들은 이곳 경희궁을 자주 이용했어.

엄 마 그럼에도 우리가 경희궁을 잘 모르는 이유는 단지 궁궐 건물들이 지금까지 제대로 남아 있지 않아서예요. 그렇죠?

아 빠 안 보면 멀어진다는 말이 이럴 때 딱 들어맞는 것 같아. 이곳에서 태어나신 왕으로는 숙종과 경종이 있고, 이곳에서 돌아가신 분은 숙종, 영조, 순조, 인현왕후, 인선왕후, 인경왕후, 선의왕후가 있으며, 이곳에서 즉위하신 왕은 경종, 정조, 현종이 있어. 정조 임금이 경희궁 존현각에 있을 때 자객이 숨어들었던 이야기는 너무나도 유명하지? 이와 같은 사실에서 보듯이 경희궁은 조선 후기 정치사의 중심 무대였어.

호 림 아빠의 말씀 중에 인조 이후 철종까지 조선의 왕들이 이곳을 자주 이용했다고 했는데, 그렇다면 철종 이후에는 이곳을 자주 이용하지 않았다는 말씀이신가요?

아 빠 철종 다음의 임금이 누구지? 바로 고종이야. 고종 때에는 흥선대원군의 주도로 임진왜란 이후 오랫동안 버려진 경복궁이 새롭게 만들어졌어. 그래서 경복궁과 창덕궁이 조선 초기처럼 법궁과 이궁으로 다시 정치사의 주 무대에 등장을 하게 되고, 고종이 법궁인 경복궁으로 옮겨가면서 경희궁은 빈 궁궐이 된 거야.

뱀의 발 조선에서 서자 출신으로 왕이 된 사람은 선조, 광해군, 인조, 영조, 정조, 순조이다. 그런데 재미난 것은 폐위된 광해군을 제외하고 모두 묘호가 종宗이 아닌 조祖로 끝난다는 것이다. 원래 묘호를 붙일 때의 일반적인 원칙은 조는 개국한 사람에게 붙이는 것이고, 종은 계통을 이은 사람에게 붙이는 것이다. 고려의 예를 들어봐도 태조 왕건을 제외하고 묘호에 조를 쓰는 임금은 없다. 그런데 조선에서는 태조 이성계 이외에도 묘호에 조를 쓰는 임금이 여럿 나타난다. 가장 먼저 조를 쓴 임금이 세조이며, 그 이후로 선조, 인조, 영조, 정조, 순조가 차례로 나타난다.

세조가 묘호에 조를 쓴 것은 왕통의 계보가 달라졌기 때문이다. 유교를 국시로 하는 나라에서 왕통이 대를 거꾸로 올라가는 일은 정상적인 것이 아니다. 세조는 태조-정종-태종-세종-문종-단종으로 순조롭게 이어지던 왕통을 한 단계 거꾸로 올라가서 다시 문종과 같은 위치에서 새로운 계보를 열었던 것이다. 하지만 이것은 무력으로 정권을 찬탈했기에 가능했던 것이지, 정상적인 경우에서는 전혀 불가능한 일이다. 어쨌든, 세조는 새로운 왕통의 계보를 열었기 때문에 묘호에 개국을 한 것에 버금가는 조를 쓴 것이다. 이런 식으로 왕통이 한 단계 거꾸로 올라가는 일이 조선 말기에 다시 한 번 나타난다. 바로 헌종의 뒤를 이어 헌종의 아저씨뻘인 철종이 즉위한 일이다. 이것 역시 세도정치로 말미암아 왕족의 씨가 말라버린 상황에서 일어난 웃지 못할 상황이었고, 왕실의 상태가 이런 정도였으니 어찌 조선이 망하지 않을 수 있었을까? 아무튼, 그래도 철종은 묘호에 조를 붙이지는 않았다. 그런데도 선조, 인조, 영조, 정조, 순조는 모두 묘호에 조가 붙었다. 이들은 과연 어떤 새로운 왕통의 계보를 연 것일까?

이들의 공통점은 공교롭게도 새로운 계보를 만든 것이 아니라 오히려 모두 혈통에 대한 콤플렉스를 가질 수밖에 없는 서자 출신 왕들이라는 것이다. 게다가 이들의 최초 묘호는 선종, 열조, 영종, 정종, 순종으로 되었다가 선조, 인조, 영조, 정조, 순조로 바뀌었다. 이런 상황을 종합해 본다면 이들은 자신의 묘호에 조를 붙임으로써 서자 출신이라는 혈통에 대한 콤플렉스에서 벗어나고자 한 의도가 있었다고 본다. 물론, 죽은 왕들이 직접 자신의 묘호를 정할 수는 없는 일이다. 이런 묘호의 변경은 조선 후기 전반을 통해 지속한 당쟁의 격랑 속에서 자신들의 당파에 좀 더 유리한 상황을 만들고자 했던 정파의 이해 관계와 맞닿아 있다고 볼 수 있다.

서궐도안

서울역사박물관 서궐도안 동판 앞

서울역사박물관에 전시된 서궐도안 동판

아름 아빠, 이것은 서궐도 그림이 아니라 구리로 만든 동판이잖아요.
호림 나는 이것이 그냥 걸터앉는 벤치인 줄 알았어요.
아빠 응, 원본 그림은 고려대학교박물관에 있단다.
아름 예? 그럼 고려대학교박물관에는 동궐도뿐만 아니라 서궐도까지 있어

뱀의 발 서궐도는 미완성의 그림이기 때문에 서궐도안西闕圖案이라고 부른다. 동궐도는 그냥 동궐도라고 하면서, 서궐도는 왜 서궐도안이라고 할까? 동궐도는 완성된 작품이기 때문에 동궐도라고 부르지만, 이에 비해 서궐도는 밑그림만 만든 상태로 채색하지 않았기 때문에 서궐도안이라고 부른다. 이 서궐도의 제작 연도는 아마도 거의 동궐도가 만들어진 시기와 비슷한 것으로 추정된다. 그리고 동궐도가 비단에 그려진 완성품이기 때문에 국보 제249호로 지정됐지만, 서궐도는 동궐도와 비슷한 내용을 담고 있음에도, 종이에 그려진 미완성인 상태이기 때문에 보물 제1534호로 지정되었다. 서울역사박물관에 있는 서궐도 동판 그림은 서궐도안을 실물 크기 그대로 만든 것이다.

요? 궁궐 그림을 보려면 무조건 고려대학교 박물관에 가야겠네요.

흥화문

엄 마 서궐도안에 있는 이 많은 건물 중에서 현재까지 남아 있는 건물은 겨우 네 채밖에 없다면서요?

아 빠 응, 그나마도 원래 경희궁에 있던 건물은 흥화문興化門 하나뿐이고, 나머지 세 채는 모두 새로 복원한 건물들이야. 게다가 경희궁에서 유일하게 남아 있는 옛날 건축물인 흥화문마저도 현재의 위치는 서궐도안에 나오는 저 자리가 아니야. 그러니 다른 궁궐에 비해서 문화재로서의 가치는 거의 없다고 봐야지. 아무튼, 흥화문은 이름에서도 알 수 있듯이 경희궁의 정문이야.

아 름 이름에 화化 자가 들어갔으니 당연히 정문이겠죠.

아 빠 그래, 흥화문에는 임금님의 교화를 일으킨다 또는 북돋운다는 의미가 들어 있어. 그랬던 흥화문을 일제는 어디에 갖다 놓은 줄 아니? 바로 한반도 침략에 앞장섰던 이토히로부미伊藤博文를 기리기 위해 남산 자락에 세운 박문사博文寺라는 사찰의 정문에 옮겨놓은 거야.

호 림 아니, 이런 나쁜 놈들!

한때 신라호텔의 정문으로 쓰였던 흥화문

아 빠 그런데 박문사 자리에 신라호텔이 들어서면서 흥화문은 한동안 신라호텔의 정문으로도 쓰였어. 이런 우여곡절을 겪은 후에 1994년에야 비로소 지금의 위치인 숭정문崇政門 앞쪽으로 돌아왔어. 하지만 지금의 위치나 방향도 원래 흥화문의 상태와는 완전히 달라. 원래 흥화문은 저 서궐도안에 나온 것처럼 지금의 구세군회관 건물 근처에서 동쪽을 바라보고 서 있었어.

엄 마 그런데 이 흥화문과 경희궁의 배치를 보면서 생각해 본 것인데, 경희궁의 건물 배치는 참 이상해요. 원래 흥화문이 있던 곳에서 법전인 숭정전까지는 경희궁의 남쪽을 가로질러 가야 하는데, 그렇다면 그 뒤쪽에 있는 궁궐의 내전 영역 앞을 지나친 것이잖아요? 경복궁도 그렇고, 창덕궁, 창경궁 모두 궁궐 정문에서 외전의 중심 건물인 법전까지는 내전을 거치지 않는데, 여기는 내전의 앞을 지나쳐야만 외전에 도착할 수 있어요.

아 빠 그 이유는 전에도 말한 것과 마찬가지로 경희궁이 처음부터 계획적으로 만들어진 궁궐이 아니라, 인왕산왕기설을 누르려고 정원군의 사저에 임시로 건설한 궁궐이라 그런 것이야. 마치 덕수궁이 임진왜란 이후 월산대군의 사저에 임시 거처를 만들면서 시작했기 때문에 덕수궁의 배치가 규칙적이지 못한 것과도 비슷하지. 그래서 궁궐지宮闕志에서도 경희궁은 건물의 배치가 불규칙하다고 되어 있어.

엄 마 그리고 일제가 경희궁을 훼손할 때, 궁궐 내 건물을 거의 다 민간에 팔아버렸다고 했잖아요? 그렇다면, 비록 이 경희궁 자리에는 없어도 한옥의 특성상 분명히 그 원형이 유지되는 건물들이 또 있을 법도 한데, 흥화문 이외에 지금 현존하는 다른 옛날 경희궁 건물은 또 없나요?

법전인 숭정전은 지금 동국대학교 구내의 법당으로 쓰인다

아 빠 딱 2개가 더 있어. 지금 복원된 경희궁 내 전각 가운데 으뜸 전각인 숭정전은 당연히 새로 지은 건물이지만, 원래 숭정전이었던 건물은 아직 다른 곳에 남아 있어. 옛 숭정전 건물은 통감부중학교가 경희궁 자리에 들어서면서 한때는 중학교 교실로 사용되었어. 그러다가 1926년에 조계사에 팔려 옮겨지었다가, 현재는 동국대학교 구내로 옮겨져서 정각원正覺院이라는 이름의 법당으로 사용되고 있어.

아 름   임금님이 계셨던 숭정전 건물이 이제는 부처님이 계신 곳이 되었어요? 하기야 임금님하고 부처님은 같은 급이니깐…

아 빠   그리고 또 하나의 건물이 아직 남아 있는데, 바로 황학정黃鶴亭이야.

엄 마   황학정이면 혹시 활터 아닌가요?

아 빠   당신도 이름을 한번 들어본 적이 있지? 국궁國弓을 하는 사람들 사이에서는 꽤 유명한 활터야. 황학정은 원래 경희궁 내에서 궁술 연습을 위해 지은 사정射亭이었어. 그러다가 일제가 경희궁을 훼손하면서 건물들을 일반인에게 매각할 때 사직공원의 북쪽인 현 위치에 옮겨 지은 것이야. 여기서, 돌발 퀴즈 하나 낼게! 보통 활을 쏘는 정자에 많이 붙이는 이름이 있어. 기억나니? 창경궁에도 대온실 옆에 있었고, 제주도의 제주 관아터에도 있었는데…

아 름   저는 기억이 잘…

엄 마   관덕정이란다. 활 쏘는 것을 통해서 덕을 본다는 뜻이지. 그리고 쏘아서 정곡을 맞추지 못하면, 남을 원망치 않고 제 몸을 반성한다는 뜻도 포함되어 있고.

아 빠   자, 이제 박물관도 다 돌아봤으니, 경희궁으로 직접 가 볼까?

경희궁의
전각 배치

 금천교

아름   아빠, 이곳에 금천교가 있는데, 이것만 봐도 지금의 흥화문은 엉뚱한 곳에 세워졌다는 것이 증명되네요. 아무리 양보해도 최소한 덕수궁처럼 정문은 지나고서 금천교가 나와야 하는데, 이곳은 금천교를 지나서야 저쪽에 정문인 흥화문이 나와요. 정말 말도 안 되는 복원이에요.

원래 흥화문의 위치를 상상하자

아빠   아름이도 아는 것을 문화재청이나 서울시가 모를 리가 있겠니? 그렇지만 다들 예산 부족을 탓하고만 있어. 지금의 흥화문은 숭정전 앞쪽에서 남향하고 있지만, 원래의 위치는 우리 뒤쪽에 보이는 구세군회관 건물 자리 근처에서 동쪽을 바라보고 있었어. 복원을 제대로 하려면 구세군회관 일대를 모두 매입해서 건물을 다 헐어버리고 경희궁길도 우회시켜야 하지. 한 마디로 돈이 엄청 많이 들어가는 사업일 거야.

엄마　그렇다면 우리만이라도 홍화문이 제대로 된 위치에 있다고 상상해 봐요. 상상만 하는 데 예산이 들어가지는 않겠죠? 그러면 답사의 이해가 쉬워질 것 같은데…

아빠　아이디어 참 좋다. 정말 명언인데! 그럼, 우리 다 같이 상상하자. 자, 경희궁에 들어오려면 정문인 홍화문을 통과하고, 서쪽을 바라보면서 이쪽으로 온 후, 이 금천교를 건너야만 하지. 다시 서쪽으로 계속 가서 지금 홍화문이 있는 곳에서 우향우하면, 바로 숭정문이 보이는 거에!

엄마　이야기를 듣다 보니 생각나는 것이 하나 있는데, 왜 굳이 경희궁의 정문을 동쪽 모서리에 만들었는지를 이제는 알 것 같아요. 서궐인 경희궁의 반대편에 있는 동궐인 창덕궁의 정문도 창덕궁의 한가운데가 아니라 서쪽 모서리에 있잖아요? 이것은 동궐과 서궐의 정문을 최대한 가깝게 하고 편하게 출입하려고 한 의도가 있는 것 같아요.

아빠　와! 대단한 것을 당신이 발견한 것 같아. 충분히 이해 가는 설명이야. 역시 당신은 답사의 베테랑이야. 영조 임금은 그의 치세 절반은 이곳 경희궁에서 보냈는데, 기록에 따르면, 사도세자를 뒤주에 가둬서 죽게 하던 그날도 영조는 경희궁에 있다가 창경궁으로 갔다고 되어 있어. 아무튼, 출입하기에 편하려면 정문이 동쪽 모서리에 있는 것이 합리적일 것 같아.

금천교와 떨어져 있는 경희궁

아름　혹시 이 금천교의 위치도 제 위치가 아닌 것이 아닐까요?

아빠　내가 알기에는 일제가 금천교를 매립시켜 놓은 것을 복원했기 때문에 위치가 크게 바뀌지는 않았을 것 같아. 이제 홍화문 쪽으로 가 볼까?

흥화문

아 빠 이 흥화문에 대한 역사적인 설명은 아빠가 대부분 박물관 안에서 했으니깐 이제는 고건축적으로 한번 살펴볼까? 정면 3칸에 측면 2칸의 다포계 우진각지붕인데, 공포의 구성은 바깥쪽으로 2개의 도리가 튀어나왔고, 안쪽으로도 2개의 도리가 튀어나온 외2출목, 내2출목이야. 그러면서 가운데 칸은 천장이 들여다보이는 연등천장이고, 좌우 협칸은 천장을 막은 우물천장이야.

흥화문 도리

흥화문 우물천장

아 름 여러 번 옮겨 다녔으면 원형을 훼손했을 가능성이 있는데, 흥화문이 처음부터 1층이었나요? 궁궐의 정문을 보면 경복궁의 광화문도 2층, 창덕궁의 돈화문도 2층, 심지어 대비들의 궁궐인 창경궁의 홍화문도 2층인데, 경희궁의 흥화문만 1층이라는 것이 좀 이상해서 그래요.

아 빠 아름이의 관찰력은 역시 대단하구나. 조선왕조실록 광해군일기 10년 4월 기사를 보면, 이런 내용이 있어. 인경궁의 정문은 돈화문의 예에 의하여 층문으로 조성하고, 경덕궁은 다만 피우처이므로 단층문으로 조성하라… 이 말은 인경궁은 제대로 된 궁궐이기에 정문을 돈화문과 같이 2층으로 만들지만, 경덕궁은 피우처이기 때문에 단층인 1층으로 만들라는 이야기지. 여기서 피우처避寓處는 피할 피, 위탁할 우야. 어려운 상황을 피해 잠시 몸을 맡기는 곳이란 뜻이야.

엄 마 처음 경희궁을 만들 때는 인왕산왕기설을 누르기 위해서 임시로 조성한 궁궐이었기 때문에 굳이 돈과 노력을 들여가면서까지 제대로 된 궁궐로 만들지는 말라는 뜻이겠군요.

아빠 자, 이제 경희궁의 으뜸 전각인 숭정전으로 가 보자.

숭정전

아빠 이 숭정전崇政殿의 원래 건물은 지금 동국대학교 구내의 정각원이라는 법당으로 쓰이고 있어. 지금까지 줄곧 불당으로 쓰이고 있기 때문에 내부는 궁궐 정전의 원형을 찾아보기가 어렵게 되었어.

숭정전

뱀의 발 경희궁의 또 다른 별명, 야주개대궐
경희궁의 별명으로 새문안대궐, 새문동대궐이 있는데, 이것은 바로 옆에 있었던 서울 도성 사대문의 하나였던 돈의문의 별명이 처음 만들어진 이후 자리를 약간 이동하여 새로 지어졌다고 해서 새문이었기 때문이다. 그런데 경희궁에는 또 다른 별명이 있었는데, 그것이 야주개대궐(또는 야조개대궐)이다. 지금은 없어졌지만 처음 흥화문이 만들어졌을 당시의 현판 글씨는 이신李紳이라는 사람이 썼다고 하는데, 그 글씨가 어찌나 명필이던지 글씨에서 광채가 나와 밤에도 주변을 훤히 비추었다고 한다. 그래서 돈의문이 있던 이 고개를 야주고개 또는 야주개, 또는 야조개라고 했다. 밤 야夜에 구슬 주珠, 또는 밤 야夜에 비칠 조照를 써서, 밤에도 밝게 빛나는 야광주 같은 고개 또는 밤에도 훤히 비치는 고개라는 뜻이다.

아 름   그렇다 해도 한옥은 옮겨 지을 수 있는 조립식 구조잖아요? 그런데도 왜 안 옮겨왔죠? 경희궁 복원에서 가장 핵심인 부분이 되었을 텐데…

아 빠   그것은 정각원 건물이 워낙 낡아서 이전이 어렵기 때문이야. 옮기다가 건물이 망가지는 것보다는 그대로 두는 편이 문화재 보호라는 관점에서는 더 현명한 판단일 수 있지. 그런데 이 건물은 특이하게도 다포식이 아닌 주심포식 공포를 쓰고 있어. 자 봐! 기둥 위에만 공포가 올라가 있지? 그 때문에 다포계 건물에서 볼 수 있는 창방 위의 평방이 필요 없지. 왜냐하면, 주간포를 올려놓을 필요가 없기 때문이야. 이렇듯 법전 건물을 화려한 다포식이 아니라, 주심포식으로 간소하게 만든 것도, 경희궁의 격을 다른 궁궐에 비해서 일부러 낮추었다는 뜻이 되는 것이야.

엄 마   여보, 한 가지 궁금한 것이 있어요. 숭정전의 정문인 저 숭정문은 다포계 건물인데, 숭정전은 주심포 건물이에요. 뭔가 격이 맞지 않는 느낌이에요.

숭정문

아 빠　나도 그것이 궁금했는데, 아직 그 이유를 찾지 못했어. 덕수궁에서도 중화전과 중화문이 처음에는 2층으로 만들어졌지만, 화재로 중화전이 소실되고 난 뒤 중화전이 단층으로 복원되었고, 중화문도 그에 맞춰 단층으로 되었다고 하던데, 이 모든 것이 정전과 정전의 정문의 격을 맞추려는 의도였거든. 그런 원칙이 여기에도 적용되었다면, 분명히 이 숭정문도 주심포로 만들어졌어야 정상인 것 같아.

아 름　숭정전은 정사를 숭상한다는 의미죠?

아 빠　그래, 정사를 드높인다는 뜻이야. 숭례문과 같은 한자라서 쉽지? 자, 이제 편전인 자정전으로 가자!

 자정전

자정전

아 빠　이 건물은 자정전資政殿으로 경희궁의 편전이야. 다른 궁궐들과 마찬가지로 법전 옆에다 만들었으면서도 법전보다 격을 낮추기 위해서 정면 칸 수를 3칸으로 줄여서 만들었고, 월대도 1단이고 크기도 작아. 숙종께서 돌아가셨을 때에는 빈전으로도 사용했지.

엄 마　그러고 보니 각 궁궐의 편전은 빈전으로 사용된 경우가 많군요. 창덕궁의 선정전도 빈전으로 사용되었고 창경궁의 문정전도 빈전으로 사용되었어요.

호 림　아빠, 여기 복원 공사를 엉터리로 했어요. 옆의 행각에서 자정전으로 들어오는 부분이 너무 낮아서 고개를 숙여야 해요. 옛날 사람들은 키아 빠　가 크지 않았다고 알고 있지만, 이렇게까지 낮게 만든 건 분명히 공사를 잘못한 것이에요.

아 빠　호림아, 그렇지 않아. 옛날 사람들은 지엄하신 분을 뵈러 갈 때는 항상 고개를 숙였어. 존경의 표시인 거지. 창덕궁 후원의 주합루의 출입문인 어수문도 높이가 낮고, 은진미륵恩津彌勒으로 유명한 논산 관촉사灌燭寺의 해탈문도 부처님 앞에서 고개를 숙여야만 하도록 일부러 낮게 만들었어. 그래서 높은 분들에 대한 호칭이 폐하니, 전하니, 각하니 이런 식으로 되는 것도 그분들의 전각 앞에서 내가 아래쪽으로 엎드려서 존경을 표한다는 뜻이야.

아 름　자정전의 뜻은 뭐예요?

아 빠　한자는 어렵지 않지만 뜻이 좀 어려워. 처음의 자資는 명사로 쓰이면 자본, 투자 등 재물이라는 뜻이 되지만, 동사로 쓰이면 돕는다, 기른다는 뜻이 된단다. 그래서 자정전은 정사를 돕는다는 뜻이 되는 거야.

태령전

아 빠　자, 이곳이 오늘 답사의 마지막 코스인 태령전泰寧殿이란다. 일단 정면 칸 수가 5칸인 것만 봐도 이 건물의 위상이 바로 옆의 자정전보다는 높다는 것을

태령전

알 수 있지? 그럼 도대체 이 태령전은 어떤 건물이기에 평소 임금께서 정치하시는 편전보다 서열을 높게 지었을까? 그것은 바로 이 태령전

이 임금의 초상인 어진을 모시고 있기 때문이야. 바로 이 경희궁에서 치세의 절반을 보낸 영조대왕의 어진이야.

호 림 　아빠, 뒤쪽에 큰 바위가 있는데 거기서 물이 흘러내려요.

아 빠 　그곳은 바위에서 솟아나는 샘이라고 해서 일명 암천巖泉이라고도 하고, 왕기가 서린 바위라는 뜻에서 왕암王巖이라고도 불린 바위야. 신기하게도 바위에서 샘이 솟아나. 그리고 인왕산 새문동 왕기설의 주인공이기도 해. 그것 때문에 광해군이 이곳에 경희궁을 지은 것이지. 공식적인 명칭은 상서로운 바위라고 서암瑞巖이라고 불러. 자, 이것으로 경희궁 답사를 마무리하자.

아 름 　아빠, 이왕에 여기까지 왔는데, 여기서 우리 식구 모두, 왕의 기운이나 듬뿍 받아가요. 그래야 아빠도 제대로 된 동쪽 임금이 될 것 아녜요? 동쪽은 곧 우리나라니깐 꼭 우리나라의 임금님이 되세요!

태령전의 서암

경희궁 관람 정보

경희궁 관람 정보 (2011년 8월 1일 기준)

- 관람 시간 _ 평일 09:00~18:00, 공휴일 10:00~18:00
- 매주 월요일 휴궁
- 관람 요금 _ 무료

경희궁으로 가는 지하철

- 지하철 5호선 광화문역 7번 출구 _ 홍화문까지 400미터

서울역사박물관 관람 정보 (2011년 8월 1일 기준)

- 관람 시간 _ 평일 3월~10월: 09:00~21:00 / 11월~2월 09:00~21:00
  토·일·공휴일 3월~10월 09:00~19:00 / 11월~2월 09:00~18:00
- 매주 월요일 휴관
- 관람 요금 _ 무료

경희궁 답사 순서 → 금천교 → 흥화문 → 숭정전 → 자정전 → 태령전 → 서암

잊히고 사라진 궁궐, 경희궁

숭정문 행랑의 모습

이미지
출처

- **강서대묘 사신도 벽화** | 동북아역사재단 제공 _ 124

- **경회루삼십육궁지도** | 국립중앙도서관 제공 _ 281

- **고건축 축소 모형** | 한국고건축박물관 협조 _ 131, 132, 133, 139, 143, 144

- **구한말 때 환구단의 모습** | 서울대학교박물관 제공 _ 722

- **대한제국 시대의 경운궁 배치도** | 한국학중앙연구원 장서각 제공 _ 669

- **동궐도** | 동아대학교박물관 제공
    전체 _ 074~075, 394
    부분 _ 195, 218, 400, 415, 421, 436, 469, 474, 485, 488, 499, 510~511,
          519, 528, 539, 549, 558, 575, 581, 582, 633, 640

- **서궐도** | 고려대학교박물관 제공
    전체 _ 726~727

- **동궐도형** | 서울대학교 규장각한국학연구원 제공
    부분 _ 542, 549, 603

• **북궐도형** | 서울대학교 규장각한국학연구원 제공
　　　　　전체 _ 324
　　　　　부분 _ 353

• **수선전도** | 국립중앙박물관 제공 _ 069, 410

• **숭례문 현판** | '궁궐을 제대로 보려면 왕이 되어라'
　　　　　(장영훈 지음, 도서출판 담디)에서 발췌 _ 191

• **일제강점기 때 궁궐 도판** | '조선고적도보朝鮮古蹟圖譜'
　　　　　(조선총독부 편)에서 발췌 _ 147, 179, 214, 215, 299, 308,
　　　　　　　　　　　　　　　　　　469, 474, 588, 589

• **흥례문 안마당의 돌길과 물길 배치** | '궁궐을 제대로 보려면 왕이 되어라'
　　　　　(장영훈 지음, 도서출판 담디)에서 발췌 _ 201

• **1970년도 대한문의 모습** | 조선일보 제공 _ 675